U0141879

DICTIONARY OF THE MAGIC

魔法・幻想百科

監修

山北　篤

執筆

稻葉義明

桂　令夫

佐藤俊之

秦野　啓

關根博壽

遙　遠志

牧山昌弘

山北　篤

奇幻基地出版

譯者序

　　相信在動漫電玩資源不虞匱乏的環境中長大的六、七年級青少年，一定對「魔法」這個字眼耳熟能詳。及至近年奇幻風潮撲天蓋地而來後，這一個歷史悠久的題材，更是成了文藝、動漫、電玩領域裡曝光率居高不下的字眼。只是，隨著和魔法相關的創作越來越多，它的形象非但沒有變得清晰顯眼，反倒像是模糊而多樣化了起來。

　　有趣的是，在文學創作的場域裡，「魔法」這個來自西方的字眼，卻與「內力」這個東方的古老概念如孿生子般，有著驚人相似的命運。它們兩個皆是由來已久、可見於古代文獻之中的東西，有許多人相信它們實際存在，但鮮少有人親身見識過，卻又被繪聲繪影地傳得玄之又玄，神乎其神。

　　而原本在一般人心目中被當成西洋巫師、魔法師專利的魔法，經由無數作者的詮釋後，它的內涵不單轉為多采多姿，範圍更是變得無遠弗屆了起來。舉例來說，今天哪怕是在一部以魔法為題材的小說中看到式神、生命之樹、魯納文字、巫蠱、魔法圓、查克拉等諸般材料同爐而冶，大概也已不足為奇。更別提書店裡書名帶著「魔法」二字、一抓一大把的奇幻相關作品。

　　那麼，魔法究竟是什麼？這個棘手的問題，恐怕很難靠著一篇短短的譯序交代清楚。事實上，倘若我們把傳說中大半是由人類使出的「魔法」，定義成一種神祕的超自然力量，那在各宗教或神話中出現的神蹟、神力，以及神奇物品，或許也可算是魔法的一種。

　　只不過，在這種定義下，古今中外各種和神祕力量扯得上關係的人、事、物、概念──這些擁有超自然意涵的存在，就不免都被一口氣劃入魔法的領域中，讓「魔法」的資料變得多如恆河沙數，數不勝數。

　　平心而論，光是一般人心中源自西方、屬於魔法師能力的「魔法」這塊範圍裡，便已經有喀巴拉密術、鍊金術、魯納文字、惡魔召喚、四大元素精靈等等大名鼎鼎、寫之不盡的題材了。更別再加上諸如中國的方術道法、佛教的神通、日本的陰陽道、非洲巫術、北美原住民祭司的精靈法術……這片無邊無際的魔法海洋。

　　綜觀國內，雖然有著針對例如神祕學、魯納文字等項目做專門介紹的書籍，卻一直缺乏一本全面性、系統性的索引書。所以在往日每當我被一個名詞引起興趣時，往往得要大海撈針似的去尋找資料，再費力地把一一查到的資料拼整成系統性的資訊。而這本

書的問世，對譯者這個向來以「亂槍打鳥」、「有收無類」方式蒐集魔法資料的人，不啻是一大福音。

這本書從歷史、宗教學、民俗學、文學的角度揀選出各宗教、各文化中和「魔法」此一超常力量有關的重要人、事、物、概念、作品，進行條列式的陳列和簡要介紹。稱得上是國內第一本字典性質的魔法世界入門書。

儘管礙於篇幅，本書在項目的揀選上無法盡善盡美、無有遺漏，也無法針對一條要項做出鉅細靡遺的介紹，但也足堪作為讓有心一探各文化魔法體系之讀者的登門台階，可以讓對某特定項目產生興趣的讀者得以一窺堂奧，略知其來龍去脈。

謹希望各位讀者在對某個魔法名詞產生興趣或疑問的關頭，這本書都能派上用場。

前言

聽聞「魔法」一詞，人類究竟作何想法？有些人可能會想起「童話故事裡的老婆婆」，沉浸於令人懷念的難捨回憶之中吧！有些人可能會想像「殘虐的獵殺女巫」，而因此為人類的愚行感到不值！又或者，可能也有人會聯想到「最近的奇幻小說」，心情就好像是期待著冒險般地躍躍欲試！更甚者，或許也有人相信魔法「實際存在」，而且正千方百計想要一窺魔法堂奧也說不定。

應該有不少人會存疑：現在還有人相信魔法嗎？如果你也是這樣認為，那可是大錯特錯。現在不但仍有許多人相信魔法的存在，自稱能使用魔法的人也從未絕跡。此處並非單指遠離文明的未開化地區，就連美國、日本等生活在高科技環境裡的人，也都相信「魔法」。

你會覺得這些人很可笑嗎？抑或覺得他們是可憐的傻瓜？

然而，我們平時不也有「不吉利」、「惡兆」（Jinx）、「狐狗狸仙」等魔法嗎？光是在日本，不也有數十萬人相信諾斯特拉達姆斯的預言（這也是如假包換的魔法），認為世界會在1999年毀滅？

直至今日，我們仍然生活在魔法中。

本書不針對魔法是否存在進行討論；這種問題不該是由此類事典來處理，應當留待研究家探討。

本書是為對「魔法」感興趣的讀者寫成的「魔法」相關知識事典，乃針對古今中外魔法相關傳說、歷史人物、重要事件等，各立項目解說。

本書內容雖以歷史、傳說、古典文學為主，卻非專業研究書籍，而是為對「魔法」感興趣的一般讀者所著。是以，本書對已遭文化人類學等學術領域否定的學說亦有介紹，只因這些學說對後世的創作作品都有很大的影響。記述內容亦以容易閱讀為重，不拘泥於專業知識的嚴密性。

本書的立場是先假設魔法存在，進而針對魔法究竟為何、依循何種理論、如何作用等問題，進行論述。

至於已經曝光的把戲、已經公諸於世的詐騙伎倆等，本書亦將其視為相關資料的一環，同樣也有介紹。

在創作作品領域裡具有重要歷史意義者、提出原創性魔法觀念者，都在本書討論範

圍之內。

當然，本書也會從文化人類學或比較神話學當中，選擇較有趣、合適的部分介紹。

本書所選大小項目總共600餘項。

即使概稱為魔法，全世界各地到處都有極為獨特的魔法體系。又，同地區有複數魔法體系並存的例子其實也不少。

放眼世界，僅是魔法體系便已不下數百例，絕非此類小冊子所能盡收。是以本書無法盡述所有魔法事例，只能針對較具代表性者介紹。

儘管盡量捨繁從簡，較重要者仍然多達數十種，其中也很可能會有讀者從未聽聞的魔法相關知識。如此繁多的知識絕非單獨一人所能精通，因此本書只能採取由眾多著者各別負責不同領域的方式進行著述。

稻葉負責女巫、薩滿、神祕學等，桂則是執筆伊斯蘭教及亞洲非洲部分。佐藤寫塞爾特民族、密宗、基督教相關知識，秦野負責喀巴拉、陰陽道與立川流。遙主寫中國相關知識，牧山寫占星術和風水，關根負責創作作品。山北除負責心靈主義、鍊金術、民間信仰，同時還負責統合全書，補充不足的項目。

不過這僅是概略上的責任區分，實際著述時並無嚴格硬性規定各人的書寫範圍，因為各種魔法皆是息息相關，根本不可能如此嚴密地區分開來。舉例來說，鍊金術所用的金屬及藥品，就跟占星術的十二宮有密切的關係，而鍊金術與占星術又對喀巴拉造成了莫大的影響。因此，有許多項目乍看之下屬於某領域，對其他項目卻有極重要的影響，是以請另一位著者執筆會顯得較為恰當。

作者已慎重地重複檢查過內容，極力避免謬誤，不過卻也無法斷言此書完全無誤。倘若有誤，一切咎責歸於山北。

老實說，執筆此書是個極耗時費日的工作。本書原本預計於去年年中出版，但是調查資料與實際執筆所耗時日甚多，方才延遲至今日。參與本書著述工作以後，筆者似乎能夠理解為何國語學者皆以編纂辭典為最高榮譽。倘若進行如此龐大的作業，尚且無法得到他人稱讚及名譽，將來恐怕無人願意做這吃力不討好的工作。

無論如何，即便僅得一人因為本書而對「魔法」感興趣，也將是我等無上的榮幸。

1998年8月

執筆者代表

山北　篤

目次

規則

A 項目數及項目構成

1. 由歷史、創作作品、神話傳說、文化人類學等領域，選出約600個與魔法相關的用語。
2. 本文各項目由「中文標題語」、「歐美文（主要為英文）」、「日文假名」、「分類」、「說明本文」、「參考項目」構成。

B 排列

1. 按照英文字母順序排列。
2. 遇外國人名則以其姓氏為中文標題語。

本書使用方法

書眉
以兩個英文標示翻開處的第一個及最末的
中文標題語之歐美文。

中文標題語
項目名稱。遇人物名則以姓氏為標題語。

分類
標題語的大致分類。
■是大分類，●則是小分類。

A

阿巴度・亞爾哈茲瑞德
Abdul Alhazred　アブドゥル・アルハザード
■人物●小說

克蘇魯神話作品群中殺出的一位出身葉門的阿拉伯人，側向魔法書《死靈之書》（原名《瘋癲之書》（Kitab Al Azif））的詩人。人稱「瘋狂的阿拉伯人」，似是西元700年左右的人物。

亞爾哈茲瑞德曾會造訪巴比倫與孟斐斯[1]的古代遺跡，還曾經在阿拉伯南部大沙漠生活達十年之久。當時他在年已知今人畏忌的都市裡遊了一路，沿因此發現鬼民族留下的藏書。後來他在馬上革執筆《死靈之書》。據傳亞爾哈茲瑞德在738年失蹤，不過也有人認為他拿大白天在馬路上被透明的芽獸給咬死的。

阿巴度（Abdul）其實是阿布・亞爾（Abd Al）的訛誤，後面向加上亞爾哈茲瑞德（Alhazred），兩個定冠阿定詞（Al）就會重疊，所以這個名字實際上並不合理，這絕對是出自洛夫克萊夫特的小說，某個大人（據說洛夫克系夫特自己也不記得當詞說的）隨後胡謅的虛構阿拉伯的名字。若將其改成實際能夠成立的名字「阿巴度・亞爾・亞茲瑞德」（Abdul Al Azrad）應當就接近的名字了。

驅病符
Abracadabra　アブラカダブラ
■魔法●傳說

能夠規避不幸、使遲魔退選的咒文。使用時或是刻在護符上，或是書寫成逆三角形狀。

此字雖起源自希伯來文的「使波之膨受死亡（abreq ad habra）」同時逆關字也有「父與子與聖靈」的意思，所以絕對不可草率地使

用這個象徵唯一神的字。
此外亞面斯特・克羅利則十字abrahadabra才是驅病符的正確寫法。

驅病符

> ABRACADABRA
> ABRACADABR
> ABRACADAB
> ABRACADA
> ABRACAD
> ABRACA
> ABRAC
> ABRA
> ABR
> AB
> A

《亞伯拉─梅林》
Abra-Melin　アブラ─メリン
■作品●歷史

此書全名為《猶太人亞伯拉罕傳子拉美克的亞伯拉─梅林神聖魔法之書》（原文書名應為：The Book of Sacred Magic of Abra-melin the Mage as delivered by Abraham the Jew unto his son Lamech），據傳乃15世紀魔法讓亞伯拉罕所著之魔法書，但書寫上此青魯其實最早也只能推溯至17世紀。

這本書裡面內傳與礦地記載，魔法不得用以召喚惡魔或破壞等。而是所認同的魔法徒飛行、預知、立隱、治療等法術，到讓身成變成動物，（召喚制醫等，種種繁多。書裡關於記載如何使用這類正當魔法的方法：

（→黑魔法、白魔法）

亞當
Adam　アダム
■人物●傳說

猶太教、基督教、伊斯蘭教所說的人類始祖。他原不但被蛇的誘惑吃下智慧之果[2]果實，被逐出伊甸園。塑然亞當此名帶有人類墮落的意涵，但是在魔法與神祕主義的世界裡，亞當這個名字卻時常被用來象徵「偉大的人類」。猶太教神祕思想裡的亞當・加達蒙就是最典型的例子。

亞當・加達蒙
Adam Kadomon　アダム・カドモン
■概念●傳說

神所創造的第一個人類，是人類的雛型。又名「原生人」。

羅賓出亞當・加達蒙的乃是原形界（Olam ha-Yesodoth），非非物質界。合嗎巴拉的教義裡，共有四個地世界相互感應。誕生於原形界的亞當，等至創造界（Olam Briah）生的男女之別，降至形成界（Olam Yetzirah）始有民族、民族產生，來到物質界（Olam Assiah）才有個人的雛型。

根據榮格[3]的說法，亞當・加達蒙是他們所提出的集體無意識（Collective unconsciousness）的思想原理。

此外，由於亞當，乃依照「神的模樣」所創的，所以他是是以匹敵無限宇宙的巨大存在。甚至因而說法認為，當初亞當剛到待巳（夏娃），吃下智慧之樹果果被逐出樂園後，何時遺喪失了「神的模樣」此神性的象

徵，也就是無樂無際的巨體。有人認為生命樹所象徵的，以及起合型四文字（Tetragramaton・一神名）後得到的答案就是亞當，加達蒙，逐也寶買了削退說法。

從上述說明應該不難發現，先賢魔法由何而論，亞當・加達蒙象徵著沒有原罪的完整人類，於是早先的嗎巴拉師才會使以生命之樹的各球體，象徵達到「神的模樣」，必經的各歷梯，並且以成為沒有原罪的完整人類為目標，不斷修行。

非洲的魔法
African Magic　アフリカの魔物
■體系●歷史

（→魔法（非洲））

魔法（非洲）
African Magic　魔法（アフリカ）
■體系●歷史

非洲的文化雖然多樣化，個人大多都可分為農耕民族、畜牧民族、狩獵採集民族三種。

▲農耕民族
農耕民族家教與魔法上的特徵主要如下：
a) 重視一整年的結果
b) 認為工廠有神祕力量
c) 崇拜龍麗
d) 療行詛咒

1　正負斯為古埃及的首都，住於開羅以南的尼羅河口，與尼羅河西岸西部首都底比斯可呼的城寺列。

2　智慧之樹文作行「知善惡樹」。據《創世紀》載，人吃了禁樹果子「眼睛明亮」，同上早一誌「能知善惡器」。相傳智惹之樹與生命之樹同在園子中，顯彼看索加毫使（Cherub）看守。

3　榮格（Carl Gustav Jung，1875～1961）為瑞士籍之心理學家，也是個性神科醫師。榮格與弗洛依德於1900年由佛相識之《夢的解析》因對物觀識結識，和與榮後的新學識特界觀之深厚友誼，是他如理論和觀點之的驚經識析。此外，地因此兩種和界的心理觀感，以及基獨和思惟等的的心理學觀念，並且在解學方面有要關注點。縮地設計（力之面大約解除人業識學，象格是必評事業的學會，在世界心理學界有極高聲望。主要著作有《潛意識心理學》（1912）、《心理類型學》（1921）、《分析心理學的貢獻》（1928）等。

說明本文
標題語的解說內容。

參考項目
以粗體字表示參考項目。
魔法用語與各領域皆有關連性，務請參照。

魔法的歷史

▌ 魔法的肇始

「魔法」究竟誕生於何時？恐怕無人敢斷言。

不過我們可以推測：當可畏的大自然、肉食動物等威脅，孕育出人力無法企及的神祇、精靈，干涉人力不能及領域的技術時，魔法，也就跟著在同時誕生。薩滿乃全世界歷史最悠久的魔法師此一事實，也印證了這個說法。

簡單地說，薩滿就是種能夠跟神祇精靈溝通，祈請神靈協助的魔法師兼神官。這種薩滿信仰似乎乃所有人類皆共通的思想，世界各地所有文化圈到處都留有薩滿信仰的痕跡。

在所有近代國家的宗教當中，日本神道教等信仰要算是極少數仍留有極濃厚薩滿信仰色彩的宗教。

即便許多薩滿信仰宗教已經消滅，世界各地的祭典儀式中有不少讓人摸不著頭腦的行事，很可能都是薩滿信仰的遺風。

就算是在現代許多未開化種族之間，大部分薩滿仍是以絕對性的權威身分進行治療、求雨等法術，並且掌握著左右政治的重大權柄。

此外，我等日本人如今仍深受神道教影響，不少母親會對孩子說：「不可糟蹋食物，否則會遭到神罰。」

由此可見，「魔法」可謂是種由「信仰」孕育誕生的技術。

▌ 魔法誕生之異說

相對於前述說法，19世紀的社會人類學家弗雷澤[1]卻認為咒術早於宗教；他認為先

1　詹姆斯・弗雷澤（Sir James George Frazer，1854～1941）。出身蘇格蘭的社會人類學、神話學者。弗雷澤原本是位古典文學家，自從認識語言學者史密斯後，才開始對舊約聖經、魔法儀式感興趣。其代表作《金枝》（The Golden Bough）廣泛涉獵古典著作與民族誌資料等，是套集合殺害國王、農耕儀式等眾多宗教現象、共13項的巨著。岩波文庫出版的永橋卓次譯本乃是以1922年的簡約版為原本。

是有咒術，後來人類遭遇到就連咒術也莫可奈何的事態，才會有宗教的興起。

因此針對魔法之起源，弗雷澤必須提出信仰以外的說法。他的主要著作《金枝》裡介紹的魔法，更富有理論性（想當然爾，此處乃指跟神靈等說法相較下更富理論性）。

他在《金枝》裡提及的兩種魔法，就是順勢巫術與接觸巫術。

所謂順勢巫術，就是指應用「類似事物之間存在有某種形式的相互作用」此理論的魔法。順勢巫術雖有丑時參咒、巫毒娃娃等諸多用例，卻多已荒廢。

所謂接觸巫術，則是指建立於「曾經接觸過的事物間，分開後仍會相互影響」理論之上的魔法。譬如「切斷斷」[1]或「賤民」[2]、「出過車禍的車子不吉利」等，接觸巫術仍可見於今日社會。

當然，較具理論性者並不一定就是正確的說法。由於弗雷澤的理論太過輕易就能套用至社會進化論，再加上他恣意選擇事例實證等因素，因而使得其理論遭受到普遍猛烈的抨擊及批判。

▌魔法的發展

進入中世紀以後，古代的魔法開始產生了兩個重大的變化。

其一，人類對魔法力量之泉源的考察，遠較從前來得嚴謹許多。

魔法原本是種用來處理人力所無法干預的現象之技術，這點應是毋庸致疑。

然而就其方法而論，魔法和奇蹟卻是兩種不同的概念。

所謂魔法，就是指憑藉自我力量發揮超常力量一事。想要達此境界，勢必需要某種超越常人的事物，譬如艱辛無比的修行，抑或無人知曉的祕密知識。

相對地奇蹟則並非憑藉自我的力量，而是祈請高於人類的某種存在（不一定要是神，精靈或惡魔皆可）發揮力量。施行奇蹟者必須通曉如何和某種存在取得聯繫，並促使該存在實現願望的方法。

當然，魔法與奇蹟兩者間的界線很難完全劃分清楚。有時施行魔法所需祕密知識，很可能是神祇（或是類似的高等存在）所賜；有時施行奇蹟者必須藉由超乎尋常人的修行，才能得到強制高等存在實現願望的能力。

此外，魔法與奇蹟二者有時甚至還能並立於同一個魔法體系當中。舉例來說，鍊金術的目標是欲藉由得到祕密知識，進而使自己成為超人；由此我們可以斷言，鍊金術很明顯地算是種魔法。然而在眾多鍊金術師當中，不乏有人認為自己成為超人乃是神的恩

寵；按照這種說法，那麼鍊金術應該是種奇蹟。換言之，即便是同一個魔法體系，其理論有時也會因人而異。

不過絕大多數的魔法分類皆頗為明確。人類就是藉由這番考察，進而透過魔法理解世界。

想當然爾，古代人也必定曾經透過魔法來理解世界；只是隨著考察的方法漸趨精緻嚴謹，後世人類才能用魔法建立理論說明世界的構成。

就某個意義層面來說，此番變化亦可謂是魔法的哲學化。

西洋魔法深受基督教影響便是如此。倘若魔法的力量跟基督教的神毫無任何關係，那麼人類毋須神明因素，便可完整地解釋整個世界。這種行為乃是冒瀆神聖，很有可能會因此遭斥為異端。

因此，西洋魔法力量的泉源（很可能只是表面而已）全都來自於神的恩寵。相反地，以惡魔的恩寵行魔法者，就會被認定為邪惡。

相對地，能倖免於基督教影響的東方世界便無此等枷鎖，魔法的種類變化也遠較西洋來得多樣。

就以佛教系魔法為例，術者的驗力（請參考第103頁）所能發揮的效果也遠較唸誦佛經要大得許多，因此可說是無奇不有。

第二個重大的變化，就是魔法的高度化、複雜化。

由於魔法必須跟人類的進步一同進步，所以才會產生這種變化。從前人類只需向附近的巨岩或樹林祈禱就已經足夠，後來隨著文明的進步卻也逐漸無法滿足於這些單純的魔法。

換句話說，一旦文明與各種技術日益精進，魔法的技術也必須同時跟著進步才行。倘若此時再回過頭去看從前的魔法，看起來全都像是騙小孩的把戲。

於是人類遂進而開發出更複雜且高度的魔法體系，因為人類相信愈是新穎複雜的魔

1　切斷斷（えんがちょ）乃小朋友在斷絕朋友關係時，一邊以手指交繞出特定形狀，一邊口中唸的詞句。各地略有出入，此字原是切斷緣分的意思。

2　賤民是指印度種姓制度中不屬於四種種姓（婆羅門、剎帝利、吠舍、首陀羅）的人，他們被視為低於任何四種種姓。賤民的組成很廣泛，佔印度人口的25%。在印度的種姓制度中，賤民還要分成幾個亞等級。賤民在傳統的印度社會中只被允許做非常卑微的行業，包括：掃街、清潔旱廁、理髮、鞋匠、皮革加工、洗衣服、捕魚。賤民的來源不可考，他們可能是南印度人來到印度次大陸以前的原住民，也可能是罪犯，也可能是犯了事的戰俘，甚或是不理種姓制度限制而進行的跨種姓婚姻及其後人。值得注意的是，不論男女雙方原來的種姓為何，只要其中一方為賤民，其後裔皆為賤民。

法，其效果就愈加強大且確實。

密宗原本只有一座護摩壇而已，後來法壇的數目逐漸增加，最後定型成為五座法壇，也是同樣的道理。

此外，魔法的複雜化也成了魔法失效時的理由。

換言之，魔法之所以未發生作用，是因為使用者並未具備超人的能力所致。不，或許該說是因為使用者並未按照正確方法實行複雜的儀式使然。

此傾向並非西洋魔法所獨有，就連東方世界、非洲和美洲亦是同樣。

日本格外看重由國外輸入的新奇魔法。當魔法輸入日本以後，日本人就會在國內予以改良，並另行創造出日本獨特的魔法。現代的日本人擅長於改良科學技術，而千年前的日本人則是對魔法採取同樣的作業。

密宗、陰陽道等宗教由中國輸入日本後，在日本有進一步的發展，並且還與神道教結合，孕育出修驗道等體系。

當時得到發展的魔法體系，如錬金術、喀巴拉、密宗、陰陽道等，全都有個共通的特徵：它們皆明確地指出魔法力量的泉源，而且都是高度複雜的魔法體系。

▌近世的衝擊

文藝復興以後文明再度快速成長發達，連帶使得魔法的周遭環境產生劇變。

這個時代，可謂是魔法的受難時代；大眾對文明進步的不安情緒指向魔法，也只能說是魔法的不幸而已。在社會不安定的時代裡，眾人總是會以少數人作為發洩壓力的出口。

被稱做黑暗時代的中世紀非但社會安定，人們對魔法的態度也較為寬容。然而，人稱理性時代的文藝復興時期以後卻是人心惶惶、獵殺女巫盛行，許多人相繼因此遭處火刑。

而且，當時的世界潮流又開始傾向於政教分離。

在這個時期，世界各地到處都有許多欲使政治與宗教分離的運動。西洋的絕對王權是這樣，織田信長攻打一向宗[1]也是這樣。

於是人類遂慢慢遠離了神祕諸事。

這個時代的魔法停滯不前，幾無任何重要的進步。此時的魔法界吹起文藝復興的復古主義風潮，還有許多像薔薇十字團這種以「復興太古魔法」為名，從事魔法研究的人

出現，也是這個時期魔法的一大特徵。

▋ 近代的復興

工業革命以後，當文明的發展速度超越人類理解範圍時，魔法的時代又再度到來。由於科技太過發達而產生的反作用力，使得當時人們反而為諸多神祕事物傾倒。

其中最重要的運動，當屬心靈主義的肇始。由於魔法的複雜化、高度化早已趕不上文明發展的速度，使得簡單樸實的靈能力看來反而更為真實。

這是個用科學解釋世界的時代。換言之，科學已取代了哲學，為「世界究竟為何」此問題提出各種解答。

這麼一來，用魔法解釋世界便失去了真實性，因為任誰都會覺得用科學解釋世界，遠較用魔法解釋世界要來得理所當然，而且有效。

然而，科學對世界的解釋卻是非常乏味無趣。因為在科學的解釋裡，沒有人類的感情或意志等因素存在；而世界（宇宙）即使缺乏這些因素仍能存在的說法，對人類來說想必是極為難堪。

話雖如此，事已至此卻也不能再走回頭路、回歸從前精緻的魔法體系。此舉就相當於是站在理論性的競技場上與科學角力，根本毫無勝算可言。

因此，捨棄理論的心靈主義或超能力等魔法體系，才會大行其道。這些魔法體系的說法就是：根本就沒有什麼道理可言，反正有某種力量存在於該處就是了。只要沒有理論存在，雖無法證明之，欲完全否定推翻之亦是不可能。

於是在這科技發達的時代，才會有簡樸的魔法大行其道這種逆說式的狀況發生。

當然，神智學和人智學等體系為構築擁有理論體系的魔法所付出的苦心努力，並非就此消失。然而，就連神智學的龍頭神智學協會，後來也逐漸傾向於心靈主義，經常置理論性於罔顧。

1　一向宗即日本淨土真宗。《無量壽經》卷下：「一向專念無量壽佛。」善導《觀無量壽經疏》卷四：「一向專稱彌陀佛名。」因淨土真宗以一向（專心）念佛為宗旨，故被其他宗派稱為一向宗。

▌現代的魔法

現代世界裡有各種魔法體系並存。從古代流傳至今的薩滿信仰，到中世紀魔法、靈能力和超能力等所有魔法，呈現百家齊鳴的局面。

在眾多魔法當中，最為繁盛興隆者非占卜莫屬。理由有二：

其一，現代各種事物的變化速度太快，因而使得預言更顯重要。就連遠較現代少變化、人類悠然度日的時代，尋求預言者就已是絡繹不絕。更遑論身處現代社會，幾乎所有人皆是對未來前景忐忑不安，尋求預言者自然是為數眾多。

其二，當著觀眾無中生有、使物體產生變化的魔法，有效與否、是真是偽，全都攤在陽光下，無所遁逃。相對地，進行預言的當下卻無法馬上判定魔法的真偽，因此頗方便偽魔法師使用。現代社會裡不乏有貨真價實的預言家、占卜師，不過真正的預言家、占卜師的數量絕對不可能如此多；實際上，其中絕大多數應該都是騙徒才是。

由於需求量和供給量皆居高不下，方才使預言和占卜等魔法得以有今日的盛況。

至於鍊金術和神祕學等魔法的狀況就不同了。由於從前的納粹有頗濃厚的神祕主義色彩，以致今日仍有許多人認為魔法與法西斯主義兩者有極為密切的關係。事實上，法西斯主義不過只是利用魔法而已，其主義主張其實跟魔法毫無任何關聯。時至近世，卻還想將已經分離的政治與魔法再度結合，可謂是極為突兀嚴重的時空錯亂現象。

▌魔法的未來

即便魔法屢屢遭斥為迷信，卻仍深深紮根於人心深處。今後無論科技如何發達，魔法也絕不會遭到遺忘。

當然，每個時代都有各自流行的魔法，以及荒廢無人問津的魔法，不過魔法卻永遠不會消失。

DICTIONARY OF THE MAGIC

魔法・幻想百科

阿巴度・亞爾哈茲瑞德

Abdul Alhazred　　　　　アブドゥル・アルハザード

■人物●小說

　　克蘇魯神話作品群中提及的一位出身葉門的阿拉伯人。創作魔法書《死靈之書》（原名《魔聲之書》〔Kitab Al Azif〕）的詩人。人稱「瘋狂的阿拉伯人」。似是西元700年左右的人物。

　　亞爾哈茲瑞德經常會造訪巴比倫與孟斐斯[1]的古代遺跡，還曾經在阿拉伯南部大沙漠生活達十年之久。當時他在早已為今人遺忘的都市裡迷了路，卻因此發現古民族留下的藏書。後來他在大馬士革執筆《死靈之書》。據傳亞爾哈茲瑞德在738年失蹤，不過也有人認為他是大白天在馬路上被透明的野獸給咬死的。

　　阿巴度（Abdul）其實是阿布・亞爾（Abd Al）的訛誤，後面再加上亞爾哈茲瑞德（Alhazred），兩個定冠詞亞爾（Al）就會重疊，所以這個名字實際上並不合理。這是因為此名其實是洛夫克萊夫特小時候，某個大人（據說洛夫克萊夫特自己也不記得是誰說的）隨便胡謅的虛構阿拉伯名字。若將其改成實際能夠成立的名字，「阿巴度・亞爾・亞茲瑞德」（Abdul Al Azrad）應是最接近的名字。

驅病符

Abracadabra　　　　　　アブラカダブラ

■魔法●傳說

　　能夠規避不幸、使惡魔退避的咒文。使用時或是刻在護符上，或是書寫成逆三角形狀。

　　此字應是源自希伯來文的「使汝之雷蒙受死亡（abreq ad habra）」。同時這個字也有「父與子與聖靈」的意思，所以絕對不可草率地使用這個象徵唯一神的字。

　　此外亞雷斯特・克羅利則主張abrahadabra才是驅病符的正確寫法。

驅病符

```
ABRACADABRA
ABRACADABR
ABRACADAB
ABRACADA
ABRACAD
ABRACA
ABRAC
ABRA
ABR
AB
A
```

《亞伯拉─梅林》

Abra-Melin　　　　　　　アブラ＝メリン

■作品●歷史

　　此書全名為《猶太人亞伯拉罕傳子拉美克的亞伯拉─梅林神聖魔法之書》（原文書名應為：The Book of Sacred Magic of Abra-melin the Mage as delivered by Abraham the Jew unto his son Lamech）。據傳乃15世紀魔法師亞伯拉罕所著之魔法書，但實際上此書最早也只能推溯至17世紀。

　　這本書裡面明確地記載，魔法不得用以召喚惡魔或是為惡。此書所認同的魔法從飛行、預知、幻影、治療等法術，到變身成動物、召喚神靈等，種類繁多。書裡都有記載如何使用這類正當魔法的方法。

　　　　　　　　　　（→黑魔法、白魔法）

亞當

Adam　　　　　　　　　　アダム

■人物●傳說

猶太教、基督教、伊斯蘭教所說的人類始祖。他禁不住**蛇**的誘惑吃下智慧之樹[2]果實，被逐出伊甸園。雖然亞當此名帶有人類墮落的意涵，但是在魔法與神祕主義的世界裡，亞當這個名字卻時常被用來象徵「偉大的人類」。猶太教神祕思想裡的**亞當‧加達蒙**就是最典型的例子。

亞當‧加達蒙

Adam Kadomon　　　　　　　アダム‧カドモン

■概念●傳說

神所創造的第一個人類，是人類的雛型。又名「原生人」。

蘊育出亞當‧加達蒙的乃是原形界（Olam ha-Yesodoth），並非物質界。在**喀巴拉**的教義裡，共有四個世界相互感應。誕生於原形界的亞當‧加達蒙，降至創造界（Olam Briah）始有男女之別，降至形成界（Olam Yetzirah）始有民族、氏族產生，來到物質界（Olam Assiah）才有個人的誕生。

根據榮格[3]的說法，亞當‧加達蒙是他所提出的集體無意識（Collective unconsciousness）的思想原型。

此外，由於亞當‧加達蒙乃依照「神的模樣」所創造，所以他是足以匹敵無垠宇宙的巨大存在。甚至還有說法認為，當初亞當得到伴侶（夏娃）、吃下智慧之樹禁果被逐出樂園後，同時還喪失了「神的模樣」此神性的象徵，也就是無垠無際的巨體。有人認為**生命之樹**所象徵的，以及組合聖四文字（Tetragrammaton。→**神名**）後得到的答案就是亞當‧加達蒙，這也證實了前述說法。

從上述說明應該不難發現，光就魔法面向而論，亞當‧加達蒙象徵著沒有原罪的完整人類。於是早先的喀巴拉修行者便以生命之樹的各球體，象徵達到「神的模樣」必經的各段歷程，並且以成為沒有原罪的完整人類為目標，不斷修行。

非洲的魔法

African Magic　　　　　　　アフリカの魔術

■體系●歷史

　　　　　　　　　　　（→魔法〔非洲〕）

魔法（非洲）

African Magic　　　　　　　魔術（アフリカ）

■體系●歷史

非洲的文化雖然多樣化，但大多都可分為農耕民族、畜牧民族、狩獵採集民族三種。

①農耕民族

農耕民族宗教與魔法上的特徵主要如下：

a) 重視一整年的循環

b) 認為王擁有神祕力量

c) 崇拜**祖靈**

d) 盛行**詛咒**

1　孟斐斯為古埃及的首都，位於開羅以南的尼羅河畔。與美國田納西州西南部密西西比河畔的城市同名。

2　智慧之樹又譯作「知善惡樹」。據《創世紀》載，人吃了該樹果子「眼睛就明亮」，同上帝一樣「能知道善惡」。相傳智慧之樹與生命之樹都長在伊甸園東方，附近還有兩名智天使（Cherub）看守。

3　榮格（Carl Gustav Jung，1875～1961）為瑞士著名心理學家，也是個精神科醫師。榮格對佛洛依德1900年出版的《夢的解析》很感興趣，參加佛洛依德的精神分析運動，後因兩人學說產生分歧而決裂。榮格的學說與佛洛依德最大的分別，是他的理論有較廣泛的考察證據。此外，他提出內傾和外傾的心理類型，以及集體無意識等重要的心理學概念，並且在解夢方面有傑出成就。據他估計，自己一共大約解過八萬個夢。榮格是位學貫東西的學者，在世界心理學界有極高評價。主要著作有《潛意識心理學》（1912）、《心理類型學》（1921）、《分析心理學的貢獻》（1928）等。

a) 重視一整年的循環

由於作物的生長為季節所左右，所以農耕活動以一年為週期來進行。人們意識到名為「一年」的**時間**，便在新年或收割時舉行慶祝。

例如西非的亞香提族將收割山藥的時節稱呼為「奧祖拉」，將其視作一年的開始，屆時會舉行誕生新年的儀式。以日本的情況來說，就像是新年慶典與秋收祭同時舉行的感覺。奧祖拉乃是祭典的時期，是與平常不同的時間。在這段期間中日常秩序完全顛覆。女扮男裝、男扮女裝（**異裝**）、戴上假鬍鬚的小孩列隊遊行、王暫時被拉下寶座、鐵匠穿上王的衣服坐上寶座。他們認為經歷如此一段混亂的短時間後，「舊年會死去，新年則會出生」。

b) 認為王擁有神祕力量

由於播種與收割需要眾人齊力進行，所以農耕社會中會形成指導者，指導者則被稱為王。王被當作天地萬物的主宰者而受人們尊敬。相對的，也對一年中的事件負有全部責任。甚至連疾病與天氣都被當成王的責任。若連日乾旱時，人們便會將王稱為「**雨司**」（Rain Maker）並請求王進行**求雨**。

若連續歉收，或王本身因疾病或年邁而明顯衰老了，他便會被認為「不適合當王」，常因此被殺死。這種儀式便是所謂的「殺死神王」[1]。

c) 崇拜祖靈

在農耕社會中，人們基本上世世代代居於同一場所，社會關係極易固定。為此，人們會強烈意識到「與自己有著相同血緣、曾住在同一間房子、如今卻已死去的人」，亦即祖先的存在。

例如對南非的祖魯族（Zulu）而言，創造宇宙的神「**遍在者**（烏穆維裡庫旺基）」並不關心日常事物。與活著的人們有關係，會為人帶來幸或不幸的乃是祖靈（祖先的靈魂）。祖靈會對做了壞事的人、玷污神聖土地（墓地或儀式的場所）之人進行懲罰、讓他們生病。

在這種狀況的疾病出現後，便輪到巫醫（Witch Doctor）上場。巫醫分為女巫醫（Isangoma）跟男巫醫（Inyanga）。女巫醫是「觀看者」，會觀看祖靈的樣子，找出祖靈為何發怒。男巫醫則是藥師，依據女巫醫的所見所感從藥草中調配出藥。

d) 盛行詛咒

農耕社會中人們長期居於同一場所，並與同樣的人群來往。就在這樣的過程中，人們變得相信起「對人的嫉妒或者憎恨，會變成詛咒實際影響人」。

在因某件事而發生了不幸的結果，常常變成認為「這都是因為被某某人詛咒的關係」的情況，往往有人會被人毫無證據地告發。接著村人們會聚集，確認被懷疑的人是否真的進行了**咒詛**。確認的方法依地區各有不同。在有的情況中即使多人作證：「曾經看過這個人在詛咒某某人」，罪名也不會成立；也有讓有嫌疑之人喝下毒藥，若對方死去便是有罪這種簡單明瞭的情況。

像這樣的裁判，再發展下去便是歐洲的**獵殺女巫**，會變成以可怕的規模越演越烈。

②畜牧民族

畜牧民族宗教與魔法的特徵主要如下。

  a) 唯一神的存在感極強
  b) 獻牲的儀式
  c) 存在**先知**

a) 唯一神的存在感極強

畜牧民族的生活頗為艱辛，不知在何時就會因乾旱、疫病或與其他部族的戰鬥使家畜全

部死亡。命運瞬間大變，而人們束手無策。只能認為是有一股偉大而暴虐的力量在推動世界。

　　這股力量便是唯一神。祂並非溫柔的神明，而是易怒之神、降祟之神。

b) 獻牲的儀式

　　為了表明對唯一神的信仰，以及為了讓神不對自己等人發怒，他們會殺死家畜奉獻予神，再一同食用牲禮。這便是獻牲（→**犧牲**）。

c) 存在先知

　　偶爾會有能將神的**話語**轉達給人類的人突然出現，這種人便是先知。這些人並非自願成為先知，因為是神明不管他們的好惡而降靈在他們身上。他們會一面渾身大汗一面以近似囈語的劇烈語氣傳達神的話語。**舊約聖經**中的先知們或伊斯蘭教始祖**穆罕默德**的原形均屬此類。

③狩獵採集民族

　　狩獵採集民族宗教與魔法之特徵主要如下。

　　a) 與世界本身的一體感強烈
　　b) 沒有專門的宗教職者或巫師
　　c) 以歌唱或舞蹈取代宗教儀式

a) 與世界本身的一體感強烈

　　他們認為世界上的一切物體皆有靈魂，而這些靈魂熟知人類的事務，並加以關注。

　　例如中非的俾格米人（Pygmy）[2]就認為森林（或說是森林的靈魂）乃是朋友，因而常常會對森林唱歌說話。倘若人類互相征戰，或者對年長者無禮，或者將獵物奉獻給森林的靈魂，森林的靈魂便會發怒。一旦發怒，森林的靈魂便會將豹子送入小屋中、讓樹木倒下、令人死去。

　　狂風便是顯示森林的靈魂正在發怒，所以他們認為在刮狂風時，最好躲在家中某處，以便能「為了不被森林的靈魂發現」。對農耕民族來說，雨水是令作物成長的好現象，但狩獵採集民族則因為無法狩獵故而厭惡下雨。雨、水、雷聲、閃電、彩虹皆是與死亡有所關連的現象，特別是彩虹更被當作死亡的象徵而成為忌諱。

b) 沒有專門的宗教職者、巫師

　　狩獵採集民族與農耕民族不同，沒有為了生存而要許多人通力合作的必要，但相對地，一個人卻必須要做各式各樣的事。每個人都必須會追捕野獸、摘取果實，還要能與自然界的**精靈**交流，因此不存在「咒術的專家」或是「和神對話的專家」。族人裡雖然有特別容易看見精靈的人存在，但那就跟有人視力好有人視力不好、有人跑得快有人跑得慢是同樣的道理。

c) 以歌唱或舞蹈取代宗教儀式

　　狩獵採集民族的社會中沒有專業的宗教家與巫師，也不流行太過繁複的咒術或儀式。相對地，歌唱或舞蹈卻因擁有法術的意涵而較為盛行。

　　例如南非的布須曼人（Bushman）[3]有名為「恍惚療舞」（trance cure dance）的舞蹈。這是為了將疾病從病人體內取出的舞蹈，女人

1　「殺死神王」一事於《金枝》第二章中有詳細記載。

2　赤道非洲部族的一支，屬矮小人種。

3　居於非洲西南，在靠近非洲南部Kalahari沙漠附近的灌木叢林中，以行獵為生的部族。

先在火堆周遭排成圓圈，男人接著在外面也排成圓圈，然後開始跳舞。在跳舞的過程中會有數名男人被神靈附身，接著只要他們觸摸病人，就能將疾病從對方體內取出。這種舞蹈常常需要跳上徹夜。

虛空

Ain　　　　　　　　　　　　　　　　　無

■概念●傳說

（→無）

無

Ain　　　　　　　　　　　　　　　アイン

■概念●傳說

　　喀巴拉思想的**生命之樹**圖式裡，位於王冠（Kethe）上方的境界。

　　它是一切存在「沒有原因的原因」。所以「無」並非是種存在，它是超越所有概念的不可知事物，是以被定義為任何研究皆不能及的「永遠」與「無限」的原理。

　　12世紀的喀巴拉僧[1]：拉比·阿茲利爾·本·米拿現（Rabbi Azriel ben Menahem）認為，「無」無法以人智捕捉、理解，同樣地也無法用任何語言說明。此概念與**莊子**的**道**極為酷似。

　　從「無」向外依序是「無限」（Ain Suph）與「無限光」（Ain Suph Aur），愈是往外愈能被智慧理性所理解。「無限光」再往外就是生命之樹的頂點：王冠。

　　記述生命之樹圖式時通常是用0來代表「無」。同樣地00代表「無限」，000則是代表「無限光」。

阿卡錫紀錄

Akasic Record　　　　　　アカシック・レコード

■概念●小說傳說

　　人智學家魯道夫·**史丹勒**提出的概念，源自於梵文的「阿卡夏」（Akasha，原物質）一詞。又稱阿卡夏紀錄。

　　阿卡錫紀錄是指高階意識世界裡一種類似龐大靈資料庫的東西，它儲存了全宇宙過去曾經驗過的，以及未來即將經驗的所有行為、思考、事件的紀錄。只要進入此資料庫，過去與現在自是不在話下，尚且還能預知未來。

　　近代**超能力**領域的巨擘愛德加·凱西[2]能夠在睡眠中讀取阿卡錫紀錄，並利用其情報預言未來、知曉過去。或許是因為這個緣故，後來許多自稱為預言能力者皆聲稱自己曾經看過阿卡錫紀錄。

（→預言家）

大阿爾伯特

Albertus Magnus　　　　アルベルツス・マグヌス

■人物●歷史

　　中世德國的主教、神學家、哲學家（1193～1280）。Magnus是「偉大的」的意思，並不是他的姓。

　　據傳大阿爾伯特曾經花費30年的時間製造一尊黏土人偶；這人偶能夠行走說話，還能回答問題、解數學題目，傷腦筋的是這人偶非常愛說話，沒一刻安靜。據說大阿爾伯特的弟子托馬斯·阿奎那[3]不堪其擾，忍不住拿了把鐵槌將老師的人偶敲成稀巴爛。托馬斯後來成為中世紀最偉大的神學家，但是他從來不曾否定魔法。因為再怎麼說，他自己就曾經親眼見識過魔法。

　　大阿爾伯特著有一本名為《大阿爾伯特祕密之書》（The Book of Secrets of Albertus Magnus）的魔法書。不過這本書寫的盡是些**召喚**靈體的方法，沒什麼特別了不起的內容，是否真為大阿爾伯特所著，仍有待證實。

　　大阿爾伯特死後約600年後，才被列入基督教的聖人行列。

鍊金術

Alchemy　　　　　　　　　　　鍊金術

■體系●傳說

歐洲的鍊金術在羅馬帝國末期時開始出現，風行整個中世紀。

●鍊金術的思想

由於來源龐雜的數種術法都被囊括在鍊金術此一體系中，因此無法究明鍊金術的最基本思想。不過主要的思想體系大概可以分為四種。

①赫密斯學

此思想體系被認為是赫密斯神（相當於埃及的透特神〔Thoth〕）所賜與的，並被理解成一種哲學。而名為鍊金術的技術之所以存在，便是這種哲學的實際運用。

②作為神祕學的鍊金術

這種思想認為鍊金術的目的不在製造金屬的黃**金**，而在於製造「性靈的黃金」。**共濟會**一派的鍊金術師大多鼓吹這種思想。

③作為現代化學前身之實際技術的鍊金術

鍊金術以調和藥品與確認效果的行為為基礎，被作為實驗科學發展。許多在現代被稱為化學史中的先鋒之人，在當時一直都被當成是鍊金術師，這點無庸置疑。

④偉大祕法（Arsmagna）

這種祕法又被稱為「王者之術」，大約是在進入中世紀後期的15世紀後才被提出的思想。認為在**亞當**被從神身邊放逐驅離後，自然萬物便失去了真正的力量。而鍊金術的目的便在取回這股力量，接觸第一動因（first cause，萬物的原因，一般被視作與神相同），在於獲得「真知」（gnosis）[4]。

●鍊金術的目的

鍊金術的目的大概可以分為5個。

①製造黃金

在鍊金術的體系裡，這雖非被高度重視之事，但對凡人來說卻意義重大。因此諸侯或國王資助鍊金術師讓他們研究如何製造黃金。當然，大多最後只落得被騙子捲款潛逃的下場，但若想到這些研究變成了後世化學發展的基礎，大概也不算是浪費錢。

②製造人造生命

這種人造生命體叫荷姆克魯斯（Homunculus，又譯作人造侏儒），是在試管中培育而成，製造荷姆克魯斯本身並非鍊金術的目的，但鍊金術師為了確認自己的理論是否正確，以及為了確認造出的**賢者之石**是否為真，便會嘗試進行製造荷姆克魯斯。

③製造賢者之石

1　喀巴拉是猶太教的祕密教義。研究喀巴拉的人叫做喀巴拉僧，但他們並非全是猶太教教徒。

2　愛德加‧凱西曾經利用阿卡錫紀錄，對亞特蘭提斯等文明提出詳細說明。

3　托馬斯‧阿奎那（Thomas Aquinas，約1225～1274）為中世紀基督教神學家、經院哲學家。德意志皇帝腓特烈一世的外甥，腓特烈二世的堂兄弟，多明我會會士。使用哲學方法論證神學命運。認為真理首先在理智中，然後才在事物。著作有《神學大全》、《反異教大全》和對亞里斯多德哲學所寫的許多注疏等。

4　gnosis即為希臘文中的「知識」之意，此字也是基督宗教教派諾斯替教（Gnoticism）名稱之由來。該教派認為得到救贖的方法，是獲得祕密啟示的有關真理起源，以及人體內靈魂的真正命運之知識。

據**帕拉塞爾蘇斯**所說，它是有著紅寶石的紅色金屬，能將金屬變為黃金，是能治百病並讓人獲得永恆生命的物質。

④淨化人的靈魂與靈性的復活

所謂的鍊金術並非是要製造黃金，而是以將身為賤金屬的普通人類，昇華成比貴金屬還要可貴的完美人類為目的的修練體系。所謂的賢者之石，便是象徵在此過程中所能獲得的智慧。

⑤獲得偉大祕法

獲致偉大祕法者，被認為可成為超人，擁有與神相等的智慧與力量。可藉由賢者之石獲得**天使**的肉體，再藉由知識與力量獲得**長生不老**。到達此一境界的人類，雖是肉身卻已獲得救贖，甚至在末日審判中也無須被審判。到這種地步，鍊金術已經變成了一種祕密儀式性質的基督宗教。17世紀時曾盛行過這種思想。

被劃入鍊金術此一體系的知識與**占星術**、**神智學**等一切西洋神祕思想的分野一直相互牽連，並經過了長期發展，所以變得非常難以理解。又，因為多數鍊金術師留下的紀錄全是抽象的象徵性訊息，且相互矛盾的紀錄也不少，連解釋這些紀錄的方式也因解讀者而有所不同。甚至會有不同解讀者將同一書籍解釋成相反意義的糟糕結果。

由於狀況如此，便難以對所有鍊金術進行系統性的解釋。因為現今存在的鍊金術，只是各鍊金術師自己建立的個別鍊金術體系而已。

（→象形寓意圖之書）

「鍊金術」中表示金屬的符號

記號有無數種變形，此處刊出的只是代表性的一例。

亞雷斯特・克羅利
（阿萊斯特・克勞力）

Aleister Crowly[1]　　　　　アレイスター・クロウリー

■人物●歷史

以「獸666」自稱，20世紀最有名且惡名昭彰的魔法師（1875～1947）。

克羅利出生於英國的雷明頓（Leamington），自幼便接受嚴格的基督教教育；不知是否出自於對基督教的反感，他後來對**魔法**與**神祕學**等領域甚感興趣。克羅利就在劍橋大學畢業前夕加入了魔法結社**黃金黎明**，學習基礎的魔法知識。

後來克羅利因為黃金黎明內部紛爭而脫團出外遊歷（也有人認為克羅利正是紛爭的起因）；1904年在埃及因為某種機緣，發現妻子蘿絲（Rose）被**守護天使**愛華斯（Aiwass）**附身**後，筆記其話語寫成魔法書《律法之書》。克羅利將自己研究的獨特儀式魔法稱作祕術（Magick），藉以與其他魔法區別。

1907年克羅利為研究及出版《律法之書》（Liber AL vel Legis），在倫敦設立魔法結社「A∴A∴」[2]。此時的克羅利充滿精力地積極從事魔法活動，卻不幸遭逢女兒的死亡與離婚等事件。傷心的克羅利逐漸傾向於**性魔法**領域，後來德國的性魔法結社「O. T. O.」[3]主動前來接觸，他便藉此契機設立「O. T. O.」英國分部，自己出任分部長（後來又接下該會龍

頭位置，成為總部長）。

後來克羅利苦於籌措資金，便離開英國前往美國發展。他在美國度過第一次世界大戰時期後，1920年在義大利的西西里島設立迪拉瑪修道院。克羅利在這裡從事的主要是涉及性交與使用**毒品**的魔法研究；他再三招待名人參加淫靡的儀式，此舉當然不為義大利當局所見容。於是當局便以院內有青年病死為由，大肆展開搜查，最後勒令克羅利離開義大利；從此以後，克羅利就每況愈下、一蹶不振。

當時他想要返回故鄉英國，卻遭事先得知消息的媒體猛烈抨擊指為「全世界最邪惡的人」、「食人魔」、「墮落的魔王」，英國政府受媒體影響，拒絕讓克羅利歸國。克羅利逼不得已只好流浪於法國、突尼西亞、德國等地，直到1937年他才好不容易終於返國。晚年他就在偏僻的鄉村專心從事著作，72歲去世。

由前述生涯經歷不難得知，克羅利是個放蕩無賴的人物；報紙記者會群起圍攻，把他寫成極惡份子也絕非毫無來由。然而他身為一個魔法師，也稱得上是個始終堅持捍衛自己的魔法不曾變節的人物。論其個人成就，20世紀再沒有其他魔法師能夠像他如此引人爭議、名震天下。這也是他被稱作「20世紀最偉大魔法師」的原因。

毛姆[4]的作品《魔法師》裡面，就有位以克羅利為模特兒的人物。

妖精[5]

Alfar　　　　　　　　　　　アルファル

■生物●小說傳說

英語寫作Elf。北歐神話裡體型嬌小的美麗妖精。

傳說創世巨人伊米爾（Ymir）死後，眾神眼見狀似蛆蟲的「東西」自屍骸湧出，心有不捨而授以近似人類的模樣，妖精種族於是形成。

醜陋的**矮人**族也有相同的誕生故事，兩者分別只在於妖精是種遠較矮人美麗、心地善良的生物。妖精居住在天空與大地之間的世界：愛爾芙海姆（Alfheim，妖精之國），由豐饒之神福瑞[6]統領。

北歐居民相信妖精是種遠較人類嬌小、美麗的**精靈**。妖精的個性恰如其美貌，善良又親切，不喜歡曝露在人類的目光與陽光之下。妖精有時會從愛爾芙海姆降至人間，與花鳥蝴蝶遊戲；有時則是喜歡成群結隊在夜晚的草原上圍成圓圈跳舞（青草長成環狀的地方又叫做「妖精之環」，據傳就是妖精跳舞的痕跡）。

妖精與矮人同樣都喜歡惡作劇（話雖如此，所謂惡作劇也不過是把馬匹鬃毛打結這類無傷大雅的玩笑），有時甚至還會幫忙做家

1　克羅利的英文名字多拼作「Crowley」，作者所採「Crowly」拼法較少見。

2　A∴A∴（Astrum Argentium）又可譯作「銀星」。剛開始教授些承繼於黃金黎明的魔法，但漸漸地偏向瑜伽、性魔法，最後終於放棄了儀式魔法。

3　O. T. O.為德文「Ordo Templi Orientis」的簡稱，翻譯成英文則是「The Oriental Order of the Templars」，若採直譯則為「東方聖殿騎士團」。

4　毛姆（William Somerset Maugham）是二十世紀英國最重要，也是最知名的作家之一。1874年出生於法國巴黎。23歲以第一部小說《蘭白斯的麗莎》一鳴驚人；1915年的《人性枷鎖》與1919年的《月亮與六便士》確立他在文壇上的地位。他不但是位優秀的作家，更是成功的劇作家。毛姆於1954年受封「名譽勳爵士」，1965年逝世。

5　通常譯作「精靈」，唯容易與泛靈信仰的「精靈」混淆，故譯作妖精。

6　福瑞（Freyr）屬於攸關農作物收成且愛好和平的華納神族。福瑞既屬華納神族，又是阿薩神族中最聰明優秀的神明。祂氣質非凡，目光炯炯有神，和巴多（Baldr）同為完美的年輕神明。

事。不過妖精比黑色矮人更加善惡分明，所以通常都有厚報善人、嚴懲惡人的性格傾向。

北歐居民在用餐等場合會事先留下一些牛奶或蜂蜜，再將其獻給妖精或矮人作為供品，祈求他們守護自己的家庭。北歐的妖精族其實就是北歐各家庭所信奉的家庭神；獻供正是人類為討其歡心的咒術性行為。然而，這種樸素的信仰自基督教傳入北歐後便已經不再。從前生活在天上的妖精自此遭貶，轉而變成居住在原野或森林中，脾氣反覆無常的生物。妖精可謂是這類「小神祇」的典型例子。

《愛麗絲夢遊仙境》

Alice in Wonderland　　　　不思議の国のアリス

■作品●歷史

英國作家路易斯‧卡洛爾（Lewis Carroll，1832～1898）的小說，於1865年出版。

卡洛爾本名叫做道吉森（Charles Lutwidge Dodgson），原本是位年輕的數學教師。在他經常出入的朋友家裡，就有位叫做愛麗絲的女孩；終其一生都是個單身漢的道吉森便是以這個女孩為模特兒，用筆名完成了小說《愛麗絲夢遊仙境》。在故事裡，正當愛麗絲在追趕手拿時鐘、身穿西裝背心的兔子時，突然掉進了似乎可以通往地球底部的幽深洞穴裡；她在那洞穴裡服下了能夠變大變小的藥，還見到了動不動就大叫「砍下他的腦袋！」的撲克牌女王。

魔法奇藥、會說話的動物、能夠活動的無生物等，雖然都是近代幻想小說裡常用的道具，不過整部作品裡充滿數學家的敏銳觀察力和胡搞的精神，可謂是極為獨特。有人說這部小說是**日常魔幻**的代表作之一，有些人則認為還差得太遠。

這部作品還有續集《**愛麗絲鏡中奇遇**》。

（→水井）

愛麗絲

Alice　　　　　　　　　　　　　　アリス

■人物●小說

（→愛麗絲夢遊仙境、愛麗絲鏡中奇遇）

萬能溶劑

Alkahest（Alcahest）　　　　アルカヘスト

■物品●傳承

鍊金術裡能夠溶化任何物質的溶媒。**帕拉塞爾蘇斯**是最早提及萬能溶劑的人。

《仲夏夜之夢》

A Midsummer-Night's Dream　　　真夏の夜の夢

■作品●歷史

莎士比亞的喜劇。1596年（？）初演。

在即將結婚的雅典國王希修斯（Theseus）[1]面前，一名父親拉著女兒出現了。因為父親希望讓女兒赫蜜雅和第米特律結婚。可是赫蜜雅卻與萊珊德相愛。希修斯王不得已之下只好按照國法，告訴赫蜜雅看她是要遵從父親的命令或是一輩子當修女。

當晚，赫蜜雅與萊珊德攜手一起逃入雅典的森林。第米特律也追著赫蜜雅前往森林。而愛慕第米特律的少女海倫娜也跟入林中。

森林裡還有其他人在。有一些工匠因為想在國王的婚禮上表演戲劇而在森林的空地中排演。

但四名戀人與演員們完全沒注意到當夜乃是夏至之夜，是森林裡的妖精們最活躍的一夜（當然劇中的雅典森林看來完全不像雅典，反而像是妖精歌謠與妖精傳說寶庫的英國森林）。

妖精王奧伯朗（Oberon）和妖精女王**蒂坦妮雅**正巧因瑣事吵了一架。奧伯朗想要懲罰妻子，命令小妖精蒲克[2]去西方島嶼取來三色紫羅蘭（pansy）。只要將此花汁液滴在睡著的人

眼瞼上，那人便會愛上醒來後第一眼看見的對象（→春藥）。蒲克將一個演員變成驢頭人，打算讓蒂坦妮雅愛上世上最醜的生物，並且還想順便讓在森林中碰面的四名戀人有個好結局。但不知蒲克是生性冒失還是生性促狹愛惡作劇，捅了個簍子讓森林裡大為混亂。

不過在黎明時一切順利解決，奧伯朗與蒂坦妮雅重修舊好，人類戀人們也在前來打獵的希修斯國王面前報告一切圓滿解決。就這樣舉行了三場結婚典禮，之後工匠們演戲作為娛樂。就在希修斯王看著戲劇說了：「最好的戲也無非是人生的影子；最糟的戲也不至於太糟，只要借『想像』幫一下忙就成了。」的含蓄台詞後，一切圓滿落幕。

這部作品巧妙融合了妖精王國、妖精王與妖精女王、愛惡作劇的小妖精等等英國自古即有的妖精觀，給了後世的妖精觀念頗大影響。

驅魔符

Amulet　　　　　　　　　　　　　　　魔除け

■物品●傳說小說

（→護符）

護身符

Amulet　　　　　　　　　　　　　アミュレット

■物品●傳說小說

（→護符）

護符

Amulet / Talisman　　　　　　　　　　　　護符

■物品●傳說小說

用於規避災禍的護身符。或指有助魔法作用的護身符。歐洲某些學者稱前者為Amulet，稱後者為Talisman以便區分，不過兩者間差別不甚明確。

護身符光就其性質而論，必須是方便個人攜帶、體積較小的物品。護符多是使用石頭、寶石、貝殼，植物的根部、種子、枝、葉，動物的角、牙齒、毛髮、腳、刀刃、箭鏃或**馬蹄鐵**等鐵製品，**鹽**、聖者的遺物、聖者墓碑的碎片、迷你聖像、人偶、聖地的沙石或水、寫有聖詩句或**咒文**的紙張等。有些人直接攜帶護符，有些人則是將護符收藏在圓筒或袋子裡，或將護符縫在帽子或衣服內。

法蒂瑪之手與**魔方陣**也是護符的一種。

（→聖遺物、符）

符

Amulet　　　　　　　　　　　　　　　　符

■物品●傳說

①中國的符

蘊藏各種法力的**護符**。

雖然**道教**的護符有時也會用楷書、行書等普通字體書寫，不過大部分仍是使用類似具有**咒術**性意涵的象形文字字體，或是用交叉的直線與不規則曲線組成的字體。通常皆用紙符，不過特別重要或法力強大的符則會用**桃**木板書寫，因為中國人相信桃木有驅邪退魔的咒力。將焚燒紙符後所得符灰溶於清水，就是「符水」；**太平道**與**五斗米道**為人治病，用的就是這符水。

符也就是所謂的護身符，乃為保護己身不受任何災難侵害而製作。符早在道教教團成立前就已經存在，據說在西漢時代的民間信仰組織（原始道教之原形）裡，就已經有專門職制存在。

除驅除疾病、驅除火災等規避災難的符以外，還有防禦他人咒術的符、招來好運的符等

1　此處譯名皆採自方平譯，貓頭鷹出版之《新莎士比亞全集》第二卷。又，希修斯也常譯為「鐵修斯」。

2　Pack或作「帕克」、「波克」。

各式各樣不同種類。製作特別重要或極為特殊
的符時，必須用筆一張一張書寫，但是普通的
符只需以印刷木版視需要印製即可。印刷木版
視其重要程度，分別由教團各級幹部保管。

中國民眾賦予**驅魔符**的地位，恐怕是世界
各國當中最高的。中國人日常就會使用漢字這
種表意文字，所以才會認為賦予文字意義乃是
理所當然的事情吧！而文字的意義，亦即文字
的魔力，就是所謂的**言靈**。

②日本的符

亦稱「符咒」。乃御札[1]與護身符的原形。
寺廟神社所發放的此類符咒，其實起源自**陰陽
道**。

佛教寺廟會發送符咒給民眾，是因為《大
隨求陀羅尼經》裡曾說，抄寫隨求菩薩[2]的**真
言**隨身攜帶，就能得到各種現世利益。

至於**神道**教，明治時代以後製作的多是只
寫「神璽」兩字的極簡符咒；相對地明治時代
以前的符則複雜許多，乃受陰陽道影響所致。

許多陰陽道的符都有「急急如律令」此
文；這是「急行有如律令」的意思，原是古代
中國朝廷的公文用語。此外，由於「令」音通
「零」，所以也有人認為此**咒文**就像雷神眷族
「零」隨雷光而至一般，很快就能實現。

修驗道和陰陽道的符，大多和星辰信仰有
頗深關係。

除前述諸信仰以外，日本還有其他不同系
統的符，譬如古神道（亦稱太古神道或復古神
道）流派製成的符咒。所謂古神道，乃以幕
末[3]國學者平田篤胤[4]思想為基礎建立的「排除
一切外來宗教影響的純粹神道」。此派符咒乃
使用施過除穢儀式的和紙[5]，如摺紙般摺製而
成。

只是不論是何流派，符咒裡全都寫有去病
息災、安全祈願、成就念願等守身避災的咒
（真言），絕無例外。

祖靈

Ancestral Spirit　　　　　　　　　　祖靈

■概念●傳說

祖靈即祖先的神靈。說得更清楚點，就是
守護家系、子孫的祖先神靈。祖靈會為事奉者
帶來幸福，並且為怠乎祭祀者帶來災難。

當人類想到死者的時候，心裡會有兩種想
法同時產生：對死者的情感，以及面對「非人
類的事物」的恐懼感。

人都有靈魂。人的肉體若無靈魂便無法動
作，但靈魂即便沒有肉體仍然能夠活動（→**泛
靈信仰**）。若是放置不理，死後離開肉體的靈
魂就會變成怨靈，並且招致各種災禍。

因此，人類才會舉行「將死者送至該去的
地方的儀式」，以避免靈魂變成怨靈，這個儀
式就是所謂的葬禮。即便順利完成了葬禮儀
式，子孫仍然必須尊敬死者，定期舉行追思懷
念死者的儀式。然而人類實在無暇一直如此一
一祭拜每位死者，所以通常皆會在經過一段時
間以後，將死者移入祖靈此集合體當中。

就以現代日本為例吧！假設祖父過世，且
葬禮也已圓滿結束。此後仍有四十九日[6]、一
回忌[7]、十回忌等儀式，最後在三十三回忌或
五十回忌的「終忌」完成對祖父個人的追悼，
同時祖父也列入「列祖列宗」。

此類習慣有「祖靈崇拜」、「祖先崇拜」
等名稱，乃世界各地農耕民族之間頗為普遍常
見的習俗（→**魔法〔非洲〕**），其中尤以中國的
祭祖習俗體系最為完整。

中國是先由擁有相同祖先者，亦即同姓氏
族聚集形成集落，才進而發展成為都市國家。
因為前述原因，某些村落的所有居民擁有共同
的祖先，會一同祭拜祖先，在中國也是理所當
然的事情。這種對祖先神靈的信仰，可謂是祖
靈信仰的肇始。其後隨著文明、文化的進步，
即便人與人的交流愈加頻繁，基本上這種氏族

社會都不曾崩壞，能夠流傳至今。

　　周武王推翻殷商建立新王朝、分封領地給眾功臣的同時，也將同族封於各地以便監視異姓諸候。異姓諸候們則是全族移居至領地，就連祖先神靈（儀式所用的祭祀道具象徵）也一併移至領地祭拜。這麼一來，祭拜相同祖先的舊氏族集團就被其他集團取代。就這點來說，商周王朝交替對中國祖靈信仰可說是並無任何影響。

　　再也無人能祭拜祖先，也就是氏族滅絕時，祖靈將會進行嚴重的報復。首當其衝的就是滅亡該氏族之人。是以古代中國打敗敵對氏族時，會避免將全族趕盡殺絕，並選定與該族長血緣較近者，負責祭拜祖先神靈。前述周朝代殷商而起時，也曾經將殷商的王族封於宋國，避免殷商的香火斷絕。

　　奉**孔子**為開祖的**儒教**，便致力於將祖靈信仰體系化、整理諸典禮儀式禮制，並使其普及於天下。儒教此舉是希望能使仍有濃厚**咒術**色彩的土俗儀式，進化成更多樣化的文明儀式。相反地，**道教**則是在祖靈信仰遭到破壞時，趁機建立其信仰體系。東漢末年天下大亂，庶民被迫離開祭祀祖先的土地，同時也喪失了信仰的對象，無不渴望能找到新的精神支柱。此時**張角**、**張道陵**等宗教領袖的出現，方才使得全新的宗教組織得以誕生。當然，道教裡仍有祖靈信仰存在；在由天界任命諸神的行政組織裡，各氏族的祖靈神「土地公」位於該組織的最末端，負責管理、守護該集落。

　　只要儒道二教仍深植於中國人的思想模式當中，中國人的祖靈信仰就永遠不會消失。

天使

Angel　　　　　　　　　　　　　　　　　　天使

■生物●傳說小說

　　天使是神忠實的僕人，有時會降臨地上，前來傳達神的**話語**。其模樣跟人類頗為相似，不過天使的背部通常都長有一對翅膀。乃一神教特有的概念。

　　在中國與日本，「天使」原本是「天子使者」的意思，後來才轉而演變成「天的使者」的意思，成為「Angel」的譯語。

①**瑣羅亞斯德教**的天使

　　瑣羅亞斯德教相信，善神阿胡拉‧馬茲達[1]身邊有許多叫做阿胡拉的從神（小神）。有些人稱其為神，有些人則是以天使稱呼之。每位阿胡拉皆象徵不同的特定概念，缺乏人類擁

1　日本寺院或神社贈送給民眾的一種護身符。

2　隨求菩薩之梵名為「Mahapratisara」。所謂「隨求」，意即隨順一切眾生之所求，成就其願望。自古真言密宗便傳承有大隨求菩薩的真言。由於相傳凡持念這段真言者必能脫離苦難，因此有眾多信徒供信仰。

3　指江戶幕府末期。多指1853年培理（Matthew Calbraith Perry）駕黑船進入日本以後。

4　平田篤胤（1776～1843）為江戶時代後期的學者。研究古典文學，並進一步提倡尊王復古的古道學，創造了幕末日本國學主流平田神道。乃國學四大人之一。著有《古史徵》、《靈能真柱》、《古道大意》、《氣吹舍歌集》等。

5　按照日本古法製成的紙。乃以楮樹、三椏樹、雁皮樹等韌皮纖維為原料，用手工濾過法製成。紙質堅固、吸濕性佳，適合用來製作工藝品。

6　與中國習俗同，每七日設奠舉行法事，至七七四十九日停止。四十九日之後，死者就能前往淨土。

7　日本稱死者的死亡月日為祥月命日；死者死後第一年的祥月命日要舉行「一回忌」、第二年舉行「三回忌」、第六年舉行「七回忌」、第十二年舉行「十三回忌」、第十六年舉行「十七回忌」、第二十二年舉行「二十三回忌」、第二十六年舉行「二十七回忌」、第三十二年舉行「三十三回忌」、第五十年舉行「五十回忌」。「終忌」通常都是在「三十三回忌」時進行，此時遺骨就可歸於塵土，換言之死者就能進入祖宗的行列。

有的個性。其中稍具人性特徵者，有負責安慰**活祭**品牛隻的天使沃夫馬南（Vohu Manah）（善思）、教導信徒身處火中仍能沁涼自宜的呼吸法的女天使愛爾麥蒂（Armaiti）（隨心）、跟世界末日淹沒大地的灼熱溶岩同時降臨的天使庫夏斯拉（Kshathra）（王國）等。

②猶太教、基督教的天使

聖經有許多敘述天使的場面。他們是神與人類的媒介，負責將神的旨意傳達至地上，很少會介入地上事務、毀滅文明。《啟示錄》[2]裡的天使擁有絕對的力量、揮舞著破壞之劍，乃是神的尖兵；按照聖經的預言內容，毀滅世界的既非**惡魔**亦不是龍，而是天使。

此外在**耶穌**的生涯當中，有天使出現的場面更是特別多。天使曾宣告洗禮者約翰的誕生，曾派遣使者告訴**馬利亞**懷孕受胎的消息，曾在荒野稱讚戰勝惡魔誘惑的耶穌，還曾經通知耶穌門徒謂耶穌已經**復活**昇天。

在中世紀的傳說裡，天使跟馬利亞與諸聖人皆同樣極為活躍。天使會幫助人類繪製教堂裡的聖母像，或是助人閱讀詩篇。中世紀在建築教堂的時候，惡魔百般阻撓、天使多方協助，是極為稀鬆平常的事情。

然而教會卻不認為天使行使這些奇蹟乃是出於自願主動，唯有神才是全能者，天使只不過是代神跑腿的使者而已。

因此天使對中世及近世的魔法師們來說，尚且不如惡魔來得討喜。惡魔就好像是位推銷員，只要你願意簽訂契約，惡魔就會為你實現願望。然而天使就好像是軍隊，即使召喚天使前來，他們也會以「上頭有命令」拒絕提供協助。就是因為這個緣故，魔法師們才會一味地只想召喚惡魔。

③伊斯蘭教的天使

伊斯蘭教也有天使。伊斯蘭教相信人類乃以泥土捏製，**鎮尼**乃以火炎所造，而天使則是以光明所造。天使雖有男女之別，卻不會互相交合產子；天使雖長壽卻非不死，終有死亡的一日。從此看來，能夠擁有不死生命的，似乎唯有神而已。

天使是天宮的看守者，若鎮尼或惡魔膽敢來偷聽天上的御前會議，天使就會用流星箭將其一一擊落。

④西洋奇幻文學的天使

在近現代文學裡，天使同樣也遭到了不如惡魔的冷淡對待，因為絕對服從命令的天使實在毫無趣味可言。

除**路西法**以外，《**失樂園**》對天使們幾乎沒有任何著墨。《**浮士德**》裡的三位天使，跟梅菲斯特[3]相較之下也全無魅力可言。就連《**神曲**》也是同樣，帶領詩人但丁走過天堂與地獄的並非天使，而是詩人維吉爾（Publius Vergilius Maro）以及但丁的愛人貝雅麗采（Beatrice）。

於是近現代文學裡所描述的天使，或多或少皆有背叛行為或是墮落。

俄國普希金[4]的《**蓋伯瑞爾頌**》（Gavriiliada）裡，上帝因為思念馬利亞而派遣加百列[5]為使者，然而「將軍派遣上尉遞送情書，女孩卻因此愛上上尉，乃是常有的事情」，此書甫出版隨即遭禁。

美國人塔妮絲・李（Tanith Lee）的《**熱夢女王**》（Delirium's Mistress）則是敘述魔界之王的女兒在地上恣意妄為，終於觸怒了上帝，於是上帝便派遣三位用太陽火炎創造的天使降臨至地上。此書封面所繪天使降臨的畫面看起來非常好看帥氣。此作本來很有機會可以成為一部生動描述天使「不具意志的自動人偶」身分的作品，誰知道這些天使也唯有在封面與初登場部分堪稱「好看帥氣」，最後簡簡單單地便步上了自滅之途。

最近的傑作則有美國人史匹林格（Nancy Springer）的《炎之天使》（Metal Angel）。故事敘述某位天使厭倦了每天只有哈雷路亞的生活，他覺得活到五十歲便消失的生活方式「比較酷」，於是便降落在洛杉磯的置物櫃，背上仍有雙收起的翅膀……是部非常特別的作品。

（→守護天使、撒旦）

泛靈信仰

Animism　　　　　　　　アニミズム

■體系●歷史傳說

這是種認為世上所有物品都宿有靈魂的思想。Anima是拉丁文「靈魂」的意思，所以泛靈信仰也可以直譯為「靈魂主義」或是「有靈觀」。

泛靈信仰認為除人類、動植物以外，就是連石頭等物質內都宿有靈魂。雖然靈魂會利用肉體進行活動，不過即使靈魂離開肉體仍得以存在（如昏厥或睡眠等狀態），就算肉體消滅也仍然存在。

死後靈魂會前赴位於天上、地上、地下等處的「某個地方」，偶爾還會回到原處（許多民族相信靈魂會在特定時間回來。請參照盂蘭盆節[6]行事）。抱有遺恨餘怨的生靈、亡靈、動物靈等靈魂會寄附在人體內，破壞身體健康。

這便是泛靈信仰的思考模式，也是有史以來任何時代、任何國家共通的人類思考模式基礎。所有魔法也皆以此思想為基礎，因為「只要對方擁有與自己相同的靈魂，就能夠對其靈魂工作以影響之。」

（→薩滿信仰）

安卡

Ankh　　　　　　　　　　アンク

■物品●歷史傳說

古埃及象徵生命的護符。安卡與聖甲蟲並列埃及最具代表性的護符；現代埃及的禮品店以及世界各地的神祕學相關商店，都把安卡當成飾品販賣。

安卡是個頂部呈橢圓環狀的十字形。我們無法得知此形狀象徵何物，只知道它代表「永遠的生命」，而安卡在埃及的象形文字中也有「生命」的意涵。

在金字塔或神殿的壁畫裡，常常會發現描繪神明賜予埃及國王安卡的圖案。這是種使法老王與神明結合為一的儀式。國王得到安卡以

1　阿胡拉‧馬茲達（Ahura Mazda）又名「歐馬茲特」（Ormuzd）、「馬茲達‧阿胡拉」。根據瑣羅亞斯德教的教義，世界是善神阿胡拉‧馬茲達與惡神阿里曼（Ahriman）彼此不斷發生對抗的戰場。其外形是個長有翅膀的太陽，或者是位乘坐長有翅膀的太陽的男子。

2　亦譯《默示錄》。《新約聖經》最末卷。以啟示文學體裁寫成。傳為使徒約翰被逐於拔摩島時所作。但文體和主題思想都與《約翰福音》、《約翰書信》完全不同。作者的希臘文水平較低，含有不少猶太式的語法錯誤。

3　梅菲斯特（Mephistopheles）為德國詩人歌德的著作《浮士德》裡的下級惡魔。一般認為中古世紀德國民間流傳的故事中出現的梅佛斯特（Mephostophilies）應該就是這個梅菲斯特的原型。

4　普希金（Aleksandr Sergeyevich Pushkin，1799～1837）為俄國詩人、小說家。為貴族子弟，常作詩歌頌革命，諷刺政府，被流放高加索等地，為妻與人決鬥而死，年僅三十七。著有韻文小說《奧尼金》，散文小說《甲必丹之女》，詩《高加索囚人》、《喜齒的騎士》等。

5　加百列（Gabriel）是基督宗教神話中負責掌管死亡與審判的大天使。同時也是「上帝的傳令者」，曾經負責告知馬利亞已經懷了耶穌基督。

6　原為佛教節日。每逢夏曆七月十五日，佛教徒為追薦祖先而舉行。盂蘭盆乃梵文Ullambana的音譯，意思是「救倒懸」。此節日傳至日本後與日本初秋的魂祭習合，現今通常在八月十三日至十五日舉行，也有些區域是在七月舉行。日本人相信祖先的靈魂會在此時歸來。

後，就能獲得復活的力量，以及永恆的生命。

不光是埃及國王，就連象形文字或壁畫中的神明也會隨時佩帶安卡。這是因為安卡並非特定神祇的象徵，它象徵的是所有的生命。由於安卡具有這個普遍性意涵，才得以在埃及文明崩壞後傳至歐洲，就連**塔羅牌**的圖案裡都繪有安卡。

（→鉤十字）

人智學

Anthroposophy   人智學

■體系●歷史

魯道夫·**史丹勒**脫離**神智學**後創設的神祕體系。

人智學是以神智學融合東西神祕思想的成果為基礎，進而加以理論化、體系化地整理，倡導不可盲從於身負**靈媒**能力的領導者，而是必須以自我的行動、修行達成靈面向的進化。人智學也將現實世界的文化活動視為是提高個人靈性的手段之一，並且積極地鼓勵人們多多參與。這點可以說是神祕學體系裡極為罕見的特徵。

泰安娜的阿波羅尼俄斯

Apollonius   ティアナのアポロニウス

■人物●傳說

出身於卡帕多奇亞[1]，與耶穌**基督**同時代的神祕學者。

據傳他曾學習畢達哥拉斯教[2]的哲學，並將繼承的大筆遺產全部分給貧窮者，自己則是身穿破爛的衣服遠赴印度尋求祕教的知識。他是位身材高瘦的美男子，時常會用自己的魔法本領幫助他人。阿波羅尼俄斯很多地方都跟耶穌頗為類似，兩人常是當時民眾比較的對象。事實上，阿波羅尼俄斯用過的很多魔法也都跟耶穌極為相似，諸如只是接觸就使已斷氣的女孩醒轉、讀取他人心思、預言他人死期等。阿

波羅尼俄斯名聲極盛，就連羅馬皇帝也曾經特地為他建立神殿。我們可以確定阿波羅尼俄斯至少活到了一百歲，然而百歲後的事情則已不詳。也有說法認為阿波羅尼俄斯至今仍然在世。

除此之外，**伊利法斯·利未**曾經成功**召喚**出阿波羅尼俄斯的亡靈，也是頗有名的事件。

阿克罕鎮

Arkham   アーカム

■場所●小說

克蘇魯神話裡的古老都市，位於美國的麻薩諸塞州。

阿克罕鎮是個保守的城鎮，自17世紀建設以來幾乎沒有任何改變；附近的山丘或是米斯卡塔尼克河（Miskatonic River）上的無人島等地，時常會舉行許多恐怖的儀式。

此處的米斯卡塔尼克大學（Miskatonic University）以**神祕學**領域藏書聞名，收藏有許多催人發狂的**魔法書**，如阿巴度·**亞爾哈茲瑞德**的《**死靈之書**》或《無名邪教》[3]、《哀邦書》（Liber Ivonis）、《那卡提克手札》（Pnakotic Manuscripts）[4]、《蘇塞克斯斷章》（Sussex Fragments）等。

神的武器

Arms of Gods   神の武器

■體系●神話傳說

世界各國的神話與傳說裡，提及的神祇可謂不計其數。而在多神教的神話中，絕大多數神祇都有能代表其神格的武器在手。

這些武器大致上都有某些固定的模式，這也代表了世界各國對神聖事物的認知相去不遠，或是相同神格有散布至不同民族之間的現象。

舉例來說，暴風雨之神的武器不是象徵閃電的槍，就是象徵雷鳴或**風**的槌；光明之神或

太陽神的武器，多是象徵陽光的弓箭。

接著人類就會把這些將大自然擬人化後具有神格意涵的武器，視為至神至聖之物，譬如人類開始相信槍裡蘊涵著暴風雨之神的強大力量。為此，人們會在這些武器上頭刻上神的名字、模樣或印記，並且在臨戰時先高唱其名提高戰意，才前赴沙場。

（→魔法武器）

養生法

Asceticism for Immortalize　　　　養生法

■魔法●歷史傳說

（→長生法）

長生法

Asceticism for Immortalize　　　　長生法

■魔法●歷史傳承

為達**長生不老**的修行法，又叫做養生法。

這種以長生不老為目標的修行，可謂是**道教**的原形。理論上來說，只要讓生命能量「**氣**」持續循環不息，應該就能達到長生不老境界，於是許多人對長生不老修行法都多有研究。

《抱朴子》內篇對長生法有詳細敘述：

一、導引[5]之法

二、房中[6]術（性交養生法）

三、飲食養生

四、煉丹術

五、符術

六、集中精神

導引之法與房中術能促進體內的「氣」循環，飲食養生與服用丹藥能夠維持「氣」的清淨，最後則是藉由集中精神調合之。符只是輔助手段。

雖然長生法經過各種改良得以有長足的進步，不過光是如此仍無法長生不老，還必須加以精神修養、鑽研知識。尤其《抱朴子》雖然重視煉丹術，卻也表示若未鍛鍊肉體與精神，服用丹藥反而危險。事實上，煉丹術調製的丹藥內含水銀等重金屬，對人體來說是極為危險的物質。**抱朴子**就是從經驗得知此事實，所以才會提倡鍛鍊肉體與精神的必要性。

後來道教分派全真教否定長生不老，而以

1　卡帕多奇亞（Cappadocia）指位於土耳其中部三個城市之間的三角地帶。北方是Nigde-Avanos，西方為Aksaray-Nev Sehir，東方是Urgup-Kayseri。土耳其首都安卡拉（Ankara）約在其西方兩百九十八公里處。此區又名「Goreme valley」，土耳其語的意思是「真主阿拉給予人的最惡劣的山谷」。

2　畢達哥拉斯教（Pythagoreanism）為希臘祕傳宗教之一。傳為畢達哥拉斯（Pythagoras，約西元前580～約前500年）所創。畢達哥拉斯是數學家、哲學家，生於希臘薩摩斯島（Sa-mos）。相信靈魂轉生，肉體是靈魂的監獄。認為宇宙的一切根本是數，哲學可用來淨化心靈，某些圖形具有神祕意義，遵行其教義，靈魂最終將能同神靈契合為一。對後世基督教神學具有一定的影響力。

3　《無名邪教》（Unaussprechlichen Kulten）為19世紀德國人馮容茲（Fredlich Wilhelm von Junzt，1975～1840）所著。裡面記載作者曾經見聞的所有褻瀆性知識。這本奇書出版隔年，作者便身亡於密室內。

4　《那卡提克手札》（Pnakotic Manuscripts）手抄本原典是這個世界上最古老的紀錄之一，其歷史可追溯到更新世（Pleistocene Epoch），為5000萬年前繁榮的高智能種族「依斯的偉大種族」留下的遺物。

5　一作「道引」。「道氣令和，引體令柔」的意思。原為中國古代強身防病的一種養生方法，後世道教加以吸收，作為其修練方法之一。中醫亦採用。最早見於《莊子・刻意》：「吹呴呼吸，吐故納新，熊經鳥伸，為壽而已矣，此導引之士，養形之人，彭祖壽考者之所好也。」1973年在長沙馬王堆西漢墓出土帛書「導引圖」，繪有四十四種導引姿態。道教有《太清導引養生經》，收入《道藏》第568冊。

6　古代方士、道士房中節欲、養生保氣之道。《漢書・藝文原》著錄黃帝、容成等八家，謂「樂而有節，則和平壽考；及迷者弗顧，以生疾而隕性命」。為方術的一個流派。張陵、張衡、張魯之時的道教業已吸收，名之曰「男女合氣之術」。其術東晉葛洪《抱朴子》曾論述。《隋書》、《舊唐書》、《新唐書》等經籍藝文志醫方類中均著錄其書，宋以後失傳。

開悟為修行目的。他們全面否定服用丹藥能夠長生不老，只認同以肉體、精神修養為目標的養生法。全真教否定道教的魔法性之後，始得成功地蛻變成為近代宗教。

（→性魔法）

星相

Aspect　　　　　　　　　　アスペクト

■概念●歷史傳說

　　西洋占星術用語，又譯作星位。指**星盤**上太陽・月亮・行星（下面為方便說明，上述三者一律統稱為「行星」[1]）諸星體所形成的角度。星相原本是「角度」的意思，在西洋占星術中則多指具有某種意涵的角度。

　　星相共有五種：合、衝、三分、矩、六分。每種星相都有各自的意涵，進行詳細**占卜**的時候，解讀星相意涵是非常重要的工作。

　　合（Coniunctio）是指兩個行星落入黃道十二宮裡同一宮位的狀態。此時兩行星相互影響，使得行星力量增強，該宮位象徵的意涵也更顯重要。

　　衝（Opposition）是指兩個行星落入黃道十二宮裡相反宮位的狀態。雖然此狀態下兩行星的力量會達到最高點，不過兩行星性質契合與否，將會影響到此星相象徵的會是最強抑或最糟、二者擇一的極端意涵。

　　三分（Trine）則是指站在黃道十二宮的中央（地球）觀察時，兩個行星呈120度的狀態。基本上行星力量增強將有幸運之事發生。

　　矩（Square）則是指兩行星呈90度的狀態。兩個行星相異的性質會互相拉扯，代表將有困難發生。

　　六分（Sextile）是指兩行星呈60度角的狀態。象徵的意義較三分薄弱，幸運程度相當於「小吉」。

星幽界

Astral Plane　　　　　　　　　　星幽界

■場所●歷史傳說

（→星光界）

星光界[2]

Astral Plane　　　　　　　　　　アストラル界

■場所●歷史傳說

　　日文譯為「星幽界」。近代魔法學普遍皆認定人類是由肉體、魂、靈三種形態所構成。近代魔法學界為求方便，另以星光體（Astral Body，星幽體，或譯「星靈體」、「靈體」）來稱呼三態當中的「魂」。

　　而星光界就是由組成星光體的物質（唯此處乃比喻性意涵）所構成，較我等所居世界更高階的異界。通常無法以視覺看見星光界，只有擁有靈視能力者或是脫離肉體的魂，才能感知星光界的存在。

　　此異界乃是由與魂相同的物質所構成，對人類精神活動有莫大的影響。星光界裡的思考、情緒、欲望會被投射至周圍，並且就此成為實在的形體。在這個世界裡，概念與意象都會變成現實。

　　此外隨著魔法理論與宗教理論愈來愈繁複，星光界、**以太界**這類異界的構造也有漸趨細分化的傾向。各種魔法理論、體系對此類異界的詳細定義也都不同。「星光界」的定義眾說紛紜並無定論，因此每當文獻提及此名詞的時候，讀者首先必須搞清楚這本書裡所謂「星光」（Astral）究竟是何意義。雖然「星光界」算是近代魔法學普遍使用的用語，實際上卻完全沒有發揮它應有的表意作用。

星光體的投射

Astral Projcction   アストラル・プロジェクション

■魔法●小說傳說

（→幽體脫離）

幽體脫離（魂魄出竅）

Astral Projection   幽体離脫

■魔法●小說傳說

指幽體（也叫以太體）離開肉體之外自由活動。

在神祕學用語中也叫做「**星幽體的投射**」，在**薩滿**一類的人蓄意進行的情況下，便稱作「**脫魂**」。然而，因為這種用語並未被明確定義，依著作或作者的不同而會有微妙差異，必須要小心。

在神祕學風格的解釋上，幽體脫離是指將意識投射在心靈的世界——**星光界**中。近代魔法中的常見作法，是用意識描繪出**生命之樹**等魔法圖形，讓自己的意識移動到星光界（這被當成一種自我催眠）。

本來幽體是與肉體牢牢結合在一起的。可是幽體會因為魔法、靈能力或偶發事故而分離出肉體。不過倘若幽體與肉體完全分離了，那人必定會死亡，所以兩者有條細線連結著（叫做「銀色魂線」）。一般認為在這種狀態下肉體會陷入一種**恍惚狀態**。

因為物理法則並不適用於幽體，所以幽體能隨意前往想去的地方。甚至還被認為能前往這世界之外的異界（例如死後的世界或神的世界）。

多數的幽體脫離，是在麻醉、睡眠、假死狀態等場合中，因為生理或各種狀況偶然發生的。在這種情況中並無法控制自己的意識或行動，只能以純粹旁觀者的狀態存在，有時若是不走運，甚至會有幽體飄離而無法回來的事情發生。

相對於這種情形，由於魔法師或薩滿在星光界中能讓該界的實際狀況照著自己的認知呈現，因此能隨意行動。進行幽體脫離的最大目的，在於接觸其他靈體存在，以獲得對方的幫助或建言。但在近代魔術的領域中，也有一派人批評這種接觸和「神諭」根本沒兩樣。

（→以太界）

占星術

Astrology   占星術

■體系●歷史傳說

在預知個人、國家、世界的命運以及天災地異的各種占術、**占卜**當中，最有名的非占星術莫屬。

所謂占星術，就是將**星座**或**行星**等天文現象連結至地上發生的事件，用以預知未來、判斷他人性格。

為何占星術能夠卜出人類的命運呢？

「生命誕生之際，會受到來自天空的力量影響，而這股力量的性質則會受到天空各行星分布位置而各有不同。這股力量影響到人類是否能得到幸福的諸因素，能決定個人的性格、肉體條件以及守護神。各星體只會在生命誕生時有直接影響，無法直接影響該者將來的成長；將來會有何發展，操之於人類的自由意志。」

這是17世紀的天文學家兼占星術師開普勒（Johannes Kepler，1571～1630）以希臘式宿命論為基礎的占星術，以及尊重神明意志、人類意志的基督教教義，兩者結合後所得到的結論。

---

1   占星術中所謂行星包括太陽與月亮，定義與天文學的「行星」不同。

2   星光界又譯作「靈界」，但是因為容易與肉體、魂、靈三態等用詞混淆，故採用「星光界」譯名。

占星術的基本概念就是相信天空星星的位置會影響地上。這麼一來，研究天空星星運動的規則性跟分布位置會對地上造成何種影響，遂成了占星術的研究首務。

經過長年綿密的天文觀測，人類終於找出了星體的運動規則。人類還將天空劃分成各個星座（星座宮）、為各星座取**名字**，並且將其聯繫至地面發生的事件。而各星座宮性質的解釋方法，正是占星術之奧義。

占星術共有數種分類方法。

首先是按照起源地分類的方法，可以分成「西洋占星術」、「東洋占星術」、「阿茲特克占星術」。有些研究者會在前述分類之外，另立「印度占星術」項。

其次是視占卜對象不同的分類法。可以分類成卜算世界或社會變動等規模較大的占星術，以及卜算個人性格命運的占星術。

若論占術方法，則又有視其如何決定星座宮的分類法；此法乃視各占星術是以春分點為星座宮基點，抑或以實際位置為基點決定星座宮，予以分類。

此外，現代最流行的「星座運勢占卜」，其實是種只注意太陽運行的簡略版西洋占星術。

（→占星術〔阿茲特克〕、占星術〔印度〕、占星術〔西洋〕、占星術〔東洋〕、佛教占星術）

阿茲特克占星術

Astrology（Azteca）　　　　　アステカ占星術
■體系●歷史

（→占星術〔阿茲特克〕）

占星術（阿茲特克）

Astrology（Azteca）　　　　　占星術（アステカ）
■體系●歷史

馬雅文明和阿茲特克文明具有高度的天文學及**占星術**知識，雖然早已是眾所周知的事實，不過實際記載這些知識的文獻其實並不多。這些文獻資料很可能是在西班牙征服掠奪新大陸之際，一併遭到破壞因而散佚。不過我們從有限的資料可以發現，阿茲特克有別於巴比倫帝國，他們乃將占星術視為國政的中心要務，從事開發研究。

阿茲特克共有兩種曆法：以太陽為中心的農曆（xiuhpohualli），還有以神聖數字13及阿茲特克特有的20進位法為基礎的純數學性占星曆（**托納爾波瓦利曆**）。

阿茲特克的農曆一年共有365日（說得準確點，是365.2420日），占星曆一年有260日。因此每隔52個農曆年，農曆就會跟占星曆同步化；52個農曆年再加倍，就剛好等於金星的65次會合週期（從金星接近地球後，到下次再接近的期間）。重視金星也是阿茲特克占星術的特徵之一。

在阿茲特克的世界觀裡，這52年的週期就是世界的循環週期。第52年的最後一天就是世界末日，若此日沒有任何事情發生，世界就會進入新的52年循環週期。

阿茲特克帝國的滅亡，是因為西班牙人科爾蒂斯（Cortes）的侵略所致，此乃歷史上的事實。不過據說阿茲特克的皇帝早已從占星術師處得知帝國滅亡之日即將到來。此外，阿茲特克的傳說也曾預言這天發生的事情。

阿茲特克傳說中建立帝國的奎札柯特（Quetzalcoatl，有時被視同於同名的阿茲特克神祇）國王膚色白皙，下顎蓄有鬍鬚。這位國王教導民眾學問、習俗、法律等各種知識，並且建立了阿茲特克帝國；後來他卻因為部下謀反而被迫離開，並且帶走法律、文字、歌曲作為報復。最後他撇下「我將在一葦之年自東方歸來」一句話，便離開了阿茲特克。

神奇的是，下顎蓄有鬍鬚的白人荷南·科爾蒂斯（Hernan Cortes）抵達阿茲特克的1519年，正是「一葦之年」。當時的皇帝蒙特祖馬

二世（Moctezuma Ⅱ）以為神終於要回來報復了，頹然大泣。科爾蒂斯未遭遇任何稱得上是抵抗的抵抗，便能消滅阿茲特克帝國，其實是因為前述傳說與占星術的宿命論，使得阿茲特克人放棄抵抗所致。

阿茲特克帝國的滅亡究竟是因為占星術作祟，抑或是傳說裡的預言造成此等後果，看法因人而異。不過預言使得人心浮動，進而招致滅亡的結果，已是不爭的事實。

沒想到因為占星術而繁榮發達的阿茲特克帝國，最後卻也是因為占星術而滅亡。

中國占星術

Astrology（Chinese） 中國占星術
■體系●歷史

（→占星術〔東洋〕）

占星術（中國）

Astrology（Chinese） 占星術（中國）
■體系●歷史

（→占星術〔東洋〕）

東洋占星術

Astrology（Eastern） 東洋占星術
■體系●歷史

（→占星術〔東洋〕）

占星術（東洋）

Astrology（Eastern） 占星術（東洋）
■體系●歷史

東洋的**占星術**主要可以分成印度與中國兩派。雖然此二者中究竟何者歷史比較悠久，研

究者各有不同意見，不過這兩個占術體系皆為相互影響對方才得以有今日的發展。此處且以中國占星術為東洋占星術，**印度占星術**則另立他項說明。

根據可信的文獻資料推測，中國占星術約成立於西元前4世紀左右。

認為天空星星的運行將反映地上諸多事情的概念，乃是占星術的基本思想。東洋占星術裡所謂地上的事情，主要是指發生在國家等範圍較廣的區域內之事；之所以做如是想，是因為中國人認為所有人頭上的那片天都是相同的。

再說古代中國認為發生在天子身上的事情、皇宮政變等，都包含在國家災害的範疇內，因此東洋占星術其實可以說是種卜算天子及該國命運的**占卜術**。

既然占星術可以用來卜算國家的危機，那麼占星術師對國家情勢便可謂是瞭若指掌。因此，自古當權者無不欲獨佔此項技術；換言之，朝廷只將此類情報知識開放給旗下的占星術師，並且禁止民間私自觀測**行星**或接觸此類資料。

因為這個緣故，東洋占星術才未能發展出以個人為對象的占卜術。若欲卜算個人運勢，只能使用**易**占或四柱推命[1]等其他占術，抑或是經過極度抽象化，以致不需天象觀測資料也能使用的「從前原本是占星術的占卜術」。這些抽象化占星術包括：氣學（九氣學、九星學）、北斗七星占星術、紫微斗數[2]等。

印度占星術及東洋占星術還有個特徵，就是兩者皆重視**月亮**的運行活動。他們稱每天月亮出現在天空的位置為「宿」；由於月亮每

---

1 四柱論命術乃中國四大命理學之一，是以個人出生的年月日時，換算出四柱干支，再以四季、陰陽五行，相互配合判斷，推斷出一生貧賤富貴、禍福吉凶，以及一生大運分析，能瞭解一生的運勢起伏。

2 利用以紫微星為首的一百一十五顆星曜，代表各種不同意義，來闡釋人生命運萬千現象。紫微斗數的算命方法出於道家，最早記載於唐朝呂純陽所著的《後道藏經》。

27.32天就會回到同樣的位置,所以共有27至28個宿。這就是後來二十七宿、二十八宿的概念。

印度占星術

Astrology（Indian）　　　　インド占星術
■體系●歷史

（→占星術〔印度〕）

占星術（印度）

Astrology（Indian）　　　　占星術（インド）
■體系●歷史

　　印度占星術跟**中國占星術**經常被統稱為**東洋占星術**;事實上此二者也確有不少共通點,譬如同樣皆重視**月亮**的運行、皆以實際測量的星體為基準點等。

　　然而若論印度與中國的**占星術**何者歷史比較悠久,研究者各有不同論述,至今仍無定論。

　　印度占星術同時使用28區及12區的兩種概念。28區就是中國的二十八宿[1],而12區就是指**西洋占星術**的十二宮;但是印度的十二宮二十八宿,都跟中國占星術與西洋占星術有些微的不同。舉例來說,印度的二十八宿乃以牡牛座的昴星為基點;印度的十二宮並無雙子宮、人馬宮、魔羯宮,而是置換成擁有不同象徵意涵的其他原創**星座**。

　　後來印度占星術還以摻雜著佛教神話、印度神話的形式,隨著**密宗**傳入日本。由於印度占星術乃佛教僧所傳入,是以又稱作**佛教占星術**。

（→九曜）

西洋占星術

Astrology（Western）　　　　西洋占星術
■體系●歷史

（→占星術〔西洋〕）

占星術（西洋）

Astrology（Western）　　　　占星術（西洋）
■體系●歷史

　　西洋的**占星術**發源自巴比倫。從前埃及曾

行星與金屬

符號	行星	金屬
☉	太陽	金
☽	月亮	銀
☿	水星	水銀
♀	金星	銅
♂	火星	鐵
♃	木星	錫
♄	土星	鉛
♅	天王星	—
♆	海王星	—
♇	冥王星	—
⊕	地球	—

西洋占星術的黃道十二宮

符號	十二宮名	星座名
♈	白羊宮	牡羊座
♉	金牛宮	金牛座
♊	雙子宮	雙子座
♋	巨蟹宮	巨蟹座
♌	獅子宮	獅子座
♍	室女宮	處女座
♎	天秤宮	天秤座
♏	天蠍宮	天蠍座
♐	人馬宮	射手座
♑	魔羯宮	山羊座
♒	寶瓶宮	水瓶座
♓	雙魚宮	雙魚座

被奉為占星術發祥地，是以有不少占星術書籍及流派，皆紛紛冠上埃及神祇如透特[2]、赫密斯[3]之名。然而經過近年的研究發現，姑且不論希臘文化時代之後，埃及在希臘文化時代以前並無任何堪稱占星術的體系。

在文獻紀錄足以佐證的範圍裡，巴比倫占星術的成立最早可以追溯至西元前7世紀前後。

西洋占星術的特徵不外乎以下兩點。

其一，西洋占星術並非使用實際測量的**星座**，而是使用以春分點為基點抽象決定的星座宮來進行占卜。其二，西洋占星術能夠用來占卜個人的命運。

東洋占星術及**阿茲特克占星術**使用的是實際測量的星座，而且只能針對世界、國家，或是天災、氣候等規模較大的對象進行占卜。相對地，西洋占星術卻能調查個人出生時的**行星**分布位置及星座宮的位置，藉以卜算個人運勢或性格。

各時代對命運的解釋方式各有不同。希臘時代的占星術較為嚴謹，認為占卜結果跟個人意志等因素無關，而是採取相信事情絕對會按照命運安排發生的宿命論。然而現代的占星術卻認為，唯有個人的性格或特質、無意識活動、肉體性質此類「雖然是影響人生的重要因素，卻並非決定人生的所有因素」，才會受到行星或星座宮的影響，非常尊重人類的自由意志。這種思想又特稱為「心理占星術」。

（→**十三星座占卜、約翰・迪、羅傑・培根**）

《阿闥婆吠陀》

Atharva Veda　　　　アタルヴァ・ヴェーダ

■作品●歷史

古印度宗教經典**吠陀**的其中一部。此經有別於其他吠陀經，專門收錄實現**願望**的**咒文**。內容有：

止血的咒文

止咳的咒文

治療發狂症狀的咒文

治療熱病[4]的咒文

治療骨折的咒文

驅除小兒體內**昆蟲**的咒文

息災長壽的咒文

躲過他人**詛咒**的咒文

辨別**惡魔**、**咒術**師身分的咒文

獲得女性愛情的咒文

詛咒情敵的咒文……等（以上咒文譯名引自《世界古典文學全集3 阿闥婆吠陀》，筑摩書房出版）。裡面所有咒文都是很單純地以實而不華的用字唱出自己的願望，即使只把它當作普通詩歌欣賞，也是饒富趣味。

（→**真言**）

亞特蘭提斯

Atlantis　　　　アトランティス

■場所●傳說

古希臘哲學家柏拉圖晚年著作《提瑪友斯》與《柯里西亞斯》[5]裡描述的神祕大陸。

---

1 中國古代天文學家依東西南北四個方位劃分天空中的恆星。分別為東方蒼龍七宿：角、亢、氐、房、心、尾、箕宿；西方白虎七宿：奎、婁、胃、昴、畢、觜、參宿；南方朱雀七宿：井、鬼、柳、星、張、翼、軫宿；北方玄武七宿：斗、牛、女、虛、危、室、壁宿，共二十八宿。

2 人稱透特（Thoth）為「至上尊貴的狒狒」，他的頭部是狒狒（或鴇鳥）的頭顱。透特是負責掌管智慧與巫術的神明。古埃及人視同他為希臘神話的赫密斯，認為他是巫師的守護者。

3 希臘神話中眾神的傳令神兼商業之神，同時也是旅行者的守護神。除此之外，赫密斯還是一位盜賊、賭博、說謊的神明。（引用自《西洋神名事典》，奇幻基地出版）

4 指病患會發高燒的疾病，包括猩紅熱、肺炎、傷寒、敗血症、麻疹諸症。

5 《提瑪友斯》（Timaeus）與《柯里西亞斯》（Critias）收錄於柏拉圖的《對話錄》。

9000年前（這是柏拉圖時代的數字，距今約11000年前），大西洋上有個名為亞特蘭提斯的巨大大陸。亞特蘭提斯是個擁有壯觀都市與強大軍事力量的強國。當時的雅典為阻止亞特蘭提斯的侵略，於是採先發制人策略，起兵攻進亞特蘭提斯本國，豈料亞特蘭提斯大陸因為地震與洪水，一夜之間沉入海底。

若故事就此打住，亞特蘭提斯就只是個傳說，與魔法幾乎沒有任何關聯。即使在柏拉圖的記述內容裡，也完全沒有提及亞特蘭提斯人曾經使用過魔法。雖然柏拉圖確實提及亞特蘭提斯有種喚作歐利哈爾康[1]的金屬，不過這很可能只是亞特蘭提斯人對青銅等金屬的稱呼。

不過後世卻認為亞特蘭提斯是個世外桃源，居民都具有某種**超能力**。這是因為威廉·史考特·艾略特[2]主張自己能藉由靈視看見亞特蘭提斯，並且對其多有說明，才會使得人們對亞特蘭提斯有如此認識。艾略特所看到的亞特蘭提斯人，能夠憑自己的意志騰空飛行，還能**無**中生有變出自己想要的物品，能夠使用除魔法外不做他想的能力。

後來隨著**轉世**（Re-incarnation）與前世等概念的散播，開始有許多人認為自己前世是亞特蘭提斯人。不可思議的是，在此之前似乎都不曾有亞特蘭提斯人的轉世者；為何亞特蘭提斯人直到最近才開始轉世？其中緣故不詳。精神醫學認為這是種妄想症，但真相為何同樣也是不得而知。

自動筆記（自動書寫）

Automatic Writing　　　　　　　　自動書記
■魔法●歷史小說

自動筆記是指持筆的手不受本人意志控制，自行動作寫出當事者連想都沒想過的內容，乃**附身**現象的一種。

雖然不乏有創作著述時突然發生的案例（譬如畫家或作家、作曲家的靈魂，突然附身於毫無關係者身上，完成生前未完成的作品），但基本上自動筆記原本都是用於主動與靈界通信。在日本則以**狐狗狸仙**或邱比特[3]等「神諭神託」較為有名。藉**扶乩盤**與靈交流溝通，也屬此範疇之內。

由於這算是種靈附身現象，因此有些使用自動筆記者會陷入重度**恍惚狀態**，有些則是手遭靈附身不聽控制，有各種不同的類型。一般人都知道這種技術，也有不少人因為覺得好玩而實際嘗試。不過，由於自動筆記是種將靈體召喚至身上的行為，若無適當知識與事前準備，很可能會招致破滅性的後果。尤其是為求好玩而進行狐狗狸仙等法術時，通常都是事先並不知道會招來什麼就直接進行「召喚」，幸好此時招來的大多都是較低等的靈。

知道適當通靈方法的**薩滿**或法力高強的**靈媒**等人，卻不會採取此類間接手段與異界通信；這是因為相較之下，直接接觸所得的情報要來得清楚許多。所以除各宗教開祖將神祇所賜神諭書寫下來等特例以外，自動筆記通常很少被當成實際的通靈手段。

（→巫寫板）

亞法隆

Avalon　　　　　　　　　　　　アヴァロン
■場所●傳說

亞瑟王傳說裡塞爾特的精靈之國。亞瑟王手中那把具有魔力的**斷鋼神劍**便是於亞法隆鍛鑄；傳說亞瑟王在最後的戰役身負重傷後也被帶到此處，至今仍在亞法隆療傷。亞法隆又稱「蘋果結實之島」。歐洲人認為蘋果是魔法的果實，也是豐收與生命的象徵。

亞法隆並非此世之土，所以探究它到底在何處並無意義；不過在研究亞瑟王傳說的眾學者之間，大都認定亞法隆就位在現今英國的格拉斯頓伯里[4]。在中世英國填澤拓地之前，格拉斯頓伯里原本是個濕地裡的小島。塞爾特民

族認為島嶼具有某種特別的價值。此地常為濃霧籠罩，曲折水路紛繁錯綜，至今仍遺有極濃厚的魔法神祕餘韻。

格拉斯頓伯里同時也是**聖杯**傳說的舞台。根據13世紀**吟遊詩人**詩歌的內容，新約聖經《約翰福音》裡的亞利馬太人約瑟（Joseph of Arimathea）曾經將**耶穌**在最後晚餐時所用，後來祂被釘上十字架受刑時用來承接其側腹傷口血水的器皿，也就是聖杯，帶到此地。

此外還有資料指出，12世紀在格拉斯頓伯里建造的修道院[5]裡，曾經發現亞瑟王及其妻桂妮薇亞[6]之墓。

亞瑟王終焉之地格拉斯頓伯里與象徵生命的聖杯結合，長期以來一直被視為傳說中具有相同意涵的亞法隆。於是亞法隆就被當成實際存在的地方，此地也成了精靈界與人類世界之間的連結點。

具現化

Avatar　　　　　　　　　　　アヴァタール

■概念●傳說

（→化身）

化身

Avata　　　　　　　　　　　　　　　化身

■概念●傳說

意指鬼畜神佛等本不屬此世之物，以人類或動物模樣現身。**變身**凡人尚可及之，化身則非神佛等他世存在不能行。

化身乃世界各地普遍可見的概念，其中又以印度為最。尤其維持世界秩序的毗濕奴神（Visnu），更以無數化身聞名。每當世界大亂陷入危機時，祂就會變幻模樣由天而降，解決危機。

關於毗濕奴究竟共有幾種化身，眾說紛紜多不勝數。近來甚至還有說法認為，就連甘地[7]與電影明星都是毗濕奴的化身，不過一般皆認為毗濕奴共有10個化身。

①魚

從前發生大洪水時，毗濕奴曾經用祂的魚鬚撈起船隻，拯救摩奴[8]。

②龜

諸神與**惡魔**以曼陀羅山為攪拌棒，攪拌太

1　歐利哈爾康（Orihalcon）是「古代超金屬」之一，其名之意義為「山之鋼」，有人認為它的真面目其實就是銅。歐利哈爾康在純金屬的狀態下很柔軟，但與其他種金屬形成合金後又會比白金還堅硬。此外，它的密度似乎比鋁等輕金屬還要小。

2　威廉·史考特·艾略特（William Scott Elliot）為布拉瓦茨基夫人的弟子。

3　由孤狗狸仙變化而來，是以戀愛之神邱比特代替孤狗狸仙。寫滿文字的扶乩盤與孤狗狸仙同，唯使用的是五圓日圓硬幣。咒語為：「邱比特，邱比特，請從南邊的窗口進來。」

4　格拉斯頓伯里（Glastonbury）是英格蘭西南部Somerset郡的城鎮。

5　亞瑟王傳說中，這間修道院是由聖經裡的「亞利馬太人約瑟」所建，而且約瑟也將他帶到英國來的聖杯保管在院內。由於格拉斯頓伯里的四周都是沼澤，又正好位於英國最西端，因此在眾人想像中，這間修道院自然就成了不列顛傳說中通往神明所居住的西方極樂世界唯一入口。

6　桂妮薇亞（Guinevere）是亞瑟王之后，與王國第一騎士蘭斯洛有段祕密的戀情。

7　甘地（Mohandas K. Ganji，1867～1948）為19世紀印度人，從事印度獨立運動，主張一切不與英人合作，亦不以武力抵抗。在經濟方面，印人專用印度土產；政治方面，印人不做英人統治印度的官吏。這種消極抗爭手段終形成英人與印度之間的無形戰爭，後來印度獨立，得此助益頗鉅。印度大詩人泰戈爾曾以「聖雄」（Mahatma）稱號贈與甘地。

8　梵文Manu的音譯。印度神話中的人類始祖。據說有十四世，每世為四百三十二萬年。據說第七世摩奴名毗婆私婆多（Vaivasvata），為太陽之子，印度歷史傳說中的甘蔗族王（Iksvaku）是他的兒子。《百道梵書》、《摩訶婆羅多》裡關於洪水的傳說就是他的故事。

古之海、取得不死靈液後，毗濕奴曾經化身為巨龜潛入海底，支撐曼陀羅山。

③豬

惡魔希羅尼亞克夏[1]將大地拖入海中時，毗濕奴殺死希羅尼亞克夏，並且用祂巨大的獠牙將大地再度舉起。

④半獅人

打敗惡魔希羅尼亞格西布[2]。

⑤侏儒

惡魔伯利[3]成為天地之王以後，毗濕奴就化身成為侏儒對伯利說：「請你賞賜我三步大小的土地。」伯利答應此要求以後，毗濕奴就變回原形，三步踏遍整個世界。

⑥持斧羅摩（Parasurama）

毗濕奴轉世為婆羅門（僧侶階級）之子，並持斧征服傲慢的剎帝利（武士階級）。

⑦羅摩[4]

王子羅摩娶絕世美女悉多（Sita）為妻；後來悉多被斯里蘭卡的魔王羅波那[5]奪去，於是羅摩便殺死了魔王。詳細內容可見於敘事詩《羅摩衍那》[6]。

⑧黑天

般度五王子與俱盧百王子內戰時，曾擔任軍師為般度軍出力，並使用各種手段將百王子軍趕盡殺絕。詳細內容可見於敘事詩《摩訶婆羅多》[7]。（→**卡利莫索德**）

⑨佛陀（釋迦）

惡魔們即將循正確修行法獲得偉大法力之時，毗濕奴化身為佛陀，故意教導惡魔錯誤的修行法；所謂錯誤的修行法，就是佛教（另有說法指「毗濕奴化身佛陀，向眾生說正法」）。

⑩迦爾吉（Kalki）

人類已完全墮落的世界末日，毗濕奴將會化身為迦爾吉從天而降，將所有惡人全部殺光。迦爾吉是位騎著白馬的騎士，也可能是馬頭人身的模樣。

（→**變化**）

《地海傳說》

A Wizard of Earthsea[8]　　　ゲド戦記

■作品●歷史

美國女作家娥蘇拉‧勒瑰恩（Ursula K. Le Guin）創作的奇幻小說。內容描寫居住在地海（Earthsea）的大魔法師**格得**的生涯，是套四部曲[9]傑作。

整個故事乃以魔法師與魔法為中心，構築出若無相當的文化人類學素養則無法完成的（在當時是種嶄新的）一種喚作「真名」（→**名字**）的魔法與體系，對後來的許多奇幻作品造成了莫大的影響。

主角格得住在偏遠的島嶼上，是個具有魔法才能的少年。在某個事件當中，有位叫做「緘默的歐吉安」的大魔法師發現了格得的天賦；格得必須接受正統的修行才能成為魔法師，於是他便進入地海巫師學院就學。豈料格得卻因為傲慢態度而闖禍，不慎誤將名為「冥界之影」的恐怖魔物釋放至現世。雖然剛開始他對這虎視耽耽欲加害自己的影子感到非常恐懼，但他最後仍然決心與影子對決，並且成功地將自己內在的光與影合而為一，成為完整的人（第一部《地海巫師》）。

故事仍然繼續進行。格得與影子結合、成為擁有無上力量與智慧的魔法師之後，他贏得被當作祭品獻給無名者的巫女「被吞噬者阿兒哈（恬娜）」的信賴與幫助，成功從祭拜太古地靈的古代墓地，奪回失落已久的和平與王權的象徵——厄瑞亞拜之環（Ring of Erreth-Akbe），並且被任命為巫師學院的大賢者（第二部《地海古墓》）。

十年光陰流逝，正當格得頭頂逐漸斑白之際，又有世界危機襲來。不知何人打開了冥界與現世之間的關隘，使得這個世界的魔法開始慢慢消失。年老的格得便帶著崇拜自己的公子亞刃（Arren），一同踏上探索的旅途。兩人造

訪各地、掌握事態後，終於潛入冥界並且打敗了主謀——想要**長生不老**的魔法師「庫莫」。接著格得用盡了所有的力量，才將冥界之門關閉起來；就像從前自己誤開冥界之門時，當時的大賢人倪摩爾（Nemmerle）把門關起來那樣。當時倪摩爾為關閉冥界之門殞命，格得雖然沒有喪失性命，卻付出了極大的代價：格得喪失了他的一切——所有的「魔法之力」，變成凡人返回現世。

公子亞刃經過此次冒險大有成長，並且果如預言所示，順利登上海島地區空懸已久的王位；就在一片歡欣鼓舞的愉悅氣氛當中，格得獨自跨上飛龍悄然離去，歸隱故鄉弓忒島（第三部《地海彼岸》）。

由於作者遲遲沒有發表續集，其後有很長的一段時間，眾人都以為《地海傳說》已經告一段落。

不過，《地海傳說》尚未結束。沉寂18年後發表的《地海傳說》完結篇《地海孤雛》裡，敘述喪失魔力與自信的格得，與嫁作農婦、已成寡婦的恬娜再次相遇，兩人墜入情網。雖然這部作品與本事典的主題「魔法」並無甚關聯，不過似乎有不少人都不知道這本書已經出版，所以還是稍微提醒一下各位讀者，岩波書店已經開始販售日語譯本。

1　希羅尼亞克夏（Hiranyaksa）是印度教經典《伐由往世書》中描寫到的達伊提耶（一種惡鬼），名字的意思是「金閣人」（另說他是阿修羅，並非達伊提耶）。

2　希羅尼亞格西布（Hiranyakasipu）是希羅尼亞克夏的兄弟。經過嚴苛的苦修後，他從梵天那裡獲得不死的力量，並征服了天上地上地下三界。他的兒子缽羅訶羅陀（Prahalada）篤信毗濕奴，希羅尼耶格西布極為不滿。某次缽羅訶羅陀對他說「毗濕奴神無所不在」，他不信邪順手打向玄關的柱子。柱子瞬間裂成兩半，從中跳出獅首人身的毗濕奴，經過惡鬥終於殺死了希羅尼亞格西布。

3　伯利（Bali）為以善良著稱的達伊提耶（daitya，巨人族）之王。他虔誠信神苦心修行，結果甚至獲得了凌駕因陀羅的神力，得到支配天上、地上、地下三界的權力。眾神害怕世界將受達伊提耶統治，於是拜託毗濕奴阻止他。毗濕奴化身為侏儒，兩步便踏遍天界與地上界，最後念在伯利道高德隆，於是仍將地下界交由伯利統治。

4　羅摩（Rama）是印度教神名。共有三個：一個是婆羅門出身的勇士，使一柄大斧，稱為「持斧羅摩」，是毗濕奴的第六次化身；二是黑天的哥哥，用耕田的犁作武器，稱為「大力羅摩」；三是《羅摩衍那》中的羅摩，全名羅摩占陀羅（Ramacandra），是十車王的兒子，後被印度教神化，傳為毗濕奴的第七次化身，受「羅摩派」信奉。該派認為，只要對羅摩表示虔誠，並默念他的名字，即可獲得解脫。

5　羅波那（Ravana）在印度長篇敘事詩《羅摩衍那》所述，為住在楞迦（羅剎的都城）的魔王。有10頭20臂，驍勇善戰。

6　梵文Ramayana音譯，可意譯為《羅摩遊記》、《羅摩生平》或《羅摩傳》。印度古代梵文敘事詩，與《摩訶婆羅多》並稱為印度兩大史詩。

7　梵文Mahabharata的音譯，一譯《瑪哈帕臘達》，意為「偉大的婆羅多王後裔」。印度古代梵文敘事詩，世界最長的史詩之一。與《羅摩衍那》並稱為印度兩大史詩。印度教經典之一。有繁簡兩個版本。主要寫般度、俱盧兩族爭奪王位，反映印度奴隸社會生活，並涉及當時哲學、宗教和法律問題。

8　《地海傳說》系列作品原名為Earthsea Cycle，A Wizard of Earthsea只是此系列作的首部作《地海巫師》，此處應是作者謬誤。

9　除前四部以外，勒瑰恩還有《地海傳說短篇故事集》（Tales from Earthsea）與《地海奇風》（The Other Wind）兩本新作，因此現在此系列共有六部作品。

B

芭芭雅嘎

Baba Yaga　　　　　　　　　バーバ・ヤーガ

■生物●傳說

　　西部俄羅斯民間傳說裡的半神**巫婆**。

　　芭芭雅嘎是位白髮老嫗，住在森林裡「底下長有一隻雞腳的小屋」裡面；這是間魔法的小屋，可以自行移動。

　　芭芭雅嘎對人類厭惡至極，還是位會吃人的女巫；就算對方是成年男性她也滿不在乎，仍舊是大口大口地從頭部開始吃起。芭芭雅嘎同時也是大自然和野獸的統治者，能隨意操縱之。簡單地說，她就是位森林之主；由此性質可以研判，芭芭雅嘎原本應是古代的**太母神**，後來沒落經過變形，殘存在民間傳說當中。

　　大部分民間故事裡，芭芭雅嘎時常被描述成虐待在森林裡迷路的小孩，並把小孩烤來吃的鬼婆婆，不過芭芭雅嘎有時也會運用咒力幫助來訪者，使其得以在人界功成名就。

巴比倫

Babilon[1]　　　　　　　　　　バビロン

■場所●歷史

　　位於美索不達米亞平原的古都。

　　猶太民族曾經以巴比倫囚虜[2]的身分被迫在這個都市勞動。因此巴比倫不僅是繁華奢侈的都市，又被加上道德面的判斷，成為「頹廢與墮落的象徵」。

　　後來基督教和伊斯蘭教也直接繼承了這個觀念。約翰的《啟示錄》[3]裡便曾經提及，世界末日會有位叫做巴比倫大淫婦的女性出現。這位美女身穿紫衣、穿戴寶玉，並持**金杯**酌飲善良基督教徒的鮮血，乃迷惑世人的墮落象徵。

　　伊斯蘭教則認為巴比倫乃**妖術**的發源地，在巴比倫的**水井**裡，有哈魯特與馬魯特（Harut wa Marut）兩位墮**天使**用**頭髮**吊在井裡，教人行使各種妖術。他們認為這座頹廢與妖術之都並不在美索不達米亞，而是在世界盡頭的某個地方。

八卦

Bagua　　　　　　　　　　　　八卦

■概念●歷史傳說

（→卦）

八卦爐

Bagua-lu　　　　　　　　　　八卦炉

■物品●傳說小說

　　太上老君用來煉製仙丹的丹爐。《**西遊記**》也曾提及此爐。

　　爐內按照**易**的原理分成八卦，這應該是象徵著整個世界。其理論應為如此：八卦爐就是個小世界，爐內會有跟大世界成形時相同的生成作用發生，藉此進而煉成仙丹。

　　天庭擒住**孫悟空**時，孫悟空已經修得了金剛不壞之身、刀槍不入，於是便決定用八卦爐將其燒煉殆盡。沒想到孫悟空卻逃往象徵**風**的巽（東南）方位，避開爐火；風由巽位灌入，是以火舌不能接近。不過孫悟空仍被爐內濃煙燻得雙眼赤紅，這對「火眼」終究無法恢復原狀。七七四十九天後打開八卦爐，孫悟空馬上就逃了出來。

（→卦、煉丹術）

芭蕾

Ballet　　　　　　　　　　　バレエ

■體系●歷史

　　由音樂和舞蹈構成的無言戲劇。起於16世紀的法國，至今仍廣布於世界各地。

　　芭蕾通常是以民間傳說、童話、**浪漫主義**文學諸作品為題材。從前浪漫主義文學因飽受

批評而銷聲匿跡的時候，浪漫主義卻仍舊能在音樂和芭蕾的世界裡大放異彩。這是因為將妖精的舞蹈或飛翔的火鳥譜成曲子，不但跟將稅務局員工的現實煩惱譜成曲子同樣都具有意義，而且還更加簡單。

巴羅爾的邪眼

Balor's Evil Eye　　　　　　　バロールの死の眼力

■魔法●傳說

巴羅爾（又叫做巴勒）是古代塞爾特民族神話裡的闇黑之神。他雖然身為諸神的眷屬，卻曾為爭奪地上的統治權而利用巨人族向諸神挑戰，終於被光明之神盧訶[4]打敗。

巴羅爾擁有許多強大的魔力，而他的眼睛也擁有驚人的力量；其視線可以使他人在瞬間一命嗚呼。

僅只是被巴羅爾的視線接觸到就會死亡，因此若想要打倒他，就必須避免進入他的視線範圍。眼睛便是這位闇黑神的強悍之處。然而，這隻魔眼卻也是巴羅爾的弱點。巴羅爾的皮膚硬如鎧甲刀槍不入，只有眼睛是唯一的弱點。遭遇近身攻擊時，巴羅爾就會用邪眼攻擊來襲敵人；若對方使用弓箭等武器進行遠距離攻擊，他就會閉上堅硬的眼瞼保護眼球。

光明之神盧訶與這個強敵對陣時，想出了一個辦法。首先，必須迅速移動以引誘巴羅爾攻擊，並躲到掩護物後方避開他的邪眼。接著趁著闇黑神的眼瞼張開時，從隱蔽處向巴羅爾的眼睛投擲石頭。

此策略後來成功奏效，巴羅爾死後由光明之神統治世界，以上就是神話的概略大意。

在各地的神話及傳說裡，也有許多看到其模樣就會死亡的怪物，譬如希臘神話裡的梅杜莎（Medusa）等便是。可是就算敵人不去看巴羅爾，他也只消以視線捕捉對方身影，就能殺死對方；這便是兩者間的差異。

諸神與**惡魔**的力量，乃是將其神格的象徵形象具體化而得。闇黑神巴羅爾所象徵的，就是北方國度冬天的黑暗和酷寒。在春天到來、溫暖陽光灑滿大地之前，嚴冬仍不斷威脅愛爾蘭居民，並陸續奪走他們寶貴的生命。

（→邪視）

寶貝

Baobei　　　　　　　　　　　　宝貝

■物品●傳說

《**封神演義**》裡眾**仙人**所用，擁有法力的各種道具，也就是仙人版的**魔法**道具。

在《封神演義》的故事裡面，原是人類出身的仙人與**道士**，每隔1500年都會萌生極強烈的殺人念頭。所以他們平常除勤力修行以外，還會事先製作擁有各種法力的武器和道具，以備隨時使用。

寶貝可大致分為攻擊用與防禦用兩種。攻擊用寶貝又可細分成類似劍的短兵相接用寶貝、類似珠子的投擲用寶貝、類似繩索能綁縛

1　巴比倫的英文一般拼作「Babylon」。

2　巴比倫囚虜（Babylonian Captivity）為古猶太人被擄往巴比倫的歷史事件。西元前597年新巴比倫國王尼布甲尼薩二世（Nebuchadnezzar II）初次攻陷耶路撒冷後，把幾千名猶太人擄到巴比倫。西元前586年尼布甲尼薩二世再次攻陷耶路撒冷，滅猶大王國，又把大批猶大王室、祭司、工匠擄往巴比倫。西元前538年波斯國王居魯士（Cyrus）攻陷巴比倫，新巴比倫國亡。居魯士把新巴比倫所停之猶太人放回巴勒斯坦。猶太史上，常把西元前597年至前538年的歷史稱為「巴比倫囚虜」。

3　請參照本書第29頁譯注。

4　盧訶（Lugh）是塞爾特神話中的太陽神，相當於希臘神話中的太陽神阿波羅。盧訶其實並沒有什麼特別出眾的能力，但是他那一體全觀照顧整體的能力卻是出眾且完美無缺的。此特徵其實正代表著太陽神照拂全世界的力量，同時也是擔任領導者的必備條件。

敵人的寶貝，還有能造成火災或疾病的寶貝等，五花八門多不勝數。舉例來說，只需將金鞭投於空中，金鞭就會自動攻擊敵人；混元金斗能藉邪**氣**的力量擒住敵人；萬里起雲煙能發出無數火箭，將城鎮燒個精光。

然而絕大多數的寶貝都有方法可以克制，並無任何寶貝能擁有絕對性的優勢。譬如落寶金錢就能打下所有投擲武器；杏黃戊己旗能抑制邪氣，使混元金斗失效；霧露乾坤網則是能在轉瞬間將萬里起雲煙的大火全部澆滅。

不過**太上老君**、鴻鈞道人等位居**道教**頂點的仙人所持之寶貝，那又是另當別論。法力愈強大的高級仙人，製造出來的寶貝法力也就愈強大，但是寶貝的力量跟使用者的法力似乎並無太大關連。高位仙人將自己的寶貝傳授給弟子自是無妨，然而該弟子背叛師門時，仙人卻時常無法對抗自己所造的寶貝，每每陷入苦戰；這種場面在《封神演義》裡其實並不少見。

《抱朴子》

Baopo-zi 「抱朴子」

■作品●歷史

西晉抱朴子葛洪所著，共分內篇二十篇與外篇五十篇。其中內篇說道家的神仙之道，外篇則說儒教的人間得失、世事臧否。

其中又以內篇特別有趣。內篇主要記述**長生不老**的修行法，也就是以學術方法彙集**長生法**。《抱朴子》將人類的死因分成六個種類：消耗精力、老化、疾病、食物中毒、沾染邪氣、遭風或冷氣所侵。

防止前述六種死因，也有六種修行法：一導引[1]，二房中[2]（性交**養生法**），三飲食養生，四**煉丹術**，五**符**術，六集中精神。

其中《抱朴子》特別重視煉丹術。書中記有許多丹藥處方，只要按照處方製成丹藥服用，就能達到僅是憑藉修行尚無法達成的長生

不老境界。整體來說，《抱朴子》的基本態度就是「學而成**仙人**」；只要不斷重複修行，就能成仙。

後來**道教**直接吸納了《抱朴子》的思想，此書因而成為志在成仙的**道士**們的必修書目。《抱朴子》非但建立了道教的學理體系，同時也是當時中國人的魔法知識集大成之作。

抱朴子

Baopo-zi 抱朴子

■人物●歷史傳說

西晉**道士**，或謂**仙人**。3世紀末至4世紀初的人物。抱朴子乃其道號，本名姓葛名洪。

其父之弟名叫葛玄[3]，此人是位有名的幻術師，乃**左慈**弟子。據說葛玄也能展現各種神通，吳大帝孫權[4]曾招為賓客。葛玄曾得左慈傳授煉丹法之祕，並將部分祕法傳予葛洪的師父。

葛洪亦有非凡之才，雖父親亡故貧窶困苦，學諸子百家書仍不以為滿，後來又跟隨師父學習**煉丹術**。據說他就是透過師父才學得叔父葛玄所傳煉丹術祕法，可惜內容為何，已不得而知。葛洪似乎自此才開始以道號抱朴子自稱。他曾在《**抱朴子**》的自序裡寫道：「我性好素樸，故以此名自號。」

另一方面，葛洪也是位有為的官吏，曾官拜東晉參軍。不過他終究無法捨棄修行之道，某日突然不見蹤影。眾人紛謂：「抱朴子已作**尸解仙**去。」

葛洪可謂是肩負了整頓**道**教學理面的重任。他所著《抱朴子》乃煉丹術等長生不老術的具體修行法；說得極端點，自從此書問世之後，道教的道士們方才知道應該要如何修行。葛洪還著有《神仙傳》，然而後世錯簡甚多，原文已難以考據。

（→長生不老）

吟遊詩人

Bard   吟遊詩人

■體系●歷史小說傳說

在塞爾特人的文化裡，傳承過去故事原本就是由處於知識階級頂點的**德魯伊**負責的工作。然而由於其任務太過繁重，德魯伊後來又再度分化為立法者、祭司、詩人這三個階級。

後來詩人又再度分化成操縱**話語**的魔力，以造成超自然現象的「說史稗官[5]」、立於王候餐桌之側撥琴歌唱故事的「彈唱詩人」、流浪諸國傳達情報的「吟遊詩人」這三種。

塞爾特人將隨著琴聲傳唱氏族系譜或英雄傳說的詩人，視為祭司職位的一種。據說他們傳唱古老故事的歌聲裡蘊藏著魔力，能夠引起許多不可思議的現象。由於塞爾特人視口耳傳承知識為神聖，會有這種思想可謂是再自然不過。

塞爾特的傳說裡時常提及詩人操使蘊藏魔力的話語的情節，不過這種概念絕非特異。詩人直到很久以後才被視為純粹的樂師，而他們最早的身分其實就是操縱話語魔力的魔法師。

塞爾特人，尤其是重名譽的貴族與戰士階級，都非常尊重這些詩人。這也是因為詩人負責將各種事蹟傳播至他國、傳唱至後代，所以他們不願惹惱詩人，以免落得遺臭萬年的惡名。塞爾特的戰士相信今世的行動會影響來世的命運，他們為獲得永遠的名聲以及更理想的

輪迴，大多會遵從詩人的命令，有時甚至還不惜獻出自己的生命。

（→口傳）

狂暴戰士

Berserk   ベルセルク

■魔法●歷史小說傳說

乃英語「狂戰士」（Berserker）的語源，是種特殊的**附身**狀態。

信奉北歐神話主神**奧丁**的戰士，臨戰時會進入忘我的瘋狂狀態，不顧性命浴血奮戰。他們相信奧丁的神力或熊與野狼等強大肉食動物的靈魂會寄附在自己的肉體裡，就像是變成真正的野獸一般大開殺戒（「Berserk」原意是「披熊皮者」，而其別稱「ulfhedinn」則是「身穿狼毛皮者」的意思，便是由此演變而來）。

據說處於此狀態的戰士，非但會變成刀槍不入的不死身，還能長時間奮戰不知疲累。

（→刺青、渥爾娃女巫）

兵法

Bing-fa   兵法

■體系●歷史傳說小說

彙集戰爭的方法、贏得戰爭之法的學問。

古代（主要是中國）認為，戰爭與**咒術**兩者的關係密不可分。

戰鬥、戰爭深受不可預測的因素左右，所以古代人相信戰爭乃人類力量無法企及的領

1　導引請參照本書第31頁譯注。

2　房中請參照本書第31頁譯注。

3　葛玄（164～244）是三國時方士，字孝先。丹陽句容（今屬江蘇）人。據《抱朴子》記述，他曾經拜左慈為師，修習道術，受《太清丹經》、《九鼎丹經》、《金液丹經》等煉丹經書，後傳授給鄭隱。相傳他曾在江西閣皀山修道，常辟穀服食，擅符咒諸法，奇術甚多。後世道教尊稱為「葛仙公」，又稱「太極左仙公」。北宋徽宗時封為「應真人」。南宋理宗時封為「衝應孚佑真君」。

4　吳大帝孫權（182～252），字仲謀，吳郡富春人。繼兄策之後，據有江東，與漢、魏對峙，成三分之業，後稱帝建業，國號吳，在位三十一年。卒諡大皇帝，簡稱「大皇」。世稱吳大帝。

5　稗官原指小官，後世沿稱小說家為「稗官」。《漢書》卷三十藝文志：「小說家者流，蓋出於稗官。」此處是指上古以講述傳說、典故為職業的史官。

域；再者，敵我雙方皆有各自的**祖靈**守護，不先打敗對方的祖靈就無法贏得戰爭。基於這兩個理由，古代臨戰時必先舉行祭祀，乃是常識。

首先要占卜戰爭的吉凶。在**易**尚未成立的時代，原則上都是使用火烤刻有祭文的龜甲或鹿骨，觀察裂痕形狀而占的龜卜。此舉不只是要得知戰事是否有利，也是要得知對我方有利的開戰吉日吉時、戰鬥方位等各種情報。

如此決定開戰事宜後，接著就要祭神祭祖祈求勝利。此處所祭神明，乃**神農氏**之後、中華民族始祖**黃帝**之敵——蚩尤[1]。蚩尤跟其祖先同樣是牛頭人身、銅頭**鐵**額、四眼六臂，尚且還長於軍才。他還是武器的發明者，劍、鎧甲、戰戈等物都是他的發明。因此他才會在被黃帝討滅後，被中國人當成戰神崇拜。開戰前的儀式裡，必須以人**活祭**獻給蚩尤，祈請蚩尤守護自己。

在戰鬥當中，**巫**師巫女還會對敵陣使用**媚**術，試圖利用視線的魔力使敵方產生混亂。另外，戰爭時也經常會使用咒殺法，取敵方指揮官的性命。

雙方會在兵器相接的戰爭背後進行前述諸多咒術戰、魔法戰。戰事結束後，勝方必定會將敗方的巫師巫女全部殺死，將其性命獻給蚩尤以表感謝。

最早脫離此類咒術性兵法，並且將戰爭求勝的用兵術體系化整理的人物，就是**姜子牙**。可惜的是姜子牙的兵法業已散佚，現已不傳。不過兵制、用兵術、陣法等，都是因為他才始得確立。

進入春秋時代，先有齊國管仲把握戰爭的經濟面向，並明確指出戰爭也是眾多政治行為之一。約100年後，又有吳國的孫武（孫子）現世。1996年中國挖掘到傳為孫武所著的《孫子》竹簡，發現失傳的四十餘篇內容，目前仍有待學界的解讀與再評價。原本的十三篇《孫子》則是被評為史上最偉大的兵書。此書力斥神祕思考，主張唯有靠人類的努力才能贏得勝利。此書簡單扼要地論述戰爭的原則、整備兵制、判斷形勢、選定指揮官、用兵術、補給、情報戰等面向，而這些皆是與現代戰爭相通的戰爭原則論；中國兵法可謂是因為孫武才始得擺脫神祕的領域，進入理論性、科學性的學問領域。

黑魔法

Black Magic／Black Arts　　　　　　黑魔術

■體系●歷史小說傳說

幾乎在所有文化都同樣會將加害他人的魔法（或魔法師）與正當的魔法（**白魔法**）區分開來，並以特定名詞稱呼之。眾多稱呼當中，「黑魔法」算是使用情形最普遍的單字。

除某些極為特殊的文化圈（譬如共產世界）以外，世界各地必定都有宗教紮根。既有宗教，就絕對會有倫理規範。而違反宗教戒律的魔法行為，將遭共同體畏忌而被斷為罪惡。這便是黑魔法的廣義定義。

若欲探究其嚴格定義，終將落入各持己說的窠臼。舉例來說，亞雷斯特‧**克羅利**就主張，所謂黑魔法乃指除階後的天主教神父所行之魔法。

由於黑魔法此字原本就是源自於歐洲，因此克羅利此番見解也不無道理，不過此處仍將黑魔法作普遍性用語解。

（→黑彌撒）

黑暗人

Black Man　　　　　　　　　ブラック・マン

■人物●歷史小說傳說

此為**賽倫女巫審判事件**當時，女巫們供詞中全身黑色打扮的人物。據說此人會指導女巫舉行**魔宴**，並以自己之名替出席者施以洗禮。就連聖餐的麵包也全是黑色的，此處可以窺見

黑彌撒的影響。

　　這個全身黑的男子（有時也會將其描述成黑人）乃**惡魔**現身於魔宴的典型形象之一，歐洲也曾有過數起相同的目擊證言。

　　新英格蘭的幻想小說家H. P. **洛夫克萊夫特**便曾調查賽倫女巫審判事件，並將這黑衣人形象利用在作品中。邪神奈亞魯法特[2]的諸多**化身**之一——黑暗人，便是由這黑衣男子的形象孕育而生的角色。洛夫克萊夫特積極地利用黑暗人、溫敵哥[3]等取材自現實世界的怪異存在，成功醞釀出現實與幻想綜合混雜的奇妙韻味，使得他的作品至今仍受廣大讀者喜愛。

黑彌撒

Black Mass　　　　　　　　　　黑ミサ

■儀式●歷史小說傳說

　　黑彌撒乃14世紀基督教會迫害異端時，為陷異端派於不義，巧立名目而創造出來的概念。

　　於是，黑彌撒儀式就成了模仿基督教禮拜儀式的諷刺版偽儀式。從這點也可以很清楚地發現，黑彌撒相較之下的歷史比較短暫。換言之，中世以後才出現的偽基督教儀式，就是如此直接被套入、演變成黑彌撒儀式。

　　基督教會為了要攻擊異端教派與其他宗教，從很早以前就常以莫須有罪名行誹謗中傷之事。約於720年左右，教宗若望四世[4]就曾經在一場說道訓示當中，公開批判保羅的信徒（保羅派）[5]。此外，基督教會還曾經在15世紀指猶太教與猶太人為殺害兒童食用的殺人兇手，施以迫害。

　　聖殿騎士團[6]也是因為舉行黑彌撒的名目而遭斥為異端，就連吉里・德・萊斯[7]被逮捕時，也招供說自己曾經在城堡裡舉行過黑彌撒（不過萊斯確實曾經誘拐並殺害兒童，所以他很可能有性倒錯的特殊癖好）。

　　16世紀以後，有無數聖職者因舉行黑彌撒的罪名而遭逮捕處刑。據考究指出，黑彌撒與

1　蚩尤為古代帝王炎帝神農氏的後裔。蚩尤牛頭人身，四目六手，具牛角及牛蹄。有八十一名兄弟，皆食砂石。

2　奈亞魯法特（Nyarlathotep）為克蘇魯神話中主要神明「外來神明」之一。別號「無貌神明」，因為他具有好幾個造型。最著名的是淺黑色皮膚的高雅青年「黑色法老王」（Black Pharaoh），以及白人臉孔但皮膚卻是淺黑色的高瘦男子「黑暗人」（Black Man）。另外當遇到怪物作祟時，他也會適時變成怪物的形象以對抗敵人。

3　請參照本書第274頁「溫敵哥疾病」項。

4　教宗若望四世的任期為西元640～642年這段期間，本書敘述恐有謬誤。

5　保羅派（Paulicians）為古代基督教的異端教派。五世紀開始流傳於亞美尼亞和小亞細亞。教義接近摩尼教。名稱來源不詳，一說以具有摩尼教傾向而被革職的保羅（撒摩沙塔的）為其領袖，故稱。反對正統教會的教階制度、隱修主義和崇敬聖像等，承認二元論。認為世界和肉體來自惡神，要用清潔的神祕禮儀來獲得解救。

6　聖殿騎士團（The Knights of the Templar）為中世紀天主教的軍事宗教修會。總部設在耶路撒冷猶太教聖殿，故名。為保衛第一次十字軍東征中建立的耶路撒冷拉丁王國並保護朝聖者，由幾個法國破落騎士發起組成，故又名「基督貧窮騎士團」。開始即為軍事組織，遵行本篤會規則，嚴格保密。成員著白袍，佩紅十字。1128年獲教皇批准。由於搶掠和帝王貴族捐贈及教皇給予的特權而致富，權勢大增，成為歐洲早期的銀行家，生活奢侈。在西班牙、法國和英國的勢力尤大，引起國王和其他修會的不滿，後被斥為異端。1312年被教皇解散，大部分財產歸醫院騎士團。

7　吉里・德・萊斯（Gilles de Rais, 1404～1440）是法國貴族、武將。他曾擔任陸軍元帥，與聖女貞德（Jeanne d'Arc）一同參加百年戰爭；後來因殺人、雞姦、召喚魔鬼等罪名遭到處刑。藍翻子男爵的傳說便是以他為藍本。

魔宴就是自此開始發生關係，而且兩者逐漸有被視為同物的傾向。

　神父們描述的黑彌撒儀式情形如下。黑彌撒乃崇拜路西法或無名惡魔之王的儀式。魔王會以巨大山羊的模樣現身，女巫們則是親吻魔王的臀部。他們用鮮血代替葡萄酒舉行彌撒、唸誦魔法書代替聖經。當然，儀式最後必須與惡魔亂交，這點已不須贅述。

　前述黑彌撒內容，應該是由長期壓抑性慾的基督教神父們的妄想演變而成。只要有抨擊黑彌撒的名目，無論口吐多麼淫穢的故事全都無妨。平時壓抑累積的性慾找到唯一出口以後，會使人瞬間進入妄想的世界裡，這也是理所當然。至今有無數與黑彌撒或魔宴相關的龐大文獻資料，而絕大多數都是出自神學者或神父之手，這便是最好的證據。

　不少人相信黑彌撒等於魔宴，此概念使許多女巫都感到相當頭痛。因此到了後期，才會有許多女巫也誤以為自己在進行黑彌撒儀式。相反地，此概念甚至還促使許多人試圖藉實行黑彌撒取得魔法力量。基督教萬萬料想不到，教會的所有作為非但無效，最終得到的結果卻是恰恰相反。

　直到現代的諸多惡魔崇拜團體當中，仍然不乏舉行黑彌撒者。

　黑彌撒與魔宴最重要的相異點就是：黑彌撒乃是相信天主教教義者所實行的魔法。

　正式的彌撒乃以麵包為基督聖體，以葡萄酒為基督聖血進行儀式，藉以獲得神的恩寵；同理可證，只要對惡魔進行相同儀式，應該就能得到惡魔的恩寵。由於普通彌撒裡只會發生善的奇蹟，所以只要舉行邪惡的彌撒應該就能創造出邪惡的奇蹟。這就是黑彌撒的基本理論。

（→撒旦）

血液

Blood　　　　　　　　　　　　　　　血液

■物品●歷史

　血液是每個人類都有的物質，同時也是魔法儀式常用的「具有魔力」的物品。像血液這般普遍卻又同時具備「魔法性質」的物品，可謂極為罕見。若趁此機會再次思考究竟何謂魔法，就能發現許多非常有趣的現象。

　不論是在魔法領域抑或神話、傳說等故事裡，血液通常是生命力與再生的象徵；倘若失去血液就必須迎接死亡，有時甚至還能透過血液將生命賦予他者。

　許多古代宗教如阿茲特克、馬雅以及古猶太教等，會將鮮血當作祭品獻給神明。即便是時至今日，血液受到污染的概念仍常見於部分神祕主義者——譬如道主義者（西方文明圈裡將道教視為某種神祕主義的一群人）或神祕主義素食者。血型占卜的出現，同樣也是起因於血液的神祕性。

　殘存至今的所謂「未開化文明」當中，許多文明都有將獵物的鮮血塗抹在身上或取來飲用，希望藉此得到獵物的生命力與活力的儀式。就連較先進開化的羅馬帝國也是同樣，直至4世紀左右仍有神官飲用或塗抹牛血的娛樂化儀式。

　當然，農耕民族同樣也有血液等於生命力的思想。播種前會在田裡灑滿獵物鮮血的民族，並不在少數。

　在日本，血液與肉體兩者的象徵意義其實相當類似。然而在基督教、伊斯蘭教文化圈中，此二者很明顯地是兩種不同質的事物。

　基督教、伊斯蘭教認為血液毫無疑問是生命的象徵，相對地，肉體則不過只是神明集塵芥所造用來安置靈魂的容器而已。換言之，血才是生命。

　「只是你要心意堅定不可喫血，因為血是

生命，不可將血與肉同喫。」（申命記12章23節）

因此，基督教文化的「不死者」（Undead）為維持自己的肉體，才必須以他人的生命力──血液──來補充生命能源。現代日本將「不死者」與「吸血鬼」分別認定為類似**殭屍**與**德古拉**的兩種生物，兩者之間有非常明確的差別（看似如此）。然而若是在歐洲，「不死者」就等於「吸血鬼」。

西洋系統的魔法儀式，同樣也時常會使用鮮血，其中尤以處女鮮血的效果最佳；此概念應該也是受處女信仰的影響。某些地方則認為最具效果的並非處女的血液，而是初經來潮之前的少女鮮血。

此外也正如心理學等學術研究結果所指，血液本身就具有能引發人類本能使其興奮的本質。通常當我們看見大量鮮血的時候，自己的生命也會接著陷入危機。為應付突發的危機狀況，人類的身體會本能地開始亢奮，使身心皆進入備戰狀態。

有時人類也會逆向操作，為使身體亢奮而使用血液。魔法儀式裡的血液，除原本賦予生命力的意義以外，還能提高精神狀態，有助施術者進入**恍惚狀態**或提高能力。具有吸血行為的性倒錯者的心理，也能藉與血液相關的人類本能得到說明。前述羅馬帝國神官的儀式，其實也是種利用鮮血帶來的興奮感以達到娛樂效果的節目。

（→**吸血**）

吸血

Blood Suck　　　　　　　　　　　　吸血

■魔法●歷史傳說

自古以來，**血液**就是生命力的象徵。血液被吸取就等於生命力被吸取；吸血這個行為，就是從他人身上獲得生命力的行為。

羅馬皇帝馬可‧奧勒留[1]之妻法斯提那（Faustina）就曾經飲用已經死亡的劍鬥士的鮮血，希望能使生命力更加旺盛，進而提高生殖能力。某個時代還認為癲癇[2]患者只要飲用被斬首犯罪者的鮮血就能痊癒。日本人會飲用鱉或蝮蛇的鮮血，也是源自於相同的發想。

全世界所有魔法與祭祀儀式當中，很多儀式都有吸血行為；直到4世紀為止，羅馬的希比莉[3]神官會飲用並塗抹牛血，其儀式內容可謂是種已經半娛樂化的儀式。

換句話說，吸血的行為本身非但是種**咒術**手段，同時也是目的。

除此之外，甚至還有些人在飲用（舔舐）鮮血時能夠得到性快感。這也可以算是某種**食人**癖好（同類相食），由於興奮的人類所流出的血液內含腎上腺素（Adrenalin），所以也不乏舔舐鮮血能使人興奮的說法。

相反地，被吸血同樣也能得到陶醉感。毒癮者裡便有人用注射器吸取血液，因而獲得性反應。根據他們的說法，那種感覺與性高潮頗為相似。若無專門技術便擅自抽取血液是相當危險的，甚至可能會因血壓遽降導致休克死

1　馬可‧奧勒留（Marcus Aurelius Antoninus，121～180）為羅馬帝國皇帝（161～180），即位後連年用兵，東與安息人作戰（162～166），北與日耳曼、奎德人（Quades）等作戰（166～180）。哲學上擁護新斯多葛主義，認為神是萬物的始基，叫人背棄外部世界，沈緬於內在體驗的主觀世界。對基督教推行迫害政策，曾鎮壓和殺害孟他努派信徒。據說《後漢書》所載「安敦」就是指馬可‧奧勒留皇帝。

2　癲癇為一種反覆出現陣發性的神智障礙、肌肉的非自主性收縮，或感覺性障礙的疾病。其特徵為發作時突然昏倒，牙關緊閉、口吐白沫、四肢抽搐。或稱羊癲瘋、羊癇瘋。

3　希比莉（Cybele）是佛里幾亞（小亞細亞地方）人所信奉的大地女神。希比莉的掌管範圍很廣，她同時是至高神明以及預言、治癒、戰爭、動物走獸的守護者。一般神話中多將她與希臘神話裡的阿芙底絲提（Agdistis）視為同一位神明。值得一提的是，所有與她相關的神話主題都與男性閹割有關。

亡。

被**吸血鬼**吸血的犧牲者之所以會感到極甘美的快感，說不定不單是被吸血鬼魔力所魅惑，這種倒錯的性快感很可能也是因素之一。

這裡順帶一提，近代小說裡的吸血鬼幾乎全是男性，就連女吸血鬼也多有同性戀傾向。這是因為「將尖牙插入」脖頸的行為，容易使人聯想至男性的性行為所致。不過有趣的是，現實裡被稱為吸血愛好者的性倒錯者當中，希望被吸血的一方壓倒性的以男性居多。當然這些男性也並不一定全是同性戀。

（→女巫〔現代〕、女巫〔史實〕）

波哥[1]

ボコール

■人物●歷史傳說

巫毒教稱懷邪惡意圖行使魔法的魔法師為波哥，以別於一般魔法師。

波哥同時嫻熟善惡兩種**咒術**，是種使用邪術也全無罪惡感的邪術師，民眾對波哥皆是恐懼非常。**殭屍**、藉**巫毒娃娃**施以**詛咒**等巫毒祕術，都是波哥這種邪惡咒術師擅長的法術。「雙手勤行（→**左右**）」的波哥會組織祕教性質的結社，有時還會利用**妖術**威脅他人，好在這種惡毒的波哥為數不多。

（→恩貢、弗朗索瓦・杜瓦利埃）

彭南桀[2]

ボンナンジュ

■生物●傳說

巫毒教認為人類是由「格羅・彭南桀」、「提・彭南桀」、「科普・卡達弗雷（Corps Cadavre）（屍體）」三態所構成。

「格羅・彭南桀」又叫做大**守護天使**，象徵人類的魂，乃人類最脆弱的部分，容易受到感情——懷疑、憎恨、嫉妒、色情等影響，不過若無「格羅・彭南桀」則無法連接其他兩

態，它存在於人類的呼吸與影子裡。

「提・彭南桀」被稱做小守護天使，象徵人類的良心與靈；有時亦被稱做**殭屍**（Zombie），乃形成個人人格最重要的部分。

此二者缺一不可，否則人類將無法正常生活；這就跟人類若失去理性或感性其一，也無法活下去是同樣的道理。因此，海地居民對能夠任意奪取此二者的**波哥**（邪術師），無不是畏懼至極。因為恐怖電影而世界聞名的殭屍，便是波哥操縱彭南桀製造而成，而海地居民對此皆是深信不疑。

《變化之書》

The Book of Changes　　　　　　変化の書

■作品●歷史

西洋神祕學家翻譯《**易經**》時譯成的書名。

《死者之書》

The Book of Death　　　　　　死者の書

■作品●歷史

古埃及舉行葬禮時用來陪葬的文件。

埃及為使死去的皇室成員得以復活，會將遺體製成**木乃伊**，與財寶一同埋葬於王墓**金字塔**。此時便會以《死者之書》陪葬，與遺體一併埋入墓中。

這份文件可以記錄在草紙（Papyrus）上，或是用叫做聖書體（Hieroglyph）的象形文字刻在墓室牆上。各時代的作法不同，古王國時代將《死者之書》刻於墓室牆上，中王國時代多刻在棺木上，新王國時代則以草紙書寫作為陪葬品。此外，有時《死者之書》除文字以外，還會夾雜描繪死後世界的圖畫。

《死者之書》內記有古埃及人信仰的**咒文**，使死者可免於死後世界的危險，安泰度日。單一墓室可同時埋葬數種咒文，甚至多達200種以上。

除前述內容以外，咒文內還記有如何於死後世界取得糧食的方法，以及死後世界的**變身**之術等。

古埃及認為**話語**本身蘊藏有魔力。所以才會有這些唱誦咒文的行為，以及在棺木、牆壁或草紙上書寫篆刻咒文等諸多藉言語施行的魔法誕生。而這些魔法又與神話、**占星術**、**兵法**等學問，一併流傳至後來的歐洲。

《M之書》

Book of M   Mの書

■作品●歷史傳說

克里斯欽・**羅森克羅伊茨**得東方賢者所授，收錄自然魔法奧義的書籍。正如羅森克羅伊茨本人不曾登上歷史舞台上一般，這本書同樣也從未真正在歷史舞台上出現過。是否真有此書存在並無定論。

（→魔法書）

黃金蜂蜜酒

Brew Spase-Mead   黃金の蜂蜜酒

■物品●小說

克蘇魯神話作品裡面的魔法蜂蜜酒。服用後不論周遭環境如何嚴苛、多麼惡劣，服用者既不會死亡也不會感到任何痛苦，在精神與肉體雙方面皆進入「靜止」的狀態。服用後非但能夠進入宇宙空間，就算是身處深海抑或人類絕無法呼吸的毒氣瓦斯裡，也絲毫無損。唯此狀態只限於蜂蜜酒仍具效力的有限時間內，並非永久。

此酒必須使用五種特殊材料，花費一週以上的時間來釀造。此酒共有數種調配方法，不過釀成的蜂蜜酒效果皆同。

薔薇十字團

Brotherfood of Rosy Cross[3]   薔薇十字團

■組織●歷史傳說

由克里斯欽・**羅森克羅伊茨**（以下簡稱為CRC）創設的德國祕密結社。據傳CRC生於1378年卒於1485年，不過是否確有此人存在仍未可知，可謂是位傳說中的人物。

從中東將祕密宗教的知識帶回歐洲以後，CRC將知識與八位同志共同分享並組織結社，其目的就是要基於秩序及博愛的理念，善用祕教知識實施社會改革、使萬民得獲幸福。此祕密結社極為隱蔽，可謂是名符其實的「祕密結社」，是以至今仍無法得知其活動具體內容。不過除CRC以外的弟子們後來曾流浪於世界各地，他們很可能是按照社團規章指示分頭進行活動，透過免費治療重症病患傳達博愛的精神，並且祕密招募同志。此外，在CRC過世後，繼承他所留下的祕教知識，必定也是個很重要的任務。

1614年與1615年，由匿名者所著的《普遍性改革》、《薔薇十字會的名聲》、《友愛團的告白》[4]這三本書公諸於世時，這個地下組織才首次以薔薇十字團此名為世人所知（有人說作者就是參加薔薇團的神學家J. V. 安德烈〔Johann Valentin Andreae〕）。

所有人都在討論這繼承古老魔法睿智的團體，使得薔薇十字團一夜之間聲名大噪，各國知識份子之間掀起競相接觸薔薇十字團的風

1　波哥英文拼作「Bokor」。

2　彭南榮的英文拼作「Bon Ange」。

3　Brotherfood of Rosy Cross應作「Brotherhood of Rosy Cross」。

4　《普遍性改革》資料不詳。根據譯者手邊所蒐集到的三本重要書籍，應是《科學的結婚》（Chemical Wedding，或譯《化學婚禮》），加上《薔薇十字會的名聲》（Fama Franternitatis）、《友愛團的告白》（Confessio Franternitatis，又譯作《薔薇十字會的告白》或簡稱為《告白》〔Confessio〕）。

潮。據說羅伯特・弗拉德（Robert Fludd）、**莎士比亞**等人，便曾於此時加入薔薇十字團。

薔薇十字團極度重視匿名性，是以此團實際情形如何，至今仍是不得而知。不過許多結社皆聲稱自己承繼薔薇十字團的傳統，而**共濟會**也確實深受其影響，有濃厚的薔薇十字團色彩。此外，有名的魔法結社**黃金黎明**也認為薔薇十字團乃魔法技術之起源。

正因為此結社極富魅力和神祕氛圍，也不免會有些頗奇怪的傳說。其中最怪異的當屬：有人認為此團的某位草創社員至今仍在世間，現在隱居在西藏的深山裡（西藏這地方對西洋魔法師似乎相當有魅力，每每會提及西藏）。發明**長生不老藥**乃該團目標之一，這個傳說便應是由此衍生而成。

佛教占星術

Buddhism Astrology　　　　　　仏教占星術

■體系●歷史

就是印度的占星術。主要是由佛僧傳至他國，故得此名。

（→占星術〔印度〕）

昆蟲

Bug　　　　　　　　　　　　　　蟲

■生物●傳說

在歐洲或伊斯蘭教世界中，普遍存有當靈魂徘徊於肉體外時，會變成昆蟲模樣的民俗信仰。

民俗學上的定論則是因為古代人看到蒼蠅從屍體口中飛出的光景，才會做如此聯想。因為蒼蠅常常會在屍體、瀕死病人、傷患或體力衰弱者的食道、口中的軟肉上產卵。

而基督宗教中的**惡魔**王子，屬於迦南人神祇的「蒼蠅王」別西卜（Beelzebub）便是以這種民俗信仰為背景的死神。

又，在古代認為女性若吃下了蒼蠅，那女子便會懷孕，生下擁有來自蒼蠅之靈魂的小孩。

在中世紀的歐洲，一直認為**女巫**能隨意將自己的靈魂分出肉體外潛入各處，而在這時，離體的靈魂同樣也會變成昆蟲模樣。

脈輪

Cakra[1]　　　　　　　　　　　チャクラ

■概念●歷史傳說小說

原意為「輪」，乃**瑜伽**用語，意指位於人類脊髓上的數個「生命能源匯集處」。

訶陀瑜伽為求達到解脫，必須使位於人類脊椎最底端阿耆尼輪的**拙火**（呈蛇形的一種生命能源。被視同於濕婆[2]神之妃波哩婆提[3]）覺醒，沿著脊髓上昇。拙火會依序經過：

　・阿耆尼輪（Agni Chakra，脊髓最末端）
　・海底輪（Mooladhara Chakra，阿耆尼輪上方）
　・臍輪（Swadhisthana Chakra，肚臍附近）
　・太陽輪（Manipura Chakra，臍輪上方）
　・心輪（Anahata Chakra，心臟附近）
　・喉輪（Vishuddhi Chakra，喉嚨）
　・眉心輪（Ajna Chakra，眉間）
最後到達：
　・頂輪（Sahastrara Chakra，頭頂）

頂輪乃濕婆神之所在，若能使人體內的濕婆神與神妃在頂輪合而為一，人類就能與宇宙根本原理同化，最終達致解脫。

嘉美樂

Camelot　　　　　　　　　　キャメロット

■場所●傳說

亞瑟王傳說裡亞瑟王與圓桌武士居住的宮廷。傳說中並未提到嘉美樂所在地的地名,因而此城的場所可謂眾說紛紜。

嘉美樂是由魔法師梅林所建;梅林使用了魔法,在一夜之間便完成了這座宮殿。

嘉美樂這個巨大的建築物座落在森林與河川圍繞的大地上,城壁全是用金銀打造。嘉美樂的中央有個大廳,廳裡擺有可供國王、騎士與貴婦人聚會的圓桌;城堡周圍則是滿布街道與城鎮。亞瑟王及王妃桂妮薇亞就住在這城裡,圓桌武士們也能隨時造訪嘉美樂,並且在這裡住上一段時間。

每年聖誕節或復活節等節日,嘉美樂都會舉行盛大的活動。騎士們參加騎馬刺槍比賽、格鬥戰等比賽,盡情唱歌跳舞、享受醇酒美饌。亞瑟王傳說裡充滿魔法氛圍的不可思議事件,都是發生在這類節日期間的嘉美樂。有時是妖精族的貴婦人或神祕騎士來訪,有時則是聖杯會出現。

這座城是梅林送給亞瑟王最後的禮物,亞瑟王傳說裡所有人事物都在這城裡。非但魔法師梅林與塞爾特的妖精住在這裡,逐漸成為人們信仰對象的基督教祭司也在這城裡。冒險故事也始於此城,貴婦人聚集的廳堂及陽臺則有許多宮廷式戀愛故事發生。國王、騎士、隨徒、貴婦人以及僕役,全都在這城裡生活。

嘉美樂就像是張用金銀絲線編織而成的繡帷掛毯(Tapestry),它用魔法的力量涵蓋了許多騎士故事,也是為整個亞瑟王傳說更添色彩的故事背景。

食人

Cannibalism 人肉食

■魔法●歷史傳說

英文「Cannibalism」乃由「加勒比」的西班牙語讀音「Carib」演變而成。由此語源不難想像,所謂食人(Cannibalism)最初乃是哥倫布(Christopher Columbus)用來指稱加勒比海印第安人風俗的用語。

然而食用人肉的習俗非但可見於許多文化,歷史也相當悠久。當然,食人通常皆被視為禁忌,但是只要滿足幾個條件,食人行為其實是可以被允許的。就連現代的許多文化,也都有食人習俗的遺風與痕跡——完全沒有食人習俗的文化,反而還比較罕見。

從生理學的角度來看,人類的肉跟其他動物的肉並無二致。食用人肉能夠得到相當的營養價值,也並無特別的毒素,不吃人肉純粹只是倫理上的問題而已。這個問題其實就是人類吃鯨魚肉、狗肉、牛肉等問題的延伸。

人類之所以會吃其他人類的肉,大概有下列三種理由。

①純粹的糧食

可以分為兩種情形:沒有其他糧食只能吃人肉,或是將人肉視為嗜好物、珍品食用。

②宗教、咒術行為

③性倒錯的形式之一

1　Cakra通常作「Chakra」。

2　濕婆(Siva)為婆羅門教和印度教主神之一,即毀滅之神、苦行之神、舞蹈之神。與梵天、毗濕奴並稱為婆羅門教和印度教三大主神。印度教認為「毀滅」有「再生」的意思,故表示生殖能力的男性生殖器「林伽」(Linga)被認為是他的象徵,受到教徒的崇拜。據稱他終年在喜馬拉雅山上修苦行,還善於跳舞,是剛柔兩種舞蹈的創造者,被稱為「舞王」。

3　波哩婆提(Parvati)可意譯為「雪山神女」,亦稱「喜馬拉雅山之女」。她美麗、溫柔,愛上了在雪山修苦行的濕婆。因陀羅派愛神去引誘濕婆愛上波哩婆提,觸怒了濕婆,被他用第三隻眼睛的神火燒毀。之後波哩婆提修了千年苦行,終於成為濕婆的妻子。

想當然爾，上述各種理由完全分離的案例，可謂是少之又少。即便是因為糧食不足而食用人肉者，也可能會因為罪惡感而產生宗教性的恍惚；這種牽涉到人類尊嚴的案例被看作是哲學問題，而成為文學的創作題材。此外，起因於性倒錯的連續殺人犯當中，也有許多人會食用被害者的肉；他們如此做的動機，就是希望能藉由此行為將被害者變成自己的一部分。我們可以很明顯地發現，這雖然是個幼稚且原始的想法，卻有種咒術信仰蘊藏於內。

此處筆者仍然要專門針對跟魔法關係最為密切的②宗教、咒術層面意義進行探討。

食人者的動機以咒術性動機最多，食人者是希望吃人肉藉以獲得對方的能力。

尤其是打倒勇敢的敵人時，殺死敵人食用其肉，藉以獲得對方的力量、剛毅與勇氣，乃是全世界各地到處可見的食人動機。此時選擇食用的部分，大多是該文化認為靈魂所在的部位（心臟、腦部等），或是對方特別出色的部分（對方腳程快就吃對方的腿、善使武器則食用對方的手、勇敢奮戰則食用對方心臟……）總之端視想獲得對方的何種能力來選擇不同部位食用。

此類食人可以算是一種表示尊敬的形態，也是愛情的變形。

若食用對象不僅限於人肉，則幾乎所有文化裡都有這種想法。非洲的華戈果族（Wagogo）會食用獅子的心臟，因為他們相信這樣就能得到獅子的力量與勇敢。相反地食用雞的心臟，會使人感染到雞的膽小，所以絕對不可以吃。北歐傳說裡，亞克奴王的兒子尹奇亞德吃下狼的心臟以後，馬上搖身變成極大膽的人。

此外，甚至有些文化會食用豐饒神明（→**太母神**）。在這類文明當中，也有像阿茲特克這種，食用當作**活祭**品的人類代替神明的文化。

食人的另一個咒術性動機，就是想要藉此獲得對方的生命力。若將生命力也解釋為個人能力的一種，那麼此概念應該也可以算是前述欲獲得對方能力的模式之變形。

若以獲得生命力為目的，則多是以孩童為食用對象。這是因為各文化都普遍認為孩童的血液裡，有靈力與生命力凝縮於其內。除了食人以外，有時孩童也會被當作獻給神明的供物，或是當作魔法的魔力來源，這也是同樣的道理。

中世歐洲的**女巫**會為了舉行魔法儀式或製作魔法藥而食用人肉或放血（當時是如此相信），其對象也全都是孩童。

其實在日本的明治時代，就曾經數度發生挖墳取屍體用以製藥的事件。這是種極端抽象的咒術信仰，但由於其對象並不限於孩童，可謂是個頗特異的事件。

順帶一提，有人認為人肉的滋味極為美味，也有人認為人肉的味道並不是很好。若問認為人肉好吃的人：「人肉吃起來像是什麼食物？」得到的答案可謂是五花八門；由此看來，若完全排除心理要素，「不好吃」應該是最正確的答案。

（→吸血、吸血鬼）

船貨崇拜

Cargo Cult　　　　　　　　　カーゴ・カルト

■體系●歷史

直譯為「貨物崇拜」。1880年代於新幾內亞及美拉尼西亞（Melanesia）等地興起的宗教活動。

此宗教活動是「引頸期盼將要到來的千年王國」，乃尋求神力以拯救為強權殖民所苦的民眾。若光是如此，則與世界各地發生的其他運動無異，不過船貨崇拜有個特徵：以取得「船貨（白人船隻載來的貨物）」為最高目標。

被殖民者相信這些貨物非人力所能製造,乃白人從製造這些船貨的諸神手中搶奪而來。不過他們不會襲擊白人搶奪船貨,只是建造碼頭倉庫,並向神明祈禱;如此一來,船貨就能免於落入白人之手了。

(→薩滿信仰)

大鍋

Cauldron   大釜

■物品●傳說

大鍋大致可以分為神話、民間傳說裡的鍋子,以及**女巫**所用的鍋子這兩種。

神話中的大鍋自古以來便是豐饒、死亡、再生的象徵。威爾斯[1]的傳說裡就有個「黑色的魔法鍋」。此物乃是復活之鍋,將戰死者置於鍋內一晚,隔日死者不但會復活,尚且更加勇猛剛強,唯一的缺點就是無法說話。

在塞爾特的民間傳說中,妖精之國也有個大鍋子。據說此鍋有無限的食物美酒湧出,乃生命之源與永恆生命的象徵。前往妖精之國求取此鍋的冒險故事,不知在塞爾特民族之間被傳唱了多少次;直到13世紀法國宮廷詩人克里蒂安·德·托瓦[2]才結合了基督教,將此物昇華成**亞瑟王傳說**裡的**聖杯**。

此外,**鐵**製大鍋也是魔法師、女巫、**鍊金術**師不可或缺的道具;他們會用這鐵鍋來調配毒物、藥物或是**春藥**。

中世紀歐洲的民間傳說裡,所有女巫都會攪拌大鐵鍋、自行調配製造參加魔宴所需的飛行軟膏[3]與其他藥品。就連司法單位也都認為用鐵鍋烹煮是適於執行女巫死刑的「合適方法」。

至於女巫的大鍋子裡裝些什麼東西,下面引用兩筆資料。

《希臘·羅馬神話》(托瑪斯·布爾芬奇[4]著,岩波文庫出版)中,女巫**美狄亞**所製回春藥的藥方如下:

「具有辛辣汁液的花、已結實的魔法草、極東之石、大洋海岸之沙、凝聚月光精華之霜、噪叫的貓頭鷹的頭與雙翼、狼的內臟、龜甲……」

另外《好長好長的醫生的故事》(查佩克[5]

---

1 威爾斯(Wales)乃英國的一部分,位於大不列顛島西南部。

2 克里蒂安·德·托瓦(Chretien de Troyes)為12世紀後半,於法國香檳地區(Champagne,位於法國東北部)進行創作的詩人。他在特魯瓦(Troyes,香檳區內的古城)的創作生涯始於何時、終於何時不得而知,然據其妻所遺下的記述顯示,克里蒂安在1160～1181年間確實是在特魯瓦進行創作,這或許是因為其資助者香檳區女伯爵瑪莉(Countess Marie de Champagne)的宮廷正位於此處的緣故。

 克里蒂安最主要的四個韻詩作品是:《艾力與伊尼德》(Erec and Enide,1170)、《克里傑斯》(Cliges,1176)、《獅騎士伊文》(Yvain, the Knight of the Lion)、《馬車騎士蘭斯洛》(Lancelot, the Knight of the Cart),後二者成於1177～1181年間。《蘭斯洛》的最後一千行是由戈弗萊·德·列格尼(Godefroi de Lagny)所著,不過這很明顯是出自克里蒂安的特意安排。1181年,克里蒂安編著《高盧人帕西法爾》(Perceval le Gallois),獻給他晚年的摯友法蘭德斯伯爵菲利普(Count Philip de Flanders)。

3 飛行軟膏的正確材料不明,不過據說有曼陀羅根,或有致幻作用的顛茄、大麻、鴉片等成分,是種強力的迷幻藥,同時也是催淫劑。女巫參加魔宴時,會用軟膏塗滿掃帚與自身來飛行,但這很可能只是在軟膏藥效下的「精神上的飛行」罷了。

4 托瑪斯·布爾芬奇(Thomas Bulfinch,1796～1867)出生於美國麻薩諸塞州的Newton,隨後全家移居波士頓,父親為知名的建築師Charles Bulfinch。

5 查佩克(Karel Capek)為捷克科幻作家。他在1921年出版的科幻小說《羅桑的萬用機器人》(Rossum's Universal Robots)書中,首創現在通用的Robot一字,意指機器裝置的生物,取自捷克語的Robota,原意是勞工的意思。

著，岩波少年文庫出版）裡捷克魔法師熬煮的藥物內容如下：

「松脂、硫磺、老鸛草（Cranesbill）、曼陀羅根（Mandrake）、艾草、甘菊（Chamomile）、蒲公英、辣椒、油、浮石[1]、蝙蝠的耳垂……」

隨著時代變遷，魔法藥的材料也愈趨簡單；這不知道是因為各種技術發達的緣故，還是女巫愈來愈懶惰所致？

通靈者

Channeller　　　　　　　　　チャネラー

■人物●傳說

利用自己或對方能力對平常無法企及的場所、人物，如其他世界抑或宇宙彼方等處，進行超自然通信的人。

通靈者的涵義跟靈媒幾乎是完全相同。真要細分兩者的差異，若通信對象乃死人的靈魂等較低級的靈體，就是靈媒；若通信對象是外星人、宇宙意志或高階神祇等非人類，就算是通靈者。

「納尼亞傳奇」

The Chronicles of Narnia　　　ナルニア国物語

■作品●歷史

出生於愛爾蘭的英國作家C. S. 路易斯所著，全七冊的奇幻小說系列作。這七本作品全都是在1950年至56年之間發表，書名如下：

《獅子、女巫、魔衣櫥（The Lion the Witch and the Wardrobe）》

《卡士比安王子（Prince Caspian）》

《晨曦號探險記（The Voyage of the "Dawn Treader"）》

《銀椅（The Silver Chair）》

《馬與少年（The Horse and His Boy）》

《魔法師的外甥（The Magician's Nephew）》

《最後之戰（The Last Battle）》

這部作品敘述少年們某次意外發現自家壁櫥有個充滿魔法力量，能夠通往異世界的門扉，於是他們便往來於自己的世界和那個叫做納尼亞的世界之間，歷經各種冒險並逐漸成長。雖然此作原本是部以兒童為取向的童書，不過擁有豐富文學知識的作者卻認為「若非大人也能樂在閱讀的作品，不能算是本好童書」，於是傾注所有精神專心創作，終於完成了這部對現代幻想文學造成莫大影響的奇幻文學代表作。

故事裡有會說話的森林、獅子國王、連結兩個世界的門扉、統治世界的獨裁女巫、能將人類變成石頭的魔杖等，到處都充塞著各式各樣魔法。而且最重要的是，納尼亞本身就是個用魔法創造出來的世界。納尼亞世界的所有居民，即便是神也無法打破世界草創當時所制訂的宇宙法則。作品裡的魔法設定擁有完整的體系，而女巫或魔法道具的力量，只不過是創造世界的宏大魔力的一小部分而已。

現代的奇幻文學便延用此點，作為世界設定的基礎。路易斯的作品既非單純神話的再創作，亦非無數傳說故事的其中一篇，而是個創造「擁有綿密設定與嚴謹世界構造的全新異世界」的工作。

這部作品同時也擁有奇幻文學的魔力：不僅在作品的世界裡面，其實作者與閱讀作者作品的讀者之間，也會有魔法運作。

埃及的死者之書、北歐的魯納文字、印度的曼怛羅等，都相信「話語」本身就是種魔法。奇幻文學就是一種在讀者的意識中創造新世界的現代咒文。而「納尼亞傳奇」便是在磨礱砥礪這種咒文，最後終於成為現代作家的教科書。

（→克蘇魯神話、地海傳說）

調伏

Choubuku   調伏

■儀式●歷史傳承

　　調伏就是指日本以魔法儀式等法術摺倒仇敵的行為。調伏的方法又分為**密宗**系、**陰陽道**系等，不一而足。

　　密宗調伏法最重視調伏怨靈；因為對有權有勢的平安時代貴族來說，最恐怖的事物莫過於自己從前擊敗的敵人變成怨靈回來尋仇。像是疾病或死胎等，大多都被視為怨靈作祟。是以調伏怨靈、舉行祈福佛事安撫怨靈，便成為調伏法的重要目的。

　　調伏法當然也能用來對付仍在人世的敵人。將門之亂當時，朝廷便曾經焚護摩調伏將門[2]；與新羅[3]對抗時，則是曾經行使調伏新羅的太元帥法（欲調伏敵對國家）。

　　陰陽道系的調伏法，以調伏現世仇敵佔多數。譬如蘆屋道滿[4]便曾經調伏藤原道長[5]。真要說起來，此類法術雖然算是調伏法，搞不好還比較接近**詛咒**呢。

（→加持祈禱）

基督

Christ   キリスト

■人物●歷史

（→耶穌）

克利斯欽‧羅森克羅伊茨

Christian Rosencroitz クリスチャン‧ローゼンクロイツ

■人物●傳說

　　因身為傳說中的神祕結社──**薔薇十字團**之創始者而廣為人知的神祕德國人。多數認為他存活在14至15世紀之間，關於他的生卒年月眾說紛紜。又，主張他是後人為了體現薔薇十字團的理想才捏造出的完美人物的說法也甚囂塵上。沒有他實際存在過的證據。17世紀時匿名出版，使羅森克羅伊茨之名廣為歐洲知識份子所知的《薔薇十字會的名聲》乃是說明薔薇十字團緣起的書籍，此書直接成了得知他生平的最重要資料。

　　依照這本《薔薇十字會的名聲》所說，克利斯欽‧羅森克羅伊茨（以下依照魔法界慣例簡稱為CRC）出生於德國，在修道院長大。他16歲時立志進行聖地巡禮，前往中東出發，但卻不幸病倒，無法完成願望。可相對的，他也

1　浮石（Pumice）為岩漿急速冷凝，氣體逸出後形成的多孔狀岩石。顏色較淡，有氣泡狀孔穴，可漂浮在水面上，通常是流紋岩岩漿的產物。在經濟的應用上可做為較輕的材料，或是作為研磨材料。

2　平將門為高望王之孫，天慶九年（西元939年），他聲稱受到八幡大菩薩的神諭囑託，自命「新皇」舉兵造反；翌年2月，他與藤原秀鄉、平貞盛的軍隊交鋒，弓箭乘著突然轉變的風勢射中平將門，殘餘勢力也被剿滅。將門的首級雖然被帶回京城，但是過了三個月仍沒有一絲腐敗跡象，每夜高聲吵著想要自己的身體，最後飛向東國飛去。首級落下之處，就是今天東京大手町的首塚。

3　新羅為古代朝鮮的三個王國之一。西元四世紀中葉，成為朝鮮半島東南的強國。定都慶州，繼而與百濟、高句麗鼎足而立。七世紀中葉滅百濟及高句麗，趕走剿朝軍隊，幾乎一統半島。後於九世紀衰落，而滅於王氏高麗（王建）。

4　蘆屋道滿之生卒年不詳。播磨流（現兵庫縣西南部）的民間陰陽師。許多古典作品中都提到了道滿這位阿倍晴明的勁敵。蘆屋道滿在古典作品中多扮演反派角色，但他是唯一能與阿倍晴明匹敵的陰陽師。

5　藤原道長（966～1027）是平安中期的重臣、攝政大臣。兼家之子，道隆、道兼之弟。將三個女兒（彰子、妍子、咸子）嫁給三代的天皇為后，以外戚的身分攝政獨攬政權，創造藤原氏的全盛時代。1019年出家、建立法成寺。著有日記《御堂關白記》。

邂逅了繼承古代龐大知識的賢者們，被他們授與那些知識與名為《M之書》的祕密宗教書籍。

回到德國的CRC努力運用獲得的知識改善現實世界，但卻不為人們所接受。於是CRC建造了名為「聖靈之館」的建築物，和屈指可數的弟子一同專心研究魔法。

日積月累，曉得他的存在的弟子來了一個又一個，最後當弟子人數達到8人時，CRC創立了薔薇十字團，在會議後訂立了下列規則。

· 我輩以免費治療病人為活動目的。
· 我輩不必穿著特定服裝。
· 我輩應於每年的C之日[1]於聖靈之館聚集。
· 團員於去世之前必須預先選好繼承人。
· 「RC」此記號乃象徵我輩之唯一符號。
· 於此後一百年中應保守薔薇十字團存在的祕密。

他的弟子們遵守這些規則前赴四處，免費治療苦於貧窮的病人。據說另一方面CRC則留在「聖靈之館」中繼續努力研究魔法。一如他們的計畫，CRC在世時，薔薇十字團的存在完全沒被世人知曉。

CRC在108歲時去世，被葬在聖靈之館的密室中。

接著在120年後，一名團員偶然發現該密室的暗門。門上寫著「120年後方顯」。據說團員鼓起勇氣進入密室後，裡面是既未腐化也沒變成木乃伊、如睡著般躺著的CRC遺體，還有許多運用了超越當時的技術的陪葬品（例如永遠發亮的電燈或會唱歌的機械等等）。

CRC被認為是在**喀巴拉、鍊金術、蘇非主義、埃及的魔法、占星術**等東方知識的基礎上，修習了最尖端的西洋哲學、西洋魔法，並

將兩者成功融合的人物。由他所帶來的薔薇十字團的祕法與祕密傳承，則影響了**共濟會、黃金黎明**等，所有祕密宗教性質的祕密結社。他的思想、研究透過結社的活動不僅影響了後世的魔法界，連對政治、思想界都有廣泛影響。可謂是無愧傳說中的名號，超出了一般魔法師範疇的偉大人物。

基督教科學派

Christian Science　　　　クリスチャン・サイエンス

■體系●歷史

基督教信仰治療主義諸派別之一，由瑪麗·貝克·艾娣（Mary Baker Glover Eddy）於1879年創立。

艾娣的思想是種觀念論，她認為唯有精神才真正存在，肉體只不過是幻想而已。因此，只要能藉信仰力量斷絕認為自己身染疾病的妄想，就能頓悟出疾病根本就不曾存在的道理。這麼一來，患者的疾病就會痊癒。

她的簡潔理論似乎正中基督教徒下懷，馬上就有許多人相信艾娣的說法，據說其中也確有因此而病癒的信徒。

由此理論建構而成的基督教科學派，採用祈禱、精神科學、掌療法[2]等方法治療疾病，對按摩與醫藥等治療法一概不予承認。

雖然當初艾娣並無意創設獨立宗派，不過基督教科學派終於在1892年的波士頓成立了「第一科學家基督教會」。基督教科學派便以此處為總教會，藉廣泛出版刊物進行佈道活動。

基督教科學派會對看似魔法或奇蹟的現象明確地採取否定態度，有別於一般的信仰治療宗派。然而對盼望疾病能痊癒的人來說，管它是奇蹟還是認知的轉換，都已經是無關緊要的支微末節。

（→氣、催眠術）

聖日門伯爵

Comte de Saint-Germain　　　　サン・ジェルマン伯爵

■人物●歷史

　　據傳他原本是外西凡尼亞[3]的拉克茲（Rakoczy）皇太子聖日門（Saint Germain）。另有說法指其為西班牙國王卡洛斯二世（Carlos Ⅱ）的未亡人之子。其確切出生年不得而知，據傳生於1710年。根據紀錄，聖日門伯爵死於1784年。

　　聖日門伯爵是18世紀世界聞名的怪人之一，與同名的法國將軍乃是不同的人物。此外，聖日門伯爵長期被認為是猶太裔葡萄牙人，不過此說法已經遭到否定。

　　關於聖日門伯爵，除埃肯福爾德（Eckernforde）的教會登記簿上，寫明1784年歿於德國以外，並無留下任何正式紀錄文件。不過他也承認自已在1777年曾以拉克茲皇太子的身分出現在萊比錫[4]，自稱乃拉克茲皇太子法蘭茲‧利奧浦（Franz Leopold）嫡子，由故麥迪奇（Medici）公爵撫養長大。

　　聖日門伯爵自稱活了2000年以上，據說他通曉各種語言、精通所有學問、具備萬般藝術才能。他還知道**鍊金術**之奧義──**賢者之石**與**長生不老藥**的製造方法，並因而獲得巨富。他還曾經預言蒸汽火車與汽船將會出現。

　　據說無論經過數十年歲月，他的外貌看起來永遠不會超過五十歲。澤西（Jersey）伯爵夫人曾經在傳為聖日門伯爵的出生年1710年，於威尼斯目擊到他五十歲左右的模樣；聖日門曾經於去世翌年出席**共濟會**的會議，此外1788年也有人指認聖日門曾出現在威尼斯。更有甚者，據傳聖日門伯爵還曾經在19世紀的印度，與人稱俄羅斯神祕學之母的**H. P. 布拉瓦茨基**夫人交談。

　　此外，19世紀還曾經有位自稱「進行時空旅行的鍊金術師」出現的紀錄，不過此人是否就是聖日門伯爵，仍是不得而知。

蠻王柯南

Conan　　　　コナン

■作品●歷史

　　美國的R. E. 霍華（Robert Ervin Howard，1906～1936）在他短暫生涯裡，留下了無數的冒險小說、西部小說、拳鬥小說、幻想小說與靈異小說，其中最著名的就是以古代英雄柯南（Conan）為主角的本系列作品。

　　故事發生在距今約12000年前，從**亞特蘭提斯**沒於西海，直到蘇美文化興起中間這段，現在早已為人遺忘的諸王國曾經繁築的時代───也就是霍華所謂的「海玻利亞時代」（Hyborian Age）。

　　主角是此時代的英雄，來自北方的野蠻民族辛梅里安人[5]柯南。柯南每次皆以野蠻少年、盜賊、海盜、國王、傭兵等各種不同身分立場，流浪在海玻利亞時代的諸王國，遭遇無數美女、怪物、妖術師與陰謀，並且始終都能突破重重難關。

　　此系列是開創出英雄式奇幻（Heroic Fantasy）體裁的首部作品，也是此體裁的最高傑作。由於此系列極受歡迎，霍華死後仍有許多作家繼續量產柯南的仿作。只要走進美國

1　應是取自「克利斯欽」的第一個字母C，但實際日期不詳。
2　利用手掌的神奇力量治療病患的方法。
3　外西凡尼亞（Transylvania）位於羅馬尼亞境內，喀爾巴仟山脈（Carpathian Mt.）的西北邊。
4　萊比錫（Leipzig）為德國薩克森州最大的城市，德國東部的第二大城市。位於薩克森州萊比錫盆地中心。其拉丁文名稱是「Lipsia」，意思是長菩提樹的地方。歌德稱它為「小巴黎」。
5　辛梅里安（Cimmeria）為西元前9世紀左右，勢力遍及南俄羅斯平原的遊牧民族。

的書店，一定都能看見書架上排列著保羅·安德森（Paul Anderson）寫的柯南，以及羅伯特·席維柏格（Robert Silverberg）寫的柯南等許多柯南作品。

此系列裡有許多妖術師（絕大多數都難逃被柯南打敗的命運），這些妖術師常用的魔法約略如下：

· 召喚邪惡古神，奉己號令。通常到「召喚」階段為止都還能成功。
· 操控史前怪物或墮落的半人類。
· 散播疫病。
· 透過水晶球與其他妖術師對話。
· 使自己的幻影出現在任何場所。
· 使用毒藥或麻藥，運用自如。
· 取他人**頭髮**、指甲等物施以**詛咒**，使對方生命力衰減、終致死亡。
· 注視他人雙眼藉以奪去對方意志，使能自由擺布對方的身體。（→催眠術）

（→法爾德與葛雷莫瑟系列作）

柯南·道爾

Conan Doyle　　　　　　　　コナン·ドイル

■人物●歷史

本名亞瑟·柯南·道爾（Arthur Conan Doyle），英國小說家（1859～1930）。著有夏洛克·福爾摩斯（Sherlock Holmes）系列等偵探小說、《失落的世界》（Lost World）等SF小說、歷史小說、海洋小說等諸多作品。柯南·道爾足堪與司各特爵士（→**浪漫主義**）、**莎士比亞**並列為對海外影響力最大的英國籍作家。

柯南晚年沉溺於**招魂術**（→**降靈術**）與妖精等概念，同時也有相關作品傳世。

柯南·道爾

儒教

Confucianism　　　　　　　　　儒教

■體系●歷史

中國大陸勢力最為龐大的哲學思想。

儒教乃由漢民族引為生活規範的土俗性道德規範，以及漢民族的土俗性宗教——**祖靈**信仰發展而成。

欲藉由體系化整理上述二者、復興三代（指夏商周三代）古禮，以期終止春秋時代亂象的，就是**孔子**。孔子不但著手整理土俗性道德規範，還結合祖靈信仰與古禮擬定進行儀式的一般規則，並將此二者廣傳天下。這便是儒教的雛型。

孔子並未全面否定所有跟**神祕學**有關的事物。他曾經說過「不語怪力亂神」、「敬**鬼**神而遠之」，是以時常招致誤解，不過這並不代表他否定鬼神的存在。我們應當將焦點放在「敬」鬼神此說法之上。孔子非但承認鬼神確實存在，更提倡人們應當更積極地祭拜鬼魂。

最好的證據就是：現在日本與中國舉行的葬禮等諸儀式，皆經過孔子的整理、制訂。其實葬禮原本就是為鬼魂，也就是死者的靈魂所舉行的儀式。孔子整備葬禮法制，非但能使人心懷敬意祭祀鬼魂，還能避免人類因為太過接近鬼魂而蒙受其害。

祭拜國家守護神的祭祀儀禮也是同樣。對

諸侯來說，這些守護神是自己的祖先神靈；對天子來說，這些守護神也是天地諸神。「政」字原本就有「祭祀」的涵意，是以祭拜國家守護神的祭典，可謂是統治者最重要的任務；若怠慢祭祀，國家就會觸怒守護神因而滅亡。而在這個亂世之中，致力於整理散佚四方的祭祀儀禮者，正是儒教之祖孔子。

儒教前身——中國的祖靈信仰，原本就是為了避免觸怒鬼神，才會開始祭拜鬼神。古代的儀式可謂是野蠻至極；擔任祭官的**巫**師全身紋身（**刺青**）藉以免於鬼神之害，還會殺害許多人作為**活祭**品，待儀式的興奮情緒達到頂點，眾人狂熱地手舞足蹈，男女不擇對象混雜交合。這熱烈氣氛正是獻給鬼神的供品，鬼神得此奉獻將無上歡喜；此乃古代中國人（尤其是南方民族）的常識。他們認為只要搏得鬼神歡心，就不會觸怒鬼神。其實儀式信仰也並非混亂毫無秩序可言，其背後也確有避免觸怒鬼神的步驟。這就是儀禮最原始的面貌。

後來人們又進而欲藉由舉行儀式，尋求比免於鬼神之害更進一步的事物。尤其希望血緣相近的直系祖先，能守護自己或是帶來現世的利益。

這種祭祀風氣以西元前12世紀左右達到最頂盛時期的殷商王朝為最盛。西元前1122年為周王朝建立後，中國便藉由**易**等學問強化其理論，進而確立更文明的祭祀禮制節度。換句話說，當時確立了不以人為**犧牲**品、不瘋狂舞蹈、維持秩序、以誠意事奉鬼神的法則，豈料這禮法節度卻因戰亂而散佚。孔子終其一生致力研究奔走，就是要復興這周禮。唯有復興周禮，人們才得以有免於鬼神侵害的技術傍身。這是因為儀禮之本意始終在於防禦鬼神，而儀禮本來就是種魔法儀式。

只是孔子並不贊成人們過度祭祀鬼神。事奉鬼神以求取現世利益的信仰，正是孔子所欲革除的行為。孔子希望人們能藉祭拜鬼神免去

災禍，卻反對人們有企圖從鬼神處獲得「利益」的想法。這便是所謂「遠鬼神」的意思。一般說來，宗教乃是種為信仰者帶來救贖的體系，就這點來說，儒教並非是種宗教，而稱得上是種哲學。

雖然後世的儒教遭到形式化、變成單純的道德規範，不過最原本的儒教，其實就是將魔法儀式裡的神祕、靈異、不可預知等因素去除之後，經體系化所得到的思想。就某個意義層面來說，儒教可謂是經過文明化的魔法，同時也揭示了魔法因文明普及而變質、消滅的過程。

（→道教）

孔子

Confucius   孔子

■人物●歷史

中國最偉大的哲學家、思想家，為與**道教**並稱中國兩大思想的**儒教**之祖。

孔子姓孔名丘，字仲尼。山東人（前551～前479）。

孔子年少好學，尤其通曉周代以前的古禮，30歲之齡即以禮聞名天下。只要有心者，孔子都願意收為門徒，並不僅限於貴族子弟。他辦私塾目的不是要傳授貴族應有的學問教養，而是以塑造健全人格為目標。孔子51歲任職於魯國，56歲昇任大司寇（司法首長），政績卓著。不料魯公誤信齊國的離間君臣之策，孔子只能離開魯國，周遊列國遊說諸侯13年。然而沒有國家願意採納孔子的理想，他只能歸國專心教育子弟，並且編纂許多書籍。自此孔子致力創建的儒家思想流傳後世，並且成為中國人最重要的思想基礎。由於孔子偉大的功績，人皆尊為聖人，復讚曰「萬世師表」。

孔子提倡的儒家思想乃是藉由個人精神修養，以及養成這種精神修養的具體道德倫理來治理國家、教育眾人。孔子重視個人德行，欲

藉修養德行以達擴大國家規模，因有德治主義之名。另一方面，為修養德行而援禮以為規範的思想，後來則演變成為法治主義。

孔子非常重視祭祀，將之視為一種政治的手段。這對古代中國人來說是理所當然的事情，不過孔子所處春秋時代乃是亂世，舉行儀式典禮的具體方法等皆多數散佚失傳，於是孔子便就自己所學的周禮，整理出各種儀式典禮的禮節法度。

又，孔子之所以偉大，在於他極力排除儀式典禮中**咒術**的不確定性與野蠻性。中國所謂的祭祀，其實就是指祭拜祖先的亡靈；而祭祀的禮節法度，也就是對**鬼**表示敬意、保護自己不受鬼危害的咒法。孔子整理這些堪稱為**巫**術的技法，保留免於鬼神傷害的守身之法，並摒除古代咒術裡鄙猥瀆穢的部分。於是儒教始得以脫離古代咒術的領域，進化成一門鑽研宏大思想、哲學、禮式的學問。

具體來說，當時南蠻仍在有在巫師全身刺滿**刺青**，並且以活人為**犧牲**品祭神等習俗，而孔子則是摒除了儀式裡原有的此類蠻行。此舉用意應是希望能藉由整理出更有秩序的儀禮法度，並執行這些儀禮，進而直接影響政治的秩序，撥亂反正。他還駁斥人類擅自介入鬼神領域、**召喚**鬼神供己號令差遣的法術。孔子此舉應是想要阻止人類去碰觸無益且巨大的危險吧！

孔子名言「子不語怪力亂神」乃世所周知。世人皆以為此言突顯出孔子的道德倫理潔癖與合理主義，而事實也確是如此。但是，這並不代表孔子個人不相信神祕異諸事。若真是如此，那麼以祭祖先靈為首務的儒教，將毫無任何意義價值可言。孔子不談論力與亂，應該是認為即便談論皆屬不潔穢行；然而孔子不談論怪與神，並非他不相信神怪的存在。我們甚至可以說，孔子就是因為深信鬼神確實存在，害怕有人因為好奇心或欲望驅使而不慎觸

犯鬼神，才會做如是說。若無任何知識、任何防備就去接近鬼神，可謂是極為危險之舉。再者，當世除孔子以外，再無第二人通曉此類知識與法則。就此層面意義而論，就會發現一個相當諷刺的現象：孔子本身就是位超一流的巫師。

孔子此言目的應是藉「禮」來為人智所能及的世界建立秩序，並且避談無法探知的世界。他認為人應當敬神敬鬼，卻萬不可從中圖利。若貪圖利益，則禮法終將淪落為妖異怪誕的**詛咒**行為。孔子「敬鬼神而遠之」這句話，本來就寓有這層涵意。

換句話說，孔子很可能是想將原本由巫師獨占的防鬼之術公諸於世，並要求世人放棄訴諸鬼神謀取利益的各種手段作為代價。如此一來則禮及萬民，從前獨占鬼神利益的巫師將再無一點用處。相對地，儀禮之法將取代巫師遍行天下，由禮法構築而成的秩序觀念將整頓混亂的社會，帶來新的秩序。

就某個程度來說，孔子的計畫算是成功的。後世除中國以外，就連朝鮮半島與日本也都建立起遵循儒教價值觀的社會秩序。然而此時的儒教不過是統治者為方便統治自行「改良」的變質儒教，與孔子當初提倡的儒教雖似實非，這應該是他唯一的誤算吧！

星座

Constellation	星座

■概念●歷史

將夜空裡較顯眼的星體連結成形形色色的動物、物品、人物模樣，並予以命名的概念。

幾乎所有古代文明都會將恒星化為抽象的圖案，不過真正將星座結合預測未來的**占卜**而發展出**占星術**的，唯有巴比倫與中國而已（另有說法指印度也在此列）。

占星術的基本概念，始自於相信地上發生的事情會受天上星體左右的觀念。天空裡絕大

多數的星星，其相對位置不會變化，但是也有少數星星似乎可以自由地在天空四處移動。於是從前的人類便稱這些自由移動的星體為**行星**，並且相信當行星分別處於天空的各個位置時，都會對地上造成某種影響。占星術便將天空劃分成許多區域，而這些區域就是星座。

長期以來，**西洋占星術**都是使用西元2世紀**托勒密**所著《天文學大成》[1]裡的48星座（托勒密星座）。直到進入大航海時代、人類「發現」南半球的星星以後，才有J. 拜爾（Johann Bayer）追加12個從赤道附近可以看見的南半球星座。

現在的星座乃國際天文學聯合會（International Astronomical Union）根據歐洲行之有年的星座，於1928年所制定；共有八十八個星座，其中日本可以看見的星座約有五十個。天文學聯合會所制定的星表有異於傳統的星座區分方式，並非用曖昧的曲線區分各星座，而是以赤經、赤緯分割之（就如同用經緯度來表示地球上的位置一般，同樣地也可以用赤緯、赤經來指出天空上的位置）。

星座（Constellation）常被混同於西洋占星術常用的「星座宮」（Sign）。現代的西洋占星術師主張，他們只是把星座當作各種事物徵象的象徵而已，跟實際星座其實毫無關係。

對剛成立沒多久的西洋占星術來說，兩者之間其實並無差別……不，其實該說當時只有「星座」的概念比較恰當。由於地球的歲差運動，使得實際測量的「星座」與計算上的「星座」開始產生偏差，才會有「星座宮」的概念產生。

順帶一提，**東洋占星術**不論是在印度抑或中國，皆是使用實際觀測的星座宮（Sidereal），所以不會發生前述的問題。

（→十三星座占卜）

接觸巫術

Contagious Magic　　　　　　　　　感染魔術

■魔法●歷史小說傳說

以著有《金枝》而聞名的英國人類學家弗雷澤[2]所提倡之魔法基本法則。接觸巫術與**順勢巫術**兩者常被合稱為**交感巫術**。

接觸巫術又被稱為「感染法則」。

「曾經接觸過的事物間，分開後仍會相互影響。」

這便是接觸巫術的基本概念。

舉例來說，像是從身體剪下的指甲、**頭髮**，抑或時常穿戴的鞋子、劍、衣服等物品，即使從所有者的身邊取走後，這些物品也會因為某種神祕力量的作用，維持原本的聯繫關係；就其意義而論，這就是種相信一心同體的概念。

應用此法則的接觸巫術，便是利用曾接觸過的物體間之神祕聯繫以影響他人的魔法。譬如日本常見的葬禮裡，將遺物分配給近親就是非常好的例子。此風俗除睹物思人以外，另有其**咒術**性意義：手持與故人曾經有過關聯的物品（此物相當於故人本身），請故人看顧守護自己。

若欲藉接觸巫術攻擊他人，按照理論應該先取得對方接觸過的物品，再弄髒或是破壞此物，希望能使對方本人發生同樣的事情。

下述作法與順勢巫術雖有部分重疊，不過將對方的指甲或頭髮塞進娃娃裡面，應該算是

1　《天文學大成》為記錄眾多恒星位置的星表。此書原名為《梅加雷‧辛塔奇斯》（Megale Syntaxis），《天文學大成》（Almagest）是此書在阿拉伯的名稱。此書在歐洲因為教會的迫害打壓而燒毀，才以阿拉伯書名《天文學大成》稱呼之。

2　請參考第9頁譯注。

最普遍且最著名的施咒方法（此舉結合了順勢巫術與接觸巫術，用意應當在於此二者的相乘效果）。**巫毒娃娃**與**丑時參咒**等咒法就是最典型的例子。

　　即使來到近世，世界各地許多民族仍然相信接觸巫術「接觸過的事物會相互影響」的基礎思想。隨著科學技術的發達，相對於衰退現象極為明顯的順勢巫術，民眾對接觸巫術的恐懼心理根深蒂固，至今仍可在各地社會裡發現不少受其遺風影響的習俗（如日本**神道**裡污穢的概念，或是在接觸特定血統時容易有厭惡感的傾向等）與**禁忌**。

符應原則

Correspondence　　　　　　　　コレスポンデンス

■概念●傳說

（→萬物符應）

萬物符應

Correspondence　　　　　　　　万物照応

■概念●傳說

　　構成**喀巴拉**根幹的思想。若無萬物符應思想，則**占數術**、**數值換算法**和**生命之樹**等概念，將全無意義可言。

　　萬物符應的基礎思想就是：22個希伯來字母除各自固有的含意以外，還能對應至生命之樹的各球體與徑、**星座**、數值，以及**塔羅牌**等

萬物符應

名稱	字義	發音	數值	等值文字	生命之樹的徑	塔羅牌	占星術
א Aleph	公牛	A、Ah	1	A	11	0.愚人	風
ב Beth	家	B、Bh	2	B	12	1.魔法師	水星
ה Heh	窗	H	5	H	15	4.國王	白羊宮
ז Zain	劍、裝甲	Z	7	Z	17	6.戀人	雙子宮
ח Cheth	圍繞、牆壁	Ch	8	Ch	18	7.戰車	巨蟹宮
ט Teth	蛇	T	9	T	19	8.力量	獅子宮
כ Kaph	拳	K、Kh	20、500（末尾形）	K	21	10.命運之輪	木星
ל Lamed	牛鞭	L	30	L	22	11.正義	天秤宮
מ Mem	水	M	40、600（末尾形）	M	23	12.吊人	水
נ Nun	魚	N	50、700（末尾形）	N	24	13.死神	天蠍宮
ס Samekh	支柱	S	60	S	25	14.節制	人馬宮
ע Ayin	目	Aa、Ngh	70	O	26	15.惡魔	魔羯宮
פ Peh	口	P、Ph	80、800（末尾形）	P	27	16.塔	火星
צ Tzaddi	魚鉤	Tz	90、900（末尾形）	Tz	28	17.星星	寶瓶宮
ק Qoph	耳、後腦	Q	100	Q	29	18.月亮	雙魚宮
ר Resh	頭	R	200	R	30	19.太陽	太陽
ש Shin	齒	S、Sh	300	Sh	31	20.審判	火
ת Tav	十字架	T、Th	400	Th	32	21.世界	土星

諸多概念。

喀巴拉教理哲學書《創造之書》裡記載，「22個基礎的文字。祂孕育它們、銘刻它們、置換它們，用它創造萬物，並且接著形成其他必須創造的一切」(《柘榴園》，伊斯瑞‧瑞格德〔Israel Regardie〕著)。

根據喀巴拉哲學的說法，世界的一切都是神用22個希伯來文字所創造；是以喀巴拉認為在希伯來文字裡面，世界的所有事物、概念及多樣性本質，均蘊藏於文字其中。

女巫團

Coven　　　　　　　　　　　　　カブン

■組織●歷史傳說

意指具組織力量的**女巫**團體。可譯作魔女團、女巫集會。

中世時代多以**13**人為女巫團的正式員額數，而**魔宴**就是由女巫團全體女巫共同舉辦的聚會。其實13這個數字受到基督教觀念很深的影響。古歐洲具有靈能力的女性，通常都是以3個人為單位（不僅如此，若就整體而論，「聚集構成團體的女巫」可謂是極少數）。後來女巫團的人數之所以增加到13人，是因為中世時代形成通俗女巫形象的過程中，其性質從「女巫＝古代的巫女」被置換成「女巫＝與基督教為敵者」所致。

（→巫）

C.S.路易斯

C.S.Lewis　　　　　　　　　　C.S.ルイス

■人物●歷史

本名庫力伯‧賽提普列斯‧路易斯（Clive Staples Lewis）。1898年11月29日出生於愛爾蘭的貝爾法斯特（Belfast，如今的北愛爾蘭），1963年11月22日逝世，享年64歲。

他在牛津大學學習英國文學與古典文學後，成為劍橋大學教授。著作頗豐，有學術

書、創作作品等，其中最有名的乃是名為《納尼亞傳奇》的7冊奇幻小說。

該作品描述「名為納尼亞的國度，存在於不屬這個世界的某個地方中，在被創造出來後經過了許多世代，被許許多多國王統治，在經過最終一戰後消失。」（岩波少年文庫　瀨田貞二譯）在這國度中住著牧神、人馬（Centaur）、能言獸、巨人等各種神奇的生物，牠們能以**話語**和人交談。這種世界觀和身為路易斯好友之**托爾金**的《**魔戒**》的世界觀，同樣皆被許多後世的奇幻小說模仿。

納尼亞王國曾數度陷入危機中，每當此時，便會有住在「納尼亞之外的世界」，亦即我們的世界中的少年少女前去那裡，和納尼亞的居民合力讓世界恢復原貌。這些少年少女「前去」的方法每次都十分精彩，有時是鄉下住家中的古老大衣櫥，有時是學校中一直打不開的門……都是些會讓所有孩童覺得「不可思議」的東西。

當時，在歐洲提到所謂的古典文學便是指英國文學或羅馬文學，但C. S. 路易斯卻和托爾金同樣為塞爾特及日耳曼神話所吸引。他原本雖是虔誠的基督教徒，卻十分喜愛異教風情的日耳曼英雄傳說，汲取了這種傳說的風格。只是後來他對基督教的偏好又再度增強，和始終不停書寫著異教風格作品的托爾金截然不同。

雖然有「整部作品裡基督教式的說教意味太重」、「孩童角色（除了第3和第4集中的尤斯提以外）看來全都一個樣」之類的批評，但在構想和文筆上無疑皆屬一流作品。《納尼亞傳奇》給了20世紀後半的兒童文學與奇幻作品極大影響。因為路易斯融合了格林、安徒生的古典童話傳說形式、北歐神話的豪邁風格，以及基督教的嚴肅性質，創造出了一個嶄新的幻想世界。

（→日常魔幻）

庫・利特爾・利特爾神話

Cthulhu Mythos　　　　　　ク・リトル・リトル神話
■體系●小說

（→克蘇魯神話）

克蘇魯神話

Cthulhu Mythos　　　　　　クトゥルフ神話
■體系●小說

　　小說家**H. P. 洛夫克萊夫特**創造的一套虛構神話體系。他自己並無意建立這套體系，這套體系其實是由敬愛他的作家與編輯——奧古斯特・德勒斯[1]所建立。「克蘇魯神話」這個名字，同樣也是出自奧古斯特・德勒斯之手。

　　恐怖小說總有些「禁斷的祕密奧義」或「神祕的魔法儀式」之類的小道具。洛夫克萊夫特在自己的小說中，沒有借用過去他人曾使用過而記號化的魔法、魔物或**惡魔**，而是自行創造出任誰也不曾聽過的原創魔法書籍（→**魔法書**）與怪物。而且，他也絕不會一股腦地全盤托出所有真相，而是以不經意似的寫實筆調，描述得彷彿小說裡的魔法書籍確實存在。

　　其實洛夫克萊夫特在初期的時候並沒有想得那麼深遠，他只不過是俏皮地將從前自創的魔法書、邪神、邪教等名字，拿來加在自己的作品裡而已。不過他的每部作品不會全部講明，而是會一點一點地慢慢透露情報，這種作法也挑起了讀者與其他靈異作家的興趣。隨後洛夫克萊夫特的許多作家朋友也加入這個遊戲，共同完成了擁有共通背景世界的一系列小說。這便是「克蘇魯神話」作品群。

　　這些作家便是如此將原本只是調味料的小道具，轉而置於小說的中心，並且逐步地解開它神祕的面紗，終於成功地蘊釀出該系列作品的魅力與統一感。克蘇魯神話可謂是1980年代美國奇幻作家間所流行、藉各自作品描寫共有背景世界的手法，也就是所謂「共享世界」（Share World）的嚆矢。

　　洛夫克萊夫特死後，許多為這原創神話體系著迷的人們，仍然持續創作克蘇魯神話作品。其中不乏諸如柯林・威爾森（Colin Wilson）、史蒂芬・金（Stephen King）等，以「非克蘇魯神話作品」馳名的有名作家。

　　順帶一提，克蘇魯[2]其實是神話裡的一個神，人類無法正確地唸出他名字的發音，因此才有「克蘇魯神話」、「庫・利特爾・利特爾神話」等各種稱呼。

　　「克蘇魯神話」的魔法中，以**召喚**（若怪物已經在地上，正確來說應該算是接觸）神話怪物或邪神的**咒文**最多。這類魔法大多都必須使用特定的物品，於特定的場所或是特定的**時間**，向怪物或邪神獻上**犧牲**品。不過在極少數的狀況下，光是唱誦咒文也能召喚怪物或邪神現身（《來自星際的怪物》〔The Shambler from the Stars〕，羅伯・布洛奇〔Robert Bloch〕著）。

　　此外，成功將怪物召喚出來並不代表召喚物就會聽從號令。雖然作品中對此少有描述，不過想要號令怪物似乎必須與其訂立某種契約，或是唱誦使其服從的咒文才行。此點就與傳統的召喚惡魔及契約概念（→**惡魔的契約**）頗為類似。

　　作品裡還有許多魔法，必須事先將魔力封印於特定物體內，或是事先製作魔法藥，待到必要時刻才使用這些物品以發揮效用。為了與怪物對抗，原本與魔法毫無任何關連的人類，必須借助於這類魔法道具的奇效，而不是直接使用魔法。

　　克蘇魯神話裡還有擊退怪物的魔法，以及使用有如念力般無形力量的魔法等，不過此類魔法的數量極少，且皆是以受漫畫、電影與奇幻電玩影響較深的70年代以後作品為中心。

　　（→阿巴度・亞爾哈茲瑞德、死靈之書）

咒詛

Curse　　　　　　　　　　　　　　　　呪詛

■魔法●傳說

指**陰陽道**或**厭魅**裡的**詛咒**，同時也是泛指一般詛咒的用語。

（→阿闍婆吠陀、調伏、絕罰）

詛咒

Curse　　　　　　　　　　　　　　　　呪い

■魔法●傳說

意指許下**願望**祈使特定人物蒙受危害，並以語言或行動表現出該願望。雖然此魔法人人都能使用，但據說詛咒的力量尤以有權勢者、擅長魔法者、女性（也就是指無力訴諸正義的人）、極度貧窮者、瀕死之人（因為他們將所有生命力全數傾注在詛咒之中）、詛咒子女的母親等人特別強大。

世界各地的詛咒方法各有不同，以下是幾種最普遍的詛咒手法。

· 使用模擬對方模樣的人偶，或是放入對方**頭髮**、指甲的人偶等，或用火燒或用鐵釘細針戳刺，破壞人偶
· 取動物的心臟或卵等物破壞之
· 用繩索綁成**繩結**，對繩結吹氣

要防止他人的詛咒，最常見的方法就是隨身攜帶**護符**。有時還能委託特定術師，請術師將詛咒給擋回去。

另外，立誓也算是一種詛咒，這就是種賭誓「若未……我就會有……的下場」，此即自己詛咒自己的行為。

（→丑時參咒）

大地之氣

Daichi-no-ki　　　　　　　　　　　大地の気

■物品●傳說

風水術的基本用語。亦可單作「**氣**」稱呼。

所謂大地之氣，就是指某種可以從自然環境中得到的能量。雖然此「氣」是否與其他中國神祕思想裡常見的**氣**乃屬同物，仍舊不得而知，不過我們至少可以確定此處的「氣」似乎比較接近九氣學（九星學）裡所謂的「氣」。

風水術就是種集大地所生之「氣」，使有利於人的技術。大地之氣基本上乃屬**陽氣**，能對人體造成正面的影響。

大地之氣的流動氣脈叫做「龍脈」，而龍脈中間有「氣」自大地湧出的地點，就叫做「穴」。「氣」皆源自於自然生態較完整的山脈，這就是所謂的「祖山」。此外，自地底湧出的大地之氣極為敏感脆弱，遭逢強風或強烈

1　奧古斯特·德勒斯（August William Derleth，1909～1971）出生於美國威斯康辛州Sauk County，為小說家、SF作家、推理作家、恐怖作家、編輯。威斯康辛州大英美文學畢業。1926年進入文壇，於《奇詭故事》（Weird Tales）雜誌發表短編故事《蝙蝠鐘樓》（Bat's Belfry）。1939年與多納德·旺得萊（Donald Wandrei）共同創立「阿克罕出版社」（Arkham House）。雖然德勒斯創立出版社的本意是要為懷才不遇的老師洛夫克萊夫特出版著作，不過後來也有羅伯·布洛奇（Robert Bloch）、雷·布萊貝利（Ray Bradbury）曾經於此出版單行本並正式踏入文壇。

2　克蘇魯（Cthulhu）為克蘇魯神話中的主要神明「舊日支配者」之一。他多半被視為屬於「水」的神明，在神話中的位階只有第二至第三級，並不是主神，但名字卻被拿來當作神話的名稱。

的日光就會四散紛失。因此「穴」的四周是否有能夠阻擋強風烈日的山丘，就成了很重要的關鍵；這種山丘又稱做「砂」。

觀察判斷某地是否滿足前述條件，乃風水術之奧義。

大頭

Daidu　　　　　　　　　　　　　　　大頭

■物品●歷史

立川流祭祀的骷髏像之一。

大頭乃以人骨為材料。製造此骷髏本尊所用之材料，依序以智者、修行者、國王、將軍、大臣、長者、父、母、千頂、法界的頭蓋骨為佳。

所謂「千頂」，就是指切取一千個骷髏的頭頂部分，磨成粉狀之後再度捏成的骷髏頭。所謂「法界」[1]，則是指農曆重陽節（9月9日）前往墓地蒐集骷髏頭、執行荼吉尼天[2]咒法，數日後從最底部自然浮出的該具骷髏頭。兩者都是咒力極為強大的骷髏頭。

立川流使用前述骷髏製作大頭時，還有許多規矩。

首先要替骷髏製作顎骨，並且在舌頭或牙齒等處塗漆、加上肌肉，打扮得像個有生命的頭顱；接著上第二層漆作為釉藥，收納於盒子內。然後必須跟美麗的理想女性交合，取交合時分泌的液體，在頭顱上塗抹120次。此處所謂理想的女性，必須是「年紀約莫15歲至18歲，臉形稍圓、膚色如櫻；目圓眉粗，鼻幅不可過窄，鼻勢必須緩緩隆起。嘴巴嬌小、齒列整齊潔白、耳朵宜長耳窩宜淺云云」，規定非常仔細且嚴格。

完成前述準備後，骷髏頭再貼上各三層的銀箔、金箔。接著繪製**曼荼羅**於其中，再重複貼上銀箔金箔、畫上曼荼羅。進行這幾項作業時，同樣也必須用到前述的分泌液體。

再來要在人煙稀少處設立道場，以美酒玉食供奉之。此道場非製作者及女性不得出入，兩人必須在骷髏頭前不斷瘋狂地手舞足蹈。接著將骷髏頭置於壇上，以山珍海味或魚肉供奉，焚燒反魂香[3]。每日行不同加持，以錦衣包裹並緊貼修行者（製作者）肌膚收藏以達保溫效果。據說如此經過八年歲月以後，骷髏本尊就能說話，還會說各式各樣的神祕故事。

大頭的製作過程與使用方式，實在是恐怖至極。

密宗在向濕婆神衍生而成的神佛祈願、修咒法之際，即便不像立川流如此極端，卻也會經常使用骷髏頭。同樣地，會掘墓取骨用以旅行咒法的僧人，也並非全是立川流僧侶。

（→小頭）

戴蒙

Daimon　　　　　　　　　　　　ダイモーン

■生物●歷史小說

此字是英文「魔神」（Demon）的字源，乃希臘語。

這個字並非指惡**鬼**或惡靈等邪惡力量，此用語原本乃是指神明或是比神明再低一個等級的神靈。再怎麼說，就連柏拉圖的**守護靈**，也叫做戴蒙。

柏拉圖的弟子色諾芬[4]在作品中加入了諸神具破壞力的面向以後，戴蒙的形象才有如此變化。

希臘原本乃以神話來說明世界的原理，後來則是轉由哲學負責此項任務。哲學家們無法用完整理論來說明諸神為何會從事邪惡，於是便發明「因為劣於諸神方才為惡的不完全神靈」才解決了這個問題。

後來基督教繼承了此字及概念，並以此字當成與**惡魔**或魔神的同義詞（原形）使用。從魔鬼（Demon）一字不難發現，中世魔法師們競相**召喚**的魔界居民們，其實就是從戴蒙等異教諸神（靈）演變而來。

舞樂

Dance and Music　　　　　　　　　　　　　舞樂

■魔法●歷史傳說

　　世界各地有許多傳說皆相信，人類的舞蹈與音樂能夠取悅神祇。與其說神明喜歡舞蹈的模樣或是**樂器**的樂音，倒不如說祂們喜歡人類熱衷於舞樂的那股能量。古代舞樂能使人狂熱、捲入興奮的漩渦，並且製造出一種**恍惚狀態**。此時**巫**就在恍惚狀態下請神靈附身，將神意傳達給眾人。

　　然而隨著時代的更迭，無秩序的狂熱與混沌的興奮逐漸被排除於宗教儀式之外，改由更加洗練的舞樂取而代之。據傳中國祭祀所用舞樂，在周朝時始具完備形態。後來春秋時代致力於挖掘、整理、復興因戰亂散迭的古制之人，就是**孔子**。

　　舞樂既是種祭拜**鬼**神的方法，亦是種撫慰鬼神、規避鬼神憤怒的儀式，是以可劃分在儒教禮法的範疇之內。按照周禮的規定，舞樂的形式必須與執祭者身分相符合。天子祭祀時使用八種樂器奏樂，由八人八列共64人的舞團負責舞蹈。這就叫做八音八佾之舞。所謂的佾，就是指正方形舞者行列的人數。諸侯祭祀六音六佾，大夫則只能行四音四佾之禮。

　　其中八音八佾之舞尤具重大意義，是以孔子見大夫八佾舞於庭，甚至說出了「是可忍，孰不可忍？」的重話。八音象徵著自八方吹拂而來的風，而八佾則是模擬**易**的**六十四卦**，換言之，八音八佾就是種象徵全宇宙的魔法儀式；讓整個宇宙在自己面前舞蹈，其意義就等於親眼看見全世界的轉變與消長。看到這個景象，人類就會知道蒼**天**正在傳達什麼樣的訊息，而唯有統治世界的天子才可執此行為。大夫八佾舞於庭此舉乃混亂禮制、踐踏天子尊嚴、侮辱蒼天的行為，所以孔子才會對其有如此激烈的憤怒。

陀羅尼

Darani　　　　　　　　　　　　　　　　　陀羅尼

■概念●歷史

（→真言）

德爾菲神殿

Delfoi　　　　　　　　　　　　　　　デルフォイの神殿

■場所●歷史小說傳說

　　全希臘最有名的神託神殿，就是祭祀太陽神阿波羅[5]的德爾菲神殿。此處本來是女神蓋[6]

1　另說在霜降的早晨，若只有一具骷體頭骨沒有沾霜，該具頭骨也可算是「法界」；又或頭蓋骨的每塊骨頭之間並無接縫者，也能夠拿來作為「法界」使用。

2　荼吉尼天（Dakini）亦有漢譯為「吒枳尼天」或「荼枳尼天」、「拏吉天」。荼吉尼天傳入日本後，與日本本土的稻荷信仰融合，而成為福氣之神。但實際上荼吉尼天原本是一群食人惡鬼，也是濕婆的黑暗化身摩訶迦羅（大黑天）與濕婆妻子的黑暗化身迦利（Kali）的眷屬。密宗中的荼吉尼天也是一群皈依佛門的恐怖惡鬼。

3　反魂香為日本故事、傳說中的香，尤以《雨月物語》裡的反魂香最為有名。焚燒此香，就能看見死者身影。此香成分不明，但《雨月物語》的故事「蛇性之婬」裡面，法師看破老蛇變成人時，所焚的香乃芥子製成。由此猜想，香中很可能含有能使人產生幻覺的成分。

4　色諾芬（Xenophon）出身雅典富有家庭。因批評極端民主政治而遭流放。曾於波斯大流士一世（Darius I）底下的傭兵團服役。此經歷對其著作影響很大。其最著名的作品為《遠征記》。

5　阿波羅（Apollo）是宙斯與樂朵的兒子，和阿蒂密斯是雙胞胎。他是太陽神，同時身兼音樂、醫術、預言之神。

6　蓋（Ge）就是大地母神姬亞（Gaia）。由凱歐斯所生，後來成為眾多神明與怪物的母親。泰坦神族與奧林帕斯神族的眾神也都是她的後代。

的神殿，中間演變為數位神祇共同的神殿，最終則成了阿波羅的領地。

經過法國考古學家的挖掘，證明這座神殿的確切位置乃位於帕納塞斯山[1]的南側山腹。

德爾菲神殿的規模堪與巴特農神殿[2]匹敵，希臘最鼎盛的時代曾有無數信徒絡繹不絕前來求取神託。萬事皆以神託決乃是當時希臘的風俗習慣；要做重大決定時當然更不能忘記請示神意，所以各國使節團無不頻繁造訪德爾菲神殿，為自國政治大事（如王位繼承或開戰等）請求神諭宣託。希臘各地雖有不少神託殿，但德爾菲神殿神託的準確度卻仍是遠高於其他神殿。其他神殿是先有神殿然後才建立神託所；相對地德爾菲則是因為此地能夠得到神的預言在先，然後才建設神殿。換句話說，就等於是在靈場上建立神殿（帕納塞斯山原本就是人稱「世界之臍」的靈峰）。

整個德爾菲鎮均僅憑來訪神殿旅客遺失的錢財建造而成，由此可見此神殿曾是何等繁榮。

（→佩提亞）

惡魔

Demon／Devil　　　　　　惡魔

■生物●傳說小說

「魔」原本是佛教用語，統稱妨礙佛道修行的諸惡神，源自於梵文的「魔羅」[3]一詞。**釋迦**在菩提樹下耽於冥想時，便有無數惡魔現身欲妨礙之。他們保證釋迦能獲得世上一切快樂，還要釋迦起身奪取地上的王國。

然而今日所謂惡魔多指猶太教、基督教系的惡魔。

惡魔是背叛神而墮落的**天使**，有山羊頭、山羊蹄與長滿體毛的下半身，通常背部皆生有雙翼，然惡魔之翼不似鳥羽，而是膜狀有如蝙蝠。惡魔能口吐火焰與硫磺唾沫，還能以幻術惑人。惡魔有時會教人魔法，有時則附身於人

畜體內催其發狂。

●猶太・基督宗教的惡魔

猶太、基督宗教有三種惡魔：魔鬼（Demon）、惡魔（Devil）與**撒旦**（Satan），若譯成日語均可譯為惡魔。

其中撒旦常用於指稱惡魔之首，已漸成固有名詞；一般認為撒旦就等同於**路西法**，魔鬼與惡魔兩者就較難區分，在歐洲許多語言裡時常遭到混淆。真要說二者有何差異，魔鬼通常憑恃本能行動，會附身在人畜體內使其瘋狂；惡魔則較為理性，是藉由訂立契約、使人類墮落滅亡。

①魔鬼（Demon）——**附身**的惡魔

由**舊約聖經**可以發現，基督宗教普遍相信惡靈（Ruach Elohim Raah）的存在，並且認為所有疾病，尤其是精神疾病都是因為魔鬼寄附於人體內而起（→**鎮尼**）。

新約聖經裡面也有附身在人類或野獸體內的惡靈，希臘文將其譯為魔神[4]（Daimonion，就是英文的Demon）（→**戴蒙**）。

在希臘文裡面，魔神原本是「具神性之物」的意思，絕無任何邪惡的概念或意涵。詩人米南德[5]就曾經以詩歌誦道：「不論是在如何誕生的人類身旁，終有良善魔神相隨，引領其人航向神祕的人生。」

然而因為聖經將惡靈（Ruach Elohim Raah）譯為魔鬼（Demon），魔鬼才會自此被冠上極度邪惡的形象。只要有人突然發狂、囈語不斷，幾乎全都是附身所致。中世時期常會發生集體被附身的現象，眾人聚集後突然跳起舞來（使人聯想到日本的「有什麼關係」[6]騷動）。此現象與祈求豐收的太古舞蹈頗為類似，唯此舞蹈所經之處反而終將成為不毛之地。驅趕這類附身魔鬼的行為，就叫做**驅魔**（Exorcism）。

D

待到**浪漫主義**誕生以後，魔鬼終於得到復興；許多德國的浪漫派詩人們嚮往希臘時代，常以魔鬼稱呼不時浮現的靈感，並視之為神聖。

②惡魔（Devil）──訂立契約的惡魔

魔鬼（Demon）此字有明確的語源，但惡魔（Devil）的語源卻頗為曖昧。有人認為此字源自**瑣羅亞斯德教**的德弗（Daeva）[7]，也有人認為此字源自希臘文的「中傷者」（Diablos），或是「為惡」（Do Evil）等詞。

惡魔較魔鬼更具智慧、更為狡黠奸詐；英文會稱撒旦為The Devil，卻不會以The Demon稱呼。

惡魔會誘惑人類以此世的快樂為交換條件，使其簽下出賣靈魂的契約。

按照中世天主教教會的說法，所謂**女巫**就是指與惡魔（Devil）訂契約而獲得魔力的人。這些巫覡[8]會出席女巫聚會、踐踏十字架咒誓叛教，並以惡魔之名再度接受洗禮、親吻惡魔臀部。這些行為代表了他們放棄基督教徒的身分，並且以來世墜入永劫地獄為條件，換取此世的偉大魔力（→**惡魔的契約**）。

後來這個概念還成為後世許多文學作品的

1　帕納塞斯山（Mt. Parnassus）位於希臘中部，海拔2457公尺，以海神波賽頓之子帕納塞斯命名。文藝九女神繆思（Muses）、太陽神阿波羅和酒神戴奧奈索斯的聖地。此處有塊名為「翁法洛斯」（Omphalos）的岩石，古希臘認為此岩乃世界的肚臍（世界的中心）。

2　巴特農神殿（Parthenon）位於雅典，祭祀的神祇是雅典娜（Athena）。

3　魔羅（Mara）乃音譯，可意譯為「擾亂」、「破壞」、「障礙」等。佛教指能擾亂身心、破壞好事、障礙善法者。印度古代神話傳說欲界第六天「他化自在天」之王魔波旬為魔王，其眷屬為魔眾。佛教採用其說，並以一切煩惱、疑惑、迷戀等妨礙修行的心理活動為魔。

4　魔神（Daimonion）一字有許多意義及譯法，唯此處考慮兼顧原本希臘文的「神靈」以及聖經所賦予的「魔鬼」兩種意涵，故譯為魔神。順帶一提，蘇格拉底曾經使用Daimonion此字和「神性」等詞來描繪「內在的聲音」；蘇格拉底所謂的Daimonion有多種譯法，但此處所指應該就是現在所謂的「良心」。柏拉圖認為只有蘇格拉底才有Daimonion，一種類似守護神的良心。

5　米南德（Menander，西元前342～291年）為古希臘喜劇劇作家。

6　「有什麼關係」是日本江戶時代後期自1867年7月至翌年4月期間，影響遍及東海、近畿、四國地區的大眾狂亂現象。眾人不斷呼喊能劇、歌舞伎的臺詞「有什麼關係」，在各城鎮之間引起騷動。

　　江戶時代每隔約70年的周期，在元和3年（1615）、慶長年間（1648～52）、寶永2年（1705）、明和8年（1771）、文政13年．天保元年（1830），會有一種叫做「御蔭參拜」（日本平民曉班、前往伊勢神宮參拜）的現象重複地自然發生。每次「御蔭參拜」長達3至5個月不等。

　　明和年間的「御蔭參拜」約有300至400萬人殺到伊勢（此時是十代將軍德川家治時代，據享保年間人口統計，日本約有2200萬人口），而文政年間的「御蔭參拜」則是持續了3個月，約有500萬人湧入伊勢。

　　「御蔭參拜」的參加者中不乏許多大商人，他們會開放自己經營的店鋪或居所、發放便當草鞋等物給平民。有些學者認為此舉具有避免江戶後泡沫經濟時期社會崩壞的釜底抽薪之計意義。

　　長年以來1867年的「有什麼關係」騷動因何而起一直是個謎，但近年研究顯示此騷動應是起於三河國吉田藩（現在的愛知縣豐橋市）的發放御札（日本寺院或神社贈送給信眾的一種護身符）活動。這發放御札的活動，極可能是幕府末期明治維新當時，勤皇派志士有意散發伊勢神宮御札，利用民眾改善生活的願望與宗教狂熱，以圖製造社會混亂所致。

7　德弗（Daeva）即侍奉瑣羅亞斯德教邪神安格拉．曼紐（Angru Mainyu）的惡魔之統稱，也泛指古伊朗神話傳說中與善神為敵的魔怪。

8　Witch通常譯為「女巫」，這是因為其中絕大多數都是女性；其實Witch裡面也有男性的「女巫」。此處乃是借用中文的「巫覡」一詞。說文解字：「能齋肅事神明者，在男曰覡，在女曰巫。」

題材。「浮士德」就是其中最有名的作品。

●伊斯蘭教的惡魔

伊斯蘭教稱惡魔為曬依陀乃（Shaitan）[1]，乃是撒旦（Satan）的訛誤。此處的撒旦只是個普通名詞。惡魔之王**易卜劣廝**（＝路西法）又叫做「亞・曬依陀乃」（Al Shaitan= The Satan）。

曬依陀乃與猶太、基督宗教的惡魔同樣，都喜歡煽動人類、為非作歹。他喜歡居住在光與影、晝與夜的交界處，以糞便或任何穢物垃圾為食。曬依陀乃還能化成人類模樣，以傳染病為武器。

據伊斯蘭民間信仰記載，惡魔還會不時跑到天上偷聽天宮內的談話。鎮尼儘管不如惡魔邪惡，也會因為一時好奇而偷聽。此時偷聽到的可能是真神偉大神力的部分事實，也可能是神未來的計畫。惡魔偷聽到天宮談話以後，就會將聽到的事情摻雜利己的謊言，傳達給人類知道。扭曲「真神偉大神力的部分事實」正是**妖術**的要義，而聽從惡魔妄言行使法術的人就叫做妖術師。此外據說**巫**（Qahin）的預言或神託等，也都是傳達惡魔或鎮尼話語的法術（**→薩滿信仰**）。

惡魔的印記

Devil's Mark　　　　　　　　惡魔のマーク

■魔法●歷史傳說

某種身體特徵，被認為是**惡魔**加諸**女巫**身體上，作為締結契約（**→惡魔的契約**）證明的印記。惡魔的印記有時會呈小動物或昆蟲形狀的痣斑或傷痕，浮現在皮膚表面，唯通常位於視覺不能及之處。可以確定的是，不論印記是否明顯易見，女巫身體該部位不會有任何感覺，就算用針戳刺也不會流血。

此外還有種叫做「女巫之印」的印記。這是種類似疣的突出物，一般相信女巫便是藉此以鮮血（乳汁）餵養魔寵。女巫之印原本是完全不同的另一種印記，最後還是被人視同於惡魔的印記。

由於此印記乃嫌犯確為女巫的有力證據，異端審問官逮捕女巫後會剃光被告衣服、剃除體毛，並仔細檢查以便找出惡魔的印記。審問官還會好似理所當然般地，用針扎刺被告肉體遍身，以找尋惡魔的印記。據說部分異端審問官甚至會使用動過手腳的道具，譬如只要用力就能在皮膚上留下痕跡的小刀，佯裝自己發現惡魔的印記，誣陷無罪被告、處以死刑。

（**→獵殺女巫、女巫審判**）

戴奧奈索斯

Dionysos[2]　　　　　　　　ディオニュソス

■生物●歷史小說傳說

希臘十二神[3]之一，掌管葡萄與美酒的解放之神。他還有個別名叫做巴克士（Bucchus），是宙斯[4]與人類女性（底比斯國王卡德摩斯〔Kadmos〕的女兒塞墨勒〔Semele〕）生下的半神。宙斯為保護嬰兒免於善妒的赫拉[5]傷害，便將戴奧奈索斯交由尼薩（Nyssa）的孕婦養育。戴奧奈索斯長大後雖然成了掌管葡萄酒與美酒的神祇，卻被赫拉發現因而發瘋。此後戴奧奈索斯流浪各國，終於因為佛里幾亞地母神希比莉[6]的力量而痊癒，得以凱旋返回希臘，進入諸神行列。

戴奧奈索斯身為一位能使人失去自制心的葡萄酒之神，同時自己也曾有過瘋狂體驗，因此讓信徒舉行的儀式自然都是瘋狂且狂熱至極。祭典當中，戴奧奈索斯的巫女「麥納絲」（Maenads，一譯「邁那得斯」、「密娜娣」，意為「狂女」，亦稱為Bacchae）們會陷入與**薩滿**類似的狂喜狀態，在山野之間狂奔、跳著淫猥狂亂的舞蹈。若有動物不幸遭遇到此集團，就是牛隻也難逃被信徒徒手撕裂、活吞生吃的命運；據說有時人類也會成為此祭典的犧牲

品，這就是戴奧奈索斯為何會被視為瘋狂之神的緣由。

即使儀式內容乖張怪異如此，此儀式仍有其重要的意義。巴克士祭典通常在春天舉行，因為此祭典乃是種祈求豐收的儀式。其實戴奧奈索斯這位神祇早在希臘誕生以前便已經存在，原本乃是大地女神狄蜜特[7]（同樣也是早在希臘誕生前就已經有此信仰）的從屬神；換句話說，他本來就是位大地之神。戴奧奈索斯之所以會被認為是好色的半人半獸撒泰爾[8]與牧神潘[9]的主人，而信徒之所以會以陽具形象當作此神的神體進行崇拜，都是因為戴奧奈索斯是尊能確保生殖繁盛的神祇的緣故。

儘管戴奧奈索斯是位擁有各種不同性格的神祇，但他的本質仍是位豐饒之神。

然而後來當基督教統治全歐洲之後，前述諸多事實卻被忘得一乾二淨。戴奧奈索斯祭典之中唯有性生殖的形象得以殘存，並且在基督教的嚴格道德教條之下變質成**魔宴**裡的淫靡景

象。祭祀戴奧奈索斯的儀式，就這麼成了異端審問官們爭相取締的魔宴。不過在17世紀當時，任誰也無法發現舉行魔宴的場所，因為魔宴其實就是祭祀戴奧奈索斯等古代豐饒神的儀式，而這些儀式早在千年前就已從地表消失了。

《神曲》

Divina Commedia　　　　　　　　　　神曲

■作品●歷史

義大利人但丁・阿利格耶里（Dante Alighieri，1265～1321）的長詩。1321年完成。

此書描述「在人生半途誤踏歧途而身處闇黑森林」的詩人但丁，在古代詩人維吉爾（Publius Vergilius Maro）及戀人貝提麗彩（Beatrice Portinair）的引領之下，依序前往地獄、煉獄、天堂遊歷見聞。其中尤以地獄篇為此作品精華，描述許多偉人或是嗟嘆，或是悲

1　曬依陀乃在本社出版之《惡魔事典》亦意譯為「伊斯蘭教的惡魔」。
2　Dionysos多作「Dionysus」。
3　希臘十二神就是奧林帕斯十二大神，是希臘神話裡奧林帕斯眾多神明當中，地位最高的十二位神祇：宙斯、赫拉、阿芙柔黛蒂、阿波羅、赫發斯特斯、阿蒂蜜斯、波賽頓、雅典娜、狄蜜特、赫密斯、阿利茲與戴奧奈索斯。
4　宙斯（Zeus）以喜好女色而聞名，讓眾多女神為他生下了眾多子孫。其中最重要的子孫有阿波羅、阿蒂蜜斯、戴奧奈索斯，最重要的英雄則屬赫拉克勒斯。為了接近女神（或女人），宙斯可謂無所不用其極。他之所以總是偷偷摸摸，主要是因為害怕髮妻赫拉生氣。朱比特就是宙斯在羅馬神話裡的名字。（引用自《西洋神名事典》，奇幻基地出版）
5　赫拉（Hera）是克羅諾斯和莉亞的女兒，宇宙統治者宙斯的妻子與姐姐。赫拉名字的原意是「貴婦」，她負責賞賜婚姻與女性的生活，同時也是位貞節之神；相對地，她也是位嫉妒心極重的女神，尤其會將憤怒的情緒發洩在宙斯的情人身上。（引用自《西洋神名事典》，奇幻基地出版）
6　希比莉（Cybele）是佛里幾亞（小亞細亞地方）的大地女神。常被視同為希臘神話中的莉亞或阿萬底絲提。希比莉的掌管範圍很廣，她同時也是至高神明以及預言、治癒、戰爭、動物走獸的守護者。值得一提的是，所有與希比莉相關的神話主題都與男性閹割有關。（引用自《西洋神名事典》，奇幻基地出版）
7　狄蜜特（Demeter）是大地女神。為了尋找泊瑟芬而行走於人間，在各地留下了她的足跡。
8　撒泰爾（Satyros）為山中精靈，性好女色。是位頭長羊角，下半身是羊腿的矮小年輕男子。是戴奧奈索斯的隨從。
9　潘（Pan）是希臘神話中的牧神，尤其是指綿羊與山羊之神。潘的母親生下他之後，立刻將他遺棄，因為潘長著翻子，毛髮濃厚，有著一雙山羊腿，頭上又生出了山羊角。這樣的外貌被人認為是中世紀歐洲惡魔的原形。

悽，或是苦悶，或是勇於面對地獄苦刑的情形。地獄最底層則是被困在冰裡的魔王**路西法**，巨大且醜陋，足使觀者目眩。路西法的頭部共有鮮紅、淺黃、墨黑三張臉，每張臉下方各生有一對巨大羽翼。他不斷拍打六枚翅膀，能吹出三股寒**風**，使周圍陷入酷寒冰凍界。魔王一面哭泣，三張嘴還啣著三個罪人，不斷以巨顎嚙咬著罪人的骨肉；這三個罪人就是猶大、布魯圖（Marcus Junius Brutus）、卡西烏（Gaius Cassius Longinus）（猶大是出賣**耶穌**的門徒，另兩人則是暗殺凱撒的男子）。

此書中路西法這番駭人的壯大模樣，對後世的撒旦形象造成了莫大的影響。

鎮尼

Djinn　　　　　　　　　　　　　ジン

■生物●傳說小說

阿拉伯民間傳說裡的**精靈**。以《阿拉丁**神燈**》神燈裡的精靈最為有名。

人類平常看不見鎮尼，當鎮尼欲現身時，就會由類似雲或煙的氣體聚集形成固體，出現在人類眼前。鎮尼變幻自在，其真正模樣究竟如何仍是個謎，不過鎮尼通常喜歡變成下列這幾種樣子。

- 臉部像獅子狗[1]，背部像貓的鬼
- **蛇**
- 美男子或美女

鎮尼的身體乃蒸氣或火焰構成，其血管裡流動的並非血液而是火焰，只要身負重傷就會瞬間化成一堆飛灰。正如人類乃土壤創造而成，死後必須歸於塵土，同樣地，鎮尼乃火焰所構成，必須歸於烈焰。

鎮尼裡有分善良與邪惡，邪惡的鎮尼經常會惡作劇，到處作怪捉弄人類。人類在黑暗小徑跌倒，就是鎮尼搞的鬼。如果人類睡著以後磨牙，那就代表鎮尼正躡手躡腳地偷偷接近。再怎麼吃也沒有一點飽足感，那是因為鎮尼躲在肚子裡偷吃。許多疾病也都是鎮尼幹的好事……

要防止鎮尼惡作劇，可以避免進出鎮尼喜歡的場所（水邊、火邊、兩物之間的交接處等），在採取任何行動前先說「以神之名」或「得神允諾肯許」才開始動作，或是隨身攜帶**護符**等各種方法。若是如此仍然染病或陷入災難，則可委託詳熟鎮尼習性的人進行交涉。熟知鎮尼習性者會叫出造成疾病或災難的作祟鎮尼，與之交談、試圖說服他別再糾纏犧牲者。有時必須向鎮尼道歉懇請他高抬貴手，有時則可出言恫嚇威脅。總而言之，言談相勸乃是上策，強制驅趕乃下策。唯對方若非常頑固，迫不得已就必須使用武力。此時可以書寫、製作具有咒力的文字或圖畫，或是取**石榴**枝鞭打之。

漢諾威的吸血鬼

Doppelsäuger　　　　　　ドゥッベルジュガー

■生物●傳說

德國北部漢諾威地區的**吸血鬼**。「Doppelsäuger」是「吸吮兩次者」的意思。倘若在嬰兒斷乳（停止餵食母乳或牛乳，改餵離乳食品）後再次授乳，這個嬰兒死後就會變成吸血鬼。

漢諾威吸血鬼最大的特徵，就是他們不必踏出棺木之外，就能用魔力吸取他人的生命力。漢諾威吸血鬼會先以生前的家人親戚為目標，然後再逐漸向外發展。

棺木裡的漢諾威吸血鬼一旦甦醒以後，就會開始吃自己胸前的肉。這個動作應該是種能夠奪取犧牲者生命力的**順勢巫術**。所以只要開棺查驗，是不是吸血鬼便一目瞭然。

要防止屍體變成吸血鬼，只消用金屬板等物隔開屍體的頭部與胸部即可。這麼一來即便

吸血鬼復甦也吃不到自己胸前的肉，吸血鬼也就會再度進入深眠。此外，讓屍體咬著金幣，也有同樣的效果。

分身

Doppelganger　　　　　　　　　　　　分身

■魔法●傳說小說

中國的分身通常是指體內司掌意識的元神跳脫肉體的情形。若把分身想成是跟靈魂離開肉體差不多的概念，倒也無妨。

有時術師也會使用法術，故意使元神脫離肉體。藉法術讓自己的元神脫離肉體，使其採取另外行動的法術，又叫做出身。此時脫離至體外的元神，亦稱做出身。

有時元神脫離肉體則是完全的偶然；當本人意識被強行拉扯至遠方時，也會突然有此現象產生。中國的志怪小說裡，便收錄有無數類似事例。舉例來說，因病臥床無法起身者，若是不斷想著遠方的戀人或妻子，元神就會在本人也沒有意識到的狀況下，多次出現在對方所在處與其相會。但是這種情況有別於前述「出身」，若在無意識下產生分身，會快速消耗該者體內的氣，因此當事者的病情將會在短時間內急遽惡化。

最危險的情形是，元神遭其他術師強制性抽離肉體驅使。這種法術應該可以算是召鬼術的一種變化形態。遭人施此術者，會以為自己元神曾經經歷的事情都只是夢境而已，接著體內的氣就會在不知不覺中慢慢漸少，最嚴重甚至會導致死亡。

（→幽體脫離）

卜杖探物

Dowsing　　　　　　　　　　　　ダウジング

■魔法●傳說

指雙手各持一枝L字型探測棒，四處搜索有無水源或礦脈存在。

卜杖探物的內容如下：

①雙手各持一枝L字型探測棒，使兩枝探測棒保持平行，在搜索地區內走動。探測棒可用金屬、木材、塑膠等各種材質製成。
②若地下有水源或礦脈存在，L字型的探測棒就會向外分開。
③往正下方挖掘，就會發現搜尋的目標。

進行此法並無才能之分，任何人都能使用，因此尋找石油的公司行號、搜索地下水管的水利局處等，都會使用此法。此外，據說在越戰的時候就曾有許多士兵主動使用卜杖探物法來搜索地雷。

最近甚至有些研究從科學的立場出發，來說明卜杖探物法的原理。由於卜杖探物並非**超能力**或魔法之類，而是人類與生俱來的能力之一，所以才能將卜杖探物法定位為一種可用科學方法說明的能力。

（→占卜）

德古拉

Dracula　　　　　　　　　　　　ドラキュラ

■生物●歷史小說

①15世紀外西凡尼亞[2]、瓦拉奇亞[3]地方的領主（1431～1476）。曾抵禦土耳其人入侵歐洲。

1　指置於神社神殿或寺廟前庭，形似獅子的一對獸像。此獸乃以獅子為原型形象化而來，初期形體與犬較為類似，平安末期才變得比較像獅子。

2　請參照第59頁譯注。

3　瓦拉奇亞（Valahia）位於羅馬尼亞的南部。羅馬尼亞的首都布加勒斯特（Bucharest）便是位於此區。14世紀曾有瓦拉奇亞公國建立於此。

他真正的名字叫做弗拉德‧提別斯（Vlad Tepes），德古拉只是通稱。

德古拉對敵人極為殘酷毫不容情，甚至因此得了個「串刺公爵」（Impaler）的外號，是以容易給人暴君的印象。事實上，他雖然嚴峻，卻是位公平的君主。

至於他為何被稱做「德古拉」（Dracula）的意義及由來仍是眾說紛紜。其中最可信的說法，認為此詞乃是**惡魔**或是龍（德拉庫）之子[1]的意思。

②伯蘭‧史托克（Bram Stoker）由前述與弗拉德候爵相關的各種傳說，以及外西凡尼亞地區的**吸血鬼**傳說裡獲得靈感，創作出來的作品《吸血鬼德古拉》的主角。

由於此部小說大為暢銷，再加上不斷有改編自此作的電影問世（其實此類電影絕大多數都只不過是稍微借用這部作品的主題而已），如今「德古拉」早已喪失了原本的模樣，變成了吸血鬼的代名詞。

現代小說或電玩遊戲裡的吸血鬼擁有的特徵，幾乎全都是從伯蘭‧史托克筆下的德古拉演變而成。

夢的歲月

Dream Time　　　　　　　　　　夢の時間
■場所●傳說

（→夢世紀）

夢世紀

Dream Time　　　　　　　　ドリーム・タイム
■場所●傳說

以狩獵採集維生的澳洲土著世界觀中，指稱世界剛剛形成該時代的用語。

世界初形成的時候，天空沒有太陽，黑暗籠罩，大地一片平坦荒蕪。此時地底便出現了許多的「祖先們」。這些「祖先們」的模樣可謂是五花八門，有的像是人類，有的像是動物，甚至還有些「祖先們」是雨水、雲、星星的模樣。他們在這世界裡到處走動，製造太陽、製造風景，並且製造人類與動物。然後他們就將世界交給自己所造的子孫們，有些「祖先們」鑽到地底下，有些則是變成了樹木或石頭。這個時代就是所謂的夢世紀（Dream Time）。

夢世紀結束以後，人類再也無法親眼目睹。不過這並不代表夢世紀已經消失，它就跟從前一樣仍然存在。只要人類按照固定方法演奏音樂、歌唱、舉行儀式，夢世紀就會復活。澳洲土著的世界觀裡並無過去、現在與未來的差別，天地也可以不斷地重生。

然而，若欲喚醒夢世紀使世界重獲青春，人類就必須牢牢記住自己與夢世紀的關係才行。澳洲土著有種叫做「夢」（Dreaming）的特殊觀念。他們相信每個人都各自有位守護神，而這些守護神都是與特定土地有關的動植物。雖然這也可以算是種圖騰（→**圖騰信仰**），不過普通圖騰皆是對應至整個人類集團，相對地「夢」通常都只對應至特定的個人。

澳洲土著會藉由傳授歌曲的方式，從小就讓小孩子背誦自己的「夢」是什麼樣的東西，住在什麼樣的土地，自己的「夢」所住的地方又是在部族全體成員的所有土地中哪個地方。除此以外，歌詞裡還描述到「祖先們」的旅程、走過的道路，他們何時在路上抓到什麼獵物、撿到什麼東西。這種歌曲就跟地圖沒兩樣；拜其所賜，孩童對自己從未涉足的土地仍舊是知道得一清二楚。

他們認為祖先們曾經走過的所有土地都是神聖，是以根本沒有建立教會的必要。每位土著都有自己的儀式、歌曲與「夢」，所以也沒有聖職者的置喙之地。這點跟非洲狩獵採集民族（→**魔法〔非洲〕**）的情形頗為類似。然而

近代以後，澳洲土著終於遇上了基督教徒，而基督教徒是種同時兼具畜牧民族一神教信仰以及農耕民族**咒術**信仰特色的人類。基督教徒認為澳洲土著「既無教會，亦無聖職者，是以全無信仰可言」。澳洲土著後來的下場，就跟其他所有「未開化」種族全都一模一樣。

毒品

Drug　　　　　　　　　　　　　ドラッグ

■物品●歷史

（→致幻植物）

德魯伊

Druid　　　　　　　　　　　　　ドルイド

■人物●歷史小說傳說

古代塞爾特民族的神官，乃西洋蓄有白色鬍鬚、身穿長袍的魔法師形象之原型。在塞爾特語裡，「daru」指的是「**橡樹**」，「vid」則是「知識」的意思。若採意譯法，德魯伊就是「橡樹賢者」的意思。

德魯伊正如其名，位處於塞爾特知識階級的頂點。他們是司掌所有宗教儀式的祭司（魔法師），也是常侍於王候寶座左右的政治顧問，更是傾聽民眾聲音的法官。他們甚至還必須擔任詩人的工作，將太古流傳至今的故事傳諸後世。若說塞爾特民族的所有文化活動全都由德魯伊階級一手包辦，其實一點也不過份。因此塞爾特民族對德魯伊皆是尊崇至極，有時其發言權甚至還高過於國王。

由於德魯伊是個非常講究實力的重要職位，因此不採世襲制，必須經過嚴格的修行才能被任命為德魯伊。有志者（絕大多數都是貴族子弟）若無法正確無誤地背誦出德魯伊所須具備的宗教、司法、古代傳說等基本教養，將

永遠無法得到眾人認同，成為獨當一面的德魯伊。德魯伊的知識傳授盡皆採**口傳**形式進行，再加上必須背誦數量極為驚人的詩歌，有些人甚至必須花費20年以上的時間才能順利畢業。對不喜歡用文字記錄重要事物的塞爾特人來說，德魯伊就是個活生生的情報資料庫。

因為這個緣故，塞爾特的所有魔法知識才會盡皆由德魯伊獨佔。據說他們能夠使用的魔法極為多樣化，簡直是五花八門。

首先，塞爾特人日常生活中獻給諸神的祭儀與供牲，全由德魯伊負責主持。只有他們才知道如何順利地將**活人祭獻**或動物**活祭**品，連同祈禱一併送諸神所在處。大到祈求共同體繁榮的季節祭祀、豐饒祈願儀式，小到祈求個人武運昌盛的小規模儀式，德魯伊必須應不同要求，主持所有儀典。

其次，利用**占卜**或預知法術忖度眾神旨意，也是德魯伊很重要的工作。據說他們會剖開鳥腹、觀察其內臟，藉此卜算未來情勢。此外，德魯伊在進行活人祭獻的時候，還會持劍刺穿犧牲者的橫隔膜，並觀察遺體姿勢、痙攣狀況、流出血液顏色與血量，藉以判斷正邪吉凶。據說德魯伊在面臨選舉國王等重大決策時，還會進入**恍惚狀態**使用幻視能力作為決策的參考；由此可見德魯伊也曾經使用過薩滿色彩極為濃厚的**咒術**（根據研究結果發現，德魯伊跟歐亞大陸北部的**薩滿**有頗深的因果關係）。

此外，德魯伊還擅長使用**操縱天候、變身**的魔法，而且精通天文知識。雖然德魯伊的變身魔法能將人類的肉體（基本上都是對自己施法）變成牛或狗等動物，但他們終究並非神明，一旦施法變身後就無法逆向操作，屬於永久性的變身。德魯伊的思想乃以靈魂的**輪迴轉**

1　弗拉德·提別斯的父親叫做「弗拉德·德拉庫」（Vlad Dracul）。此說應是取「龍」（Dragon）、「德拉庫」（Dracul）與「德古拉」（Dracula）諧音。

世為核心,而變身的故事很可能只是種呈現塞爾特靈魂輪迴轉世思想的寓言故事而已。除此以外,德魯伊還能在歌曲裡注入咒力,操縱他人的心理狀態。

基本上德魯伊所使用的魔法,都必須透過與塞爾特眾神的交流始能發揮效力;由此便可以發現非常強烈的薩滿(自然咒術)傾向。然而德魯伊身為塞爾特共同體的一員,其角色並不僅止於區區咒術師而已。據說所有德魯伊每年都會在現在的巴黎西南方,從前卡努提斯族(Carnutes)的神聖森林召開集會。塞爾特甚至還有個相當於全德魯伊之長的終身職。換句話說,德魯伊當時已經擁有統一的宗教組織。

前述諸點都是唯有思想相當發達的宗教才有的特徵。德魯伊雖然擁有獨立咒術師所應有的能力,同時卻又是擁有共通理念的祭司,實在是群極為特異的宗教家。若是當時塞爾特沒有被羅馬帝國征服的話,以魔法為枝幹構築而成的德魯伊教義,說不定就能發展成足以與基督教相抗衡的宗教。如此一來,歐洲魔法的歷史恐怕就要改寫了。

卡廖斯特羅伯爵

Duke Cagliostro　　　　　　　　カリオストロ伯爵
■人物●歷史

全名為亞歷山卓·卡廖斯特羅伯爵(Duke Alessandro Cagliostro,1743～1795)。

他的本名叫做朱賽貝·巴爾薩莫(Giuseppe Balsamo),乃西西里島(Sicilia)商人之子。自幼便多有惡行,自稱東方王國之末裔亞沙羅王子;他曾經以**共濟會**頗具份量的領導者、光照派[1]的團員之名,接受俄羅斯的葉卡德林那二世(Ekaterina II)、波蘭的波寧斯基公爵、斯特拉斯堡(Strasbourg)的羅安樞機主教等當權者的資助,進行**鍊金術**、心靈術、預言等活動。後來終於在1785年因為瑪麗·安托瓦內特(Marie Antoinette)的「王妃首飾事件」,以詐欺罪名被捕入獄。

出獄三年後,他又再度以心靈醫師的身分重出江湖。若考慮到他的詐欺前科,這實在是荒謬之極,但是據說當時他不曾向窮人收過分文醫療費。有人認為他在出獄後的這三年間得到**聖日門伯爵**傳授聖殿騎士團[2]的奧義,不過由於這段期間並無任何與卡廖斯特羅伯爵相關的紀錄,實際情形究竟如何仍是個謎。

後來他因為愛人密告而遭到異端審問,先後被囚禁在聖坦傑羅城(Santangelo)與蒙地費爾德城寨裡,最後遭人毒殺才結束了他高潮迭起的一生。

至於卡廖斯特羅伯爵究竟只是個詐欺犯,抑或真是共濟會成員,至今仍無任何確切的證據。不過這號人物確實引起了眾多作家的興趣,除歌德[3]與席勒[4]等大作家以外,莫里士·盧布朗[5]等大眾作家也都曾經在作品中提到卡廖斯特羅伯爵或是相關人物。

遁甲

Dunjia　　　　　　　　　　　　　　遁甲
■魔法●傳說

俗稱「奇門遁甲」或「天文遁甲」。有人說遁甲乃**仙人**的法術,也有人認為遁甲屬於**陰陽道**術法。

遁甲之術的詳細內容,如今已經散佚不得而知。「遁」就是逃離危險的意思,日本的忍者將利用自然環境的隱形術、脫逃術稱做五遁術(水遁、火遁、土遁等)。或許是因為這個緣故,某些學者才會認為遁甲術就是「忍術是也」,不過這個說法實在是太離譜了點。

所謂遁甲之術,就是種利用陰陽變化蔽人耳目或隱藏身形,藉以規避災難趨吉避凶之術。這應該就是目前為止最妥當的定義。

「奇門遁甲」此名,來自於將陰陽與五行排列組合後所得到的十干概念。陰陽和五行都是構成世界萬物的要素,兩兩組合所得十干則

能揭示世界的盛衰消長之勢。換句話說，十干就相當於是種按照世界變化的各種樣相進行分類，將整個世界分割成10種要素的概念。十干中去掉象徵誕生和好運的「甲」之後，剩下的9個要素每三個一組，分別稱做天上三奇、地下三奇、人間三奇[6]。天地人三字似乎別無深意。三奇各自象徵著世界的不同面向，稱做奇門。

所謂「遁甲」可以讀成「遁逃於甲」的意思。換言之，或許因為此術是種能夠規避其他象徵惡運的十干（雖然「乙」以下的九干並非全是負面意義）、遁逃至象徵好運的「甲」的技術，所以才會有「遁甲」此名也說不定。使用遁甲之術，術者就能規避將要發生的凶事。

另一方面，此術也是種觀察天文與陰陽變化，進而規避凶事的技術；「天文遁甲」之名應該就是從此而來。

據說中國三國時代的**諸葛亮**便精通奇門遁甲之術；此外據《**日本書紀**》[7]記載，天武天皇也通曉天文遁甲之道。

(→左慈)

「遁甲」十支

水	金	土	火	木	陰陽
壬	庚	戊	丙	甲	陽
癸	辛	己	丁	乙	陰

矮人

Dvergr　　　　　　　　ドゥエルグ

■生物●小說傳說

英文寫作「Dwarf」（**矮人**）。北歐神話中擅長鍛冶與工藝的地精。

傳說創世巨人伊米爾（Ymir）死後，眾神眼見狀似蛆蟲的「東西」自屍骸湧出，心有不捨而授以近似人類的模樣，矮人種族於是形成。

跟同時誕生的美麗**妖精**相較之下，矮人的

1　光照派（Illuminati）為各種自稱獲得上帝特別光照啟示的基督教神祕主義派別之總稱。如14世紀產生於拜占庭帝國的「赫西卡派」（Hesukhia），15世紀起源於西班牙加爾默羅會和方濟各會修士中的「阿隆白郎陶斯」（Alumbrodos，後受到異端裁判所的追查，很多人被燒死），以及18世紀流行於德國和歐洲的「光照會」。

2　請參照本書第47頁譯注。

3　歌德（Johann Wolfgang von Goethe，1749～1832）為德國詩人、劇作家和小說家。1774年歌德的浪漫小說《少年維特的煩惱》轟動文壇，他也因此而名聞歐洲文學界。最著名的作品《浮士德》是部頗富哲學意味的詩劇，分成上下兩部，從構思到完成，前後共經歷六十年。詩劇反映的是人類追求生命意義的偉大精神。此書奠定了歌德在世界文學史上的崇高地位。

4　席勒（Friedrich von Schiller，1759～1805）是與歌德齊名的德國啟蒙文學家。青年時期在狂飆猛進精神影響下，寫出成名作《強盜》和《陰謀與愛情》，確立了他反封建制度、爭取自由和喚起民族覺醒的創作道路。後期則著有《奧里昂的姑娘》、《威廉·泰爾》等重要的劇本。

5　莫里士·盧布朗（Maurice Leblanc，1864～1941）曾獲法國政府小說寫作勳章，為法國著名的小說家。1903年，原本只寫純文學的盧布朗受友人之邀，創作出《亞森羅蘋被捕》，引起讀者廣大迴響。「怪盜亞森羅蘋」使盧布朗一夕成名，此後28年間他更先後完成以亞森羅蘋為主角的一系列作品。盧布朗的盛名，唯有創作《福爾摩斯探案全集》的柯南·道爾足以匹敵。

6　奇門遁甲以十干的乙、丙、丁為「三奇」，戊、己、庚、辛、壬、癸為「六儀」。《海瓊白真人語錄》卷二《鶴林法語》以甲、戊、庚乃天之三奇。明萬民英《三命通會·論三奇》以乙、丙、丁為天上三奇；甲、戊、庚為地下三奇；辛、壬、癸為人間三奇。謂命中遇三奇，富貴自無疑。

7　《日本書紀》為記載古代日本歷史，與《古事記》共同構成日本神話故事骨幹的書籍。全書30卷，養老4年（720）由舍人親王負責編纂。

膚色黑褐模樣醜陋且狡詐，因而遭到眾神疏遠，於是眾神便命令矮人居住在一處名為史瓦爾德‧愛爾芙海姆（Svartalfheim）（妖精之鄉）的地下世界。矮人擁有非常優秀的鍛冶技術，還會在地底採掘**金礦**、銅礦或**鐵礦**，製造出各式各樣獨一無二的魔法道具。北歐神話眾神的武器，絕大多數都是由矮人族鍛鑄而成（如永恆之槍[1]、雷神之槌[2]、**戒指**特勞布尼爾[3]等）。此種族之間一定流傳著就連眾神也不知道的魔法鍛冶技術。矮人很可能還通曉**奧丁**好不容易才拚命換來的**魯納文字**也說不定。

即便諸神的時代已成過去，「矮人」的傳說仍未在民間消逝。北歐民眾在傳說裡，將矮人塑造成頭大身體小、腿短蓄有白色鬍鬚的侏儒模樣，並賦予其金銀財寶或礦脈守護神的性格。據說礦工不時會在礦坑裡遇到做礦工打扮的矮人。遇見擁有能發現金銀礦藏的神奇才能與智慧的矮人，乃是足以證明附近確有礦脈的吉兆。

除了發現金銀的力量與鍛冶的能力以外，矮人還有使自己變成透明，以及穿透岩石牆壁的力量。這種能變成透明的力量據說是來自於矮人頭上戴的紅色帽子（隱形斗篷〔Tarnkappe〕）。隱形斗篷能使穿戴者變成透明，還能保護矮人不受陽光的傷害（矮人經陽光照射就會變成石頭，所以他們才只在夜晚或是地底活動）。

矮人絕非善良的**精靈**，他們貪婪且喜歡惡作劇，有時甚至還會綁架人類，將其帶到地底世界。不過矮人有時候也會心血來潮，悄悄潛入民家幫忙做家事。總之，矮人既為惡亦行善，簡直就是種極為人性化的精靈。所以人類只要心存善意、誠摯地感謝他們，他們就會繼續幫助自己；倘若恩將仇報，矮人就會用最擅長的惡作劇進行報復。

德國及北歐常見的住家靈，以及各式各樣童話裡所描述的親切侏儒，皆是以矮人為人物

範本演變而成。

（→魔戒）

矮人

Dwarf　　　　　　　　　　　　　ドワーフ

■生物●小說傳說

（→矮人〔Devergr〕）

脫魂

Ecstacy[4]／Soul-Loss　　　　　　　脫魂

■魔法●小說傳說

所謂的脫魂，就是種使靈魂脫離肉體的技術。光就現象而論，脫魂跟**幽體脫離**兩者幾乎是完全相同；不過幽體脫離此用語多指靈魂在無意識或偶然的情況下脫離肉體，相對地脫魂此用語則多指出於某種意圖，技術性地使靈魂脫離肉體。

最早從事開發此類技術的人就是**薩滿**。薩滿創造出在清楚意識狀態下使用的脫魂技術，以作為其與靈界的眾多交流手段之一。他們可以使靈魂脫離肉體前往天上或地下的世界，或是向神祇獻上供品，或是尋找病人的靈魂，又或是引導死者的靈魂前往安息的國度，藉此完成各種宗教性職務。薩滿的另一個專長**靈附身**，多是用於解決個人的問題（**咒術**）；相對地脫魂則多是用於處理規模較大的事件——譬如**求雨**、祈求豐收、祈求戰勝、葬禮等攸關全體共同利益的祭典及儀式。

然而隨著文化愈趨發達、具有完整組織的宗教不斷誕生（傳播），對天界、諸神或冥界進行的宗教儀式，漸漸地變成了祭司們的工作。

如此一來，薩滿就不必再讓靈魂飛至異界

進行工作，脫魂的技術、傳統也因而日漸荒廢。就是因為這個緣故，現代脫魂型薩滿的數量才會遠少於靈附身型薩滿。

脫魂有各式各樣不同的類型，但所有脫魂術都有個共通點：術師在進行脫魂之前，都必須先進入**恍惚狀態**。

然而脫魂卻有個難處：術師不可完全進入無意識的狀態。若未能保有某種程度的清醒意志，術師即使成功進入異界，仍舊無法達成此行目的。唯有保持清醒，脫魂者才能在脫魂術結束後，娓娓道出在靈界的所見所聞。這點跟將肉體完全出借給神靈、事後完全不記得經過的靈附身，有決定性的差異。

術師順利進入恍惚狀態之後，就會踏上前往異界的旅途。此時的脫魂方式大致可以分為兩種。

第一種是由術師獨力前往他界，事後再返回人間。此類型術師必須具備相當高強的力量，因為不論是前往異界的旅途，或是在異界跟靈存在進行交涉或對決，都必須是由術師的靈魂親自進行。

另一種術師不需親自前往異界，而是由術師委託**守護靈**前往異界完成任務。由於術師本人的力量在靈界裡極為渺小，所以才必須委託守護靈代為出面。此類術師的靈魂會停留在靈界的入口，甚至還有術師靈魂不會離開肉體的極端案例（雖然這樣已經不能算是脫魂術了）。

所有脫魂技術皆不出前述這兩個極端類型的範圍。其實單靠術師力量或單靠守護靈等其他力量的例子算是少數，現實生活裡結合兩者要素的複合型脫魂術要算是最普遍的。

脫魂乃是種以與靈存在進行交涉為目的的高等魔法。脫魂在薩滿活躍的「全世界到處皆有**精靈**充塞，萬物運行無不受其影響」的時代，也曾經是影響現實世界、解決問題的最有效手段之一。

外質

Ectoplasm　　　　　　　　　　　エクトプラズム

■物品●傳說小說

靈媒用以造成各種靈現象的原動力，是種靈媒肉體分泌的有機物，通常很難用肉眼觀察到外質，不過高強的靈媒可以藉意志使外質實體化。

外質是種內含白血球、人體細胞、脂肪等物質的液體，成份與唾液等體液頗為相似。其觸感因人而異，有人說摸起來濕濕的，也有人說摸起來又乾又硬。此外，每位目擊者看見的外質顏色也是五花八門。

靈力高強的靈媒能夠使外質實體化（物質化現象），製造出人類的手腳或肉體。據說靈媒甚至能使亡靈寄附在這具人造肉體內，還能與肉體互動、對話。然而外質終究也是種物

1　永恆之槍（Gungnir）相當長，既可騎馬使用，也可以拋擲出去，且每一次必定會命中目標。對身為戰神、暴風之神的奧丁來說，這把槍代表著閃電。不過奧丁同時也是詩歌與愛情之神。當他身為詩歌與雄辯之神時，他的槍就代表著尖銳而一針見血的諷刺；當他身為愛情之神時，神槍同時也象徵著貫穿女性的性器。

2　雷神之槌（Mjollnir）是雷神索爾的武器，其名帶有「粉碎」之意。它和索爾都是神之領域的最強戰力，成為對抗諸神宿敵巨人族的一股反制力量，具有一定會回到投擲者手中的特性。它除了是武器以外，也是豐饒的象徵。

3　有一說特勞布尼爾（Draupnir）是只黃金手環。特勞布尼爾的意思是「滴落」（dripping）。這個手環每九晚就會滴落形成一模一樣的另外八個手環。古代北歐的習俗中，國王會以贈與手環來犒賞部下對自己的忠誠與親愛之情。不管贈與多少都不會減少的特勞布尼爾，如詩般地暗示著奧丁乃王中之王。

4　Ecstacy英文應該拼作「Ecstasy」，此處應是筆者謬誤。

質，製造外質時必須利用靈媒的部分肉體，所以靈媒製造外質的時候體重也會跟著減少，有些靈媒的體重甚至不足原來的四分之一。

完成任務後，靈媒會將外質收回體內，不過外質的相關說明卻有些矛盾。據說外質非常怕光，一經光線照射就會消失。若果真如此，靈媒的體重應該會大幅減少才是，但是卻從未有過這類紀錄。

外質發生還會造成周遭氣溫大幅下降。

有些人認為部分的心靈現象，就是因為有外質偶發性地自然發生所致。有時外質還會在當事者沒有意識到的狀況下被抽離肉體。以看見幽靈卻無法發聲、無法動作的狀況為例，有人就認為這其實是亡者的靈魂從目擊者身上抽出外質，製造肉眼看得到的實體所致。此時當事者的外質被抽離體外，才會致使其能力大幅降低，連句話都說不出來。

《愛達經》

Edda エッダ

■作品●歷史傳說

北歐神話的重要基本資料，古諾爾斯語（Old Norse，冰島語）寫成的詩歌集。分為詩人史諾里・史特盧森（Snorri Sturluson，橫跨12～13世紀的冰島文人）創作的詩學入門書《新愛達經》（別名《散文愛達》），以及由17世紀所發現，現存最早的古代北歐詩篇集錄（國王手抄本），再加上在其他手抄本上發現的詩篇而成的《古愛達經》（別名《詩歌愛達》）兩種。

這兩本書不論成立背景、性質皆相差甚遠，不過兩者都提到了北歐創造天地、人類起源、世界毀滅等神話與英雄傳說，部分的詩歌甚至還有重複。由於這兩本書很可能是記錄斯加德（Skald，北歐的**吟遊詩人**）實際吟唱自己部族起源神話故事的作品（尤其是《古愛達經》），因而可說是無價的研究資料。

（→奧丁、菲依雅）

埃及的魔法

Egyptian Magic エジプトの魔術

■體系●歷史傳說

（→魔法〔埃及〕）

魔法（埃及）

Egyptian Magic 魔術（エジプト）

■體系●歷史傳說

埃及的魔法無法與埃及的神話分割看待。這是由於埃及神話乃是眾神的死亡與重生的故事，而在裡面登場的神明也算是魔法師之故。此外，埃及的國王，也就是法老本身，不僅僅只是政治上、宗教上的指導者，也被認為就是神，因此法老被認為擁有魔力。

埃及神話乃是有許多神明登場的複雜神話，而若由魔法的角度來檢視，則主要可以分為太陽神拉（Ra）與冥府之神奧賽利斯（Osiris）兩部分。

奧賽利斯本是地上的支配者，有一次被弟弟塞特（Set）所殺。他的妻子伊西斯（Isis）後來找到沉入海底的奧賽利斯屍體，再懇求天空之神奴特（Nut）讓丈夫復活後舉行了重生的儀式。這就是復活魔法的濫觴。

另一方面，在太陽神拉的神話中，出現了被古代埃及人認為能帶來魔力的存在「卡」（Ca）。卡是「靈魂」的意思。在神話中被當成是魔力本身，或者是讓魔力生效的靈魂一類的存在。

以這樣的神話為基礎，太陽神拉或冥府之王奧賽利斯被當作是太古的埃及國王，所以身為他們子孫的眾法老也把自己稱為神。

埃及的人們相信永生。眾神若能永生不朽，那麼身為眾神之子的人類也應當能夠永生。就因為這樣，死人被製成**木乃伊**，並將法老葬於**金字塔**等巨大的建築物中。他們為了讓

屍體能夠復活，會用能為來世帶來安全的、名為《死者之書》的**咒文書**和**安卡、巫賈特、聖甲蟲**等**護符**陪葬。

又，在埃及也曾盛行除了重生法術以外的魔法。存在於神話誕生以前的**薩滿信仰**的後人裡，存在著除神王法老以外的法師，他們會互別苗頭，主張自己才是體現了神明力量的神官。在這些法師，或說是神官中，最有名的便是猶太教奠基人**摩西**。

法師們負責執行以國王葬禮為代表的各種大規模祭典，以及日常的節慶祭祀。然而也有和這些法師相反，為金錢而出現在人群面前並使用魔法的人存在。他們施行的魔法中甚至包含邪惡的法術，人們將該種法術稱為「黑色魔法」。神官或法老等人使用的正式魔法則被叫做「白色魔法」（**→黑魔法、白魔法**）。

以太陽神為中心的埃及多神教神話，之後由於波斯、古代馬其頓（ancient Macedonia）的統治而吸收了希臘的神話，此時他們所使用的重生魔法與**鍊金術**、**占星術**則傳入了歐洲。

四大元素

Element　　　　　　　　　　　四大元素

■生物●歷史小說傳說

指地、水、火、**風**這四種構成世界的元素。各**精靈**皆有各自的擬人化角色，如地之**侏儒**、水之**水精**、火之**火精**、風之**風精**。

此乃由受**赫密斯學**影響的**帕拉塞爾蘇斯**、**阿古利巴**等中世哲學家所確立的概念，他們認為四大元素乃與構成所有物質的基本要素「第一原質」狀態最為接近的存在（元素）。當時普遍認為，世界乃由第一原質變性而成的地水火風四元素所建築而成的。

根據此理論，所有物質皆是由四大元素交綜複雜組合而成。譬如當時相信礦物與動物間的差異，都是因為地水火風的混合比例不同所致。

這麼一來，只要發現地水火風的正確混合比例，就能製造黃金。當時的鍊金術師們就是如此確信，不斷重複進行實驗（關於其成果請參照**鍊金術**項說明）。不過這裡必須補充一點，鍊金術的試行錯誤所衍生出的理論性思考、實驗器具等諸多因素，也為將來科學的飛躍性發達打下了基礎。

元素

Elementals　　　　　　　　　エレメンタル

■生物●傳說小說

構成自然界的**四大元素**的各要素**精靈**。共有四種精靈，分別對應至各個要素。

- **侏儒**　地之精靈
- **水精**　水之精靈
- **火精**　火之精靈
- **風精**　風之精靈

據說這四個精靈的模樣都與人類無異。

不過眾多傳說與作品都紛紛將這些元素描述成非人類的生物（如火精則為火蜥蝪），或是不具固定形體的生命體（如火精為火焰的集合體）等模樣，至今仍無確定的結論。

（**→星光界**）

精靈

Elf　　　　　　　　　　　　　エルフ

■生物●小說傳說

（**→妖精**）

伊利法斯‧利未

Eliphas Levi　　　　　エリファス・レヴィ

■人物●歷史

19世紀的魔法師。本名艾方索‧路易‧康士坦（Alfonso Lui Constans，1810～1875）。

他是巴黎貧窮鞋匠之子，因立志成為聖職

者而就讀聖尼古拉（San Nicola）神學校，之後升學進入聖敘爾比（Saint-Sulpice）學院，卻在接受聖職者的任命前遭退學，之後放棄成為聖職者，成為社會主義運動份子。曾發表過數本社會主義性質的著作，但那些書被禁止出版，他因此被逮捕下獄。雖不難想像他是在獄中接觸了許多關於神祕哲學的書籍，但這方面並沒有留下明確紀錄。

1853年他以將本名希伯來文化的筆名——伊利法斯·利未發表《高等魔法之教理與祭儀》（Dogma and Ritual of High Magic）一書。停留於倫敦時他曾藉由**降靈術**成功呼喚出古代魔法師**泰安娜的阿波羅尼俄斯**，但據說他本人對這結果似乎感到懷疑。

他的神祕思想特徵在於：大膽運用既有的**神祕學**和他在聖尼古拉神學校時代接觸到的**梅爾梅斯術**，並將兩者加以統合、重新詮釋。此外他構想出半物質半心靈狀態的媒介——星氣光（Astral Light），透過它說明了一切靈異現象。

代表著作有《高等魔法之教理與祭儀》、《魔法的歷史》（A History of Magic）、《大神祕之鑰》（The Key of Great Mysteries）。

（→星光界）

靈藥（萬靈藥）

Elixir　　　　　　　　　　　　エリクサー

■物品●傳說小說

以**鍊金術**製成的液體（另說為粉末），服下後就是死人也能復活。常被認為與**賢者之石**是相同物質。

翠玉錄

Emerald Tablet　　　　エメラルド・タブレット

■體系●傳說

赫密斯·特里斯密吉斯托斯篆刻**鍊金術**12個祕密的綠寶石石碑。別名綠柱石板祕文（Tabula Smaragdina）。此物相傳是太古時期在**金字塔**內所發現，實物當然已經佚失。流傳至今的碑文內容乃根據手抄本寫成，是最具代表性的**赫密斯文書**。

（→赫密斯學）

厭魅

En-mi　　　　　　　　　　　　　厭魅

■魔法●歷史傳說

厭魅是古代中國的一種**順勢巫術**。所謂順勢就是「相似者會相互感應」的意思。

在厭魅**咒術**裡，「比擬」是個很重要的因素。舉例來說，若將貓擬作自己憎恨的對象、不斷虐待以致死亡，就能夠藉此殺死自己憎恨的人。換句話說，此術與**丑時參咒**、**巫毒娃娃**乃屬同類咒法。

當然，這種咒殺**調伏**之法也可以逆向操作。時至今日，使用巫毒娃娃的咒法當中，用以治療疾病、祈求幸福的儀式，還遠較加害他人的邪法來得多。

役行者

En-no-Gyoja　　　　　　　　　　役行者

■人物●歷史傳說

葛城（奈良縣）人氏。**修驗道**、**密宗**界的名人（637～701）。

役行者並非本名，只是世人對他的稱謂。其本名為賀茂役君小角，略稱為役小角。觀其本名不難發現，役行者是許多**陰陽師**、密法者、靈能者輩出的賀茂氏之所出，是負責接受樟樹神木神諭的「役」一族之後代。此外，由於他並非正式的修行者，所以又叫做「役優婆塞」[1]。

役小角自幼便天才洋溢；他3歲能寫字、5歲捏泥造佛像，甚至無師自通地就會書寫梵字，周圍無不嘖嘖稱奇。他之所以能以8歲之齡進入奈良的官學求學，也是因為他過人天賦

所致。

　　他在13歲的時候自覺治學已達極限，於是每天開始在夜裡登山、不斷重複思索；17歲終於決定成為山岳修行者，出家遊歷修行。

　　日以繼夜埋首於修驗修行的小角，某日偶遇遠自朝鮮來到日本元興寺[2]說法的慧灌和尚，得授《孔雀明王經法》。這《孔雀明王經法》能退一切惡病、毒惡、災害、禍事，具增益之效能使現況好轉，乃密宗四大法[3]之一。後來小角更成功修成能號令鬼神、**長生不老**、騰空飛行的大咒法。

　　32歲得到《孔雀明王經法》以後，小角又花費30年時間才完全修成此法。在這段期間內，小角以葛木山（古傳以此稱呼現在的葛城山脈）岩窟為居，著藤衣食松葉沐清泉，一心修行。

　　修成祕法後，小角仍然往來山野之間持續修行，遇村里鄉民有所求則不吝相助。於是小角身邊慢慢地開始有群眾聚集；這些群眾大多是前來拜師的修驗者或修行僧，以及遭中央政權迫害來投的山地居民。

　　韓國連廣足便是其中一人。此人乃是物部氏[4]親族，生於家世沒落的門第。韓國連廣足頭腦清晰，頗具靈能才賦，他卻反而只將**咒術**、咒力當成出人頭地的手段。後來他也因而跟不上小角的修行進度而自行下山，還向朝廷密告曰：「小角以咒術惑人，企圖謀反。」

　　不過朝廷也捉不到已經修成《孔雀明王經法》的小角；後來朝廷以小角之母白專女為人質，才終於捉住了小角。小角被捕後，朝廷便將他流放至伊豆大島。

　　遭流放至伊豆大島後，小角白天待在伊豆服刑，入夜後還是會飛到富士山繼續修行，直到拂曉時分才又飛回伊豆。據傳小角甚至在這段期間內，在關東與東北地方的各個靈峰名山建立了許多道場。

　　此外據傳小角身邊有名為前鬼、後鬼的鬼神隨侍，其實這很可能只是慕名而來的修驗者或山地居民。修驗者以其咒術之力而被視為超人，而山地居民自古便遭斥為妖魔，正好足以證明此論。

　　據說701年小角的流放之刑被赦免後，他就帶著母親一同昇天而去了。

（→能除）

天使語

Enochian Language　　　　　　　　　エノク語

■體系●歷史小說

　　16世紀的**神祕學**大家、大學者約翰·**迪**得**天使**所授，用來與之溝通的語言，因此以天使的語言為人所知[5]。

　　天使是透過被指為騙徒、惡名昭彰的**靈媒**愛德華·凱利（Edward Kelly）將天使語傳授給約翰·迪博士的，所以天使語的可信度一直

1　優婆塞為梵文Upasaka的音譯，亦譯作「烏波索迦」、「優波裟迦」、「伊蒲塞」，意為「清信士」、「近事男」、「近善男」等。佛教稱謂。指親近皈依三寶，接受五戒的在家男居士。亦通稱一切在家的佛教男信徒。

2　元興寺是位於奈良縣明日香村飛鳥的真言宗寺廟。蘇我馬子於596年所建。初名法興寺，又叫飛鳥寺。現在僅存供奉飛鳥大佛的安居院。

3　密宗除四大法以外，仍有許多其他大法。此說法不過是修驗道的片面主張而已。

4　物部氏為古代與大伴氏同掌大和政權軍事的伴造系豪族。大伴氏沒落後與蘇我氏共同掌握了大和政府的政治中樞。六世紀中因佛教問題而與蘇我氏產生對立，族長物部守屋遭蘇我馬子殲滅後，物部氏也隨之衰退。

5　約翰·迪有關天使語方面之記述多見於《約翰·迪的神祕學五書》（John Dee's Five Books of Mystery）中。

都引人懷疑，不過天使語大致上還算是個有文法可言的語言。

此外另有說法指**亞特蘭提斯**使用的語言就是天使語，而約翰‧迪的天使語只是冒牌貨。

二郎真君

Erioing-zhenjun　　　　　　　　　二郎真君
■人物●歷史小說

道教的治水之神，也是兒童的守護神。別名灌口二郎，乃宋代最受歡迎的神祇之一。

關於二郎真君的由來，共有兩種說法。

其一，二郎真君乃戰國時代秦昭襄王當政時，蜀郡太守李冰[1]的次男（名字不詳）。流經此地的岷江乃長江的源頭之一，不時氾濫成災。李冰身為蜀郡太守，偕子共同從事治水工程，政績卓著，使成都平原搖身變成堪稱「天府」的農業地區。後來西漢高祖劉邦、三國劉備等人能佔蜀地割據稱雄，可說都是李冰父子的功勞。當地民眾皆盛讚李冰父子功績，遂於灌口鎮立祠相祭。這便是二郎真君信仰之始。

其二，二郎真君乃隋煬帝時代的嘉州太守趙昱。趙昱曾獨自打敗危害百姓的妖怪，後來經過修行終於成為**仙人**。後來眾人於灌口建廟祭之，始有灌口二郎神之名。

二郎真君直至後代仍不曾間斷地保護百姓免於洪水之苦，是以唐朝玄宗皇帝贈其「赤城王」，北宋真宗皇帝贈「清源妙道真君」號。另一方面，相傳清末北京等地則奉二郎真君為孩童的守護神。

極受平民百姓愛戴的二郎真君，在小說裡同樣極為活躍。

二郎真君在《**西遊記**》裡面，乃是實力與主角**孫悟空**不相上下的勇猛神將。孫悟空大鬧天庭，打敗**哪吒**與托塔天王等法力高強的神將時，二郎真君就是天庭最後的王牌，跟孫悟空打得是難分難解。此外，當三藏法師收孫悟空為徒，前往天竺途中歷經各種苦難的時候，二郎真君也曾與孫悟空並肩戰鬥，打倒無數妖怪。他化身為三頭六臂、舞動三尖刀的英姿，就連鬼神也為之卻步。

《**封神演義**》裡，他則是化為一位名叫楊戩[2]的**道士**。楊戩以**姜子牙**門生的身分參加封神之戰，力助姜子牙滅殷興周。楊戩有別於其他道士，縱使擁有成仙的資質，卻甘願當個道士，做姜子牙的門生。楊戩能使用各種**仙術**，精通72變的**變化**術。他還能化身為敵人的天敵進行戰鬥，或是**變身**成美女引敵人中計。楊戩甚至還能使用元神（本體）出竅的法術；元神出竅後身體就成了一堆普通的肉塊，因此就算是動輒奪命的**寶貝**也不能奈何之；《封神演義》裡的楊戩便是如此以不死身鬥法戰鬥，中國百姓無不是津津樂道。他跟哪吒的組合更是深受民眾喜好，沉著的楊戩與直性情的哪吒，簡直可媲美《**三國演義**》裡的關羽與張飛，廣受好評。

永恆戰士

Eternal Champions　　　　　　　　永遠の戰士
■概念●小說

英國作家麥克‧摩考克（Michael Moorcock）一連串奇幻小說作品的系列名稱。身為1960年代後半科幻小說界的「新浪潮」作家，摩考克嘗試以嶄新的視點，創作超越既有奇幻世界的故事，於是他便創造出「永恆戰士」系列作品，除代表作《艾爾瑞克》（Elric）系列以外，還有《艾雷考耶》（Erekose）、《考倫》（Corum）、《海克門》（Hawkmoon）等，以人稱「永恆戰士」的英雄為主角的各系列作品。

這四個作品的背景世界各有不同，故事情節也幾乎沒有交集。雖然每部作品主角的**名字**完全不同，不過他們都是人稱「永恆戰士」的英雄。主角是「神話或傳說裡必須不斷征戰的英雄像」的投射，換句話說就是「英雄幻化」

的**化身**，而每個系列都是英雄**轉世**的故事。

20世紀前半期有《**魔戒**》與《**納尼亞傳奇**》這兩部作品為現代奇幻文學建立基礎。相對於這類濃縮一直以來神話與英雄傳說精華，並且確立善與惡、光明與黑暗間拉鋸戰模式的作品，以及霍華所描述具強而有力「生命躍動」的《**蠻王柯南**》等系列作品，摩考克提出了不同的獨特看法。

永恆戰士跟這些作品裡觀念性理想主義式的英雄，或是讚頌藉力量得到正義勝利的英雄形象不同，他們只能不斷地戰鬥、不斷地找尋自我存在的意義。那裡沒有理想的世界，只有不斷朝向無秩序崩壞的宇宙，以及欲阻止崩壞的理性兩者之間的戰場。只是為了要維持其存在，英雄們就必須不惜浴血奮戰。

現代奇幻文學的世界觀充滿了對科學的懷疑。若善用故事中的魔法就能夠構築世界，若惡用，世界就會毀滅，因此非得善加利用不可。

然而在摩考克的世界裡，不論如何使用魔法，行使這股力量必定會對世界的構造造成影響。永恆戰士不是在追求善抑或理想這類單一價值觀，而只是隨時觀察宇宙魔力的運作，並且在這股潮流中找尋自己的定位。

我們可以從這種世界裡，窺見此作品成書的1960年代開始流行的「後結構主義」思想——「永遠與價值相對的事物」。

一直以來的奇幻作品裡，魔法不是構築故事世界的素材，就是促使故事進行的道具。相對地「永恆戰士」系列的特色則是：「魔力的流動」本身就是故事；此系列因此才得以與《魔戒》、《蠻王柯南》齊名，並列為奇幻文學

的經典作品。

以太界

Ether Plane　　　　　　　　　　エーテル界

■場所●小說傳說

由供應人類三態「體、魂、靈」中的「體」——也就是由肉體所需能量「以太」所構成的異世界。

此概念乃是以「萬物（物質）皆有促使其存在的能量」此思想為基礎；因此這世界裡的所有事物，都是由實體與「以太體（靈妙的肉體）」重疊而成。雖然擁有以太體而無實體（妖精與**精靈**便是此屬）有可能存在，不過沒有以太體的實體卻無法存在。這股能量的世界，就叫做以太界。

人類肉體所需生命能量，則是由以太構成的以太體負責供應。所以近代魔法界才會認為身體的不適（有時候是）起因於欠缺以太體，只要進行修復作業（譬如**瑜伽**）就能治療。

這個直到近代方才得到明確證實的概念，跟自古世界各地所信仰、認為萬物中**遍在**的能量有其共通點。此概念與中國的**氣**思想尤其類似，這應該是因為「以太」這個概念原本就是參考「氣」的定義而制所致。

（→星光界、催眠術）

日常魔幻

Everyday Magic　　　　　　　エヴリデイ・マジック

■體系●小說

幻想小說的一種，「將我們所處世界與另一個世界混合在一起的體系。相鄰接者。」（福音館《兒童與文學》）。故事往往是以兒童

1　李冰之生卒年不詳，戰國時代水利家。秦昭王時擔任蜀郡太守，於岷江流域辦理水利工程，開成都兩江，治平洪水，並引水灌溉農田。著名的都江堰便是由此而來。

2　神話傳說中神仙的名字。身披鎖子甲黃金，頭生三眼，手使三尖二刀鋒。《封神榜》即寫楊戩助周滅殷並降梅山七怪等故事。

為主角，描述日常（Everyday）發生的不可思議事件。此類作品的代表作有《沙仙活地魔》與《隨風而來的瑪麗阿姨》（Marry Poppins）等。

說得更詳細點就是：在尋常小孩周遭會有平時不該有、不尋常的事情發生。而此現象（這應該是最重要的部分）無法很簡單地用「魔法、超自然、超科學」來解釋說明。

舉例來說《隨風而來的瑪麗阿姨》的**瑪麗・波平斯**（在原作中）就幾乎不曾唱誦**咒文**。在這位女性身邊有股「特殊的氛圍」，此處的構造有異於普通世界。在這股氛圍的裡外，就連人類的觀念都會不同。

最能詮釋此現象的作品當屬《**飛船**》；作品裡的小朋友乘坐著魔法船隻遊歷全世界，甚至是過去的世界，然而隨著時間的流逝、身心的成長，這些小朋友卻漸漸忘卻遊歷的故事，認為「那真是個有趣的扮家家酒遊戲」，完全不記得那艘船確實存在過。到底哪邊才是虛假的？套句《**愛麗絲鏡中奇遇**》的話：「哪邊才是夢境？」

話雖如此，遭遇這類深奧問題時最好點到為止，跟小朋友們一起隨著故事裡的人物時而驚訝時而困惑，或許才是享受日常魔幻作品的最好方法。

凶眼

Evil Eye　　　　　　　　　　　　凶眼

■體系●傳說小說

（→邪視）

邪視

Evil Eye　　　　　　　　　　　　邪視

■體系●傳說小說

以充滿嫉妒或憎恨的視線使他人遭逢災禍。尚有邪眼、凶眼等不同稱呼。此概念可見佛教、猶太教、伊斯蘭教等信仰，並廣泛遍布於世界各地。而全世界所有的富有者、幸福者、幼兒、美女、孕婦等人，特別容易遭逢此難。

根據猶太教經典《塔木德》[1]記載，**巴比倫**乃邪視發祥地；巴比倫的100個死者當中僅1人乃自然死亡，剩下的99人都是因為邪視而殞命。

（→咒術）

斷鋼神劍

Excalibar[2]　　　　　　　　　エクスカリバー

■物品●傳說

中世騎士故事的代表作《**亞瑟王傳說**》中，不列顛之王亞瑟所持有的王者之劍。正如同《亞瑟王傳說》乃騎士故事的代名詞一般，斷鋼神劍也是具備魔力的傳說名劍當中最具代表性的一柄。

斷鋼神劍乃塞爾特的妖精鍛造。此劍乃妖精之國**亞法隆**傾注魔力所鑄，其劍身光輝相當於三十枝火把，劍柄鑲有寶石，劍鍔乃黃金鑄成。

斷鋼神劍無堅不摧，同時劍刃強韌久久不見衰鈍。某次戰役中，亞瑟王舞劍砍倒了500人之眾，非但寶劍鋒利依舊，亞瑟王還全無一點疲累。

斷鋼神劍的魔力除上述武器物理力量外，尚且具有象徵王權的神力。亞瑟以15歲之齡便成為君臨不列顛的青年君王。斷鋼神劍是15歲的亞瑟在魔法師**梅林**的引導之下，由名為「湖中仙女」的妖精所授；亞瑟王在最後戰役中身負瀕死重傷、王國將滅之時，此劍又被交還給仙女。斷鋼神劍只在亞瑟稱王的期間內為彼所有，是亞瑟維持王國和平的力量與精神支柱。只要國王腰間懸有斷鋼神劍，其下騎士臣民無人不受斷鋼神劍庇護。不列顛人便是如此確信，才能團結起來。斷鋼神劍就是有這種使人團結起來的力量。

斷鋼神劍非但是王權的象徵，同時也是亞瑟王本身的象徵。故事中亞瑟王的斷鋼神劍數度被盜，使得亞瑟必須與盜取神劍者作戰，換句話說就是要挑戰自己的力量。亞瑟數度與具有強大力量的自我作戰，雖然因而身負重傷卻也都順利通過考驗，盜取神劍者則是證明了自己並無稱王的資格而亡。斷鋼神劍不會將魔力授與任何持有神劍者，它只將魔力傾注於具持有此劍資格者。

斷鋼神劍的劍鞘同樣也蘊藏有魔力。此鞘的魔力能夠守護將劍鞘佩於腰間者的生命，同時擁有斷鋼神劍及劍鞘者絕不會受傷。梅林便曾經告訴亞瑟王，與劍身的攻擊力相比，應更加看重劍鞘的防禦力。梅林想藉此向亞瑟王傳達一個訊息：亞瑟的王國不可侵略性地製造戰端，應該要為守護子民而戰。

斷鋼神劍傳說首見於蒙茅斯的喬佛瑞（Geoffrey of Monmouth）13世紀的著作《不列顛諸王史》（Historia Regum Britanniae）。這本書裡面的亞瑟王之劍被稱做卡利班（Calibunus），此字源自拉丁語的「鋼鐵」（Chalybs）。此時的亞瑟王之劍除了它異常的鋒利與耐久力以外，並無其他使人印象深刻的故事。

隨著時代變遷，此劍漸有斷鋼神劍之名。這個發音給人深刻印象的**名字**，也正象徵著此劍並非此世之物。

初期傳說裡的斷鋼神劍，都是插在石製臺座上的鐵砧中而出現在亞瑟王面前。大理石製成的臺座刻有「拔出此劍者乃不列顛之王」字樣，從來沒人能拔起這把劍，沒想到亞瑟輕輕鬆鬆就把它拔了出來，證明自己就是不列顛之王。

劍這種武器在許多傳說裡面，是男性、暴力性的暴露、生命力的滿溢與爆發、統治力等概念的象徵。以斷鋼神劍為例，亞瑟王從鐵砧中拔起神劍這個動作，就有從象徵母性、包容者的鑄劍鐵砧獨立出來的意涵。

後期故事鐵砧裡的劍不再是斷鋼神劍，而是其他寶劍。這是為了添加妖精賜劍予亞瑟這段情節所做的必要改變；此劍乃王權的象徵，而這就是斷鋼神劍的力量。

舉世無雙的英雄亞瑟王，便是藉由此劍的魔法力量，得以證明自己的確超群不凡。

絕罰

Excommunication　　　　　　　　　　　破門

■魔法●歷史

將信徒逐出教會的意思。使用絕罰者多以基督教會和猶太教會為主。尤其對基督教會來說，絕罰是教會跟國王進行權力鬥爭時很重要的武器。

舉行絕罰儀式時，祭司會闔起聖經、將蠟燭投擲於地面使燭火熄滅，然後敲響喪鐘，有如遭逐者已經死亡一般。

基督教的絕罰又分為「大絕罰」與「小絕罰」。小絕罰是種有期限的絕罰，倘若遭逐者確有悔意，有時還能撤回絕罰。可是大絕罰就嚴厲許多了；教會禁止所有信徒跟遭逐者接觸，而遭逐者不僅現世必須接受懲罰，就是死後也永遠為教會所驅逐。

哲學家斯賓諾沙[1]便曾被逐出教會，據說他的絕罰狀裡寫著「日日夜夜時時刻刻永受詛咒」。

換句話說，所謂絕罰其實就是教會的官方**詛咒**。遭宣告絕罰者，非但不再是基督教徒，

1　《塔木德》（Talmud）為猶太教口傳律法集，乃該教僅次於《聖經》的主要經典。中世紀歐洲對這部律法集的研究非常活躍。此書內容不僅講律法，且涉及天文、地理、醫學、算術、植物學等方面。

2　斷鋼神劍英文譯名為Excalibur，此處應是作者謬誤。

還會成為遭詛咒之人，接受最後審判時將無法得到救贖。絕罰是教會最嚴重的詛咒，同時也可算是教會的諸多奇蹟之一。

（→共濟會、路德）

驅除惡魔

Exorcism　　　　　　　　　　　エクソシズム

■魔法●歷史

（→驅魔）

驅魔

Exorcism　　　　　　　　　　　悪魔祓い

■體系●歷史小說

　　中世歐洲世界相信**惡魔**（Demon）會寄附於人畜體內，行各種惡事。另一方面，中世歐洲人也相信有些特殊手段、技術能夠驅趕此類附身惡魔，如：

　　・灑聖水
　　・祈禱，尤其是向聖母祈禱
　　・以十字架驅趕

　　有時民間**女巫**或妖精學者也能驅魔，而教會同樣也會命聖職者進行驅魔儀式。天主教教會至今仍有驅魔儀式流傳，甚至還有人專為驅魔而修行（驅魔人）[2]。至於驅魔人到底是徒負驅魔的象徵性意義，抑或是確有恰如其名的驅魔能力，並無定論。

（→修女喬安娜）

魔寵

Familiar　　　　　　　　　　　使い魔

■生物●歷史小說傳說

中世歐洲**女巫**的爪牙、魔法寵物。

　　魔寵乃由與女巫訂立契約的**惡魔**（或是其僕從）變化而成，負責暗中慫恿、協助女巫為惡（經過長期演變，魔寵體積愈變愈小，後來歐洲皆以為魔寵是種叫做魔精〔Imp〕的小惡魔**變身**而成）。據說惡魔大部分都會變身成貓狗、蟾蜍與雞隻這種農民身邊常見的動物。

　　按照中世歐洲人的想法，魔寵乃於女巫初次參加**魔宴**時由惡魔所指派。參加這邪惡聚會就意味該者已悖離神道，自甘於背負難獲救贖的罪惡。女巫雖遭導人向善的**守護天使**擯棄，但相對地也會得授化為小動物或家畜模樣的魔寵，作為自己的守護魔神。剛開始，每位女巫只有一個魔寵跟在身邊，但隨著時代移轉，女巫身邊的魔寵數量也開始逐漸增加，就跟守護天使是同樣的道理。

　　魔寵不時都在慫恿女巫，還會傳授女巫魔法知識供其為非作歹。魔寵本來就是種惡魔，其知識淵博自然非人類所能比擬。魔寵會積極地為女巫從事各種邪惡勾當，是女巫不可或缺的共犯、寵物兼爪牙。不過這種小惡魔同時也身負另一個任務，就是要監視女巫避免其改邪歸正。

　　魔寵忠實地事奉女巫，女巫則是以自己的鮮血餵養魔寵作為報酬。餵養魔寵的傷痕（痣狀班點。叫做「魔精的乳頭」，或稱**惡魔的印記**）是**魔女**獵人判斷疑犯是否真是女巫的決定性證據，因為當時認為魔寵跟**女巫的軟膏**都是女巫之所以為女巫的必需品。

　　魔寵此概念本身就是個相當有趣的現象，但是現實中卻無任何足以證明這小惡魔確實存在的證據（雖然有許多人皆聲稱自己看過魔寵）。由於當時歐洲人心裡仍有許多不屬於基督教範疇的異教諸神、**精靈**（靈存在）的記憶，所以才會對魔寵的存在深信不疑。儘管這些異教神靈在基督教席捲歐洲後，墮落成為荒山野地的自然靈或家屋神靈，但他們反倒仍能

在庶民的純樸民間傳說當中，維持一絲命脈。雖然未能獲得基督教的公領域承認，然而此類神靈確實存在的信仰，在民眾之間卻是極為根深蒂固。

這個觀念經過基督教的高壓箝制發生變質，方才有魔寵的誕生。藉由貶低異教偶像為惡魔或魔神，將其納入自己的宗教理論體系內，乃是基督教最拿手的伎倆。中世紀版畫裡的魔寵們，其實就是古代尊貴諸神的最後下場。

反閉[3]

Fanbi　　　　　　　　　　　　　反閉

■魔法●歷史傳說

由**道教**的**咒術**步行法「禹步」[4]演變而成的步行法咒術。

禹步原來是種腳踏北斗七星與**八卦**的咒術，後來才經過日本重新編排演變成反閉；反閉乃重複拖行後足使與前足併攏，如此左右出腳前進。據傳行反閉能踏破惡星（惡運），並且招來吉祥好運。

反閉法後來又進而產生了許許多多的應用法。最具代表性的，當屬相撲的「四股」[5]。舉行相撲——也就是祭祀神聖神祇的儀式之前，必須先踏四股，藉以達到驅除惡靈、潔淨除穢的效果。

順帶一提，愛努人也有步行咒術；愛努人會一邊咳嗽清嗓子一邊大聲踏出步伐，藉以驅趕危害人類的惡靈。

浮士德

Faust　　　　　　　　　　　　ファウスト

■人物●歷史

約翰·浮士德（Johann Faust，？～1540）。實際存在的人物。出生於德國布勒騰（Bretten）一帶，跟**路德**是同鄉、同時代的人物。浮士德曾在波蘭的克拉高（Krakau）學習魔法，後來便流浪於德國各地，跟神學家或大學生進行辯論。浮士德喜歡誇口說大話，曾自稱「卡爾五世（Karl V）全靠我的魔法才能打勝仗。我不但可以在空中飛行，甚至還像從前一位叫做**阿古利巴**的魔法師一樣，曾經把**惡魔**變成狗一同四處蹓躂。」他最後是因為酒精中毒，引起全身嚴重痙攣而亡。

若僅是如此，那浮士德也只不過是個吹牛大王而已，偏偏時逢**獵殺女巫**全盛期，新舊教皆積極地在尋找「魔法師的惡行實例」。於是原本就覺得這個同鄉頗為可疑的路德便謂「此人曾與惡魔有義兄弟之約」（→**惡魔的契約**），散播浮士德的壞話。

路德等人開始宣傳浮士德行徑當時，正值印刷技術發達、民眾的娛樂讀物開始流行的時候，於是數種版本的浮士德傳說隨即出版。非但有大眾讀物、有戲曲，甚至還有浮士德人偶

1　斯賓諾沙（Baruch de Spinoza，1632～1677）為西方近代哲學史重要的理性主義者，與笛卡兒、萊布尼茨（Gottfried Wilhelm Leibniz）齊名。斯賓諾沙是名一元論者、泛神論者。他認為宇宙只有一種實體，即作為整體的宇宙本身，而上帝和宇宙就是一回事。最偉大的作品是《依幾何次序所證倫理學》（Ethica Ordine Geometrico Demonstrata，簡稱《倫理學》），乃以歐幾里得（Euclid）的幾何學方式書寫，一開始就給出一組公理以及各種公式，從中產生命題、證明、推論以及解釋。

2　天主教設有驅魔人（Exorcist）此聖職，乃低級聖職的第三品。

3　反閉亦作「反閇」。

4　凡兩足不相遇者曰禹步，謂道士步罡之法。本意指跛步。相傳禹治水辛苦，身病偏枯，足行艱難，故名。《屍子·廣澤》：「禹於是疏河決江，十年不窺其家，足無爪，脛無毛，偏枯之病，步不能過，名曰禹步。」後來道教引用為召役神靈的一種方術。

5　四股是相撲的基本動作。兩腳張開、雙手置於膝，交互高舉左右腳用力踏下。

劇，在德國各地皆頗受好評。

這些傳說敘述浮士德跟惡魔締結契約，因而獲得偉大的魔力；他曾經在酒吧的桌子裝上水龍頭，馬上就有數種葡萄酒流出。他曾誘惑德國境內小國的公爵夫人；曾經將希臘神話的英雄們召喚至現世（**降靈術**）；曾經深愛著特洛伊（Troy）的美女海倫（Helene）——最後契約有效期限一到，浮士德就被惡魔絞殺掐死了。

隨著這些民眾間傳說的流傳，後來終於有文學家以浮士德傳說為題材進行創作。

英國馬婁（Christopher Marlowe）藉作品《浮士德博士》（Doctor Faustus）彙整民間傳說的內容，並提高了故事的悲劇性。契約到期時，浮士德設宴與學生們告別，並且在雷雨交加中命令惡魔準備餐桌的菜餚餐點。告別宴結束後，只剩下獨自顫抖恐懼的浮士德一人。他想請惡魔為自己延長壽命；再不然若是畢達哥拉斯[1]所謂**輪迴**屬實，那麼至少可以不要下地獄，只要轉世成為禽獸就好。他心想，變成一滴水，流入世界之海也可以。此時惡魔現身，並且將浮士德的靈魂帶至地獄。

德國的歌德[2]自幼便聽人講述浮士德的傳說、看浮士德的人偶劇長大，後來遂創作出劇本《浮士德》。裡面的浮士德博士是位年老的偉大哲人，窮盡一生心力追求知識，但他自嘆「自己卻是什麼都不知道」，於是浮士德遂以知識與行動為交換條件，跟惡魔締結契約。契約的期限並非以年計算，他們約好當浮士德說出「美麗的時間，請妳停止吧！」這句話時便告結束。此作共分為兩部，第一部描述浮士德跟尋常人家的女孩葛麗卿（Gretchen）的戀情，第二部則是說戀情破滅後，浮士德專心致志於建立理想國度的過程。浮士德死後，靈魂前往「永遠的女性」處，就此昇天而非墜入地獄。

歌德確立了浮士德「苦惱的偉大哲人」形象，後來有不少文學家起而仿效。

俄國文豪托爾斯泰[3]的作品《唐璜》（Don Juan）裡，就借用了唐璜的名字來重新塑造歌德筆下的浮士德。

俄國的屠格涅夫[4]的《浮士德》，應是全世界將浮士德描述成女性的創舉。

德國湯馬斯·曼[5]在《浮士德博士》（Doktor Faustus）裡，描述一位音樂家不斷地追尋瘋狂的靈感，最後終於得到了瘋狂，自己卻也遭人傳染梅毒因而破滅的過程。

除此以外仍有許多描述偉大哲人、探求者浮士德的作品，不勝枚舉。時至今日，恐怕再也沒有人會想起布勒騰那位愛吹牛的魔法師了吧！

《封神演義》

Fengshen-yan'i　　　　　　　　　　　封神演義

■作品●歷史

中國的傳奇小說。

封神演義於南宋時代始具雛型，成立於明朝。現在所傳版本主要是分為一百段落的百回本，但也有更早的一百二十回本。一說為陸西星所作，一說為許仲琳所作，並無定論。總之我們可以確定，此作並非一人之作，而是由眾多文章家、說書家共同建構而成。

《封神演義》乃神魔小說而非平話（軍事小說）。然而，故事引為背景的史實卻是關乎王朝興亡的戰爭。

故事發生在殷商末期被周朝推翻的西元前12世紀。內容描述周武王於牧野之戰打敗中國史上最暴虐無道的暴君商紂，逼得商紂自殺身亡。

這部小說之所以屬於神魔小說而非平話，其實是因為故事裡提及了眾多**仙人**與**道士**所致。尤其故事主角西周軍師**姜子牙**（呂尚），在信史裡也是位傑出的**兵法家**、政治家；在《封神演義》裡，他甚至還能使用**仙術**，並且身負重整仙界，也就是「封神計畫」這個極重

大的任務，協助西周統一天下。

　　這個封神計畫是仙界高層的旨意，旨在一股作氣整理實力不上不下的仙人、妖怪，並將仙界移往新設立的神界。因此，商周之戰其實就是仙界眾仙激烈爭戰的戰場。跟較為直接的仙術相較之下，稱做**寶貝**的魔法道具對戰爭的勝負更有決定性影響力，而眾仙法寶的激烈鬥法正是《封神演義》的精華所在。

　　雖然《封神演義》遭**儒教**斥為荒唐無稽、屢遭打壓，不過卻深受廣大庶民喜愛，後來還成為京劇裡最受歡迎的劇目。破魔天將**哪吒**被塑造成孩童模樣的蓮花**化身**、**楊戩**有三隻眼等，皆是受《封神演義》影響使然。

　　　　　　　　　　　（→西遊記、水滸傳）

風水

Feng Shui

風水

■體系●歷史傳說小說

　　風水以中國為中心遍布於東南亞、日本、南北韓等地，是種與地形、住宅、墓地有關的**占卜、咒術**體系。

　　簡單地說，風水是門研究如何採納大地湧出的「**氣**」，為居住者帶來幸運和健康的學問。換句話說，其最大的特徵就是：風水主要是以其他占術體系較缺乏的咒術要素為中心。

　　風水可以分成**陽宅風水**與**陰宅風水**兩類。所謂陽宅風水，就是指研究活人居住場所的風水術，相對地陰宅風水則是處理墓地的風水術。中國人特別重視祖先，是以不少人皆講究陰宅風水術，更甚於陽宅風水（→**祖靈**）。據說現在香港甚至有多達數萬名的風水師，而且只要具備一定程度的能力，每位風水師都會有足夠的委託案，至少可以一輩子都不愁沒飯吃。

　　據傳風水術的歷史甚至比周易還要悠久，不過首次實際記載風水術的歷史文獻，當屬宋朝的《葬書》[6]。後來風水又綜合民間各種咒語以及氣學，連綿傳承直至今日。雖然辛亥革命（1911年）以後，風水跟其他許多占卜和咒語同樣遭斥為迷信，不過最近情況因為歐美的風水熱潮而漸有改觀。

　　按照占卜分類而論，風水應當屬於「形相占卜」類。換句話說，風水就是要觀察地形與理想狀態間有多少差距，進而做出正確的判

1　請參照第31頁譯注「畢達哥拉斯教」。

2　歌德（Johann Wolfgang von Goethe，1749～1832）為德國詩人、劇作家和小說家。1774年歌德的浪漫小說《少年維特的煩惱》轟動文壇，他也因此而名聞歐洲文學界。歌德最著名的作品《浮士德》是部頗富哲學意味的詩劇，分成上下兩部，從構思到完成，前後共經歷六十年。詩劇反映的是人類追求生命意義的偉大精神。此書奠定了歌德在世界文學史上的崇高地位。

3　托爾斯泰（Leo Tolstoy，1828～1910）為俄國小說家。出身貴族，曾就讀喀山大學，參加克里米亞戰爭，戰後漫遊歐洲。著有《復活》、《戰爭與和平》、《安娜·卡列尼娜》等小說，《人生論》、《藝術論》等論著，作品富於宗教精神及人道主義思想。

4　屠格涅夫（Ivan Turgenev，1818～1883）為俄國現實主義小說家、詩人和劇作家。地主之子，就學於莫斯科，並留學德國，曾漫遊歐洲各地，久居巴黎。他善於描繪當時俄國鄉間人民的生活狀況，用語精煉，刻畫人物形象鮮明。他的作品常能深刻表現出當時俄國的時代精神與真相，因而被世人所推崇，其作品對俄國文學的發展也有相當大的影響。著有《初戀》、《羅亭》、《貴族之家》等小說。

5　湯馬斯·曼（Paul Thomas Mann，1857～1955）為德國作家，1929年獲得諾貝爾文學獎。

6　此處雖謂《葬書》乃宋朝所作，實則應為西晉郭璞所作。郭璞（276～324）西晉末東晉初著名學者、文學家、術數學家。字景純，死後追贈弘農太守。河東聞喜人。郭璞《葬書》，始見於《宋史·藝文志》，只一卷。以後歷代術士爭相粉飾。增至二十篇。後被宋代蔡元定刪去十二篇存八篇。元代吳澄又加刪削，遂成中篇、外篇、雜篇共三篇。《四庫全書》子部術數類相宅相墓之屬所收《葬書》，即吳氏刪削本。

斷。

看風水時，最重要的就是土地周邊的「山」，以及河川湖沼等「水」。山丘影響風與陽光，河川湖沼則是影響水與濕度。這種把握「風」與「水」的狀態，或是控制這些因素改善居住環境的技術體系，就叫做「風水」。換言之，風水可說是咒術世界的環境工學。

提到風水極佳的地形，就會讓人聯想到「**四神相應**之地」，不過這其實是種鑑定較寬廣土地時所使用的方法。

風水裡最重要的就是「龍脈」、「龍穴」、「砂」和「水」。有些流派還會再另加個「向」要素。

「龍脈」乃氣的流動，「龍穴」是氣湧出地面的地點，「砂」是保護龍穴的山丘，「水」是結成龍穴所必須的水，「向」則是前述諸條件的方向。龍穴左側的砂又稱做白虎砂，右側則是青龍砂。

理想的龍穴，白虎砂與青龍砂的大小高低必須相同，龍穴前必須有開闊的平地（稱做明堂），然後還要有清澈的「水」。明堂以東南向及南向為最佳。

符合前述條件的土地通風良好，既有水流，亦有適度陽光，是適合植物生長的理想地點。

處於這種環境當中，人類當然也就能有舒適且健康的生活。肉體精神兩者皆健康無礙，就已經算是很幸福的事情了，更何況只要精神飽滿與精力充沛，人自然隨時都能發揮全力，因此不論工作或是日常生活，當然也就會非常順遂如意。若將事物能夠順利進展的條件全部稱為「運」的話，那麼選擇舒適的環境居住絕對堪稱為「開運」。

即使到了現代，風水對中國或韓國人的行動仍舊有很重要的影響力。就連興建高科技大廈，建築商也時常會請風水師參與設計。在朝鮮半島，為爭奪風水較佳的墓地而引起訴訟糾紛的例子，也不在少見。

《徒然草》[1]裡有一則跟風水有關的有趣故事。據說聖德太子命人建造自己的陵墓時，曾向建墓者說：「切斷這裡和那裡——我不想留下子孫。」後來果如太子所願，他的後代只傳至山背大兄王[2]就完全斷絕了。

《沙仙活地魔》

Five Children and It　　　　　　　　砂の妖精

■作品●歷史

英國人伊迪絲・涅絲比特（Edith Nesbit，1858～1924）的小說。1902年出版。是**日常魔幻**的代表作。

回鄉下老家玩的四兄弟（與嬰兒），在沙堆裡挖沙掘洞遊戲玩耍的時候，發現了一個「不可思議的東西」（It）。那東西胴體粗胖、四肢跟猴子沒兩樣，全身不但長滿濃密毛髮，還有蝙蝠的耳朵，以及像蝸牛般叉開來的兩隻眼睛。

「你是誰？」

「我叫普撒梅德（Psammead），簡單地說就是『沙仙』啦！」

這難以取悅的妖精說道，從前全世界到處都是他的族人，只要人類發現他們，他們就會為人類實現**願望**，諸如憑空變出翼龍或巨象等。只不過太陽下山以後，沙仙變出來的東西就會變成石頭……

於是孩子們每天早上就纏著普撒梅德，拚命許願；我要變得跟花朵一樣美麗、我要一雙可以在天空飛翔的翅膀、我想住在敵軍團團包圍的城堡裡面……普撒梅德雖然嘴裡會碎碎唸：「真是的，變個巨象不就好了，幹嘛淨想些麻煩事……」卻仍然為孩子們實現各種願望。不過沙仙的魔法只到日落為止，在這段**時間**內應當如何運用願望，就成了這個故事的關鍵。

F

飛毯

Flying Carpet　　　　　　　　空飛ぶじゅうたん

■物品●傳說小說

　　伊斯蘭文化圈裡有許多跟飛行有關的傳說，如**鎮尼**、靈鳥、生有雙翼的飛馬、黑檀木製的機械馬等，而飛毯同樣也能騰空飛行。根據伊斯蘭地區的傳說，在**所羅門**王的無數寶物當中也有張地毯。據說這是張用綠色絹絲編織成的飛毯，所羅門王早上乘飛毯從敘利亞的首都大馬士革（Damascus）出發，傍晚就能到達阿富汗首都喀布爾（Kabul）。

　　19世紀以後，漂亮的波斯毯在西洋大為流行，自此美觀的「魔法地毯」便不時出現在西洋的創作童話、電影等作品中，無人不曉。其中尤以道格拉斯‧費爾班克斯（Douglas Fairbanks）主演的電影「巴格達盜賊」最為有名。

占卜

Fortunetelling　　　　　　　　占い

■魔法●歷史傳說小說

　　為預測未來而詢問神意、訴諸靈感的行為。又指因此行為所得有關未來的預言。人類對未來感到的不安，致使此技術得以從太古發展至今。

　　中國早在西元前就有龜甲占或太卜（焚燒動物骨頭，視其裂痕而占）等占卜術。古羅馬人也會觀察鳥隻飛行隊形，或是觀察**活祭品**的內臟以行占卜。

　　此外還有種由各地村落共同體聯合舉行的占卜；他們藉由某種形式的比試所得結果，來預知今年的農作或漁獲狀況如何，日本稱之為喧嘩祭。舉例來說，日本就有些神事是由濱方（漁夫們）與岡方（農民們）一決勝負，若濱方勝利就代表今年漁獲頗豐，若岡方獲勝則代表今年是農作豐年。各地方神社等處至今仍餘有此類神事的遺俗，時常會舉行一些相當有趣的祭典。

　　後來占卜術隨著文明發達愈發體系化，人類終於發現**占星術**、**塔羅牌**等具有固定形式的占卜方法。

　　與此同時，針對共同體的未來進行占卜的技術逐漸沒落，相對地由個人委託占卜未來的情形則是日增；因此也使得職業化的占卜師愈來愈多。

　　全世界至今仍有無數占卜師存在，而且每年都會開發出新的占卜術。這些新興占卜術裡，除觀察咖啡杯底殘渣而占卜這種還算正常的占卜術以外，請占卜師觸摸自己乳房後訴諸靈感的乳房占卜等看似無稽兒戲的奇異占卜也不在少數。

四大精靈

Four Elementals　　　　　　　　四大精霊

■生物●傳說小說

　　　　　　　　　　　　　　（→元素）

狐

Fox　　　　　　　　　　　　　狐

■生物●傳說

　　　　　　　　　　　　　　（→狐狸）

1　日本的隨筆作品。共二卷。吉田兼好著。成於1330～31年間。記錄作者的平日隨想、見聞等，和《枕草子》齊名的隨筆文學傑作。

2　山背大兄王（？～643）為七世紀初的皇族。聖德太子之子。母親乃蘇我馬子之女。推古天皇駕崩後，曾與田村皇子（舒明天皇）爭奪皇位，卻因為蘇我蝦夷妨礙而失敗。643年於斑鳩宮遭到蘇我入鹿襲擊，最後自殺身亡。

狐狸

Fox 狐

■生物●傳說

日本與中國皆認為狐狸能夠化為人形。這大概是因為人們自古就知道狐狸在許多野獸當中，是種特別聰明的動物吧！由於狐狸那不像野獸該有的高等智能，長期以來日本與中國皆相信狐狸是種擁有魔法力量的生物。

中國的狐狸超過50歲就能使用**變化**之術，變成人類的模樣與人類來往。牠們大多並無惡意，常常因為一見鍾情而變成人形出現在對方面前。在日本等地，尤其是基督教文化圈，異類戀愛譚的故事大多都是以悲劇收場，不過中國的大部分故事裡，狐狸即使讓對方知道真正身分，卻意外地仍能有幸福的結果。這大概就是中國神祕世界的深奧之處吧！

狐狸活到1000歲就能修得與**仙人**匹敵的實力，稱做狐仙。據說狐仙有金色體毛、九條尾巴，有時還會在天界服侍眾神仙。當然，並非所有狐狸都是善良的。活過1000歲的邪惡狐狸，叫做狐魅或是狐狸精。這些狐狸不時會用強大的**妖術**危害人間。

《封神演義》裡就描述狐狸精妲己奉女媧命進入紂王後宮，操縱紂王殺害臣下、虐害人民。殷商滅亡後，妲己由於罪行太重而被女媧擒住處死；另有說法指妲己當時脫逃至日本，花費2000年修回原本的妖力後，再化名為玉藻前[1]進入平安時代的宮廷，大行惡逆之能事。據傳玉藻前就是那隻金毛九尾狐，但真偽如何並無定說。

日本人則是結合了稻荷信仰[2]，將狐狸視為稻荷大明神的使者。部分地區甚至還有讓狐狸附於人身，藉以獲得神託神諭的神事，然而神託神諭並不穩定。由於未能被狐狸附身者的嫉妒心等各種因素，使得狐狸的形象逐漸變得愈來愈差。如狐附身、狐筋家系[3]等現象，便普遍給人負面的印象。管狐、飯綱[4]等妖怪狐狸，則是此類附身物妖怪化而生。狐狸化成人類的諸多傳說，以及狐狸娶媳婦、狐火[5]等掌故，也都是同源同根。

（→靈附身）

福克斯姐妹

Fox Sisters フォックス姉妹

■人物●歷史

有名的靈能力者，瑪格莉特‧福克斯（Margaret Fox，1833～1893）與凱特‧福克斯（Kate Fox，1836～1892）姐妹。

1848年3月31日的美國紐約州海德村（Hydesville），去年年底才剛搬進來的福克斯家裡，發生了非常怪異的事件。每當夜晚來臨，就會傳來像是在敲擊木頭般的空洞聲音。

此時不知是姐姐還是妹妹說道：「我拍幾下手，你就敲幾下。」果然應驗。姐妹心想，搞不好可以跟這個聲音溝通，於是她們說道：「是的話請敲一下，不是的話請敲兩下。如果瞭解的話，請回答是。」那聲音便響了一下。「你還活著嗎？」不是。「那麼你已經死囉？」是。

這個聲音從未在兩位少女不在場時出現，眾人皆謂這對姐妹具有跟死者世界溝通交信的力量。後來人們便稱這種聲音為叩音，是種靈能力。廣義來說，這也可以算是魔法的一種，不過也有人認為這種能力並非魔法。

後來兩姐妹的姐姐莉亞（Leah）打算利用妹妹的能力來賺錢，於是便招徠觀眾來到紐約，並且在黑暗裡舉行與死者溝通的集會。這就是最早的**降靈會**。不可思議的是，一旦福克斯姐妹開始舉行降靈會，就陸續出現擁有相同能力的人。這便是**心靈主義**的開端。

後來，這種能力究竟是真是假，引起了相當大的爭議。根據1851年水牛城藥理大學調查的結果，發現福克斯姐妹的能力其實是騙人

的，她們其實是使腳部關節作響來製造叩音。

此外1888年的時候，瑪格莉特曾主動在報紙上自白，自己從前所做的事情其實都是騙人的。後來她們打算舉辦公開此騙術的秀，卻完全無法吸引觀眾。幾年以後，她們聲稱當時坦承做假其實是謊言，還要再次舉行降靈會。不可思議的是，觀眾數目雖不比以往，卻還是有人願意花錢來看。

弗朗索瓦・杜瓦利埃

Francois Duvalier　　　　　　　フランシス・デュバリエ

■人物●歷史

海地獨裁者，世人相信他是位**巫毒**祭司（1907～1971）。

1957年當選總統之後，杜瓦利埃隨即解散參眾兩議院、組織傀儡國民議會；1964年成為終身職總統，此後一味肆行暴政直至去世為止。從杜瓦利埃別名「Papa Doc」可以得知，他原本就是一位巫毒教的祭司。據說他還曾經多次咒殺政敵，是位法力高強的**波哥**。

「Papa Doc」所組織的總統警衛隊「Ton Ton Macoutes」（意為「怪物」）同樣也有極濃厚的巫毒教與**咒術**色彩。此警衛隊擁有不受法律限制的特權，其中許多隊員都是巫毒教的祭司。

「Papa Doc」以忠誠無比的「Ton Ton Macoutes」為左右手（某段時期，警衛隊指揮官職位曾由杜瓦利埃的妻子阿道夫夫人擔任），利用武力鎮壓、咒術這兩種手段長年實施恐怖政治。杜瓦利埃死後，總統職位由其子尚克勞・杜瓦利埃（Jean-Claude Duvalier，人稱「Baby Doc」）繼承。

1986年2月海地民眾群起抗爭，杜瓦利埃家族的獨裁統治總算告終。然而即使杜瓦利埃獨裁政權遭到推翻，海地政情仍舊極為混亂，幾乎每年都會發生軍事政變，甚至使美軍也必須介入海地的內政。

梅斯梅爾

Franz Mesme　　　　　　　　フランツ・メスメル

■人物●歷史

出生於奧地利的醫師，**催眠術**的始祖（1733～1815）。

在維也納大學學習醫學的梅斯梅爾，用磁力治療女性患者時偶然發現了催眠現象。他認為這現象是由自己命名為「動物磁力」的能量所導致，於1778年在巴黎開設了將它應用在醫學上的醫院。這種「動物磁力治療」是利用催眠術產生的暗示造成療效，據說頗有療效。

儘管梅斯梅爾的新療法大受好評，但皇家

1　印度稱玉藻前為「華陽夫人」，在中國則稱之為「妲己」，是隻金毛白面九尾狐。根據《御伽草子》記載，玉藻前進入宮廷贏得鳥羽院寵愛後，鳥羽院便隨即身患重病、日益消瘦衰弱。朝廷委請安倍泰成（安倍晴明的後代）占卜後，才得知在下野國那須野有隻八百歲、長達七尺的二尾大狐，就是牠威脅到鳥羽院的性命。為降妖除魔而舉行泰山府君祭後，玉藻前才因為無法忍受而逃走。雖然這隻妖狐躲進巢穴藏匿，但終於還是被三浦介及上總介射殺而亡。

2　請參照第224頁「稻魂」條。

3　狐筋家系意指狐狸附身的體質也跟「犬神」同樣，乃是遺傳而來。

4　管狐據說是種家鼠大小的二尾狐動物靈，術師會將其放在竹筒中攜帶。管狐可以用來進行預言、咒殺他人，還能為術師帶來財富。飯綱則是種幻想生物，是附身狐靈的一種。體長約9～12公分，形似鼬鼠，皮毛柔軟、尾如掃帚。手掌上有五隻手指頭，手與耳朵的形狀與人類相似。遭飯綱附身者會發瘋似的脫口說出祕密、食量還有如無底洞，然而被附身者一旦溺水，飯綱就會逃跑。據說飯綱附身在金錢上，金錢的數量就會自動增加。

5　日本人認為在墓地等處會有名為狐火的生物靈時隱時現，而狐火燃起的火就叫做鬼火。

調查委員會卻公開表示物理上無法證明「動物磁力」存在的調查結果。梅斯梅爾信譽掃地，不得不離開巴黎。

他在歐洲四處流浪，最後死於故鄉，晚年極為落魄。不難想見他發現的事實因無法理解而被否認的遺憾。又，雖然進入20世紀後，他的成果已被重新審視，但催眠效果至今仍未完全明瞭。

（→梅斯梅爾術）

共濟會

Freemason　　　　　　　　　　　フリーメーソン

■組織●歷史傳說小說

源自中世紀石工工會的博愛主義組織。共濟會雖非祕密組織，但會員彼此以「兄弟」相稱，入會式不對外公開，還會舉行類似希藍傳說（Legend of Hiram）的神祕通過儀禮[1]等，看在外界人士眼裡都是茫然費解的行徑。

如今共濟會全世界共有3萬2370個分會（Lodge），會員超過615萬5000人（1966年調查資料）。

關於共濟會的由來，有人說他們原本是興建所羅門王神殿的建築師團體，有人說是聖殿騎士團[2]，有人說是16世紀的赫密斯主義祕密結社，有人則說他們是德魯伊的後裔，眾說紛紜。另外也有人認為共濟會跟薔薇十字團也有某種關係。不過從名稱也可以知道，共濟會跟中世紀的石工工會組織確有關連。

近代共濟會的誕生，乃1717年6月24日由安東尼・榭爾絲（Anthony Sayers）所發起，於倫敦和西敏寺（Westminster）設置四個分會、一個大分會。當時會員只有徒弟、工匠、師父三個階級，後來才漸漸複雜化。共濟會在各國設立一處大分會，其下再設置數個分會的組織構造，至今仍未改變（美國則是每州都設有大分會）。

共濟會在很短的時間內就傳入歐洲大陸；面對這樣的狀況，天主教會於1738年由教宗克萊芒十二世（Clemens ⅩⅡ）宣詔：凡加入共濟會者一律處以絕罰。相對地，新教徒中很多牧師本身就是共濟會員，因此並不反對信徒加入共濟會。

共濟會對18世紀的啟蒙思想造成了相當程度的影響，就連法國大革命的口號「自由、平等、博愛」，都是出自於共濟會，由此可見一斑。尤其自從共濟會在1773年於法國設立大分會以後，更是積極地參與改革社會的運動。事實上，法國大革命的宣言，其實就是在共濟會的分會起草的。此外，美國多位歷任總統都是共濟會員，也是眾所周知的事實，譬如華盛頓、門羅（James Monroe）、大小羅斯福、塔夫特（William Howard Taft）、杜魯門（Harry S. Truman）等人都是。此外，據說1元美金紙幣裡的金字塔及其上浮現的眼睛，也都象徵著共濟會的教義。

因此，18世紀末以後才有人開始懷疑共濟會其實是個陰謀團體；19世紀中葉還有人認為共濟會是想要征服全世界的猶太陰謀團體。此類陰謀論之最甚者，當屬1905年出現的《錫安議定書》[3]。雖然現在已經證實《錫安議定書》乃屬偽經，不過當時納粹就是利用此書進行反猶太人宣傳，並且在1933年解散了德國境內的所有共濟會支會。此外，當時蘇聯等共產主義文化圈也全面禁止共濟會的活動。

現在的共濟會幾乎都已經變成了保守的慈善團體。日本也設有大分會，約有4000名會員，不過會員大部分都是外國人，日本人不到1成。

在共濟會的入會儀式裡，會演出改編自希藍傳說的象徵劇。建造所羅門神殿眾石工的棟樑希藍（Hiram Abif），遭到嫉妒他名聲的三位工匠襲擊，還被最後一位工匠殺死。三人埋了他的屍體，並在墳前插上洋槐（Acacia）小樹枝。希藍的徒弟們到處尋找師父，終於藉著

洋槐發現了希藍的屍體。這就是希藍傳說的大意。入會儀式接著用直尺、直角尺、槌子敲打新入會員，使其體驗希藍的三次死亡，並模擬希藍經過腐敗再度重生為洋槐樹的過程。此劇象徵入會者的死亡，使其從物質世界、心的世界、靈的世界得到解脫，於神的世界得到復活。換言之，希藍傳說裡的死亡並非破滅，而是移行至另一階段的變化形態。

共濟會本身的祕密主義神祕主義，和《錫安議定書》等陰謀論兩者間的相乘效果，方才造成了「共濟會是種危險可疑的祕密結社」的誤解。電話簿裡登記有共濟會日本大分會的電話號碼，有興趣的讀者可以找找看。

（→**赫密斯學**）

菲依雅

Freya　　　　　　　　　　　　　　フレイア

■生物●歷史小說傳說

北歐神話裡愛與美的女神。有別於**奧丁**等阿薩神族乃華納神族出身。北歐神話裡的所有神祇，全都出自於這兩個系統。奧丁、索爾[4]、提爾[5]等阿薩神族擁有粗野的戰鬥性格，華納神族則是沉穩溫柔。前者擁有遊牧、狩獵民族的傾向，後者則有類似農耕民族的氣質。

阿薩神族與華納神族各自住在名叫「中庭」（Midgard）與「瓦納海姆」（Vanaheim）的世界裡。天地創世不久，兩族便展開了激烈的戰爭。戰事延宕許久，勇猛的阿薩神族竟然無法突破華納神族的魔法（→**塞茲魔法**），因此陷入苦戰。經過你來我往的長年攻防以後，雙方眾神終於無力再戰，於是便以對等條件達成和解，決定交換人質。

菲依雅女神就是華納神族派去阿薩神族的人質之一。這位擁有超越其他諸神美貌與奔放性格的女神來到阿薩神族以後，馬上就被阿薩神族接納成為其中的一份子。她是位卓越的女魔法師，還是擅長使用華納神族所傳塞茲魔法的高手。傳說奧丁的塞茲魔法就是由菲依雅所傳授。

阿薩神族與華納神族的傳說，其實就是個描述兩個信仰不同神祇的民族起先互相征伐，最後歸於融合此間過程的寓言故事。在這段過程當中，必定經過了神話等文化的整合；而雙方民族的魔法系統，就各自稱為塞茲魔法、**剛德魔法**傳諸後世。因為這個緣故，北歐才得以成為**靈附身**與**脫魂**兩種技術並存、全世界極為罕見的地區。

1　通過儀禮（rites de passage）為比利時民俗學者范吉涅卜（Arnold van Gennep）所創用語，意指由某狀態進入另一狀態時所行儀式。尤指人一生中在遭遇誕生、成年、結婚、死亡時所舉行的儀式典禮。

2　請參照本書第47頁譯注。

3　《錫安議定書》（The Protocols of Sion）是部要求猶太人主動破壞基督教徒的道德觀與家庭倫理，並掌控世界大權的祕密計畫。在這份文件裡，獨占國際金融體系及煽動共產主義革命都是猶太人企圖掌控世界的具體手段。實際上，《錫安議定書》是俄羅斯祕密警察皮約特‧拉夫斯基於1905年憑空捏造的文件；在俄羅斯革命後，這份文書促使當局於1918～1920年間發動一次屠殺猶太人的行動，一萬名以上的猶太人在該次行動中喪生。

4　索爾（Thor）是負責掌管雷電的大力神明，也是阿薩神族的英雄、人類婚姻與農作物的守護神。一般認為他是奧丁和大地女神嬌德的兒子。他臉上長滿了紅色翻鬚，所以又名「紅鬍子」。索爾是唯一可以戰勝巨人族的神祇，因此一向被視為眾神與人類世界的守護者。

5　提爾（Tyr）曾是古代日耳曼民族所崇拜的神明，是地位最高的天空之神。演變到後來，他卻被納入以奧丁為首的神話體系，並且被分屬為阿薩神族，成為一位戰神。

恩貢

Fungun　　　　　　　　　　　　　　　　ウンガン

■人物●歷史傳說

巫毒教負責執行儀式的祭司。

巫毒教的男性祭司叫做恩貢或爸爸．洛伊（Papaloi），女性祭司則叫做曼柏（Mambo）或是媽媽．洛伊（Mamaloi，或譯作「帕帕洛伊」、「瑪瑪洛伊」）。某些地區相信曼柏的力量有限，劣於恩貢。恩貢這個字也有「魂之導師」的意思。

恩貢與曼柏不僅是**咒術**師、治療師，同時也是該地域社會的領導者。不過他們最重要的職務，就是擔任促進人類與**羅亞**交流的祭司，主持各種祭典儀式。巫毒教的儀式屬於**薩滿信仰**的**附身**儀式，恩貢有時必須自己擔任**靈媒**，有時則必須成為幫助信徒成功讓神靈附身的**薩滿**，領導眾人。

儀式中要召喚哪位羅亞將視其目的而不同。每位羅亞都有不同的擅長領域與特有儀式，恩貢會視眼下情況來召喚適任的羅亞。

儀式多在較大的房間或貯藏室舉行。儀式場地中央立有巫毒教視為**精靈**通道的柱子「波多米坦」（Potomitan），地板則是畫有象徵駁人神祇的符號「維維」（Veve）。這種儀式場所叫做「弗姆佛」（Foumfor）。

與會者以波多米坦為中心，圍成圓形。巫毒教儀式不可或缺的鼓、海螺貝、鈴、沙鈴，鏗鏗鏘鏘的激烈音色引領出席者登上興奮的最高峰，擔任靈媒者則坐在中央發狂似的跳舞，**獻上活祭品**。祭品通常都是雞、羊、牛犧之類。有的時候陷入**恍惚狀態**的靈媒，甚至還會將活生生的雞隻給活剝生吞。

最後恩貢與叫做「弗恩西」（Hunsi）的助手合唱，將演奏層層堆疊至最高潮，接著靈媒就激烈地扭曲身體、陷入靈附身狀態……

巫毒教的祭司通達咒術已是眾所周知的事實。然而出人意料的是，心懷鬼胎所行咒術普遍為人忌憚，即便在海地也是同樣。海地社會從未積極地認同此類咒術；只是恩貢們有必要習得「左手勤行」之術，也就是執行所謂**黑魔法**的技術。這是因為，如果想要與**波哥**所使用的邪惡魔法抗衡，除同樣以黑魔法反擊之外別無他法。相對地，「右手勤行」魔法則是指向羅亞或亡魂獻禱的**白魔法**。

山田風太郎

Futarou Yamada　　　　　　　　　　　山田風太郎

■人物●歷史

本名山田誠也（1922～）。

雖以豔情風格的小說出道，卻靠著《甲賀忍法帖》為首的忍法帖系列引領起一股忍法熱潮。

而忍法帖系列中登場忍者所使用的忍術，即使稱為魔法也不為過。特別是代表作《くの一忍法帖》[1]內的忍術更是神奇古怪，即使用「魔法」都難以形容，由此可以窺見山田風太郎想像力的豐富程度。

之後他又撰寫了許多描繪明治維新初期時代的最品，但這部分的幻想要素便較少。

（→遁甲）

G

月輪形

Gachiringyo　　　　　　　　　　　　　月輪形

■物品●歷史傳說

立川流祭祀的骷髏像之一。

月輪形跟**小頭**一樣，同樣是種攜帶型骷髏像。

月輪形同樣也是用**大頭**的一部分製成，其製法如下。

切下大頭的頭頂或眉間部分、塗漆封入咒符備用；將大頭的其他部分清洗乾淨後收藏於乾燥容器中。使用製作大頭時所用相同分泌液體塗抹先前切下的月輪形、貼上金箔銀箔，並畫上**曼荼羅**。接著在月輪形的正面畫上製作者觀想的本尊，背面則點朱砂。

完成前述步驟後，再用女性經血染成的絲絹製成袈裟，將月輪形包裹起來，放進共九層的桶子中，再放入共七層的錦袋裡，掛在脖頸上細心供養。

（→符）

發願

Gan-kake　　　　　　　　　　　　願掛け

■魔法●歷史傳說

提出**願望**請神佛實現的**咒術**，現代日本人仍會進行此活動，可見它已紮根深植於庶民生活中，在各種咒術裡也有其一席之地。

至於發願的方法，有**百度參拜**、巡禮、千社參詣等各法，發願者必須以**禁忌**抑或強制性的行動加諸己身，好祈請神佛為自己實現願望。最後再向神社或寺廟奉納繪馬扁額[2]等物。

該奉納什麼樣的物品，多視許願的內容或各神社寺廟決定。譬如藥師如來[3]就該選用目之繪馬[4]，祈求安產時則應奉納無底的長柄木杓。其實在選擇奉納品的時候，其中應有其咒術性特殊意涵，然而其由來早已為人遺忘，現在的各種規則大多只是徒具形式而已。

蒜

Garlic　　　　　　　　　　　　ニンニク

■物品●傳說

原產於中亞的百合科植物。亦稱蒜頭、葫、大蒜。

自古以來許多國家皆把蒜視為一種能夠增加精力的食品。

據說埃及會將蒜分配給建築**金字塔**的勞動者；古代中國治療熱病[5]的藥稱做五辛或五葷[6]，而蒜也是這五藥之一。

由於味道刺鼻、葉子形狀尖，蒜也經常被當成**驅魔符**使用。蒜頭驅趕**吸血鬼**的效果可說是再有名不過了；不過蒜頭除此之外，尚且具有能趕走惡靈與妖精的力量。歐洲人在**女巫**活動最旺盛的瓦普吉斯之夜（Walpurgis Night）就會在門口吊起蒜頭串。就連原本並無食蒜頭習慣的日本，也有掛蒜頭驅除惡鬼的風俗。

格得

Gedo[7]　　　　　　　　　　　　ゲド

■人物●小說

小說《**地海傳說**》的魔法師主角。

1　「くの一」是將「女」字拆解而成，既指女人也指女忍者。

2　繪馬扁額為祈願或還願而奉納給神社或寺廟的扁額、繪畫。此奉納品乃活馬的代替品，因此大多繪有馬的形象。

3　藥師如來的梵名是「鞞殺社窶嚕」；其中「鞞殺社」意指醫療、醫藥，「窶嚕」則是教師，因此漢譯成「藥師如來」。正式全名為藥師琉璃光如來（Bhaisajyaguruvaiduryaprabharaja）。具有治癒疾病、延長福壽等功德利益，俗稱藥師佛。

4　目之繪馬為祈求一種類似沙眼的流行性眼疾能痊癒而出現的奉納品。是種專門用來祈禱疾病快癒的物品，時常與眼藥一併奉納。至今仍相當盛行。

5　請參照本書第37頁譯注。

6　五種列入葷食的植物。鍊形家稱小蒜、大蒜、芸薹、胡荽為「五葷」；道家稱韭、蒜、芸薹、胡荽、薤為「五葷」；佛家以大蒜、小蒜、興渠、慈蔥、茖蔥為「五葷」，或稱「五辛」。

7　原文為Ged，此處應是作者謬誤。

故事描述曾是傲慢少年的格得不斷累積經驗，終於得到「大賢人」、「龍主」的稱號，成為偉大魔法師的成長過程。

格得成為大魔法師的成長過程中最重要的契機，就是將自己內在善的一面（光）與惡的一面（闇影）合而為一。

每個人心裡都有光明與黑暗存在。然而既生為人，就不該否定、忽視自我惡的一面，必須承認惡的存在、坦然面對，唯有如此，才能看清自我的真正面貌。

這個道理，跟格得等魔法師施展魔法時所用的**真名**的概念其實是相通的。所謂真名，就是指昭示對象本質的話語。然而，倘若操縱真名的魔法師卻不知道自我的本質，根本不可能釋放魔法真正的力量。

許多人終其一生不曾碰觸到自己的黑暗面，幾乎所有魔法師也都是如此；格得卻透過與陰影的戰鬥，發現自我內部的黑暗，並且接受黑暗存在的事實。結果，他終於達到——「真正瞭解自我者，絕不會利用或占有除自我以外的任何力量。他已蛻變成這種人物。現在的格得只會為成就生命而活，再不會為破滅、痛苦、憎恨或黑暗獻出生命。」（出自《地海巫師》，清水真砂子譯）——的境界。

自我內在的完成，此主題與真名這個由古代信仰得到靈感的祕密裝置形成了強烈的對比，可說是個非常現代的概念。古代的咒術師純粹只是擁有技術的專家，並沒有這種魔法師。格得的思想與以自我內在的完成為目標的現代魔法師相當接近。作者勒瑰恩用巧妙的手法處理**名字**這個非常古老的**咒術**性概念，並且將其提高至現代也能通用的哲學思想層次，其創意可謂是秀逸非常。

蓋許

Geis　　　　　　　　　　　　　ゲッシュ

■魔法●歷史小說傳說

蓋許就是愛爾蘭所謂的**禁忌**。

對塞爾特人來說——尤其對戰士階級的男性更是如此——**德魯伊**或婦人提出的禁忌，乃神聖不可違背的法則。自己提出的誓約也是同樣，是即使犧牲性命也必須履行的鐵則。只要能遵守禁忌或誓約，戰士就會受到諸神祝福；只要稍有違背，就會失去諸神的所有眷顧，終將遭逢災厄（世界各地許多文化圈都可以發現有類似與禁忌相關的習俗。這可以說是種將特定制約加諸在自己身上作為交換條件，期待諸神看顧使自己更加武勇、贏得戰爭的**咒術**）。對藉由**口傳**形式傳承知識的塞爾特人來說，打破說出口已成**話語**的誓約，是種極嚴重的冒瀆神明行為。

當塞爾特人成為能夠獨當一面的戰士時，德魯伊會給他人生的第一個蓋許；這是因為塞爾特人相信，戰士只要恪守蓋許，就不會因為戰爭而殞命。不過，戰士有時也會不慎落得必須同時身負兩個相反蓋許的下場。愛爾蘭傳說中的英雄庫夫林[1]便正是因此而殞命。

蓋許等魔法行為對塞爾特戰士階級的精神有莫大的影響。他們之所以會被評為「好戰且勇敢的塞爾特人」，其實是因為他們獨特的宗教觀、魔法觀所致。塞爾特人作戰時幾近裸體甚少裝備防具，看在希臘人或羅馬人眼裡，簡直就是玩命的危險份子，恐怖駭人至極（裸體作戰這點也具有其魔法性意涵。→**刺青**）。

不過由於塞爾特戰士太過相信誓約的魔力，起誓時盡是立些極難達成的誓約，有時要履行誓約甚至還必須採取自殺式的行為。羅馬軍隊與塞爾特的關鍵戰役——阿來西亞（Alesia）戰役的前哨戰便是最具代表性的例子。

在這場戰事當中，勇猛的塞爾特騎兵立下誓約，要對凱撒麾下正在撤退的羅馬軍縱隊實行兩次突擊，否則絕不回頭，於是便有勇無謀地發動突擊。結果塞爾特軍遭羅馬軍反擊大

敗，撤退至阿來西亞要塞。羅馬軍調頭追擊並層層包圍要塞，塞爾特軍只能投降。這次敗戰使得塞爾特人遭羅馬統治達400年之久，以致其固有文化幾乎盡皆喪失。

數值換算法

Gematria　　　　　　　　　　　　ゲマトリア

■概念●歷史傳說

數值換算法是猶太教的拉比所繼承的技術，它是全世界最古老的密碼學，也是解讀隱藏在**舊約聖經**裡的神明睿智的技法。說得更具體點，就是從聖經裡截取部分經文，將這段文字換算成數值。接著再尋找數值相同的字句；該處的經文，就是原來那段文字真正的意義。

舉例來說，舊約聖經裡有段「看那站在他身邊的三個男人」的文字。這段文字出自《創世記》裡，亞伯拉罕[2]站在馬姆利平原時的場景。其中「看三個男人」部分的希伯來語，換算成數值得到的數字是701。而「他們是米迦勒、加百列、拉斐爾」的數值也是701。換言之，前面所謂的「三個男人」，其實就是三位**天使**。

最有名的數值換算法用例，當屬新約聖經裡《啟示錄》[3]的一節。

「凡有聰明的，可以計算獸的數目，因為這是人的數目，他的數目是六百六十六」

這段文字不是在說666個（人）如何如何，而是在告訴我們，若將「大獸（=撒旦）」的名字換算成數值，將會得到666這個數字。

此外，「大獸」的希臘文寫成「TO MEGA THERION」，換算後所得到的數值也等於666。順帶一提，人稱20世紀最偉大奇人（或是變態）的魔法師亞雷斯特・**克羅利**，署名時就很喜歡使用「TO MEGA THERION」這個字。

（→喀巴拉、占數術、文字置換法、省略法）

驗力

Genriki　　　　　　　　　　　　　　驗力

■概念●歷史傳說

指佛僧或修行者經過修行後獲得的咒力。

日本曾經有聖德太子的滿懷理想，以及亟欲前往中國留學的佛僧等立意宏大者，這是我們無法否定的事實。不過佛教在日本，卻普遍被視為一種能夠獲得現世利益的**咒術**，而誦經就相當於是施行咒術時的**咒文**。

然而隨著**密宗**日趨興盛，**修法**卻取代誦經變成最有效的咒術。進行修法時，不同修法者將會使結果有極大差異，而驗力高低就是造成此現象的原因。

此時開始有許多修行者為修得驗力而在山野間穿梭；後來他們又與固有的山岳修行者結合，蘊育出**修驗道**。

鬼舞

Ghost Dance　　　　　　　　　　　ゴースト・ダンス

■事件●歷史

指1889年突然出現於美國原住民之間，如

1　庫夫林（Cuchulain）原名Setanta，是光之神盧訶（Lugh）之子。他六歲時便前往康納王的城堡，接受各項戰技訓練。七歲時徒手扼殺了鐵匠克林（Culann）豢養的鬥犬，這條惡犬必須靠三個成人以三條鐵鍊才能拴緊。為彌補克林的損失，他答應代替死去的狗終生保護鐵匠，從此被稱為「Cu Culainn」，亦即「克林之犬」（Hound of Culann）。

2　亞伯拉罕（Abhraham）一譯「亞巴郎」，原意為「萬民之父」。《聖經》故事中猶太人的始祖。猶太人原居住在幼發拉底河上遊烏耳（Ur）地方，約在西元前2000年時，亞伯拉罕帶領部族遷居迦南（今巴勒斯坦）。

3　請參照本書第29頁譯注。

野火蔓延的新興宗教——鬼舞教的舞蹈。

「勿爭勿盜勿說謊。互敬互愛、規矩度日。還要唱我教的歌、跳我教的舞。汝只管不斷地跳舞。如此則大地終有翻轉顛覆之日，屆時白人就會消滅。其後，新世界將會誕生。此世既無死亡也無病苦，人也不會變老。死去的同伴將會甦醒，野牛將再度成群淹沒草原……」（《Haw kola》[1]橫須賀孝弘著）

據說這是派尤特族（Paiute）的**薩滿沃夫卡**（Wovoka）於日蝕時得到的啟示；被趕出家園、長年經歷艱辛的美洲原住民，馬上都瘋狂地相信此啟示。於是其教義與舞蹈便以一發不可收拾的速度擴散，印第安人皆發狂似的不斷跳著鬼舞。

沃夫卡原本就主張摒棄暴力，力圖避免與白人發生衝突，於是使得印第安人積鬱已久的情緒以鬼舞的形式爆發了出來。勇猛的平原印第安人更自行解釋預言，認為向白人報仇的機會已經到來。他們身穿「鬼衣」——一種號稱子彈打不穿的奇異襯衫，藉以振奮聲勢。

白人則視鬼舞教風行為叛亂的徵兆，著手加強警戒。於是為防範於未然避免叛亂，白人試圖逮捕蘇族（Sioux）族長「坐著的公牛」（Sitting Bull），卻不幸擦槍走火發展成流血事件：「坐著的公牛」殞命。逃離現場的蘇族鬼舞教教徒，與帶著妻小的其他部族合流，逃至傷膝谷（Wounded Knee），卻被軍隊團團包圍。

300名印第安人（其中200人是女人與小孩），面對全副武裝的470名軍人，印第安人根本毫無勝算。雖然印第安人接受了軍隊所提出的解除武裝命令，但是此時卻有數名相信鬼衣魔力的年輕人突然開槍。軍隊隨即還擊，傷膝谷轉瞬化為人間煉獄。號稱子彈無法穿透的鬼衣，完全沒有一點效果。

數分鐘後煙硝散去，將近200名印第安人倒臥在地，不是當場死亡就是身負瀕死重傷。

北美大陸政府與美洲原住民最後一次重大規模衝突事件「傷膝谷大屠殺」（Wounded Knee Massacre），使得鬼舞教急遽衰退。

精靈統治的時代，早已是遙遠的過去了。

鬼衣

Ghost Sherts[2]　　　　　　　　ゴースト・シャツ

■物品●歷史

（→鬼舞）

侏儒

Gnome　　　　　　　　　　　　ノーム

■生物●歷史小說傳說

四大精靈之一。傳說中居住在**星光界**的地之精靈。在人類的眼裡，侏儒看來就像是位蓄有鬍鬚的老人。

不過在許多傳說或作品裡面，侏儒會以完全不同的姿態現身。有些人將侏儒描述成類似石造**魔像**的模樣，有些人則是將侏儒描繪成土壤或泥土構成的不規則生命體。

侏儒此詞有別於其他**元素**，有時也能用來指稱地之妖精（**帕拉塞爾蘇斯**稱之為狗頭人〔Kobold〕）。由於大地元素亦能體現大自然的豐厚果實，是以侏儒也會被擬作森林裡的各種動物（譬如松鼠）。

諾斯替教

Gnosticism　　　　　　　　　グノーシス主義

■體系●歷史小說

此字源自希臘語中代表智慧的「Gnosis」一詞，是種與基督教同時期在地中海沿岸誕生的宗教思想運動。據傳**術士西門**乃是諾斯替教之始祖。

不少人誤以為諾斯替教乃基督教的異端，但它原本就是個獨立的宗教運動。一直要到後期，才有吸收部分基督教教義的基督教式諾斯替教（或稱做基督教諾斯替派）出現。

根據諾斯替教的說法，人類原本是與神同等的存在，因為某種原因而被貶至地上，還被加上肉體的枷鎖，使得人類無法發揮原來的能力。此時若能藉由覺醒而擺脫肉體束縛，就可以通達神明。

若按照這個想法來解釋，那麼伊甸園裡慫恿**亞當**偷吃智慧果實的**蛇**就並非**惡魔**，而是試圖幫助人類重返神明地位的恩人。相反地，將擁有智慧的人類逐出伊甸園的神，就是害怕人類將與自己平起平坐的打壓者。

由於諾斯替教相信只要覺醒就能等同神明，所以即使尚未完全覺醒也能輕易地做到常人所不能及的行為，也就是類似魔法的行為。正因為諾斯替教有這種思想，後代才會有許多魔法師或神祕學者，自稱是諾斯替教派的後裔。實際上若追本溯源，現代的魔法師不是屬於**喀巴拉**系統，就是師承諾斯替教，再不然就是兩者皆是。

（→神祕學）

鬼

Goast[3]　　　　　　　　　　　　　　　　鬼

■生物●傳說

此處所謂的鬼並非日本的鬼[4]，而是指亡者之靈。

中國人認為，人死後就會變成鬼。鬼會以死亡當時的模樣出現，不受遺體的狀態變化影響。不過，若是損傷遺體很可能會使得死者無法**輪迴**，因而化為惡鬼，所以中國人普遍都會維持遺體原本的模樣，將死者土葬。

人死變成鬼以後，首先會被召至土地公或城隍爺等土地守護神所在之處進行調查。土地公大致相當於冥界的村長，而城隍爺就相當於村長之上的縣令。土地公與城隍爺原本都是各氏族的守護神，但隨著時代變化，天界與地府受**道教**影響而逐漸官僚化，此等職務才轉由死者中的善人升格擔任。這些神祇同樣也是鬼，只是因為其生前善行得以在死後榮升而已。

調查結束以後，鬼就要出發前往地府之門。最具代表性的地府之門當屬**泰山**。此處乃東嶽大帝管轄，乃陽間與陰間的連結點，許多死者都是經由此處前赴地府。到達地府的鬼，由閻羅王（閻魔王）根據土地公與城隍爺先前的調查結果，進行審判裁決。閻羅王並非神的名字而是官職，隨時都有數位閻羅王在任。此職同樣也是隨著時代變遷，逐漸改由生前德高望重的正直死者受命出任。

閻羅王的審判將決定鬼是要視其罪業輕重等待輪迴，抑或必須在地獄贖罪。除部分的特別案例（如生前素行特別優良者）以外，絕大部分的鬼在輪迴前的這段期間內，都必須留在陰間等待。至於他們在陰間的生活是否幸福，就完全取決於陽間親友是否會祭祀死者。若供奉食物祭祀死者，食物就能到達陰間，使死者免於飢餓。此外，焚燒紙錢就能將錢送到陰間死者的手上。是以無人祭祀的鬼就會變得既飢且貧、飢寒交迫。有時他們為一訴苦衷，還會出現在陽間告誡子孫要祭祀死者，或是作祟為禍害人。

鬼身屬地府，原則上不能與人間界有任何牽連。這便是所謂「有別於幽明境」。然而未受祭祀者、仍懷抱強烈憎恨者、死狀淒慘者有

1　Haw kola此詞在印第安語裡是「你好，朋友」的意思。
2　原文應是「Ghost Shirts」，此處應是作者英文差。
3　英文正確拼音是Ghost，此處應是作者謬誤。
4　日本的鬼是種擁有醜惡形體與駭人怪力，會為害人畜的想像中的妖怪。受佛教影響，多指夜叉、羅剎、餓鬼或地獄獄卒牛頭馬面等。日本人之所以認為鬼頭頂牛角腰纏虎皮，這是因為陰陽道稱丑寅（東北方）方位為鬼門，乃萬鬼聚集之處所致。

時候卻會滯留於陽間，為禍人間。

譬如被老虎咬死者的亡靈就會變成倀鬼，成為咬死自己的老虎之僕役，受其驅使。

縊死鬼在日本又叫做「吊頸鬼」。上吊身亡者的靈魂會留在陽間，希望能找個活人做「旅伴」同赴黃泉。縊死鬼的魔力相當強，若非有相當道行的術者無法反制。日本人相信只要將被附身者強行帶離現場，並且讓該者飲酒鎮靜下來，就能行禊修祓將吊頸鬼趕出體外。不僅縊死鬼如此，似乎自殺者的靈魂都有尋找「旅伴」的傾向。心靈學稱這些鬼魂為「地縛靈」。

還有種比縊死鬼更恐怖的鬼，那就是疫鬼。同類還有瘟鬼、瘧鬼等各種鬼。這些鬼是疫病的媒介，一旦出現就會造成傳染病大流行，使大量民眾因而死亡。日本稱之為疫病神。這種疫鬼當中最有名的當屬「牡丹燈鬼」。後來有日本人將此故事翻案，並且創作成《怪談牡丹燈籠》。

牡丹燈鬼原本是指一位名叫符麗卿的絕世美女及其侍女。主僕二人結識一位姓喬的青年，符麗卿與喬生兩人一見鍾情，夜夜恩愛。然而鬼屬陰，本非陽世之物；倘若人鬼關係如此深切，生者終將精氣耗盡乾枯而死。鄰家老人察覺喬生模樣有異，知道喬生被鬼纏身，遂求助於**道士**。道士取出一張鬼不能近身的符交給喬生，不料喬生卻不慎違反道士的千叮萬囑，終於因而亡故。

此後這三隻鬼便結伴在街上遊蕩，而且據說遭遇者盡皆身染重病。最後有位德高道士捉住這三隻鬼，將他們送到陰間，城裡總算歸於平靜。

上述法力高強的鬼該算是特例，通常在陽間出沒的鬼魂都是使用一些比較簡單的法術，試圖誑騙活人。或是化為俊男美女加以誘惑，或是化成怪物恫嚇，或是阻路攔人等，不一而足。據說不幸遇到這些不乾淨的東西時，最有效的方法便是請寺廟或道觀（道教的寺廟）為自己施法解厄。此舉其實就是向土地公投訴，請土地公制裁作亂的鬼魂。不過倘若土地公偷懶，又或是鬼魂有正當理由的時候，此舉就完全沒有作用。這個時候就必須使用**桃**木劍等具有魔力的道具，強行驅趕鬼魂。

正因為鬼魂極其普遍，中國自古便流傳有許多避免觸怒鬼魂的方法。這些方法就是葬禮與祭禮裡可見到的各種習俗規定，而將這些習俗禮法加以體系化的就是**儒教**。依循儒教體系學禮，就能夠避免鬼魂害人的事態發生。再說在現實生活裡，對那些負責主持葬禮或祭禮、必須接觸鬼魂的祭官來說，儒教的禮法也絕對是他們不可或缺、能避免被鬼魂傷害的守身之法。

中國也有能招來鬼魂，使其遵從自己號令的法術。當然，鬼魂原本就是「有別於幽明境」，所以這種法術是違反世界法則的行為，術者不單要有相當的技能，還必須具備各種天賦才能。舉例來說，天生就能看見鬼魂的**見鬼**之才，或是鬼魂特別容易附身的**巫**體質都是難得的天賦。

招來鬼魂與之溝通的法術叫做**召鬼**法。召鬼法裡還有種能支配號令鬼魂的使鬼法，此法所號令的鬼魂則稱做使鬼，或稱役鬼。使鬼法乃強制性地將鬼魂奴隸化，就其本質而論算是邪惡的法術。不論是上述何種情況，術者都會舉行符合儒教禮法的儀式，避免反為鬼魂所害。

護法童子

Goho-doji   護法童子

■魔法●傳說

護法童子就是佛教系行者所使用的**式神**。身負法力的修驗者就能號令護法童子。

《宇治拾遺物語》[1]裡就有則故事：藤原賴通病倒時，曾派使者請一位名叫心譽的修驗者

回來為自己祈禱治病，結果只請回心鸞的護法童子，就把藤原賴通的病給治好了。

金

Gold　　　　　　　　　　　　　　　　金

■物品●歷史傳說小說

黃金是不變的、神聖的、象徵太陽意象的金屬，常被用於製作**護符**等物。人們為得到不變的力量，也時常將黃金用為魔法藥的材料。

錬金術認為製造黃金此舉，也是證明錬金術正確無誤的根據；倘若錬得之物是真正的**賢者之石**，應該就能變鉛為金才是。

中國相信黃金具有回復功效，會在藥品等服用物裡加入金箔。直到現在仍有人會製作添加金箔的食品，此舉用意除美觀以外，自古相信黃金具回復力的信仰也是個很重要的因素。

（→銀）

《金枝》

The Golden Bough　　　　　　　　　金枝篇

■作品●歷史

英國社會人類學家弗雷澤[2]於1890年完成的著作。由於初版便搏得好評，弗雷澤遂陸續著手創作續刊，終於完成共十三卷的大作。後來作者又將其寫成全一卷的精華版，此書在日本由岩波文庫出版（文庫本全五卷）。

《金枝》乃未開化信仰、古代宗教之集大成作，書中引用無數實例來介紹**咒術、塔布、犧牲**、植物神、神聖王與殺死神王（**→魔法（非洲）**）等五花八門的魔法性宗教性儀式與習俗。書中還將魔法基礎法則分類為**順勢巫術**與**接觸巫術**。

後來文化人類學開始重視田野調查以後，

此書遭到諸多批判，諸如恣意選擇資料（指只引用有利於自己論述的說法）等，不過至今仍無蒐集實例超過《金枝》的著作問世。

黃金鐮刀

Golden Sickle　　　　　　　　　黃金の鐮

■物品●歷史傳說

德魯伊採集至神至聖的**槲寄生**時使用的咒術道具。

其實**鐮刀**這種農具在汎世界祈求豐收的**咒術**儀式裡常常被視為收穫的象徵，並不僅限於德魯伊。模擬使用鐮刀收割實況的儀式背後，具有祈求下期豐收的順勢巫術意涵。

（→順勢巫術）

魔像

Golem　　　　　　　　　　　　　ゴーレム

■物品●傳說

喀巴拉的奧義中，用土塊製成的人造人。根據猶太學家索勒姆（Gershom Gerhand Scholem）的說法，魔像此字有「無形」或「不定形之物」等涵意。

16世紀布拉格會堂（Synagogue，猶太教教會）的拉比・羅烏（Rabbi Leow Judah ben Bezalel）曾經製造過魔像。1580年代的布拉格正逢迫害屠殺猶太人狂潮，拉比・羅烏為免於其禍，便與數名弟子共同製造出魔像。

他所造的魔像白天抱頭坐在會堂中庭，夜晚則在猶太隔離區（Ghetto）周邊巡邏，防備來自外部的襲擊。

這尊魔像的任務一直要到1593年皇帝宣布將保護猶太人以後，才告終結。

這類創造魔像的紀錄大多集中在16世紀。

1　《宇治拾遺物語》乃約成立於121～1221年間的說話集。內收「取瘤爺」與芥川龍之介創作《鼻》的原故事等，收錄有佛教說話・滑稽譚・民話・說話等共197話。

2　請參照第9頁譯注。

此現象清楚地告訴我們，當時猶太人是身受何等嚴酷迫害。

此外，據傳魔像的身體某處（傳說裡通常都是在額頭上）必定刻有「真理」（emeth）一字；只要削去頭一個字母，該字就會變成「彼人已死」（meth），如此便能強制性地將魔像變回普通的土偶。

御靈會

Goryo-e   御靈會

■儀式●歷史

含恨而終的亡靈（御靈）會不斷地作祟害人；為撫慰亡靈使其不致四處肆虐而舉行的儀式，就是御靈會。之所以稱之為御靈，其實是因為要表示敬意以安撫亡靈的情緒，才會有如此稱呼。

據說華麗的祇園祭原本也是從貞觀11年（869），為驅退疫病而舉行的祇園御靈會演變而來。

（→泛靈信仰）

綠騎士

The Green Knight   緑の騎士

■人物●傳說

於中世紀騎士故事、**亞瑟王傳說**中的登場人物。

他是因遭妖精**詛咒**而擁有神祇魔力的人，出現在亞瑟王的宮殿中給予**圓桌**武士高文爵士（Sir Gawain）一個考驗。

在某年的聖誕節，綠騎士出現在亞瑟王的宮殿**嘉美樂**中，聲稱「來用我手中的斧頭砍下我的腦袋。但倘若我接下了斧頭一砍未死，一年後的今天，就換砍我之人要接下我的斧頭的一擊。」藉此挑戰在座的騎士們。而高文爵士提出自己接受挑戰，砍了綠騎士一斧。綠騎士的腦袋被俐落砍下，滾落地面；但騎士的身體將首級拾起後高聲大笑，說出要高文在一年後

前來自己住處後便行離去。

高文爵士在一年後戰戰兢兢地前往綠騎士的住處，途中被一名貴婦人給予了一條擁有不死之力的披帶。

綠騎士對依約前來的高文砍下一斧。斧頭直接砍中高文頸部，頸上流出鮮血，但高文卻逃過一死，只是受到擦傷。原來是高文爵士的勇氣從斧頭下救了他自己。因為綠騎士的斧頭無法傷害擁有真正勇氣之人。高文爵士並非毫髮無傷，能免一死是由於他因愛惜性命而披上了自貴婦人處得到的不死披帶之故。

綠騎士的目的是要羞辱亞瑟王的宮廷。這是由於憎恨亞瑟王的妖精之一——妖后摩根（Morgan）對綠騎士下咒。綠騎士的不死之身與那把斧頭上的魔力，全來自妖精的魔法。

在歐洲的民間傳承中，像魔法師或妖精等擁有神奇力量的人或是存在，往往穿著綠色外衣。據說這是在象徵當時的神祕場所——森林的緣故。

《魔道書》

Grimore   グリモワール

■作品●歷史小說傳說

（→魔法書）

《魔法書》

Grimore   魔道書

■作品●歷史小說傳說

記載魔法的真理、法則或**咒文**的物品。和名稱相反，它不一定是以書本的型態呈現。石板、紙莎草紙等等為了方便起見，都歸屬於這一部類。又，內容不一定直接和魔法的施法方式有關，許多**神祕學**性質的書籍也被用這個名字稱呼。

例如《M之書》、《翠玉錄》、《死者之書》等等，有許多文獻據說記載著自古代傳下的真知，但這些幾乎都只是謠傳一些真實存在的物

品。而即使有一天出現了，裡面記錄的訊息也大概都無法解讀，完全只是不知所云的訊息。

關於這方面有幾個原因。

首先，在印刷術誕生以前的書，除了手抄以外別無其他複製手段。數量極其稀少（甚至有數本世上僅有一本的書籍），貴重知識常有因為一個小事故便消失的危險。

其次是魔法此事物基本上被宗教敵視這一點。特別是書籍，往往只因為有偷偷傳播危險思想的可能性便被嚴格取締。一個好例子便是中世紀的歐洲，為了保護名為教會的宗教權威，不當的書籍會被當成異端書籍馬上遭焚燬。

最後，還有作者好用隱喻或暗號的問題。這樣做有兩層意義：在前述權威勢力的注意下隱藏書本的真正內容，同時只將祕密傳達給擁有正確知識之人。

所以即使發現了名為魔法書的物品，解讀方式也是千奇百怪。解釋因人而異的事屢見不鮮，使內容變得更難以解讀。

（→黑彌撒、占數術）

蠱

Gu　　　　　　　　　　　　　　蠱

■魔法●歷史傳說

泛指**道教**及**陰陽道**操縱生物的魔法。

蠱此字的原意是「迷惑他人的咒語」。又，由此字筆劃結構不難看出，蠱就是指操縱**昆蟲**的技術。

道教認為人類的體內住有名為三尸[1]的蠱。三尸並非寄宿於人類肉體內，而是種寄生於靈魂的靈蠱。由於三尸必須待到宿主死亡後才能自肉體束縛得到解放，所以時時都在盼著宿主死亡。三尸每年都會趁著宿主睡著的時候，向天庭報告宿主惡行，試圖縮短其壽命。此外，道教認為若三尸活動太過活潑使得靈魂不穩定，會使宿主心神不安。

蠱術最初的目的，其實是要透過控制三尸保護自己不受其害，並操縱他人體內三尸，迷惑對方使其精神混亂。於三尸登天庭當日設壇徹夜施法、防堵三尸使其無隙脫離肉體之法等法術，應是蠱術最原始的模樣。

不過隨著時代的變遷，蠱術的內容也產生了變化。不光是三尸，操縱實際生物如蟲豸，甚至更強大生物的法術，全都稱做蠱。若與歐洲魔法系統兩相對照，蠱術就相當於操縱**魔寵**的法術。此外，這個相當於歐洲所謂魔寵的生物，同樣也喚作蠱。實際控制生物的具體技術幾乎盡皆失傳，如今已無法得知。縱使仍有少數用來控制生物的魔法**符**等物品流傳下來，然其實際效果仍是個謎。

由於蠱是種操縱系的法術，用作魔寵的蠱當然是愈強愈好。於是用蠱的術師無不竭盡己智，致力於魔寵的改良工作。然而，這也意味著術師必須不斷地重複進行殘酷的動物實驗。

擅長**煉丹術**的術師們，也曾藉餵食自製的丹藥以圖達到強化蠱的效果。雖然並無詳細紀錄指出餵食結果如何，然而經餵食的生物不是藥物中毒而死，就是重金屬中毒而亡吧！其中很可能也有些生物倖免於難，卻發狂回過頭攻擊飼主的案例。這是因為煉丹術的丹藥多數含有水銀等重金屬所致。

相較之下，另一批術師研發出來的方法就單純許多。首先將蜈蚣、蚯蚓、蛞蝓、蜘蛛、

---

[1] 三尸亦稱「三彭」、「三蟲」。即謂人體中的三條蟲。《玉櫃經法》、《酉陽雜俎》則謂上尸名青姑，中尸名白姑，下尸名血姑。《太上三尸中經》云：上尸名彭倨，在人頭中；中尸名彭質，在人腹中；下尸名彭矯，在人足中。宋葉夢得《避暑錄話》卷下：「道家有言三尸，或謂之三彭，以為人身中皆有是三蟲，能記人過失，至庚申日，乘人睡去，而讒上帝。故學道者至庚申日，輒不睡，謂之守庚申；或服藥以殺三蟲。」

蛇、蝦蟆等爬蟲全封入壺中，埋在地下約一週至一個月。靜待壺內爬蟲相互攻擊，術師再使用最後勝利存活的蟲來**詛咒**他人。順帶一提，「蠱」這個漢字，其實就是「在器皿內食物上蠕動的三隻蛆」的意思。

「犬神」是種頗為類似的法術。此咒法是將犬埋在土裡只露出狗頭，就此放置數日；待該犬的飢餓達到頂點時斬下狗頭，藉以操縱化作怨靈的犬靈。

蠱是操縱生物的法術，用途極為廣泛，可視各個術師不同而作為正當用途或邪惡用途，與其他的魔法都是同樣。然而，蠱術每每因為前述諸多事例，遭人歧視為邪法。

日本早在平安時代就已頒布禁止令，使用蠱術者必須科以重罪，最高可判處死刑。

（→陰陽說）

六十四卦

Gua　　　　　　　　　　　　　　六十四卦

■概念●歷史傳說

（→卦）

卦

Gua　　　　　　　　　　　　　　卦

■概念●歷史傳說

易學裡藉排列組合**陰**與**陽**以象徵萬物的符號。

易就是藉由觀察陰爻陽爻組成的六爻而卜的占術；經排列組合將每三爻合成一卦，就能得到八種符號，稱「八卦」。重疊原本的八卦，總共就能得到喚作「六十四卦」的64種符號。

八卦乃構成世界的各種事態的象徵。每卦都有各自的卦名，並且各自與數種事態相對應。茲舉數例如下：

・乾☰　天・父・頭・馬・西北
・兌☱　沼澤・少女・口・羊・西
・離☲　火・日・電・中女[1]・眼・雉・南
・震☳　雷・長男・足・**龍**・東
・巽☴　風・木・長女・股・雞・東南
・坎☵　水・雨・雲・中男・耳・豚・北
・艮☶　山・少男・手・犬・東北
・坤☷　地・母・腹・牛・西南

六十四卦就是將此八卦兩兩排列組合，藉以象徵諸事態相互作用所產生的各種狀態。

易占必須卜算兩次六十四卦，觀察前卦後卦間有何變化；此舉用意不在求得事態之結果，而是在於解讀事態將會如何變化發展。

六十四卦

上卦＼下卦	乾（天）☰	兌（澤）☱	離（火）☲	震（雷）☳	巽（風）☴	坎（水）☵	艮（山）☶	坤（地）☷
乾（天）☰	乾為天	澤天夬	火天大有	雷天大壯	風天小畜	水天需	山天大畜	地天泰
兌（澤）☱	天澤履	兌為澤	火澤睽	雷澤歸妹	風澤中孚	水澤節	山澤損	地澤臨
離（火）☲	天火同人	澤火革	離為火	雷火豐	風火家人	水火既濟	山火賁	地火明夷
震（雷）☳	天雷無妄	澤雷隨	火雷噬嗑	震為雷	風雷益	水雷屯	山雷頤	地雷復
巽（風）☴	天風姤	澤風大過	火風鼎	雷風恒	巽為風	水風井	山風蠱	地風升
坎（水）☵	天水訟	澤水困	火水未濟	雷水解	風水渙	坎為水	山水蒙	地水師
艮（山）☶	天山遯	澤山咸	火山旅	雷山小過	風山漸	水山蹇	艮為山	地山謙
坤（地）☷	天地否	澤地萃	火地晉	雷地豫	風地觀	水地比	山地剝	坤為地

卦不單是象徵構築世界各要素的魔法性符號。藉由觀察卦象的變化過程，就能理解世界。

（→陰陽說）

管輅

Guan-iu[2]　　　　　　　　　　　管輅

■人物●歷史

後漢末期占卜名人（207？～255？）。字公明。

管輅是個容貌粗醜的醜男，卻是不擇非類（指交遊廣闊，不分層級、種族、富貴貧賤皆可為友）的直爽漢子。

自幼便喜仰視天文星象，夜不思寐，常云：「家雞野鵠，尚自知時，何況為人在世，豈可不知星辰乎？」父母不能禁止。

年紀稍長又好讀《易經》，弱冠之齡即深明占卜奧義。此時管輅已完全掌握**卦**之本質及各卦衍生出的無限變化，能夠侃侃而談，言言精要。

後來司馬昭勸其入仕，但管輅早已看出己有短命之相，心底並無太多希冀，果然在出仕的翌年便即去逝。

《三國演義》裡曹操被**左慈**多所擺弄自此得病，側近舉薦管輅為其占吉凶，於是曹操便召來了管輅。當時曾有天神向管輅戒言曰天機不可洩漏，是以管輅才拒絕了占卜的委託。不過管輅還是對即席發問提出數個預言，無不

言中。據說管輅為避免紛擾，馬上便銷聲匿跡。然而若從正史所載管輅卒年倒過來推算，再怎麼算也不可能成立[3]。

管輅並不只是個擅長占卜之徒，他還是位先知、**預言家**。他觀人面目就能察知對方死期，可謂是種已經遠遠超出**占卜**次元的特異能力。

某日管輅替鍾毓[4]占卜時，鍾毓問管輅能否說中自己的死生之時。管輅卜其生辰年月日皆中，鍾毓顏色大變。管輅謂：「生死一道，乃是自然，有何懼哉？既以易行占，豈不是要盡窺天意？」鍾毓曰：「生者好事，死者惡事，哀樂之分，吾所不能齊，且以付天，不以付君也。」以問人，人皆評謂：「管輅不為筮卜所動誠然可取，鍾毓知份付命於天亦是難得。」

這個故事可說是證明中國人將「易」看成一種哲學的最佳案例。

守護天使

Guardian Angel　　　　　　　　　守護天使

■生物●傳說

猶太教、基督教與伊斯蘭教認為，每個人打從呱呱落地就有**天使**在身邊看顧自己。天使的看顧是種精神性而非物理性的守護，能使人類遠離邪惡、斥退**惡魔**的誘惑。

根據基督教的說法，惡魔永遠無法戰勝天使，所以若是每個人身邊都有天使守護，這個

1　宋朱熹《周易本義》載：「乾為父，坤為母，震長男，巽長女，坎中男，離中女，艮少男，兌少女。」此處中女中男即長男長女之下、么女么男之上的子女。所謂次女次男；少女少男則指今日所謂么女么男。

2　「輅」讀作ㄌㄨˋ，發音應為「Guan-lu」，應是作者謬誤。

3　曹操生於155年卒於220年；按照本書的說法，曹操薨逝時管輅才13歲，尚未成年，應當還沒完全學成《易經》。

4　鍾毓字稚叔，三國魏潁川長社人。鍾繇長子，言談機敏，累官車騎將軍、都督徐州荊州諸軍事。鍾毓與其弟鍾會最為人樂道的故事可見於《世說新語》：「鍾毓鍾會少有令譽。年十三，魏文帝聞之，語其父鍾繇曰：可令二子來。於是敕見。毓面有汗，曰：卿面何以汗？毓對曰：戰戰惶惶，汗出如漿。復問會：卿何以不汗？對曰：戰戰慄慄，汗不敢出。」

世界就不會有為非作歹的人存在。然而現實世界裡確有為惡的人類存在。於是此時便衍生出每人的守護天使共有兩位的說法：一位天使位於右方導人向善，另一位天使則在左方誘人為惡（→左右）。

伊斯蘭教也有類似的民間信仰。根據伊斯蘭教的說法，每個人身邊都有隻惡魔跟隨在旁。人類與這惡魔的關係，就有如人類與體內血液的關係那麼密切。不過惡魔並無法操縱人類，只能使用誘惑誆騙等手段，只要不中圈套，惡魔根本不足為懼。據說每個人身邊也都有位天使，灌輸人類良善的想法。

一旦守護天使的數目由單一變成複數以後，要再增加天使人數就不需花費太多時間。19世紀西歐詩歌裡，守護天使的數目已達四位之多。

「我的床上有四位天使，圍繞著我的頭部。一位雙眼發光，一位祈禱，兩位作勢要帶走我的靈魂。」（M. 高德溫〔Malcolm Godwin〕《天使的世界》）

據普朗西（Collin de Plancy）《地獄辭典》記載：「在波斯人當中，甚至有守護天使數目達160位之多的人。」此外據《塔木德》[1]記載，每個猶太人身邊都有一萬一千位守護天使。

守護靈

Guardian Spirit　　　　　　　　守護靈

■生物●歷史小說傳說

（→守護精靈）

守護精靈

Guardian Spirit　　　　　　　　守護精靈

■生物●歷史小說傳說

指從靈界守護人類的特定精靈。

此概念可見於許多文化圈之中；薩滿信仰傾向較強的文化圈相信每個人身邊都有守護精靈跟隨，對其極為重視。尤其對薩滿來說，守護精靈更是咒力的來源，萬不可缺。

在此類社會裡，有不少地方皆將認識守護自己的精靈直接當成少年的成人式。

舉例來說，北美平原印第安蘇族（Sioux）的習俗認為，未曾經歷過精靈幻視者，不能算是個獨當一面的成人。雖然有時候就算是什麼都不做，也能在夢裡達到精靈幻視，不過這種狀況是可遇不可求。無論如何都要體驗精靈幻視的話，就必須完成一種叫「幻視探求」（Vision Quest）的苦行。苦行者必須在杳無人跡的山丘進行絕食，並一味地向精靈祈願。待少年身體衰弱陷入極端狀態，就會在朦朧意識中得到精靈賜下啟示。少年藉此認識自己的守護精靈，並得到精靈賜與的智慧與力量。此時已身為成人，少年自此必須遵守各自所被賦予的禁忌。

少年有前述經驗後，非但因為被認同為成人而獲得莫大自信，自此也更加確信肉眼無法看見的精靈確實存在。

（→精靈）

剛德魔法

Gund　　　　　　　　　　　　ガンド魔術

■體系●歷史傳說

北歐傳統魔法。據傳源自阿薩神族。

剛德魔法是種脫魂（幽體脫離）——也就是種使靈魂與肉體分離、自由飛翔的技術。

北歐的渥爾娃女巫能夠騎乘豬、狼或是籬笆的橫槓等物飛行，但據說她們並非當真以肉體騰空，而是使靈魂脫離肉體、雲遊諸方。

此外，北歐傳說裡時常有變身成狼或熊的戰士、巫女，他們大多都是利用剛德魔法的力量變身。此術是使靈魂脫離肉體後與狼或熊等動物（採動物形體的）精靈結合，藉此獲得各種現實的操作能力，可謂是全世界脫魂魔法的代表性技術。

（→巫）

吉普賽

Gypsy ジプシー

■民族●歷史

以歐洲為中心，散布於世界各地的少數民族。據傳其發祥地位於印度西北部。近來有不少吉普賽人選擇定居，但吉普賽乃是最有名的流浪民族。吉普賽此字來自英語，乃埃及人（Egyption）的訛誤。吉普賽人皆以「羅姆」（Rom）、「羅瑪」（Roma，人類）自稱。其生活簡單樸素，但身上多穿戴貴重金屬以備急用。傳統男性的職業有：飼養買賣馬匹、製作馬**蹄鐵**、鐵匠、銲鍋匠、製作金屬首飾、木匠等。傳統女性的職業則是販賣男性製造的物品、採集**藥草**、看手相、**占卜**等。不過據說吉普賽人絕對不為吉普賽人占卜。

浪漫主義文學對漂泊的吉普賽民族頗感興趣，並將他們描繪成一個不可思議的自由民族。

「褐色皮膚、黑色捲髮、耳垂吊有**銀**耳環。女人為人看手相、占卜。男人也會使用魔法……」

尤其俄國的普希金[2]與戈果里（Nicolai Gogol），更是各自以吉普賽人作為詩歌《吉普賽》與小說《索羅欽吉的市集》（The Fair at Sorochintsi）的主角，大肆諷刺世上橫行霸道的腐敗人們。不過由吉普賽人自己描述吉普賽民族的著作可謂極少，在日本更是少之又少。筆者謹藉此機會推薦福音館出版的吉普賽民間故事集《霧國王女》、《太陽與巨人》等作品。

頭髮

Hair 髮

■物品●傳說

人類的頭髮指甲，乃**接觸巫術**（**咒術**）不可或缺的重要物品。想要對他人**施咒**時，首先必須取得對方的頭髮或指甲、埋在娃娃裡面，再行破壞娃娃。

此咒術乃由「身體各部皆蘊藏了所有者的部分力量」之概念演變而來，而一般皆相信頭髮裡蘊藏的力量遠較身體其他部分更強。

譬如**舊約聖經**裡的英雄參孫[3]的剛猛力道，正源自於他那頭放任生長的頭髮，所以當女間諜大利拉（Delilah）剪斷他的頭髮時，才致使參孫的力量大幅減弱。

此外在中世歐洲的世界裡，**女巫**的頭髮同樣也有魔法力量，據說披髮祈禱魔力就會倍增。以致於**獵殺女巫**被捕的女巫，頭髮通常都會被剪掉。

頭髮也時常被用在戀愛咒語之中，歐美的情侶至今都還會在頸墜裡放另一半的頭髮，隨身攜帶。

萬聖夜

Halloween ハロウィン

■行事●歷史傳說

萬聖節（Hallowmas）前晚（10月31日），小孩在夜裡手持南瓜燈籠與爆竹等物狂歡玩鬧的祭典。

1　請參照第89頁譯注。
2　請參照本書第29頁譯注。
3　參孫（Samson）為舊約故事中的人物。為中古猶太人的領袖之一。秉賦神力，以身強力大著稱，曾徒手撕裂獅子。後西方文學中常用以比喻大力士。

關於萬聖夜的起源，請參照**森慶節**項的說明。

致幻植物

Hallucinatory Plant　　　　　　幻觉性植物

■物品●歷史小說傳說

　　薩滿為進入**恍惚狀態**、看見幻象所使用的小道具。

　　這類攝取後能引起幻覺效果的植物分布在世界各地，種類繁多。除現在仍常用於製作毒品的大麻（Marihuana、Hashish、Ganja）[1]外，印第安人所用的烏羽玉屬仙人掌（派雅提仙人掌）[2]、峇里島的魔菇[3]、製作古柯鹼的原料古柯葉等，都是咒醫（**巫醫**）常用的著名致幻植物。除**咒術**儀式用途以外，致幻植物還時常作為麻醉藥、安眠藥等用途。

　　由於薩滿是各部族經驗傳承累積的龐大寶庫，具有極豐富的**藥草**知識，即使手中的植物幻覺效果較弱，薩滿仍然能夠在配製方法裡下工夫，巧妙地引出最大的效果。

　　　　　　　　　　（→**春藥、曼陀羅根**）

光榮之手

Hand of Glory　　　　　　　　栄光の手

■物品●傳說小說

　　有名的魔法道具。

　　斬下絞刑犯左手（一說為右手）、施以儀式所製成的燭臺。據傳持此燭臺者將逐漸喪失視力。另有傳說指出，若將此燭臺置於民宅之外，該戶人家就會陷入深沉睡眠、直到天亮。所以光榮之手對小偷來說，是種非常有用的道具。

　　後來幾經演變，不再將其製成燭臺，而是改為將手屍蠟化[4]，直接在光榮之手上頭點火。

　　　　　　　　　　（→**左右、獨角獸角**）

訶陀瑜伽

Hatha Yoga　　　　　　　　　ハタ・ヨーガ

■體系●歷史傳說

　　　　　　　　　　　　　　　（→**瑜伽**）

治療儀式

Healing Ritual　　　　　　　　治療儀礼

■魔法●小說傳承

　　治療病患傷者是**薩滿**的重要職務之一，不過他們也並非任何事都是用魔法解決。

　　薩滿治療病人的第一步與現代醫師無異，就是診察。若症狀較輕，**咒醫**就會使用自己所知的**藥草**知識治療患者。咒醫累積了無數經驗，擁有極豐富的藥草知識。

　　然而若患者疾病是因**精靈**作祟而起，薩滿就必須進行適當的治療儀式，迫使病魔屈服。至於治療儀式的進行方法，則視該薩滿屬**靈附身**型抑或**脫魂**型而異。

　　以靈附身型薩滿為主流的文化圈認為，患者的疾病是因為病魔附身所致。因此薩滿就必須舉行「除靈」儀式以驅趕病魔。薩滿必須找尋具備足以壓倒病魔神力的神祇，請神靈降靈在自己身上。接著附身在薩滿肉體內的神祇就會威脅佔據病人肉體的病魔，有時還會（儀式性、象徵性地）傷害病人。此時病人體內的惡靈當然會非常懼怕、極力遠離薩滿，最後終於支持不住、逃離病人的身體。如此治療便告完成。

　　以脫魂型薩滿為主流的文化圈則是認為，疾病乃是因為惡靈偷取病患靈魂所致。此時薩滿就必須前赴異界、找尋犯罪的惡靈，並盡全力取回病人的靈魂。薩滿就在病患身旁進入**恍惚狀態**、前赴異界。此時薩滿通常會帶著自己的**守護精靈**同往，以備與惡靈決戰。若是順利發現犯人，薩滿就會向惡靈挑戰、奪回靈魂，然後再將靈魂安回病患體內。如此一來，病患

自然就會痊癒。

不論是上述何種治療法，薩滿的治療是否收效都必須待患者回復以後才能得知。若病患的疾病得以痊癒，民眾對薩滿的技術自是多有讚譽，不過薩滿當然也會失敗。若治療終告失敗，眾人對薩滿的批評都非常嚴苛。相較之下，其他宗教純粹的司祭階級只需扮演好精神領導者的角色，薩滿卻必須以技量、技術贏取民眾的認同。更現實的是，薩滿還必須提出與其魔法專家身分相當的成果。這同時也證明：民眾並不認為**咒術**是種神祕學說，而視之為一種技術體系。

赫卡蒂

Hecate　　　　　　　　　　　　　　ヘカテ

■生物●歷史

希臘神話中，掌管（有**黑魔法**傾向的）魔法、地下（冥界）和**月亮**的女神。至今對其面貌輪廓仍是一無所知，可謂是位相當神祕的神祇；有人則說她是**太母神**黛安娜[5]（阿蒂蜜斯[6]）眾多顯現形體之一（在地上是黛安娜，在冥界是泊瑟芬[7]，在天空則是月亮）。據說赫卡蒂原本是位來自小亞細亞的女神，很可能是在傳入希臘的過程中融合了其他神祇。

希臘人將赫卡蒂描繪成一位三面三身的女性。三張臉象徵她的力量可及於天上、地上、地下三個世界，同時也象徵著月亮新月、半月、滿月的三種面貌，以及時間的過去、現在、未來三種狀態。

赫卡蒂乃妖怪拉彌亞[8]之母、死亡女神、亡靈的帶路人、女魔法師的保護者，深受希臘人的敬畏。

赫卡蒂所統治的多是闇影與死亡、夜晚與亡靈等黑暗的領域；換言之，赫卡蒂是位體現太母神黑暗面的神祇。

希臘的魔法師會借這位恐怖女神的力量行使魔法。譬如女魔法師**美狄亞**在使用回復青春的祕法時，就曾向這位女神借取力量。信仰赫

1　大麻（Marihuana，又作Marijuana）是由葡萄牙文的Mariguango變化而來，有陶醉的意思。美國稱為Marihuana者，是泛指大麻植物的任何部位或萃取物。Hashish是指一種比Marihuana藥效強五六倍的大麻品種，亦指採取印度大麻花頂端樹脂分泌物乾燥所得的大麻藥劑（大麻脂）。Ganja則是種由小葉子及花序托萃取提煉的樹脂塊。此三者皆印度人對大麻的稱呼。

2　派雅提仙人掌（Peyote）為原生於墨西哥的仙人掌，具有致幻效果，常被印第安人用於宗教儀式。19世紀晚期甚至還發展出「派雅提宗教」（Peyote religion），強調所有印第安人同宗同源，以及他們與白人的差異。派雅提宗教融合基督教和原始宗教的信仰及儀式，相信萬物有靈，更有個至高無上的上帝。藉由與上帝的溝通，人的身心能被強化，與大自然和諧共存。

3　魔菇（Magic Mushroom）即指迷幻性菇菌類，可區分為三大種菇類，分為是Paneolus、Psilocybe、Gymnophilus等。其藥理作用與迷幻藥LSD頗為類似。魔菇產生的毒性症狀有瞳孔擴大、視力模糊、煩躁不安，以及交感神經症狀如心跳加快、血壓驟昇等。

4　將屍體浸在水裡，或是埋在水分充足、潮濕多鈣多鎂的泥土裡，屍體表面或體內脂肪組織會形成灰白色或黃白色堅實的脂蠟樣物質，有油膩感，可以壓陷但脆而易碎。

5　黛安娜（Diana）是羅馬的月亮女神。相當於希臘神話中的阿蒂蜜斯。原本是樹木女神，同時也是多產女神。

6　阿蒂蜜斯（Artemis）則為宙斯與樂朵的女兒，阿波羅的同胞妹妹。月亮女神，同時也是狩獵與孩童女神。

7　泊瑟芬（Persephone）為宙斯與狄蜜特之女，原為穀物女神，後遭黑帝茲強擄為妻，於是變成冥界女王。

8　拉彌亞（Lamia）原本頗受宙斯寵愛，卻招來赫拉的嫉妒，於是赫拉便對她施法，讓她每生一次小孩，就一定會自己吃掉他。在這殘酷的報復下，在絕望中拉彌亞終於逐漸失去她正常的心，開始轉變成野蠻的怪物了。最後她成了棲身於洞穴中，獵食小孩的怪物。

卡蒂的塞薩利[1]女魔法師們則製造**變身**用的軟膏（→**女巫軟膏**），變成鳥隻或蒼蠅飛行。

科內利烏斯・阿古利巴

Heinrich Cornelius Agrippa　コルネリウス・アグリッパ

■人物●歷史傳說

　　文藝復興時期的德國思想家，是位極具盛名的魔法師（1486～1535）。曾經出仕羅馬皇帝馬克西里米安一世（Maximilian Ⅰ），後來還在大學教授哲學，是當代首屈一指的知識份子。阿古利巴對**神祕學**也甚是詳熟，由於他的魔法式世界觀不為當時的教會見容，遂遭教會斥為異端。後來輾轉流亡於歐洲各地，抑鬱而終。

　　阿古利巴以**赫密斯學**為基礎，試圖從研究自然環境成立的角度出發以理解神明的意圖，而寫成了《細說神祕哲學》（De Occulta Philosophia）；此書既是自然科學領域的重要研究著作，也是一本實踐性質的魔術書籍（→**魔法書**），遂成為後世魔法界的基本理論骨架。因為這部鉅作，使得阿古利巴得到「近代魔法之父」的美稱。

　　阿古利巴認為魔法與**惡魔**或**妖術**無關，而是一種心靈能力。

　　在他許多軼事當中，他讓屍體暫時復活的故事最為有名。某日阿古利巴出門的時候，有個年輕人闖進他的書房、不慎召喚出惡魔，結果就被惡魔給掐死了。阿古利巴返家後，苦於不知該如何處理屍體（當時阿古利巴早已是教會的眼中釘，教會絕對會以殺人罪名逮捕他）。於是他就再度召喚惡魔使屍體復活，讓屍體在鎮上廣場行走，再佯裝自然死亡當場倒下。然而屍體的頸部留有絞殺痕跡，所以阿古利巴特意安排的偽裝並未奏效，落得必須逃亡的下場。

海倫娜・帕特洛芙娜・布拉瓦茨基

Helena Petrovna Blavatsky

ヘレナ・ペトロヴナ・ブラヴァツキー

■人物●歷史

　　通稱布拉瓦茨基夫人（1831～1891）。人稱近代魔法之母的神祕學者。

　　出生於沙俄時代的海倫娜，曾於18歲時結婚，三個月之後離婚，自此開始流浪的生活。根據她的自傳記載，這段期間她曾經周遊埃及以東的諸國，但眾說紛紜，真相如何尚無法確知。然而我們至少可以確定，海倫娜在這段漫長流浪歲月裡，確實學成了高深的祕教知識。

　　直到1873年她才以魔法師自任，開始進行正式活動。移民至紐約的布拉瓦茨基夫人，原本只是一味地鑽研**心靈主義**，後來終於轉向**神祕學**，並且得到許多志同道合之士加入。他們為試行占數術和**召喚四大精靈**，遂設立**神智學**協會。後來布拉瓦茨基夫人開始對印度感到強烈興趣，毅然前赴印度。

　　到達印度以後，布拉瓦茨基夫人遇見名叫庫胡米（Koot Hoomi）的神祕導師，以及似乎命中注定要相遇的超存在「偉大的靈魂」（Mahatma）。這些隱居在喜瑪拉雅山裡的超人們，利用書信與靈感交流等形式開導夫人，並且將各式各樣的祕教知識傳授給她（至少她是如此聲稱）。

　　布拉瓦茨基夫人認為總部應該設置於東方世界最為合適；她將總部移至印度後，為推廣比從前更深奧的「神智學」，就在超人指示下出發遍訪歐洲諸國。她在各國皆受到歡迎，並且得到許多人的贊同。她所構築的魔法理論至今仍對西洋魔法界有莫大的影響。

　　後來布拉瓦茨基夫人所謂「超人的書信」伎倆遭到從前的心腹拆穿。壁櫥裡面有個祕密門扉，從此處便可遞送書信；突然從空中出現的書信，則是事先將信貼在天花板，再用細線

扯下即可。因為事跡敗露，夫人不得已只能移居倫敦，卻仍然不斷積極地從事活動。她在倫敦開始創作《祕密教義》這本未完成的鉅著，甫出版全四卷中的兩卷就過世了。

她提倡的神智學融合了東方和西洋的神祕學，是當時非常革命性的學問；她還為原本混沌不明的魔法世界引進某種程度普遍通用的專門用語及概念。儘管許多人對她多有批評，卻沒有人能完全否定她的貢獻和功績。

英國心靈研究協會的調查報告雖曾經多次拆穿夫人的伎倆，卻仍然做出「她是歷史上最成功的詐欺犯之一」的結論。

（→黃金黎明）

藥草魔法

Herbal Magic　　　　　　　　ハーバル・マジック

■魔法●歷史小說傳說

自然咒術系的**女巫（現代）**使用各種藥草的魔法技術。

古代**薩滿**們知道大自然所孕育的各種植物有何藥效，還會用這些植物來預防、治療疾病。而且自古以來，人類就相信每種植物皆有其固有的神祕力量蘊藏於內（女巫會使用許多藥草來製造**春藥**或靈藥，正是因為如此）。

藥草魔法引為根據的基礎，就是民間傳說裡的各種藥草知識。藥草魔法雖以傳說為根據，卻無體系可言，不過藥草的用法大致可分成兩種。

一種是服用法，通常皆是製成藥草茶、濃縮藥草精華飲用。此法的主要目的，在於預防疾病及各種毛病。譬如薄荷藥草茶能夠安神鎮靜，鼠尾草（Sage）則能調整體質。

另一種則是把藥草葉當成**護符**隨身攜帶。

譬如月桂葉（Laurel）可以帶來成功，仙客來（Cyclamen）能驅退惡靈，紫丁香（Lilac）能招財等。

黃金黎明

Hermetic Order of Golden Dawn　　　黃金の夜明け団

■組織●歷史小說

1888年由威廉・韋恩・維斯考特（William Wynn Westcott）與麥達格・瑪瑟斯（Mac Gregor Mathers）等當世一流魔法師創設的魔法結社。乃由英國薔薇十字協會枝分出來的組織。

黃金黎明試圖將一直以來隱藏在社會黑暗處、與迷信只有一線之隔的「魔法」體系化，是近代魔法的起源。黃金黎明的魔法是以**喀巴拉**為根本，有別於當時即將開始流行的東洋思想（如**布拉瓦茨基**夫人的**神智學**等）。

後世歐洲魔法師無不受此結社影響。黃金黎明的功績包括確立儀式魔法、制定與魔法熟練度相對應的位階、復興古代魔法技術，以及將魔法系統化整合，不計其數。

此團又以許多名人入團聞名，如後來獲頒諾貝爾文學獎的愛爾蘭大詩人 W. B. 葉慈[2]、《**吸血鬼德古拉**》的作者伯蘭・史托克（Bram Stoker）等人；亞雷斯特・**克羅利**年輕的時候也曾經設籍於此。然而社團內部主導權爭奪戰不斷，僅維持15年時間便告解散。原來的團員分裂成「聖黃金黎明」、「曉之星」等諸流派，各自將黃金黎明所確立的魔法技術傳承下去。雖然這些流派後來又幾經分合，卻也流傳至今。

（→薔薇十字團）

1　塞薩利（Thessaly）為希臘中東部一地區，位於屏達思山和愛琴海之間。

2　葉慈（William Butler Yeats，1865～1939）是愛爾蘭詩人、劇作家。為愛爾蘭文藝復興運動的中心人物之一，曾獲1923年諾貝爾文學獎。其詩多描述鄉間傳說、風俗及山川。著有詩集《塔》、《陽春月》，散文集《瑞典的慷慨》，劇本《凱薩琳女公爵》等。

赫密斯學

Hermetism　　　　　　　　　　　　ヘルメス学

■體系●歷史傳說

　　赫密斯‧特里斯密吉斯托斯的遺產《翠玉錄》裡，記有「成就唯一奇蹟之際，上者如下、下者亦如上」，這段敘述後來成為**萬物符應**的理論基礎。

　　這個思想再融合同樣傳為**赫密斯文書**裡的概念：「萬物之源就是神，也就是唯一。是以，儘管充塞世界的萬事萬物看來有多大差異，也必定有共通的部分」所形成的理論，在15世紀甫傳入西洋世界時，就馬上變成「用科學方法解釋天地道理的隱晦根本之原理」，並且有如野火般地蔓延傳播開來。

　　這就是赫密斯思想。

　　當時的知識份子身受基督教教育，卻無法滿足於聖經裡對世界不合邏輯的說明；於是他們便馬上投向不砥觸聖經，同時又能合理說明世界構造的赫密斯哲學。

　　這個傾向尤以**鍊金術**、**占星術**、魔法等神祕學最為明顯。舉例來說，鍊金術致力於研究**賢者之石**，就是在追求萬物背後的同一性。占星術的基本概念「星體運動乃昭示萬物未來之先兆」，也是建立在赫密斯學的萬物符應理論之上……這些學問都想藉應用赫密斯學來獲得隱晦神祕的智慧。赫密斯學在魔法的領域裡，則是使得利用神創造萬物的共通性進行現實操作的自然魔法大行其道（基督教地區所謂**白魔法**，就是指這個自然魔法）。

　　即使被視為世界原理的赫密斯學後來隨著科學的發展而漸顯頹勢，卻仍在神祕學說中佔有很重要的地位。若說西洋神祕學的理論全都源自於赫密斯學，其實並不為過。

赫密斯‧特里斯密吉斯托斯

Hermes Trismegistos（Trismegistus）

ヘルメス‧トリスメギストス

■人物●歷史小說傳說

　　擁有「偉大的神官」、「偉大的哲人」、「偉大的國王」三種面貌的「三重且偉大的赫密斯」之意；請各位讀者務必注意，特里斯密吉斯托斯並非姓名。這是將希臘十二神[1]的赫密斯[2]擬人化，並奉為**鍊金術**始祖的虛構人物。他還有默邱里（Mercury）、梅里柯陸斯（Mercurius）、透特（Thoth）等別名。

　　赫密斯司掌旅行，是以被奉為擁有諸方智慧之神。他經過希臘的殖民都市傳至埃及後，就被視同於書籍之神透特[3]，自此成了司掌悠久古代智慧的神祇。

　　希臘化時代當時的知識份子喜歡借用神明或偉人的名字來寫書。他們相信古代人比當時的人更接近真理，所以認為愈是古老的書籍愈有權威性。因此，當時的神祕學家們頻頻借用相當於自已著作守護神的赫密斯之名，也是稀鬆平常。

　　這些文書著作從希臘文化世界傳至中東，並就此在中東流傳下去。另一方面，西方世界則是因為基督教勢力壯大，赫密斯之名逐漸遭到遺忘。

　　漫長歲月逝去，轉眼已是15世紀。被奉為鍊金術原理連綿傳承至今的**赫密斯文書**，遂由當時科學技術發達的中東逆向輸入西方世界。若作者就是赫密斯，這對其翻譯者菲奇諾（Marsilio Fincino）等西洋文化人來說，是非常不光采的事情，因為在基督教世界裡，除了主以外不應有其他神存在。

　　於是此時便有誤解產生（很可能原本就是蓄意如此）。

　　除主以外別無他神，因此赫密斯不是神，他跟我們一樣都是人類，他的著作就是證據。

H

赫密斯‧特里斯密吉斯托斯這個人就是如此誕生，並且因為其作品的內容傾向而被奉為鍊金術之祖。中世紀基督教世界為維護教會權威，曾經歪曲捏造不少事實，這便是其中一例。

（→赫密斯學）

六芒星

Hexagram　　　　　　　　　　　　六芒星

■概念●傳說小說

六芒星圖形也被稱為「大衛之盾」或「所羅門的封印」，近來多被稱為「大衛之星」，是正三角形與倒三角形的結合，被認為象徵了「靈與肉的結合」、「火與水的結合」。

因此，它擁有成為強大護符的魔力。被認為在用作保護不受邪視所害，或防火的驅魔符時有奇效。甚至傳說所羅門也是使用繪有六芒星的戒指號令72隻惡魔。

又，據說於召出惡魔或精靈之祭，若先在魔法圓內側畫上六芒星，便能拘禁召出之物，令其服從號令。

在鍊金術中，六芒星則被當成表示賢者之石的象徵。

六芒星

也被描繪在以色列國旗上。在日本亦稱為「清明紋」

聖杯

Holy Grail　　　　　　　　　　　　聖杯

■物品●傳說

中世歐洲亞瑟王傳說裡的神聖之杯。這只聖杯會不斷湧出具生命之力的液體，凡飲用者其病痛與傷痕皆可不藥而癒，還能獲得永恆的生命。

亞瑟王傳說裡聖杯的形象共有兩個原型。一個是新約聖經中，耶穌在最後的晚餐裡所用的杯子。另一個則是日耳曼與塞爾特神話裡提及的生命大鍋。

聖經並未具體描述基督聖杯的傳說。根據英國的傳說，當基督身受磔刑，羅馬士兵用槍（據傳此槍便是隆基努斯之槍）刺入耶穌側腹時，曾以聖杯承接流出的血水，不過《約翰福音》裡卻無此記載。

相較之下，塞爾特大鍋的傳說內容便具體許多。

在塞爾特神話裡，這只大鍋位於神與妖精的國度，是個蘊孕無限生命的器皿。鍋子裡非但有取之不盡的食物湧出，而且凡飲用鍋裡水酒者就能獲得不死的生命。器皿乃是子宮的象徵，也是女體的象徵，是以大鍋才會被賦予創造生命的力量。

塞爾特的英雄傳說裡，便有無數描述勇者前往妖精國度找尋大鍋的冒險旅程。

基督教剛傳入歐洲時，聖經的內容便曾與當地土著的民間傳說結合，使得許多傳說都有了全新的面貌。根據聖經記載，基督受磔刑後乃由亞利馬太人約瑟（Joseph of Arimathea）領回遺體埋葬；據傳後來約瑟來到英國，並且

1　希臘十二神就是奧林帕斯十二大神，是希臘神話裡奧林帕斯眾多神明當中，地位最高的十二位神祇：宙斯、赫拉、阿芙柔黛蒂、阿波羅、赫發斯特斯、阿蒂蜜斯、波賽頓、雅典娜、狄蜜特、赫密斯、阿利茲與戴奧奈索斯。

2　請參照本書第37頁譯注。

3　請參照本書第37頁譯注。

在格拉斯頓伯里建立修道院（據傳約瑟也將聖杯及**聖槍**帶到了英國）。這便是塞爾特大鍋傳說與基督教的聖杯傳說結合時誕生的故事。這麼一來，曾是異教徒寶物的大鍋，就名正言順地成了基督教的神聖器皿。

這兩個傳說的融合乃於13世紀的法國進行。留下許多亞瑟王傳說的法國詩人克里蒂安・德・托瓦[1]，在他最後的生涯裡創作了一部叫做《聖杯傳說》的作品。作者並未完成這部作品，後世有詩人曾思考故事後續發展，試圖為此傳說寫成結局。正因如此，融合了塞爾特民間故事與基督教故事的傳說，才得以藉著克里蒂安的作品，廣傳於世。

經過前述過程，跟聖杯、聖槍（指隆基努斯之槍）有關的故事，遂成了亞瑟王傳說的主要題材。這些故事被安插在亞瑟王時代從魔法師**梅林**及**斷鋼神劍**等塞爾特魔法，開始移行至聖杯及聖槍等基督教奇蹟的關鍵位置上，有極重要的意義。

（→聖遺物）

聖槍

Holy Lance　　　　　　　　　　　　　聖槍

■物品●傳說

（→隆基努斯之槍）

順勢巫術

Homoeopatic Magic　　　　　　　　　類感魔術

■魔法●歷史小說傳說

《金枝》作者、英國名人類學家弗雷澤（J.G. Frazer）所提倡的魔法基本原理。順勢巫術是和**接觸巫術**成對的原理，兩者也常合稱為**交感巫術**。

順勢巫術又名「相似律」。簡單來說就是「同類相生」的想法。

用釘子或針扎刺依著憎恨對象的模樣做成的人偶這種魔法，在世界上為數頗多，例如日本的**丑時參咒**、海地的**巫毒娃娃**，便是這種以相似律為背景之魔法的著名例子。因為人們期待藉由傷害仿照對方外型的人偶，會讓對方本人受到同種傷害效果的波及。也有與人偶的例子相反，而以「獲得」影響為目的的順勢巫術。這種法術的典型例子，就是讓自己變得像勇猛動物（獵豹或獅子）一樣強大的身體彩繪。希望透過和強悍生物擁有共通性這一點，好讓自己擁有獵豹的敏捷或是獅子的力量（**圖騰信仰**）。

另外還有應用這種原理，為了得到想要的成果，而事先模仿行動成果的巫術存在。例如會在獵捕獵物前，先去做本來該在捕到獵物後才會進行的行為；或者為了招來未在當季出現的魚，會在漁場裡放下魚的模型。這些都是因為人們相信在模仿結果後，現實中也會照樣產生這種結果之故。

在形象上，相同性會對現實產生影響。順勢巫術正是以這種古代社會中普遍存有的想法為基礎的法術。正因如此，想藉由擬似的模仿行為來操縱現實的法術普遍存在於全世界中。

本地垂跡說

Honji-suijaku-setsu　　　　　　　　　本地垂迹說

■體系●歷史傳說

神佛習合（令日本的**神道**與外來的佛教相融合的思想[2]）中的一種思想，認為日本眾神乃是佛教諸佛以日本神外型現身而來。盛行於平安時代（794～1184）到鎌倉時代（1185～1333）間。

原本在法華經[3]中，便有**釋迦**本是永遠不滅之佛，而為救世人才化為肉身布教（垂跡）[4]之思想，將此思想挪用到神道中神與佛之關係上後所形成的，便是本地垂跡說。

當然，也有日本眾神才是真身（本地），諸佛不過只是垂跡的「反本地垂跡說」存在。特別是伊勢神道[5]又將**密宗**中胎藏、金剛**曼荼**

羅的二元論挪用到內宮、外宮的關係上，並吸收**道教**、**陰陽道**的思想，撰寫了《神道五部書》，強化了「神本佛跡說」[6]。由於這些緣故，進入室町時代（1392～1573）後本地垂跡說便轉為式微，但神佛習合的大方向卻未有改變。

（→熊野三山、伊邪那岐・伊邪那美）

有角神

Horned God	有角神

■生物●歷史傳說

在歐洲各地的古代宗教中，常常出現「有角」的神明。

希臘的牧神潘（Pan）、塞爾特的的克弩諾斯（Cernunnos）、腓尼基的摩洛（Moloch）等有角神，全都擁有強烈的豐收神性質。因為動物的角這種東西，在古代曾長期被當作生命力、生殖的象徵。

這些相關生命（豐收）的眾神傳統（祈禱豐收的祭典），因與民眾的生活關係密切所以淵遠流長，在基督宗教廣泛滲透後仍殘存了下來。只是，有角神的祭典儀式中，含有許多性方面的中心教義，多到作為極端禁欲的救世宗教——基督宗教無法忍受的地步（由於是豐收、多產的象徵，這也是理所當然）。因此有角神的形象被教會方面的人視作必須唾棄的偶像，在不久後又將它改頭換面為指導**女巫**召開**魔宴**的**惡魔**。山羊頭人類軀體的典型中世紀惡魔形象的遙遠起源，便是這種有角神。

在近代女巫剛開始平反時，有角神曾被認為是她們的守護神。然而隨著民俗學調查的進展，中世紀時曾位居主流的「女巫的神＝有角神」的觀念結構卻成為末流，改為對**太母神**的信仰才被當成是主要重點。強力提出在古代信仰中，男性的有角神乃是女性神格的大地母神（太母神）之隨侍神（配偶）（在這種傾向中，受到要從男性宰制中解放女性之女權運動濃厚影響的色彩）。因此，在現代，即使是在女巫之中，有角神仍不太遭到重視。

---

1 克里蒂安・德・托瓦（Chretien de Troyes）為12世紀後半，於法國香檳地區（Champagne，位於法國東北部）進行創作的詩人。他在特魯瓦（Troyes，香檳區內的古城）的創作生涯始於何時、終於何時不得而知，然據其妻所遺下的記述顯示，克里蒂安在1160～1181年間確實是在特魯瓦進行創作，這或許是因為其資助者香檳區女伯爵瑪莉（Countess Marie de Champagne）的宮廷正位於此處的緣故。

　　克里蒂安最主要的四個韻詩作品是：《艾力與伊尼德》（Erec and Enide，1170）、《克里傑斯》（Cliges，1176）、《獅騎士伊文》（Yvain, the Knight of the Lion）、《馬車騎士蘭斯洛》（Lancelot, the Knight of the Cart），後二者成於1177～1181年間。《蘭斯洛》的最後一千行是由戈弗萊・德・列格尼（Godefroi de Lagny）所著，不過這很明顯是出自克里蒂安的特意安排。1181年，克里蒂安編著《高盧人帕西法爾》（Perceval le Gallois），獻給他晚年的摯友法蘭德斯伯爵菲利普（Count Philip de Flanders）。

2 「神佛習合」中的「神」乃是指神道教。

3 法華經全名《妙法蓮華經》，後秦鳩摩羅什所譯，共七卷。為天台宗與日本日蓮宗的教理依據。

4 日本佛教用語。指佛或菩薩為救世人而以日本神祇形象現身之事。又，日文中的「本地」一詞，乃有「真面目」、「本體」之意，用於佛教中則是指相對於垂跡身（諸佛菩薩為世人現身時化出的型態）的真身。例如「熊野權現」（Yuyagongen，一日本神明）的「本地」即是阿彌陀如來。

5 伊勢神道為鎌倉時代（1185～1333）時由伊勢神宮外宮（一神道神社）之神官度會家行（Watarai Ieyuki）所創建之神道思想，提倡外宮的地位與內宮相等。內宮、外宮分別是指皇大神宮與豐受大神宮兩座神社；前者祭祀天照大神，後者祭祀豐受大神，兩者皆位屬於今位於三重縣伊勢市的伊勢神宮。

6 《神道五部書》為伊勢神道的五部主要經典，內容主要述說內、外宮之由來，認為外宮地位應在內宮之上。「神本佛跡說」即指前文的「反本地垂跡說」。

獨角獸的角

Horn of Unicorn　　　　　　　ユニコーンの角
■物品●歷史傳說小說

　　據說獨角獸的角磨成的粉末，吃下去後能治療一切疾病，並且還能解毒。

　　獨角獸早先在希臘歷史學家克特西亞司（Ctesias）關於印度方面的著作中被介紹過。後來又與聖母馬利亞產生連結，被附加上只有處女才能誘捕牠的傳說。

　　對中世紀的貴族而言，擁有獨角獸的角乃是極其榮譽之事。獨角獸的角被以高價進行買賣。就連英國的伊莉莎白女王（Elizabeth）也曾炫耀過溫莎堡（Windser）內保管有獨角獸的角之事。

　　到了17世紀，由於丹麥的動物學者奧爾·弗魯姆證明了這些角其實是獨角鯨（narwhal）的角，所以它們失去了獨角獸之角的價值。

（→光榮之手、藥草魔法）

星盤

Horoscope　　　　　　　　　ホロスコープ
■概念●歷史傳說

　　西洋占星術裡，呈現某時點**行星**、太陽、**月亮**和黃道十二宮位置的模式圖。此字原本是希臘語裡眺望（Scope）地平線（Horizon）的意思。

　　卜算個人命運時，就必須使用該者出生瞬間的星盤。然而，製作詳細星盤不僅費時費力，還必須具備相當的經驗和判斷力，才能針對各因素所導出的諸多事實進行綜合性的判斷。所以後來才會發展出不需計算星盤的簡便**占卜**，這就是我們平日在報章雜誌常看見的「星座運勢占卜」。

　　這種簡便星座占卜，乃視出生時影響力最強的太陽落入黃道十二宮的哪一宮，藉此進行占卜。由於太陽的運行大致皆可對應至陽曆，所以這種占卜並不需要詳細的天空運行資料。

（→星相）

蹄鐵

Horseshoe　　　　　　　　　蹄铁
■物品●傳說

　　歐洲與伊斯蘭教文化圈認為蹄鐵能藉**鐵**的力量防止邪氣侵襲，皆將其視為**驅魔符**或是幸運符。蹄鐵大致上有下列效果：將蹄鐵釘在住家、教會或是馬廄等建築的門口上，就不會有**惡魔**與妖精侵入；把蹄鐵掛在煙囪上就能防止**女巫**騎著掃帚來擾；將其釘在床架上則能斥退惡夢與男夜魔[1]。

　　此外，將蹄鐵當作驅魔符使用時，蹄鐵的兩端應當朝下；若將蹄鐵作為幸運符使用，（為免幸運溢失）則應維持兩端朝上呈容器狀。就連第二次世界大戰時，德國人也曾在戰車釘蹄鐵祈求幸運來到。

H. P. 洛夫克萊夫特

Howard Philips Lovecraft　　　　H.P.ラブクラフト
■人物●歷史小說

　　霍華·菲力普·洛夫克萊夫特（1890～1937）是美國的神怪小說家。創設了至今仍受書迷熱愛的自創神話——**克蘇魯神話**。

　　出生於羅德島州的普洛維頓斯市（Providence）。打從出生便體弱多病，且由於幼年時父親精神異常，因此有著敏感而纖弱的孩提時代。

　　約自24歲時起以替人潤稿為職業。1917年開始在同人誌上撰寫小說，1923年在《奇詭故事》（Weird Tales）[2]發表「大袞」（Dagon）出道。1937年死於腸癌。

　　他絕非事業成功的作家。生前出版的作品也只有一冊。但儘管如此，他對後輩的影響，即使是和同時代的其他高明作家相比也不遜色。當然一方面是因為他努力想在驚悚領域中

創新，但他成名的最大理由主要還是因為創立了「克蘇魯神話」。

克蘇魯神話同時也引發了洛夫克萊夫特身為作家的才能。接著撰寫克蘇魯神話的後進作家大多對他推崇備至，還會讓他在自己的作品中登場。

以克蘇魯神話作品群中登場的真實人物來說，恐怕沒有登場次數能超越洛夫克萊夫特的角色。

羅伯·布洛奇（Robert Albert Bloch）打洛夫克萊夫特在世時起，便讓以他為模特兒的角色在書中出現。而以羅伯特為首，還有許多作家也讓以洛夫克萊夫特為原形的角色，或是他本人在克蘇魯神話作品群中登場。在多數的場合中，他多半體弱多病且有些敏感，時而陰沉時而傲慢，並精通魔法知識；以協助作品中的主角、類似「賢者」的身分登場。有時也會直接擔任主角。

或許享年46歲早逝的洛夫克萊夫特，今後也還會在克蘇魯神的作品中出場，繼續存活下去。

黃帝

Huang-ti　　　　　　　　　　　　　　黃帝

■人物●傳說

古代傳說中的帝王，是中國神話裡最偉大的君王。原名軒轅氏。

炎帝**神農氏**統治中原傳至八代後，失德而天下大亂，於是黃帝便舉兵破炎帝子孫於涿鹿[3]，奪得天下。此時黃帝並未殲滅神農氏子孫，並將神農氏封為南方之王。這應該是因為

中國自古便有的**祖靈**信仰所致吧！

黃帝治績極為卓著，民康物阜。伏羲、神農與黃帝這三位帝王，合稱為「三聖」或「三皇」。除三皇以外，黃帝也是「五帝」之首；就連司馬遷作《史記》時，也因為三皇只是傳說而不予編入，而是從以黃帝為首的五帝開始記載。黃帝統治期間曾逢蚩尤[4]舉兵叛亂，幸有**西王母**與應龍相助，才順利平定。

相傳黃帝發明曆法、**樂器**、房屋、衣服、養蠶等，還窮究森羅萬象之根源──「**氣**」，寫成二百九十七卷的《黃帝內經》。此著除第九卷的部分內容外，盡皆散佚，不過在這殘缺的書卷裡仍有與「氣」相關的極重大思想，是為求**長生不老**修行者的必讀經典。由於黃帝功績卓著，中國人皆自稱是黃帝子孫，尚且稱**道教**為「黃老之道」。

活人祭獻（塞爾特）

Human Sacrifice　　　　　　　　　人身御供（ケルト）

■儀式●歷史傳說

塞爾特民族有種以活祭品祭拜諸神的風俗。活祭品通常都是已去勢的公牛，不過進行重要儀式時，經常會使用活人當作祭品。

對信奉人稱「喜好流血的神」眾神的塞爾特人來說，獻祭供牲是撫慰眾神、迎合神意，乃極為必要而且理所當然的宗教儀式。塞爾特宗教觀乃建立於**轉世**思想之上，所以塞爾特人並不甚拒斥肉體的死亡，對奪去他者生命也不會覺得有何不妥。塞爾特人皆能接受這樣的宗教觀：若欲從眾神祇得到生命，就必須以等價生命獻給眾神。因此平時必須奮勇作戰、水火

1　男夜魔（Incubus）在拉丁語中有「騎在上方者」之意。男夜魔於入夜後坐在入睡女子胸上（此即名稱由來）讓她做惡夢。有時會與沉睡的女性交合。

2　創刊於1923年之平價雜誌，刊登神怪、奇幻、科幻小說。

3　當時炎帝神農氏衰微，各部族互相征戰侵略。黃帝軒轅氏征伐不朝者，諸侯都來歸附。此時南方的九黎君長蚩尤興兵作亂，黃帝遂聯合諸侯與蚩尤大戰於涿鹿，擒殺蚩尤。

4　請參照本書第47頁譯注。

裡來去的塞爾特人，就會事先獻上活人祭獻請求諸神保障自己的生命，或是立誓待戰事順利結束後再獻活祭品。此外，塞爾特人在進行重要宗教儀式時，也會向諸神獻上活人祭品。

活人祭獻儀式乃由僧侶階級**德魯伊**負責主持執行。

根據紀錄，活人祭獻的作法極為多樣化，有時將人按在水盆裡溺死，有時將人吊死在樹上，有時則將許多人塞在用柳枝乾草編成的巨像裡點火燒死，不一而足，不過每位神祇似乎都有固定的獻祭方法。他們相信罪人的生命最討諸神喜歡，然若罪人人數不足，也可以選擇身心健康者作為活祭品。

活祭儀式對塞爾特人來說極為重要。他們相信日常生活的每件事皆須得到神的看顧；倘若失去神的守護，將對家族的繁榮、自己的來世造成決定性的負面影響。因此，拒絕為罪人舉行儀式，就是執掌儀式的德魯伊對罪人最嚴重的懲罰。這種罪人會變成眾神皆棄而不顧的不潔存在，周遭眾人對其視而不見，遭到社會的抹殺。

（→**犧牲**）

易卜劣廝[1]

Iblis　　　　　　　　　　　イブリース

■生物●傳說

（→**撒旦**）

《易經》

I Ching　　　　　　　　　　　易経

■作品●歷史

寫**易**的經典。應是成立於春秋時代初期。其雛型成於周代，故又稱《周易》，亦可簡稱為《易》。

《易經》整體的結構是由詮釋易的《繫辭傳上下》、抽象敘述六十四**卦**所象徵事態的《卦辭》及其解說《彖傳》、描述每卦下六爻意涵的《爻辭》及其解說《象傳》等各部所構成。

記述六十四卦及其說明的《卦辭》、《爻辭》合稱為《經》，記載對易的詮釋及其解說的《彖傳》、《象傳》則合稱為《傳》。

《易經》其實就是**占卜**的說明書、指導手冊；根據許多人龐大的經驗與命運寫成的《經》與《傳》其意義不僅止於此，它還具有足使讀者思考人生意義的深度。以變化無常思想為背景的易基本思想雖然蘊育出近似道家思想的概念，卻同時被列入**儒教**經典，長期為人閱讀，這應該是因為其人生哲學追求道義的緣故吧！

此外，《易經》所述**八卦·六十四卦**就是呈現構築世界各具象變化之概念，簡單地說也就是全宇宙的縮圖。完全習得解讀卦的技術，就等於習得掌握世界運行法則、應對自如的力量，也就是得到了相當於諸神的力量。是以欲成**仙人**者必學《易經》。再怎麼說，過去從未有身為凡人便即修得此等力量者。

占卜畢竟只是以個人命運為對象的技術，易卻是能掌握、預知世界變化，為應對諸多變化而生的技術。易可謂是為探究世界而修習的學問。正是因此，易才會成為**道教**教典，被奉為探索宇宙神祕奧義之法。

惡靈

Ifrit　　　　　　　　　　　イフリート

■生物●傳說

（→**鎮尼**）

長生不老

Immortality　　　　　　　　　不老不死

■魔法●歷史小說

魔法師的究極目標之一，就是要得到永恆不變的生命。西方有**鍊金術**師為究明世界真理而重複進行實驗，東方有無數**道士**日夜修行想要變成**仙人**，其實東西雙方目的都是要得到長生不老的生命。

儘管這個目標看來荒唐無稽至極，卻也有極少數曾經達此目標（或是普遍認為該者已達成目標）的魔法師存在。西方（歐洲地區）的**聖日門伯爵**，東方（亞洲地區）傳說中的神仙，都是極具代表性的例子。

細究前述案例可以發現，不論中外東西，藥物似乎皆扮演著相當重要的角色。聖日門伯爵就是利用他學得的鍊金術奧祕，進而發現不老的妙藥，而極欲成仙的秦始皇更是千方百計地想要得到仙藥。各國神話裡也是同樣，譬如印度的**蘇摩酒**、希臘神話裡的神酒（Nectar），都是能賦予人與神明相同的不滅生命之酒或萃取飲料——也就是藥物。長生不老可藉藥物達成，其實是世界各國共通的概念。

然而，魔法師是否曾發現真正的長生不老之藥，仍是很大的疑問。就拿前述實案例來說，非但從來沒有人因為購買聖日門伯爵販賣的不老藥因而長生不老，秦始皇也是盡信方士之言，飲用過多水銀中毒而亡。據傳以發現長生不老藥為目標的**薔薇十字團**初期團員們便曾達此目標，至今仍隱居在喜瑪拉雅山的深處，不過此說並無任何證據。

不會衰老且永遠不滅的肉體……人類終究還是無法如此簡單就能解開此祕密。

木幣

Inau　　　　　　　　　　　　　　　　イナウ

■物品●歷史傳說

一種形似日本**神道**教的御幣[2]，用柳樹或山茱萸樹削製而成的物品。木幣是愛努人[3]常用來獻給神明（音譯為**卡姆伊**）的贈禮。順帶一提，御幣則是種將白紙剪裁成長條狀後夾在木柄上製成的祭神道具，又名「幣束」。

愛努人通常將木幣當作感謝神明的供品來奉納神明。不過愛努人與愛努神明兩者的立場對等，所以木幣也是愛努神明確實恪守其職的證明。有時神明甚至還會托夢跟愛努人索討木幣。

舉例來說，當愛努人自己、家人或村子（科塘）蒙受災害時，神就會出現在愛努人的夢裡提供建言。若神的建言奏效，愛努人就會藉木幣以表感謝之意，獻給神明。不過在極少數狀況之下，愛努神也會將木幣分贈給其他神明。

木幣本身並無魔力，不過神明得到木幣後法力就會倍增。此外許多神明常常會將木幣當成紀念品，將木幣從愛努之國帶回神之國。愛努神必須帶著愛努人送的禮物才能返回神之國，而木幣最得眾神喜好。

在某些日本故事裡，神道教的神祇八幡神[4]也曾向人類索討木幣，可見非愛努神祇可能也相當喜歡木幣。

1　易卜劣廝為伊斯蘭教的惡魔王、墮落天使。相當於基督宗教中的「路西法」。據可蘭經記載，神造人祖阿丹（Adam）命眾天使「跪拜他」時，唯易卜劣廝拒絕，因此被逐出天國成為惡魔之王。

2　御幣是將撕裂的麻布或折疊好的紙夾在細長形木棒上製成的祭具。常用來驅逐惡靈。

3　主要居住在北海道的原住民。居住範圍曾經遍及庫頁島、千島群島、日本東北地方。以漁獵、採集維生。在明治政府的同化政策之下，其生活型態與傳統文化已遭到徹底破壞。

4　八幡神為最早神佛習合（神佛混淆）的日本神。原本是豐前國（現大分縣）宇佐地區的農業神。他是保護佛教、護國之神，因此781年受贈「大菩薩」號；自此許多佛寺都會請八幡神鎮守寺院。

樂器

Instruments 楽器

■物品●歷史

魔法儀式有不少常用的道具,樂器便是其一。

這種傾向尤以**咒術**性儀式更強。為營造使術者容易進入**恍惚狀態**的精神狀態,儀式經常會使用鼓聲、鈴聲或笛子演奏。

原則上此類咒術儀式(基本上都是**附身**儀式)不使用複雜的樂器。因為他們演奏樂器的目的,是要使聽聞者的宗教情緒逐漸提高亢奮,將其導入擬似催眠的狀態。所以像鋼琴或小提琴等旋律多變的樂器,還不如鼓聲、拍手或鈴聲等單純的打擊樂器、管樂器的單調節奏來得適用。

此類樂器通常皆被視為重要的咒術道具慎重保管,非舉行儀式不能使用。

（→咒歌、嘯、舞樂）

鐵

Iron 鉄

■物品●傳說小說

由於鐵堅硬銳利、常被用來製造武器,因此人類普遍相信鐵有招致死亡的不祥力量。希臘的赫西俄德[1]曾將歷史分成**金**、**銀**、**銅**、**鐵**四個時代,並認為當時是鐵的時代,世人冷漠無情相互猜忌、到處充滿戰亂,世界不久之後就會滅亡。正如德國俾斯麥[2]的綽號「鐵血宰相」,鐵也是冷酷無情的象徵。

然而另一方面,鐵也是能夠守護人類不受古老力量侵犯的**驅魔符**。西歐地區認為**女巫**無法接近或跨越鐵塊,所以會在住家出入口的樓梯底下暗埋小刀,並且在大門的上方釘上**蹄鐵**。有趣的是,非但女巫會使用鐵製的**大鍋**,**莎士比亞**戲劇裡哈姆雷特[3]父親的亡靈,還能身穿鐵甲在城堡裡遊蕩。

伊田子

Itako イタコ

■人物●歷史傳說

分布於日本東北地方,尤其是青森縣津輕地區的民間巫女。幾乎所有伊田子全是眼盲的巫女。

世家門第請伊田子做法事時,伊田子初日會先供奉御志羅樣[4],翌日再行口寄[5]請佛附身。由於現今御志羅樣信仰業已荒廢,伊田子大多只能靠著口寄召喚亡者之魂以維持生計。

（→巫）

伊邪那岐・伊邪那美

Izanagi Izanami イザナギ・イザナミ

■人物●傳說

漢字可以寫成「伊奘諾命・伊奘冉命」。

日本神話中創造大地的夫妻神,也是神世七代[6]的最末代兩位神祇。

有人認為此二柱神名原意為「主動的男性」與「主動的女性」[7],但實際如何仍不得而知。

從伊邪那岐・伊邪那美神話中抽取出神話的主題,我們就會發現一些很有趣的現象。伊邪那岐・伊邪那美創造地上國度的時候,用天沼矛[8]「攪拌世界」的情節,與北方、內陸的阿爾泰語系[9]遊牧民族的神話頗為類似;此二柱神第一胎產下身體有缺陷的嬰兒[10]的情節則可見於南太平洋玻里尼西亞一帶的神話中。此外,伊邪那岐下黃泉的神話主題,則是與希臘的奧菲斯神話(奧菲斯乃豎琴名家,後來他的豎琴就成為天琴座)一致。

有上述諸多證據,就是說伊邪那岐・伊邪那美相關神話故事是汎世界神話主題的集合體也並不為過。

因**本地垂跡說**而興起的神佛習合[11]信仰裡,伊邪那岐・伊邪那美乃以伊遮那天為根據

地，若向上追溯其印度神格則可追至濕婆神[12]。 另外也有人認為此二柱神後來變成了居於六欲 天的第六天魔王，也就是他化自在天[13]。此處 說明恐有畫蛇添足之虞：這類神話論當中，夫

---

1. 赫西俄德（Hesiod）乃希臘詩人。被稱為教誨詩之父。約前八世紀生於彼奧提亞（Boeotia，位於今希臘東部）。著有《諸神譜系》（Theogony），敘述自宇宙初始起，希臘各時期神靈及英雄的來源和譜系。將希臘民間流傳的各種傳說和神話故事匯集整理，加以系統化，並以詩歌形式宣傳哲理及警世格言。是研究古希臘宗教的重要文獻資料。

2. 俾斯麥（Karl Otto E.L. von Bismarck，1815～1898）為德國政治家，西元1871年任首相，後召集柏林會議，自任議長。曾破法帝拿破崙三世之軍，統一日耳曼諸邦，建德意志帝國。屬行軍國主義，手腕強硬，有鐵血宰相之稱。

3. 哈姆雷特（Hamlet）為莎士比亞的四大悲劇之一，1600年初演。敘述丹麥王遭妻妃及弟弟所害，王子哈姆雷特矢志復仇，卻因疑慮不決終歸失敗，並慘遭殺害。後指多疑而少決斷的性格為「哈姆雷特型」。

4. 御志羅樣是日本東北、關東、中部地方民間信仰的神祇。在東北地區多以桑樹等木材將其雕刻成男女或馬頭模樣、穿著衣裳的木偶，高約30公分。當地居民多視之為農業神明崇拜。伊田子等巫女時常會誦唱祭文以祭奉之。關東、中部地方則多視之為蠶神，常藉手持桑樹枝的女性畫像呈現其形象。

5. 日本的巫女應他人要求，讓神靈或亡靈附於自身上，用語言傳達意志的召喚術。

6. 神世是指歷史開始以前的神話時代，此時共有七代十二位神祇。一、國之常立神、豐雲野神。二、宇比地邇神、妹須比智邇神。三、角杙神、妹活杙神。四、意富斗能地神、妹大斗乃辨神。五、淤母陀流神。六、妹阿爾訶志古泥神。七、伊邪那岐神、妹伊邪那美神。此處的「妹」字有兩種解釋，一種是指「妻子」，另一種則是指「女性」。

7. 「主動的男性」與「主動的女性」：原文為「誘う男」與「誘う女」，意指主動與人建立男女關係的男性與女性。

8. 伊邪那岐與伊邪那美創造地上世界時所使用的道具。他們首先用天沼矛攪拌地上世界的混沌，從矛尖上滴落的海水形成了淤能碁呂島；接下來他們又以淤能碁呂島為據點，陸續生下日本國土及下一代諸神。

9. 阿爾泰語系為語言學家按語言系屬分類方法劃分的一組語群，包括60多種語言，該語系人口約為2.5億，主要集中於中亞及其鄰近地區，語系主要由各時期入侵者帶來的語言和當地語言互相融合形成。「阿爾泰語系」主要有突厥語族、蒙古語族、通古斯語族和韓日—琉球語族這四個分支。「阿爾泰語系」主要以單母音為主，每個詞都有固定的重音。句子的排列一般主詞在前，謂語在後，賓語在中間。

10. 身體有缺陷的嬰兒名為「蛭子」。據《古事記》記載，蛭子是伊邪那岐與伊邪那美創造日本國土時，無法成為國土的失敗品；《日本書紀》則是稱蛭子為欠缺統治者資格的殘障兒童。中世後成為惠比壽神為人信奉。

11. 神佛習合指結合了日本原生神祇與外來佛教的信仰。早在奈良時代，佛教寺院裡便祭有日本神，而神社內則是建有神宮寺。到平安時代本地垂跡說才正式開始流行，始有兩部神道等信仰成立。又稱做「神佛混淆」。

12. 濕婆（Siva）為婆羅門教和印度教主神之一，即毀滅之神、苦行之神、舞蹈之神。與梵天、毗濕奴並稱為婆羅門教和印度教三大主神。印度教認為「毀滅」有「再生」的意思，故表示生殖能力的男性生殖器「林伽」（Linga）被認為是他的象徵，受到教徒的崇拜。據稱他終年在喜馬拉雅山上修苦行；還善於跳舞，是剛柔兩種舞蹈的創造者，被稱為「舞王」。

13. 他化自在天是佛教裡的惡鬼，也就是魔羅（Mara）。魔羅總是以誘惑、威脅等方法企圖阻礙修行者修行。「魔羅」二字原意也有「男根」的意思。換言之，「魔羅」本身就具有「妨礙修行的煩惱」的意涵。魔羅常會問修行者：「捨棄了快樂，人生有何意義？」象徵欲望的他化自在天居於須彌山世界欲界天最上層。欲界天仍屬於輪迴的範圍，若不能捨棄欲望、開悟成道，就無法向更高的境界。凡是尚未開悟的人，就一律在他化自在天的掌控中。所以所謂成佛，就是要跳脫他化自在天的掌控，亦即戰勝魔羅的誘惑。

妻神裡的妻神通常都是夫神「性的力量（**夏克提**）」外在化所形成的神格。濕婆神與波哩婆提[1]就是最典型的例子。

伊邪那岐流

Izanagi-ryu　　　　　　　　　いざなぎ流

■體系●歷史傳說

　　統稱流傳於高知縣香美郡物部村的民間**陰陽道**。

　　這個村子流傳有平家的遺民傳說，並且因為山岳地形而處於與外界隔離的半孤立狀態；村子裡有種名為「太夫」的職位，負責執行所有神事、主持**咒術**或祈禱等各種儀式。太夫與伊邪那岐陰陽道恐怕從來不曾流傳至物部村以外的地方。

　　雖然物部村與外界隔離，不過村內流傳的陰陽道卻不似日本中世時代陰陽道那般純粹。伊邪那岐流陰陽道非但摻雜有**密宗**、**修驗道**、**神道**、惠比壽[2]信仰等各種宗教與咒法，甚至還吸收了傀儡[3]與**舞樂**等流浪民族的藝能。

　　根據物部村的傳說，最初有位名叫天中姬的巫女，得到天竺的伊邪那岐大王傳授伊邪那岐流的祈禱法並獲頒博士封號，伊邪那岐流始得興起。

　　由於伊邪那岐流也屬陰陽道支派，所以太夫也能號令**式神**。伊邪那岐流稱詛咒他人為「打式」，可見一斑。不過伊邪那岐流則是稱式神為「式王子」；此外此流召喚式神的**咒文**「魔炎不動明王火炎不動明王……」也異於尋常陰陽道，反而比較類似於**護法童子**之法。

闍陀伽

Jataka　　　　　　　　　　ジャータカ

■概念●傳說

（→**本生譚**）

《本生譚》

Jataka　　　　　　　　　　本生譚

■作品●傳說

　　據說佛教之祖佛陀（**釋迦**）為成佛而數度經歷生死修行之際，曾經有許許多多的善行（也曾做過極少數的惡行）。這些前世的故事就叫做本生譚（闍陀迦）。

　　本生譚的主角有時是國王，有時是婆羅門[4]，有時是賤民[5]，有時是兔，有時是鹿；這些全都是佛陀的前世。大部分故事是在說自我犧牲與忍耐的道理。另一方面，本生譚也是很有趣的故事集，曾經流傳至東西方，對各地的民間傳說、故事集（如天方夜譚、伊索寓言等）都有一定的影響。

（→**轉生**）

耶穌

Jesus　　　　　　　　　　イエス

■人物●歷史

　　基督教的創立者。

　　翻閱早期佛典記載，不曾看見**釋迦**有行使奇蹟的紀錄；**穆罕默德**則是打從一開始就宣言自己不會行使任何奇蹟。耶穌的老師洗禮者約翰[6]也從來不曾行過任何奇蹟，相對地耶穌卻堂堂地行使奇蹟（至少聖經的四福音書是如此記錄。這些福音書成立於2至3世紀）。整個四福音書裡總共記錄有21則使漁獲量大增的奇蹟，還有16則治癒病患、3則使**死者復活**、6則驅趕**惡魔**（Demon）的奇蹟，以及8則其他種

類的奇蹟。

耶穌在行使奇蹟的時候，既不必誦唱**咒文**，也不曾進行過儀式。有時他只是將手放在痲瘋病[7]患者頭上，患者的疾病便即痊癒；有時他只是對無法行走的人說「站起來」，那人馬上就能站立行走。就連對耶穌懷恨在心的學者們也無法否定耶穌的奇蹟，只能以「他是以鬼王別西卜[8]之名驅趕惡魔」批評攻擊。

姑且不論究竟耶穌是否能夠行使奇蹟，他身旁的絕大多數人應該都是期待他身為救世主的「實際能力」，才會去親近他的。

僵尸

Jiang-shi　　　　　　　　　　　　　　　僵尸

■生物●傳說

姜子牙

Jiang-ziya　　　　　　　　　　　　　　　姜子牙

■人物●歷史傳說小說

古代中國的**兵法**家、政治家。西元前11世紀左右的人物。姜子牙姓姜、呂氏[9]、名尚、字子牙，多以呂尚或姜子牙這兩種名字稱呼之。

姜子牙在殷商王朝末期，仕於周之姬昌，任軍師職。當時姬昌恰巧路經正在垂釣的姜子牙，攀談後深深感佩其見識之高，遂請姜子牙出任軍師。姬昌早已事先藉**易**占得知，當日會有幫助自己的貴人出現。由於姬昌的父親（太公）曾經說過：「聖人仕周，則周日趨繁盛」，姬昌才會說：「吾太公望子久矣。」號之曰「太公望」。

姬昌死後，姜子牙繼續輔佐姬昌子姬發。時逢商紂惡逆非道，民皆恨紂入骨、引頸期盼救世主出現。姜子牙助姬發舉兵，於牧野之戰

1　波哩婆提（Parvati）可意譯為「雪山神女」，亦稱「喜馬拉雅山之女」。她美麗、溫柔，愛上了在雪山修苦行的濕婆。因陀羅派愛神去引誘濕婆愛慕波哩婆提，觸怒了濕婆，被他用第三隻眼睛的神火燒毀。以後波哩婆提修了千年苦行，終於成為濕婆的妻子。

2　惠比壽乃七福神之一。是廣為日本人信仰的生意興盛、福氣之神，也是兵庫縣西宮神社的祭神。自古便是漁民所信仰的漁獲豐收神，同時他也是位農業神。其神像身穿狩衣、頭戴烏帽子，右手持釣竿、左手抱著鯛魚。

3　平安時代以後流行，操縱人偶、演唱「今樣歌」的一種表演。

4　婆羅門為梵文Brahmana的音譯，音譯「清淨」。印度的第一種姓，也就是貴族階級。為古印度一切知識的壟斷者，自認為是印度社會的「最勝種姓」。

5　請參照第11頁譯注。

6　約翰（Iohannes）一譯「若望」。基督教《聖經》故事人物。耶穌十二使徒之一。被稱做「耶穌所愛的那個門徒」。耶穌死前在進最後晚餐時枕首於約翰胸前；耶穌被釘十字架時，和耶穌之母馬利亞以及一些婦女同侍於十字架旁，接受耶穌臨終囑託。耶穌死後，將馬利亞接至家中照看。

7　痲瘋病（Leprosy）是由一種類似結合分枝桿菌的痲瘋分枝桿菌引起，1873年由挪威醫師漢森發現，故又名「漢森氏病」（Hansen's Disease）。為接觸傳染，潛伏期很長，常侵犯皮膚黏膜及末梢神經，引起浮腫、喪失知覺、脫色等症狀。神經嚴重受損者，則會引起癱瘓，甚至造成手指、腳指向內彎曲。早期治療，可防止殘障或其他機能性障礙。

8　別西卜（Beelzebub）原本是迦南人的神巴力西卜（Baal-zebul），其意思是「天上的主人」；在阿卡德語（Akkad）裡則是「王子之主」的意思。《新約聖經》的「馬太福音」、「路加福音」中提到，耶穌幫一名被鬼附身的聾啞人趕鬼，卻被人指責：「這個人趕鬼無非是靠著鬼王別西卜啊！」耶穌答道：「我若靠著別西卜趕鬼、你們的子弟趕鬼，又靠著誰呢？這樣，他們就要斷定你們的是非。」

9　本姓姜，其先祖封於呂，從其封姓，故稱「呂尚」。

大敗殷商大軍，逼得紂王自盡，終於建立周朝。後姬昌封其於齊，姜子牙治國尊重齊地習俗，頗有治績。

姜子牙是位優秀的參謀，又發揮政治家手腕剔除惡王造福萬民，是以民皆祭之為神。

《封神演義》是部描述商周王朝交替更迭的小說。姜子牙是這部小說的主角，是位已經完成**仙人**修行的**道士**，能使用各種仙術，還將許多道士納為部下，為建立周朝而戰。

身為道士，姜子牙除了能藉易占預知未來以外，還能使用在各水域間移動的法術，以及帶著眾人騰空至相當距離外等法術。《封神演義》裡姜子牙還能控制天候，讓初夏時節天降瑞雪，使敵軍瀕臨凍死絕境。不過跟《封神演義》裡的其他仙人、道士比較起來，姜子牙的實力其實並不特別突出。在戰場上與敵方仙人或妖怪對峙時，姜子牙仍須依賴各種**寶貝**才能抗衡。他的看家本領，其實是調遣眾多通曉各種法術的道士、運籌帷幄的指揮能力。

《封神演義》故事的最後，大戰結束完成任務的道士們把姜子牙留在人間就此歸去。此情節可謂是象徵著姜子牙的其中一個面向。

其實中國的兵法原本就是由神祕的**咒術**發展而來。譬如易占成立以後，同樣也隨即被納入兵法體系。就連姜子牙自己面臨大戰在即，也會卜算易占吉凶。古代中國的兵法名家，其實就是法力高強的魔法師。

不過姜子牙所奠定的兵法理論與實踐方法，內容並不僅止於單單咒術與魔法而已。也正是因為如此，姜子牙才會被後世奉為兵法家之祖。

就某個意義層面來說，姜子牙也可以說是位為中國去除魔法因素的魔法師。

禁咒

Jinzhou　　　　　　　　　　　　　　　　禁呪

■體系●歷史傳說

藉魔法手段禁止某事物的技術。又有禁術、越方（由於禁咒乃屬南方系方術，故名）等稱呼。

禁**氣**則人莫能動彈。禁**蛇**則蛇不現，即使出現也不能害。禁**鬼**魅則就是不知名的鬼魅（無法制服的鬼）也不會現身。禁刃則刀劍滯鈍不能切。這就是禁咒。

《神仙傳》[1]卷五有載，漢武帝時代的劉憑[2]有段故事：

長安商人委託劉憑擔任護衛，不料在山中遭遇數百山賊。只見劉憑運術禁箭鏃，飛矢盡皆反指山賊。起氣禁人則山賊不能動，尚有頭目三人鼻孔流血當場死亡。

《**抱朴子**》至理篇有則禁咒反遭破解的故事。

吳國有位賀將軍，曾經整兵出陣討伐山賊。賊徒當中有善使禁咒者，逢戰官軍刀劍不能拔、飛矢皆返，全無勝算。

此時將軍說道：「吾嘗聞金鐵兵刃能禁，毒蟲亦能禁，唯無刃之兵、無毒之**蟲**不能禁。彼等賊徒縱能禁我兵刃，萬不能禁無刃。」便取來許多堅固的棍棒，使精兵五千持棍棒當先陣。山賊太過依賴禁咒術而鬆懈防備，無法抵抗白木棍棒，禁咒能手也無法禁棍棒此等無刃之物，終於被官兵討平。

（→咒禁）

九曜

Jiuyào　　　　　　　　　　　　　　　　九曜

■概念●傳說

九曜原本是**印度占星術**的概念，除原有的**七曜**之外，再加上羅睺星、計都星這兩顆星體，就是九曜。這兩顆星都是肉眼無法觀察到的凶星。

在現代天文學領域裡，這兩顆星其實並不存在。

羅睺星是顆會吞食太陽或**月亮**、引起「蝕」

現象的黑暗之星。當然，現代人都已經知道這些「蝕」現象乃由地球或月亮造成，而羅喉星其實是顆虛構的星體。從前的人認為，羅喉星位於黃道（太陽軌道）與白道（月球軌道）交叉點當中的降交點（白道潛入黃道下方的交叉點）的位置上。順帶一提，**西洋占星術**稱此點為龍尾（Dragon Tail）。

計都星是個不規則出現在天空、威脅人類的不祥星體。此星應該是指彗星以及全日蝕發生時的日冕光暈。從前同樣也認為計都星位於黃道與白道交點當中的昇交點（白道上昇至黃道上方的交叉點）的位置。西洋占星術稱此交叉點為龍首（Dragon Head）。

另外，羅喉星又被稱為黃幡神，計都星又稱做豹尾神。

成佛

Jobutsu　　　　　　　　　　　　　成仏

■概念●歷史

在佛教世界裡，指人類或神明經過修行變成佛的用語（佛教認為佛的地位高於神）。藉由修行達到更高的階段，乃是許多宗教信徒與魔法實踐者的目標之一。

所謂的佛，就是指克服個人欲望以及對世界的諸多疑問，並達到宇宙真理的「開悟者」。信仰佛教者必須藉由不斷累積修行始得步上開悟之途，終能擺脫肉體與精神的束縛而成佛。這便是成佛，也是信仰的最終目的。

只有少數人能在死亡的時候成佛，能夠**即身成佛**者更是少之又少。大部分的人死後仍無法成佛，必須再度進入**輪迴**。

現代日本則是將死亡解釋成死者拋棄肉體前往佛界，認為死亡就等於是成佛，而且日本人也認為死者終有一日會轉世重生。

然而，若死者仍然在輪迴的循環之中，就不能算是成佛；相反地，已成佛者就能擺脫輪迴，不需再度轉世。可見大部分日本人對這個部分普遍都有誤解。

約翰・迪

John[3] Dee　　　　　　　　　ジョン・ディー

■人物●歷史小說

伊莉莎白時期全英國最頂尖的知識份子，也是位魔法師（1527～1608）。不過時至今日，他身為一位曾經記錄**天使**的語言——**天使語**的神祕學家身分，已遠較學術方面的成就來得有名許多。

誕生於魔法及學問兩者間並無明顯區別的時代，約翰・迪就跟所有知識份子同樣，皆對魔法相關事物懷有很大的（應是學術性的）興趣。尤其跟天信通訊交流更是他的研究重點，據說他曾一面擔任王室的**占星術**師工作，一面四處尋訪有能力的靈能力者。

雖然後來約翰・迪終於找到他心目中貨真價實的**靈媒**，此人卻偏偏是位聲名狼籍的前科犯，名叫愛德華・凱利（Edward Kelley）。

儘管其素行不良，據說凱利非但靈媒能力相當可靠，尚且擁有相當豐富的**神祕學**知識。

---

1 道教書名。東晉葛洪撰。十卷。敘述古代傳說中的八十四個神仙的事跡，除容成公、彭祖二條外，其餘皆《列仙傳》所未載。《漢魏叢書》本鈔合《太平廣記》引文，增為九十二人。《道藏》缺，《道藏精華錄百種》多收盧敖若士、華子期二人。

2 劉憑為漢代仙人。據《神仙傳》記載，劉憑為沛（今屬江蘇）人。有軍功，封壽光金鄉侯。從稷丘子學道，常服石桂英及中嶽石硫黃，年三百餘歲而有少容。擅長禁氣，以法術禁山中數百強盜，皆頓地反手背上，不能復動，張口短氣欲死。漢武帝詔徵至京，試其禁氣法於殿上，劉憑以符擲之，數十絳衣披髮者皆倒地無氣，又解之使起，武帝信服。後入太白山中，數十年復歸鄉里，顏色更少。

3 原書作Jhon，應為筆者謬誤。

兩人經過數次的成功召喚之後，約翰‧迪終於能跟自己引頸期盼的天使進行交流。據說剛開始的時候，約翰‧迪是利用**喀巴拉**來跟天使進行對話，後來天使傳授其天使語，自此雙方便以天使語進行溝通。

然而另一方面，約翰‧迪與凱利卻是漸行漸遠。天使是借用凱利的嘴巴對約翰‧迪說話，但是話語內容卻慢慢開始不經意地偏向鄙俗淫猥之事。就在天使示下神諭表示「應當共享妻室」的時候，雙方關係終於決裂。

後來，約翰‧迪雖遁世隱居卻仍持續進行魔法研究，凱利則是因使用**妖術**的罪名被捕，企圖逃獄時發生意外因而死亡。

現在已經很少人知道約翰‧迪就跟同時代絕大多數的學者同樣，是位大數學家、航海術權威。約翰‧迪其實是因為研究**招魂術**、將天使語傳諸後世等魔法領域的成就，他的大名方才得以流傳至今。

J. R. R. 托爾金

J. R. R. Tolkien　　　　　J.R.R.トールキン
■人物●歷史

約翰‧羅奈爾得‧瑞爾‧托爾金（John Ronald Reuel Tolkien）。1892年1月3日出生於非洲大陸南部的布隆方登（Bloemfontein）。1973年8月28日在英國過逝，享年81歲。

托爾金在牛津大學攻讀英國文學，後來就在牛津大學執教。他一方面從事教職工作，同時埋首研究古塞爾特人、北歐民族、日耳曼民族的神話與民間傳說、語言等，其研究成果後來因《魔戒》等作品而開花結果。

這些作品是利用現代奇幻小說的手法，重新呈現各民族固有的傳說，起先在牛津大學便頗受好評，後來更進而獲得全世界讀者的青睞。除前述作品以外，托爾金也曾重新創作**亞瑟王傳說**，還有奇幻文學研究書籍等作品，奠定了今日現代奇幻文學的基礎。

托爾金小說裡的**精靈**族與**矮人**族等妖精、食人妖（Troll）與半獸人（Orc）等惡鬼，還有魔法師等人物，已被視為奇幻文學裡各種生物的基準與設定範本；後世的奇幻文學基本上大都是承襲《魔戒》的世界，再做其他故事內容的描寫。

自古以來，人類面對代代傳承至今的神話、創世傳說、魔法，或是妖精等超自然生物時，總是採取漠然相信的態度；托爾金卻將此間事物看成是潛藏於人類心底「真實」的彰顯暴露，而這種觀點正是托爾金作品的普遍性價值之所在。

（→納尼亞傳奇）

咒禁

Jugon　　　　　　　　　　　　　呪禁
■魔法●歷史傳說

據傳咒禁乃是種強化**陰陽道**的**咒術**性演變而成的技術。使用此術的咒術者喚作咒禁師，原本是種隸屬於典藥寮的**咒醫**（巫醫）。此外，咒禁的**道教**咒術色彩也遠較陰陽道色彩來得強烈。

咒禁師除擔任咒醫的職務以外，還能**調伏**鬼神、斥退惡星（惡運），說他是日本的**道士**一點也不為過。此外咒禁師也跟道士一樣，經常使用劍或弓箭等刀刃。

咒禁的「禁」字並不是指「禁止某事物」，而是「手持刀刃唱頌**咒文**」的意思。從這裡我們也能隱約發現咒禁師確有道教道士的影子。又，道教咒術中的確有種「禁止某事物」的咒法，該法術喚作**禁咒**。兩者非常相似，請注意不要混淆。

此外，據說咒禁道的咒術有存思、禹步、掌決、手印、營目五法，但真實內容早已散失。

「存思」應是用冥想法、精神集中法。所有魔法皆須以精神集中、控制意象為基礎，所

以這點並不難想像。

道教的咒術裡也有種叫做「禹步」的技法。這是種按照固定步伐行走的咒術，乃**驅邪**除厄之法，常被當成使用法術前的準備儀式。

「掌決」與「手印」很可能是用道教咒術中的符咒或文字組合成印的一種咒術。

最後一項「營目」應該是種使用眼力的咒法。不論是東方世界抑或西洋文明，都有**邪視**法術存在。

咒禁道是種失傳已久的咒術體系。它與其他大多數的失傳咒術體系一樣，都是因為政府頒布禁止令、對使用咒術者施以重罰才會斷絕。不過咒禁道仍有許多祕法被陰陽道吸收，得保命脈。

（→鬼、符）

咒術

Ju-jutsu　　　　　　　　　　　　　呪術

■體系●傳說

咒術可以分成作為翻譯用語的咒術，以及日本原有的咒術這兩種，視各別情況不同。

①作為翻譯用語的咒術

用於指稱魔法的用語。

咒術此字有時是**奇術**的譯語，有時則是作為**魔術**的譯語使用，視各翻譯者而異。有時甚至還會被當成**薩滿信仰**的翻譯語。

是以欲理解某咒術之意義時，必須先弄清楚此字究竟是哪個字詞的翻譯語，否則很容易會招致誤解。希望今後能有固定譯法。

（→魔法、魔女術、妖術）

②日本的咒術

在日本，所謂咒術就是指高等級魔法的意思。**密宗**咒術與**修驗道**咒術等，都擁有完整體系與思想，是足以與西洋高等魔法匹敵的魔法體系。

在平安貴族爭權奪利的背景之下，貴族為**調伏**政敵奪得勝利、為免於政敵咒法之害，才會使得這些咒術得以有極高度的發達程度。

咒術跟普通魔法唯一的差異，就是咒術並非單純地只是追求古代智慧這麼簡單，而是會隨著時代不斷進步。每當有新咒術陸續出現、傳遍開來，位高權重者就會追求更高等級的咒術。此時密宗與修驗道都會開發新咒術，滿足其需求。外來的新奇咒術在當時極受歡迎；從這點就可以發現，日本人的個性經過千年時間仍然不曾改變。

喀巴拉

Kabbalah　　　　　　　　　　　　カバラ

■體系●歷史傳說

猶太教神祕主義哲學的名稱。

關於喀巴拉的起源，有西奈山（Sinai）神授**摩西**的說法，也有人認為是**天使**拉桀（Rashiel）傳授給**亞當**後，再傳至**所羅門王**等，眾說紛紜。

喀巴拉大致可以分為冥想喀巴拉與實踐喀巴拉兩種。西洋魔法奉為根基的喀巴拉，其實就是實踐喀巴拉。

冥想喀巴拉相當於基督教的神學，是以解讀隱藏在**舊約聖經**裡神的睿智，進而加以解釋、研究為目的。

另一方面實踐喀巴拉又叫做基督教‧喀巴拉（Christian Kabbalah）；相較於冥想喀巴拉重視舊約聖經，實踐喀巴拉更重視**生命之樹**的象徵性，並以實踐（於魔法層面達到神人合一）為最主要目的。這便是所謂的魔法。此外，雖然實踐喀巴拉又叫做基督教‧喀巴拉，但它並非基督教的喀巴拉，不過只是用來區分猶太教

喀巴拉的稱呼而已。想當然爾，教會也從來不曾認可魔法性較強的實踐喀巴拉。

不過這兩者並非相互對立的體系。尤其實踐喀巴拉若無冥想喀巴拉作為理論基礎，決計無法成立。

若只是提及「喀巴拉」一詞，原本都是專指冥想喀巴拉，不過時至今日則多指實踐喀巴拉。

（→諾斯替教、萬物符應）

神樂

Kagura　　　　　　　　　　　　　　　神樂

■魔法●歷史傳說

日本的傳統宗教音樂、舞蹈。此類藝能活動原本是作為招魂、鎮魂、除穢、祓禊等**咒術**而舉行。演員融入角色後逐漸陷入**恍惚狀態**，神靈就會**附身**；附身神祇的恩惠也就隨之被帶至地上。

從宮廷內所行神樂（御神樂），到日本全國各地無數的民間藝能（里神樂），神樂的種類可謂極繁。此外其出典也頗為多樣，除**山伏**舉行的田樂[1]起源說以外，還有雅樂[2]起源說、念佛起源說等各種說法。

日本宮廷會於師走[3]月在賢所[4]前庭舉行內侍所神樂；主要是以神樂歌為中心。

由田樂演變而成的神樂是獻給山神的樂舞，乃修行的一環。正因如此，自古傳承至今的神樂與田樂大多都有唱誦**真言**、結手印、畫**九字**等動作。

神樂共有三個階段：首先是潔淨舉行神樂該場所的歌舞，其次是神樂最主要的歌舞，最後則以送神的歌舞作結。

加持祈禱

Kaji Kito　　　　　　　　　　　　　加持祈禱

■魔法●歷史傳說

向神佛祈禱、請神佛實現**願望**的一種**咒術**儀式。加持[5]原指如來的大慈大悲與眾生信心，祈禱則是指尋求現世利益，兩者間或有區別，不過加持祈禱通常可以當成一個字來使用。

在加持方面，修驗者會雙手結印、口唱**真言**、心觀菩薩，此正所謂三密加持[6]。此外，**修驗道**裡的加持叫做「憑身加持」，乃神靈降至**靈媒**（又叫做**依代**或憑坐）身上，或受取神託，或是與神祇問答。

在祈禱方面，則是焚燒護摩[7]、唸誦能獲得較多現世利益的佛經。**密宗**有孔雀王法、愛染王法、北斗法等視各種目的而不同的顯密咒法。此外如**陰陽道**體系的祭典行事，有時也會進行祈禱。

卡姆伊

Kamui　　　　　　　　　　　　　　　カムイ

■生物●歷史傳說

愛努語中所謂的「神」。

若按照民俗學的方法分類，愛努人的信仰應屬多神教，不過愛努人所謂的神卻與其他文化圈的概念略有出入。最接近愛努人所謂「神」概念的，應該算是東南亞一帶的**精靈**吧。

最根本的差異就在於：卡姆伊並非愛努人崇拜或信仰的對象。卡姆伊乃是與人類（愛努）相對等的存在；正如了不起的人物受人尊敬一般，優秀的卡姆伊也同樣為人尊敬，不過其精神畢竟有別於普通宗教。

遇到不講理的卡姆伊，還能由較具辯才的人類出面提出抗議，罷黜該神使其失去「神的地位」。對人類有所幫助的就是神，毫無助益者就必須被請下神座——像這種講究合理性的世界觀，乃愛努人所獨有。

卡姆伊雖非魔法性存在，卻能使用魔法（**咒術**、**度思**）。他們就是利用各種魔法，為人類、自然界、動物帶來恩典或災禍。

卡姆伊想要跟人類溝通的時候，大多都是

出現在人類的夢中；在極少數的狀況下，他們也會以人類或動物的模樣出現。卡姆伊幻化而成的人類或動物若不是特別美麗，就是擁有過人的卓越能力。

愛努人還相信每個人都有各自的附身神靈（圖連帕）寄附在自己身上。這個神靈可能是**蛇**之神、**狐狸**之神、海精靈等，種類相當多。這種概念與所謂的圖騰信仰略有不同，附身神靈非但可能中途替換、前後不一，甚至還有非生物的神靈。

此外愛努人還有種跟「神」略有不同，類似個人或團體的**守護靈**（梭雷馬）的概念。愛努人認為蒐集寶物或是供養祖先，寶物或祖先就會成為該人或團體的後盾，守護他們。

（→**木幣**）

業

Karma　　　　　　　　　　　　　　　業

■概念●歷史傳說小說

（→**羯磨**）

羯磨

Karma　　　　　　　　　　　　　　カルマ

■概念●歷史傳說小說

又譯作「業」，一種因果報應的系統。

按照東洋**輪迴**思想的說法，所有生物轉世後的出生環境或物種，全都取決於前世的行為。行善者來世會出生在較好的環境；為惡者則是出生在較差的環境裡，更甚者則無法投胎做人，必須轉世變成動物或**昆蟲**等生物。即使是動物或昆蟲，只要盡其所能好好地活下去，也能轉世至較好的環境、甚至是投胎為人。

家財萬貫、過著幸福生活的人，其實都是因為前世行善積德才有今日善果。然而倘若恃財而驕，來世就會得到報應。

羯磨的思想認為自己的生存環境是自己過去（前世）行為的結果，是種非常自律的思想。羯磨思想跟認為出生環境由其他力量強制決定的他律性思想，如命運與宿命等概念，有天淵之別。

（→**轉世**）

卡利莫索德

カリモンド

■物品●傳說

爪哇皮影戲「瓦揚」（Wayang）的許多故事，皆取材自印度的敘事詩《摩訶婆羅多》[8]（→**化身**）。其中有個故事描述西元前10世紀左

1　田樂乃平安時代中期開始流行的藝能。原本是從事農耕時的民間歌舞，後來才有專業的田樂法師出現。可見於現今的民間藝能之中。

2　雅樂即正樂。古代郊廟朝會所用的音樂。《論語》・陽貨：「惡紫之奪朱也，惡鄭聲之亂雅樂也。」奈良時代經由朝鮮與中國傳至日本。或稱日本模仿雅樂所作的音樂。大致可分為右樂與左樂兩種。

3　日本稱陰曆12月為師走。又作「極月」、「臘月」。

4　賢所是宮中安置天照大神神靈附身的神鏡八咫鏡的處所。平安時代的賢所位於皇宮溫明殿南側；此處由內侍負責管理，是以又叫做內侍所。現在的賢所則是位於皇宮的吹上御苑。

5　加持為梵文Adhisthana的意譯，音譯「地瑟娓曩」。佛教用語。原義為站立、住處等。一般指以佛力護佑眾生。密宗解為大日如來與眾生互相照應，說大日如來以大慈大悲佑助眾生，此為「加」；眾生能夠持受大日如來的佑助，此為「持」。

6　佛教用語。三密是身密、口密（語密）、意密。密宗認為六大是大日如來的法身，是構成世界萬有的本體。世界一切形色是大日的「身密」。眾生為六大所造，在本質上與大日平等無差，但因身口意三業迷誤，才流轉生死。

7　密宗時常會焚護摩，借火神阿耆尼之力量將供品送至諸神所在處，可謂是密宗中最普遍的召喚術。

8　請參照本書第41頁譯注。

右的印度，繼承相同血脈的般度（Pandu，爪哇則作般陀婆〔Pandavas〕）五位王子與俱盧（Kauravas，爪哇則作訶羅瓦〔Korowa〕）百位王子兩方的戰爭；故事裡有種名為卡利莫索德的**護符**。

百王子軍的重臣紛紛陣亡後，族內長老沙魯由（Salya）終於出陣並祭出王牌——一種**召喚**小羅剎婆[1]，喚作「阿齊・強多羅必羅瓦」（Azi Candrabilawa）的護身**咒文**。這種羅剎婆殺一隻變兩隻，殺兩隻變成四隻，不斷地呈倍數增加，不論任何對手都難逃其殺手。

能夠與其對抗的，唯有五王子的長兄——討厭戰爭的尤第斯提拉（Yudistria）而已。他沒有拿任何武器，只帶著一枚卡利莫索德護符便站上戰場。他的意識化為熊熊火焰（這火焰很可能就是**苦行**所謂的「**熱力**」），近身的羅剎婆無不為火舌吞噬、屍骨無存。法術被破的沙魯由已無力再戰，終於承認敗北而嚥下了最後一口氣。

在這裡必須再次強調，這個故事是發生在西元前10世紀的印度。然而故事中的卡利莫索德裡面，卻有張寫有「阿拉之外別無真神，**穆罕默德**乃神之使徒」字樣的紙條。

這個故事正是**東南亞的魔法**普遍的「複數信仰混雜」現象最明顯的例證。

（→宗教融合）

果心居士

Kashin-koji　　　　　　　　　　果心居士

■人物●歷史傳說

桃山時代[2]的幻術師。生卒年不詳。德川時代有不少隨筆、說話[3]等作品皆提及此人，所以應該不是虛構的人物，但真相究竟如何仍不得而知。

果心居士曾經讓松永彈正[4]看見亡妻的幻象，但是當時僅他二人在場相對而座。此外根據歷史紀錄指出，即使是在數人面前使用幻

術，他仍是只對其中一人施術；從這點我們可以推測，果心居士的幻術很可能是某種類似**催眠術**的技術。

他被豐臣秀吉[5]召見的時候，曾經使秀吉從未提起過的舊情人的幽靈憑空出現，秀吉以其為「知人胸中祕事之危險人物」而判處磔刑[6]。此時果心居士**變身**成老鼠欲逃出生天，不料一羽鳶鳥襲來、利爪擒住老鼠騰空而去。此後再無人見過果心居士此人。

避方錯位

Kata-tagae　　　　　　　　　　方違え

■魔法●歷史

依循**陰陽道**等體系，規避被視為凶方的方位以守身避災的一種**咒術**。

在平安時代，陰陽五行、十干十二支、二十四方等各種與方位相關的思想已經頗為普遍。平安時代的人因為這些思想，必須避免在特定日期朝特定方位移動。這就叫做「忌避方位」。

話雖如此，總不能只因為忌避方位而絕不往特定方位移動。此時就必須採取避方錯位的作法。首先朝非忌避方位移動，在方位不同處寄住一宿，接著再朝目的地前進；如此非但不必朝向忌避方位移動，而且還能順利地抵達目的地。這便是避方錯位。

《源氏物語》[7]與《枕草子》[8]等王朝文學裡，也屢屢提及避方錯位的風俗。

吉利士匕首

Keris　　　　　　　　　　クリス

■物品●歷史

印尼與馬來西亞地區的匕首。以鎳鋼或隕**鐵**鑄造，雙刃鋒利。刀身可分為筆直型與波浪型兩種。

當地人相信古老的吉利士匕首具有**驅邪**的力量，會將匕首代代傳子。在婚禮等場合常被

用來搭配正式服裝，不過通常都是將此匕首視為傳家寶收藏在家裡，並且定期以鮮花、焚香、米飯等物祭拜。

（→護符）

結印

Ketsuin　　　　　　　　　　　　　　　結印

■魔法●歷史傳說

藉由十指的各種組合結成佛法之印。若作為**密宗**用語，則應唸成「Kechiin」。

結印時組合手指的動作，叫做「切印」。

據說經過長年修行的高僧，只消用手做出佛印的形狀就能**召喚**神佛的力量，作為已用。

（→九字）

友善的妖精

Kind Fairy　　　　　　　　　　　　やさしいこびと

■生物●小說傳說

童話中常常出現的妖精，會以魔法幫助陷入危難的主角。

這種存在於童話專家之間被劃分入「贈與者」此一範疇內，原型和**巫婆**一樣是來自異教的諸神、**精靈**。能使用以「**實現願望**」為代表的各種魔法能力，但那些力量並非基督宗教風格的奇蹟，乃以干涉自然為主體的**咒術**性存在。

（→日常魔幻）

《亞瑟王傳說》

King Arthur Legends　　　　　　アーサー王伝説

■作品●傳說

12世紀至13世紀間歐洲流行的「騎士故事」代表作。其內容廣收流傳遍布各地方的傳說，正可謂是騎士故事的集大成。亞瑟王傳說跨越中世的流行風潮，不斷有新的解釋或新故事產生，直至今日。

亞瑟王傳說是由三個宏大故事組成。

第一個故事描述英雄之子亞瑟成為不列顛國王後，歷經諸多勝利卻終因骨肉失和而滅亡，是整個亞瑟王傳說的基本骨架。第二個故事則是跟隨亞瑟的英雄們，也就是所謂「**圓桌武士**」的冒險故事。第三個部分則是描寫亞瑟

K

1　羅剎娑為梵文Raksasa的音譯，亦稱「羅剎」、「羅叉娑」、「阿落剎娑」等。女羅剎娑稱羅叉私（Raksasi），印度神話中的惡魔，數目很多。最早見於《梨俱吠陀》，相傳原為印度土著民族名，雅利安人征服印度後，成為惡人的代名詞，使羅剎娑演變為惡鬼。

2　桃山時代為16世紀後半期豐臣秀吉掌握政權的時代。由於秀吉所建的伏見城當地後來被叫做桃山，故有此名。

3　隨筆是指隨意隨事自由抒發記錄的散文體裁。說話則是種流行於唐宋時期的說唱藝術，以講說歷史故事為主。

4　松永彈正即松永久秀。戰國時代下剋上風氣的代表人物，才智卓越、陰險狡詐，實在是一名梟雄人物，和明智光秀、羽柴秀吉兩人合稱天下三秀，官拜彈正少忠，一般稱他為松永彈正。

5　豐臣秀吉（西元1536～1598），人名。日本名將、政治家。初為織田信長的部將，屢樹戰功，累官至太政大臣。明萬曆間，遣兵侵朝鮮，與明師交戰，旋因內亂，請和。神宗封為日本國王，兵猶不退，至秀吉死，戰事乃已。

6　古時分裂犯人肢體的酷刑。

7　《源氏物語》乃紫式部所著，共五十四帖。約1014年成書，為平安時代的著名小說。以宮廷為中心，描寫平安前、中期世相。前四十五帖以貴公子光源氏為中心，縷敘其與各種女性的戀愛故事；後十帖稱宇治十帖，描寫光源氏之子薰大將的生活。乃日本文學的代表作。

8　《枕草子》由清少納言所著，日本第一本隨筆集。成立於10世紀末至11世紀初間。記錄作者出仕一天皇皇后定子時，作者宮廷生活的回想、見聞，以及與自然、人生相關隨想等，共300餘段。與《源氏物語》同為王朝女流文學雙璧。

王與圓桌武士追求的基督教奇蹟——**聖杯**的故事。

這三個故事裡，到處都能發現魔法的要素。這是因為在故事逐漸成型的過程當中，不光只是收錄英雄傳說的部分，尚且還吸納了「童話故事」此類民間傳說所造成的結果。

亞瑟王傳說裡的魔法，全都是透過刻畫魔法師**梅林**、湖中仙女等具有魔力的人物，以及對聖杯、**斷鋼神劍**等魔法物品的描述而呈現。故事裡的主角——騎士，藉魔法的力量打倒敵人，卻又因為魔法的祕藥而陷入禁忌情網。於是騎士單憑一己之力挑戰魔法，而魔法師則是以預言得知騎士的冒險、現身於騎士面前，或是出言相助，或是策謀阻撓。

近代所謂的「劍與魔法」奇幻作品，便是以北歐的英雄傳說、亞瑟王與圓桌武士，以及魔法師梅林傳說為原型。尤其是故事裡具濃厚塞爾特[1]神話色彩、籠罩世界的幻想性魔法，更是對後世奇幻作品裡的「魔法」造成了莫大的影響。

必須注意的是，亞瑟王傳說並非是個已完結的故事。亞瑟王傳說其實是漫長歷史洪流中**吟遊詩人**傳承至今的諸多傳說之統稱，由於整個傳說就像是種特殊的文藝類別，就是同樣的人物、同樣的冒險故事，也會有各種不同的異聞軼事。甚至還有些故事雖然描寫同樣冒險過程，故事主角卻是完全不同的兩個人。

流傳至今的故事裡，較具代表性的作品應屬15世紀英國騎士馬洛禮[2]的《亞瑟王之死》[3]、13世紀法國吟遊詩人克里蒂安‧德‧托瓦[4]的《馬車騎士蘭斯洛》、《帕西法爾》[5]、《獅騎士伊文》系列作品，以及19世紀丁尼生[6]的詩歌等。20世紀以後還有T. H. 懷特[7]的《永恆之王》、馬利安‧季默‧布萊德利（Marion Zimmer Bradley）的《亞法隆迷霧》（The Mists of Avalon），以及約翰‧布爾曼（John Boorman）導演的電影「神劍」（Excalibur，

1981）等，相關作品多不勝數。

克勞迪歐‧托勒密

Klaudios Ptolemaios　クラウディオス・プトレマイオス

■人物●歷史

埃及托勒密王朝末裔，亞歷山卓（Alexandria）的天文、地理學家（73？～151）。

他的《四書》乃集希臘時代**占星術**大成之作。直到中世為止，這本書皆被尊奉為占星術的教科書。就連現代**西洋占星術**，也是以托勒密命名的48個**星座**（人稱托勒密星座）為基礎而行。此外他還著有《宇宙圖說》（Cosmographia，或稱世界地圖）、《天文學大成》[8]等作品。

由於前述諸多著作，再加上托勒密自己確實頗為博學，別人才會認為他是位通曉神祕奧義的大魔法師。普通人非但很少有機會接觸他的著作，而且對他的印象通常也僅有名字比較強烈而已。

托勒密經常是中世基督教教會批判的對象，他的名字簡直就跟**惡魔**同樣恐怖。只要發現他的著作（的抄本），就會馬上遭到教會焚毀。

他的著作仍得以流傳至今，是因為7世紀時侵略亞歷山卓的伊斯蘭教徒發現其價值，便將這些書籍一併帶走；伊斯蘭教徒必須要有正確的天文學知識，才能知道聖地麥加在哪個方向。

繩結

Knot　　　　　　　　　　　　　　結び目

■物品●傳說

以繩索打成的繩結，被當成是藏有某種力量的物品。而解開繩結的動作則會與解放力量有關。

在希臘、羅馬，綁繩結被視為妨礙懷孕與

性交的法術，而解開它則是助長兩者的法術。

在《萬葉集》[9]中也有——

「戀人為我綁了一結
西行後此地姑娘的美讓我驚豔
不禁將它鬆解」

——這樣的詩歌。

中世紀以降，繩結在西洋被認為能蓄積**風**力，解開繩結便能得到風。據說當**女巫**解開一個結時會有和風，解兩個則是強風，三個則是暴風。而北歐的漁夫中也被認為有能夠用這種方法隨意操縱風的人存在。

此外，伊斯蘭教文化圈中常會在向繩結吹氣後詛咒人。可蘭經倒數第二章的內容便是在向神祈求免被此咒所害[10]。

狐狗狸仙

Kokkuri-san　　　　　　　　　　　狐狗狸さん

■儀式●歷史傳說

一種召靈卜算未來、取得情報的儀式。

狐狗狸仙儀式內容如下：準備三枝長約30公分的竹籤或木籤，用繩子從中綁起，並使其叉開形成三叉形狀。取盆倒蓋於三叉之上，由三個人伸出右手手指按著盆子。接著召喚狐狗狸仙，求狐狗狸仙賜下靈託。若所問之事屬吉，盆下籤足會舉起一次，若屬凶則舉兩次。

明治時代以後**扶乩盤**傳入日本，三腳便獨立出來成為占卜用道具，並隨著社會不安的情緒而廣傳至全國。

現在小孩玩的狐狗狸仙，與前述的狐狗狸

1　塞爾特民族（Celt）是指散居於古代歐洲各地的印歐語系民族，其居住地區從愛爾蘭到土耳其，從伊比利亞半島一直延續到俄羅斯平原為止。塞爾特諸民族的血脈如今已幾不復見。

2　湯瑪斯・馬洛禮（Sir Thomas Malory，？～1471），英國作家，他編著的《亞瑟王之死》是亞瑟王傳說的集大成之作。

3　《亞瑟王之死》（Le Morte d'Arthur）是馬洛禮的發行商威廉・卡克斯頓（William Caxton）所下的標題，事實上全書描述的是亞瑟一生的事蹟，他的殞落只是其中的一小部分。1934年，另一份更早的溫徹斯特手稿問世，研究者公認這是更接近馬洛禮原著的版本。此版本經尤金・文納法（Eugene Vinaver）整理後，定名為《湯瑪斯・馬洛禮爵士作品集》。

4　請參照第121頁譯注。

5　《帕西法爾》（Perceval）為描寫聖杯的詩歌。華格納（Richard Wagner，1813～1883）的歌劇《帕西法爾》（Parsifal）便是根據克里蒂安・德・托瓦的《帕西法爾》，以及沃夫蘭・馮・艾森巴哈（Wolfram von Eschenbach）的《帕西法爾》及敘事詩《馬比諾吉昂》改編而成。《帕西法爾》是華格納最後的作品，命名為舞台神聖慶典劇。本劇自始就是為拜魯特的慶典而作，首演後的五十年間，被禁止在其他地方上演。

6　丁尼生（Alfred Tennyson，1809～1892）乃英國詩人、桂冠詩人（指曾獲英王封贈桂冠的詩人，或指英國王宮裡朝廷所聘，具官方身分的詩人）。作品有《The Lady of Shalott》（1832）、《Morte d'Arthur》（1842）、《In Memoriam》（1850）、《Maud》（1855）、《Idylls of the King》（1859）。

7　T. H. 懷特（Terence Hanbury White，1906～1964），英國作家。生於印度孟買，後回英國定居，專事研究寫作。鄉間生活傳記《吾身屬英格蘭》（England Have My Bones，1936）一書，奠定了他在文壇的名聲。之後投入研究亞瑟王傳奇，因而有《永恆之王》（The Once And Future King）四部曲的誕生，也成為他創作上另一個重要里程碑。

8　記錄眾多恒星位置的星表。此書原名為《梅加雷・辛塔奇斯》（Megale Syntaxis），《天文學大成》（Almagest）是此書在阿拉伯的名稱。此書在歐洲因為教會的迫害打壓而燒毀，才以阿拉伯書名《天文學大成》稱呼之。

9　日本現存最古的詩歌總集，共20卷，收錄詩歌4500餘首。

10　可蘭經第113章中有「免於有害的妖術的罪惡」，原文本作「免於吹結的婦人的傷害」。古代阿拉伯社會有一種普遍的妖術，即婦女在繩上打結，然後念咒語，向繩上吹，用以害人。

仙大有不同。他們是在寫滿平假名與畫有鳥居圖樣的紙上放置硬幣，參加儀式者全體將手指放在硬幣上。然後只要唱道：「狐狗狸仙、狐狗狸仙，請出來。」（此咒語各地區不同，有無數不同版本）硬幣就會自行在各個文字間移動，拼湊出簡單的句子。

這也是另一種只使用扶乩盤下半部盤子部位的占卜術。

江戶時代並無狐狗狸仙此術的存在，所以此儀式很可能是源自於西洋的扶乩盤或**巫寫板**等技術。

（→**占卜**）

言靈

Kotodama　　　　　　　　　　　言靈

■概念●歷史傳說

（→**話語**）

弘法大師

Koubou-daishi　　　　　　　　弘法大師

■人物●歷史

真言**密宗**開祖空海的諡號。

弘法大師是讓屬於**咒術**宗教的密宗得以在日本紮根的人物，其事蹟遍布日本全國各地。

路經為乾旱所苦的村子，只見他持**杖**杵地，馬上有清泉湧出。路經想要挖蓄水池的村子，他只用腳輕輕踩幾下，就有許多巨大的坑洞可供儲水。像這種與弘法大師相關的傳說，可說是多不勝數。

四國地區的88個靈場，全是由弘法大師開創的巡禮靈場；傳說中，弘法大師至今都仍然在這88處間巡行參拜。

九字

Kuji　　　　　　　　　　　　　九字

■魔法●歷史傳說

結九種手印（**結印**）、唱誦九個字的咒語，藉以達到驅退怨敵、降伏惡靈、成就祈願、規避災厄等功效的一種**修法**。

這九個字的咒語就是「臨兵鬥者皆陳烈在前」，每個字都各自有其相對應的手印；唱完九字結過手印，最後還要結刀印。所謂刀印，就是在空中切劃四縱線五橫線的修法。九字的各種使用法當中，也不乏以「陣」代替「陳」、用「裂」來代替「烈」的實例。

九字是**修驗道**最著名的修法，應是修驗道吸收**道教**的九字咒法後演變而成。

九字與手印

字	印
臨	內縛
兵	外縛
鬥	劍
者	索
皆	內獅子
陳	外獅子
烈	日輪
在	寶瓶
前	隱形

九字刀印

※按照數字順序與箭頭方向，用手指劃出刀印。

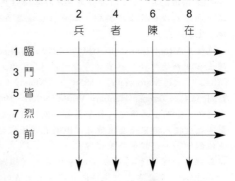

空海

Kukai 空海
■人物●歷史

（→弘法大師）

熊野三山

Kumano Sanzan 熊野三山
■場所●歷史傳說

修驗道的本山之一，乃最具歷史及知名度的修驗道道場。

熊野坐神社（本宮）、熊野速玉神社（新宮）、熊野夫須美神社（那智），三者合稱為熊野三山。

此處就是神武東征譚[1]裡名為「根之國」（死者之國）的異界。

本宮原本是祭祀家津御子神（樹木之神），而新宮是祭祀速玉神（河川之神），那智是祭祀結神（飛瀑之神）的神社，受**本地垂跡說**影響後，本宮的信奉對象遂改為阿彌陀如來，新宮為藥師如來，那智則改以觀音菩薩為本尊。

熊野三山自古便是**山伏**與修驗者的修行場所，尤以行譽和尚閉關修行千日等事蹟聞名。

後來修行者們整備組織、建立教團體制後，熊野三山便以熊野別當家[2]為中心，開始發展其勢力。

自從1090年白河上皇參拜熊野之後，到鐮倉時代初期為止總共有白河、鳥羽、後白河、後鳥羽四代上皇前來參拜，其中後鳥羽上皇參拜熊野甚至還達到28次之譜。也因為如此，自此使得朝廷授與熊野別當家僧位僧官、捐贈領地的動作更加頻繁。

此外，熊野信仰又隨著行腳各地的熊野僧與熊野比丘尼流傳至全國，據說其分靈[3]數量已逾3000。

拙火

Kundalini クンダリニー
■概念●傳說小說

瑜伽用語。根據**訶陀瑜伽**的說法，人體的會陰（生殖器與肛門之間）處有股被視同為濕婆神神妃波哩婆提[4]的**性力**（**夏克提**），化成纏繞骷髏頭約三圈半長的**蛇**棲息於此。這條蛇的名字就叫做拙火。修行者若能讓此蛇沿脊髓上昇至頭頂，就能與宇宙合一、達到解脫。

（→**脈輪**）

亞爾哈茲瑞德的油燈

Lamp of Alhazred アルハザードのランプ
■物品●小說

據傳由傳說中的亞德民族（Ad）製造的古油燈。為阿巴度·**亞爾哈茲瑞德**所有，故得其名。出自**克蘇魯神話**作品當中的《亞爾哈茲瑞德的油燈》，作者是**洛夫克萊夫特**與奧古斯特·德勒斯[1]。

---

1 神武天皇乃日本記紀（古事記與日本書紀）所傳的第一代天皇，諡曰神日本磐余彥天皇。從九州日向國（約相當於現在的宮崎縣）舉兵東進，平定大和地方後，西元前660年（皇紀元年）於大和的橿原宮即位為初代天皇。

2 「別當」原本是指某位官吏統轄其他職務時，調來補任的官職稱呼。此處別當是指寺院裡總裁寺務之職。

3 將某神社所祭祀的神靈分出部分，轉移至其他神社祭祀。或指分出來的神靈。

4 請參照本書第129頁譯注。

此燈的握把曲線優美，是個開有點火口、貌似小銅壺的橢圓形黃金油燈，表面刻有像是某種圖樣的未知文字。點亮油燈之後，處在油燈光亮可及範圍內的人，就能看見油燈映出從前經手者曾經看過的風景，唯其原理不得而知。據說它還能超越次元的限制，使用者可以直接進入油燈呈現的場景之中。

隆基努斯之槍

Lance of Longinus　　　　　　　　ロンギヌスの槍

■物品●傳說

　　會在**亞瑟王傳說**等故事所描述的**聖杯**傳說中登場的主題之一，傷害過守護聖杯的漁夫王（Fisher King）的武器。銳利的**鐵**製槍頭上總是不停流淌鮮血，為其所傷者，只能藉由聖杯治癒。

　　傳說中，亞瑟王的騎士帕西法爾爵士（Perceval）曾有過親睹聖杯的機會，但那時他沒問那座聖杯究竟是什麼東西，也沒問為何那把槍上會不停滴血，因此沒能引發奇蹟。故事中，**聖槍**與聖杯一併被當作是**耶穌**奇蹟的象徵。

　　在聖杯傳說中，常側重描寫這把槍會和聖杯一起現身的形象，不過在亞瑟王傳說中還有另一段此槍登場的插曲。

　　當亞瑟王尚未成為國王時，被譽為他手下最出色騎士的貝林（Sir Balin, Balyn）因為在亞瑟王的宮廷中殺了一名女性而遭放逐。流浪的貝林騎士來到了名為漁夫王的國王所居住的城堡，但貝林卻暗藏短劍進入禁止攜帶武器的這座城堡中，並再度殺了人。憤怒的漁夫王取來武器擊碎了他的短劍，當失去武器的貝林騎士在城內四處逃竄時，發現了城內供奉的聖槍，他用槍刺了漁夫王，讓漁夫王身負無法治癒之傷。於是該座城堡迅速崩塌，變成四周草木不生的荒地。受傷的漁夫王後來在帕西法騎士找出聖杯以前，都只能為無法痊癒的疼痛所苦。

　　隆基努斯之槍在聖杯傳說中未曾提及其名，總是被寫成聖槍。

　　據說關於這把槍之傳說的起源有二。

　　一是在新約聖經「約翰福音」中登場的槍。這是羅馬百夫長用來刺扎被釘十字架的基督肋旁的槍。據載，此時基督體內有血和水流出。

　　而根據沃拉吉納的雅各（Jacobus de Varagine）的《寶貴的傳奇》（The Golden Legend）所說，這名用槍刺了基督的隆基努斯眼睛有病，並憎恨基督，但當他用沿槍流下的基督血液擦了臉後，眼睛卻重見光明，此後便成為虔誠信徒。

　　傳說中，這把槍後來被君士坦丁一世（Constantine I）之母聖海倫（St. Helen）連同聖十字架（釘過基督的十字架）、聖釘（將基督釘在十字架上的釘子）等物一起發現。在其他傳說中，帶走基督遺體的亞利馬太人約瑟將此槍和聖杯一起帶到了英格蘭。

　　以基督為起源的隆基努斯之槍，並沒有槍尖總是滴淌血液的描寫。真要說起來，它其實是擁有治病能力的基督奇蹟象徵。

　　另一個起源，是塞爾特神話中相傳由盧訶（Lugh, Lugha）[2]所持有的槍，乃是破壞與暴力的象徵。在這邊的故事裡，當此槍被使用時會破壞一切，將周遭化為廢墟。與亞瑟王傳說中的描寫相近。

　　和聖杯一樣，這把槍也被視為塞爾特與基督宗教的傳說融合後才產生的。是基督的治癒奇蹟加上塞爾特神話的破壞性武器而成。擁有這兩種力量的隆基努司之槍，由於在傳說中和聖杯一起被講述，所以變得明顯擁有破壞性質。

　　這兩種傳說是由何人彙整雖無定論，但現今能看到的最古老故事，是12世紀的法國**吟遊詩人**克里蒂安・德・托瓦（Chretien de Troyes）

所著之《伯斯華，或聖杯故事》（Hofburg le Roman de Perceval ou le Graal）。可以確定聖杯的兩個起源也是在這部作品中被合而為一，而「神聖之槍」的形象也已在此書中被確立。

關於這把槍的傳說，其他還有查理大帝（Charlemagen）曾靠聖槍之力擊退伊斯蘭教教徒，聖槍的擁有者能征服世界等，甚至還傳說阿道夫·希特勒（Adolf Hitler）的野心，是從在維也納的霍夫堡（Hofburg）中見到聖槍的剎那起產生的。

即使到了現代，聖槍也還殘存在以梵諦岡聖彼得大教堂為首的歐洲各地。

又，隆基努斯之槍的「隆基努斯」如今都說是刺了基督的羅馬士兵之名，但最初的由來其實是表示「槍」之意的希臘名詞「Lonke」。

（→聖遺物）

老子

Lao-tse　　　　　　　　　　　老子

■人物●歷史

①中國最偉大的哲學者、思想家之一

被視為道家思想始祖的人。

相傳老子姓李名耳字伯陽，因為後被諡號聃，故也被稱為老聃。順帶一提，老子在中國本是表示「老夫子」、「老爺爺」[3]的普通名詞。

他的一生為謎團所包圍，依照《史記》，據說他曾擔任周國的官吏，曾任王室書庫的記錄人員。由於深藏不露，因此未被注意。晚年時辭職，西出函谷關。此時，被名為伊喜的守關官員請求，寫下兩卷書籍。這就是流傳至今的《老子》。又，《史記》中也有和老子同為中國代表性哲學者的孔子向老子請教禮儀，並

稱讚老子的佳話。

然而，《老子》卻被認為由其中的思想或文章來看，應是成書於戰國時代（西元前403～西元前221），若此事為真，則老子不可能與孔子為同一時代之人。但雖有道家思想哲學確實存在於戰國時代的證據，但表示老子曾實際存在的資料卻極端欠缺，這讓老子的真面目更難釐清。因此直到現在一直有人強烈主張老子是捏造出來的人物。

而道家思想的性質和老子本人存在的曖昧性，讓他在後來形成的**道教**中被神格化了。

②道教最高神格之一

神號為太上老君或道德天尊。

此神是身為道家思想之祖，同時也是道教之祖的老子成仙後的模樣。被認為統轄天上天下的所有神明。這是因為發現了**道**，並將其化為言語的，唯有老子一人之故。於道教教義中，老子被當成體現道的存在。

由於**仙人**使用的法術，是藉由引用「道」之力而影響現實世界的術法，而老子此存在本身便是「道」，所以他被認為擁有無窮無盡的仙力，這是因為老子的存在本身就是**仙術**的根源。

中國有許多以道教世界觀為背景的小說。《**西遊記**》、《**封神演義**》即為代表作，兩書中太上老君（＝老子）皆有登場，並可一窺其法力無窮的端倪。這些皆可說是當時一般庶民認為老子為偉大神明的佐證。

在其他道教各派主張的說法中，還有所謂的「轉生說」，說老子一直**轉世**出現在各個時代中，不停給予中國歷史重大影響。

例如這種說法認為授與上古帝王伏羲**易**術

1　請參照本書第67頁譯注。

2　請參照本書第43頁譯注。

3　老子二字的意義另有父親之意。

基礎——**八卦**的人便是老子，而周的官吏李耳，以及為人界帶來「**道**」的老子都只是轉生後的形象。總之就是老子原本是天尊，並非是人。

另外還有名叫「老子化胡說」的特殊說法，主張老子西出函谷關後前去印度變成了**釋迦**。在道教世界中，老子被當成是超脫現實世界的超人加以崇拜。

《老子》

Lao-tse   <老子>

■作品●歷史

據說為中國春秋時代（西元前770～西元前403）思想家**老子**（李耳）所遺下之書籍。共兩卷五千餘言。

內容抽象且形而上，直至現代也未能完全解明內容。但可確定《老子》主張的是「**無為自然**」與回歸於「**道**」。

《老子》中主張因為人類擁有欲望並執著於某一事物，所以世上才會有諸般不幸。因此人應該要從心中捨棄用以達成欲望的一切人為做作，藉由進入無為境界，獲得與自然合而為一的平和心境。因為萬物皆由無中所生，並復歸於無，這便是自然界的法則。

《老子》提出所謂的「道」乃是森羅萬象之根，難以捉模，本無法名之。然而若能徹底靜心無為，便能契合自然與道，而這種狀態叫做「德」。有德者並不會意識到自己擁有德，會去尋求自然與道。《老子》中還認為拘泥於「仁」、「義」、「禮」雖非惡事，但那些事物原本就是枝微末節的存在，是「德」薄化後的結果並為人所追求。

雖然常常被誤解為《老子》一書中並不著重於生或現世，但這絕對錯誤。本書反而提倡藉回歸無為，合於道以獲致平穩的人生。這也是後世學子將《老子》評為「人生哲學書」的理由。

由於內容側重「**道**」與「**德**」，上下兩篇的首字分別為「道」、「德」，所以**道教**也將《老子》稱為《老子道德經》，將其視為教典內最重要的著作。又，《老子道德經》被認為擁有某種法力，故會在某些儀式，例如施展**五斗米道**的正一明威道術時，將其當作祭文使用。

《象形寓意圖之書》

Le Livre des Figures Hieroglyphiques   象形寓意図の書

■作品●歷史

尼樂・**勒梅**於1413年完成的**鍊金術**書籍，原書乃以拉丁語寫成。現存版本乃1612年出版的法語版，是以多以為乃後世贗作。

之所以叫做寓意圖之書，是因為此書引為根據的《猶太人亞伯拉罕之書》，乃是用七張圖畫呈現鍊金術之奧義。勒梅花費20年以上研究此書，終於解開圖畫裡的隱晦寓意，成功地用水銀製造出**金與銀**。

本書指鍊金術乃神之恩典，同時鍊金術師必須將實驗室視為祈禱的場所，是本非常符合基督教教義倫理的鍊金術書籍。

《所羅門的小鑰匙》

Lemegeton   ソロモンの小さな鍵

■作品●歷史

（→雷蒙蓋頓）

《雷蒙蓋頓》

Lemegeton   レメゲトン

■作品●歷史

被認為是**所羅門**所著之**魔法書**。因此也被稱為《所羅門的小鑰匙》（The Lesser Key of Solomon）。但《所羅門之鑰》（The Key of Solomon）卻完全是另一本書，對此必須注意。事實上它被視為17世紀時的作品。

書中寫有關於**召喚**一切種類之**精靈**的訊息。記載著72隻所羅門的**惡魔**之召喚法、**四大**

精靈的召喚法，以及各種**天使**之召喚法等等。

《諸世紀》

Les Centuries　　　　　　　　　　　諸世紀

■作品●歷史

　　翻譯**諾斯特拉達姆斯**所著預言書時，誤譯的書名[1]。

（→百詩集）

《百詩集》

Les Centuries　　　　　　　　　　　百詩撰集

■作品●歷史

　　16世紀法國人**諾斯特拉達姆斯**所著，全世界最有名的預言書。有些書譯成《諸世紀》，此乃誤譯。每則預言都是以象徵性的四行詩形式寫成。很可能是因為每一集共有一百篇詩，所以才會有這種書名。

　　初版發行於1555年，然此版已全數散佚。現在看得到的最早版本乃1568年版，是諾斯特拉達姆斯死後，由其弟子特涅・謝畢尼整理老師原本的預言詩，並且新加入初版發行之後的預言詩所完成的版本。

　　人皆謂諾斯特拉達姆斯的預言頗準，這是因為他的預言幾乎是牽強附會。再加上幾乎從未指明預言成立條件（何時、何處、何人、何事）裡的「何時」因素，嚴格來說這些詩根本就稱不上是預言。就是因為後人把這些詩當成預言閱讀，才會產生各種分歧解釋，或是同一首詩預言兩個完全不同事件的荒謬情形。

　　不過，《百詩集》也有不同的閱讀方法。有人認為詩的表面意義不過只是假象，真正的預言乃作者藉**喀巴拉**的**數值換算法**等祕法寫成；當時為躲避教會的取締，不得已才使用這個方法。倘若這個假設屬實，那麼非但現在日本販賣的大預言解釋書籍全都擺烏龍，1999年的預言也將毫無任何意義可言。

（→預言家）

憑空飄浮

Levitation　　　　　　　　　　　　空中浮揚

■魔法●歷史傳說小說

　　意指沒有任何支撐力量，就能飄浮在空中的現象。

　　古今東西都有能夠飄浮在空中的魔法，尤其聖者飄浮在空中的紀錄更是多不勝數。（各個時代的）新興宗教教祖所擁有的能力，不外乎治療疾病與憑空飄浮這兩大基本能力。從**釋迦**、**耶穌**到現代的新興宗教，無數的教祖都能飄浮在空中。

　　當然**女巫**也能憑空飄浮，或是讓其他物品飄浮在空中。曾有紀錄指出16世紀有群修女曾經集體飄浮至空中，不過根據（經拷問後）所得證詞，此現象並非奇蹟，而是鎮上的女巫所施的魔法。

（→苦行）

李耳

Li-er　　　　　　　　　　　　　　　李耳

■人物●歷史

（→老子）

蓼

Liao　　　　　　　　　　　　　　　遼丹

■物品●小說

　　克蘇魯神話作品《汀達羅斯的魔犬》（The Hounds of Tindalos，法蘭克・貝克納普・朗恩

1　此書法文原題名為《Les Centuries》，這「Centuries」並非英文「世紀」（century）的複數詞，而是法語「centurie」的複數詞，原意為「古羅馬軍事或民事的百人編制」，在此則是「百首詩集」之意，每集含詩百首。

〔Frank Belknap Long〕著）中出現的中國幻覺藥劑——正確來說是讓意識從肉體的束縛中解放出來，看見時空彼岸的藥品。

在作品中，傳說有個年邁教師（《克蘇魯神話》中又說是作家、記者）服用下這種藥品後找到了「道」。主角哈品‧查默斯（Halpin Chalmers）則是靠它看到了時空的盡頭，並被汀達羅斯的魔犬所發現。

（→致幻植物）

《列仙傳》

Liexian-chuan 列仙传

■作品●歷史

據傳為西漢劉向所著之書，共十卷七十二篇。被認為實際上應是東晉時代的著作。

此書遵照《史記》以來的傳統羅列72名仙人的傳記，意在佐證道家哲學。72人的數字也被認為可能是要配合孔子72弟子，但並無明確根據。隨著時代變遷曾數度被重新編纂，確實有數名仙人遭變動更改過。此書可視為仙人的事蹟資料，也可散見仙術的具體範例，頗富趣味。

（→道教）

羅亞

Loa ロア

■生物●小說傳說

巫毒教中指稱諸靈、諸神的詞彙。對信徒來說，他們是直接崇拜的對象，以恩貢為首的眾咒術師則會請求羅亞的幫助以施行咒術。作為巫毒教核心儀式的靈附身儀式，基本上也是為了召喚出羅亞的行為。

巫毒教會將其他宗教的神明大膽包融入自己的宗教內。因此現在的羅亞中加入了源自非洲的神明、增添了天主教的聖人和新的祖靈，形成了足有數百名之多的巨大神群。

羅亞有個有趣特徵，那就是他們和人類一樣各有自己居住的國度。羅亞會被劃分到哪個「母國」集團去，由他們源起的地方或部族所決定。因為羅亞多源自非洲，所以他們被認為大多住在拉達（rada，源自達荷美共和國中名叫阿拉達的城鎮）、瓦哥拉（安哥拉共和國）、錫尼賈爾（塞內加爾）[1]這些國度裡。這些多是實際存在（或曾經存在）的國家，但也有完全是在海地當地被創造出來的想像國度。培多羅（Petro）就是此類。培多羅乃是由奴隸的痛苦、辛酸中所產生的復仇國度。

而拉達、培多羅兩大群組，便是分割這些看似國家性質的諸神集團的框架。

拉達諸神屬於羅亞中的貴族階級，個性平和親切。可以理解成上位的善神。與水關係密切，以芳族（Fon）[2]的宇宙神為中心。

培多羅的眾神和拉達諸神相反，個性凶暴，擁有咒術方面的力量。與火焰、醫療關係密切，被認為是起源自剛果。信徒會在想獲得力量時呼喚培多羅諸神，這些神本身就是可怕的妖術師。

這兩大神群並不像在多數神話中看到的那樣，被分為一善一惡相互對立。這點從有數名強大的羅亞同時橫跨兩大集團，並受人崇拜一事便可得知。在這種場合裡，該神被當作培多羅諸神來信奉的形象，總是擁有較偏激的個性。

下面介紹數位有名的羅亞。

①達姆巴拉（Damballah）

巫毒教地位最高的羅亞，一般認為他會以海地島上空的彩虹此種形象現身。星辰的支配者達姆巴拉‧維鐸（Damballah Oueddo）是極其強大的蛇神，會與妻子愛達交纏在一起，顯現象徵繁殖的形象。

達姆巴拉身為培多羅神的形象是河蛇辛比（泉水和雨水的支配者），以及樹上的可怕長蛇憚‧培多羅。

②厄蘇裡（Erzulie）

司掌根源力量的愛之女神。被認為是完美卻又悲劇性的愛人，打扮裝飾奢華。性格多情，手指上有3枚閃亮的結婚**戒指**，分別是蛇神達姆巴拉、海神雅奎（Agwe）、戰神歐根（Ogoun）贈與她之物。

她以培多羅神身分顯現時，會以名叫「裘‧露裘」，悲傷生命與愛情之短暫而抱膝啜泣的模樣出現。

③瑋得（Chede，星期六男爵〔Baron Samedi〕）

在眾多羅亞中，瑋得是特別受人敬畏恐懼的死神。據說瑋得頭戴黑色圓頂禮帽、身穿燕尾服，戴著眼鏡，身材瘦小，佇立在「永遠的十字路口」前方。而「永遠的十字路口」是巫毒教中異界（基磊）與人界的中繼地，是所有死者的魂魄會通過的場所。

他對所有活著的人類瞭若指掌，是司掌活人生死的冥界與墓地的支配者。還擁有生成**殭屍**的力量，因此，瑋得的塑像和象徵（十字架）會被設置於離開其他羅亞的場所。

拉達神形象的瑋得，被當成是愛與生的女神──瑪曼‧普莉姬德來祭祀。

《魔戒》

The Lord of the Rings　　　　　　　指輪物語

■作品●歷史

由1930年代起一直撰寫到第二次世紀大戰戰後為止的英國奇幻小說。作者**托爾金**本是古代塞爾特與日耳曼民族的語言、神話、民間傳說的研究者。

然而托爾金創造出自己的神話，這神話是他的研究成果之一，他將這些傳說的精髓濃縮到自創的神話中，再以此神話為背景撰寫小說。

《魔戒》是被分為三部曲的龐大作品，每一集分別被安上了「魔戒現身」、「雙城奇謀」、「王者再臨」的名字。另外還有一本可算是前傳的《哈比人歷險記》（The Hobbit），它在引導讀者進入故事上有著重要的功用。此外，作為小說設定背景的神話也成了《精靈寶鑽》一書被出版。

神話中描述在世界創世後的眾神時代裡，名為精靈族的**精靈**和名為**矮人**的矮小種族，以及半獸人（Orc）、地精（Goblins）、食人妖（Troll）等邪惡怪物的戰爭。這段歷史結束後，各族環繞著名為至尊魔戒的**戒指**展開戰爭，結果黑暗魔君索倫遺失魔戒而不停尋找，而《魔戒》三部曲就是敘述索倫滅亡的部分。故事主要在描寫要將至尊魔戒丟入火山口的哈比人勇者佛羅多（Frodo）和他的同伴，以及意圖奪回魔戒的索倫率領之大軍和精靈、矮人、人類聯軍間的戰爭。

在這部小說裡，出現了巫師甘道夫（Gandalf）和巫師薩魯曼（Saeuman）等人物，精靈的神奇寶劍和至尊魔戒等擁有魔力的物品，還有以飛龍或戒靈為代表的各種魔法生物。這些要素全都可以在作為作品基礎的塞爾特或日耳曼的民間故事和英雄傳說中，找出相似的主題。

巫師能從指尖發出電擊、預言未來；寶劍在敵人接近時會自行發光；戒靈的短劍劍刃會在中劍者體內融化變成劇毒。這些現象在書中都只是被描述成未知、超自然的力量。書中並未說明在名為中土世界（Middle Earth）的地

1　達荷美共和國（Dahoney）為貝寧共和國之舊稱，是一個西非洲王國。安哥拉共和國（Angola）為非洲西南部一共和國。塞內加爾（Senegal）為西非國家。

2　非洲種族之一，又名「豐人」、「達荷美人」，主居於貝寧共和國境內。

方，魔法究竟是什麼樣的存在。

我們可以說所謂的「魔法」，便是民間故事或神話中之人物、物品的「無法說明的力量」本身。

愛之祕藥

Love Potion　　　　　　　　　　愛の秘藥

■物品●傳說

（→春藥）

路西法

Lucifer　　　　　　　　　　ルシフェル

■生物●傳說

（→撒旦）

呂尚

Lu-shang　　　　　　　　　　呂尚

■人物●歷史傳說

（→姜子牙）

路得

Luther　　　　　　　　　　ルーテル

■人物●歷史

（→路德）

路德

Luther　　　　　　　　　　ルター

■人物●歷史

馬丁‧路德（Martin Luther，1483～1546）。德國宗教改革家。曾於羅馬擔任神父，因而知曉教廷的腐敗，反對販賣贖罪券，他的反對行動成為宗教改革的契機。因被教廷數度勸說但仍不改「教宗不可能沒錯」的態度，最後遭到**絕罰**，被帝國處以放逐之刑。因此他變得更具攻擊性，公然結婚並提倡不該仰賴教宗，「只該仰仗聖經」。

他撰寫了許多讚美詩，並將在此之前一直只用拉丁文書寫的聖經翻譯成德文。如今在德

國的新教教會中，仍有部分教會在使用改訂過的路德譯聖經。

路德雖質疑**天使**的存在，但卻毫不否定**惡魔**存在。照他自己所說，他常常為惡魔所苦，甚至到了「晚上與惡魔在一起的時間比跟老婆在一起的時間多」的程度。據說惡魔常常進入他腹中，因此他的胃腸功能並不好（事實上路德有便祕）。

又，他不只認為惡魔存在，似乎還相信人類在與惡魔訂契約（**→惡魔的契約**）後能行使**妖術**。他曾有唾罵同為德國人的妖術師**浮士德**「他與惡魔結拜為兄弟了！」的紀錄。

《馬克白》[1]

Macbeth　　　　　　　　　　マクベス

■作品●歷史

莎士比亞的悲劇。1606年（？）完成。

描述蘇格蘭名將馬克白為野心所驅使，欲篡奪王位，最終身亡的故事。

作中有知名的「三名**女巫**」登場。她們現身時伴隨雷聲與閃電，會召喚狸貓精或癩蝦蟆作為**魔寵**，攪拌**大鍋**煮藥，還給予馬克白看似幸運的不幸預言。在這裡有著自**獵殺女巫**之後的典型女巫形象。

麻葛[2]

Magi　　　　　　　　　　マギ

■人物●歷史

瑣羅亞斯德教（拜火教）的僧侶。

對歐洲的居民來說，有著禮拜火焰此種特殊宗教信仰的瑣羅亞斯德教教徒乃是神祕的存在，身為其祭司階級的麻葛，在歐洲居民的印象中更被視為是擁有特殊知識的一群人。事實

上，相傳麻葛嫻熟**占星術**，該技巧中有部分傳入了希臘，成為**西洋占星術**的一塊基礎。

新約聖經中登場，祝福耶穌誕生的東方三博士（卡斯帕〔Caspar〕、伯薩沙〔Balthasar〕、米契爾〔Melchior〕），其實就是麻葛。他們受星星所引導來到嬰兒耶穌所在處，而此事蹟便是基於麻葛嫻擅觀星技巧一事而成。

由麻葛此字衍生出了英文中的mage一字[3]。

（→麻葛亞術士）

魔法

Magic マジック

■體系●傳說

①指稱魔法的概括性用語

於狹義使用的場合中，依其傳說體系或所屬創作作品而有各式各樣的意涵，並未擁有明確的定義。

法術中有**巫術**、**奇術**、**鍊金術**等許多體系，這一切皆被統稱為魔法。

②指相對於巫術或奇術的高等魔法之用語

在歷史上，相較於巫術與奇術，魔法是知識份子所使用的法術。也就是說，若不具備正確的知識與學問素養，便無法施行魔法。相對於奇術是欠缺教養的人隨意且漫無計畫地施展出的法術，魔法被認為是基於系統性的知識而準確施展出來的。在未開化民族的情況中，由族中擁有最深厚學養知識者所施行的法術便屬於魔法。

因此，基本上它被表現成較強力的法術。舉例來說，巫術是讓人成為**惡魔**的僕人而獲得惡魔保護的法術；相形之下，魔法便是召喚惡魔加以命令的法術。

喀巴拉、**赫密斯學**、鍊金術這數種系統性的法術，全被分類到魔法中。

法術

Magic 魔法

■體系●傳說

（→**魔術、巫術、奇術、魔法**）

魔法圓

Magic Circle 魔法円

■魔法●歷史小說傳說

在中世紀的魔法儀式圖畫中時常登場，被畫在地上的圓形圖紋。

圓象徵被封閉的世界，被相信如果用它來作為結界的話，便能禁止靈體性質的存在出入。因此中世紀的魔術師或**靈媒**於**召喚**靈體或**惡魔**之際會先描繪魔法圓，進入圓內，再召喚靈體，以避免受靈體所害。出乎意料的是，魔法圓大多被當作讓施法者待在裡面，用來保護自己的結界（當然，也有和一般人的印象一樣，在魔法圓中召喚出某種存在的例子）。不過，由於後世的電影等媒體之故，在魔法圓中召喚某種存在的印象廣為流傳開來，因此許多人以為它只是用來召喚而已。

魔法圓最基本的型態是單純的一個圓圈，而到了後世又加上了各式各樣的構想。在圓圈邊緣寫下**天使**之名，藉天使之力令靈體無法靠

1　或譯「麥克貝斯」。

2　又或譯為「魔法師」、「術士」、「占星學家」。Magi作專有名詞時則指攜禮造訪嬰兒基督的東方三博士。又，在拉丁文中magi實乃magus之複數，magus原本最早是古代波斯國內專門負責祭祀活動之氏族。於波斯文中則有占星術士、術士、博通術法者之意，在拉丁文中則有「波斯的博士、司祭」、「古希臘羅馬之術士、巫覡、魔術家」兩種意思。

3　mage原本也指瑣羅亞斯德教之祭司，後轉為指稱魔法師、術士之意，於今英文中已較少見。

近便是例子之一。在圓圈內部畫下**五芒星**或**六芒星**同樣也屬構想之一。在有名的約翰‧迪博士召靈圖中便已仔細描繪出這種魔法圓。

東南亞的魔法

Magic in Southeast Asia　　　　東南アジアの魔術
■體系●傳說

（→魔法〔東南亞〕）

魔法（東南亞）

Magic in Southeast Asia　　　　魔術（東南アジア）
■體系●傳說

　　東南亞被稱做「亞細亞的多島海」，能藉由海路與中國、印度互通，甚至能通達伊斯蘭地區。因此有複數的文明、文化、宗教流傳進入此處。而當新的文化、宗教進入一地區之際，它多會與土著的文化、宗教融合，即便它會蓋過舊文化，也無法將舊文化根除。

　　就如同基督宗教文化經由崇拜**馬利亞**延續了**太母神**信仰，在東南亞的佛教、基督宗教、伊斯蘭教中，也以各種型態保存了古老的**薩滿信仰**要素。

　　例如在東南亞的華人（中國系居民）內，便傳承著名為「童乩」，招請**道教**或佛教的神佛**附身**自己的「請神」儀式。在泰國東北部也有名為「摩坦穆僧」，在皈依三寶（佛、法、僧）後才能通靈的薩滿信仰。

　　就這樣，「舊文化」的身影殘存於民間故事或皮影戲之中。例如在名為「瓦揚」（Wayang）的爪哇皮影戲內，便常常表演《羅摩衍那》（Ramayana）、《摩訶婆羅多》（Mahabarata）等源自印度的故事，其中除了明顯可知源出印度的眾神外，尚有自古居於此地島嶼上的諸神登場。他們如今雖已沒落，打扮成丑角模樣四處流浪，只是擔任英雄們的隨從或重要配角，但只要他們一發怒或展露氣勢，就連天界之王也會對他們敬畏有加。

　　另一方面，爪哇皮影戲的世界裡還有名叫「帶瓦‧陸積」（Dewa Ruci）的神明。他既非印度的神明也非土著之神，乃是伊斯蘭教神祕主義（→**蘇非主義**）的修行者藉由皮影戲闡釋「汝當明己，汝中有神」的教誨才出現的神明。

　　皮影戲中的英雄必瑪（Bima）為了尋找這名神祇而朝大海中的小島展開旅行，路上邂逅了一名比芥子還要微小的小人。而這名小人正是帶瓦‧陸積，高大壯碩的必瑪進入了這個比芥子還小的小人體內，在裡面看見了宇宙的實相。必瑪連對兄長與祖父都不曾用尊敬語氣說過話，但在這之後卻唯獨對這名小人使用尊敬有禮的言詞（→**卡利莫索德**）。

　　就這樣，東南亞的民間宗教有著許多層面，且依據地方不同而呈現多樣化。不過的確有共通的特徵：

①認為這世上的某處有著能通往「冥界」的地方
②崇拜岩石、樹木、高山等自然物
③畏懼死靈，崇拜**祖靈**
④崇拜**稻魂**
⑤施行**咒術**時會有焚香、撒米、灑水、唸誦**咒文**等各種手續
⑥會咀嚼檳榔的果實（檳榔有興奮性的麻醉作用。不僅只被當作嗜好品，相傳咀嚼檳榔再加以吐出便能驅除惡靈或消災解厄）。

　　如今尚未判明出這些習俗是源自一地後擴散傳開的，抑或是在各地同時發生。

神燈

Magic Lamp　　　　魔法のランプ
■物品●傳說小說

　　於《天方夜譚》中登場，或許是世界上最有名的「魔法寶物」。

它的外表看起來是盞破舊的銅製油燈，但用布或手摩擦後裡面便會出現狀似雲霧的**鎮尼**，會執行命令、達成主人的一切願望。

住在中國（這是阿拉伯人想像中的中國）城市裡的少年阿拉丁（Aladdin），在邪惡魔法師的吩咐下從神奇的洞窟中取出了這盞神燈，並將它據為己有。之後，他又被邪惡魔法師所騙而失去神燈，但卻想起他在進入洞窟前魔法師曾給過他一個能叫出鎮尼的**戒指**。就這樣，阿拉丁靠著戒指內魔神的幫助取回了神燈。真是個狡猾的少年。

咒歌

Magical Song　　　　　　　　　　呪歌

■體系●小說傳說

蘊藏魔力的歌曲。除迷惑船員使其遇難的海妖[1]或羅蕾萊[2]以外，自古以來許多地方也都有相信美麗歌聲裡有魔力蘊藏的信仰。

將這種魔力提昇至魔法境界的，正是塞爾特的吟遊詩人。根據塞爾特的傳說，咒歌能鼓舞戰士們的戰鬥欲望，並迷惑聽眾、咒縛敵人。咒歌的效果似乎是以操縱對方精神為主。

中國的**嘯**同樣是種藉音樂而行的魔法，或許也可以算是咒歌的一種。

魔方陣

Magic Square　　　　　　　　　　魔方陣

■物品●傳說

將數字排列成正方形後，讓每行、每列、每條斜線的總和都一樣的方陣。更仔細來說，是將「1、2……n^2的 $n \times n$ 個數字排成正方形，而令其行、列、斜線之數字總和固定。」（平

凡社《世界大百科事典》）

例如：

```
4 9 2
3 5 7
8 1 6
```

的方陣便是。在這個例子中每行、每列、每條斜線的數字總和都是15。

這是數字謎題的一種，自古被人當成**護符**使用。大概是因「不論如何相加總和皆相同」此點而成了象徵「完全」的存在，故被人認為能令邪惡無法靠近。

特別是在伊斯蘭教文化圈中最為流行，他們常常將繪有魔方陣的紙片折成三角形後縫在錢包或頭巾裡，隨身攜帶。

另在，據說在中國的傳說中，古代帝王「禹」在治水之時看見自河中現身的龜背上刻有前例中的魔方陣。此魔方陣中央的「5」被認為是表示五行（構成世界的金木水火土五種元素）的神聖數字（→五行說）。

魔法武器

Magic Weapon　　　　　　　　　　魔術武器

■物品●歷史小說傳說

作為近代魔法儀式中之小道具的祭器。種類各式各樣（若要舉出最容易瞭解的例子，應當就是奇幻小說中魔法師隨身攜帶的木**杖**），用途也各有不同。完全由自己製作的魔法武器被認為效果最好，再由魔法師親自進行淨化儀式，在該道具中封入適合使用目的的力量。

藉著這手續，魔法師與該魔法道具間會產

1　海妖（Siren）是西洋幻想生物，可見於希臘神話。有女性人魚模樣，以及生有雙翼的女性模樣這兩種類型。會在海面航路旁的岩礁上以其美麗歌聲迷惑航行者，使其遇難。

2　羅蕾萊（Lorelei）乃德國傳說中坐在萊茵河岩石上，利用其美貌與美麗的歌聲誘惑行船人，使船隻沉沒的妖女。

生神祕的聯繫。如無這種靈能方面的連結，魔法武器便沒有用處。

提到魔法武器，以完整出現於**塔羅牌**小祕儀牌（Minor Arcana）中的權杖(wand)、寶劍（knife）、金幣、聖杯四種最有名。它們被認為象徵著地火水**風**這四大元素。其中又以名叫「蓮花杖」（lotus wand）、杖頭有蓮花造型裝飾的法杖最為常見，因而廣為人知。

太母神

Magna Mater   太母神
■生物●歷史傳說

古代社會最早都是母權社會，此乃有識之士皆承認不諱的事實。女性孕育生命的力量（生）、女性月經所象徵的**月亮魔力**，或是對異常領域的先天適應力（死亡）——也就是所謂的黑暗力量，全都使古代人為之訝異不已。是以處於文化黎明期的人類，遂將最高的神性擬作母親、女性，並崇拜之。地中海地區的黛安娜[1]（阿蒂蜜斯）[2]、巴比倫的伊施塔[3]（依南娜）[4]、北歐的**菲依雅**、佛里幾亞的希比莉[5]等，都是歐洲太母神的最好例子（日本神話中的伊邪那美也屬此列）。

擁有前述屬性的古代女神，全都叫做太母神。她們是確保生命誕生並順利成長的豐饒之神，同時卻也是收割生命、令人畏懼的冥界之神。古代人會舉行盛大的祭典儀禮，祈求作物豐收獵物增加、人畜興旺，同時也會獻上**活人祭獻**作為太母神看顧自己的代價。由於太母神也是冥界之神，所以人類相信太母神有決定人類性命的力量，皆將其視為戰士的守護神，也就是戰神崇拜。

除此之外，還有種性格跟太母神極為相近的神性概念，叫做地母神（Terra Mater），其屬性跟太母神幾乎完全相同。地母神正如其名，乃是大地的統治者，因此穀物神靈的傾向較強。尤其地母神乃是司掌守護作物收穫的自然運行諸事，自然會跟春夏秋冬（季節的生死）有所關連，所以地母神同樣也會被奉為冥界之神（希臘的狄蜜特[6]、泊瑟芬[7]就是很好的例子）。

太母神、地母神的祭典多讚頌生命的能量，儀式內容皆極具活力。儀式性的聖婚、奔放的亂交、活人祭獻、狂熱的忘我狀態不斷擴張，儼然就是個生命的嘉年華會；而負責主持儀式的神官，就是在陶醉感中示下神託的**薩滿**。毫無疑問地，這些古代豐饒神的巫女（**巫**）們，正是歐洲周邊**女巫**形象的原始形態。象徵父權的男性神祇開始獲得力量以後，從前奉為母親的諸女神便逐漸失去神話主角的地位，但是此類信仰仍然根深蒂固，太母神與地母神仍是人類文化裡極重要的神祇。

雖然太母神信仰已經有相當久遠的歷史，卻也無法倖免於衝擊歐洲的宗教大變動——基督教的滲透。對集所有父權要素於一身的基督教來說，各地的太母神信仰跟自己的教義恰恰相反，乃基督教傳教的最大障礙。於是年輕富有活力的初期教會，便直接向太母神信仰挑戰。這場「訴諸肉感的宗教與重視精神的宗教間的對決」，最後由基督教獲得勝利，太母神信仰只能在最底層的平民階級間苟延殘喘。

太母神非但遭到教會**惡魔**化，同時其訴諸肉感的信仰及儀式，也成了應當斥責糾彈的邪惡行為。然而就連父權的基督教教會也知道，教會絕對無法完全斷絕民眾對母親的想望。於是基督教才衍生出**馬利亞**信仰，以便能滿足民眾。

其實基督教的教義裡原本並無馬利亞崇拜的概念。馬利亞崇拜是在基督教驅逐太母神信仰的過程當中，自然發生的信仰。初期教會對其他宗教一概採取斥為**異教**、蔑視的態度，所以教會當然也曾針對源自太母神信仰的馬利亞崇拜進行過激烈的論戰。民眾以馬利亞信仰為名行太母神信仰之實，也使得爭論加劇、愈趨

激烈。當時讚頌馬利亞的祭典裡，也確實仍然帶有承繼自太母神祭典的狂熱氛圍。從「處女受胎」（處女神乃所有太母神共通的特徵）以及社會最底層的馬利亞形象（據傳德國的馬利亞乃是金髮，能夠操縱閃電、投擲黃金球，結合了馬利亞與北歐神話裡菲依雅的形象），就能很明顯地看出民眾將聖母馬利亞視同於太母神的傾向。

馬利亞像的受容，恐怕是教會跟異教妥協的首次經驗吧！然而基督教卻未就此原原本本地承認民眾心裡的馬利亞像。教會後來花費了漫長的歲月，從這已與太母神同化的馬利亞形象中，只抽出純粹的處女、健全的母親、純潔等「清新」的部分，並且持續不斷地進行馬利亞像的淨化作業。其他的部分，也就是初期馬利亞信仰中的**咒術**性、狂熱性、性傾向等肉感之要素，全都遭到教會的排斥。唯教會卻無法完全剔除馬利亞崇拜中的咒術性要素。基督教有種叫做「接神」的神祕體驗，是指虔誠的修女透過幻視看見聖母馬利亞或救世主基督的模樣；此處便不難窺見從前咒術的痕跡。

遭到基督教排斥的太母神信仰咒術性要素，後來便只能以民間傳說、風俗等形式存留下來。**獵殺女巫**時教會指為「女巫罪行」執意揭露的那個「邪惡形象」，其實正是源自於古代的太母神信仰。

因為這個緣故，**女巫（現代）**才會認為從前的**女巫（史實）**崇拜的主神並非**有角神**而是太母神。

麻葛亞術士[8]

Magos　　　　　　　　　　マゴス

■人物●歷史

由中東（伊朗方面）傳入的**咒術**體系，借用作為源頭的**瑣羅亞斯德教**僧侶之**麻葛**此一名字，希臘將該體系稱為「麻葛亞」（mageia）。而施行此種麻葛亞的希臘人，便是被稱做「麻葛亞術士」的咒術使用者。據說他們擅使**占星術**或**妖術**，能化解請託者的危難，或是能對其敵人施以**詛咒**。

此體系之魔法，本身於歐洲完全未有成為主流過。但唯獨「麻葛」（magi）以及麻葛亞術士（magos）兩詞擁有了一項榮耀：成為指稱魔法的字詞中最常用的「magic」（**魔法**）一字之字源的光榮。

魔術

Ma-juutse　　　　　　　　魔術

■體系●傳說

日文中指稱魔法的用語。被當成是sorcery

1　請參照本書第115頁譯注。

2　請參照本書第115頁譯注。

3　伊施塔（Ishtar）源自於蘇美神話中的依南娜，是愛情與豐收女神。因為伊施塔身上配著弓箭，所以被亞述人尊為戰爭女神。傳說因為伊施塔相當於希臘神話中的阿芙柔黛蒂，所以巴比倫女性一生中必須住進神廟中一次，並與不認識的男性媾和。這時候男性必須朝這位女性的腳下投擲錢幣，並且說：「我以密麗塔（阿芙柔黛蒂的亞述名）之名，向妳求愛。」

4　依南娜（Inanna）為蘇美神話中最重要的一位女神。依南娜又名「妮南娜」（天空的女主人），由此可見在眾神之中位居最高。依南娜一向被視同為金星，曾經以女戰神的身分戰勝山神愛貝夫。不過她是以負責掌管愛情與豐收的生產與生殖女神而聞名。

5　請參照本書第49頁譯注。

6　狄蜜特（Demeter）為大地女神。為了尋找泊瑟芬而行走於人間，在各地留下了她的足跡。

7　請參照本書第115頁譯注。

8　麻葛亞術士也可照《聖經》譯成「麻葛亞博士」

（奇術）的譯語，有時被當作magic（**魔法**）的譯語，有時還會被作為witchcraft（**巫術**）的譯語來使用。

因此，在理解此字的涵意時，若不先理解它是被作為哪個單字的譯語來使用，便會招致誤解。期盼此字能有固定譯語。

（→**接觸巫術、剛德魔法、交感巫術、黑魔法、咒術、白魔法、性魔法、魔法〔非洲〕、魔法〔阿拉伯〕、魔法〔埃及〕、魔法〔東南亞〕、魔女術、妖術、順勢巫術**）

瑪那[1]

Mana　　　　　　　　　　　　マナ

■概念●傳說

美拉尼西亞、玻里尼西亞語中「名譽」、「威嚴」之意，近似於騎士道或武士道中之「尊嚴」的概念。

瑪那會寄宿在人類、神明死靈等超自然存在、河川岩石等自然物體、長槍等人工物品中，以強化這些存在。戰士之所以能打倒敵人是因為長槍中有強力的瑪那，族長能順利令工作完成也被認為是因為他擁有許多瑪那之故。因此不論要做什麼事，重要的是要先加強瑪那。由於擁有許多土地，或有許多顯赫親戚都可以增加瑪那，所以族長們對這些事十分努力。而聖職者們則對自己課以**塔布**以提高瑪那。

用「增加瑪那」這種數字性質的話語來表示超自然的力量，十分適用於電玩方面的處理，所以許多電玩中會用「瑪那」值來表示魔力的殘餘量。

曼荼羅

Mandara　　　　　　　　　　曼陀羅

■概念●歷史

曼荼羅是佛教宗派之一的**密宗**於祭儀中所使用，又或是為了表示密宗的世界所描繪出的佛教世界地圖。發源地為印度，後來隨著密宗的傳播，傳入中國，傳入西藏、日本。「曼荼羅」是「領悟的境界」之意。據說是梵文中的manda（本質）加上la（得到），換言之，原本是指「得到本質」之意。因為該境界圓滿無缺，故也意譯為用圓輪加以譬喻的「圓輪具足」。後來轉變為「有悟之地」的意思，最後變化成「神聖空間」之意。

曼荼羅在密宗的**咒術**儀式中乃是重要道具。它在觀想諸佛時不僅不可或缺，也擔任生成令「**修法**」發揮效果的神聖空間的功用。曼荼羅的外緣會表現成四方有門之壁的模樣，那乃是區分內側的曼荼羅世界與外部的結果。

曼荼羅中繪有許多佛像，數量依曼荼羅的種類而有所不同。有的是用畫像表示佛像的存在，也有只用梵文的文字或記號表示諸佛的曼荼羅。為在曼荼羅的中央是大日、釋迦或者藥師等如來的佛像。而其周遭則是為救濟世人而發願不成佛的諸菩薩。接著更外面是護持密宗教義的明王、守護密宗世界的諸**天**。

這些整然排列的如來、菩薩等諸多神格，正彰顯了宇宙的真理，因為他們在曼荼羅中的排列配置，便直接成了曼荼羅所表示的宇宙空間構造。位在那裡的神佛表示了真理的一個側面，而他們被安放的位置，則顯示了各個真理間的關係。總而言之，曼荼羅是以佛教的神佛來譬喻表現宇宙狀態的圖畫。而曼荼羅不僅只是一種圖表，也是用來讓人體驗獲致宇宙真理、以此**成佛**的工具。

其實觀想這種諸佛的配置，也就是觀想宇宙結構一事，是密宗修行中重要的一環。在觀想曼荼羅世界，讓自己與之合一時，修行者本身或道場全體便會形成結界。在結界裡，修行者會成為曼荼羅之一，或是與曼荼羅合而為一，掌握它所象徵的真理，引出自己體內的潛能。並以成為理解體現宇宙者——即佛陀（→**釋迦**）為目標。

在現代常被畫成四方形的曼荼羅，本來是圓形的。在古代印度，為了舉行招請諸佛諸神的祭祀儀式，會於土壇上以彩色描繪曼荼羅，將其作為「結界」。這種曼荼羅是以砂描繪，用畢便毀。如今在西藏還會進行的「砂曼荼羅」儀式便是保存有這層古代性質的儀式。而這也和西洋魔法中的**魔法圓**想法相似，恐怕在歷史上，兩者曾於某地有過交集的可能性頗高。因為誕生於印度的密宗，是由密宗出現前便有的雅利安人（Aryan）宗教信仰為起源，而這也是西洋宗教原點。曼荼羅的儀式非常精細，據說只要一有差錯便會造成惡果，這點也與魔法的**召喚**儀式相似。曼荼羅依密宗被信仰的時代與地區不同而有各式各樣的種類。最常見的大概是隸屬於中期密宗的胎藏界曼荼羅和金剛界曼荼羅兩種，在日本一般說到曼荼羅，都是指這兩個，俗稱為「兩界曼荼羅」。這是因為源自印度經中國傳入日本的密宗，乃是印度的中期密宗的緣故。

在日本至今仍被作為密宗核心思想的胎藏界曼荼羅，在印度或西藏已經日漸式微，成為了少數派。在產生這種變化的地區內之後期密宗，肯定男女合一，將宇宙分為男性要素與女性要素，建立了嚴整的體系。而雖然後期密宗成了西藏密宗流存至今，但在印度因為13世紀時伊斯蘭教徒的侵略而使佛教絕跡。後期密宗的曼荼羅主要是「祕密集會曼荼羅」與「時輪曼荼羅」。無論如何，曼荼羅的基本意涵是宇宙的結構圖，同時身兼修法道具，這兩點是不變的。

曼陀羅根（曼德拉草）

Mandragora マンドラゴラ

■生物●傳說小說

根部末端分叉為兩股的植物，相傳是死刑犯死時流出的精液滋生而成。根部長成人形。

據說根部被拔出時它會發出慘叫，聽見慘叫者將會死去。因此在許多魔法書中，提供了用繩子把曼陀羅根和狗的脖子綁在一起，然後在遠方呼喚狗隻以拔出曼陀羅根的方法。此時犬隻會瞬間斃命，而當事人則因沒聽到慘叫而活下來。

曼陀羅根的根自古便被當作魔藥的材料與**春藥**。在其他書中，也有說明它是毒藥、安眠藥的例子出現。

（→致幻植物、女巫的軟膏）

嗎哪

Manna マナ

■物品●傳說

聖經中的食物。因神蹟而出現的食品。

離開了埃及的猶太人在西乃（Sin，今西奈半島〔Sinai〕）的荒野中苦於食物不足。此時上帝在晚上讓鵪鶉飛來，早上則有「嗎哪」在地上讓人們食用。據說味道如摻蜜薄餅，可以煮也可以烤。

在今日的學說中，認為這應該是檉柳（Tamarix，原產於地中海沿岸的小喬木或灌木）被**蟲蛀**破時流出的分泌物。該分泌物落地後會轉白，味道近似蜜。

曼怛羅

Mantra マントラ

■概念●歷史

（→真言）

真言

Mantra 真言

■概念●歷史傳說小說

1　或譯「曼納」《中國大百科》、「馬那」《大英簡明百科》。

咒文。古代到中世的印度用於解脫、施咒（包括治療疾病、賭博贏錢、贏得戀人芳心等）的特別語句。此概念後來也被佛教吸收，尤其大乘佛教更是積極吸納真言的概念並發展之。

印度原本的梵文，若採音譯則為「曼怛羅」，意譯則是「真言」，其實兩者的意思相同。

①印度的曼怛羅

祭祀時向神獻唱的讚歌或**願望**的部分文句，全都統稱為曼怛羅。後來又經過演變，只有許願的部分才稱為曼怛羅。

吠陀時代的曼怛羅正如**阿闥婆吠陀**所載，已經演變成具有清楚意義、可供閱讀的獨立詩歌。後來中世時期大多使用簡單的單音節字眼作為曼怛羅，如「**唵**」、「**吽**」[1]等便是。此外，印度還時常拿神的**名字**、異名（印度諸神都有許多異名，尤其濕婆神更是有上千個名字）當作曼怛羅使用。這種曼怛羅雖不像普通字句有其涵意，卻能用來指稱神的力量。

修行者可以反覆唱誦曼怛羅，藉以接近神明；後來甚至還有意為「唱頌曼怛羅百萬回」的「持咒」（Japa）此用語出現，由此可見一斑。另一方面，使用**變身**或治療疾病等法術時，大多只消唱誦單字的曼怛羅便已足夠。**孫悟空**每次使用法術時都會喊「唵」的一聲，那就是曼怛羅。跟使用法術比較起來，接近神明更是難上加難，這自是不在話下。

②佛教的真言

佛教在初期的時候，曾禁止僧侶藉唱誦曼怛羅施行**咒術**；不過後來治療疾病、**驅魔符**等咒文卻也逐漸得到佛教的默許。若採用基督教的說法，這些應該就是所謂的「**白魔法**」吧！小乘（上座部）[2]佛教直至今日，仍然只允許教徒使用此類的極少數咒文。

相對地大乘佛教為向大眾宣揚佛教，則是大舉吸收曼怛羅。尤其**密宗**在舉行咒術性儀式之際，更是大肆地唱誦曼怛羅。曼怛羅又被稱做**陀羅尼**，並且被記載於大乘佛教經典之中。

密宗受古代社會咒術的影響極鉅，更甚於從前的任何佛教宗派。原本佛教應該是個已經褪去古代咒術與多神教信仰的思想體系，不料卻又在浸透民間的時候，又再度產生了尋求「現世救贖」的運動。

真言多是單字梵語，並各自象徵著大日或**釋迦**等各如來、菩薩。有些描繪密宗世界的**曼荼羅**，並非以佛像來代表諸佛，而僅以真言象徵之。

密宗僧修行的時候，會坐禪手結佛印反覆唱頌真言，進入無我境界。密宗修行者的最終目的就是要在現世達到開悟，換言之就是**即身成佛**，而真言就是為達即身成佛的咒文。

自密宗傳入日本以後，真言也傳入**修驗道**的**山伏**之間，自此修驗道修行者在山野間修行時，也會唱頌真言。

魔王尊

Mao-son　　　　　　　　　　　　　　魔王尊

■生物●傳說

位於鞍馬山[3]的鞍馬弘教鞍馬寺中的主神。亦被稱為魔王大僧正或鞍馬**天狗**。

魔王尊乃**山伏**守護神的一尊，為天狗首領。

魔王尊相當於佛教中的伊舍那天[4]。而伊舍那天又被統合入多聞天，或是毘沙門天的形象中[5]。不用說，多聞天、毘沙門天皆帶有軍神的性質。況且毘沙門天更被認為是黑暗世界的惡鬼之首，而伊舍那天也繼承了這種性格。

依據經典，伊舍那天若喜樂則諸天眾神皆喜，國度繁榮；伊舍那天若怒則惡鬼惡神暴亂，國度荒蕪。

魔王尊被傳說為天狗之首領，也被認為就是鬼一法眼。鬼一法眼即為年輕時的源賴朝，

是曾教導過牛若丸（沙那王）的天狗[6]。

又，依H. P. 布拉瓦茨基夫人所說，在650萬年前，為了司掌人類的進化，名為「薩瑪特‧克瑪拉」的靈王從金星降臨至鞍馬山，而他也就是鞍馬天狗、魔王尊。

魔羅

Mara マーラー

■生物●傳說

（→惡魔）

馬利亞

Mary[7] マリア

■人物●傳說

基督宗教奠基人耶穌的母親。聖經上說她是處女但因聖靈而懷孕，生下了救世主耶穌。雖傳說她在耶穌死後進入了教團，但原本並非醒目的存在。

然而她的存在與古代的太母神信仰連結後，隨著日積月累而逐漸廣受信仰。聖職者對此感到不悅，雖加以警告，民間卻充耳不聞。最後教會無法反對，承認：「雖然崇拜馬利亞並不太好。但若能藉由馬利亞讓人禮拜基督也算美事。」於是人們廣泛崇拜馬利亞。這樣的基督宗教在某種意義上，也成了一個可以說是將太母神視為主神的多神教宗教。關鍵就是馬利亞信仰。

馬利亞在中世紀的民間故事中極為活躍。因為她的仁慈無與倫比，所以即使只是刻有她模樣的石頭也會產生各種奇蹟。在美因茲（Mainz）的大教堂中馬利亞像曾把自己的鞋子送給拉小提琴的賣藝人。在沙特（Chartren）的修道院內，當不會祈禱也不會唱聖歌的流浪藝人深夜裡開始在祭壇前翻筋斗時，馬利亞像浮現了溫柔微笑，嘉許他們的賣力表演。在德國的一間女子修道院中，負責管理聖器室的修女因為輸給了對塵世的渴望，將鑰匙串放在馬利亞像上之後便下山去了。數年她感到後悔，當修女一面想著是否要厚著臉皮回修道院，一面走過大門時，聖母像將鑰匙交還給她。原來聖母像在這數年間一直變成她的模樣每天辛勤工作。

對馬利亞的崇拜不僅止於天主教或東正教，連在新教中也頗為盛行。路德雖曾抗議過崇拜馬利亞崇拜得太過度了，但對崇拜馬利亞的行為本身倒是是睜一隻眼閉一隻眼。德國浪漫主義的新教詩人們（例如諾瓦利斯或里爾克[8]）將馬利亞視為「永恆的女性」、「永恆的女性性質存在」，常常以此為主題作詩。恐怕只要基督宗教繼續存在，馬利亞的崇拜便會繼

---

1 吽（hum）為佛教梵文咒語。為「賀阿汗麼」四字之合讀，其意為諸天之總種子。乃佛教的「六字真言」之一。

2 上座部意指巴利語系的佛教。現今主要分布於斯里蘭卡、泰國、緬甸等國。

3 位於日本京都市北方之一座山。標高570公尺。後文鞍馬弘教（為一教派）的總寺鞍馬寺即位於此山。

4 伊舍那天為佛教十二天之一，亦為守護八方的八方天之一，負責守護東北方。

5 《密教神名事典》（奇幻基地出版）中，說明毘沙門天別名多聞天，據此兩者應該是同一尊。

6 源賴朝乃源義經之兄，鐮倉幕府之開創者。牛若丸為源義經幼名，沙那王為義經別名。鬼一法眼乃居於京都之名陰陽師，文武雙全，長於兵法。相傳源義經曾自他處習得兵法。今鞍馬寺中即有祭祀鬼一法眼之神社。

7 馬利亞（Maria）原書作「Mary」，應為謬誤。

8 諾瓦利斯（Novalis，1772～1801）為德國浪漫主義詩人，本名哈登貝格（F. L. Hardenberg），以《聖歌》（Geistliche，1799）和《夜頌》（Hymnen an die Nacht，1800）聞名。里爾克（Rilke, Rainer Maria，1875～1926），奧地利名抒情詩人。

續存在。

瑪麗‧波平斯

Mary Poppins　　　　　　　　　　メアリ‧ポピンズ

■人物●歷史小說

英國的帕梅拉‧林登‧特拉弗司（Pamela Lyndon Travers，1960年生）的小說主角。第一集《隨風而來的瑪麗阿姨》（Mary Poppins）於1934年出版。是日常魔幻的代表作。

倫敦的班克斯家決定僱用一名新保姆。前來就任的是一名「像個荷蘭木偶」、手腳修長的削瘦黑髮女性。神奇的是，當她要穿過大門時，看起來就像是被突然吹來的一陣風吹入家裡的一樣。這位瑪麗阿姨照顧孩子們極為周到，主人夫婦也很欣賞她。但她的神祕之處卻不只這些。有時餐桌會在她身旁浮在空中，有時則是鎮上畫家展示出來的畫突然變成了真的，出現得宛如家常便飯一樣。

可是每當孩子們說出這些事時，瑪麗‧波平斯便會嚷道：「這是什麼話！」露出彷彿相當生氣的模樣。

有一次，作者特拉弗斯曾向一位名為AE（筆名）的愛爾蘭詩人提過，瑪麗‧波平斯就像是從古老的童話王國直接來到現代的人。

「倘若她生活在其他時代，在她本來所屬的古代的話，她一定會留有一頭金色長髮，一手拿著花圈，另一手大概是拿著長槍，腳上大概會穿著長有翅膀的皮製涼鞋……」

順帶一提，本書在美國曾翻拍成電影，裡面出現的瑪麗‧波平斯既年輕又漂亮，撐著洋傘隨風登場，而且一邊歌唱一邊使用魔法。乃是比起原著別有一番風情的佳作[1]。

面具

Mask　　　　　　　　　　　　　　　仮面

■物品●傳說

用來遮蓋臉部的面套，常見於儀式性戲劇中。舉例來說，由演員面戴魔鬼、女巫或惡魔的面具，大肆為非作歹威脅人類，最後卻是自己蒙受災難而退場等劇情，此乃最典型的例子（請參照日本的生剝[2]與節分[3]等習俗）。

然而古代人不像現代人會認為面具不過是假的東西，他們往往都是投入全身全靈來「變成」該面具所欲表現的角色，因此儀式裡時常有恍惚狀態相伴發生。譬如南印度的面具戲劇所用的面具覆蓋住了整個臉，容易使人出現輕微的缺氧狀態。即便其影響未達此程度，面具還是會影響視野，甚至是改變聲音，而且演員也無法利用臉部表情做較細膩的演出。就算像日本的假面具戲劇——能劇，能夠僅藉改變臉部方向呈現出表情的變化，或是利用激烈的全身動作表達情感，再怎麼說多少還是有別於常態。

面具跟名字同樣，都是使人能「真正變成」欲呈現之對象的道具。

（→化身）

《修女喬安娜》

Matka Joanna od Aniolow　　　　　尼僧ヨアンナ

■作品●歷史

波蘭的伊瓦什凱維奇（Jaroslaw Iwaszkiewicz，1894～1980）的小說。1946年出版，堪稱為諸多驅魔小說之代表作。故事是以1630年法國西部盧丹（Loudun）發生的事件為藍圖，小說裡則將故事發生場景移至波蘭。

波蘭東部邊境，斯摩林斯克地方（Smolensk Oblast）（中世紀波蘭的領土遠較今日廣大）。主角史林神父（Suryn）被派遣至此，前來驅趕附身在當地修女院院長喬安娜身上的惡魔。這間修女院的修女悉數遭到惡魔附身，不時會瘋狂地手舞足蹈、發出恐怖的呻吟聲，口吐冒瀆且卑猥的字眼。當中尤以院長喬安娜最為嚴重，體內似有數隻惡魔棲息。

於是神父便著手進行驅魔工作。剛開始神父選擇最普遍慣用的手法：舉行公開的驅魔儀式（大批神父將修女們集合在一起，然後舉行儀式）。眾人開始舉行彌撒，只見神父們忙著對修女們畫聖十字印、噴灑聖水；神父們手持十字架，由四周步步逼近喬安娜，口裡不斷唱道：「屈服吧！屈服吧！」不料此舉並無太大效果，對喬安娜更是一點影響也沒有。

此時神父決定試試自己的方法，僅對喬安娜一人進行驅魔。起初神父心想：「公開驅魔儀式此類強制性措施並無效果。」於是便唱誦尊主頌[4]，取聖體（施過祝福儀式的麵包）置於喬安娜胸口，並與她一同祈禱。此法雖略有成效，但時間一久喬安娜卻又故態復萌。

不知不覺，史林開始萌生想要更深入地理解其驅魔對象——喬安娜的念頭，於是便放棄公開的驅魔作法，轉而進行僅由兩人單獨進行的驅魔儀式。驅魔用的房間用格子隔成兩邊，神父與喬安娜各處一方（以免招致不必要的誤會）。

兩人關在房間裡進行驅魔，神父卻漸漸地覺得只要能夠拯救喬安娜的靈魂，自己將會變成如何、有何下場都已無關緊要。最後兩人拉近彼此的距離，喬安娜伸手穿過格子擁抱神父的那個瞬間，「他感到喬安娜的四隻**撒旦**跳進了自己的身體；同時原本就潛藏在他靈魂深處

某個角落的撒旦也一躍而起，向新加入的四隻撒旦伸出手。」

陷入半瘋狂狀態並感覺惡魔已寄宿於體內的神父，為避免惡魔離開自己身體再次附身在喬安娜身上，甚至還犯下了殺人罪行。

這部作品既屬宗教小說亦屬戀愛小說，同時也是隱含政治、倫理寓意的傑作。此作還曾經被拍成電影（克瓦列洛維奇〔Jerzy Kawalerowicz〕導演的《天使的母親喬》）且頗受好評。後來的美國電影《驅魔人》，便曾受此電影極大的影響。

誑[5]

Maya   マーヤー

■概念●歷史

誑在印度哲學的概念中為「幻影」之意。分別有狹義及廣義。

狹義上的誑乃是魔法中的幻術。

在廣義上，誑乃是整個世界。

原本在**吠陀**中，誑是「神的創造之力」的意思，但不久後卻轉成了「神所造出的、恆常變化之幻相」的意思。這世界對普通的人類而言，看起來雖是絕對穩固而不變的，可一旦以數千年、數萬年的時間來觀看這一切，便完全沒有穩固不變之物。這一切皆是誑。全屬幻影。然而，誑絕非「一切不過只是幻影」這種

M

1　電影中譯名為「歡樂滿人間」，1964年上映。

2　生剝是秋田縣男鹿半島等地，於小正月（大正月乃一月一日，小正月則是以一月五日為中心的數天）迎接造訪神祇的行事。正月十五日由數名青年戴鬼面具穿蓑衣，持木刀、御幣（將撕裂的麻布或折疊好的紙夾在細長形木棒上製成的祭具）。常用來驅逐惡靈）、桶等物品，拜訪各家說些祝福的吉祥話，並接受各家酒食招待。

3　日本在節分（特指立春前日）有個習俗，口中邊唸著「鬼在外」邊撒豆子，驅趕戴著面具的惡鬼。

4　尊主頌（Magnificat）乃基督教聖經故事中，馬利亞受「聖靈」感孕後吟誦的一首詩歌。因首句「Magnificat」（意為「尊主」）而得名。大意是馬利亞對上帝的感戴和知恩，表示一切應歸功於上帝的垂顧和寵賜。

5　maya一詞於佛教中意譯為「誑」，亦譯為「幻」。「幻」指假相，在佛教觀點中一切事物皆無實體性，唯現出如幻之假相，此即幻相。而使魔法者則稱為「幻師」、「幻人」。幻師以技法變出現象、馬、人物等，使人如見實物也稱為「幻」。

意味。這世界作為時時刻刻不停變化的幻影，乃是極其美麗，充滿多樣性的。這種意涵才是詣。

若以西洋風格的說法來總結的話，或許就是「世界本身即是魔法」這種說法。

醫療祭司

Medicin Man　　　　　　　　　メディシン・マン

■人物●歷史小說傳說

在美洲土著社會中負責司掌精神世界的祭司階級，如今被統稱為醫療祭司。

雖一般被譯為「咒術師」（→咒術），但他們的性質卻不單僅止於咒術師而已。醫療祭司幾乎全是優秀的**薩滿**，也身兼**咒醫**。同時也是口傳歷史者、藥師。主要的職務是與**精靈**交流，治癒人的疾病，常常在部族中極受尊敬。因為有時只有醫療祭司才能從精靈身上讀出徵兆，所以醫療祭司有時也會成為建言者對全族提出建言。

醫療祭司的法力來源，乃是以馬尼托（Manitou）為首的各精靈。他們在任職儀式時會幻視到特定的精靈，一生以該精靈作為自己的**守護精靈**。並且在需要時能呼喚出該名精靈（或者精靈自行現身），以獲得解決問題的忠告或幫助。

美狄亞

Media　　　　　　　　　　　　メディア

■人物●小說傳說

希臘神話中於金羊毛故事內登場的強大魔法師。

她是黃金羊毛的所有者──科爾喀斯王埃厄忒斯（Aeetes）之女，卻被來取走金羊毛的英雄傑生（Jason）的甜言蜜語所誘，以和他結婚為條件，幫助傑生解決國王提出的難題。

國王提出的難題，是讓兩頭會吐火的銅足公牛上軛耕田，然後播下惡龍的牙齒（那是在被播下後馬上會生出武裝士兵的魔法物品，生出的士兵會攻擊播下龍牙者）。傑生從美狄亞那兒得到了防禦火焰與讓龍牙士兵相互殘殺的魔法，順利通過考驗。

而美狄亞的魔法在取走金羊毛時也立下功勞。因為金羊毛一直由不睡的巨龍所看守著，無法用普通的方法取得。但傑生在灑出1、2滴她所給的魔法藥水後，巨龍瞬間睡去，傑生得以輕鬆取走金羊毛。

帶著金羊毛回到故國後，傑森成為國王，與美狄亞結婚。而美狄亞為了心愛的丈夫，還對公公施展了複雜的返老還童祕法，殺死意圖竄奪王位的傑生叔父，不辭辛苦幫助著傑生。

然而令人同情的是，美狄亞的心意卻被辜負了。傑生愛上鄰國的公主，拋棄了她。因為被傑生冷酷拋棄，美狄亞決心報復，在送了塗有毒藥的禮服給新娘後便逃往雅典。

到了雅典的美狄亞成為了希修斯（Theseus）的父親愛琴士的妻子。但後來從小在其他地方被養大的希修斯，打算前來見見從未看過的父親。以魔法預知希修斯來訪的美狄亞因害怕國王的心離開自己，便試圖毒殺希修斯，但卻失敗。在神話中她再度逃走，逃到亞洲。

美狄亞雖被描繪成邪惡的魔法師，但過錯應是在傑生身上才是。在這故事中，無論能使用何等強大的魔法，卻唯獨對愛情束手無策。

（→赫卡蒂）

靈媒

Medium　　　　　　　　　　　　靈媒

■人物●歷史傳說小說

也叫做靈能者。指擁有和各種靈體交流之能力的人。日本的「巫女」（→巫）、「口寄」（kuchiyose）、「**伊田子**」等皆屬靈媒的一種。

靈媒的位置處於物質界（我們所居住的世界）和異界（也叫做靈界或超物質界）之中，

是擔任仲介角色的人類。因此在英文中被書寫成表示「中間」涵意的「Medium」。**通靈者**則是擁有類似能力的人。

雖然靈媒也會被當作是魔法師的一種，但因為靈媒需要特殊的才能，所以或許應該把他們視為一種**超能力**者才是。

靈媒依其能力大致被分成三個種類。

①附身靈媒

這種靈媒能像巫女或伊田子那樣一時中斷自己的意識，把自己的肉體暫時借給其他存在，讓那存在說話。能有效利用**靈附身**現象。但問題是附身靈體的能力會受限於附身肉體的限制。例如讓瑪麗蓮夢露（Marylin Monroe）的靈魂附身的伊田子還是會用日本的東北方言說話，據說這是因為靈體會被肉體的知識與能力限制之故。

②物理靈媒

能引發物理性現象的靈媒。而所謂的物理性現象範圍頗廣，從叩音、閃光一類的現象，到桌子飄浮飛起、讓靈體暫時物質化（這狀態也叫「受肉」）等均有。雖同樣是物理靈媒，有的人只能引發叩音，有的人卻能在空中產生出肉體，各種能力五花八門。

但無論如何，一般認為為了引發物理性現象，靈媒必須供給**外質**。目前認為這種外質在產生作用時會發出聲音或光芒，聚集外質後則會形成物質化的現象。

③感應靈媒

在保存自我意識的狀態下，能直接從靈體（或超自然的存在）接受訊息的靈媒。靈視、靈聽、**自動筆記**都是感應靈媒的能力。

靈媒的另一特徵，就是有許多假靈媒。直到目前為止，還沒有在接受過魔術師的嚴密檢查後，而沒被看穿作假把戲的靈媒（當然，也有因為在這種實驗中無法招來靈體而找不出作假證據的靈媒）。不過，也沒有證據說無數靈媒全都是作假。而且在尚未接受過這種驗証的靈媒裡，也有存在真正靈媒的可能性。

又，除上述的分類以外，還可依照如何得到靈媒的能力，分為先天性靈媒和後天性靈媒。

先天性靈媒又分為可說是一種突變、一出生便擁有靈能力的場合，以及擁有生出了許多有通靈素質之人的家譜的場合。這種素質在日本被稱為「巫女氣」（mikoke）[1]，在沖繩則叫做「薩達卡滿力」（Saadakanmari）。像負責舉行御岳祭祀的祝女「奴路」[2]，便是由巫女一族的子女自古繼承至今，靠血統進行傳承。

後天性的靈媒原因五花八門，有的是因為修行，有的是因為外部傳來的訊息。是指普通人類獲得了之前沒有的靈能力場合。祈禱師、修行者或巡迴參拜者之類經由修行獲得靈力的人們便屬於這種。另外，在某天突然獲得神諭而創立新宗教的新興宗教教祖，也屬於此類。或許**穆罕默德**也算是後天性的靈媒。

媚

Mei　　　　　　　　　　　　　　　　　　媚

■**魔法**●歷史傳說

一種**咒術**。女性利用視線迷惑他人的技術。亦稱媚道。

1　即成為女巫的素質，一種靈能上的素質。

2　御岳（Utaki）是沖繩各村落中的聖地，多為森林。祭典儀式多在此進行。祝女（Noro）則是沖繩負責部落祭祀的世襲巫女，「奴路」（Nuru）是沖繩方言中祝女的叫法。

人類自古以來便認為視線具有魔力。從前的人類害怕自己的惡行會被神祇看見，後來這種恐懼感可能又擴大至人類的視線。再者，人類會害怕其他人的視線，是因為被他人看見就相當於暴露在陽光下、沒有任何保留，這也代表自己對他人的咒術無法採取任何防備。

人類還認為女性的視線的最主要效果，就是迷惑男性的心神使其迷亂。強化此效果達到足以加害他人的程度，這種技術就是所謂的媚。使用這種技術的**巫女**，會以化妝特別強調眼睛的部分，藉以加強魔力；接著緊盯著對方（若對方不在直接看得到的地方，則可面向對方所在方位），利用視線的力量傷害敵人。

古代軍隊皆有數位會用媚的巫女，負責一直盯著敵陣營。這大概也是當時所謂**兵法**的一種吧！

（→巴羅爾的邪眼、春藥）

靈輪

Merkabah　　　　　　　　　　メルカバー

■概念●傳說

喀巴拉的冥想法之一種。

靈輪一詞在希伯來語中是「戰車」——特別是指「上帝的戰車、王座」之意。伊斯蘭軍隊中配備的戰車也叫此名。

和西洋魔法中的怛脫瓦冥想法[1]或佛教的觀想阿字相同，以和神祕境界合而為一為目的。就如同怛脫瓦冥想以五大的象徵為對象、阿字觀使用梵字的「**羽**」字，靈輪冥想法使用傳說中**先知**以西結（Ezekiel）曾在幻覺中見到的「神的戰車」作為冥想對象。

冥想者觀想的靈輪，在**舊約聖經**的「以西結書」中曾被提及。

依據經文，那是個有四隻各自擁有四個翅膀與四張臉（人、獅子、鷹、牛）的奇怪活物跟隨，周圍滿布許多眼睛的車輪[2]。而中央便是上帝的寶座。

據說經由這種冥想法解放靈魂的修行者，能通過七重天（在猶太教中，天上世界共有七層），見到神的寶座，接觸到神祕的無上喜樂。

這種冥想法叫做「靈輪偉業」（Ma'aseh Merkabah）。

梅林

Merlin　　　　　　　　　　　　マーリン

■人物●傳說

於**亞瑟王傳說**中登場的魔法師。他成為亞瑟王的助力，實現了不列顛的統一。

於12世紀的英國歷史書《不列顛諸王史》（Historia Regum Britanniae）[3]登場的他，被描寫成預見了英國未來的**預言家**。接著在那之後，梅林在亞瑟王及其眾騎士的故事中皆必定登場，有時在戰場上以霧氣隱藏己軍，有時治療身受重傷的騎士，有時則讓自己或他人**變身**。他身穿寬大深色長袍，頭戴圓錐形高帽，長相為蓄滿白鬍的老人，並且手執**蛇形杖**，他的模樣已成為了如今廣為人知的一般西洋魔法師的原形。

傳說中，梅林並非人類之子，嚴格來說他並非人類。就如在中世紀的**女巫審判**中所能看到的一樣，在歐洲魔法師被認為是「會使用魔法的生物」，是與人類不同的存在。因此，他被當成是古代的龍或眾神的子孫，被傳說成是擁有永恆生命，以及世上所有一切知識的存在。

不過，卻又可以窺見梅林出人意料地被愛人的魔法所囚禁，再也無法逃脫的這種人性弱點。

梅林被認為他原本乃是塞爾特社會中的宗教指導者——**德魯伊**。因為在亞瑟王傳說從塞爾特的民間傳說，變化為受基督宗教影響的中世紀騎士故事此一過程中，他變成了擁有「異教魔法師」的身分。

而亞瑟王傳說在從以異教色彩濃厚的聖劍「**斷鋼神劍**」為主軸的早期傳說，演變成以基督宗教的**聖杯**為主軸的民間故事過程裡，魔法師梅林的身影消失不見。此處反映出了該地在轉為基督宗教社會後，即變得不再需要異教的指導者此一時代潮流。

催眠術

Mesmerism　　　　　　　　　　　　催眠術

■體系●歷史小說

　　　　　　　　　　（→梅斯梅爾術）

梅斯梅爾術

Mesmerism　　　　　　　　　　メスメリズム

■體系●歷史小說

　　將受術者導入催眠狀態的技巧。

　　發現催眠現象基礎的是18世紀的奧地利醫師**梅斯梅爾**（Mesmer, Franz Anton）。但催眠效果卻是其他研究中的副產物。起初，他研究的是藉由磁力治療患處的療法（這在當時絕非罕見的療法）。在研究中他偶然發現了催眠（暗示）的效果。

　　梅斯梅爾認為這是由與一切事物密切相關的生命能量所引起的，將這股能量命名為「動物磁力」，並應用在實際治療上。姑且不論理論如何，因為這種療法確實有療效，所以受到好評。

　　巴黎的王家調查委員會雖消極默認了療效，卻否定「動物磁力」的理論。因此梅斯梅爾信譽掃地，晚年過得落魄潦倒。

　　之後他的成績由後人繼承，被分成了兩個方向。

　　一是應用在今日主流的精神醫學分野。讓表層意識入睡後將受術者導入**恍惚狀態**、接觸深層意識的催眠療法，在架構上雖還留有許多迷團，但仍一直為現代的心理學家廣泛使用。

　　接著是另一派——催眠術在魔法分野上的應用。萬物中**遍在**的能量、名為「動物磁力」的概念，被19世紀初的魔法師伊利法斯・**利未**所繼承。利未應用動物磁力理論，提出所有魔法、奇蹟都是以名為「星氣光」（Astral Light）的能量為基礎產生，架構起產生**以太界**或**星光界**這些近代魔法常見概念的基礎。

　　此外，催眠術對降靈的分野也產生了跳躍性的發展。因為大家發現讓**靈媒**陷入恍惚狀態後，就會變得容易與靈界交流（→**降靈會**）。若無梅斯梅爾發現**催眠術**，顯然19世紀的歐洲不會產生降靈熱潮。

變化

Metamorphosis　　　　　　　　　　变化

■魔法●傳說

　　在各種**仙術**、**妖術**當中，以使自身或他人**變身**的變化之術最為常見。

　　變化之術有兩種性質完全不同的方法。

　　一種是迷惑對方心神，使其誤以為自己已經變身；此術應當屬於幻術一類。想當然爾，在未中此術者的眼裡，對方的模樣自然是完全沒有任何改變。

　　另一種是真的讓肉體改變形態樣貌的變化術，中國的變化之術多屬此類。舉例來說，《聊齋志異》[1]等志怪小說裡，就有許多像是**狐狸**幻化為人、與人類結婚的異類婚姻譚。這種不同物種互相通婚的故事，在日本幾乎全是悲

1　怛脫瓦（Tattowa）是一種將印度教的五元素（地火水風空）象徵，排列成西洋魔法風格的魔法冥想道具。

2　詳見以西結書第一章第5節～第26節。

3　此書由蒙茅斯的喬佛瑞（Geoffrey Of Monmouth）於1136年完成。

劇收場,不過中國倒是以家族興旺等幸福結局佔多數。此外,三國時代的**仙人左慈**,也曾為躲避曹操追兵,變成公羊遁入羊群。

《西遊記》、《封神演義》等神魔小說裡,當然也有仙人與妖怪變身對戰的場面。尤其是**孫悟空**等仙人、妖怪變成三頭六臂的巨人(不知為何只有**哪吒**例外,是變成九眼三頭八臂)作戰的情節,更是隨處可見。

由仙術演變而成的變化之術有幾個特徵。其一,法術效果時間長。使自身變化之術的效果更長,通常可以一直持續到術者死亡為止。若是法力更強,法術效果甚至還可以在術者死後維持一段時間。

其二,術者可以變化的模樣有數量限制。譬如《西遊記》的孫悟空自稱會72變,他的師弟豬悟能(八戒)則有36種變化術。在《西遊記》與《封神演義》都有出現的楊戩(→**二郎真君**)也會72種變化術。法力愈高強者,能夠變化的種類愈多。

更有趣的是,變化術者有幾種變化,就有幾條命。根據《西遊記》裡的記述,只要不是像斬首等會使肉體、魂魄完全消滅的決定性死亡,有幾條命就可以復活幾次。

筆者認為,術者應該是透過獲得變化對象之生命法則(也就是每個生命的**道**),藉此修得仙術的變化之術;他們很可能是將自己體內的道,置換成變化對象的道,達到變化的效果。

麥克・安迪

Michael Ende　　　　　　　　　ミヒャエル・エンデ
■人物●歷史

德國幻想作家(1929~1995)。

《火車頭大旅行》(Jim Knopf and Lukas the Engine Driver)描述黑人嬰兒吉姆(Jim)與豪爽男兒魯卡斯(Lukas)乘坐蒸汽火車頭艾瑪(Emma)遊遍陸海(續集才將場景延伸至天空)的節奏明快之作。火車頭艾瑪也是故事裡的登場人物之一;雖然她不能說話,卻也有悲喜諸情,魯卡斯哭泣時,艾瑪的汽笛還會發出像是要撕裂人心的悲鳴巨響。

《默默》(Momo)的副標題是「時間小偷與欲奪回被盜時間的女子的不可思議故事」。

某城鎮某日有群提倡「效率化」的灰衣男子出現,力說眾人將「浪費掉的」時間存進時間銀行裡。於是眾人開始爭相「效率化」,卻沒發現存進銀行的時間拿不回來,正中灰衣人的下懷。此時有位居住在鎮上野外劇場、與眾不同的女孩默默,發現灰衣人的陰謀後挺身而出⋯⋯

《說不完的故事》裡面,幻想國面臨即將毀滅的危機,於是少年阿特雷耀(Autrijus)為拯救幻想國,必須找到能為幻想國的中心人物「孩童女王」重新取個新**名字**的人——換句話說就是幻想國外面的人——而踏上旅途。此作曾經被拍成電影,評價褒貶參半。

以上是麥克・安迪的代表作。其作品愈到後期,寓言性愈強。

(→**日常魔幻**)

菅原道真

Michizane Sugawara　　　　　　　　菅原道真
■人物●歷史傳說

生於845年,乃漢學家菅原是善之子。

菅原道真自幼便天才洋溢能夠作詩,18歲成為文章生[2],25歲的時候參加都良香[3]宅邸舉行的射箭比賽,就能一箭命中遠處的箭靶,技驚四座。菅原道真如此多才多藝,33歲就當上了文章博士,進入朝廷擔任公職。

887年宇多天皇即位後,為牽制勢力不斷擴大的藤原氏而重用菅原道真,短短十年內從藏人頭、參議,一直升至權大納言。菅原道真深得宇多天皇信賴,甚至連宇多天皇讓渡皇位的時候,都未曾召其他重臣參議,只與菅原道

真一人商談。

醍醐天皇即位時，道真也同時被任命為右大臣。擔任左大臣職位的，則是將來貶謫菅原道真的藤原時平[4]。

藤原時平對區區一介書生竟然擁有與自己同等的權力感到不滿，於是向醍醐天皇進讒言，指道真欲廢黜今朝天皇，另立齋世親王為帝；齋世親王的妻妃，就是道真的女兒。當時年僅16歲，尚無足夠危機判斷能力的醍醐天皇便依藤原時平所言，下令流放菅原道真。

流放表面上乃採封道真於大宰府[5]的形式進行。大宰府的指揮長官大宰權帥雖然是負責整理統制整個九州地方的官位，實質上卻完全被隔離於中央政權之外，這也意味著菅原道真的實權就此被剝奪。

知道此消息的宇多法皇[6]雖然設法要撤回道真的流刑，卻因為藤原氏百般阻撓而未果，901年菅原道真終於遭貶至大宰府。

道真到達太宰府以後，曾經登上蟄居處所附近的山峰，作了篇表示自己清白的祭文，向天祈禱七天七夜。根據傳說，此時道真所寫祭文便飛昇上天，並且到達梵天[7]居住的梵天宮。

道真雖然已向梵天表達自身的清白，流放之刑仍未解撤，就在兩年後的903年，道真便結束了他59歲的生命。本來欲將其遺體埋葬在筑紫國的四堂，沒想到走到半途，拉車載運遺體的牛卻動也不動；使盡力氣又推又扯，牛就是不願意前進，不得已只能就地埋葬道真遺體。後人便在此地蓋了個安樂寺，又興建了太宰府天滿宮。

自這年起，京城便開始有許多離奇的異象發生。905年發生月蝕，同時東北方天空有赤紅色的妖星出現。翌年天空還突然降下梅子大小的冰雹。

由於道真死後雷雨現象明顯地變得極為頻繁，民間皆傳言道真死後變成了雷公（雷神）。聽聞此傳言後，朝廷甚至還曾委派使者遠赴太宰府鎮撫雷神。

然而，道真的怨念仍未因此平息。他死後五年，908年先有藤原菅根病死；藤原菅根就是當初阻撓宇多法皇陳情駁回道真流刑的人。

菅根死後數月，輪到放逐道真的主謀藤原時平因為不知名的疾病倒臥病榻。名醫、修驗

1　《聊齋志異》大部分為清蒲松齡所撰，一小部分出自他人手筆。全書分為八卷或十六卷，共四百三十一篇。聊齋為蒲松齡的書房，志異是說記錄一些怪異的事情，借鬼狐之事，抒發對現實政治、社會的不滿。描寫委婉，文筆精鍊，條理井然，為我國著名的短篇小說集。簡稱為《聊齋》。

2　文章生是在日本律令制的大學寮裡面，學習詩文、歷史的學生。進入平安時代以後，必須先成為擬文章生，再通過式部省的文章生考試，才能成為文章生。再選其中兩名為文章得業生，進而成為秀才、文章博士。

3　都良香（834～879）為平安時代前期的漢學家、漢詩人。文章博士。曾參加編撰《文德實錄》。著有《都氏文集》。

4　藤原時平（801～909）乃平安時代前期廷臣。藤原基經之子。左大臣。通稱為本院大臣、中御門左大臣。貶菅原道真為大宰權帥，確保藤原氏的地位。最早頒布莊園整理令，並且曾經參與《三代實錄》、《延喜式》的修撰。

5　大宰府（通常稱官廳為「大宰府」，指地名則寫成「太宰府」）是日本律令制裡，設置於筑前國的地方官廳。負責統轄九州諸國行政事宜、接待外國使節、海防等工作。其遺跡位於今福岡縣太宰府市。

6　指出家的太上皇。乃太上法皇略稱。太上皇出家雖有聖武上皇、孝謙上皇、清和上皇等先例，但第一位自稱法皇的，其實是人稱寬平法皇的宇多上皇。

7　梵天是梵文Brahma的意譯。婆羅門教、印度教的創造之神，與濕婆、毗濕奴並稱為婆羅門教和印度教的三大神。佛教產生後，被吸收為護法神，為釋迦牟尼的右脅侍，持白拂；又為色界初禪天之王，稱「大梵天王」。

者雖努力救治卻也徒然，時平逝世。

接下來就是源光。他在道真遭貶後接任右大臣位，換言之源光就是鬥爭掉道真、奪取其位的人。死於913年。

翌年，皇太后藤原高子以及齋世親王的宅邸失火全毀。

第四位死者是皇太子保明親王，死於923年。

第五位是源公忠。不過，源公忠死後三日就復活了。他曾在冥府遇見菅原道真，聽道真一吐對醍醐天皇的怨嗟。

朝廷重鎮紛紛遭到道真殺害以後，菅原道真終於在928年害死了醍醐天皇。

即使在醍醐天皇駕崩後，道真的怨念仍未平息，不斷殺害與藤原時平有血緣關係者，以及醍醐天皇的後代。

菅原道真的怨靈要到98年以後，也就是1001年才總算平息。當時一条天皇親自前往安樂寺，屈尊下跪承認朝廷的錯誤，求道真原諒。不知菅原道真怒火是否因此熄滅，自此異常氣象與無名火災的情形終於不再。

（→神道、調伏）

產婆

Midwife　　　　　　　　　　　　　　産婆

■人物●歷史傳說

在基督教普及的中世歐洲，產婆的工作必須在生死之間斡旋，是以常被指為**女巫**。

從前不比現代，現在嬰兒平安健康的出世似乎已是理所當然的事情；在那個時代，生產及產褥熱[1]乃女性的第一大死因。生產可謂是生死一線間的危險賭局。就算成功產下嬰兒，因為經濟環境不許可而被迫棄養，抑或是故意棄養等情事，也絕不少見。

事實上，當時的產婆不但會使用藥物進行人工流產以圖保住產婦性命，也會將出生在貧窮家庭的嬰兒直接殺死，佯裝成難產而死。

但是這些都是違反基督教教義的行為。於是教會便捏造產婆食用嬰兒血肉、以嬰兒屍體舉行邪惡儀式等罪名，甚至還在1489年出版的**獵殺女巫**指導手冊《女巫之槌》（Maleficarum）裡寫道：「對天主信仰來說，再沒有比產婆為害更甚者。」實際上在獵殺女巫狂潮肆虐的15世紀，在德國的科隆（Köln）幾乎所有產婆都被指為女巫、遭到處刑。

佛弟子的奇蹟

Miracle of Buddhise[2]　　　　　　　仏弟子の奇跡

■概念●傳說

儘管**釋迦**本人不好魔法與奇蹟，後世卻說他跟其他宗教的教祖一樣，幾乎行遍了所有的奇蹟。此外後人也認為他的部分徒弟們，同樣也曾經行使過奇蹟。

目連（目犍連）[3]乃佛祖弟子裡的「神通第一」，據說他曾經為見死去母親而前往彼世，此外遭反佛教的婆羅門僧群起圍攻時毫不抵抗，從容赴死。

釋迦之子羅睺羅[4]面貌醜陋，有人說：「你說自己是佛祖之子，臉卻長得那麼難看，該不會是不義之子吧？」，他只說：「我面容雖醜心卻似錦，你可以看看！」便扒開胸膛，裡面竟然有佛祖光輝耀人的臉龐。

佛教教團繼承者阿難[5]覺悟自己死期已至時，就在划至恆河河心的船上燒身自焚而亡。當他全身被火焰吞噬、縱身躍至高空時，骨頭突然就像煙火般飛散，散布在大河兩岸。原來他是要避免引起爭奪戰，才將遺骨平分給左右兩國。

釋迦總是給人太過偉大的感覺，而佛弟子們卻是各有不同性格，可謂是饒富趣味。

（→佛舍利）

槲寄生

Mistletoe ヤドリギ

■物品●歷史小說傳說

槲寄生（正確來說是一種叫帕迦納[6]的東西），是塞爾特人的神官——**德魯伊**視為最神聖的植物。然而並非只要是槲寄生就好。只有寄生於**橡樹**上的槲寄生，才會被尊為神賜與神聖樹木的最神聖植物。

只有極少數的槲寄生會生長在橡樹上。因此每當發現這種珍貴的現象時，德魯伊們會等到新月出現後的第六天，再一舉前去將它摘下。他們會在樹下準備食物與**活祭獻〔塞爾特〕**（→活人祭獻〔塞爾特〕），先將兩頭白色公牛的角綁在一起，讓牠們走近橡樹後，再由穿著白衣的德魯伊爬上樹以**黃金鐮刀**砍下槲寄生。槲寄生在落地前會被下面的人們以白布接住。然後再舉行牛隻的獻牲，結束摘採的儀式。

這樣採下來的槲寄生被認為擁有各種魔力。在現代還流傳著的有萬靈丹、防止落雷的**護符**、不孕特效藥等用途。不過槲寄生的主要用途恐怕是用在更為重要的宗教儀式、**咒術**儀式上才是。

槲寄生被視為神聖存在的原因，被認為是

轉世思想之故。常綠植物槲寄生在冬季的橡樹森林中會生長出獨一無二的綠意，甚至還會開出花朵。或許德魯伊們因此將它視為一種體現，也就是德魯伊中心思想的靈魂不滅觀的體現。

莫埃

Moai モアイ

■物品●歷史

南太平洋的復活島（Easter Island）上的巨石像群。雕鑿著人的頭部，面孔細窄，耳朵修長。雖然巨大，但只要使用滾木便能搬運，可當初見到這些石像的白人卻沒有想到此點。一方面是因為復活島的森林早已因砍伐而全部變成草原與岩地，另一方面是因為他們輕視原住民的技術能力。

因此有一部分白人提出超文明或**超能力**來解釋莫埃，想出了數種異想天開的有趣假說。例如說復活島的居民是姆大陸（Continent of Mu）[7]的倖存者，或者說是靠念動力（psychokinesis）移動巨石的。

1　產婦在生產後產道因病菌感染而引起的疾病。主要症狀為發燒、下腹疼痛、陰道流血等。最常感染的部位為子宮內膜。亦稱「月子病」。

2　佛教徒拼作「Buddhist」，此處應是作者謬誤。

3　目連（目犍連）梵文Mahamaudgalyayana。全稱「摩訶目犍連」，即「大目犍連」之意。據《佛本行集經・舍利目連因緣品》、《增一阿含經》卷三等，古印度摩揭陀國王舍城郊人，屬婆羅門種姓。皈依釋迦牟尼之後，為其「十大弟子」之一，侍佛左邊。傳說神通很大，能飛上兜率天，故稱「神通第一」，後被反佛教的婆羅門杖擊致死。

4　梵文為Rahula。據《佛本行集經・羅睺羅因緣品》、《翻譯名義集》卷一等載，為釋迦在俗時之子，母為耶輪陀羅，釋迦成道歸鄉時跟隨出家作沙彌，為佛教有沙彌之始，後成為「十大弟子」之一。「不毀禁戒、誦讀不懈」，被稱為「密行第一」。

5　阿難梵文為Ananda。據《佛本行集經》卷十一、《大智度論》卷三、《五分律》卷三等，釋迦牟尼叔父斛飯王子，釋迦牟尼的堂弟。釋迦牟尼回鄉時跟從出家，侍從釋迦二十五年，為「十大弟子」之一。謂長於記憶，被稱為「多聞第一」。傳說佛教第一次結集，便由他誦出經藏。

6　Panacea，即寄生於樹木上的槲寄生。

7　或譯「穆大陸」。

文觀

Monkan 文觀

■人物●歷史

立川流的中興教祖，日本史上屈指可數的妖人。全名為文觀弘真（Koushin Monkan）。

1278年出生於播磨國加古群冰丘村[1]，據說早先曾皈依佛門。但關於他在這之前的紀錄並不明。

他先在真言宗西大寺派中的小寺入門，然後轉到天台宗法華山一乘寺出家，之後不停進行巡遊參拜全國各地的靈山、靈地的山林修行。一般認為他在這段日子中收集了見蓮[2]等人的著作，並留下了許多術法儀式的範例。

位高權重後他以奈良西大寺持戒僧的身分成為生駒竹林寺的長老，漸漸對真言宗西大寺擁有強大影響力。同時蒙醍醐寺的道順授法，正式成為真言**密宗**的僧侶。

文觀並非當時宗教中心階層內常見的學問僧，而是經歷過嚴苛的山林修行，後來甚至被稱為「法驗無雙之仁」[3]，聽到此一謠傳後，後醍醐天皇[4]隆重禮遇他。故而一般認為後醍醐天皇曾想用密宗**咒術**取回被鎌倉幕府奪走的實權。《太平記》中也有他命令文觀咒殺**調伏**北條高時[5]的記載。

因為打算用咒術殺死北條高時的事實為鎌倉幕府得知，文觀被流放至硫磺島[6]。然而在被流放的期間，立川流廣受庶民信仰，蓄積了許多財富。接著文觀在1333年得知後醍醐天皇戰勝幕府，便回到京都，獲得僧正[7]之位，並於東大寺、東寺、金剛峰寺等名剎中取得高位，成為東寺第115代住持。

既非貴族出身，也非名聲顯著的學問僧，只是一介山林修行者的文觀，在1335年因高野山[8]信徒提出的訴狀而被解職，遭流放到甲斐[9]。文觀雖是持戒僧出身，卻又成為東寺住持、祭祀荼吉尼天（Dakini）、偏好算道（算術）、行使咒術，這些事一直被拿來當作批評文觀的依據。順帶一提，所謂的持戒僧乃是指從以世俗化的佛教界中出世隱居，捨棄世間榮華富貴專心救濟貧民的僧侶。

而提出訴狀的高野山信徒所恐懼的，其實是身為立川流最高掌權者的文觀會兼任東寺住持與高野山住持一事。因為這意味著立川流將侵襲真言宗的聖地。

接著在1336年的政變中，後醍醐天皇被逐出京城後，文觀也追隨後醍醐天皇遷往吉野[10]。之後成為後醍醐天皇之心腹，活用他於山林修行時代建立起的人脈。也有一種說法是以楠木一族為首的南朝政府，之所與能和後醍醐天皇搭上線，是因為有文觀存在。

1339年後醍醐天皇駕崩，失去後台的文觀離開吉野皇宮，最後死於流浪之中──《太平記》中如是記載。然而在殘存於吉野山的紀錄裡，卻說文觀之後一直出仕南朝的第二代天皇後村上天皇，並在後村上天皇的命令下施行調伏叛賊的**修法**，1357年在河內[11]的金剛寺中於心愛弟子的照顧下以80歲高齡去世。

（→仁寬）

月亮

Moon 月

■場所●歷史傳說小說

自古以來，月亮與女性就有分不開的密切關係。人類認為女性的月經跟月亮的盈缺有某種神祕聯繫；在許多民族的語言裡，月亮與月經兩者若非是同一個字，兩字也必定擁有某種關聯。

月亮同時也是豐饒與多產的象徵，只是不知此番象徵意義是否是從月亮的女性特質聯想所得。人類認為女性若沐浴在月光中就會懷孕，因此想要生小孩的女性，可以睡在明月光之下。

儘管月亮算是地球的衛星，然而月亮在**占**

星術領域裡卻仍被當作是**行星**。占星術認為月亮代表個人的內在；是以**星盤**中月亮力量較強者，感情也會比較豐富。

（→太母神）

摩西

Mose モーセ

■人物●傳說

猶太教的偉大**先知**，根據**舊約聖經**所載，他解放了被埃及奴役的以色列人，引領他們抵達巴勒斯坦。為了逼埃及國王允許以色列人離開埃及，他與埃及的魔法師競鬥術法，展現各種奇蹟。將**杖**變成**蛇**、將尼羅河水化為血、叫出青蛙作亂、招來害蟲、畜疫、瘡災、冰雹、蝗蟲、黑暗，最後還讓所有埃及人的長子死亡。而埃及的魔法師只有照樣變出了最初的三項而已（→**魔法〔埃及〕**）。

在**喀巴拉**的思想中，世界由四個層次構成，由上到下是「火（根源意識）」、「風（方向性）」、「水（細部的決定）」、「土（材料）」。

神明位在火的層次的最上方。人類的精神也由這四層次構成，但人類自覺到的只有土而已。一般的魔法能操縱這世界的水層次藉以讓土的層次產生變化，而埃及的魔法師正是像這樣操控了水的層次，但摩西卻是直接借助了火層次的力量。

後來摩西繼續行使奇蹟。要通過紅海時他在祈禱後將海一分為二。當民眾在荒野中飢餓時，在他向神祈禱後晚上便有大群鵪鶉飛來，早晨荒野上則有**嗎哪**。苦於缺水時他用杖擊打磐石便令水湧出。當在西奈半島遭遇敵人時，每當他舉起手，以色列人便佔上風，當他因疲勞放下手之際就換敵人佔上風。

伊斯蘭教也將摩西視為偉大的先知，特別是他的手杖更被當成魔法寶物而大名鼎鼎。只要扔出去那杖便會化成蛇。

在之前和埃及的妖術師們鬥法時，這條蛇吞下了由妖術師們丟出的手杖、繩子所變成的蛇。依據後世的傳說，相傳因為這枝手杖是**亞當**從伊甸園中攜出之物，所以被歷代先知使用著。或許這可看成是魔法師與魔杖之關係的原形，值得玩味。

赫密斯文書

Musaeum Hermeticum ヘルメス文書

■物品●歷史傳說

以**赫密斯·特里斯密吉斯托斯**為作者的所有文書之總稱。想當然爾，這些作品絕非出自於赫密斯神之手，而是借用赫密斯名字的希臘

1　於現今日本兵庫縣西南部。

2　Kenren，立川流的名陰陽師。

3　意指「密宗咒法靈驗無比之人」。

4　日本南北朝（此時日本分為南北兩朝廷，彼此交戰）時代之天皇，生卒年1288～1339。在位期間為1318～1339。

5　《太平記》為日本古代小說，共40卷，約完成於1375年左右，內容記載日本南北朝（1336～1392年）50餘年間的戰亂爭鬥。北條高時（Tatoki Houjyou，1303～1333），鎌倉幕府第十四代掌權者。

6　屬鹿兒島縣之一小島。

7　僧官的最高階級。

8　高野山是位於和歌山縣東北處之山，為真言宗之聖地，真言宗總寺金剛峰寺即座落於此。文中的高野山便是金剛峰寺之別稱。

9　日本古地名，於今日山梨縣內。

10　地名，位於日本奈良縣南部。

11　地名，於今日大阪市東南。

文化時期埃及之神祕學家所著。

其中有大量哲學、宗教學、**占星術**、**鍊金術**、魔法相關文獻，對15世紀以後的西洋哲學有莫大的影響。其中尤以《**翠玉錄**》記載了鍊金術奧義的文獻，鍊金術師無不熱心研究。

赫密斯文書原文應是以希臘語寫成，但幾乎已經盡皆散佚。

謨罕驀德

Muhammad　　　　　　　　マホメット

■人物●歷史

（→穆罕默德）

穆罕默德

Muhammad　　　　　　　　ムハンマド

■人物●歷史

伊斯蘭教的創始人。

傳說**耶穌**曾行過許多奇蹟，但穆罕默德卻是和各種法術或奇蹟沒什麼緣分的人類。他雖曾預言過未來，但全是如「在日光中作戰吧。若在黎明前佔據**水井**定能獲勝。」或「在我死後教團將分裂成七十餘支。」等這種基於實際想法的話。

然而他的聖召經歷卻十分值得玩味。當他在山上思考時，**天使**吉卜利里（Jibril）降臨，拿著手中的東西給他，對他說：「你念。」

穆罕默德回答：「我不能。」

吉卜利里不說話，將手中的綢子[1]拿給他。穆罕默德感到又驚又悸彷彿要死去。如此重複三次後，穆罕默德平靜了下來，並照天使所說的開始念：「奉至仁至慈的真主之名……」

這便是穆罕默德的聖召過程。以猶太教**先知**為首的聖召型**薩滿**的例子也是一樣，不論人類希不希望都會自行降臨。剛開始時，穆罕默德因天啟降臨而顫抖，抓著妻子。然而不久後他逐漸熟悉天啟，漸漸順利了起來，而能在天

啟狀態中回答人們的疑問。可蘭經這本書中也可看到一名人類的成長。

木乃伊

Mummy　　　　　　　　　　ミイラ

■生物●歷史傳說

死後沒有腐敗而乾燥，留有生前模樣的遺體。在信仰永生或說是信仰**轉世**的古埃及，死者會被製成木乃伊葬入墓中。而**密宗**僧侶為了**即身成佛**，也會自己進入甕中長期斷食，活生生地化為木乃伊。

在古埃及時木乃伊的製造過程十分多樣。從將屍體泡在鹽水中兩個月以上的簡單作法；到取出除心臟以外的一切內臟，施以防腐處理，全身纏上繃帶這種王公貴族專用的繁複方法皆有。

為了讓製作好的木乃伊能前往死後的世界，會有寫著名為《**死者之書**》之**咒文**的紙莎草紙陪葬，或是直接將該咒文畫在墓室牆壁或棺柩上，才將木乃伊葬入墓穴。在**金字塔**等王室的墳墓中，則埋葬著身上穿戴豪華飾品、躺在黃金棺柩中的木乃伊。

由於覬覦陪葬的魂機與寶石，對這種王室陵墓的盜墓一直絡繹不絕。所以後來才會有許多盜墓賊被復活的木乃伊攻擊這種神奇插曲流傳出來。

（→埃及〔魔法〕）

神名

Name　　　　　　　　　　　神名

■體系●傳說

跟通常用來稱呼神性存在的名字，是不同的名字。

神名就是所謂「具有力量的**名字**」，最有名的例子當屬猶太教、基督教的神名「YHWH」。此字正確發音至今仍然不明，以耶和華、雅赫維兩種發音法較為可信。此外，這四個字母又特稱為神聖四文字（Tetragrammaton）[2]。→**亞當·加達蒙**

喀巴拉系西洋魔法**召喚天使**的**咒文**裡，唱誦神名的咒文遠多於唱誦神格名。

此外，「具有力量的名字」的概念乃以古**埃及的魔法**為基幹，所以也有人主張喀巴拉乃承襲埃及魔法之流。當然，若追溯至猶太人曾經在埃及居住過一段時間的歷史，我們也無法完全否定此說法。

名字

Name   名前

■體系●傳說

「知道事物的名字，就是知道事物的本質。說出事物的名字，就是在對事物施加力量」。自古至今，在世界的每個角落都可以發現這種信仰。

舉例來說，中國不以本名稱呼他人，大凡皆以別號「字」相稱。按照規矩，唯有雙親與兄長才可以喚其本名。

又譬如威爾斯（Wales）與愛爾蘭的民間傳說裡，以**願望**請求他人時，往往必須說出所有與自己有血緣關係的英雄名字，然後說：「以彼等英雄之名，我向你提出懇求。」若對方以按照此法拜託自己，民間傳說裡的人物絕無法斷然拒絕；此類事例，不勝枚舉。

若論現代作品，則有以「名字的魔力」為中心主題的《**地海傳說**》三部曲，乃美國人勒瑰恩所著。

在《地海傳說》的世界裡，所有存在都有足以體現其本質的名字。這個名字就叫做「真名」。真名乃藉天地創世當時的「古代**話語**」而行，能夠呈現對象的本質，是以真名與名字的主人可謂是密不可分的一體；只要說出真名，就能對該名所指對象造成極大影響力。

因此故事裡生在海島地區的所有人，除足堪信任的對象以外，終其一生絕不把自己的名字告訴別人。若不慎讓人知道自己的名字，名字就會遭到惡用，名字主人的意志也會因而遭到扭曲。

真名的力量非常強大，單只說出真名，就足以對他人造成相當程度的影響，譬如使對方思考陷入混亂，或是使對方無法使用魔法等。

——對方停下腳步，緩緩轉過身來，尖帽兜底下竟然沒有臉孔！

格得馬上唱誦**咒文**，集中體內力量。然而那尸偶卻以粗嘎的聲音搶先叫出聲。

「格得！」

如此一來，格得就是想**變身**也為時已晚，只能固鎖在自己真實的存在中，必須毫無防備地面對尸偶。（《地海巫師》，清水真砂子譯）

最清楚真名效用、能嫻熟利用真名的，就是魔法師。魔法師能將對象的真名編織在適當咒文中，藉此引出魔法的真正力量。這種魔法的效果極為強大，擁有足以支配對象的絕對性力量。知道港灣的真名，就能輕易地使巨浪平息；知道雲的真名，就能使雨水止息；知道人的真名，就能使對方服從自己一如奴隸。

1　此處本書原文作錦囊，但譯者查到的資料說是書或者網子。

2　聖四文字（Tetragrammaton）指希伯來語的四個神聖的字母：「YHWH」。在舊約當中，上帝便寫成「YHWH」。此四字全是子音，不含母音因而無法發音；後來加上母音後便唸成「耶和華」（Yahweh），但其原本發音已不可考。猶太人害怕褻瀆上帝，所以不輕易書寫、說出此四字，而以「我主」（Adonai）或「來自天空的人們」（Elohim）稱呼上帝。

相反地，若不知道對象的真名，不論再怎麼唱誦咒文，也只能造成微乎其微的影響力。是以故事中多島海域的魔法師在熟知的環境裡（魔法師精通周圍對象的真名）能夠發揮最大的力量，一旦踏入未知的領域就會馬上失去對環境的支配力量。至今仍無任何魔法師能夠克服這個難題，因為每當世界有新生命、新場所、新環境誕生時，真名就會不斷地增加。換句話說，新的真名可說是每分每秒隨時不斷在增加。再加上還有早在人類誕生前便已存在的真名，還有除了龍跟太古地精以外無人知曉的真名。因此魔法師必須不斷鑽研，並且費盡全部生涯努力尋找新的真名。

主角格得在巫師學院學習真名的時候，也曾被嚴格警告不得胡亂說出事物的名字。然而，血氣正盛的年輕主角當然不知道為何會有此規定，後來他還將太古的女王召喚至現世（→**降靈術**），自此恐怖的黑影便如影隨形地在背後追逐自己。

（→**爛皮兒踩高蹺皮兒**）

降靈術

Necromancy　　　　　　　　降靈術

■魔法●傳說

（→**招魂術**）

招魂術

Necromancy　　　　　　　ネクロマンシー

■魔法●傳說

召喚死者的技術。

可以分成「召喚亡靈詢問情報」與「召喚亡靈使其返回肉體，以供驅使」兩種。若以譯語區別之，前者可譯作「降靈」，後者應可譯作「還魂」。

前者以日本的**伊田子**和**舊約聖經**裡的**隱多珥的女巫**為典型，後者則以印度的**維塔拉咒法**和**巫毒教**的**殭屍**為典型。

中世歐洲流行的則是折衷此二者的招魂術。施術者會身穿從屍體盜來的衣服，並冥想死亡；還要食用沒有**鹽**味的黑麵包，飲用未發酵的葡萄汁（象徵沒有生命的狀態）。接著在墓地屍體身上繪製**魔法圓**、揮動法**杖**。應召喚前來的亡靈有時會進入活人體內，有時則會進入該具屍體。此時施術者就會向亡靈詢問未來的事情或是寶物的所在。亡靈已不受此世肉體束縛，所以知道許多活人不知道的事情。

前述招魂術進行過程究竟有幾分屬實，又有幾分乃教會當局捏造，並無定論。

（→**召鬼**）

《死靈之書》

Necronomicon　　　　　　ネクロノミコン

■物品●小說

克蘇魯神話作品群裡的**魔法書**。這當然是本虛構的作品。作者是人稱「瘋狂的阿拉伯人」的阿巴度·**亞爾哈茲瑞德**，克蘇魯神話作品群謂此書成於730年。

若採直譯，《死靈之書》就是「死者的法則之表象」的意思。原書名叫作《Al Azif》（或稱《Kitab Al Azif》，就是「魔聲之書」的意思），亦作《死者之書》、《死靈祕法》等書名。此外，有人認為《茨揚書》（Book of Dzyan）、《那卡提克手札》（Pnakotic Manuscripts）、《天使語之書》（Enochian Evocation，這是本確實存在的書籍，乃約翰·迪所著的密碼書），跟《死靈之書》全都是同一本書。另外，古埃及有種叫做《**死者之書**》的陪葬品，此書跟《死靈之書》除書名相似以外，並無任何關係。不過，**洛夫克萊夫特**將此書取名為《死靈之書》時，應是借用自古埃及《死者之書》的名字沒有錯。

《死靈之書》是950年提歐多羅斯·費雷達斯（Theodorus Philetas）將此書譯成希臘語時的譯名。此後約一百年間，雖陸續有拉丁語

版、英語版、西班牙語版等譯本出版問世，卻屢遭教會禁書焚毀處分。順帶一提，英語版的譯者就是約翰·迪博士，不過英語版並非完整版本，而且也沒有出版。

現存的《死靈之書》以拉丁語版為最多，15世紀的版本有三冊，17世紀的版本有三冊，全世界目前共有六冊《死靈之書》存在。若將欠缺部分內容的不完全版也算進去，數目就比較多一點了。

此外在《謎之羊皮紙》（《The Terrible Parchment》，Manly Wade Wellman著）裡面，就有《死靈之書》書頁實乃怪物變成的橋段。

克蘇魯神話作品提及《死靈之書》時，多將其塑造成一本記有最高級祕術的魔法書，不過克蘇魯神話作品卻極少提及其具體內容。像這種作品就是要愈神祕，才會更顯出它的珍貴吧。

除克蘇魯神話作品以外，無數的恐怖小說、漫畫與電影，也都曾提及並將《死靈之書》塑造成禁忌的魔法書，所以《死靈之書》的知名度搞不好比克蘇魯神話抑或其創造者洛夫克萊夫特來得更高呢！1984年左右，有本叫做《禁斷咒法、戀愛咒語死靈之書祕咒法》的書出版，恐怖小說愛讀者無不啞然。

哪吒

Nezha　　　　　　　　　　　　　　哪吒

■人物●傳說

哪吒生於殷商末期，乃殷商武將李靖三男。

哪吒的誕生經過可謂奇怪至極。他的母親臨盆產下一塊肉，父親用劍劈開肉塊後，裡面竟然有個漂亮的嬰兒。出生三天後，有個老人預言「此兒將來必將揚名」，並為嬰兒取名為哪吒。

哪吒自幼便有武藝天才，七歲就發明戰車「風火輪」，每赴戰場必踏風火輪而至。姬發興兵欲推翻殷商時，哪吒便參加周陣營，是以必須與父親李靖敵對；父子戰場兵戎相見，哪吒武藝更勝父親數倍。後來李靖降周，父子齊力為討商興周奔走作戰。哪吒因其功績被封為中壇元帥，至今仍是民眾信仰的戰神；由於其父李靖後來被尊為托塔天王受民眾崇拜，所以哪吒亦稱哪吒三太子。

被尊為戰神的哪吒英姿魁偉，有九眼三頭八臂。傳說從前東海龍王興風作浪，哪吒便曾經平定東海龍王一族；據說中國人便是因為這個傳說，才會模擬哪吒的模樣來建造北京城。北京鄰近河川容易氾濫，中國人認為此乃惡**龍**作祟所致，所以當初設計北京城，才會想要借用哪吒的力量鎮壓惡龍。

不少小說也都曾對這位高強武神多有描述。

在《**西遊記**》裡面，哪吒便曾化為九眼三頭八臂的模樣，跟**孫悟空**打得難分難解。然而此時哪吒卻因孫悟空的**分身**之術敗下陣來，甘居於襯托孫悟空神通廣大的綠葉角色。

另一方面，《**封神演義**》則說哪吒乃蓮花的**化身**。他七歲時誤殺東海龍王的龍子，害怕自己闖禍殃及家人，方才拋棄肉體先死了一次；後來哪吒的師父太乙真人（→**真人**）取蓮花化成肉體，並將哪吒魂魄安於其內。真要說起來，復活後的哪吒要算是個「仙造人」而非「人造人」，本身就是個相當於魔法物品的存在。後來哪吒成了**姜子牙**麾下猛將，在《封神演義》裡大顯神通。哪吒肉體乃蓮花所化，並無人類魂魄，因此敵方打擊魂魄的**仙術**對哪吒幾乎起不了任何作用；正當敵人訝異自己法術被破的當下，馬上就被哪吒打倒了。

尼樂·勒梅

Nicolas Flamel　　　　　　　ニコラ·フラメル

■人物●歷史傳說

法國**鍊金術**師（1330？～1418）。在某次

偶然的機會裡得到《猶太人亞伯拉罕之書》，經過長達20年的研究終於完成了《**象形寓意圖之書**》。

傳說勒梅用鍊金術成功製造出**賢者之石**，在印度居住數百年後，曾經帶著妻子出現在巴黎。

仁寬

Ninkan　　　　　　　　　　　　　　　　仁寬

■人物●歷史

日本史最大邪教宗門**立川流**的開祖，原本是輔仁親王的護持僧（為保護玉體，於清涼殿進行祈禱的僧侶）。遭關白[1]藤原忠實流放。

仁寬被流放至伊豆大仁[2]之後，遇見一位叫做見蓮的**陰陽師**，兩人便互相切磋研究真言**密宗**與**陰陽道**。後來他又認識同樣遭到流放的觀蓮、寂乘、觀照三位僧侶，並以密宗教義傳授之。

此外，從前仁寬的兄長醍醐三寶院開基勝覺傳授他三寶院流密宗時，曾以罌粟相贈，於是仁寬就在伊豆大仁栽培罌粟，並且研究其效果。罌粟就是鴉片的原料。有些密宗咒法會搭配罌粟使用，是以佛教僧使用罌粟其實並不少見，只是過去從未有人針對罌粟進行理論性研究與正式的栽培。

仁寬在伊豆大仁鎮日埋首於各種研究；1114年他將三寶院流密宗悉數傳授給共同研究者見蓮以後，便即改名為蓮念，自城山山頂投身山崖自殺而亡。

每到夜晚，仁寬之墓就會散發出恐怖的光芒。1129年朝廷終於發出赦免令，將仁寬遺骨移至京城並建立供養塔；然而不知此舉是否也將仁寬的怨念一併帶入了京城，當年正是中世日本史上意外最多、異常氣象發生最頻繁的一年。

（→文觀）

能除

Nojo　　　　　　　　　　　　　　　　能除

■人物●歷史傳說

出羽**修驗道**的傳說性人物。亦稱能除仙、能除太子、蜂子皇子。

能除的諸多傳說當中，最有名的就是他治好國司[3]腰痛的故事。能除正在羽黑山[4]裡修行時，碰到一位獵人來請他回去治療國司腰痛的毛病。能除雖以自己正在修行的理由拒絕，卻終於被獵人的誠意感動，答應為國司進行治療。可是能除正要出發前往國司居處時，國司家卻突然發生火災。荒亂之下國司也沒想到要搶救任何東西，便飛也似的逃出家外，豈料腰痛卻因此完全痊癒。當能除抵達國司家的時候，原本應該已經燒成廢墟的房子，仍是完好如初。

據說此事傳開以後，自此有許多民眾曾去拜託能除，為自己治病或排除各種困難。

此類故事是每位名聲顯赫的**山伏**必定都有的傳說，所以修驗道奉為開祖的**役行者**自然也有類似的故事。

根據《羽黑山緣起》記載，能除法名弘海，乃崇峻天皇[5]的第三子。由於崇峻天皇遭到謀殺，於是能除的表兄聖德太子便勸他離開宮中，前往各地遊歷。

就像是要證明前述說法一般，據說崇峻天皇確實有位皇子叫做蜂子皇子，不過現在已無任何相關紀錄足茲證明此說法。民間傳說裡有許許多多描述身分高貴者為當權者所逐，並遍遊諸國的貴種流離譚；而蜂子皇子其實就是能除的說法，也可以歸入此類傳說當中。

至於能除的模樣，據說他的臉部呈煙燻般的赤黑色，眼睛大到眼珠好像可以吊到髮際，鼻高而垂，看起來好像就快要遮住嘴巴；嘴巴極大，甚至可以裂到耳根。若說真有這種長相的人類存在，肯定沒有人會相信，不過這應該

是修驗者將能除神格化後所形成的模樣。能除很可能是混合了**仙人**、**天狗**、**即身佛**（**木乃伊**）等構成修驗道的重要因素，再加上日本人奉為山神的狼的形象，才會變成這副尊容。此外，也有人認為能除的異貌跟修驗者的守護神——不動明王[6]的忿怒相，以及醜男醜女所擁有的咒力，其實都有關連。

諾斯特拉達姆斯

Nostradamus ノストラダムス

■人物●歷史

本名米歇·德·諾斯特拉達姆斯（Michel de Nostredame），法國醫師兼**占星術**師（1503～1566）。

在歷史紀錄上，諾斯特拉達姆斯乃法王查理九世（Charles IX）的御醫，但他身為《**百詩集**》（也有人誤譯為《**諸世紀**》）作者的大**預言家**身分較為人所知。

他留下了1000篇以上的四行預言詩，而且準確度出奇地高。現代的書店裡，仍有許多解釋諾斯特拉達姆斯詩歌含意的書籍。

然而諾斯特拉達姆斯的詩如此準確，其實是有原因的。照理說所謂的預言必須限定「何時」、「何處」、「何人」、「何事」等條件，否則便無法成立。不過諾斯特拉達姆斯的預言幾乎都沒有寫明「何時」。由於他1999年的預言非常有名，似乎使不少人誤以為諾斯特拉達姆斯的預言大都有寫明年代，其實他曾明確記載具體年代的預言，僅止於數篇而已。

諾斯特拉達姆斯的預言當中，以戰亂或疾病佔多數。再說，歐洲正是全世界戰亂與疾病最頻仍的地區。舉例來說，如果預言「萊茵河附近將有戰爭發生」，總有一天發生戰爭的機率極高；即使沒有發生戰爭，也可以宣稱戰爭「尚未」發生，並非預言落空。

如前所述，就構造面來說，諾斯特拉達姆斯的預言永遠都不會落空。因此，預言成真當然也就是理所當然的事情。這麼看來，諾斯特拉達姆斯似乎也並非什麼了不起的預言家；不過他倒算是個頗具才能的歷史學家、統計學家。

若讀者仍舊擔心地球會在1999年毀滅，筆者不妨告訴讀者諸君：諾斯特拉達姆斯所留下的極少數能掌握年代的預言詩當中，也有2000年以後的預言。若諾斯特拉達姆斯的預言屬實，那麼地球就絕對不會在1999年毀滅。既然他會對西元2000年以後的事情提出預言，這就代表屆時仍有人類存活才是。

省略法

Notariqon ノタリコン

■概念●歷史傳說

跟**數值換算法**、**文字置換法**共同構成**喀巴拉**暗號學的一種技術。有人認為此字源自拉丁

1　關白是輔佐成年天皇的重職，肇始於平安中期的藤原基經。自此天皇年幼時任命攝政，成年後再任命攝政為關白，已成慣例。平安時代以後，關白非藤原家莫屬。

2　位於現今靜岡縣田方郡的城鎮。是個位處狩野川中游的溫泉鄉。

3　律令制裡，中央派遣至諸國管理政務的地方官。

4　羽黑山位於山形縣西北部的山脈。海拔414公尺。羽黑山、月山、湯殿山共稱出羽三山。山頂附近有出羽神社。乃修驗道的靈山。

5　崇峻天皇（？～592）是第32代天皇的漢謚號。名叫泊瀨部，乃欽明天皇的皇子。當時與穴穗部皇子爭奪皇位，受蘇我氏擁立。後來遭到蘇我馬子暗殺。

6　不動明王為五大明王、八大明王之主尊。乃是體現全宇宙的大日如來的分身。因其菩提心不動搖而稱不動明王。忿怒相代表其驚人威力，右手持劍左手持絹索，坐於石臺之上、身入三昧真火之中，背有烈焰。

語意為「速記」的「notarius」，也有人認為此字源自於希臘語裡具有相同意義的「notari-com」。

利用這項技術，便能從數個字詞裡取出字詞的首個字母或末個字母，並且導出全新的句子（字詞）。

舉例來說，喀巴拉系西洋魔法經常會用到 AGLA[1] 這個字。這個字是「能力」的意思，若以省略法解讀，便能導出「主啊，您的作為就是永遠」（Ateh Gibor le-Olam Adonai）此句。此外，無人不曉的阿門（Amen）此字通常可以譯作「誠如所願」，然若以省略法解讀，就會變成「主，信義的王啊」的意思。

由於**魔法書**便是以此技術書寫而成，光是追求表面意義將無法理解其中真意。正是因為這個緣故，才會有人花費畢生的時間與精力，方才好不容易完成一本魔法書的解讀工作。

當然，必須同時結合數值換算法和**萬物符應**等喀巴拉技法，省略法才有意義可言，這點已毋須贅言。

（→占數術）

占數術（靈數學、數靈學、命理學）

Numerology　　　　　　　　　　数秘術

■體系●歷史傳說

喀巴拉的密碼技術**數值換算法**引為基礎的**占卜術**。

每個希伯來文字都有各自的數值。將所有文字換算成數值計算（加總）變成個位數（唯 11 與 22 不需再計算），再用最後所得到的數值進行占卜。原本只能使用希伯來文字進行占卜，不過現代也可以用英文字母代替希伯來文字，進行占卜。

用占數術將人名換算成數值以後，就能用該數字占卜人物的性格或方向性等各種特質。其中僅由母音換算而得的數字，稱做心數字（Heart Number）[2]，能顯示該者的內在性格與

自我意識、嗜好等特質。相反地，僅由子音換算而得的數字則叫做個性數字（Personality Number），象徵其外在性格與習慣、行動模式、給他人的印象等各種特質。

相同地，依照占數術將生日換算所得數值叫做生命數字（Birth Number），象徵的是影響該者一生的命運。

1——於特定領域擁有自我的目標，以及堅決達成目標的欲望。積極、頑固、太過自信、富野心。集中力與記憶力佳，頗具領導能力與想像力。相反地，欠缺協調性，不甚注重愛情與友情，有暴君的傾向。

2——具備一般傳統女性的特質。柔和甜美而安靜。隨時能保持冷靜，誠實、謙虛，適合擔任輔佐的角色。傾向於透過外交手段與好言勸說，藉以達到自己的目的。同時也有充滿殘忍、惡意、欺騙的另一面。

3——聰明富有想像力，多才多藝精力旺盛。在特定場合裡，時常是最受矚目的焦點。在許多方面皆不吝惜於努力下工夫，有無法認真看待事物的傾向。

4——踏實而現實，雖然欠缺獨創性，卻是理想的管理人才。安定冷靜、穩健勤勉。當他人未採取跟自己相同的作法時，容易感到憤慨。

5——活潑聰明、性急、富冒險心，喜好新奇事物。對任何事物都有興趣，到頭來都是空。喜歡賭博與投機，自戀心頗強，討厭負責任。

6——平靜、親切，各方面能力頗為平均，值得信賴。雖然沒有那麼聰明，不過長期來看，應該會是位成功的教育家、藝術家。除容易自我滿足、有點囉嗦以外，還有頑固、喜歡說閒

話等缺點。

7──天生的隱士。不好喧囂騷亂，喜歡獨自一人耽於冥想、思索與長考。待人客氣，有自制心。討厭愚笨與輕率，對金錢沒有概念。不擅長闡述自己的意見，有悲觀、傲慢的傾向。

8──世俗性格強，能踏實地完成工作。精力旺盛、現實、願意付出努力，注意力佳。自我中心、節操概念薄弱，朝三暮四、個性叛逆。

9──大而化之、喜歡幻想，願意努力實現理想。熱情、衝動、富同情心，是位浪漫主義者。此外，擁有豐富的靈感。討厭醜陋的事物與老化、貧困等。若遭他人拒絕，態度容易變得嚴峻而殘酷。

11──胸中藏有想要傳達給全世界的特別信念。適合成為教師、說教者、富靈感的**先知**。11位於9的上位，有生命數字9的優缺點；容易偏向主觀，有時只顧著朝向自己的目標前進，會忘記考慮他人的感受與立場。

22──擁有從1到11的所有優點。不過，很可能會變成國際規模的重大罪犯。

占數術裡各字母的數值

字母	數　值							
	1	2	3	4	5	6	7	8
字母	A I Q J Y	B K K	C G L S	D M T	E H N	U V W X	O Z	F P

橡樹

Oak Tree　　　　　　　　　　　樫の木

■物品●傳說

　　橡樹（若說得更精準點，其實應該是大落葉櫟樹Quercus Crispula），乃古塞爾特人的聖物，同時也是**德魯伊**的字源[3]。據說若無橡樹樹葉，德魯伊將無法執行任何祭典儀式（如獻牲、魔法，以及每年四次的季節祭祀等）。橡樹森林與樹叢因此被聖域化（此聖域喚作Nemeton），成為舉行神聖儀式的場所。

　　遺憾的是，橡樹為何會被視為神聖的樹木，如今已經不傳。橡樹的果實乃塞爾特人的貴重食材（塞爾特人用橡實來做麵包），所以有人認為塞爾特人是因此才將橡樹奉為神聖樹木，不過眾說紛紜，全都只是臆測之辭。到底橡樹為何被視為神聖，早已隨著德魯伊滅絕而成不解之謎。

1　AGLA是個複合字，是取四個希伯來字的首要字母拼成的，原意是「萬能的主」。複合以後當成一個具有法術力量的字，用來驅魔、趕鬼、避邪之用。
2　另有一說是「靈魂數字」（Soul Number）。
3　塞爾特語的「daru」指的是「橡樹（Oak）」，而「vid」是「知識」的意思；一般認為這便是德魯伊的語源。

神祕學

Occult オカルト

■體系●傳說小說

此字源自拉丁語中意為「隱藏的事物」的occulta一詞。

神祕學原本是指研究人智所不能及、無法解明的諸事物之學問；如欲修得神祕學之精髓，則須經長年修行、學習古代祕教諸奧義。

然而到了現代，從**超能力**到**黑魔法**，甚至是變愛占卜與UFO，全都可以用神祕學一詞涵蓋囊括。由於其範圍太廣，反而使得此詞的真正定義更加模糊。

奧丁

Odin オーディン

■生物●歷史小說傳說

司掌狂暴天候的北歐神話主神。是個以寬簷帽遮住單眼、下顎蓄有殷實鬍鬚的老人。奧丁是勇敢戰士的守護神，不過他也有暴風雨之神情緒化的一面，有時也會面不改色地收回守護勇士的法力，賜其戰死沙場的盛譽；戰死的勇士之魂（Einherjar）就會在「女武神」瓦爾姐客麗[1]的引領之下，昇上英靈殿瓦爾哈拉（Valhalla），並得到永恆的生命。奧丁是要召集這些勇敢的靈魂，以備一場名為「諸神的黃昏」（Ragnarok）的最後戰役。奧丁因此而被視為戰士——也就是貴族階級的守護神。

雖然奧丁有上述各種屬性，不過他在作為戰神或暴風神之前，先是一位偉大的魔法師。奧丁從不曾恃其武勇來解決問題。他面對困難時，都是利用巧妙的魔法與高深智慧解決。但是他卻從未對自己身為魔法師的力量感到滿足，總是不斷地貪求魔法新知識。只要是為了探求新知，不論是怎樣的試煉他都願意接受。

奧丁曾經為解開**魯納**的祕密而在宇宙樹[2]枝上吊，並潛入敵方巨人之國尤頓神域（Jotunheim）尋找加鐸（Galdr）**咒歌**與魔法**杖**甘邦地（Gambantein）。奧丁還向他第二位后妃女神**菲依雅**低頭，學習華納（Vanir）神族的**塞茲魔法**。他為了要喝宇宙樹根部湧出的**智慧之泉**以獲得智慧，甚至還自挖單眼交與看守泉水的巨人密米爾[3]。

這些考驗與冒險全都出自於奧丁的求知欲，以及他身為魔法師的熱忱。

北歐神話諸神不但會失敗也會犯錯，是非常人性化的神祇（甚至毫不遜色於恣意而為的希臘諸神）。他們的力量也並沒有那麼超絕卓越，跟天敵巨人族作戰時仍須借助於各式各樣的魔法武器才能抗衡（奧丁自己就有把絕不落空的魔法武器：永恆之槍[4]）。

奧丁會如此拚命地求取魔法知識，應該正是為此。魔法的祕密奧義大多掌握在巨人族手上，奧丁獲得這些知識後，無疑是讓眾神吃了顆定心丸。當然奧丁確有求知若渴的求知欲，但他去尋求學習魔法，很可能也是出自於他身為眾神之王的責任感吧！

百度參拜

Ohyakudo-mairi お百度参り

■魔法●歷史傳說

一種向神佛祈願的儀式。

大部分神社會在離前殿一定距離處擺放一種叫做百度石的石頭。參拜者在前殿禮拜後，必須先退回百度石，再次回到前殿禮拜；重複一百次以後，**願望**就能成真。

雖然百度參拜必須向神明祈禱，不過由於它更重視在前殿與石頭間來回參拜的過程，因此可歸類為藉**苦行**而修行的祈願法。

巫婆

Old Witch 老婆の魔女

■人物●小說傳說

在童話中若提到魔法，不可或缺的就是年

老的**女巫**。她住在森林深處，是亦正亦邪的奇妙人物，依故事不同有時以反派角色出現，有時以主角的協助者身分出現，讓故事和神奇的魔法扯上關係。

巫婆使用的魔法其實五花八門。她一揮魔**杖**就能給予灰姑娘美麗禮服，會乘坐魔法鍋抓捕小孩，當然還會在**大鍋**裡熬煮沸騰翻滾的魔法藥劑。有時會接受壞人的委託對主角施以**詛咒**，有時卻會提供破解繼母詛咒的線索。

這種不可思議的存在，原形是從**獵殺女巫**時被獵捕的女巫而來，這點應該無庸置疑。然而在閱讀起源古老的童話後，便會發現巫婆與基督宗教的關連性出乎意料地薄弱。與一般的認知不同，巫婆不會叫出**惡魔**，也不會褻瀆父親一般的上帝。彷彿這方面的信仰根本完全不存在一樣。而且打敗巫婆的通常都是主角等人的機智，並非聖人的**名字**或聖水。巫婆並非基督宗教的敵對者，而是和該宗教涇渭分明的存在。

而想要知道巫婆是何種存在，只要檢視她使用的魔法即可。詛咒、魔法藥劑（**→女巫的軟膏**）、飛行的能力（**→女巫的掃帚**）、占卜、**變身**──這些法術，全都擁有一種傾向：和存在於近代宗教誕生前、**薩滿**要素強烈的宗教、文化內之魔法相同的傾向。而且巫婆莫名其妙、反覆無常的行為，也和在被系統化以前仍充滿人性情緒的諸神一模一樣。

古代歐洲曾廣泛流傳的信仰，隨著基督宗教的擴張同時衰退了下去，被視作**異教**加以排斥。在那些神話中登場的諸神與其祭司（**薩滿**，亦即魔法師），有的被污名化成邪神，有的則成了惡魔，被納入基督宗教的體系中苟延殘喘了下來。

而巫婆正是這種存在，她是古代**咒術**信仰的遺產。雖然形象已經大幅轉變，但由能操控自然法則的魔法力量中，仍可明確看出她的起源。「自然咒術」此一思想在基督宗教這個強大體系底下，化成了巫婆的形象綿綿不絕地傳承了下來，由這個事實可以看出，人們相信能和超自然領域溝通此一概念的根深蒂固。

唵

Om ⎯ 唵（オーム）

■魔法●歷史傳說小說

此字源自**吠陀經**，乃「該當如此」之意。奧義書[5]哲學時代以後，將此字分解成A、U、M三字便能象徵宇宙的森羅萬象；若僅作Om一字則是象徵梵天[6]，只要唱誦此字便能達致梵我同一的境界。

佛教也承繼了此字，將其分解成三個字則

1　瓦爾妲客麗（Valkyrie）是北歐神話中一群服侍主神奧丁的狄絲，其名字的原意是「選擇戰死的女人」。神話中大多將瓦爾妲客麗形容成身穿鎧甲、手持長槍、駕乘飛馬在天空中飛翔的女子。

2　宇宙樹（Yggdrasill）是將天界、地界和下界連接為一體的常綠梣樹（Ash），據說整個宇宙的命運存亡都繫於此棵樹。

3　密米爾（Mimir）乃北歐神話中的巨人，也是主神奧丁的伯父。密米爾是巨人族人，但他從不與阿薩神族敵對。他平日負責看守智慧之泉，凡是早晨喝下這泉水的人，都會變成絕頂聰明的智者。奧丁曾經為了智慧之泉，而以自己的一隻眼睛做擔保，交給密米爾。

4　請參照第81頁譯注。

5　奧義書為梵文Upanisad的意譯，音譯為「烏婆尼沙曇」，原意為「近坐」，引申為「師生對坐所傳的祕密教義」；亦稱「吠檀多」，意即「吠陀的終結」。婆羅門教的古老哲學經典之一。一般認為有二百多種，現存一百多種，其中最古部分有十三種，分屬四吠陀本集。內容極為龐雜，而且相互矛盾。中心內容是「梵我同一」和「輪迴解脫」，這是婆羅門教、印度教的哲學基礎。

6　請參照第165頁譯注。

象徵佛的三身[1]，若作一字則是大日如來[2]的象徵。

遍在

Omnipresence   遍在

■概念●傳說

　　無所不在。特指基督教的神無所不在。

　　根據基督教神學家的說法，「有限的靈會受空間限制，神卻不會。神涵蓋了世界的全部空間，是以無所不在」。基督教也曾由此處聯想，針對**天使**是否能同時存在於複數場所的問題進行辯論。雖然仍有部分學者認為可能，不過大部分學者都認為「天使雖然偉大卻非全能，唯有神才是遍在」。

　　人類或其他存在「同時存在於兩個場所」或「涵蓋天地」，似乎是所有不可思議現象中最高級最偉大的奇蹟。在中國與伊斯蘭教世界的民間故事、傳說、小說裡，便有不少描述偉大的**仙人**或神祕主義者（→**蘇非主義**）同時存在於兩個地方，或是仙人的袖子裡有另一個世界的故事。

陰陽道

Onmyodo   陰陽道

■體系●歷史傳說

　　源自古代中國，採陰陽五行說的**咒術**、占術體系。尤以**式神**咒法聞名。

　　據《日本書紀》[3]記載，西元513年（繼體天皇七年）有五經[4]博士來到日本。陰陽道可能就是在這個時候傳入日本；但經過證實的紀錄，則屬551年欽明天皇向百濟[5]提出的要求為最早。當時百濟曾經應日本要求，採輪替制外派醫學博士、**易**學博士、曆學博士等具備陰陽道基礎的職能者來到日本。

　　因為這個契機，6～7世紀間眾多的咒術師、占術師或奇門**遁甲**才能渡海來日，並且為日本的陰陽道咒術打下基礎。

　　陰陽道原本是貴族豢養的私人顧問，直到676年**陰陽寮**成立才被納入政府系統。此舉最主要目的是要將當時作為最先進技術、與佛教同為思想學問焦點的陰陽道以及**陰陽師**，納入以天皇為頂點的權力體系，以便管理。

　　陰陽道的奧義除咒術以外，還有許多兼具世俗實際利益的學問如醫術、占術、天文學與**兵法**。不僅陰陽道是如此，佛經裡有倡導公共衛生的敘述，**舊約聖經**裡面也有提及醫學的章節。如果我們說祕術體系或宗教被民眾與當權者接納的最重要理由，不在靈魂救贖、神威榮光、教義尊崇，而是在於此類實際利益，其實並不過份。

　　事實上，天皇家有**泰山**府君祭等40個以上的祭典行事由宮廷陰陽師所執，貴族也普遍遵守陰陽道的物忌[6]、**避方錯位**等各種**禁忌**。他們這麼做也是想要借助陰陽道此體系的力量，旨在趨吉避凶。

　　此外，鎌倉幕府還招攬阿倍氏，加強在靈方面對政府要人的保護。

　　在**阿倍晴明**以前的陰陽道有一半的時間全由賀茂氏獨佔，晴明以後則全由阿倍家（土御門家）[7]與賀茂家兩家二分而治。

　　後來陰陽師還廣傳至民間，但由於賀茂家衰退較早，諸國陰陽師便全由阿倍氏統籌節制。

　　雖然今日的陰陽道已經是徒具形式，仍有些團體繼承了陰陽道的奧義，不過大部分皆屬**神道**教系統。

　　　　　（→**伊邪那岐流、陰陽說、五行說**）

陰陽師

Onmyoji   陰陽師

■人物●歷史傳說

　　指修習**陰陽道**者。又有方士、方術士、方伎士等稱呼。有時又以陰陽博士稱呼在朝廷任職的陰陽師。

　　　　　　　　　　（→**役行者、仁寬**）

陰陽寮

Onmyoryo　　　　　　　　　　　　　　陰陽寮

■組織●歷史

　　始設於平安時代的朝廷官職，《大寶律令》[8]記為「司掌天文、曆數、風雲氣色有異，則密封奏聞」。

　　陰陽寮雖屬下級官職，但天文出現異常狀態時有權祕密上奏天皇，是種極為特別的職位。這也是因為**陰陽師**能藉占術巫術等技術，占卜判斷天象是吉是凶才能如此。

　　由於陰陽寮乃此等具備特殊技能的重要官吏（相當於現今的技術官員），因此天文博士代代交由土御門家（阿倍家）繼承，曆學博士由幸德井家（賀茂家）世襲。陰陽博士則由兩家中選定人選擔任。

西碧之書

Oracula Sibyllina　　　　　　　　シビュレの書

■物品●歷史傳說

　　收藏於羅馬卡庇特山丘（Capitoline）宙斯（＝朱比特）[9]神殿的預言書。據說此書記有羅馬的命運，除元老院所指定的15位司祭以外，任何人都不得閱讀，是以其內容為何，至今已經不傳。據說共有15卷。

　　將此書帶到羅馬的，是一位無意間陷入**恍惚狀態**，得到神明宣託的巫女──西碧（Sybil）。

　　西碧曾求見羅馬國王，向國王兜售九冊書籍，卻遭到國王拒絕。接果她先走到外面燒掉其中三本書，再回到國王面前，請國王用同樣的價錢購買剩下的六冊，但是國王又再度拒絕。西碧又出去燒掉三冊，又走了進來。此時對書冊內容感到興趣的國王，才依西碧出價買了這三本書。據傳這三本書裡面寫有羅馬的命運。自此這套預言書就收藏於宙斯神殿深處的石棺之內。後來每當西碧現身傳達神明宣託時，每次都會增加一冊新的預言書（當然此書預言命中率之高，自是不在話下）。

　　每當羅馬面臨國民關切的重要問題時，都

1　三身亦稱「三佛」，佛教用語。指三種佛身。有種種說法：①法身、報身、應身。②自性身、受用身、變化身。③法身、應身、變化身。

2　大日如來是梵文Vairocana的意譯，音譯則為「毗盧遮那」。毗盧遮那是密宗教義中絕對的存在，他的智慧光明已經完全超越僅止於管理晝夜的太陽神。這位密宗地位最崇高的如來佛，其名號一直到中國中唐時代，由中國密宗第一人「善無畏三藏」（637～735）與他的弟子一行禪師完成《大日經》漢文譯本開始，才正式改以新譯名稱呼，亦即「大日如來」。

3　《日本書紀》是記載古代日本歷史，與《古事記》共同構成日本神話故事骨幹的書籍。全書30卷，養老四年（720）由舍人親王負責編纂。

4　五經指的是易、書、詩、禮、春秋這五部經典，漢時訂為五經。儒家教學的重要經典。

5　國名。位於今朝鮮半島西南部。相傳是東漢末年扶餘王尉仇臺的後代，因以百家濟海立國，故稱為「百濟」。晉時盡據馬韓地，吞併諸國，屢與高麗、新羅作戰。隋末唐初頻遣使來華。後因頻侵新羅欲斷其通華之路，而為唐高宗所滅。

6　指一定期間內節制飲食、情交，以潔淨身體。

7　晴明宅第位於土御門，後來便稱阿倍本家為土御門家。這是因為後來有太多陰陽師都自稱是阿倍家，藉此方便區分本家。

8　《大寶律令》為日本的第一部法典，701年實施。當時為慶祝此法典施行，還將年號改元大寶。在此之前的日本法典只有「令」（規定倫理的法條），此時首次有「律」（規定刑罰的法條）出現，終於完成了一套正式的法典。

9　請參照第73頁譯注。

一定會參照西碧之書、推敲神明旨意，否則國民將無法心服。沒想到希臘羅馬時代的神託，竟然還頗出人意料地深受眾人信賴。

（→巫、先知、預言家）

口傳

Oral Instruction 口伝

■概念●歷史傳說

意指不依靠文字，藉口耳相傳來傳承知識。在人類發明文字以前，口傳是將知識傳承給後代的唯一手段。

各文化的口傳內容皆以正確的教義、儀式等「知識」佔多數，尤其在宗教或咒術領域更是如此，因此口傳的使用情形可謂相當廣泛。此外，認為只要正確無誤詠唱「知識」，就已經可以算是種魔法的這種汎世界思想，更是助長了這個傾向（此思想是以「詠唱咒文時一字一句都不得有誤」的形式，遺留在現今的咒術、魔法體系中）。

由於將傳說內容整個背下來乃是口頭傳承的不變鐵則，口傳多是以不斷重複單純的詩歌，抑或押韻的文句等形式進行。

塞爾特的神官德魯伊就是口傳的最佳好例。

塞爾特人蘊育出相當發達的文化，卻沒有自己的文字，可謂是個非常罕見的民族。於是他們便全憑口傳，將所有重要的問題傳諸後世。德魯伊同時身兼塞爾特民族的神官、法官、政治家、詩人等職務。擔負傳承塞爾特所有傳統文化之重任的德魯伊，也就因而必須背誦數量極為驚人的龐大知識，否則就無法成為獨當一面的德魯伊。凱撒在《高盧戰記》[1]裡記載，他對塞爾特民族裡不惜花費20年以上時間修行者感到非常驚訝，不過想必還是有人終究無法成為德魯伊吧！

當社會體系的複雜程度已經達到某個階段以後，口傳就不再適用。而德魯伊的職務終究

也分化為立法者、祭司、詩人這三種，這應該是因為人類的記憶力仍有極限所致。不過仍有部分認為唯藉由話語傳達才是神聖的思想遺留下來，譬如印度的婆羅門[2]學校就至今仍然貫徹口傳教育。

（→吟遊詩人）

煉丹術

Oriental Alchemy 錬丹術

■體系●歷史傳說

中國流行的一種錬金術。

相較於歐洲的錬金術，煉丹術最特別的地方應該是它的目的。煉丹術的目的在於煉製長生不老的仙丹。

原本，在中國自古便成立了治病的用藥技術。這種技術的祖師被認為是神農，名稱則叫做本草術。據說是因能成為藥品之物雖然繁多，但其中又以草類最多之故。

而古代的中國人認為或許可利用本草術預防衰老或死亡。認為可藉由一一治療體力的減弱、感覺器官的退化等這些可以看見的老化要素，繼而獲得長生不老。傳說由神農所著的本草書籍《神農本草經》中便在治病藥外尚收錄了許多仙藥和保健藥。

只是，這種方法當然不可能達成不老不死。因此古代的中國人認為這是因藥的效力不足之故。在此時登場的人，便是抱朴子，即葛洪。他在《抱朴子》內大書特書金丹之事，力陳要獲致長生不死最好仰仗金丹。而此處所說的金丹，乃是指將金屬製成的服食藥品。

自古，中國人便注意到水銀與黃金有著不可思議的性質。水銀的原石——硫化汞（Hgs），在中國名為「丹砂」。起初水銀被用為治皮膚病的藥，並將少量的丹砂（硫化汞）視作治病強精的藥材。但丹砂的紅色讓人聯想起血液，更提升這種藥品的神祕性。因為血液被當作生命力的象徵，在咒術儀式中極受重

視。

此外，當時咸信水銀被加熱後會產生循環作用。丹砂在氧氣中被加熱後會還原成水銀，而將它繼續加熱後就會便變成氧化汞（Hgo），此時若再接著加熱，氧化汞便會還原成水銀。古代的中國人無法辨別外觀相近的硫化汞與氧化汞，因此他們認為丹砂擁有無限循環的性質。

另一方面，黃金無論如何加熱精鍊，也絕對不會變質。因此黃金被當作恆久不變且不敗朽的象徵而遭到重視。

由於草木在火燒後便成灰燼，況且還會自行枯萎，所以仰賴這種物品不可能獲致長生不老。《抱朴子》中提出，為了長生不老，重要的是要將黃金的不變（＝不老）性質和丹砂的無限循環（＝不死）性質煉製成藥。即使說後世想靠煉丹術不老不死者全是受《抱朴子》的影響也不為過。

然而，黃金姑且不論，水銀對人體有害。雖然金屬水銀因為吸收率低所以害處不像甲基汞那麼嚴重，可一旦長期食用必然還是會呈現中毒症狀。況且，據說在煉丹術製成的仙丹中，多半含有劇毒砒霜。這種東西服用下去別說不老不死，甚至還會縮短壽命。

由於像這種金屬製的仙丹材料頗貴，所以中毒而死者壓倒性地集中在身分高貴的人物上。也有一說是秦始皇和漢武帝之死也是由於仙丹之故。而在唐代也有6名皇帝因仙丹的禍害而最終中毒死去。

由於此類事件接連不斷，作為尋求不老不死之術的煉丹術就逐漸不受重視。

龍

Oriental Dragorn　　　　　　　　　　龍

■生物●傳說小說

龍是象徵中國的聖獸。

雖然龍也可以英譯為Dragon，但西洋的Dragon與其說是龍，倒比較像恐龍一類，只是個性凶暴的怪物。西洋的龍開始擁有智慧是在比較近代的事，如神明般睿智且擅長魔法的龍的形象會變得普及，乃受了奇幻文學極大影響。相較於西洋的龍，中國的龍自遠古起便是神明一脈，特別是以身為水神且法力高強之事而著名。

據說龍原本是從蛇神發展而來的，牠修長的蛇形身軀是在象徵河川。中國人在以黃河、長江為首的大河流域內建立了文明，對中國人而言河川是會帶來恩惠與災害的巨大存在。顯然這種針對河川的信仰，便是龍的原型之一。

自古相傳出現龍乃是吉兆。在遠古聖王伏犧的時代曾有龍出現，而由於伏犧將龍作為自己的象徵，故而此後龍被當成皇帝的象徵。秦朝末年，沛縣的無賴劉邦在揭竿起義時自稱是赤龍之子。而劉邦的面貌也無愧「龍顏」之名[3]，吸引了諸多人才聚集到他身邊，最後他打倒秦朝，成為漢高祖，自此龍完全固定成為皇帝的象徵。

又，在名謂「四靈」守護世上四方的聖獸中，守護東方的便是青龍。也可說這是在說明龍乃是「天之力」的象徵。

1　高盧戰記（Bellum Gallicum）為儒略・凱撒所著，記錄高盧戰爭的作品，是記錄文學中公認最優秀的作品。其內容相當有趣，直至最近2000年仍有再版問世，可謂是歷史最悠久的暢銷個人著作。其文章更是現代人學習拉丁語的範本之一，可說是千古名文。《高盧戰記》與塔西佗（Cornelius Tacitus）的《日耳曼尼亞誌》（Germania），並列為古代日耳曼研究領域最重要的史料。

2　婆羅門是梵文Brahmana的音譯，音譯「清淨」。印度的第一種姓，也就是貴族階級。為古印度一切知識的壟斷者，自認為是印度社會的「最勝種姓」。

3　《史記高祖本紀》中描寫劉邦「高祖為人，隆准而龍顏，美須髯。」

漢代時龍的形象已大略固定。據說龍的模樣為「九似」，亦即頭似駝、項似蛇、角似鹿、眼似鬼、耳似牛、掌似虎、爪似鷹、腹似蜃、鱗似魚。而龍喉下有逆鱗，觸之則怒的說法源自戰國末期的《韓非子》一書，這點也成為固定說法。即使在現在也有「觸逆鱗」的說法，語源便來自於此。

古代的龍似乎也有亞種，龍的前身是蛟、無角之龍為螭龍，牠們被視為遜龍一格的存在。而有翼的應龍乃是最高位之龍神。傳說在**黃帝**時代，應龍曾助黃帝擊敗蚩尤，卻因法力耗盡而無法回到天上，只得滯留地上。

夏朝時曾有一族人擁有御龍之術，名為拳龍氏，但卻因帝王失德而使此技藝失傳。在暴君孔甲時曾有一對雌雄龍現身，而或許當時拳龍氏後繼無人故找不到拳龍氏的後人。但卻有名為劉累之人曾自拳龍氏處習得該技而能御龍。孔甲賜姓拳龍並加以厚待。當雌龍死去時，劉累將龍肉進獻給孔甲，據說美味絕倫，而帝王要求再度進獻。傳說劉累因此擔心日後有難而不知逃去了何處，御龍之術就此絕跡。

龍是象徵水的存在，且被當作水神。特別是在**道教**得勢，架構完畢天界諸神的官位組織後，龍更成了掌管地上河川海洋的神明。

龍神中最為強大的，乃是掌管四海以及中國風雨的四海龍王。牠們的宮殿位於海中，裡頭奇珍異寶多不勝數。宮殿名曰「水晶宮」，在日本則叫做「龍宮」。而《**西遊記**》中**孫悟空**便是從四海龍王處搶得**如意棒**為首的諸般寶物；《**封神演義**》中的**哪吒**也因東海龍王一族飽受磨難。

然而，並不能因為這樣就說龍的法力不強。龍族中首屈一指的暴躁龍神——錢塘江龍王，這條河川因為有名為「錢塘江大潮」的海水倒流現象而聞名，而身屬該河管理者的錢塘君可是以凶橫暴戾非比尋常而聞名。據說在堯的時代牠曾連續9年引發大洪水，讓連以**泰山**為首的五岳也皆遭水淹，因此辭去神位，由此可見其凶暴。

又，龍是地面五種生物中的有鱗生物之首。因此龍能控制魚或爬蟲類，透過牠們得知地上之事。

扶乩盤

Ouija Board ウィジャ盤

■物品●傳說

中央寫滿字母、周圍寫有數字1～0的盤子，再加上三腳[1]組成的**占卜**道具。許多扶乩盤上都寫有「是」與「否」兩字。其外型酷似日本的**狐狗狸仙**，使用方法也幾無二致。據說扶乩盤此字是由法語的「是」（oui）與德語的「是」（ja）組合而成。

靈能力者將手置於三腳之上，其意義就相當於某種降靈儀式。一旦靈來到現場，即使參與者完全沒有用手移動三腳，三腳也會自動在扶乩盤上移動、拼湊出字句。

也有人認為早在希臘時代就有類似物品，常被用來讀取神託。

（→巫寫板）

奧茲

Oz オズ

■場所●小說

李曼・法蘭克・包姆（Lyman Frank Baum）的小說《綠野仙蹤》（The Wonderful Wizard of Oz）中作為故事舞台的魔法之國，此作曾多次被拍攝成電影與動畫。

奧茲是個遼闊的四方形國度，北有吉利金國（Gillikin）、東有曼奇金國（Munchkin）、南有克亞達林格國（Quadling）、西有威基國（Winkies）、中央則有翡翠城（Emerald City）座落。四周有無法穿越的沙漠與外界阻絕；再加上後來更有良善**女巫**唸咒，使人無法從空中發現奧茲，要接近更是難上加難。

故事裡的人物可以在奧茲國裡使用魔法，但若將魔法道具帶回堪薩斯州（主角的出生地），魔力就會消失。唯身處奧茲朝外界使用魔法也能奏效；桃樂絲（主角）便是因為女巫的魔法才能再次進入奧茲。

（→日常魔幻）

惡魔的契約

Pact with Devil　　　　　　　　惡魔との契約

■魔法●歷史傳說

對欲得到魔力的中世**女巫**來說，這是個不可或缺的儀式。

女巫必須藉此儀式發誓絕對服從惡魔、背棄基督教，才能得到足以行使**黑魔法**的力量。

女巫審判證詞內所述及的具體訂約方法，可謂是五花八門。較古典的「在契約文件上簽名」作法，以及親吻現身**魔宴**的**惡魔**臀部、宣誓背棄主等過程已是固定儀式，只不過各地間的作法多有岐異。唯一各地普遍認同的相同點，就是惡魔會在女巫的肉體刻上印記，作為契約之證明（→**惡魔的印記**）。

與惡魔訂立「契約」的概念，並非歐洲土著的原生思想。女巫的形象源自於古代巫女，巫女卻不需締結契約，便即具備與神靈溝通的能力。其實打從一開始就根本沒有使用魔法必須締結「契約」的這種概念。

將「契約」概念帶進女巫世界的其實是基督教。正如聖經所載，基督教的信仰乃始於與主之間的「契約」。基督教作為新創設的宗教，提倡眾人以自由意志信仰神（形式上是這樣）。信仰神的人就能受到神的看顧當作報

酬，兩者之間有某種契約關係存在。相對地，歐洲的土著宗教則認為只要是在該地區出生者，誕生後就算是當地宗教的一份子。

惡魔與女巫的契約概念便是由此而生。教會只是依照自己的世界觀思考，擅自想像散播罪惡者就像善良市民自動自發信奉主一般，同樣也是以自由意志與惡魔締結契約。女巫審判的氣焰方興之時，基督教教會就馬上套用了這個公式。若是被惡魔欺騙上當者還能稍加諒解，然而面對以自由意志選擇成為惡魔同夥的極端邪惡靈魂，則完全沒有視情況斟酌的轉寰餘地。這就是基督教教會對疑似女巫的嫌犯施加拷問・處刑時，用以將暴行、拷打正當化的理論。

認為女巫與惡魔的契約密不可分的概念，便是因為此間經緯始得廣為流傳、直至今日；唯此概念在**獵殺女巫**的時代──16世紀前後才得以成形，它既無古老的淵源也沒有任何根據。由於基督教擅以基督教理論解釋**異教**習俗、將其定罪後，方才使得女巫**撒旦**使徒的邪惡形象誕生。

異教

Pagan　　　　　　　　　　　　ペイガン

■體系●歷史

「Pagan」此字原本是「鄉巴佬」的意思；後來基督教為貶低其他宗教而以此相稱，這個字才會有「異教」的意思。

從此字由來就可以知道，異教就是意指「基督教眼裡的其他宗教」的用語。基督教會（尤其是羅馬時代的古基督教會）在自己與其他宗教之間，設立嚴謹堅固的隔閡，還會將主的旨意以外的所有宗旨一併斥為邪惡並排除之。相對地，很多古代宗教都認為其他宗教只不過是用另一種名字稱呼自己的神而已，相較

1　三隻腳的道具，用以指出盤上的文字。

之下態度寬容許多。基督教則是認為所有異教全都是一個樣、根本就沒有討論的必要、全都是應當唾棄的信仰……態度傲慢至極。

由於基督教認定**女巫**是**惡魔**的爪牙，中世紀才會有**獵殺女巫**的狂熱浪潮產生。然而歐洲女巫的形象，其實是起源自基督教出現以前的異教。這些女巫並非基督教體系內的存在（神的敵對者、惡魔使徒），而是屬於另一個完全不同的體系。中世紀女巫使用的絕大多數魔法、儀式，其實都是由許多異教宗教儀式的遺俗（民間傳說）演變而成。

因此許多現代的女巫都認為，自己的思想源自於基督教以前的異教（如**太母神**信仰或**德魯伊**教等）；這股運動叫做「新異教主義」。發起新異教主義的眾人聲稱女巫的「正當」傳統（就是指異教的祭典儀式）從古代一直祕密傳承至今，不過研究者卻輕易地就推翻了此說法。即使翻遍各種歷史文獻，也完全無法發現任何證據足以證明異教在基督教的壓倒性勢力下，仍保有一絲命脈。就連獵殺女巫時代文獻裡各式各樣的咒語，也都只不過是異教的「片斷」而已。有完整體系的古代宗教，經歷過獵殺女巫與10個世紀的漫長歲月還能流傳至今，根本就是天方夜譚。因此，即使幾乎所有現代女巫皆聲稱異教是她們信仰的精神泉源，不過她們並不局限於特定宗教；只要發現合適的自然主義思想，她們就會積極吸收至自己的教義中。

蟠桃

Pantao　蟠桃

■物品●傳說

西王母所擁有的魔法**桃**。

西王母在天庭有個叫做蟠桃園的果園，蟠桃就是該處結成的果實。食用此桃者就能變成**仙人**，並且長生不老。

《**西遊記**》對這蟠桃園有頗詳細的敘述。據其記載，蟠桃園裡共有三千六百株桃樹。前面一千二百株，花微果小，三千年一熟，人吃了可以成仙得道。中間一千二百株，層花甘實，六千年一熟，人吃了霞舉飛升，長生不老。後面一千二百株，紫紋緗核[1]，九千年一熟，人吃了與天地齊壽，日月同庚。

孫悟空被天庭任命為**齊天大聖**時，便被指派負責看守這蟠桃園，後來他偷吃了蟠桃才變成金剛不死之身。此外，漢武帝也曾經得到西王母授其四個蟠桃，可是武帝卻未慎守戒律修養身心，所以好不容易才得到的蟠桃也並未發揮任何效果。

帕拉塞爾蘇斯

Paracelsus　パラケルスス

■人物●歷史傳說

文藝復興時期的德國**鍊金術**師、醫師，同時也是位哲學家。本名塞俄弗拉斯圖斯．菲利普斯．奧利俄盧斯．彭巴斯圖斯．馮．霍亨海姆（Theophrastus Philippus Aireolus Bomobastus von Hohenheim）。生於1493年（另說為1494年），卒於1541年。

其父威廉．馮．霍亨海姆（Wilhelm von Hohenheim）出身自彭巴斯圖斯家，是位醫師。帕拉塞爾蘇斯此名，乃是超越（para）塞爾蘇斯[2]（古代醫學大家）的意思；由此可見，以此名自稱的帕拉塞爾蘇斯，乃是以超越希臘羅馬的醫學成就為目標。甚至連他在三十幾歲時完成的醫書《帕拉三部作》：《沃曼．帕拉米倫》（Volumen Paramirum）、《帕拉格拉嫩》（Paragranum）、《歐普斯．帕拉米倫》（Opus Paramirum），也都曾使用到「帕拉」此字。

帕拉塞爾蘇斯雖然不相信魔法，卻相信世界萬物皆有魔法力量蘊藏於其內。他便是基於此思想，調製礦物製成藥物給患者服用，拯救了許多罹患梅毒與鼠疫的患者，因而博得不少

名聲。再者，當時治療傷口的方法仍然相當落後，不是直接取熱水澆在傷口，就是等待組織壞死後再行切除。帕拉塞爾蘇斯卻想到擠出膿汁、使患部保持清潔防止傷口化膿，就能自然痊癒的劃時代觀念，並且試行成功。

但是帕拉塞爾蘇斯直言不諱的個性卻到處樹敵，使得好不容易到手的巴塞爾（Basel）大學教職也因此成為泡影，他只好過著四處流浪的生活。他在這段流浪的時代裡，留下了許多作品。

若是帕拉塞爾蘇斯生在較晚的時代，或許就不會有人認為他是位鍊金術師或魔法師了吧！世人一定會認為帕拉塞爾蘇斯是位不折不扣的科學家。

帕拉塞爾蘇斯

《失樂園》

Paradise Lost　　　　　　　　　　失楽園

■作品●歷史

英國**密爾頓**（1608～1674）[3]的敘事詩。1667年刊行。以**亞當**夏娃被逐出樂園的故事為題材，描述神與**撒旦**的鬥爭過程（內容請參照撒旦項）。

超心理學

Parapsychology　　　　　　　　　超心理学

■體系●歷史小說

科學調查**超能力**的學問體系。有些調查機關確實是很認真嚴謹地進行調查，不過還是有些徒負其名、半調子的調查機關，必須注意謹慎辨別。

即便研究者本人很認真地從事研究，但是現今並無一套可供辨識超能力者真偽的系統，所以許多研究機關的研究成果也都不足採信。

桃

Peach　　　　　　　　　　　　　　桃

■物品●歷史傳說

薔薇科落葉小喬木。原產中國。4月時會開淡紅色或白色的五瓣花。

它是中國的代表性花卉，廣受喜愛，在漢詩中若提到「花」一字，多半可直接想成是梅

1　果皮有紫色紋路，果核為淺黃色。
2　塞爾蘇斯（Celsus）為二世紀的人物。羅馬帝國時期的新柏拉圖主義哲學家。曾遊歷各地，主要活動地區在亞歷山卓城，可能到過羅馬。信奉古羅馬多神教。177至180年間寫《真道》四卷，反對基督教，指出：基督教源自猶太教，而猶太人卻反對它；耶穌復活的故事在許多其他宗教中都有類似的傳說；基督教是祕密的非法社團，不忠於羅馬帝國，威脅著帝國的安全；呼籲基督教徒服從帝國政策，信仰羅馬神祇。
3　密爾頓（John Milton，1608～1674）為英國詩人。因反對查理一世的宗教改革，棄神職而轉向文學創作。他的代表作《失樂園》被認為是英國文學史上最佳的敘事詩，繼莎士比亞之後最偉大的英國詩人。因不朽傑作《失樂園》在世界文壇大享盛名。其精神可謂17世紀思想歷史的基礎、詩人偉大的幻想，一一呈露地獄裡火焰的深潭、天國中光明的原野，和人類始祖享受的樂園。除《失樂園》以外，還有《得樂園》（Paradise Regained）、《力士參孫》（Samson Agonistes）等史詩作品。

花或桃花。

桃樹的外觀與果實形狀皆被當作是女性生育力的象徵。由於女性的力量擁有兩種面向，所以桃樹也同樣具有這種兩面意涵。

一是被當作豐收多產的象徵，在婚姻中更是不可欠缺的存在。自周代流傳下來的祝婚詩「桃夭」便是例子。

另一個是它被當成擁有神聖的破邪力量的存在。純潔少女乃是神聖的存在，並擁有擊退邪惡的咒力，這一點，由**巫**者大多由女性，且還是處女擔任一事上便可窺知。同樣的，桃樹的樹身、花、果也被認為都帶有強大靈力。因此傳說桃樹能讓惡**鬼**或妖怪無法靠近，甚至連不邪惡的鬼也會退避三舍。

例如**道教**中的解厄符、**驅魔符**，原本便是由桃木板製成。而且桃木製成的木劍相傳在驅妖除魔時擁有奇效，在**召鬼**儀式中反而不會去用它。人們深信桃樹的靈力，甚至傳說只要在住家前栽種桃樹便可令妖魔鬼怪無法靠近，並招來好運。有名的「桃花源記」乃是中國版烏托邦傳說，有趣的是，這處理想樂土被桃花所包圍環繞。或許是桃樹形成了結界，讓災厄無法接近也說不定（→**魔法圓**）。

五角星

Pentagram　　　　　　　　　ペンタグラム
■概念●傳說小說

（→**五芒星**）

五芒星

Pentagram　　　　　　　　　　　五芒星
■概念●傳說小說

祕教稱之為黎明之星。**護符**等物品也經常會用到五芒星圖樣。

魔法師所用的五芒星，叫做**所羅門**的五角星。繪於**魔法圓**之中的五芒星能夠達到潔淨除穢之效，使其可以儲蓄能量。五芒星製成護符

後可保佩戴者不受惡靈攻擊，還可讓**召喚**出來的鬼神聽從號令。

五芒星原本並無任何邪惡意涵，唯一般人會把頂點朝下的逆五芒星與地獄聯想在一起，使得五芒星也連帶被視為邪惡的符號。事實上，正五芒星與逆五芒星的象徵意義，其實是恰恰相反。

彼得潘

Peter Pan　　　　　　　　　ピーター・パン
■人物●小說

英國的 J. M. 巴利（James Matthew Barrie，1860～1937）創造出來的人物。彼得潘永遠都是位少年模樣，能自由自在地在空中飛翔。對後世的妖精觀、心理學造成了莫大的影響。有戲劇「彼得潘」（1904）、小說《肯辛頓公園的彼得潘》（1906）、《彼得潘和溫蒂》（1911）等相關作品。

彼得潘並非妖精而是人類小孩，他只是個永遠長不大的孩子，並且跟妖精們住在夢幻島（Neverland）。彼得潘除了騰空飛翔以外，大概也只有不會變老的特殊能力而已吧（話雖如此，許多魔法師苦心研究，嘔心瀝血所為的也正是**長生不老**）！當孩子們面臨死亡時，彼得潘就會陪著他們，好讓他們不要害怕。他身穿樹葉製成的衣服，每次趁著夜晚潛入孩子的房間時，常常都會不小心遺下幾片樹葉，或是把自己的影子忘在房間裡。彼得潘身邊不時都有個叫做汀克貝爾（Tinker Bell，銲鍋匠貝爾）、極為普通尋常的女性妖精相隨；這個妖精拋下修理銲補鍋子的工作，鎮日在彼得潘的身邊飛來飛去，每次彼得潘親吻其他女孩的時候，貝爾就會拉扯女孩的**頭髮**。

彼得潘出世的那天，就變成了現在這個模樣。他聽到父母談論：「這孩子長大以後，要讓他做什麼好呢？」性急的彼得潘卻以為父母要他明天就馬上長大；他還想再多當一會兒小

孩、玩快樂的遊戲,所以就逃到肯辛頓公園(Kensington Park)跟妖精們玩耍。

沒想到某日彼得潘回到家裡,卻發現家裡有另一個嬰兒,而父母親淨是在談論那個嬰兒的事情。於是彼得潘無家可歸,便暫時在肯辛頓公園住了一陣子,後來才搬進夢幻島。

直到現在,小朋友仍然會跟彼得潘玩耍,但長大以後就會忘記他。不過據說新生的嬰兒們還是會不斷加入,跟彼得潘一同遊戲,「只要孩子們仍是活潑、天真無邪且任性的一天,這個循環便永無止息之日。」(出自《彼得潘和溫蒂》,福音館書店,石井桃子譯)

(→日常魔幻)

賢者之石

Philosopher's Stone　　　　　　賢者の石

■物品●傳說

鍊金術裡一種能將賤金屬變成**黃金**的石頭。有些人認為賢者之石呈粉末狀,另有說法指其乃是液態。此外,賢者之石有時也被視同於**靈藥**。

在鍊金術領域裡,**所羅門**之印(**六芒星**)乃是賢者之石的象徵。

法蘭西斯‧班瑞特(Francis Barrett)的作品《魔法師》裡,就記載有賢者之石的製造方法。

春藥

Philter　　　　　　　　　　　媚藥

■物品●傳說

會使服用者產生難以抗拒的慾望之藥。就連現代社會也有無數自稱為春藥的製品。這是不論東方抑或西洋從古至今皆有,不具固定效果的魔法醫學的一種型態。其中屬歐洲的春藥最為有名,不過美洲、非洲和亞洲等地也都有各種春藥,就連澳洲土著也會用袋鼠的睪丸為材料製作春藥。

春藥常被當成許多故事的主題,最具代表性者就是歐洲中世騎士傳說《崔斯坦與伊索德》(Tristan and Iseult)當中,能使飲用者陷入強烈愛戀的藥。

康瓦耳(Cornwall)的馬可王(Marke)為與長年征戰的敵國愛爾蘭進行交涉,於是派麾下騎士崔斯坦(Tristan)為使者面謁愛爾蘭王。崔斯坦在愛爾蘭發揮自己的英勇與智慧,成功地為國王跟愛爾蘭達成和解。愛爾蘭王為證明和解誠意,決定將公主伊索德(Iseult)許配給馬可王。

愛爾蘭王妃曾取春藥交給侍女,好讓伊索德和馬可王能夠相愛;豈料崔斯坦與伊索德卻誤將春藥當成葡萄酒飲下,兩人便墜入了無法逃脫的情網。

崔斯坦在效忠馬可王的忠誠心和對伊索德的愛戀之間,陷入了左右為難的窘境。雖然他們兩人曾數度瞞著馬可王偷偷見面,不過為了不背叛主君與夫君,深夜見面總會在兩人中間放置一柄出鞘的寶劍,從未碰觸對方。

儘管這段戀情最後因為死亡而告終,但兩人的愛在死亡前卻是永無竭盡。

此外,羅馬皇帝卡利古拉[1]初掌政權時原本是位優秀的君主,後來他喝下妻子凱索尼亞(Caesonia)給的春藥因而發狂,並且犯下了

1　卡利古拉(Gaius Caesar Caligula,12~41):卡利古拉被認為是羅馬帝國早期的典型暴君。他建立恐怖統治,神化王權,還做出一系列荒唐事,例如:他常常讓自己的愛馬出席皇家宴會,並打算把這個畜生提升為執政官。由於大肆舉行凱旋儀式、宗教祭典和賞賜禁衛軍,卡利古拉使帝國的財政急劇惡化。他企圖以增加賦稅來解決問題,並進一步沒收元老們的財產。卡利古拉還允許奴隸告發自己的主人(以沒收他們主人的財產來充實國庫)。結果他遭到從平民至權貴的一致厭棄。公元41年,卡利古拉被禁衛軍首領殺死。

許多有名的暴行。

　　許多作品對春藥的效果皆有各式各樣的描述，但所有描述都有個共通點：春藥會同時帶來愉悅與痛苦這兩種感情。春藥是擁有馨香與棘刺的玫瑰，是無法抵抗的甘美陷阱。它能將周圍所有人全部捲入，將其領至恍惚的高潮，然後再打擊他們、將他們導向破滅。

　　製造春藥時通常會使用葡萄酒、茶葉、**藥草**等物，但最重要的材料當屬**曼陀羅根**；據說生長在絞刑臺底下的曼陀羅根效果尤佳。

　　此外，春藥通常也會取動物精巢卵巢和心臟等部分作為材料。除此以外，墓碑附近的黑色塵土、蟾蜍毒、山賊肉、驢肺、盲眼幼兒的鮮血、從墓地掘出的屍體、公牛膽汁等，都可以拿來製作春藥。

（→藥草魔法、媚）

《平妖傳》

Pingyao-chuan　　　　　　　　　　平妖伝

■作品●歷史

　　中國的傳奇小說。

　　《平妖傳》於南宋時代始具雛型，成立於明朝。現今所傳版本乃共分為四十段落的四十回本，此外也有較早的二十回本。傳為馮夢龍[1]所著，然其傳記並未記載。此作當然並非一人之作，而是由眾多文章家、說書家共同建構而成，其中甚至還包括《**三國演義**》的作者羅貫中[2]。

　　此書引為故事背景的史實，乃北宋仁宗時代1047年貝州[3]的農民暴動。據史書記載，叛軍裡有位叫做王則的人物，使官軍陷入苦戰。此人是叛軍中相當於下士的軍官，身屬當時非常流行的彌勒教。彌勒教提倡終末思想與彌勒菩薩的救贖，是個頗特異的佛教團體，據說彌勒教裡有不少**妖術**師。他們以妖術大敗官軍，後來王則還曾自稱東平郡王。然而經過66天的攻防，貝城終於陷落，王則被捕、凌遲處死。

　　由於《平妖傳》乃以前述史實為背景舖陳故事，基本上可以算是平話（軍事小說）；然而論其內容，反倒與《**西遊記**》等作品類似，應屬神魔小說類。尤其是故事前半部，**道士**與**狐狸**助王則起兵叛亂的場面，更是不折不扣的神魔小說情節，而且故事裡隨處可見妖術或**煉丹術**等祕術。這些神魔情節的箇中趣味，應是《平妖傳》得以流傳至今的主要原因。然而在叛軍遭朝廷平定的後半段故事裡，此類神魔亂鬥的趣味卻突然消失；叛亂的主謀者不是紛紛離開貝城，就是遭朝廷擒殺，使得後半段的故事性不如前半部突出，整部作品的主題則略嫌缺乏統一性。這恐怕就是《平妖傳》為何不似《西遊記》與《三國演義》如此普及的原因。

（→水滸傳）

安慰劑效果

Placebo　　　　　　　　　　　プラシーボ効果

■現象●歷史

　　此語原是臨床醫學用語。在檢查藥品效果時，會對患者投與欲調查藥品及無效藥品兩種，藉以調查兩者間的效果差異。這麼做是因為在很多病例裡，若施以新藥並使患者確信「用這個就能治好」，患者病情將會因為暗示性效果而有好轉的跡象。是以藉由投與真藥與假藥兩者同時進行調查，就能排除這暗示性效果的因素。

　　此類調查所用的無效假藥，就叫做安慰劑（Placebo）。而投與安慰劑時，發生與藥理作用（藥效）無關的暗示性治癒效果，就稱做安慰劑效果。

　　反過來說，只要能讓患者相信自己「能夠痊癒」，即使不用假藥也可以引起同樣的安慰劑效果。

　　譬如有很多藉信仰治療或魔法使人痊癒的案例，其實就是安慰劑效果的作用，跟治療者的靈力或神蹟等其實毫無關係。不過，也有極

少數的事例無法僅以此完全說明。

（→咒醫）

普拉那

Plana[4] プラーナ

■概念●歷史傳說小說

梵語裡「生命元氣」的意思。意指透過呼吸使肉體吸收**氣**的行為，或指肉體所吸收的氣。

巫寫板

Planchette ブランシェット

■物品●傳說

設有兩隻腳的心型板。板上有孔，可插入鉛筆等物使用。將手置於板上，巫寫板就會自動寫出文字。

其作用與**狐狗狸仙**、**扶乩盤**幾無二致。唯據傳巫寫板乃1853年的發明，不若其他二者歷史久遠。此外，由於巫寫板並非碟仙那種用來指出字母的工具，而是直接利用鉛筆等物書寫字句，是以有人認為巫寫板應該算是種**自動筆記**。

行星

Planet 惑星

■物品●歷史傳說

在現代，行星是指環繞太陽轉動而無法自行發光的星球，這點眾所皆知。

但是，由語源行星（行走之星），或行星的另一種叫法——「遊星」（遊走之星）便可知道，這原本是指那些和經常排列整齊、形成**星座**的星群不同，於空中自由隨意移動（看起來好像是這樣）的星星。

因此，若嚴格遵照上面這種定義，地球就不算行星，太陽與**月**亮則劃歸為行星的同類。事實上，即使是在現代的**占星術**中，行星的定義也和天文學上的不同；占星術一直明確指出要把太陽和月亮視為行星同類加以推算。

占星術是基於天空群星會對地上帶來某種影響的想法而發展起來。古人認為組成會規律移動之星座的眾星，加上於天空中不規則游移（看來似乎是如此）的行星之組合，會規範出這種影響。

在現代的占星術中，，是用天文學上太陽系9大行星扣除地球後的8個行星，加上月亮和太陽共10顆行星進行**占卜**。然而，在望遠鏡發明之前，一般都只知道5顆行星（再加上月亮和太陽）而已。分別是水星、金星、火星、木星、土星。天王星是在1781年，海王星是在1846年，冥王星是在1930年發現。所以，在這之前的占星術中沒有出現這些行星。

當發現天王星之際，**西洋占星術**分為兩大派。分別是將天王星納入占卜系統的流派，以及不納入的流派。

不納入流派的說法如下：因為天王星距離地球太過遙遠，所以對地上的人類沒有影響。

納入流派的說法如下：直至目前為止的占星術上有著些許不正確與不準確之處，這便是由於沒有計算到天王星之故，所以若納入天王星便會更為精確。

當發現海王星、冥王星時也亦然，分成頑固堅持5顆行星的流派，以及宣稱納入新發現

1　馮夢龍（1574～1646），字猶龍，一字子猶。江蘇吳縣人，明文學家。崇禎貢生，知壽寧縣。才情跌宕，工詩文，通經學，著有戲曲數種，尤以小說《警世通言》、《喻世明言》、《醒世恆言》著名於世，稱為《三言》。

2　一般皆認為《平妖傳》乃羅貫中所作，後來才由明人馮夢龍補成四十回本，有別於作者說法。

3　貝州為今河北省清河縣西。

4　Plana通常拼作「Prana」。

後「準確度增加了」的流派。

如今，在太陽系天文學家中一直謠傳著第10顆行星的存在。甚至也已有動作快的流派將這顆行星納入系統中——不過當然尚未有觀測資料就是了。

順帶一提，使用10顆行星的流派將土星及土星內側的5行星（加上月亮和太陽）稱為個人行星（Personal Planet），土星外側的3行星稱為超個人行星（Transpersonal Planet），並認為超個人行星顯示了心理學家榮格（Carl Gustav Jung）所提出的「集體無意識」領域。

（→星相、四書、星盤）

騷靈

Poltergeist　　　　　　　　　ポルターガイスト

■現象●歷史傳說

亦稱靈動。大多都發生在有少男少女的家庭。

大致來說，騷靈包括發出聲音（叩音）、丟擲物體或使物體飄浮、破壞瓷器、玻璃等易碎物、引發自燃等現象，在極少數的情況下也會有**自動筆記**現象發生。可能造成這些現象的原因共有三種。

①靈作祟

若是靈魂（或是**精靈**等）在惡作劇，大多會纏住孩童、極盡搗蛋惡作劇之能事；兒童會對靈的惡作劇感到不勝其擾。

在**降靈會**等場合裡，**靈媒**會蓄意製造這種騷靈現象，藉此跟靈溝通。

②超能力（？）不受控制

兒童會在無意識狀態下發揮超能力（抑或魔力之類），引起各式各樣的現象。他們並未意識到這些現象是自己造成的，常常會不知所措。他們通常都是在無意識狀況下無法控制超

能力，做出平常雙親會責罵的行為。

③小朋友的惡作劇

經過科學家與魔術師的調查，絕大多數的騷靈現象其實都是小孩的惡作劇。聽人談論騷靈現象，接著想要自己嘗試的小朋友惡作劇，可謂是多不勝數。不過，迄今仍無證據足以證明所有騷靈現象全都是惡作劇。

石榴

Pomegranate　　　　　　　　　　　　石榴

■物品●傳說

原產於印度、波斯的果實。果實成熟就會迸裂，從裂縫中可窺見無數種子。種子顏色赤紅，味酸甜。由於石榴是「藏有無數果實的果實」，自古就被當成世界、生命、豐饒的象徵。猶太神祕主義甚至會拿石榴當作**魔法書**的題名。喬治亞[1]地方民間故事認為，剖開魔法的石榴就會發現裡面有座巍峨的壯麗都市。**阿拉伯的魔法**領域的兩方魔法師在鬥法相爭時，敗逃方經常會變成石榴，並且潛藏在無數種子的其中一顆裡面。

石榴也是死亡與再生的象徵。希臘神話中，死後落入冥界的人類拿到石榴果實，吃下後就會變成死亡國度的居民。此概念應是由老舊石榴迸裂後才有新果實誕生的特性聯想而來的吧！然而現代許多將魔法視為「女性技術」的人，認為石榴非但是世界的象徵，同時也是女性性器的象徵，所以才主張石榴會帶來死亡與再生（如芭芭拉沃克〔Barbara Walker〕）。

（→桃）

教宗和魔法

Pope and Magic　　　　　　　　　法王と魔術

■概念●歷史

正如**獵殺女巫**項所述，在中世紀中期以前，教會對民間信仰或民間魔法的態度還沒有

很嚴厲。

甚至有些教宗還曾經使用過魔法。西爾維斯特二世（Silvester II，在位999～1003）便是如此，傳言他雖身處教會最高位，卻會使用魔法、把龍當做寵物豢養。而教宗本身也未曾否認此番流言，他大概是認為這樣「比較有威嚴」吧！

至於近代的宗教，也有流言指庇護九世（Pius IX，1792～1878）擁有**邪視**的力量。據說每當他排在隊伍最前頭步行於羅馬街頭，羅馬居民全都會從街道上消失，以免被教宗的眼睛迷惑。

附身

Possesion[2]   憑依

■魔法●歷史小說傳說

（→靈附身）

靈附身

Possesion   憑靈

■魔法●歷史小說傳說

所謂靈附身，就是指靈存在暫時寄附（抑或永久寄附）於某人物或物體的現象。

雖然此現象一概皆以靈附身稱呼，但是每個靈附身案例的情況皆不盡相同。有些程度較輕的案例，別說是身邊的人沒有發現，就連本人都不知道自己被靈附身（**守護靈**或**祖靈**在身旁守護，就屬於此類）；程度較嚴重者，不乏有當事人控制肉體的能力遭靈剝奪的例子，甚至還有人就像變成另一個人似的，舉止極為瘋狂。各種案例可謂是極為多樣化，不勝枚舉。靈附身現象可見於全世界所有文化圈，因此可以算是種汎世界的現象。

靈附身現象通常並不受人歡迎。很少有靈附身現象能為當事者帶來好運，而且即便靈附身招來好運，也很少人會發現此事實，所以發生不符當事者心意的變化時，將此事怪罪在靈存在頭上的人數可謂是壓倒性地較多。

不過，有些人卻反過來利用這「靈附於人身」的現象，學習能向靈存在尋求助言或預言的**咒術**；這些人在各地區社會裡，皆擔任頗為重要的角色。

各文化圈對擁有此技術者有各式各樣的不同稱呼，現在則多稱為**靈媒**、**預言家**，或是將其全部歸類為**薩滿**。

在現代世界裡欲與靈的世界進行交流，有意識狀態下進行的靈附身是最常用的技術。靈附身能力者會調整至靈界的頻率，讓靈存在附在自己身上。此時前來的靈基本上都是靈附身能力者所選擇的守護靈、神、祖靈等，不過有時也會有完全出人意料的存在出現。靈順利附身之後，就會借用術師的肉體和嘴巴，對他人提出的問題提出助言或解答，抑或是對抗病魔、示下神託等。

跟薩滿另一個特技**脫魂**相較之下，此時術師處理的多屬個人領域的問題。這個現象很可能跟請神靈降身時，會使施術者的肉體承受極大的負擔有關。若欲處理如天災或疫病等規模較大的問題，勢必要借助於規模相當的高等級靈存在的力量，然而人體卻完全無法容納這種程度的靈附身。所以一般舉行集團共同儀式或定期的宗教儀式時，會請脫魂型薩滿或專職執行宗教儀式的祭司來負責主持儀式。

---

1   喬治亞（Republic of Georgia）位於中亞高加索地區，面積六萬九千七百平方公里，人口約五百四十五萬。首都為第比利斯（Tbilisi）。人民多信仰東正教，主要語言為喬治亞語和俄語。西元1991年四月九日宣布脫離前蘇聯而獨立，所以訂該日為國慶日。

2   Possesion 之英文拼作「Possession」，此處應是作者謬誤。

然而這個缺點對靈附身此項魔法技術來說，倒是件好事。隨著宗教的發達，社會已經不再需要脫魂這項魔法技術，脫魂遂逐漸步入衰退；相對地，靈附身能夠具體解決宗教未涵蓋的個人領域問題，因此才得以與宗教共存。雖然宗教——尤其是教義理論極為發達的近代宗教，會將聲稱聽到「神的聲音」且可能會威脅到自己權威的靈附身專長者視為異端，還曾數度試圖想要排除這些術師，不過全都以失敗告終。因為靈媒、薩滿等擁有通靈能力者確實存在的觀念，在民眾之間已是根深蒂固。再怎麼說靈附身這個概念，就跟「靈魂」的概念幾乎同樣古老，乃人類普遍的共識。欲將其斬草除根，實非人力所能及。

就是因為這個緣故，幾乎所有文化圈裡的靈附身技術才得以保住命脈。雖然靈附身的社會地位降低許多，不過它仍是解決個人問題的一種手段，是以尋求靈媒薩滿協助者仍是絡繹不絕。

靈附身的方法各地皆有不同。唯一的共同點，大概也只有將神靈招入肉體之際，術者必須進入**恍惚狀態**而已吧！

靈附身能力者的恍惚意識可謂是非常深沉。要使靈附身在肉體內時，術者的自我意識將會造成極大的阻礙。容納靈的容器應該盡量放空，才能更容易地接納靈的進入；因此術師才會故意使自我意識進入深眠（也有許多術師是讓自我意識與靈進行一體化。反正兩者都必須先拋開自律性的自我意識）。更有甚者，靈附身能力者的靈魂在神靈附身於肉體的這段時間內，會先脫離肉體待在異界待命。

因此靈附身能力者在法術過後，大多都不會記得靈附身在自己肉體這段時間內的事情。不論附身靈利用肉體做出何等瘋狂的事情，跟本人都是毫無任何關係。

按照前述過程使靈附身在肉體內之後，基本上靈附身能力者的工作就已經算是完成了。

取代失去自我意識的術師成為主角的，乃是術師召喚來的神靈。這些靈存在會使用術師的肉體，或是回答委託者的問題，或是執行驅除惡靈的儀式。待工作結束後，神靈就會離開術師肉體，返回靈界。靈附身能力者此時才終於恢復平常的意識狀態，換言之，就是從恍惚狀態裡醒轉。

進行靈附身技術時，實際負責解決問題的幾乎都是靈存在。而術師的角色就相當於連接靈界與現實世界的線路，而不是解決問題的行為者本身。因此靈附身技術者（魔法師）是否優秀，端看術師能使擁有多大力量的靈存在附身而定。脫魂術最講究的便是身處異界時，術師處理各式各樣狀況的柔軟態度與應變能力；相較之下，將所有技術全集中於「使靈寄附於身體」此要點的靈附身，可謂是種專門化程度更高的魔法。一般人只要經過修行，就能學會世界各文化圈流傳的靈附身技術；這是因為此技術已經過專門化，靈附身不再僅是依感性而行，靈附身技巧經過諸多磨練砥礪，終於達到完成型態所致。

先知

Prophet　　　　　　　　　　　　預言者

■人物●歷史

被神授以訊息的人類。一種**薩滿**。專門出現在畜牧民族中（→**魔法**〔非洲〕）。

依據**舊約聖經**，地中海東岸自古以來便曾有許多先知。他們會領受神諭，靠人們的捐獻過活，會靠著音樂的幫助進入**恍惚狀態**進行預言，是和日本的**伊田子**相似的職業型薩滿。

也有和這些人不同，原本是過著普通生活的人突然「被神所挑選」，而開始宣傳世界的滅亡與神明之救贖的例子。他們就是聖召型的薩滿。阿摩司（Amos）和西亞（Hosea）、以賽亞（Isaiah）等諸位先知，大抵都是依仗自

己之外的某種存在，才能有如疾病發作似的說出激烈的預言。神的啟示並不會在自己想要時出現。即使有時啟示在自己希望的時刻出現，也常會伴隨著劇烈的痛苦。後來的**穆罕默德**在獲得啟示的初期，也屬於聖召型的先知。

身為「被神授與了神諭之人」的先知，和身為「能預言未來之人」的**預言家**原本涇渭分明，但因為舊約聖經中的聖召型先知（記述神諭者）「預言」了審判與救贖，所以兩者常常被混淆。

而新約聖經的作者們認為猶太（Judea）[1] 的先知們曾由神諭完整宣示過**耶穌**的生平、死亡與**復活**，而這宣示也因著耶穌全數實現了。

超能力

PSI　　　　　　　　　　　　　　超能力

■體系●傳承小說

指以精神力量行使普通人類無法達成的事情，或用以稱呼該行為。

超能力可以大致分為PK與ESP兩種。

PK又叫做超自然力量，意指使用超能力對他者（生物或物體）造成某種作用的能力。

最有名的PK就是念力（Telekinesis）。使用念力者，能夠不用手使物體移動；還能控制生物、操縱溫度（應是控制原子運動所致），有各式各樣的應用方法。甚至有些人認為**騷靈現象**（Poltergeist），也是因為該戶人家的孩童無法控制念力所造成的。

移動物體、生物的能力也是PK的一種；其中最驚人的當屬瞬間移動（Teleport）。瞬間移動大多都是超能力者自己移動，能夠使他者瞬間移動的超能力者則是相當罕見。同類的超能力當中，隔空取物（Apport）則屬於較弱的超能力；使用這種能力能使物體憑空飛到超能力者手上。

其他還有操控生物精神意識的催眠（Hypnos）[2]、念力照片[3]等，都屬於PK的領域。

ESP[4]則是指藉由超能力獲得某種情報的能力。ESP乃視其所得情報分類，種類非常多樣化。

最有名的ESP就是心靈感應（Telepathy）。心靈感應能夠讀取他人的心意，常是眾人恐懼厭惡的對象；不過想要探知他人心意的欲望似乎並不限定於特定民族，許多民族的神話、傳說裡都不乏各種擁有心靈感應能力的人物。譬如「讀心鬼」[5]等妖怪，便是由民眾對心靈感應的恐懼所產生的怪物。

透視能力（Clairvoyance）則是能透視物體、看見遮蔽物背後事物的能力；有時透視能力也指能夠直接看見遠方肉眼所不能及之處的能力。

預知能力（Precognition）則是預知未來將會發生事物的能力。以魔法行使預知能力者又叫做**預言家**、先知。

相反地，探知過去能力（Postcognition）則是不需任何線索，就能得知過去曾經發生過什麼事情。

同樣是探知從前發生的事情，另外還有種藉由接觸物體以取得該物體周遭情報的能力。

1　古代羅馬所統治的巴勒斯坦南部。

2　希普納斯（Hypnos）是希臘神話中的睡眠之神，是夜之女神尼克斯之子，也是死神坦納托斯的雙胞胎兄弟。曾經讓宙斯安眠。

3　超心理學用語。指使用念力讓底片感光、顯像。

4　Extra Sensory Perception，又譯作超感知覺。

5　讀心鬼（さとり）住在山裡，會道出人類心念所想以迷惑之的妖怪。有人認為此妖怪只是喜歡看人類被說中心裡事手足無措的模樣，也有人認為牠會活噬血肉、為害人間。

這種能力叫做觸物感知（Object Reading）。調查犯罪的時候，時常會用到這種能力與前述的探知過去能力。

此外還有種類似心靈感應、卻只能讀取對方情緒的能力，叫做入神（Empathy）。此能力雖然有其限制，相對地卻能感知到沒有精神主體的動物或昆蟲等生物的意識。

除上述諸多能力之外，還有許多如強化肉體、拿手指當做雙眼觀看事物等能力，各領域都有無數疑似超能力的能力，唯用例太少以致無法訂立明確的分類標準。

（→靈媒）

金字塔

Pyramid　　　　　　　　ピラミッド
■場所●歷史

此語原本只用來稱呼埃及的金字塔，後來才變成了指稱相同建築物的普遍用語。

①埃及的金字塔

古代埃及的古王國時代修築的皇室墓地。呈四角錐狀的巨大石塔。以人力堆砌長寬皆達數公尺的石磚而成，金字塔內部設有複雜的甬路與密室。

現已發現許多較完整的埃及金字塔，其中規模最宏大的金字塔位於開羅近郊的吉薩（Giza）遺跡，埋有三位古王國時期的法老王。

在古埃及當時，法老王既是政治統治者，同時也是神祇。當法老王結束地上的生命之後，就會進入金字塔、啟程前往神之國。

金字塔裡面的地板、牆壁、天花板，到處都用象形文字寫滿了**咒文**。這些咒文叫做**死者之書**，能使被製成**木乃伊**的法老王得到來世的生命。

換言之，整個金字塔就是個巨型的法老王棺柩，也是個**輪迴轉世**的裝置。這座三角形的頂點指向天際，底邊分別朝向東西南北四方，各邊邊長與角度亦符合幾何學的均整比例。這不但證明了古埃及人精通天文學，同時也意味著王權與太陽神信仰有極密切的關係。

②馬雅的金字塔

以墨西哥及瓜地馬拉為中心，盛極一時的馬雅文明的神殿。帕連克（Palenque）、烏希馬爾（Uxmal）、奇前伊薩（Chichen Itza）等，幾乎所有馬雅文明遺跡都有金字塔遺跡。

馬雅文明擁有高度天文知識，並有極為精確的曆法。馬雅人經過精密設計，使每年同時期的陽光能夠準確照射至金字塔相同部位；馬雅神官便是藉此知悉季節變化，決定農耕的日期。

馬雅的金字塔有別於埃及金字塔，四周設有階梯，而**馬雅的魔法儀式**宗教會在金字塔最上層進行儀式。

③力量金字塔（Pyramid Power）

這是種名為「力量金字塔」的現代魔法道具。

埃及的**占星術**與**塔羅牌**傳至歐洲後，現已廣布全世界各地，埃及遂成了世人矚目的魔法發源地。

由於古埃及金字塔呈現極美麗的幾何比例，乃根據天文學知識正確測定方位修築而成，因此金字塔可謂是整個宇宙的縮圖，抑或是整個宇宙的構造圖。於是後來才有認為金字塔形狀本身就能凝聚全宇宙力量的思想誕生，也才有人將迷你金字塔當作**護符**或是力量來源（Power Source）兜售販賣。

（→魔法〔埃及〕）

佩提亞

Pythia　　　　　　　　ピュティア
■生物●歷史小說傳說

事奉**德爾菲神殿**,請神靈附身藉以進行宣託的巫女。

佩提亞是種負責服侍阿波羅的**薩滿**;據說佩提亞會在神殿地面人稱「大地裂縫」的坑洞上方擺放三腳椅,坐定後進入**恍惚狀態**,昭示神明的宣託和神諭。

根據當時的紀錄,裂縫裡會有不可思議的蒸氣(有毒瓦斯?)噴出,吸入此氣體者就會進入恍惚狀態,不由自主地一直不停說話。但是後來此處陸續有人失蹤,所以才決定設置專職的巫女,這便是佩提亞的由來。

然而經過考古學的調查,神殿內並無任何類似「大地裂縫」的坑洞;地質學家則否定了帕納塞斯山[1]附近有會噴瓦斯的坑洞存在之可能性。於是,有人認為佩提亞其實是在山上的科里西安(Corycian)洞窟進行宣託,有人則是認為佩提亞使用的並非天然瓦斯,而是燃燒麻藥性植物藉以進入恍惚狀態。

此外,佩提亞最早都是由15歲左右的處女擔任,但自從有位巫女遭綁架侵犯以後,後來便一律改由50歲左右的老婦擔任。

(→巫)

氣

Qi 气

■概念●傳說

氣是古代中國科學體系的根本,也是萬物的能源。它是構成萬物的元素,同時也是促使萬物不斷循環的神祕力量。

中國共有好幾個版本的創世神話,其中除「混沌」概念以外,「氣」佔有特別重要的地位。最具代表性的神話如下。

先有混沌,才有氣。混沌與氣相互激盪產生「時」,隨著**時間**的經過,氣又一分為二;輕而澄者上昇為「天」,重而濁者下沉為「地」……

氣與混沌同為萬物之祖。中國原始的神祕思想認為:包括人類在內,這世上所有事物都是由氣凝聚而成,究其根本都是相同的東西。

後來**道教**又再度整理「氣」的思想,並且重新定義。

《**老子**》再次強調萬物皆由相同的物質——「氣」所構成。中國神祕思想稱之為「一氣」[2]。《老子》說:「道生一氣,一氣生萬物。」《**莊子**》又說:「人乃氣之所聚,時至則氣散而亡。」主張使人類的氣與蒼天之氣的運作合致,就能成為**仙人**。所謂蒼天之氣的運作就是指「德」,而「德」就是指養「道」所生「一氣」,時至將其歸於「道」的法則。

《老子》與《莊子》對「氣」的諸多主張,對同時代追求**長生不老**者也多有影響。早在戰國時代末期已經有種叫做導引的體操出現;這是種緩慢地運動身體使體內的氣循環,藉以保養身心的技術。進行導引術時,必須同時使用行氣法;行氣法是種藉特別呼吸法,將充塞世界的氣採入體內以達長生不老的技術。不僅如此,道教絕大多數的長生不老之術,皆可說是建立在此理論基礎之上:將道加諸己身就能操縱體內的氣,進而能夠長生不老。

不過仔細看看這些修行法,就會發現原本

---

1 帕納塞斯山(Mt. Parnassus)位於希臘中部,海拔2457公尺,以海神波賽頓之子帕納塞斯命名。文藝九女神繆思(Muses)、太陽神阿波羅和酒神戴奧奈索斯的聖地。此處有塊名為「翁法洛斯」(Omphalos)的岩石,古希臘認為此岩乃世界的肚臍(世界的中心)。

2 一氣乃太一混然之氣。《莊子》·知北遊:「臭腐復化為神奇,神奇復化為臭腐,故曰通天下一氣耳。」

就是由氣所構成的人體，裡面還另有氣在流動。這個觀念由來已久，譬如根據**儒教**的說法，君子應當控制體內氣的流動，安定心神、遵從道德的規範。此外中醫極重視體內氣的流動，這也是眾所周知的不爭事實。氣循環路線的要點，就是所謂的穴道（經穴）。

如上所述，道家、儒家、醫家全都認為氣乃生命的能源。

另一方面，藉由御氣以充分發揮肉體極限的技法，就是所謂的氣功。在中國拳法各流派當中，有種不必接觸到對方，僅是發出體內的氣就能打倒對手的百步神拳。到了這個境界，與其說它是拳法，不如說是魔法還比較恰當。此處的氣跟所謂構成萬物的氣，已經有相當大的差距。

這麼一來，我們也就會發現氣所凝聚而成的事物，以及氣本身此二者間確有不同。舉例來說，**風水**之術所謂**大地之氣**與大地本身，兩者的含意究竟是否相同，也是個很有趣的問題。關於這點，現今的研究似乎仍無明確的解答。

（→五行說）

奇門遁甲

Qimen-dunjia　　　　　　　　　　奇門遁甲

■魔法●傳說

（→遁甲）

齊天大聖

Qitian-tasheng　　　　　　　　　　齐天大聖

■生物●傳說小說

（→孫悟空）

七曜

Qiyao　　　　　　　　　　　　　　七曜

■概念●歷史

七曜是**印度占星術**、**中國占星術**的用語，

不過它與**西洋占星術**同樣，都是發源自巴比倫的概念。所謂七曜，就是指五個**行星**、**月亮**與**太陽**。這七顆星體輪流司掌各日，是以每日運氣皆因七曜不同而變化。

中國占星術經由印度得知七曜此概念，於是便決定吸納此概念。可是其實在此之前，中國早已將五個行星、月亮、太陽的概念納入占星術體系了。此概念就是指「十干」。

十干乃將五行再分為**陰**與**陽**（5 x 2=10）。五行原本就是對應至五個行星；陰對應至月亮，陽則對應至太陽。也就是說，七曜與十干兩者皆發源自相同的概念。

然而當七曜的概念傳至中國時（約值唐朝），五行早已脫離原有的行星意涵，完全變成抽象化的概念。五行剛好就像西洋元素論的元素一般，演變成為一種象徵事物性質的概念。是以中國占星術才能將七曜視為與五行完全不同的概念，將這種直接對應至天上行星的概念吸納融合至原本的體系內。又，七曜概念有時會與**道教**的北斗信仰混合，並且被視為同一概念。日本的七曜便是完全採用這個模式。

依七曜而行的**占卜**主要是擇日法（尋找適於進行各種活動的日子的占卜法）。換句話說，就是尋找適於結婚的日期、適於搬家的日期等。

日曜（週日）：入學、就職吉。契約凶。

月曜（週一）：土木建築凶。旅行凶。

火曜（週二）：處罰、牛馬買賣吉。

水曜（週三）：入學、修繕家屋吉。契約、開戰凶。

木曜（週四）：移轉、祭祀吉。爭執、葬儀凶。

金曜（週五）：訪問上位者吉。狩獵、戰鬥凶。

土曜（週六）：不動產買賣吉。結婚、旅行凶。

現代的七曜已經變成日常生活的基本循環，反使前述占卜吉凶的意涵荒廢。

（→九曜、五行說）

克里佛托

Qliphoth　　　　　　　　　クリフォト

■概念●歷史傳說

（→邪惡之樹）

邪惡之樹

Qliphoth　　　　　　　　　邪惡の樹

■概念●歷史傳說

別名「顛倒之樹」。乃象徵歌伎的「Qlipha」之複數形。

邪惡之樹與**生命之樹**上下顛倒；生命之樹象徵光明世界，相對地邪惡之樹則是黑暗世界的象徵。

邪惡之樹與生命之樹同樣都是由10個球體與22條徑組成。各球體號碼後方都有個代表虛數的「i」。各球體名稱如下：1i「無神論」、2i

邪惡之樹

號碼	音譯	意譯	魔神名	魔王	魔族
1i	巴奇喀爾	無神論	夏曼	撒旦	Thaumiel
2i	耶里	愚鈍	拉	別西卜[1]	Ghagiel
3i	謝利達	拒絕	拉夏·皮伽爾	路西弗古（Lucifuge）	Satariel
4i	阿迪修斯	無感動	巴格	亞斯她錄[2]	Gasheklah
5i	阿齊琉斯	殘酷	庫納·培加林	阿斯摩丟斯[3]	Golachab
6i	凱茲爾	醜惡	拉夏·哈·培基亞	貝爾菲戈（Belfegor）	Zomiel
7i	札喀布	色慾	拉夏·凱爾	巴力[4]	Qetzephiel
8i	健姆達	貪欲	培伽利·凱爾	亞得米勒（Adramelech）	Samael
9i	埃亞茲布斯	不安定	里夏歐斯	莉莉絲[5]	Nachashiel
10i	基姆拉努	物質主義	夏利托·哈·雪歐爾	那赫馬（Naamah）	Obriel

1　別西卜為迦南人神祇，本書中寫為腓尼基人，應是謬誤。相關資訊請參照第129頁譯注。

2　亞斯她錄（Astaroth）為《雷蒙蓋頓》（Lemegeton）中所載72名惡魔之一，其造型取自古巴比倫王國豐饒女神伊西塔（Ishtar）的傳說與諸多解釋，是位十分有名的惡魔。《偽以諾書》的惡魔目錄中也載有其名，擁有許多別稱。

3　阿斯摩丟斯（Asmodeus）是源自於猶太神話的著名惡魔，於《托比書》中登場。以「阿斯瑪代」之別號記載於「雷蒙蓋頓」（Lemegeton）及《偽以諾書》惡魔目錄之中。

4　巴力（Baal）是《雷蒙蓋頓》（Lemegeton）72名惡魔之一，《偽以諾書》的惡魔目錄中亦載有其名。以腓尼基人崇拜的太陽神巴力（Ba'al）為藍本。

5　莉莉絲（Lilith）是與亞當同時從土裡造出來的第一個女人，也是亞當的第一個妻子。原本應該是巴比倫傳說中的女性，但是因為猶太經典《塔木德》（Talmud）的記載而變得十分有名。猶太密教喀巴拉經典《光輝之書》中也說莉莉絲是由深層水底誕生，為亞當的第一任妻子，但是後來神造夏娃之後，她就被驅逐出去，變成黑夜的惡魔。

「愚鈍」、3i「拒絕」、4i「無感動」、5i「殘酷」、6i「醜惡」、7i「色慾」、8i「貪欲」、9i「不安定」、10i「物質主義」。

虹蛇

Rainbow Serpent　　　　　　　　　虹蛇

■生物●傳說

　　蛇會不斷地蛻皮，是以世界各地皆視之為青春、不死和生命的象徵（**→長生不老**）。尤其對居住在乾燥的沙漠地帶的澳洲土著來說，蛇更是珍貴的蛋白質攝取來源；攀登岩山向下俯瞰，河川就儼然像是隻彎曲綿延的蛇。於是他們才會認為蛇乃生命之源，並且跟另一個生命之源「水」有密切的關係。

　　澳洲土著看到掛在天空中的彩虹，便以為彩虹是隻連接天空與水源的巨蛇。這便是此處所謂的虹蛇。據說藉觀察彩虹=虹蛇尋找水源的技術，乃是成為部族認可的魔法師之基本條件。

　　此外，中國也認為彩虹是條大蛇（抑或是龍），所以「虹」字才跟「蛇」字同樣採「虫」字邊。

雨司

Rain Maker　　　　　　　　　レインメイカー

■人物●歷史

　　　　　　　　　　　　　　（**→魔法〔非洲〕**）

司雨

Rain Maker　　　　　　　　　　　雨の主

■人物●歷史

　　　　　　　　　　　　　　（**→魔法〔非洲〕**）

求雨

Rainmaking　　　　　　　　　　　雨乞い

■魔法●傳承

　　意指連日乾旱之時，藉魔法或祈禱使天空降雨的儀式。求雨儀式常見於農耕民族，狩獵採集民族則較少此類儀式（**→魔法〔非洲〕**）。

　　求雨儀式大部分皆以**順勢巫術（咒術）**形式進行，經常使用與雨水相似的道具，如水（模擬雨水）、煙（模擬雨雲）、鑼鼓（模擬雷鳴）等。蘇丹與衣索比亞的闊瑪族（Kwoma）求雨師會喝乾裝滿整個皮袋的水，北美洲祖尼族（Zuni）會燃燒草木製造濃煙，一向宗[1]門徒則是敲鑼打鼓、念佛跳舞。此外在日本的伯者大山或戶隱山等地，也有向他人取水灑在村裡神社或水池的求雨儀式。

　　此外還有些與一般作法恰恰相反的罕見儀式，譬如將污物、石頭、撞鐘等物投入神聖水池內。其用意在於藉此激怒池子裡的神明（應該是水神），好讓神明降下大雨。

甦生

Raised Dead　　　　　　　　　　　蘇生

■魔法●小說傳說

　　　　　　　　　　　　　（**→死者復活**）

死者復活

Raised Dead　　　　　　　　　死者の蘇生

■魔法●小說傳說

　　離奇死亡後又因為魔法的力量得到再生的情節，並不僅限於歐洲，乃是全世界童話皆普遍可見的主題。乍看之下這種場面似乎與**降靈術**有所關聯，但其實兩者的關聯甚為薄弱。童話裡主角的死亡，到底只是種寓意而已。讀者必須注意的並非此直接的現象，而是其結果隱藏有何種意義。若究其根本，此類情節與使死者復活的**耶穌**奇蹟等傳說，兩者的性質和起源

皆完全不同。

童話中提及的死者復活，乃象徵著新生命的誕生。說得更具體點，死者復活其實就是古代通過儀禮[2]的遺俗。

欲解說此問題，則J. G. 弗雷澤[3]的大作《金枝》的主題：奈米村（Nemi）之神官王就是個很好的例子。奈米村祭祀黛安娜的祭司必須憑藉實力獲得其地位。只要有力量比現任祭司更強大者，隨時都可以殺掉這位祭司，成為新任的神官王。之所以會有這種習慣，是因為他們相信必須由更富有生命力者就神官職，才能使作物豐收家畜興旺、重拾活力。殺害舊神官王（死亡），以及新神官王誕生（再生），乃是象徵一重大轉機的**咒術**儀式。

這種概念絕非奈米村獨有。雖無實際殺害行為，單藉儀式性死亡與再生以象徵全新出發的文化圈，可謂多如繁星。這類儀式典禮的典型案例，當屬成人儀禮與加入儀禮；由孩童轉變成大人的節目，抑或當地共同體接納旅客成為共同體成員的節目裡，都必須蹈襲殺死舊我、蛻變成新我的儀禮。

童話中經歷死亡與再生者，基本上都是來自異國的旅客（王子或獵人）或是美麗的公主。旅客死而復活後多半會與公主結婚，長久統治該王國。美麗公主復活之後，則是與品格高貴者結婚（由孩童轉變成大人）。前述兩者的死亡與再生皆確實發揮了通過儀禮的作用。

這是因為童話故事裡死亡與再生的魔法，蘊藏著古老的接觸咒術思想所致。

（→接觸巫術）

拉斯普廷

Rasputin ラスプーチン

■人物●歷史小說

格里高利・耶夫莫維茲・拉斯普廷（Grirory Yefimovich Rasputin，1864～1916），帝俄宗教家。

他是當魔法在歐洲日漸式微時，在歐洲邊境的俄羅斯國度讓魔法展現最後一次繁華的男人。

拉斯普廷（Rasputin）有「住在三叉路的人」之意，而憎恨他的人則叫他「放蕩者」（在俄語中分岔成兩股以上的岔路叫做Raspuch，「淫蕩」則是Rasputo）。

他是出生於西伯利亞小村中的農民之子。身材極為高大，蓄有鬍鬚看來宛如灰熊。力氣頗大且擅長馴養馬匹或馴鹿，且因為很會說故事而吸引了許多男女老幼的崇拜者。有一種說法說他的視線擁有催眠能力，和他四目相對的人會全身無力發軟。

他曾參加過基督宗教裡的「鞭笞派」（Flagellants）。這一派認為人類要逃離肉體的誘惑，最好的方法就是沉溺在肉慾中直到厭煩為止，當然這是異端[4]（**異教**）。

他用祈禱療法治好了因血友病而瀕死的帝俄小王子，每晚為王子講述西伯利亞的神奇古老傳說，讓小王子十分依戀他（M. 格里蘭迪在《妖僧拉斯普廷》中提到「正如近來的研究中所顯明，血友病能藉由強烈的情感刺激或**催眠術**而暫時治癒」）。

不久後他為王子的雙親所欣賞，深受皇帝

1　一向宗即日本淨土真宗。《無量壽經》卷下：「一向專念無量壽佛。」善道《觀無量壽經疏》卷四：「一向專稱彌陀佛名。」因淨土真宗以一向（專心）念佛為宗旨，故被其他宗派稱為一向宗。

2　請參照本書第99頁譯注。

3　請參照第9頁譯注。

4　原文中此處似有些疑問。鞭笞派是頗早便有的基督宗派，但主要是鞭打自身贖罪修行。然而要靠長期縱慾對性疲乏來接近上帝的說法，簡明大英百科上說是拉斯普廷個人的曲解！

夫婦信任而掌握宮廷大權。一方面他靠著魅力以異常的悅樂引誘宮廷中的貴婦,同時又和**吉普賽**女人調情。

為此,貴族和軍人們最後將他視為萬惡根源,計畫毒殺他。但他即使喝下了超過致死劑量十多倍的氫酸仍平安無事,還接二連三地吃下摻有氫酸的蛋糕。據說貴族們後來按捺不住,對他開了無數槍,但即使如此他仍未斃命,在被扔入零度以下的河川裡之後才總算死去。

拉斯普廷死後,由於他的專橫因而腐敗至極的帝俄隨即被革命推翻。這就是十月革命。

輪迴

Re-incarnation　　　　　　　　　　輪廻

■體系●傳說

（→轉世）

轉生

Re-incarnation　　　　　　リ＝インカーネーション

■概念●傳說

（→轉世）

轉世

Re-incarnation　　　　　　　　　　転生

■概念●傳說

意指人死後變成另一個人(抑或生物)。

轉世可以分成兩種。一種是所謂的輪迴,另一種則是**神祕學**式的轉世。

輪迴是全世界農耕民族皆有的概念,可見於希臘、塞爾特、中國等諸文化,其中尤以印度文化的輪迴思想傾向最為顯著。早在西元前500年左右的奧義書[1]裡便已有輪迴的觀念,他們相信死亡並完成火葬的人類會先停留在**月亮**上,然後變成雨水返回地面,雨水被植物吸收結成果實,果實被男人吃掉後變成精子,精子進入女性胎內變成胎兒,最後才再度變回人類的模樣。不過也有人選擇不再重生的道路——達致神明的道路,這些人並未從月球降至地面,而是騎乘閃電去到世界的盡頭,變成神明。

佛教吸收了前述說法,並且進一步發展輪迴的理論。根據佛教教義,所有生物都會輪迴至地獄、餓鬼、畜生、人、**天**這五道(再加阿修羅道便是六道),但佛教認為現世就是痛苦(四苦八苦)[2]。換言之,轉世正是人類最大的痛苦。此外,佛教認為轉世後根本不需想起前世的記憶;所謂輪迴轉世就是指同一個靈魂必須不斷地重複體驗現世,因此是否想起前世的記憶,早已是無關緊要的枝節瑣事。

佛教的終極目標就是要脫離輪迴轉世的無限迴圈,達致解脫。換言之,在佛教的觀念裡面,人類就算什麼都不做,或者該說正是因為什麼都不做,才會自動進入輪迴轉世。根據初期佛經裡**本生譚**的敘述,**釋迦**在開悟之前,曾在數度的生死輪迴當中持續不斷地修行。此觀念也被印度教所採納,直至今日。

相對地,神祕學式的轉世觀念對人類是否會轉世這個問題,並無固定的觀點。說不定每個人死後都會轉世,也說不定只有特定人物才會轉世。各研究家對此皆有不同看法,缺乏統一的理論。

那麼,何謂神祕學式的轉世呢?所謂神祕學式的轉世,就是指某人突然想起自己曾經過著另一個人的人生。神祕學式的轉世觀認為,必須等到轉世前的記憶復甦後,轉世才始具意義。

如此一來,根據前世記憶進行調查,確認記憶內容屬實就成了非常重要的工作。調查古文書及各種紀錄,確認從前的確曾經有這麼位人物存在之後,就能確定該者果真是位轉世者。

有些人在找回前世記憶的時候,除了記憶以外,甚至連使命感與意志也一併繼承了下來。

據說高等魔法師與靈能力者，能夠憑藉自我的意志進行轉世，如此便能永遠保有其知識與意志。相反地，也有人在塵封的記憶覺醒之後，因而獲得靈能力或魔力（正確來說應該算是取回）。

（→業、聖甲蟲、立川流、德魯伊）

聖遺物

Reliquiae　　　　　　　　　　　　　　　聖遺物

■物品●歷史傳說

製造奇蹟的魔法（奇蹟？）道具。

聖遺物原本是用來指稱教祖或聖者的遺物或遺骸的普通名詞，幾乎所有宗教裡都有聖遺物的存在。譬如像**佛舍利**（**釋迦**的遺骨）等也都是聖遺物。

然而若無特別說明的話，聖遺物通常皆指基督教諸聖人的遺物。基督教之所以珍視聖遺物，是因為他們相信聖遺物有製造奇蹟的力量。是以收藏有著名聖遺物的教堂或修道院等地，都會有無數巡禮者前來參拜。

許多奇蹟傳說描述腳部萎縮的病患、失明者前往收藏有聖遺物的教堂巡禮，竟然就此痊癒；梵蒂岡教廷甚至會從眾多傳說裡選出其真正的奇蹟，並且記錄下來（當然，現在仍是如此）。

由於聖遺物具有如此神奇的功效及影響力，眾人皆是費盡心思、千方百計想要得到。

4世紀末的聖瑪定（St. Martinus）去世時，托爾（Tours）與波提耶（Poitiers）的居民便曾為了其遺骸而展開爭奪戰。

1583年，阿爾巴（Alba）的聖泰蕾莎（St. Teresa）墓傳出一股異臭味，掘開墳墓後發現遺體的手背浮現了聖痕[3]。深受此奇蹟感動的修道士們，正打算將遺體重新埋葬於較大的墓地時，葛拉齊安奴（Graziano）神父卻有個莫名其妙的提案：「遺體應當葬於其故鄉阿維拉（Avila），兩手則應該留在阿爾巴以資紀念。」更莫名其妙的是，按照此提案實行後，兩隻手掌卻不明不白地就此成了葛拉齊安奴的私人物品。後來在1585年移送遺體時，兩隻手腕又被負責移送遺體的逹格利（Gregory）神父切下盜走；遺體抵達聖安傑羅（St. Angelo）修道院時，又被修道院長偷走了心臟。

遺體就如前所述不斷被肢分瓦解，今天才會有許多類似「聖○○的小指骨頭」的聖遺物。不過，若聖遺物是真品倒也無妨。

隨著十字軍東征，許多聖遺物紛紛自東方流入歐洲；這是因為十字軍必須要有實質的物品，才能當作十字軍東征的戰果。想當然爾，這些戰利品裡有許多聖遺物都是讓人噴飯的膺品。據說當時甚至有業者專職製作聖遺物，而十字軍的士兵則是其主要顧客群。

該時期的聖遺物非常多，譬如法國國王路易九世就曾經得到基督的荊棘頭冠[4]，並且在

1　請參照本書第179頁譯注。

2　「四苦」就是指生、老、病、死。「八苦」除前述四苦以外，還有怨憎會苦、愛別離苦、求不得苦、五盛陰苦。前四苦是天然的，無法躲避的；後四苦是人為的，是自己招來的。

3　所謂聖痕（Stigmata），就是指某人身上出現和耶穌基督當年被釘死在十字架上時，頭部、手部、腳部和身上相同的傷痕。歷史上有許多教徒身上都曾出現過這種聖痕。耶穌身上有五種傷口，分別是手、腳的釘創，加上額頭荊棘頭冠刺傷、身上鞭傷和最後被長矛刺中的致命傷，通常聖痕還伴隨著花香。

4　荊棘頭冠（The Crown of thorns）長久以來都由東羅馬帝國保管；1238年當時的皇帝鮑德溫二世（Baldwin Ⅱ）為回報法王路易九世的援助，決定出讓此冠；1239年由兩位多米我會修士將其護送至法國。直至今日，每逢8月11日天主教會都會舉辦彌撒以紀念這段將荊棘頭冠從威尼斯護送至巴黎的漫長旅途。目前保管於巴黎聖母院大教堂內，每逢聖週五（復活節的前一個禮拜五）彌撒時，就會開放給一般民眾瞻仰。

巴黎建立聖禮拜堂（Sainte Chapelle）收藏之。**馬利亞**得到天使告知受胎時所穿的棉襖，至今仍安置於巴黎聖母院大教堂（Notre Dame de Paris）內。受難日聖梅洛尼加（St. Veronica）用來擦拭**耶穌**臉上血水，因而印上耶穌臉形的聖顏布，則是收藏在梵帝岡（經過最近的科學檢驗發現，這塊布並非1世紀當時的物品，其年代應該更新）。

更有甚者，當時還盛行從其他教堂或修道院盜取聖遺物。此外，發生戰爭時首先必須爭奪的，也是聖遺物。藏有聖遺物的教會為了要證明聖遺物乃是真品，會記錄聖遺物的來由經過，其中不少甚至會大剌剌地寫明「由何處盜來」抑或「╳╳之戰掠奪而來」等字樣。

當時情形如此複雜混亂，因而造成許多令人啼笑皆非的現象。就拿聖十字架（耶穌受刑的十字架）來說，其碎片分別收藏於各地教會；若將所有碎片集合起來，就能組成一個巨型十字架。若非身高數十公尺的人類，絕對無法背負這個十字架。

然而，這種現象並非基督教才有；全世界各地的許多佛教寺廟都收藏有佛舍利，若將所有骨頭加起來，同樣也相當於一個身高數十公尺的巨人。

（→護符）

復活

Resurrection   復活
■魔法●傳說

耶穌最大的奇蹟。他非但能使死人復活，自己也曾經在死後三天復活，爬出墓室出現在眾門徒面前。

然而聖經裡卻未直接描述耶穌復活的經過，只說婦人們在復活當天的早晨發現墓室已空，然後耶穌就出現在眾門徒面前。

是以伊斯蘭教便提出了替身的說法；他們認為當時遭到處刑的其實是別人，耶穌自己則是藏了起來。有人認為耶穌的替身是猶大，也有人認為是西門（耶穌胞弟）。這些說法絕非是要貶低耶穌，而是出於不想讓偉大**先知**耶穌遭受處刑的想法，其性質其實跟「義經成吉思汗說」[1]頗為相近。

斯芬克斯的謎語

The Riddle of Sphinx   スフィンクスの謎かけ
■魔法●傳說

希臘悲劇《伊底帕斯王》[2]裡，**人面獅身**的斯芬克斯向路經者提出的謎語。問題是：「什麼動物早上用四隻腳走路，中午用兩隻腳，傍晚用三隻腳？」這個謎語是將人的一生比作太陽的起落，答案就是「人類」。悲劇主角伊底帕斯成功解開了這個謎語，結果斯芬克斯便投身懸崖，自殺身亡。

斯芬克斯原本是來自非洲的神祇，而希臘人則將其塑造成一種會帶來旱災的怪物；於是伊底帕斯就此被描繪成打敗使作物乾枯的怪物，並且為久旱大地帶來甘霖的魔法師。

左右

Right & Left   左右
■體系●傳說

地球上許多文化皆認為右代表清淨與善良，左代表污穢與邪惡。拉丁語的「左」（Sinister）就是英語裡「惡」的意思。中國人稱邪惡魔法為左道，就連**巫毒**教也稱施行邪惡的魔法為「左手勤行」。

不過，左手也是魔法之手。台灣的阿美族用左手驅趕惡靈，坦尚尼亞（Tanzania）的果果族（Gogo）則會特別選左撇子的青年作為**求雨**等儀式的代表。也有說法認為此現象是因為「左常因其『較劣等的事物』意涵而被用來象徵女性，而從前又認為魔法乃專屬女性的技術」所致。

全世界皆普遍以右方為優位，唯中國是極

少數的例外，左右兩方的優劣高下視各個時代而不時顛倒轉換。是以左大臣職位高於右大臣，邪惡魔法卻被稱為左道。

戒指

Ring　　　　　　　　　　　　　　　指輪

■物品●小說

在神話或存說中，魔法戒指乃是財富與權力的象徵。

在古日耳曼的傳說故事《佛爾頌英雄傳說》（Volsunga Sage）或《尼伯龍根之歌》（Nibelungenlied）中皆有萊茵的黃金（Das Rheingold）登場，它讓眾神、巨人族、矮人族甚至是人族都成為它的俘虜。眾神為了這黃金與巨人、矮人交戰，最後終至滅亡。

19世紀時作曲家華格納（Wagne）將這傳說改編為歌劇「尼伯龍根的指環」（Ring Des Nibelungen）。裡面描述一枚以萊茵的黃金打造成的戒指。這枚戒指被施加了能讓擁有者對它著迷，並讓看見這戒指的他人對此感到嫉妒的詛咒。登場人物們環繞著這枚戒指展開鬥爭，紛紛死去。

這種魔法戒指在托爾金的小說《魔戒》（The Lord of the Rings）又再被附加了新的含意。

這枚戒指擁有將它戴上手指後，便能讓戴戒指的人隱形的力量。不過，這枚戒指的力量還不僅止於此。

魔戒原本是黑暗魔君索倫（Sauron）在欺騙了精靈族後借助他們的技術鍛造出來的。鑄造這枚戒指耗時一百年，當完成之際，黑暗魔君也擁有了控制世界的魔力。

所有擁有這枚戒指之人，都會不願離開它。得到了控制的力量與權力的人就會成為它的俘虜。

因為托爾金的《魔戒》和第二次世界大戰屬於同一時代，故也有人解釋說魔戒是在象徵核武，提出作品中能看出這種想法：毀滅世界的力量能控制這世界，而因為所有人都渴望這種權力，因此會讓世界邁向毀滅。

但托爾金本人否定了這種關連性與這種故事的寓意。因為該書是奇幻小說，而奇幻小說並非寓言；那乃是存在於讀者心中的另一個世界。

馬雅的魔法儀式

The Ritual of Maya　　　　　　　マヤの魔術儀式

■體系●歷史傳說

馬雅文明是自紀元前3000年起存續至紀元15世紀時的中美洲文明。

在馬雅社會中，由於難以形成河川的墨西哥高原區地形之故，而難以確保水源，所以馬

1　源義經（1159～1189）是平安末期‧鎌倉初期的武將。平治之亂後安身於鞍馬寺，後來受奧州平泉藤原秀衡保護。1180年呼應其兄賴朝舉兵，1184年平定源義仲，於一之谷、屋島、壇之浦大破平家。後來義經得後白河院信任與賴朝對立，再次逃亡至秀衡處，卻遭秀衡子泰衡襲擊，於衣川自刃。

然而日本庶民卻不甘於讓義經就此死亡，所以才會有「義經成吉思汗說」的產生，認為義經從衣川逃往中國大陸，就是後來的成吉思汗。不過大家都知道成吉思汗未成年之前叫作鐵木真，所以這個說法很明顯地並不屬實。

2　《伊底帕斯王》（Oedipus Rex）為古希臘悲劇作家索福克里斯（Sophocles, 496～406 B.C.）的作品。底比斯（Thebes）國王拉伊烏斯（Laius）得神託指自己將為子所弒，於是便棄養剛出生的伊底帕斯（Oedipus）。此童後由牧羊人拾養長大，最後還成為科林斯（Corinth）國的王子。伊底帕斯得悉命定「殺父娶母」，以為神託乃指自己的養父母，遂離家出走、決心不再返回科林斯。然而他卻在途中巧遇拉伊烏斯王，誤將生父殺死。被擁為底比斯國王後，伊底帕斯還與拉伊烏斯之妻（自己的親生母親）結婚。

雅民族將雨水尊崇為掌握民族存亡的自然惠賜。

他們在都市中央建築巨大**金字塔**，定期舉行獻祭與神的儀式。身為眾人宗教指導者的神官會登上階梯狀的金字塔外牆，於金字塔上將**活祭**奉獻給神明。這種**活人祭獻**在馬雅文化中從不間斷地舉行。於馬雅宗教中，雨是神明所賜與的恩惠之水，為了雨水，人們必須將自己擁有的水，亦即血液奉獻給神。活人祭獻便是這種宗教信仰下的結果。

又，如平常在儀式中就會獻上活祭品的話，在**占卜**吉凶或戰爭勝利感謝神明時，便也多會獻上活祭品作為貢品（關於儀式的實例請參照「**犧牲**」一項）。

拉葉城（魯利謁）

R'lyeh　　　　　　　　　　　　ルルイエ

■場所●小說

克蘇魯神話作品中出現的幻想廢棄都市。因為本非人類所建造的都市，所以人類難以正確發音它的**名字**，有時也會被唸成「拉·意藍」或「魯·利埃」。

這座都市座落在太平洋和紐西蘭的交會處，在南緯47度9分、西經126度43分的海底。建築物的線條形狀扭曲，接合的角度匪夷所思。是座為綠色泥土所覆蓋的巨大石造都市。此處封印著巨大的克蘇魯神（Cthulhu），周圍由「深海巨人」（Deep Ones）所守護。會因星辰的位置而使克蘇魯的封印轉弱，此時拉葉城便會浮出海上。

羅傑·培根

Roger Bacon　　　　　　　　ロジャー·ベーコン

■人物●歷史

英國的修士、占星術師、魔法師、科學家、發明家（1212？～1294）。

《人類的歷史》（Ilin M. & Erich Segal著，

岩波少年文庫出版）此書曾對培根有段生動的描述。

「培根終夜都埋首在牛津鎮郊外的自宅塔內……塔裡每夜都會生起赤紅的熾熱火炎。不時還會傳出恐怖的聲音，使附近地面為之一震。

他到底在塔裡研究什麼？

整個宇宙。

……桌上擺有阿拉伯語和希臘語的手抄本，有凹面鏡與凸面鏡，還有小小的玻璃鏡片。

……他已經知道，跟整個宇宙比較起來，地球是何等渺小。雖然別人說他是位魔法師、魔術師，卻很少人像他這般不相信魔法的奇蹟。」

培根使用魔法時，重視「明確的因果關係，能夠再度重現魔法」；這便是後來科學的原則。據說他曾經使用火藥、凸面鏡片，製造出會動的雕像和會說話的黃銅頭像。心胸偏狹的其他修士曾向教會告發，指培根的發明乃**惡魔**所授，但是培根仍能成功渡過難關，因為當時還不是**獵殺女巫**盛行的時代。要是晚個300年的話，培根肯定性命不保。他雖然相信魔法與**占星術**，卻也會糾舉迷信的行為，甚至還曾經舉發教會的腐敗行徑。

《霜中的面容》（The Face in the Frost，John Bellairs著，早川文庫出版）是部描寫培根魔法師身分的傑作；故事裡面描述培根跟朋友──魔法師普洛士帕羅（**莎士比亞**的《暴風雨》裡出現過的魔法師）一起被捲入了一場有魔法作祟的騷動。

不過這位培根跟傳為莎士比亞戲劇作者的法蘭西斯·培根（Francis Bacon，1561～1626），是完全不同的兩個人。

浪漫主義

Romanticism　　　　　　　　　　　　　ロマン主義

■體系●歷史

　　19世紀時歐洲展開的文學運動。廢除了原本形式的偏重，重視個人感性與想像力。常以「不屬於此處的場所」或「不是現代的時代」為題材，不排斥不合理性與神祕的事件。

　　在英國有拜倫（George Gordon Byron）、雪萊（Percy Bysshe Shelley）、濟慈（John Keats）、布雷克（William Blake）等詩人歌頌生命的熱情，並有小說家司各特（Walter Scott）留下了以蘇格蘭、英格蘭、法國、西亞等地為舞台的故事，內容多是騎士道、戰爭或叛亂等氣勢磅礴的故事。

　　在德國則有蒂克（Ludwing Tieck）、諾瓦利斯（Novalis）、霍夫曼（Ernst Theodor Amadeus Hoffmann）等人藉由童話的形式探尋幻夢與現實、生與死的境界。

　　法國的浪漫主義比兩國晚了一步，在歌德（Johann Wolfgang von Goethe）、拜倫、司各特等人的影響下展開。以雨果（Victor Marie Hugo）為中心，諾迪耶（Charles Nodier）、奈瓦爾（Grard de Nerval）、哥提耶（Thophile Gautier）等人群集而至，在雨果浪漫主義時代代表作「愛爾那尼」（Hernani）的初演中，便呈現出了浪漫派與古典派的交鋒狀況。

　　俄羅斯也受到拜倫、司各特等人強烈影響，有普希金（Aleksandr S. Pushkin）、萊蒙托夫（Mikhail Yuryevich Lermontov）活躍文壇。普希金的作品比我們所認為的還要浪漫許多，他做了歌頌流浪的**吉普賽**人、森林盜賊等人物的詩歌，作中妝點著浮映河面的絞首臺、忽隱忽現的往日克里米汗國[1]幻影等景象。浪漫主義後來遭到嚴厲批判，最後甚至被形容成「傾向憧憬夢想或幻想的世界，逃避現實，偏好天真的情緒或感傷。」（岩波書店《廣辭苑》）但它在認為奇幻是小孩子遊戲的潮流中，開拓出新局面的功績甚偉。被作為浪漫主義題材的矮人、妖精、吉普賽人、魔法師、人偶戲、靈藥、豪宅與大寺廟、海盜、男扮女裝女扮男裝（**→異裝**）、異教女神、水中精靈等等，後來給予幻想小說、神怪小說極大影響。甚至連**芭蕾**、寶塚歌舞劇或手塚治蟲的少女漫畫的原形，都可在這裡看到。

（**→惡魔、馬利亞**）

圓桌

Round Table　　　　　　　　　　　　　円卓

■物品●傳說

　　亞瑟王傳說裡的圓形桌子。置於鳳宮**嘉美樂**中央，是被選定的「圓桌騎士團」團員才能進入的集會場所。

　　每個傳說中的圓桌大小各有不同，圍桌而坐的騎士人數則有12人與150人兩種說法。

　　各人席前皆有金色文字浮現，寫著該座位騎士的**名字**；一旦騎士殞命，金色文字就會跟著消失。由於此桌乃是圓形，各騎士不需在意座席上下之分，可以輕鬆地吃喝、聊天議事。

　　此桌究竟是何人所造？有人說圓桌是魔法師**梅林**在建造嘉美樂鳳宮的時候，一併為亞瑟所造的；有人認為圓桌是亞瑟王的妃子桂妮薇亞的嫁妝。有人則是綜合上述兩種說法，認為圓桌起先是梅林為亞瑟王之父烏瑟．潘德拉剛[2]所造，後來烏瑟送給桂妮薇亞之父雷歐德格蘭斯王（King Leodegrance），最後才又被當

R

1　Kelimu Hanguo，欽察汗國（金帳汗國）下之一汗國，又名克里米亞汗國。

2　烏瑟．潘德拉剛（Uther Pendragon），塞爾特語中「pen」是「大」的意思，而「dragon」意指「頭目、首領」。

作結婚禮物贈給亞瑟王。此外其材質也有木製、金屬製等說法，眾說紛紜。

除了圓桌的大小與浮現名字的魔法以外，我們應當將焦點放在圓桌整合亞瑟王鳳宮的凝聚力量，以及其象徵性力量。中世傳說裡的騎士如崔斯坦（Tristan）與帕西法爾[1]，都被指為亞瑟王麾下的圓桌騎士，為其英雄事蹟更添光采。由此可見，圓桌甚至還能將其他傳說故事裡的人物，都聚集至亞瑟王的宮廷內。

此外還有個描述圓桌魔力的小故事：圓桌裡有個沒人能坐的「危險席位」。這個座位上沒有名字，不符資格者想坐就會死亡。此席其實是屬於王國第一騎士蘭斯洛之子、將來發現**聖杯**奇蹟的加拉漢（Galahad）的座位。

加拉漢是在成年的那天自己來到嘉美樂，並拔出岩石中沒人能移動分毫的寶劍，在危險席位上坐了下來，結果此席竟然浮現寫有加拉漢名字的金色字樣。原來圓桌知道加拉漢是自亞瑟王死後一直未曾現出的真英雄，也是能創造奇蹟的理想騎士。

圓桌在傳說裡總是等待著迎接國王與騎士歸來，默默地聽著他們的冒險故事，而且圓桌也是騎士們向全新冒險旅程的起點，可謂是整個亞瑟王傳說的焦點。

仙人

Rsi　　　　　　　　　　　　　　リシ

■人物●傳說

（→**聖仙**）

聖仙

Rsi　　　　　　　　　　　　　　聖仙

■人物●傳說

古印度神話中的**仙人**。聖仙離世索居，住在山林草庵裡，樹皮為衣，蓄有長髮。他們經過極艱辛的**苦行**才習得神通力，能夠使用騰空飛行、一目千里、操縱山林幽鬼、控制天候等

各種法術。不過只要每次使用法術，苦行所積功德都會成正比減少。聖仙的脾氣通常頗為暴躁，時常在盛怒之下使用法術，事後卻又後悔莫及。

許多聖仙都是優秀的詩人，據傳《摩訶婆羅多》[2]、《羅摩衍那》[3]等敘事詩都是聖仙所作。各部《吠陀》也是同樣。《吠陀》內容敘述早在世界的開端便已永遠存在的事物，據傳是由聖仙聆聽神靈宣諭，再轉述給其他人才始得成立。

魯道夫・史丹勒（魯道夫・史代納）

Rudolf Steiner　　　　ルドルフ・シュタイナー

■人物●歷史

1861～1925。設立**人智學**協會（Anthroposophical Society，或譯「人智學會」），主張通往更高等知識的門戶是開放的，人人皆能企及，是位哲學家、魔法師。德國人。

史丹勒具備清晰的思考能力與豐富的感性；於維也納大學、維也納工科大學研讀自然科學的他，自幼便身懷極罕見的靈視能力。據說由於史丹勒的靈視能力太強，反而使得靈界發生的事情比眼前的現實更加鮮明，他甚至必須努力集中精神才能察覺現實世界發生什麼事情。

這樣的天賦異稟，卻未曾使史丹勒的理論邏輯能力在相形之下有絲毫遜色。史丹勒日後非但成為優秀的魔法師，還以德國分部部長的身分參加**神智學**協會活動；他在**布拉瓦茨基**夫人死後，發現協會開始偏向盡信**靈媒**之言的**心靈主義**，於是退出同協會，另外創設「人智學協會」。史丹勒的理想，就是要使神祕學成為一門受社會大眾認同的學問；史丹勒相信，現代社會不能沒有神祕學。

自此史丹勒便致力於統合神智學從前累積的龐雜概念與思想，試圖整理出一套禁得起理

論性思考驗證、所有人都能理解的體系。而他努力的成果也確實透過人智學協會，實際在藝術、教育、農業等各個領域得到活用。據說他所設立的史丹勒學校，全世界所有分校至今已經超過100所。

儘管魔法師圈子裡性格有缺陷者佔多數，史丹勒卻能將自己的才能傾注於建設性方向，留下了極具價值的成果。

（→阿卡錫紀錄）

魯納文字[4]

Rulic Letters　　　　　　　　　　ルーン文字

■體系●歷史傳說

基督宗教傳入前古日耳曼社會的文字。在從德國到北歐的地區，直到10世紀為止尚無紙和筆存在，人們以鋒銳利器在木頭或石頭上雕刻名為**魯納**的楔型文字（→魯納石）。

雖不明瞭魯納文字是何時出現，但根據傳說，智慧之神奧丁在**犧牲**自己流出鮮血後，以此為代價獲得了魯納文字的祕密。從歷史上來看，一般認為是和希臘、羅馬有過接觸的日耳曼人引入它，將其當作自己的文字而廣泛使用。

魯納文字最初是由和羅馬字母相似的24個字母組成，因為先頭六個字的發音而被稱為「富托克」（Futhark）。隨著時代演變，魯納文字的字母數量減少，變成只由16個字母構成。

魯納文字被用在日常的紀錄，或記述英雄、神明的傳說上；但最重要的，是它被用作**咒術**符號的性質。因為魯納文字除了能組合起來構成文章，同時每一個字母也個別擁有獨自的意義。例如相當於英文字母F的魯納文字，

便有「眾神」之意，而相當於T的字母則有「戰神提爾」的意思。只消雕刻一個字母，便能給予被雕刻的物體特定魔力。

魯納文字在整個維京時期也仍被北歐諸國所使用著，但歐洲大陸的日耳曼民族卻早早就捨棄了它，進入12世紀後紙和筆已在北歐普及，並改為使用現代字母。此外，同時基督宗教也開始滲透，因此魯納所象徵的對眾神的信仰便日趨薄弱。

魯納文字

第一類	ᚹ ᚢ ᚦ ᚨ ᚱ ᚲ ᚷ ᚹ
第二類	ᚺ ᚾ ᛁ ᛃ ᛇ ᛈ ᛉ ᛊ
第三類	ᛏ ᛒ ᛖ ᛗ ᛚ ᛜ ᛟ ᛞ

這是早期的日耳曼通用型「富托克」24字母。雖以8個字母一組分成3組，但目前尚不知為何要如此區分

爛皮兒踩高蹺皮兒

Rumpelstiltskin　　　　ルンペルシュティルツヒェン

■生物●小說傳說

出現在格林童話中，擁有神奇魔力的小矮人。

很久以前曾有一位美麗少女住在麵粉店裡，她被國王命令要用一個晚上把一房間的麥稈紡成黃**金**。就當少女在以淚洗面時，神奇的

1　請參照本書第139頁譯注。
2　請參照本書第41頁譯注。
3　請參照本書第41頁譯注。
4　或譯「如尼文」、「盧恩符文」。

小矮人出現了。小矮人聽說經過以後便說讓他來負責紡出金線，並且要求代價。而少女給了他項鍊。於是矮人也遵守諾言在早上前將麥稈全部紡成金線。

然而國王在第二天晚上卻把少女關入更大的房間，下了同樣的命令。結果神奇的小矮人再度出現，少女給他手環，由他解決這次的難關。

國王看到紡織出的金線後，再將少女帶到奇大無比的一間房間裡，宣布：「如果在早上之前將這房間所有的麥稈都紡完的話，我就讓妳做我的王后。」

當少女被獨自留下後，小矮人馬上出現。但這次少女已經沒有可以給他的東西。小矮人便說：「那麼答應我在妳當上王后以後，給我妳的第一個小孩。」少女無計可施之下只能答應，小矮人便為她將麥稈紡成金線。

而和國王結了婚的少女，一年後生下了小孩。於是小矮人不知從哪跑了出來，要求履行諾言。但或許是因為王后不停哭求，最後連小矮人也跟著難過了起來，便多給了「那就再給妳三天。在這三天內如果妳猜出了我的**名字**，我就不帶走小孩」的條件。

可雖然王后陸續說出王國裡的名字，但全都不對。兩天過去，第三天終於來到。當王后正要放棄，便聽到了前去打聽名字的使者，報告說曾從建於高山山腳下森林內的小屋，聽到一首奇妙的歌的事。

「今天烤麵包，明天釀啤酒，後天去接王后小孩。

「本大爺的名字是爛皮兒踩高蹺皮兒，說實話，沒有人知曉！」

王后聽到這件事後大喜，等小矮人現身後便立刻和他交談。

「你的名字是昆茲？」「不是。」

「你的名字是漢茲？」「不是。」

「難不成你的名字是爛皮兒踩高蹺皮兒？」

「妳一定是從**惡魔**那聽來的！妳一定是從惡魔那聽來的！」

小矮人激動地大力踩腳，因為太過生氣而讓自己的身體裂成兩半。

在這則童話中，充滿了世界上一直存在的「名字的神祕性」。這種概念和認為只要能知道對方的名字後便能控制對方的信仰相似。因此，在許多文化圈內，都曾有過這些習俗：有的是把自己真正的名字隱藏一輩子不告訴人，有的則是直到成人為止都不讓那人知道他的真正名字。因為人們害怕名字被邪惡妖精或咒術師得知，而被他們用魔法控制。

在格林兄弟收集童話的歐洲，也多少可以看見這種概念，那時一般相信妖精或惡魔等存在比人更害怕名字被人知曉。因為人類的力量雖然無法傷害身為異世界居民的他們，但是他們這種性質的存在也擁有名字，只要能知道那個名字，就能封住他們的魔力。魔物比人類要強大得多，而這點就像是阿基里斯（Achilles）的腳踝，是他們天生的弱點。

像這樣的觀念廣為一般人所深信，因此也被引入魔法儀式中。中世紀歐洲時要**召喚**惡魔會先高聲呼喊想召出之惡魔的名字，便是想靠名字的強制力將對方從地獄中硬召出來。這是顯示古代的民俗信仰與魔法儀式結合得何等密切的絕佳例子。

（→友善的妖精）

魯納

Rune　　　　　　　　　　　　　　　ルーン

■體系●歷史傳說

基督宗教傳入以前，古代日耳曼民族的多神教社會中的**咒術**系統。

也指在木材、石頭、物品上以鋒銳利器雕鑿表示特定意義的**魯納文字**後，並唱誦該字名稱，藉此獲得神力的行為。

在古代日耳曼社會，以及中世紀的維京人（Viking）社會裡，**話語**被相信是擁有魔力之物。

而藉由魯納文字形式咒術之行為是如何形成一個系統的，在現代雖已無法正確得知，卻可由發掘出的遺跡或古物上窺知魯納的部分功用。

在維京人遺跡中被挖掘出的石碑上，除了有著歷史紀錄，還寫著「破壞此石碑者，將遭受**奧丁**給予的災厄」這句像是咒文的句子。也有石碑上安著一顆小石頭，而石頭上刻有魯納的符號，以它充作**護符**的例子，這種石頭被稱為「**魯納石**」。

另外，還有一種著名的法術，是在劍刃刻上戰神提爾（Tyr）的魯納符號，並在戰鬥開始前唸誦兩次提爾之名，以擁有戰神之力，使人能在戰鬥中獲勝。近年便挖掘出了許多維京時代刀劍，它們在刃處刻有表示提爾、相當於英文字母中的「T」的魯納文字。

甚至還有劍上刻著「此劍之主馬爾將殺死敵人獲得勝利」這種有意義的文句之例子。

魯納文字必須由熟諳其祕密者進行正確的雕鑿才行。若是弄錯了書寫的方法，咒文就會變成反效果反害自己。

而魯納體系的咒術曾盛行一時，被用在治療疾病、祈求勝利、發誓復仇、保護不受敵人所害等各種方面上。

古日耳曼民族的敘事詩《佛爾頌英雄傳說》中，就有醫療、勝利、海浪、雄辯、啤酒、安產、枝、智慧等各種魯納符號出現，它們被雕刻在護手甲、劍柄、劍刃、船舵、船槳、角杯[1]等地方上。

魯納石

Rune Stone　　　　　　　　　　　ルーン石

■物品●歷史傳說

從古代到中世紀時，日耳曼民族或北歐維京人所使用的刻有**魯納文字**的石頭。

魯納文字起初就是根據要刻在木頭石頭上的前提而被設計出來的。從維京人的遺跡中，挖掘出了許多雕有歷史紀錄或傳說的石板。

日耳曼民族認為文字蘊藏有魔力，除了上述那種紀錄為目的的文字外，還認為文字可以用來賦予劍魔力增加鋒利度，或是雕在護手甲上以躲過災難。

其中還曾有過在小石子上雕刻魯納文字，將它隨身攜帶作為**護符**的風俗。魯納文字各自擁有固定意涵，例如人們就會握著雕有「安產的魯納文字」的魯納石，祈禱順利生產。

（→**魯納**）

瑞典愛藍德島上的「魯納石」。

如意棒

Ruyi-bang　　　　　　　　　　　如意棒

■物品●傳說

全名叫做如意金箍棒。以《**西遊記**》裡**孫**

1　drinking horn，典儀用酒器，常以牡牛、野牛角或象牙製成並鑲以金屬。

悟空的武器為人所知。

如意棒本非武器，實乃治水的道具。有人說傳說聖王夏禹曾以此物鎮住江海，也有人說此物乃天河河底重鎮，平時收藏在東海**龍**王的寶庫裡，亦稱做神珍鐵。如意棒重達一萬三千五百斤，就連龍王也不能舉，是以不知該作何用途。但是孫悟空修得**仙術**返回下界後，如意棒就像是預知主人將要到來似的，霞光豔豔瑞氣騰騰。孫悟空得此寶物後，如意棒能隨其心意變大變小，大可通天地，小可藏於耳，還能自由自在地變換形狀及重量。

雖然如意棒原本並非武器，但是對孫悟空來說，如意棒自在變幻形狀的能力與驚人重量便已經足夠。武藝高強的孫悟空揮舞著這枝巨大鐵棒，幾乎已是無人能擋。

自此如意棒便一直都在孫悟空的手上，乃孫悟空波瀾萬丈生涯裡獨一無二的親密戰友。

魔宴

Sabbat サバト

■儀式●歷史小說傳說

女巫、**魔寵**、惡靈們為讚頌**惡魔**而每週舉行一次的儀式。魔宴（Sabbat）此字取自於猶太教的安息日（Sabbath），應是基督教為貶低猶太教才會作此稱呼。

一般人對魔宴的普遍印象如下。

魔宴於夜晚萬籟俱寂時分舉行。與會者會在遠離人煙的荒原、古代巨石遺跡等處集合。最早都是步行前往，後來才逐漸演變成騎掃帚，或是騎乘魔寵或惡靈騰空飛行，前往赴宴。

女巫、魔法師聚集以後，會用食物或**血液**、精液等物塗滿全身，或是耽於如近親相姦等放蕩無度的亂交行為，重複各種瘋狂淫行，向變成動物模樣的惡魔致敬。據說魔宴裡吃的都是兒童的血或肉，還有山羊或犬隻的鮮血等。

其實魔宴原本是古代宗教儀式的遺俗。最有名的魔宴瓦普吉斯之夜（Walpurgis Night）便是於4月30日貝爾坦節（Beltaine，古塞爾特節日）舉行，而10月30日**萬聖夜**也是森慶節的遺俗。

魔宴儀式裡，有許多部分皆頗類似於祭拜豐饒神祇的信仰儀式。阿茲特克與法國南部等地，也有食用血液桿成的麵粉製食物、撕裂供品分給全體與會者等行為。其實，將供品分給全體參加者食用的行為稱做共食儀式，可見於世界各國。

如上所述，被稱做女巫者其實都是基督教之前的古代宗教神官，抑或是從前的藥草師等人。換言之，由於他們早在基督教之前便已存在，非但不可能會與基督教所謂的邪惡力量──惡魔有任何瓜葛，跟**黑彌撒**、惡魔崇拜更是毫無關聯。

現今魔宴給人的邪惡印象，其實是由迫害女巫的基督教會疑心暗鬼的妄想演變而成，這已是不爭自明的事實。換言之，由於基督教會擅自將自己定位成肩負世界正義的一方，才會認定基督教的敵對者（其實他們不過是遵行自古流傳下來的教義而已）都在進行與基督教完全相反的活動。是以魔宴才會被視同於黑彌撒。

順帶一提，法國在16世紀左右以前，每逢1月1日都會舉行諷刺教會行為、無上下尊卑分別的祭典「愚者祭」。教會曾多番下令禁止，卻反使「愚者祭」更加風行，這自是不在話下。

（→**女巫團**、**戴奧奈索斯**）

活人祭獻

Sacrifice 　　　　　　　　　　人身御供

■概念●歷史

（→犧牲）

活祭

Sacrifice 　　　　　　　　　　生け贄

■儀式●歷史傳說小說

（→犧牲）

犧牲

Sacrifice 　　　　　　　　　　犧牲

■儀式●歷史傳說小說

在各式各樣的宗教儀式、魔法儀式裡，殺害生物或破壞供物的行為皆通稱為犧牲。其中又特稱殺害生物的犧牲為「活祭」。Sacrifice此詞源自拉丁語，意思是「使其成為神聖」。

犧牲儀式大致都有固定的形式，而且幾乎是全世界共通。

根據人類學家毛斯[1]的說法，犧牲儀式共有四個要素。

- ・聖別[2]的祭場
- ・將要殺害的犧牲品
- ・負責儀式性殺害犧牲品等工作的儀式執行者
- ・供奉犧牲品、祈求儀式帶來恩惠的供牲者
- ・（通常就是儀式的與會者）

下面是執行犧牲儀式的標準程序與方法。

①執行者、供牲者、犧牲品的聖別
　　↓
②三者進入祭場
　　↓
③供牲者接觸犧牲品
　　↓
④執行者殺害犧牲品
　　↓
⑤共同食用犧牲品的肉（並非絕對必要）
　　↓
⑥退場

下面介紹的犧牲儀式案例，是中美洲馬雅文明的活人獻祭儀式。

馬雅每逢將要舉行儀式的時候，會事先準備要獻給雨神的活祭品：活祭品、戰俘或是奴隸，也可能是由自願出任的良家子女中選出，然後在儀式中殺害這些人，獻給神明。

活祭在馬雅人建造的神殿——**金字塔**的最頂層舉行。

首先必須將犧牲者全身塗成青色（聖別），再讓犧牲者橫躺在石桌上，綁起手腳（入場及接觸）。神官會用石製小刀剖開其胸部，活生生地將心臟給抓出來（殺害）。然後神官再用鮮血塗抹神殿或神像，並且將鮮血也灑在自己身上。此外神官還要剝取犧牲者全身除手腳以外的皮膚，將人皮披在身上跳舞，將舞蹈獻給神明（共食的變形）。屍體最後被人從金字塔的階梯推下，丟置於埋葬用的池子裡。面對天上降下的甘霖恩典，馬雅人便是如此獻上活人的鮮血以報。

1　毛斯（Marcel Mauss）出身於法國Lorraine地區，涂爾幹（E'mile Durkheim，1858～1917。法國學院社會學的創始人，也是古代或原始社會研究領域最具影響力的早期理論家）的外甥。毛斯承襲涂爾幹的工作，從事「原始民族」宗教社會學、知識社會學的研究。

2　基督教為某些神聖用途，會藉由儀式來潔淨人或物，以與普通世俗的用途區別。

馬雅人在**占卜**天候、戰爭勝敗等事項吉凶的時候，也會向神明獻活祭。這時候會由奴隸當中選出處女，讓犧牲者穿戴黃金等裝飾品，沉入神聖的活祭用池子。若犧牲者沉入水中，儀式就告結束，這代表神明對活祭品很滿意，接著馬雅人會祈禱神明能垂聽自己的**願望**。若犧牲者浮起則是神的安排，此女回過神後所說的話，就是神的旨意。此時活祭品就成了神聖的神之使者，受眾人膜拜。

直到後來人們為免犧牲儀式太過血腥（尤其是活人獻祭），可以用娃娃或植物等物進行犧牲儀式，方才摒棄活人獻祭，改由屠殺家畜、破壞供品等行為代替。

性力

Sakti　　　　　　　　　　　　　性力

■體系●傳說

（→夏克提）

夏克提

Sakti　　　　　　　　　　　　シャクティ

■體系●傳說

傳統印度人皆認為男性是靜的象徵，女性是動的象徵，進而由此衍生出「當濕婆[1]的神力及於此世時，這股力量就變成神妃波哩婆提[2]的模樣」的信仰。這股「變成神妃波哩婆提模樣」的力量，就是夏克提（「力」〔Sakta〕的陰性名詞）。印度常以纏繞在無形男根上的一對**蛇**、與男神相擁的女神等，各種具性意涵的圖像來表現夏克提。**拙火**也是夏克提的一種形態。

此外，印度教裡也有部分教派提倡「宇宙最高原理其實並非濕婆神，而是其神妃波哩婆提＝夏克提」。此類教派多崇拜姿態溫和的女神。當中不乏教派會崇拜形象恐怖的女神，並比照男神女神性交實際進行性儀式，藉以接近宇宙最高原理夏克提，不過現已極為罕見。

釋迦

Sakya　　　　　　　　　　　　釈迦

■人物●歷史

佛教開祖。釋迦自己與奇蹟幾無任何關係，他既不造佛寺也不造佛像；釋迦雖不否定魔法的存在，卻禁止弟子使用魔法。

然而早在初期佛經裡面，就能看到釋迦行使奇蹟的記述。這些奇蹟多採**真實語**形式記載。

同樣根據初期佛經記載，釋迦自稱記得自己的前世，並且敘述自己經過多次**輪迴**轉世為人、馬、牛、猿猴等各種生命、曾經做過什麼事情。這便是所謂的**本生譚**（闍陀伽）。

後來釋迦與所有宗教開祖同樣逐漸被神格化，並且變成一位幾乎曾經行遍所有奇蹟的人物。

（→佛舍利、佛弟子的奇蹟）

火精

Salamander　　　　　　　　サラマンダー

■生物●歷史小說傳說

四大精靈之一，乃是火焰精靈。據說火精通常都是烈焰纏身的蠑螈或壁虎模樣。這隻壁虎通常被描繪成有六隻腳，而這也是因為在現實世界裡，確實有種叫做Salamander（蠑螈）的壁虎（當然，蠑螈根本就沒有六隻腳）。

此外各個傳說與作品裡，也有描述許多模樣完全不同的火精。或是作身纏烈焰的少年模樣，有時則是將火精描繪成某種由火焰集合而成的生命體。

（→元素）

莎樂美

Salome　　　　　　　　　　　サロメ

■人物●歷史小說

近現代的幻想小說裡，時常都有名為莎樂

美的女魔法師登場，施行邪惡的咒法。窮究此人物之起源，可向上追溯至聖經故事。

不過在現代（尤其是歐美）小說裡名為莎樂美的女性，其造型或多或少皆受到以下②與③兩方面的影響。

①聖經裡的莎樂美

猶太的希律王（Herod）捉到了**先知**約翰[3]，卻害怕招致人民反感而不敢殺他。憎恨約翰的王妃便唆使女兒莎樂美向父親死賴活求，終於殺了約翰。不論是哪個時代，做父親的耳根都特別軟，不過其實莎樂美此舉並非出於其本願。

②王爾德筆下的莎樂美

英國的王爾德（Oscar Wilde，1854～1900），曾經留下一部取材自聖經的劇本《莎樂美》（1893）。劇中莎樂美愛上約翰，更向約翰索吻卻遭到拒絕。於是莎樂美便跳起狐媚的「七紗之舞」[4]向父親獻媚，希律王說道：「想要什麼儘管說。」莎樂美向希律王討約翰的項上人頭。終於吻到置於銀盤上的約翰首級時，她放聲大笑。希律王見狀感到萬分恐怖，便喝令士兵蜂擁而上，用盾牌壓住莎樂美，把她殺了。

③霍華筆下的莎樂美

美國的R. E. 霍華[5]（1906～1936）取材自王爾德的劇本，也曾經於**蠻王柯南**系列的短篇故事《女巫誕生》裡，安排一位名叫莎樂美的女巫。

高蘭國的皇室有個**詛咒**：皇室每百年就會有一個生來就是要獻給魔王的女孩。這些女孩全叫做莎樂美，都是必須流浪徘徊於此世、遭人捨棄的**女巫**。曾有位女巫在與自己是雙胞胎姐妹的女王面前，吶喊道：

「只因出生時象牙色胸口烙有地獄新月，就必須遭逢身為女巫四處流浪的命運。遭此宿命者，全都被命名為莎樂美。所以，我也是莎樂美。所有女巫都是莎樂美。就是未來誕生的女巫，她的**名字**還是叫做莎樂美。就是冰山自極地傾軋而至，就是文明國度滅亡，又或餘燼中再有新世界形成——仍會有女巫誕生、徬徨遊走於地上，不斷藉其魔力捕捉男人的心，在世界諸王面前表演莎樂美之舞，並且為取悅國王而在旁觀看賢者們被斬下首級。」

鹽

Salt　　　　　　　　　　　　　　塩

■物品●傳說

鹽乃人類生存不可或缺之物，尚且被尊為生命之源。希臘羅馬時代就曾以「麵包與鹽」一詞來代表盛情款待的意思（俄羅斯與部分高加索地區至今仍舊沿用此用法）。

鹽是種防腐劑，是以常被視為與性喜腐敗的**惡魔**相對立之物，世界各地許多文化圈皆有以鹽進行除穢潔淨儀式的習慣。有時可將鹽置於**護符**中，保護配戴者不受**女巫**、**妖術**等事物

1　請參照第53頁譯注。

2　請參照第53頁譯注。

3　請參照第129頁譯注。

4　七紗之舞：莎樂美穿著七件薄紗，於舞蹈中逐一脫掉身上層層薄紗，最後在狂熱的音樂中脫得精光。莎樂美的父親原本是希律王的哥哥，後來希律王因垂涎莎樂美的母親希羅底（Herodias），才殺害哥哥將希羅底佔為己有。

5　勞勃・霍華（Robert E. Howard，1906～1936），劍與魔法奇幻的開創者，在美國經濟蕭條時期仍是最受歡迎的作家。冒險、恐怖、奇幻……無所不寫，為後世留下了可觀的遺產，並創造了蠻王柯南此一著名角色。三十歲時即因母親去世而舉槍自殺，英年早逝可說是十分可惜。

侵害；**獵殺女巫**時負責審問女巫者，通常都會攜帶裝有鹽與**藥草**的護符。

然而另一方面，鹽又被認為與荒廢、不毛、死亡等意涵有關。聖經裡就曾有在遭破壞的城鎮撒鹽，還有羅得（Lot）的妻子變成鹽柱等場面。整體來說，鹽的象徵意義跟**鐵**可謂是非常相近。

森慶節

Samain[1]　　　　　　　　　　サァオイン祭

■行事●歷史傳說

塞爾特人按照太陰曆，將一年分成暑季與寒季兩種季節。寒暑更迭的5月1日與11月1日是塞爾特的重大節日，這兩天會舉辦盛大的祭典。

雖然兩次祭典對塞爾特人都很重要，不過從10月31日至11月1日徹夜慶祝新年到來的森慶節，尤其具有極重要的宗教意義。

這是因為塞爾特人認為，10月31日是一年裡全世界魔法最充沛滿盈的日子。

當天晚上（森慶節的前夜祭）靈界與人界之間的隔閡力量減弱，亡靈會從洞窟或土塚等處出現，惡鬼與妖精徘徊充斥人間。塞爾特人為撫慰這些流浪的鬼魂，同時向諸神祈禱新年的繁榮與成功，會在**德魯伊**的指導之下舉辦祭典，獻上**活人祭獻**等活祭品。森慶節是種同時兼顧鎮魂與祈願的魔法儀式。

後世森慶節也成了舉行**魔宴**的重要日子之一。

雖然此節日隨著塞爾特獨特的宗教失傳而銷聲匿跡，但鬼魂徘徊遊蕩在人世間的日子此概念，卻仍以基督教的萬靈節[2]，或是美國的全國性節日**萬聖節**等形式流傳下來。對現代許多使用**巫術**者來說，此日也仍是個魔力高漲的特別日子。

《三國演義》

Sanguo-yon'i　　　　　　　　　　三国演義

■作品●歷史

中國三大奇書[3]之一。日本多稱之為《三國志演義》。傳為羅貫中[4]所作，不過此書當然非一人之作，而是由眾多無名文章家、說書家共同建構而成。

據傳此書於宋代略具雛型，成立於明代。《三國演義》是以東漢末期混亂世象與朝廷腐敗，以及隨著皇權衰微所引起的群雄割據、王朝興亡之歷史為背景，描述眾多英雄豪傑的活躍事蹟。此作屬平話（軍記小說）體裁，乃最受好評的平話傑作。

或許正是因為體裁的緣故，使《三國演義》成為三大奇書中最重於史實的作品，書裡較少神怪靈異之事。不過在這個時代卻也是**太平道、五斗米道**這兩個原始**道教**教團誕生、活躍的時代。《三國演義》正是從太平道的黃巾之亂揭開序幕，黃巾首領**張角**與親弟張寶、張梁等人還用各種幻術使官軍陷入苦戰。譬如張寶就曾以幻術迷惑官軍；他先召喚暴風吹得官軍東倒西歪，再製造兵團幻象趁官軍陷入混亂之際，派出真正的黃巾軍士兵出擊，殺得官兵潰不成軍。另外，**于吉、左慈**等留名史冊的**仙人**也都曾各展其長，使眾多豪傑英雄驚詫不已。

此外，故事後半段的主角**諸葛亮**非但是位曠古稀世的大軍師，同時也通曉**仙術**，許多戲劇裡都能看到諸葛亮借東風、踏罡步斗祈禳延壽等施術場面。赤壁之戰諸葛亮借東南風火燒曹魏千萬戰船，乃《三國演義》的最高潮。他還能用**遁甲**之術，布下不需兵士的陣型。遠觀此陣所發殺氣約當十萬甲士，闖陣者會因喪失方向感而困於陣中，最後只需引水淹之即可殺敵致勝。其智謀行止儼然就是位魔法師。

由於《三國演義》仍保留有相當程度的史實，整部作品主題連貫、富有統一性，即使英

雄豪傑幾經交替更迭，仍能維持故事的張力與高潮，直至最後。由說書話本[5]發展而成的眾多小說裡面，《三國演義》可謂相當罕見，是部極富文學性的作品。這可能也是因為《三國演義》作為背景的史實，不若《水滸傳》、《平妖傳》乃取材自民間叛亂，而是以整個歷史洪流為主軸進行鋪陳所致吧！是以《三國演義》才會以其高度文學性與故事性，深受中國人喜愛。另外，就連《三國演義》也不能免於道教與仙術的影響，此二者融入中國民間的深度，由此可見一斑。

（→西遊記）

三密之瑜伽行

Sanmitsu no Yukagyo　　　　　　三密の瑜伽行

■體系●歷史

密宗的其中一種修行型態。這是種為達成密宗**即身成佛**目標的修行法，**曼荼羅**所繪佛像大多都是正在進行三密之瑜伽行的模樣。

所謂三密，就是指隱藏於身、口、意三處的業。

瑜伽乃梵文「Yoga」音譯，其意同於「三昧」、「禪定」[6]，就是使精神集中的意思。

換言之，三密之瑜伽行就是指手結佛印、口唱佛語、意觀佛姿。密宗認為只要這麼做，行者三業便能化為佛之三業，達到「入我我入」（佛入我身，我身通佛）的境界。

描繪佛界的曼荼羅，是種藉諸佛體現真理的體系，同時也是個達成即身成佛必需的重要媒介。換言之，曼荼羅裡面記載了頓悟真理而成佛的諸佛是如何達到該境界，以及採用的是何種修行法。

此類手印或**咒文**跟古代**咒術**有其相通之處，因為密宗原本就是佛教吸納古老宗教的咒術部分而形成的信仰。這也是為何密宗得以在發展的同時，能夠逐漸將某些更具實踐性的行為如瑜伽、坦陀羅[7]等運動或性行為，納入密宗修行法門的原因。

（→結印）

三神山

Sanshen-shan　　　　　　　　　　三神山

■場所●傳說

傳說**仙人**居住的虛構仙山。乃蓬萊、方丈、瀛州三座山的統稱。

據傳三神山位於東海。《史記》所收傳說之中，有以下記載。

——此三神山者，其傳在渤海中，去人不

S

1　森慶節的英文多採「Samhain」。

2　萬靈節（All Souls' Day）是基督教，尤其是天主教會或部分聖公會，會在萬聖節翌日，也就是11月2日舉行的亡者紀念日。亡者之日。

3　中國有四大奇書，少有三大奇書的說法。四大奇書是指我國章回小說《水滸傳》、《三國演義》、《金瓶梅》、《西遊記》的合稱。

4　羅貫中，名本，以字行，號湖海散人，元末太原人。生平事蹟不詳。工曲，善為通俗小說，著名的有《三國志通俗演義》、《南北史通俗演義》、《隋唐兩朝志傳》、《說唐》、《殘唐五代史演義》、《粉妝樓》、《三遂平妖傳》等。

5　宋、元民間說書人所依據的故事底本。用語體寫成，多以歷史故事和當時社會生活為題材。

6　梵文Samadhi可音譯為「三昧」、意譯為「定」。謂心專注一境而不散亂的精神狀態，佛教以此作為取得確定之認識、做出確定之判斷的心理條件。在中國，「定」往往與禪連稱，成為含意廣泛的「禪定」。「禪定」大體有三義：①指專注一境，思想集中，為廣義上的定，或曰「生定」，人人都有。②特指為生於色界諸天而行之宗教思維修習。③指通過精神集中、觀想特定對象而獲得佛教悟解或功德的一種思維修習活動。

7　坦陀羅（Tantra）是種將人類性欲視為接近神明的能源之信仰。

遠，**風輒**引船而去，終莫能至云。諸仙人及**長生不老**仙藥皆在焉。其物禽獸盡白，而**黃金白銀**為宮闕。未至，望之如雲；及至，三神山乃居水下，臨之患至。世主聞之莫不嚮往——

　　三神山乃仙人居所。當時的仙人並非後世所謂窮盡道德精要的神人，而是種更原始的存在。這種仙人與宗教的高深德行全無任何關聯，而是種融合於自然之中的存在體，是以能與天地同壽。

　　多數君王皆嚮往仙人能長生不老，才有許多近乎騙徒的**道士**們掌握這種心理，口稱「只要向仙人求得祕藥，就能長生不老」，趁機騙取大筆財富。歷代帝王並未將三神山視為世外桃源，而只將其視為提供長生不老仙丹的魔法國度。

　　最執著於三神山的帝王，非秦始皇莫屬。他曾命令方士徐市（或作徐福）探尋三神山，帶回長生不老仙丹。徐市上奏「有惡神幻化作大魚或蛟**龍**模樣妨礙，是以不能至，應當先除之」，於是秦始皇便持弓箭親自朝東海射殺了一尾大魚。後來徐市載童子數千出發探尋三神山，去而不返。《三國志》：「傳言秦始皇帝遣方士徐市將童男童女數千人入海，求蓬萊神山及仙藥，止此洲不還。世相承有數萬家，其上人民，時有至會稽貨布。」還有許多傳說指徐市最後到了日本，和歌山縣新宮市甚至有座徐福之墓。或許是因為這些傳說，後來才有說法認為日本其實就是三神山當中的蓬萊。

舍利

Sarira　　　　　　　　　　　　　　　　　舍利

■物品●歷史

（→佛舍利）

佛舍利

Sarira　　　　　　　　　　　　　　　　仏舍利

■物品●歷史

佛祖（**釋迦**）之骨。

　　釋迦不造佛寺，又不讓人造自己的肖像。釋迦死後，弟子們便想留個紀念物追念師父，卻苦無一物可供膜拜，所以只好將釋迦遺骨分了各自膜拜。為使人從遠處就能看見收藏遺骨的處所，弟子們遂興建高塔收藏，這便是佛塔的由來。

　　隨著佛教廣傳至各國，佛舍利也開始流往國外。佛舍利可謂是世上最珍貴的物品，光是碰觸佛舍利疾病就因而痊癒等故事，早已是家常便飯。這點跟基督教的**隆基努斯之槍**頗為相似。

　　經過長年的摻水以及偽造，若將全世界所有佛舍利蒐集起來，就可以組成一個小隊的佛祖。這就跟世上的所謂隆基努斯之槍共有一個小隊這麼多，是同樣的道理。

（→聖遺物）

撒旦

Satan　　　　　　　　　　　　　　　　サタン

■生物●傳說

　　猶太教、基督教**惡魔**的首領。撒旦原本是希伯來語「敵對者」的意思，是以後來才以此稱呼與神敵對者的頭目。

①基督教的撒旦

　　關於撒旦的出身來歷眾說紛紜，下面是最常見的一般說法。

　　「曾經有位名為路西法的**天使**，他的容貌美麗光耀映人，得到神的無上寵愛。然而路西法愈陷驕慢，甚至為了要坐上神的寶座而叛變。叛變以失敗告終，路西法與同黨的天使受到懲罰，遭貶至地獄。

　　「然而路西法仍不放棄，趁神在伊甸園創造人類之際，化作**蛇**誘惑人類、使其偷吃禁果；人類自此必須背負原罪。

　　「最後來到世界末日時，撒旦=路西法又以

巨龍模樣現身，企圖將人類拖入邪惡之道，終於被天使打敗。」

除此之外，仍有無數異說。譬如在中世的人偶劇裡，路西法趁神不在的時候看見神的寶座，心裡很想試試坐在寶座上是什麼感覺。再加上自己又如此地美麗，與這寶座必定極為相稱。不料才坐下就被神給撞見，神二話不說就將路西法打入地獄的深淵。真是個滿不講理的故事。

這種蠻橫無理的鋪陳在密爾頓[1]的《**失樂園**》裡達到最巔峰。

從前神將世界全權委任予撒旦管理。沒想到後來神突然改變心意，欲將世界轉委於自己的兒子基督。想當然爾，位極榮華的路西法自然會反抗，而且還有許多天使追隨之。然而**耶穌**已獲得上天授與力量，並且用戰車輾過反叛天使們的頭顱。撒旦終於戰敗、墜入地獄深淵，仰天獨白：

「一敗塗地算什麼？我絕不就此善罷甘休！」

自此撒旦深信「無知」與「服從」實非生物應擇之道，才將知識授與人類……這就是《失樂園》的大意。

於是撒旦「偉大反逆者」的形象就此完成。俄羅斯萊蒙托夫（Mikhail Y. Lermontov）的名詩《惡魔》便是依撒旦形象而作，法國波特萊爾[2]的《魔王連禱》（The Litanies of Satan）則讚美撒旦雖然是個反逆者，卻為人類帶來了智慧。此外進入20世紀以後，許多反抗既有權威的音樂家們，皆群起以惡魔／撒旦作為創作題材。

②伊斯蘭教的易卜劣廝

路西法在伊斯蘭教裡被稱為易卜劣廝。據《可蘭經》[3]記載，神創造**亞當**後曾命令天使們「跪拜他」。唯易卜劣廝揚言：「像這種捏黑泥造成的人類，我決計不拜。」神悖怒欲罰之。他卻乞請神暫緩降罰，獲准後發出駭人的恐怖誓言——即便面臨最終審判之際焚於地獄業火之中身受報應，仍要不斷誘惑地上的人們，將其引至迷途。

正如同基督教徒當中不乏撒旦擁護論者，伊斯蘭教徒裡同樣也有易卜劣廝擁護論者。部分**伊斯蘭神祕主義**者認為：「易卜劣廝之所以不拜亞當，是因為他非神不拜。他才是真正的一神教徒。」

此外易卜劣廝的女兒——踞坐於水上王座之上的拜札克[4]，掌管著全世界的**妖術**。欲學妖術者只要獻上人獸作為**活祭**品，並且忘卻神所立下的律法，就能被帶到位於水上的王座之前，向拜札克學習魔法。

（→惡魔的契約）

1　請參照第187頁譯注。

2　波特萊爾（Charles Baudelaire，1821～1896）是法國詩人兼評論家，為法國頹廢派著名領袖，19世紀法國備受爭議的文學家。雨果認為波特萊爾創造了新的戰慄。代表作品《惡之華》（Les Fleurs de mal）主題是美與墮落，震驚一時，被指為淫穢。其中有六首詩跟女同性戀與吸血鬼有關，被法國內政部公共安全局查禁。

3　《可蘭經》是伊斯蘭教的根本經典。「可蘭」係阿拉伯文Kur'an或Qur'an音譯，意為「誦讀」，一譯《古蘭經》。三十卷，一百一十四章。伊斯蘭教徒認為它是真神阿拉對先知穆罕默德所啟示的真言。在穆罕默德死後彙集成書。要旨有三：信仰唯一的真神、穆氏為神所遣、主張宿命論。

4　從前惡魔或惡法師必須直接向哈魯特（Harut）與馬魯特（Marut）兩位墮天使學習，不過現在這些邪惡法術已由拜札克（Baizaku）統籌管理。拜札克的水上王座旁有許多惡法師隨侍在旁，據說他們全部都是光腳，腳踵裂成兩根。這些人到底是惡魔裝作人類模樣，抑或真是人類並無定說。

聖甲蟲

Scarab　　　　　　　　　　　　　　　スカラベ

■物品●歷史傳說

　　古代**埃及的魔法**裡的一種**護符**，護符的外形通常皆是堆糞蟲模樣。聖甲蟲原本就是這種**昆蟲**的名字。

　　堆糞蟲會用後腳將摻雜泥土的排泄物混成圓球狀，在糞球裡面產卵。古埃及人從這動作裡面發現了新生命從死亡中誕生的意涵，於是便將堆糞蟲視為復活之神崇拜。甚至還有說法認為，生命乃誕生自最高神祇太陽神，而埃及人又將堆糞蟲製造的糞球擬作太陽，所以堆糞蟲才會被賦予太陽創造生命的**轉世**之力之意涵。

　　聖甲蟲乃以石頭、寶石或瓷器等材質製造，多刻有復活的**咒文**。古埃及人會以模擬聖甲蟲外形的護符當作陪葬品，一併埋葬在死者墓中，祈使能幫助死者來世得以復活。在有名的圖坦卡門[1]等法老王或富有貴族的墓穴裡，曾經發現鑲有五顏六色各種寶石的巨型聖甲蟲。此外在製作巨型聖甲蟲的時候，也會使用到諸如法老王的**戒指**、項鍊等各式各樣的首飾。

　　後來聖甲蟲跟**安卡**、霍露斯之眼，變成象徵埃及魔法的隨身首飾之一，並流傳至**吉普賽**以及歐洲人之間。現代的**神祕學**道具商店也都有販賣聖甲蟲。

所羅門的封印

Seal of Solomon　　　　　　　　　　ソロモンの封印

■概念●傳說小說

　　　　　　　　　　　　　　　　　　（→六芒星）

降靈會

Seance　　　　　　　　　　　　　　　降靈会

■儀式●歷史傳說小說

又可譯作降神會。

　　這是指以**靈媒**為中心，為了跟心靈、超自然存在或是靈界溝通而召開的集會，在19世紀的歐洲極為盛行。這可以算是種與靈溝通的魔法儀式，不過由於靈媒必須具備某些特殊能力，所以將降靈會歸類為**超能力**可能會比較貼切。

　　至於降靈會的方法共有數種不同版本，最常見的儀式內容如下。

　　首先要準備靈容易聚集的安靜房間。接著讓與會者圍繞著桌子就座，桌子以圓桌為最佳，因為圓桌能發揮擬似**魔法圓**的作用。

　　為證明靈媒沒有欺騙情事（其實詐騙手法防不勝防，此舉根本不足為證），並且凝聚全員心思，與會者全員都必須牽著鄰座者的手。靈討厭光線，所以必須以遮光的厚重窗簾覆蓋窗戶，使房裡一片漆黑。

　　此時靈媒會開始召靈儀式。通常靈媒會將靈召喚至自己身上，也有些靈媒是先將靈召喚至身上，然後再將靈喚至與會者全員身上。靈媒在靈出現的前後，就會進入**恍惚狀態**。

　　降靈會裡頭可能發生的靈現象包括叩音、**騷靈**現象、靈以**外質**形式實體化等物理性現象、透過靈媒與靈對話等，有各種形形色色的現象。

　　所有靈現象結束後，靈離開會場，靈媒就會醒轉，降靈會也就此告一段落。

　　降靈會必須滿足幾個條件始得成立。

　　首先就是必須要有負責與靈抑或超自然存在進行交涉的靈媒。由於靈討厭光線，所以儀式必須在黑暗中進行。只要當場不相信靈確實存在的人比較多，就容易使得降靈會失敗機率增加。此外另有參加人數不可太多（最多8名）等限制。

　　由於上述諸多極為可疑的條件，降靈會時常遭科學家、魔術師等人指為作假。事實上，被參加降靈會的科學家、魔術師當場拆穿的靈

媒也不在少數。由於降靈會的把戲敗露，降靈會風潮也終於衰退。不過即使是到了現代，仍有無數靈媒在舉行各式各樣的降靈會。

（→福克斯姐妹）

《祕密教義》

Secret Doctorine[2]   秘奧の教義

■作品●歷史

　　神智學之母海倫娜・**布拉瓦茨基**夫人的鉅作。

預言家

Seer   予言者

■人物●歷史

　　預知未來的知識，並將其告知別人的人。

　　天主教教會主張：「人類無法靠著自己的力量（亦即不靠神論）進行預言。」因此在**獵殺女巫**的時代中常常對預言家施以和女巫相同的審判。**諾斯特拉達姆斯**可說是第一個在這種環境下，瞞著教會獲得商業性成功的預言家。後來，隨著教會勢力的衰退，有一部分的預言家變得廣受大眾歡迎。常常即使預言家本人沒有出名的打算，也因為被周遭的人吹捧而變得有名起來。20世紀的愛德加・凱西（Edgra Cayce）和珍妮・狄克森（Jeane Dixon）[3]就是有名的例子。

《佐哈之書》

Sefer ha-Zohar   ゾハールの書

■作品●歷史

（→光輝之書）

《光輝之書》

Sefer ha-Zohar   光輝の書

■作品●歷史

　　記載**喀巴拉**奧義的一本書。《光輝之書》傳為2世紀的拉比・西蒙・本・約海（Rabbi Simon ben Yohai）所著，實際則以13世紀的拉比・摩西・德・雷翁（Rabbi Moses de Leon）所著的說法較為可信。H. P. **布拉瓦茨基**夫人則是主張，《光輝之書》曾經經過許多猶太拉比與基督教聖職者改竄，後來才由德・雷翁重新編輯整理而成。

　　《光輝之書》對喀巴拉發展的貢獻，僅次於《**創造之書**》。此書的內容整合了各學派教理，並且對神、放射的原理、宇宙的進化與靈魂的**輪迴**、回歸永劫等諸多議題都有一番考察。

顛倒之樹

Sefiroth   セフィロト

■概念●歷史傳說

（→生命之樹）

生命之樹

Sefiroth   生命の樹

■概念●歷史傳說

　　喀巴拉祕術象徵宇宙（Macro Cosmos）及人體（Micro Cosmos）的思想。

　　此字乃球體「Sefirah」的複數形，希伯來語唸成「奧茲・基姆」（Etz Chayim）。

　　生命之樹乃由10個球體（Sefirah）及22條

1　圖坦卡門（Tutankhamun）為古埃及新王國時期第十八代法老（前1334～1323）。圖坦卡門為現代西方人廣為熟知，是因為他的墳墓在三千年的時間內從未被盜，直到被英國探險家哈瓦德・卡特（Howard Carter）發現，挖掘出大量珍寶，震驚西方世界。由於有幾個最早進入墳墓的人早死，被媒體大肆渲染成「法老的詛咒」，圖坦卡門的名字在西方更是家喻戶曉。

2　Secret Doctorine英文應作「Secret Doctrine」。

3　前者生於1877～1945，為名預言家與通靈人。後者生於1918～1997，曾預言過甘迺迪總統遇刺之事。

徑（Pass）所組成。每個球體都有編號，其名字依序如下。

1：「王冠（Kethe）」

2：「智慧（Chokmah）」

3：「理解（Binah）」

4：「慈悲（Chesed）」

5：「嚴峻（Geburah）」

6：「美（Tiphareth）」

生命之樹

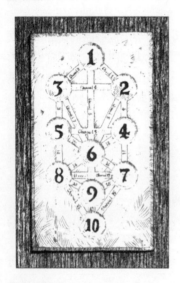

7：「勝利（Netzach）」

8：「榮耀（Hod）」

9：「基礎（Yesod）」

10：「王國（Malkuth）」

除上述10個球體以外，有時還會加上第11個球體「深淵（Daat）」；不過深淵象徵的乃是「隱藏的睿智」，所以生命之樹裡通常不會明示。

在王冠的上方還有三個階段，若按照人類容易理解的順序排列，依次是000「無限光（Ain Suph Aur）」、00「無限（Ain Suph）」、0「無（Ain）」。此三者是「所有沒有原因的原因」，換言之，其所體現的正是神的存在；此概念無法以人類的話語表現，人類也無法感知其存在。

生命之樹的10個球體群可以分成四個階層：「原形界」（Olam ha-Yesodoth）、「創造界」（Olam Briah）、「形成界」（Olam Yetzirah）、「物質界」（Olam Assiah）。另外有種說法認為共有四株生命之樹，各自以「王國」及「王冠」兩球體連結在一起，而各株生命之樹就分別叫做原形界、創界、形成界與物質界。

生命之樹

號碼	名字	中文	神名	天使位階	守護天使	行星
1	Kethe	王冠	Eheieh	熾天使	—	—
2	Chokmah	智慧	Yod	智天使	座天使（Ofanim）	—
3	Binah	理解	Elohim	座天使	亞拉琳（Aralim）	土星
4	Chesed	慈悲	El	主天使	然德基爾（Zadkiel）	木星
5	Geburah	嚴峻	Elohim Gibor	力天使	撒末爾（Samael）	火星
6	Tiphareth	美	Eloah	能天使	米迦勒（Michael）	太陽
7	Netzach	勝利	Adonai Tzabaoth	權天使	—	金星
8	Hod	榮耀	Elohim Tzabaoth	大天使	拉斐爾（Raphael）	水星
9	Yesod	基礎	Shaddai El Chai	天使	加百列（Gabriel）	月球
10	Malkuth	王國	Adonai Melek	—	—	地球

若將生命之樹看成三個支柱，則位於右側的球體群稱做「慈悲之柱」，左側叫「嚴峻之柱」，中央的則是叫做「中央之柱」。

生命之樹對西洋神祕學，尤其是對18世紀以後的近代魔法有莫大影響。舉例來說，可謂是近代西洋魔法結社雛型的**黃金黎明**，便將組織裡的位階制度比為生命之樹的各球體。魔法師位階的提昇，也可謂是同時暗示著人類逐漸向神性進化的過程。

（→**邪惡之樹**）

塞茲魔法

Seithr　　　　　　　　　　　　　　セイズ魔術

■**體系**●**傳說**

北歐的一種傳統魔法，據說此術起源自華納神族。

塞茲魔法是種藉**靈附身**而行的預言技術（**巫**術）。使用塞茲魔法者會將諸神或各種神靈（一種叫做維提爾〔Vittil〕的**守護靈**或祖先的**祖靈**）**召喚**至自己體內，利用其知識進行預言。由於使用此術時，巫女會陷入重度**恍惚狀態**，所以必須要由助手在場唱誦**咒歌**、**咒文**。必須有助手從旁協助儀式進行，乃是全世界靈附身魔法頗常見的特徵，因此塞茲魔法也可以算是典型的**薩滿魔法**。

阿倍晴明[1]

Seimei Abe　　　　　　　　　　　　阿倍晴明

■**人物**●**歷史小說傳說**

阿倍晴明恐怕是史上最有名的**陰陽師**。據《阿倍氏系圖》及《土御門家[2]紀錄》記載，晴明生於921年、卒於1005年。有時阿倍也寫作安倍。

就像其他成就豐功偉業的人物一樣，阿倍晴明的人生裡同樣也有多不勝數的各種傳說軼聞。打從晴明出生的時候，就已經是個神祕的謎樣人物。日本朝廷官方紀錄文件指晴明乃是讚岐國[3]人，但是紀錄卻沒有提及晴明的誕生地。大阪市阿倍野區的阿倍晴明神社前豎有「阿倍晴明生誕傳承地」字樣的標註，不過並無任何傍證足以證明此說。

此外《臥雲日件錄》[4]則記載「晴明，化生者（統稱非尋常方式出生者）」。同樣地在古淨瑠璃[5]《信田妻祭狐 付 阿倍晴明出生》等藝能世界裡，晴明也是**狐狸**與人類所生，其他作品中的晴明也同樣多是化生者。

根據《臥雲日件錄》的記載，晴明的父親保名曾經從惡右衛門[6]手中救出一隻狐狸，後來這隻狐狸就化為女子、嫁給保名為妻。之後終於產下阿倍晴明，不料此時保名卻發現妻子原來是狐狸，狐狸雖然悲嘆不已，也只能返回信田森林。後來保名與晴明為找尋狐狸而遊走於森林裡，狐狸現身後便以靈力傳授給晴明。

S

1　阿倍晴明又作「安倍晴明」。國內有《陰陽師》（繆思出版）的翻譯作品，所以「安倍晴明」較為人所知。此處操作者原案。

2　由於阿倍宅邸設於京都的土御門，因此阿倍一派之陰陽師又稱做「土御門家」。

3　日本古代地名，圍巾日本香川縣。

4　相國寺瑞溪周鳳的日記，共七十四冊（現存一冊）。記錄1446～1473年間發生的事情，內容除社會情勢以外，也有豐富的禪宗、學藝史料。

5　淨瑠璃是種用三絃伴奏的說唱曲藝。古淨瑠璃是指義太夫節以前的各派淨瑠璃，乃是相對於義太夫自稱當流淨瑠璃、新淨瑠璃的稱呼。

6　衛門府乃是律令制的六衛府之一。負責率領衛兵巡邏、開閉宮城諸門，天皇行幸時則負責隨行在側。共有左右兩個衛門府。此處所指應是右衛門府的長官。

晴明成年以後，得到中國的伯道上人傳授《金烏玉兔集》[1]，因而學得種種的靈能**驗力**。

前面所述全是藝能作品世界裡的阿倍晴明，但即使是日本歷史資料紀錄文件裡的晴明，仍然能夠發揮超人的能力。

據《今昔物語集》[2]記載，幼時晴明師事賀茂忠行，便曾經以能夠看見**鬼**的能力救了師父賀茂忠行一命。《禪林應制詩》收錄晴明奉花山法王命令，前往那智山封印**天狗**的故事；《宇治拾遺物語》[3]則有晴明搭救藏人免遭陰陽師**調伏**而亡的軼聞。

晴明身為陰陽師，也能驅使**式神**。晴明的式神喚作十二神將，由於晴明的妻子害怕式神，於是晴明便將式神藏在一条戻橋下。順帶一提，這十二神將有別於藥師如來的眷族十二神將[4]。

晴明著有《占事略決》，現有鎌倉時代的手抄本流傳至今。

稻魂

Semangat Padi　　　　　　　　　　稻魂

■體系●傳說

宿於稻米之中，助其生長的魂。是種東南亞廣泛信仰的概念（**魔法〔東南亞〕**）。

泛靈信仰認為萬物有靈；尤其稻米跟人類一樣有誕生、成長、死亡、變成種子再生等各階段，所以人類才會認為稻米絕對不可能沒有「魂」寄宿。

只要好好照料稻魂就能得到相當的收穫量，所以人類每季都會舉行各種祈求豐收的儀式，以養稻魂。稻魂與兒童一樣情緒化且敏感，只要應對稍有失措，稻魂就會飛回西方的故鄉。此外據說若有人在稻米開花時期，在水田中發出巨大聲響抑或開槍，就會使得稻魂受驚而停止成長。

日本（尤其南方）也有稻魂的概念，譬如稻荷大明神[5]等神明也應是由稻魂演變而成。

《形成之書》

Sepher Yetzirah　　　　　　　　イェツィラーの書

■作品●歷史

（→**創造之書**）

《創造之書》

Sepher Yetzirah　　　　　　　　　創造の書

■作品●歷史

傳為3～6世紀間的著作，乃**喀巴拉**的基本教理經典。雖然此書傳為亞伯拉罕（Abraham）所著，但事實上此書乃由拉比‧阿基巴（Rabbi Akiba ben Joseph）與拉比‧哈拉拉比（Rabbi Harralabi）所著的說法較為可靠。

《創造之書》裡記載有**生命之樹**的球體、徑的相關詳細解說，以及針對構成**萬物符應**基本概念的希伯來文字所做的神祕學考察等種種內容。

性魔法

Sex Magic　　　　　　　　　　　性魔術

■體系●歷史

利用男女交合時發生的性高潮精神能量，藉以獲得神祕的視覺景象、高度智慧，抑或是生命能量的魔法。

眾多實行此類魔法者之中，以亞雷斯特‧**克羅利**最有名，但是性魔法並非克羅利所獨創。真要說起來，其實性魔法乃起源自亞洲地區。舉例來說，中國有房中術、西藏有坦陀羅[6]派左道**密宗**，日本同樣也有邪法真言**立川流**。其中只有房中術較類似於養生健康法而非魔法，另外兩者則肯定煩惱的存在，並且欲藉由交合達到**即身成佛**的境界，都是貨真價實的魔法性宗教流派。

前述諸流派及克羅利性魔法的目標，是要將意識集中於絕頂時的陶醉感，藉以達到類似**恍惚狀態**的意識異常狀態，並且與全新的靈感

或高等智慧體進行接觸。

（→長生法、《抱朴子》）

小頭

Shadu　　　　　　　　　　　　　　　　　　小頭

■物品●歷史傳說

立川流祭祀的骷髏像之一。

大頭體積過大不便攜帶，而小頭就是取大頭的某些部位製成的迷你版大頭。

製作時首先必須切下大頭的頂部，以其為臉部，再用靈木雕成頭部，並且貼上金箔銀箔、畫上曼荼羅。接著使用製作大頭時所用的相同分泌液體塗抹、封入咒符，掛在脖子上日夜供養（→月輪形）。

曬依陀乃

Shaitan　　　　　　　　　　　　　　　シャイターン

■生物●傳說

（→惡魔）

莎士比亞

Shakespeare　　　　　　　　　　　シェイクスピア

■人物●歷史

16世紀英國劇作家。

１５６４年出生於倫敦北部的史特拉福（Stratford upon-Avon），乃食用肉解體業者之子。1585年結婚後的五年時間，傳記家稱之為「莎士比亞失落的時代」，完全未曾留下任何相關的紀錄；直到1590年莎士比亞出任「亨利六世中篇」的演員兼劇作家，才又再度出現。

然而歸納種種證據跡象後卻發現，天才劇作家莎士比亞很可能跟史特拉福出身的莎士比亞其實是不同的兩個人。

出身史特拉福的莎士比亞從鄉下的中學畢業以後，再無任何稱得上學歷的經歷；但是莎士比亞戲劇的用字遣詞裡，16世紀當時所特有的用語竟達八成之多。而且莎士比亞的戲劇完成度極高，非通曉哲學、神祕學、醫學、法律、國際情勢等眾多學問者，絕不可能完成。再者，史特拉福的莎士比亞之署名有別於劇作家莎士比亞，一直都是「Shakspere」。

此時又有另一種說法抬頭：莎士比亞就是法蘭西斯·培根（Francis Bacon，英國哲學家。1561～1626）。

培根藏書裡曾經出現過的所有軼聞與引用句，全都被收錄在莎士比亞的戲劇裡；比對卓斯修特（Martin Droeshout）所繪的莎士比亞肖像（1623年）與《學問的進步》（1640年）所刊培根肖像畫，兩者幾無二致；而且莎士比亞的戲劇「愛的徒勞」（Love's Labour's Lost）裡，也曾用密碼隱藏有培根的名字；以上種種，都是足以支持此說法的佐證。

1　相傳《金烏玉兔集》是天皇為窮究陰陽道哲理，下令遣阿倍晴明赴唐師事伯道上人後所取得之寶經；可是在日本歌舞伎某段曲目的劇情裡，本書卻是由阿倍晴明之母，也就是原棲息於信田森林中的仙狐「葛葉」傳授予其子的。

2　日本最大的說話集，說話多以「今昔」開頭，故得其名。全31卷（現存28卷）。廣收印度、中國與日本故事，其數逾千。成立於1120年以後。

3　約成立於121～1221年間的說話集。內收「取瘤爺」與芥川龍之介創作《鼻》的原故事等，收錄有佛教說話、滑稽譚、民話、說話等共197話。

4　晴明號令的十二神將是指青龍、勾陳、六合、朱雀、騰蛇、貴人、天后、太陰、玄武、大裳、白虎、天空；藥師如來的眷族十二神將則是宮毘羅神將、因達羅神將、婆娑羅神將、波夷羅神將、迷企羅神將、摩虎羅神將、安底羅神將、真達羅神將、頞羅神將、招杜羅神將、珊底羅神將、毘羯羅神將。

5　司掌五穀的倉稻魂神。狐狸是稻荷大明神的使者。

6　請參照第217頁譯注。

此外，在《羅密歐與茱麗葉》裡「薔薇」此字頻頻出現；又，有人認為培根乃薔薇十字團高階團員；若論此二者間的關聯並非偶然的巧合，也未嘗不可。

莎士比亞也曾經在作品裡安排魔法師的角色，如《暴風雨》與《馬克白》。《暴風雨》裡有位魔法師，《馬克白》則有三位女巫登場。

莎士比亞

錫杖

Shaku-Jo　　　　　　　　　　　　　錫杖

■物品●歷史

山伏攜帶的棍棒，長約六尺。

金屬製的錫杖較為少見，山伏通常都是使用斷面呈六角形的白木杖。以石突[1]敲擊地面（藉敲擊的聲音）能夠祓除魔物，還能有助在山裡行走。

薩滿

Shaman　　　　　　　　　　　　　シャーマン

■人物●歷史小說傳說

所謂薩滿，就是指具備「與靈存在交流、交感之能力」者。

「薩滿」一字源自西伯利亞通古斯族（Manchu-Tungus）的咒術師「Saman」。此字經過許多民族學家、人類學家的廣泛使用，已經成為透過與靈之間的交涉完成宗教職務者的典型用例，是以早已失去原本的狹義意涵，變成用來指稱具備交靈能力者的廣義用語。

全世界不論東西、不論文化程度，每個角落到處都有能夠跟神、**祖靈**、**守護精靈**、掌管自然現象的靈、惡靈、病魔等靈存在交流，藉以發揮魔法能力的人存在。這種認為確實有批人能與靈交流、交感的想法，可謂是種汎世界的概念。

這些人在各文化圈裡有形形色色不同名字，但是他們全都是透過與靈的交流，藉以獲得建言或解決問題的力量。**靈媒**、**預言家**、祈禱師、巫術師……皆是如此。所謂薩滿，就是這種將上述所有人全都涵蓋在內的廣大概念。

薩滿最重要的能力，就是與靈存在溝通交流的能力。要跟靈存在交流，薩滿非得先進入**恍惚狀態**不可。如此薩滿就會逐漸進入一種有別於平時的異常意識狀態。平時薩滿必須訓練通常處於沉睡狀態下的靈感知覺，但此時過多的刺激（現實世界的干擾）反而會變成障礙，因此薩滿必須主動使肉體的五感變遲鈍。這些都是在進入下個階段與靈存在交流之前，必須事先做好的準備工作。

準備完成後，薩滿才能實際與靈存在進行交涉。交涉的手段大致可以分成兩種類型。

①脫魂型

薩滿的靈魂脫離肉體前往天界或冥界等異界，與靈存在接觸的類型。

②附身型

召喚靈存在移至薩滿肉體（或是**依坐**），請其給予助言或助力的類型。

一個文化圈以哪種類型的薩滿為主流，將取決於該文化圈對靈魂的概念。相信人死後靈魂會前往遙遠世界的社會多屬脫魂型薩滿，相信靈魂會留在身邊（譬如山上或海邊）的社

會，則多以附身型薩滿為主流。

此外，前述兩種類型的薩滿並無相互排斥的性質。某些文化圈裡甚至將薩滿的職務分化，兩種薩滿和平共存。

薩滿除擔任詢問神或精靈旨意、將其傳達給眾人的**先知**角色以外，還有個極為重要的職務。那就是干涉他界，以及排除來自他界的干涉。

舉例來說，根據**薩滿信仰**世界觀的思考模式，疾病通常都是由病魔或惡靈所引起。疾病乃因為靈存在而起，治療患者自然也就成為薩滿的職務。薩滿不是脫魂飛往靈界，從惡靈手中奪回病人魂魄，就是召喚強力神靈或**守護靈附身**進入體內，驅趕佔據病患身體的病魔。若薩滿具備充分的能力，病患就能痊癒，否則病人就會死亡。

薩滿信仰也相信乾旱洪水等天災、獵物稀少農物不作的荒年，皆因觸怒神明或精靈而起。遭遇這種情況時，仍須借助薩滿的力量來解決。或是飛翔至天界奉獻供品使神靈息怒，或是請製造災禍的神靈附身，詢問該怎麼做才能得到神靈的原諒。不論是前述何者，只要薩滿本身夠優秀就能順利解決問題，若薩滿無能則災難將持續發生。

以上列舉皆是干涉他界以及排除他界影響的最典型例子。在薩滿信仰的世界觀裡，所有事情的處理方式皆是大同小異；這是因為不論如何，世上萬事萬物皆有靈界的力量介入。因此，薩滿的職務其實可以說是涉及了所有領域。只是薩滿是否要採取行動，完全取決於「是否有靈在背後操作」而定。

追根究底，藉由魔法操作現實才是薩滿的本領，也是薩滿的天職。現代世界裡薩滿能夠置喙的領域之所以愈趨狹窄，全都是因為人類認定有靈存在干涉的領域愈來愈少所致。

薩滿乃人類歷史上最廣泛、最普遍，也是最繁盛的魔法師。文化發達之後才出現的魔法師，全都是站在薩滿構築的基礎——人類與靈存在交流的概念、技術——之上，始能發展出各自的獨特理論。完全未受薩滿信仰影響的魔法，僅**超能力**與創作作品中的魔法等少數例外而已。

這是因為魔法的本質就是「操作超越人類能力的現實之技術」。如此一來，自然就會產生向神祇或精靈等強大靈存在借用力量的想法。想要完成的目標愈大，其必要性就愈顯重要。人類的力量到底仍是有限的。

是以古今眾多魔法師，皆不斷嘗試與神祇、**惡魔**、精靈等存在進行交涉，並企圖控制之。直至今日，許多魔法師仍鍥而不捨地進行挑戰，而薩滿信仰正是這種想法的源頭。

薩滿可謂是所有魔法師的鼻祖。

（→咒術、天、巫）

薩滿信仰

Shamanism　　　　　　　　　シャーマニズム

■體系●歷史小說傳說

以與各種靈存在交流為主軸的宗教型態。

薩滿信仰與**泛靈信仰**兩者時常遭人混淆；泛靈信仰仍然停留在「信仰崇拜靈存在」的階段，相對地薩滿信仰則是在此既有基礎上，更進一步地採取「積極與靈存在交流，藉以解決現實問題」的態度。

從前泛靈信仰有許多含糊不清的概念，如靈魂與**精靈**有何差別、異界與現實世界間的關係、世界的構造等；這些與世界形成過程相關的概念，都因為薩滿信仰而得到了整理及體系化。若欲積極地與靈界接觸溝通，就必須知道

1　指錫杖最下端與地面接觸的部分。

（或是建立）世界形成的過程。薩滿信仰經過體系化整理這點，跟我等所知的近代宗教差異不大，但兩者在如何看待靈存在此點，則有決定性的不同。

對近代宗教來說，高階的靈存在（**神**、**守護靈**）乃是虔敬崇拜、獻禱的對象。是以神或靈界不像卑微人類可以任人擺布，而是種必須仰望以對的遙遠存在。祭司當然可以懷抱某種期望進行儀式，可是應允與否全由神明決定，此時人類處於被動的立場，全無任何強制力。

然而薩滿信仰卻只將這些靈存在看成是解決問題的眾多手段之一。薩滿信仰乃是透過一種名為**薩滿**的特殊技能者，擔任與靈界溝通的媒介；他們能夠使用**附身**或**脫魂**等**咒術**性技術與靈界通信交流，並插手干涉異界諸多情事。薩滿行動的結果，將會反映至現實世界。薩滿還能強制靈工作，是以薩滿干預靈界運作幾乎已經是家常便飯。薩滿信仰可謂是非常主動，而且極富操作性。

這就是咒術。薩滿信仰非但視咒術的存在為理所當然，還會活用咒術藉以換得更好的生活。這可謂是薩滿信仰此一宗教體系的本質，也是最重要的特徵。

《山海經》

Shanhai-jing　　　　　　　　　　　山海経

■作品●歷史

傳說中的聖王夏禹遍遊諸國後，跟臣子伯益[1]合著的中國第一本地理書籍。實際成立時期應是戰國末期，恐非一人一時之作。全18卷。

整部《山海經》是由以洛陽為中心描寫山河、產物、祭祀的《五藏山經》，以及描述中原周遭奇異國度的《海外經》、《海內經》等諸篇所組成，乃中國神話與傳說的珍貴資料。尤其後者描寫異國有半人半犬的男性及三個頭的人類等，並且對各式各樣動物怪物都各有解

說，不時還能在字裡行間發現當時中國人對未知領域的恐懼，可謂是相當有趣的資料。

《山海經》對古代中國人來說絕非荒唐無稽的書籍，而是本解開世界外側諸多謎團的著作；另外對必須披荊斬棘深入深山的荒野者來說，《山海經》也是保護自己不受荒地「魔類」侵害的知識來源。

（→列仙傳）

神農

Shen'nong　　　　　　　　　　　神農

■人物●傳說

古代中國傳說中的帝王。另有說法指神農是個牛頭人身的人物。

創造人類的女神女媧死後，神農繼承王位，稱炎帝。神農乃農業之祖，也是鋤、鍬等農具（→**鐮刀**）的發明者。商業的制度也是由神農所創始。

此外，神農還親嚐各種草木，發現了360種**藥草**。據說他製造的所有醫藥品，能夠醫治共400種以上的疾病。是以中國人皆奉神農為醫藥之神。

傳說《神農本草經》這本集藥草、藥品大成的醫書乃神農所作，當然這並不是真的。不過此書裡所記載的藥品調製法等傳至後世，跟道家的**長生法**或陰陽家學說結合後發展成為**煉丹術**，卻是事實。甚至還有傳說指神農自己曾調製過魔法藥，而此傳說也被收錄於《**封神演義**》等作品之中。由此可見，中國人也將神農奉為煉丹術的元祖。

神咒

Shenzhou　　　　　　　　　　　神咒

■體系●歷史傳說小說

就是**真言**。

唐代僧人不空[2]將**曼怛羅**譯作真言之前，曼怛羅皆譯作神咒。

水木茂

Shigeru Mizuki　　　　　　　　　　水木しげる

■人物●歷史

1992年生，本名武良茂（Shigeru Mura）。《鬼太郎》、《河童三平》、《惡魔君》等人氣妖怪漫畫的作者，妖怪漫畫的第一人。在數年一現的妖怪風潮中，水木茂的作品必然皆會被重新評估，而廣受人們閱讀。不僅創作漫畫，他也撰寫了自傳和小說。

特別是在《惡魔君》中，描繪了許多如繪製**魔法圓**、進行**召喚**惡魔儀式的各式魔法場景。在其他作品裡，也畫出諸如妖怪使用的妖力等等各種近似魔法能力。

他在高度發展的社會中，介紹、復活了妖怪、**詛咒**等地方民俗，功績極大。

尸解仙

Shijie-xian　　　　　　　　　　　　尸解仙

■人物●傳說

指經過死亡此階段而成仙的過程，或指該仙人。

據說仙人原本寫作「僊人」，意指魂魄脫離肉體昇**天**者。換言之，最早的仙人全都是尸解仙。可是欲成仙者全都希望能夠**長生不老**，如此將會陷入非經死亡不能成仙的矛盾情形。直到後來才研究出既能維持生命與肉體，又能成仙的修行方法；《**抱朴子**》裡的攝生法[3]、導引、**煉丹術**等修行法，便是此類修行法的最佳代表。

藉上述方法成仙得昇天界者稱做「天仙」，選擇留在地上凡間的則稱「地仙」。自此尸解仙變成成仙的途徑之一，被置於天仙、地仙之下。此外，以尸解仙此法成仙者，同樣也喚作尸解仙。

隨著天仙與地仙的出現，尸解仙修行法也因而產生變化。尸解仙不再像從前必須在死亡後方得成仙，而是演變成為一種製造死亡假像、帶著肉體成仙的修行法。據傳多用劍、木頭或竹子等物代替肉體，用法術將這些物體變成屍體的模樣，讓親友埋葬。

式神

Shiki Gami　　　　　　　　　　　　式神

■魔法●傳說

又寫作「識神」。

式神此詞非指特定神格，而是「差遣使用神」的意思。換言之，「式」就有「差遣使用」的意思。

式神大致可分為兩類。

其一，將生命灌輸入無生物之內，差遣號令有如生物般的式神。此類式神以**阿倍晴明**救藤原道長[1]免於蘆屋道滿[2]**調伏**時所用式神，以及小說《帝都物語》裡的式神較為有名。普通

1　伯益為虞舜的臣子，為東夷部落的首領。相傳助禹治水有功，禹要讓位給伯益，益避居箕山之北。張衡《西京賦》：「伯益不能名，隸首不能紀。」

2　唐代譯經家。法名智藏，不空是他受灌頂號不空金剛的省稱。獅子國（今斯里蘭卡）人，一說西域人。幼年出家，十四歲在闍婆國（今印尼爪哇）遇金剛智三藏，隨來中國，學習唐、梵經論。中唐時期佛教各宗競立，密法漸行，頗有要求抉擇統一的趨勢，不空的譯述，正表現了他的體認和努力，並取得很大的成就，成為中國佛教史上的四大譯經家，所譯的經典，包括顯教、雜密、金剛界、大樂、雜撰五大類。

3　攝生係煉養名詞，謂善於保養生命。《道德經》第五十章：「蓋聞善攝生者，陸行不遇兕虎，入軍不被甲兵；兕無所投其角，虎無所用其爪，兵無所容其刃。」其「攝」字有四種作用；一攝持自己身心，勿使妄動；二收攝自己精力，勿使耗散；三攝取外界物質，修補體內虧損；四攝引天地生氣，延長人的壽命。這四種作用完全無缺，才可以稱得上一個善攝生者。

人印象中的應該就是此類式神。中國曾有**仙人**能折紙成馬代步，此類式神可謂受**道教咒術**相當深遠的影響。

另外一種式神就是指鬼神等諸神。此外也可將此類式神看作受**密宗**之**護法童子**法影響的道教**召鬼**之術。此類式神最具代表性者，就是阿倍晴明的十二神將[3]。中國古典傳奇小說《**平妖傳**》裡有藉召鬼咒法將召來的鬼神藏在庭院裡的敘述；這不禁使人聯想到，阿倍晴明也是將自己差使的式神隱藏在一条戾橋下。

此外，**蠱**與犬神等法術也都能算是廣義的式神。

神道

Shintoism　　　　　　　　　　　　　　　　　神道

■體系●歷史傳說

日本固有的民族宗教，相信山河動物等皆有意志與感情，是種**泛靈信仰**色彩強烈的宗教。神道教從未有刻意的發展，向來是任其自然，因此並無完整的教義理論。

就連死後的世界也是，有地下的黃泉之國、大海彼岸的常世之國、靈魂聚集的他界等各種說法，並無統一的概念。此外，神道教也沒有足堪管理信眾禁令教條之類的規範。

《古事記》[4]、《日本書紀》[5]雖然可以算是神道教的經典，不過此二書既不像聖經是在祭祀時唸誦內文，也並非神官用來教化眾人的經典。

進入中世以後，為對抗佛教而有伊勢神道[6]此類教義興起，可是此運動也僅限於部分神社而已，並未受到廣泛的採納。非但如此，認為佛教諸佛為救眾生而**化身**為神道諸神的**本地垂跡說**，反而勢力愈強。

明治維新以後神佛分離[7]，神道教遂成為日本的國家基本教義。然而神道教沒有完整教義的模糊地帶，卻使神道教容易遭到利用，如第二次世界大戰前的國家神道[8]。

神道教相信，祭祀神祇非但能夠得獲恩典，還能避免鬼神作祟。而神道教的祭祀法，最重視的就是除穢的動作。只要藉由除穢潔淨身心，就能造成各種奇蹟。甚至連神道教的主神天照大御神[9]與須佐之男[10]，也只需行祓禊就能陸續創造出新的神祇。但是這種超絕的力量唯諸神專有，人類只能藉由祭祀諸神間接獲得恩惠而已。

不過，神道教認為人類也可以變成神明。偉大的人物或是心懷悔恨而死的人物，死後就會變成神。舉例來說，德川家康[11]死後就成為德川家的守護神，被祭祀在東照宮內。此外，**菅原道真**與平將門[12]則是含恨而終變成禍祟神，各自祭祀在天滿宮及神田神社（通稱為神田明神）。就連明治以後日俄戰爭打敗波羅的海艦隊的東鄉平八郎[13]，死後也變成了神明，祭祀在東鄉神社內。

（→修驗道）

《飛船》

The Ship That Flew　　　　　　　　　　とぶ船

■作品●歷史

英國人希爾達．路易斯（Hilda Lewis）的小說。1939年出版。以魔法交通工具為主題的**日常魔幻**代表作。

少年彼得在一間不知道到底在賣什麼的老舊商店裡，正想要買個小小的維京船模型。已有相當年紀的老闆說：「在以前啊，就是用全世界所有寶物，也買不起這艘船。就連皇帝也同樣買不起。這艘船的價錢，就比你現在身上的所有錢還要再多一點點。」

於是彼得就拿自己的25元、回家公車錢加飲料錢加零用錢125元，總共150元買下了這艘船。這艘船擁有非常神奇的力量，非但能變成一艘坐得下四個小孩的大船，還能駕駛此船到達世界的每個角落，以及遙遠的過去世界。於是彼得就跟兄弟姐妹加上自己總共四人，一起

搭乘這艘魔法船四處遊歷。然而，彼得的兄弟姐妹卻逐漸遺忘這艘「飛船」的存在，慢慢開始認為之前的旅程都是彼得憑空想像出來的有趣故事或是扮家家酒遊戲。最後彼得趁著自己還沒像兄弟姐妹一樣忘記這回事之前，將這艘船拿去還給商店老闆。

修驗道

Shugen-do　　　　　　　　　　　　　修驗道

■體系●歷史傳說

　　乃日本山岳信仰與**密宗**或**陰陽道**、**神道**等信仰結合而成的體系。修驗道雖然跟佛教同樣以開悟為目的，卻相信能藉由修行獲得**驗力**；甚至有人打從開始就是以獲得驗力為目的，才開始修行。

1　藤原道長（966～1027）為平安中期的重臣、攝政大臣。兼家之子，道隆・道兼之弟。將三個女兒（彰子・妍子・威子）嫁給三代的天皇為后，以外戚身分攝政獨攬政權，創造藤原氏的全盛時代。1019年出家、建立法成寺。著有日記《御堂關白記》。

2　蘆屋道滿之生卒年不詳。播磨流（現兵庫縣西南部）的民間陰陽師。許多古典作品中都提到了道滿這位阿倍晴明的勁敵。蘆屋道滿在古典作品中多扮演反派角色，但他是唯一能與阿倍晴明匹敵的陰陽師。

3　請參照第225頁譯注。

4　《古事記》是日本最古的史書。和銅5年（712）編纂完成，計三卷，由太安萬侶奉元明天皇命指揮編輯工作；但此書源流可追溯至稗田阿禮在天武天皇的指示下默誦下來的《帝紀》、《舊辭》內容。上卷為日本神話，中卷記述神武天皇至應神天皇時期的事蹟，下卷則記錄仁德天皇至推古天皇時代的歷史。

5　《日本書紀》記載古代日本歷史，與《古事記》共同構成日本神話故事骨幹的書籍。也稱為《日本紀》。乃奈良、平安時期編纂的六本官修國史（合稱「六國史」）中最早的一本。全書三十卷，養老4年（720）由舍人親王編纂。內容記載由神武天皇到持統天皇為止的《帝紀》與《舊辭》、諸氏族的紀錄、寺院的緣起或朝鮮半島的紀錄等。

6　伊勢神道亦稱「度會神道」或「外宮神道」。神道教的一個學派。14世紀由伊勢神宮外宮祠官度會行忠（1236～1305）、度會常昌（1263～1339）等人創立，否認以神道教附庸於佛教的本地垂跡說，提出系統的以神道為主體，以儒、佛、道為從屬的神道理論。

7　請參照第233頁譯注2。

8　國家神道亦稱「神社神道」。崇信皇祖神天照大御神，主張「神皇一體」、「祭政一致」，以各地神社為主要祭祀場所和活動中心。明治維新（1868）以後居於國教地位，故稱「國家神道」，在行政上和教育上與國家密切結合，進行敬神愛國、崇祖忠皇教育。全國有大小神社八萬多個，其中重要的有祭祀天照大御神的伊勢神宮、祭祀明治天皇的明治神宮、祭祀在國內外戰爭中死亡的宮兵的靖國神社等。

9　天照大御神亦稱「天照大神」，伊勢神宮稱之為「天照坐皇大御神」。日本神道教尊奉的主神。為象徵太陽的女神，日本天皇奉為祖神。

10　須佐之男是日本神話中出雲系神祇的祖神。伊邪那岐・伊邪那美之子，天照大御神之弟。性格狂野不羈，闖禍後被逐出高天原，途中於出雲討伐八俣遠呂智（八岐大蛇）、救奇稻田姬，他還在大蛇尾巴中發現天叢雲劍，並將此劍獻給天照大御神。

11　德川家康（1542～1616）為日本德川幕府初代將軍。自豐臣秀吉死後，關原一戰，取得執政權，建立德川幕府十五代三百年的政權，卒諡東照公。

12　平將門為高望王之孫，天慶九年（西元939年），他聲稱受到八幡大菩薩的神諭囑託，自命「新皇」舉兵造反；翌年2月，他與藤原秀鄉、平貞盛的軍隊交鋒，弓箭乘著突然轉變的風勢射中平將門，殘餘勢力也被剿滅。將門的首級雖然被帶回京城，但是過了三個月仍沒有一絲腐敗跡象，每夜高聲吵著想要自己的身體，最後朝向東國飛去。首級落下之處，就是今天東京大手町的首塚。

13　東鄉平八郎（1847～1934）是海軍軍人。薩摩人。日俄戰爭時擔任聯合艦隊總司令指揮日本海的海戰，大敗波羅的海艦隊。堅決反對日本締結倫敦軍事縮減條約。

修驗道奉**役行者**為祖，不過在役行者的時代早已有山林修行者存在。真要說的話，修驗道的開祖究竟是誰，已是不得而知。

修驗道有許多流派，乃以繼承天台宗[1]的**熊野三山**，以及蹈襲真言宗之流的吉野此二者為中心，各地方皆有獨特的發展；其中又以出羽三山、木曾御嶽、英彥等地較為有名。

至今為止，修驗道曾歷經過數次衰退期。

江戶時代，德川幕府曾頒布遊行禁止令；這是幕府為維持治安與鞏固統治勢力，嚴格管理民眾在各地方出入的法令。從前可以自由來去各地修行的修驗者，自此行動範圍遂被限制在單一山區之內。

後來明治政府又下令神佛分離，頒布神佛判然令[2]，使修驗者一度銷聲匿跡，直到戰後復興才又有今日規模。

（→能除）

修法

Shu-ho　　　　　　　　　　　　　修法

■體系●歷史傳說

佛教的一種**咒術**。此法在**密宗**尤其盛行。**修驗道**裡也有同樣的技術存在。密宗的修法可以分類成下列五種。

①息災法
　　除卻災害苦難之法
②增益法
　　帶來幸運之法
③**調伏法**
　　打倒敵人、消滅惡心之法
④敬愛法
　　使人心生慈愛之法
⑤鉤召法
　　招請本尊之法，多在使用他法之前執行

密宗修法必須築壇、安置本尊，唱誦**陀羅**

尼、祈禱。經過體系化的密宗——純密，基本上會設置四種法壇（大壇、護摩壇、十二天壇、聖天壇）。

第一種叫做大壇。此壇用於安置本尊，設於道場中央。

其二是護摩壇。此壇承繼古印度火祭法，乃用於焚燒護摩的法壇。密宗將護摩火視為如來的真實智慧，並將投於烈火之中的供品擬作凡人的諸多煩惱。護摩壇的形狀及位置，視所執何法而各有不同。唯另有說法指出，執行金剛行法時護摩壇應置於左方，胎藏行法則應置於右側。

十二天壇又叫做小壇，用於祭祀天部十二尊（八方天及梵天、地天、日天、月天共十二位神祇）。天部十二尊都是保護佛教的護法善神。

最後的聖天壇則是祭拜聖天，也就是歡喜天。由於歡喜天在胎藏界**曼荼羅**裡位於外院東北部，是以聖天壇也設置在道場的東北方。

當然，並非所有修法皆以此四壇而行。有時會用聖天壇以外的三壇修法，有時則是只以大壇修法；能夠設置幾座法壇，皆視修法者（皇族、貴族）的財富權勢等條件而定。

不過設壇修法乃是遭禁止的行為，即便身為貴族也是同樣；這是因為修法效果卓著，當權者欲獨佔這項技術所致。當然，當權者之所以會頒布禁令，這也就表示確實有許多貴族會為了自身利益，請人進行此類修法。

「修法」護摩壇的形狀、位置及所行修法

修法	護摩壇的形狀	位置
息災法	圓形	大壇之右
增益法	正方形	大壇之右
調伏法	三角形	大壇之左
敬愛法	蓮花形	大壇之左

《水滸傳》

Shuihu-chuan水滸伝

■作品●歷史

中國三大奇書[3]之一。

《水滸傳》於南宋時代略具雛型，成立於明朝。現今所傳《水滸傳》乃共分120回的百二十回本，但此外還有百回本、百十回本，以及捨去百二十回本結局部分重編的七十回本等各種版本。一般認為《水滸傳》的作者是施耐庵，不過此書當然並非一人之作，而是由眾多無名文章家、說書家共同建構而成。

北宋徽宗皇帝時代，有位名叫宋江的人跟同伴興兵作亂，當時聲勢頗大，卻只經過半年時間便告降伏。《水滸傳》就是根據此史實，創造出眾多英雄豪傑。

《水滸傳》前半段描寫一百零八好漢聚集在梁山泊，後半段則寫一百零八條好漢為宋朝征戰沙場，就連戰後活下來的人也紛紛因為陰謀遭到殺害。前半段眾好漢的活躍事蹟，更是整部作品最絢爛的精華部分。

梁山泊好漢皆是天上星宿**轉世**，每個人皆背負著各星宿之宿命，擅長各式各樣技能，各自因為不同事由而來到梁山泊。在時機到來之前，所有星宿神都被**仙人**封印於龍虎山上。原本遭封印的星宿後來因為某事件而被釋放，分散至全中國各地，轉世為人。

各星宿出身各異，是以性格與特技皆不相同。有的武藝高超，有的長於智謀，甚至還有能使**仙術**、幻術者；故事裡有**兵法**天才，有水中蛟龍，還有雖無特殊技能卻極具魅力的人物等，眾好漢的個性極為豐富，皆因各自情事不為社會所接納，只能被迫當個非法之徒。而他們就像是在命運的安排之下，聚集至梁山泊。

《水滸傳》的故事是在描述眾好漢運用各自專長，對抗心地毒辣的高官所派遣的軍隊，並打敗由惡漢所組成的私人軍隊。尤其是一清道人公孫勝，他跟後來也加入梁山泊的混世魔王樊瑞的鬥法，以及跟大反派高俅的堂弟——官軍將領高廉等人之間的仙術、幻術對戰，是《水滸傳》裡最精彩的場面之一。樊瑞與高廉戰鬥時所使用的，是種製造強風與幻象士兵、使敵軍陷入混亂的法術；此術被公孫勝破解，使得兩人紛紛慘遭敗北。此間情節就跟**《三國演義》**序盤戰役裡的黃巾賊首領**張角**兄弟相同，可見兩部作品在成立過程中曾經相互影響。

除公孫勝以外，能使神行法的戴宗也是位仙術能手。戴宗能用神行法日行八百里，時常擔任使者或連絡人的角色。一百零八位好漢皆能以各自特色進行戰鬥，使《水滸傳》搏得廣泛民眾歡迎。

可惜的是後半部劇情發展較前半部薄弱許多，整個故事的統一性稍嫌不足，是以其受歡迎程度略遜於**《西遊記》**與《三國演義》。不過《水滸傳》裡反亂軍的集結、眾多英雄齊聚一堂、以幻術對抗軍隊等情節，皆對後來**《平妖傳》**等傳奇小說造成了影響。

鐮刀

Sickle鐮

■物品●歷史傳說

若論鐮刀的起源，其出現時間比槍早、比

---

1 天台宗為中國佛教宗派之一。隋僧智顗所創，因智顗晚年居住天台山，故稱為「天台宗」。以法華經為主要教義根據，故亦稱為「法華宗」。強調止觀雙修的原則，發明一心三觀、圓融三諦、一念三千的道理。以五時八教判釋整體佛法。

2 神佛判然令乃明治政府於1868年（明治元年）三月所頒布，禁止自古以來的神佛混淆之命令。此後掀起日本全國一股廢佛毀釋的運動。又名神佛分離令。

3 中國有四大奇書，少有三大奇書的說法。四大奇書是指我國章回小說《水滸傳》、《三國演義》、《金瓶梅》、《西遊記》的合稱。

劍來得晚。它是從事農耕的農民身邊最常見的金屬武器之一。

在劍普及之前自是不在話下，即使在劍普及以後，鐮刀仍是個具有**咒術**性意涵的武器，各種咒語、魔法都經常會用到此物。它與劍同樣常被視為死亡的象徵；劍象徵戰爭以及行使戰爭的能力，相對地鐮刀則多是象徵難以違逆的命運。這象徵意義應該是從鐮刀先勾後拉扯才能切斷的使用方式聯想而來。

死神應該也是因為其「難以違逆的命運」形象，才會手持鐮刀的吧！希臘神話裡的勇者珀耳修斯[1]斬下梅杜莎（Medusa）首級時，所使用的也是磨礪過的鋒利鐮刀。

此外羅馬尼亞、匈牙利與巴爾幹半島的喪葬儀式裡，也有在棺材裡放把鐮刀的風俗。當地人相信，這麼做屍體就不會變成**吸血鬼**了。

此舉目的雖同，理由卻是各地皆異。匈牙利相信屍體會慢慢膨脹變成吸血鬼，只要放把鐮刀就能戳破膨脹起來的屍體。外西凡尼亞[2]則認為，放置鐮刀就能防止屍體發生膨脹的現象。南斯拉夫（Yugoslavia）是將鐮刀綁在屍體的頭部附近，若死者起身首級就會被切斷。羅馬尼亞則是會事先用鐮刀刺穿有可能會變成吸血鬼的屍體心臟。

愛努人認為只要用鐮刀斬斷以後，不論任何妖魔都無法**復活**。愛努族乃由女性專職司執咒術，因此他們才會認為唯女性方能使用的鐮刀，是種具有咒術力量的道具。

愛努人將鐮刀當做咒術道具的時候有各種用途，其中有種對母體死亡的胎兒使用鐮刀的案例。若女性死者懷有身孕，就必須用鐮刀切開其腹，好讓胎兒能夠跟母親一起出發到另一個國度（阿努科塘）去；若就此直接埋葬，死者就會掛心胎兒不忍離去，將無法順利前往阿努科塘。通常這個討厭的工作，都是由親屬中的老婦負責執行。

（→**大鍋**）

阿拉伯的魔法

Sihr　　　　　　　　　　アラビアの魔術

■體系●傳承

（→**魔法〔阿拉伯〕**）

魔法（阿拉伯）

Sihr　　　　　　　　　　魔術（アラビア）

■體系●傳說

一般相信阿拉伯是魔法的國度。眾所皆知，《天方夜譚》（The Arabian Nights' entertainment）是關於魔法的故事，歐洲的**占星術**、**鍊金術**也全是由阿拉伯傳來。從中世紀到近代，在歐洲曾出現多名自稱「被東方沙漠中的隱者教授了魔法」的魔法師。**薔薇十字團**的創辦人**羅森克羅伊茨**便是典型之一。

然而，阿拉伯並非自古便是魔法鼎盛之地。在伊斯蘭教文化出現前的阿拉伯地區乃是未開化的游牧社會，在魔法上可說是只有**邪視**與**薩滿**而已。

於伊斯蘭教文化的大征服以後，由被征服地區之文獻的翻譯中，阿拉伯的魔法開始出現。此地的占星術是融合印度與希臘（巴比倫尼亞〔Babylonia〕）的占星術而成，鍊金術則是融合了中國與希臘（埃及）而成。

然而若說阿拉伯民間傳說中最知名的魔法，當屬**變身**術。《天方夜譚》內出現的魔法也主要都是變身術。魔法師或者**女巫**在對人灑水唸誦**咒文**後，對方便會瞬間變成狗、猴子或驢子。而且在沒被其他友善的魔法師解開法術之前，將會一直無法變回來。

像這種的變身故事，在唐代以後的中國小說中也屢屢可見，至於這是否是受到了伊斯蘭教文化圈的魔法之影響，目前尚無定論。

銀

Silver 銀

■物品●歷史傳說小說

銀是象徵**月亮**、女神的金屬，它不但是**女巫**愛用的金屬，同時自古就是製作**護符**的常用金屬。

某些傳說認為若非使用銀製武器，則無以致**狼人**、**吸血鬼**、女巫等生物於死地。此外，據傳在棺材蓋上打入銀釘就能將死者之靈封於棺內。

在基督教的觀念裡，銀則是神的智慧、神的話語之象徵。

（→金、吸血鬼）

魔法師西門

Simon Magus 魔術師シモン

■人物●傳說

（→術士西門）

術士西門

Simon Magus シモン・マグス

■人物●傳說

羅馬時代的人物。出生於撒馬利亞，於撒馬利亞與羅馬進行活動。生卒年不詳。

據《使徒行傳》記載，他自稱身負偉大能力，能使雕像動作、召喚**惡魔**、變石頭為麵包、騰空穿岩，還能**變身**成各式各樣的動物。

後來他被奉為**諾斯替教**之祖，同時也被指為基督教所有異端宗派的源頭。

根據傳說，他曾經在皇帝尼祿[3]面前與基督教的聖人彼得（**耶穌**門徒）鬥法時，表演在空中飛行。此時彼得卻以祈禱破了西門法術，使西門自空中落下摔斷頸骨而亡。順帶一提，「Magus」是「偉大的」之意[4]，並非名字。

四神相應

Sishen Xiangying 四神相応

■概念●傳說

風水學裡最理想的地形地勢。

四神就是指中國神話中鎮守四方的四聖獸：青龍（東）、朱雀（南）、白虎（西）、玄武（北）。四神地形圍繞之地，乃上善吉相。四神各有其相對應的地形，青龍為河川、朱雀為開闊的土地、白虎為道、玄武為山。也就是說，東有河川、南有開闊平原、西有道路、北有山脈，就是風水學最理想的地形地勢。就是以現在的各種標準來看，滿足前述條件的場所不論是氣候或社會機能，都屬於非常理想的居住地。

S

---

1 珀耳修斯（Perseus）為希臘宗教故事人物。宙斯與人類女子達那厄（Danae）所生。塞里福斯島（Seriphus）國王波呂得克忒斯（Polydectes）用計讓他往取女妖梅杜莎首級（看見梅杜莎首級者會化成石塊）。得赫密斯和雅典娜之助，找到女妖格賴埃（Graiae）三姐妹，偷走三者共用的一眼一牙，迫使她們贈予飛靴、隱身盔、鐮刀。隱身飛往梅杜莎住處，背向而行，並從雅典娜所給盾牌照出映像中見梅杜莎正熟睡，以鐮刀割其頭而歸，出示其頭而使波呂得克忒斯及其隨從盡變石塊，救出母親。

2 請參照第59頁譯注。

3 尼祿（Nero Claudius Caesar，37～68）為古羅馬帝國皇帝。以暴虐、放蕩聞名。殺死母親、妻子、並迫使老師塞涅卡自盡。64年羅馬城遭大火，據傳當時市民疑其為改建羅馬城而唆使縱火燒毀舊城，尼祿恐發生民變，揚言大火係基督徒造成，隨即開始羅馬帝國對基督教的第一次大迫害，被害者達數千人。

4 此處說法似乎有問題，Magus在英文有「星術學家」、「巫術師」、「魔術師」之意，在拉丁文中則是「波斯的博士、司祭」、「古希臘羅馬之術士、巫現、魔術家」兩種意思，無法查得本書中所指的「偉大的」之意。

然而，實際能滿足上述條件的土地可謂是少之又少，更遑論要取得這種地段。於是才會發展出藉由**咒術**性手段製造出這種地形的方法，也就是風水。舉例來說，若北方無山，就可以在北方放置象徵玄武的物品，達到擬似性的四神相應局面。

順帶一提，除玄武以外，其他三個聖獸都是專為四神相應的概念而創造出來的幻想動物。

沉眠的公主

Sleeping Beauty　　　　　　　　眠れる姫君

■魔法●小說傳說

《白雪公主》、《睡美人》等公主陷入悠長睡眠的童話故事裡，都會提及沉眠的魔法與**詛咒**。此處所謂「沉眠」的意義等同於死亡，所以這些魔法其實都是死亡的魔法。從魔法裡醒過來就意味著**甦生**，所以沉眠公主的故事，其實就是**死者復活**的故事。

蛇

Snake　　　　　　　　　　　　　蛇

■生物●傳說

人類自古便相信蛇有別於其他生物，牠沒有死亡、每次蛻皮就能重獲新生。就連現在的義大利仍有「比蛇還要老」的說法，可見一斑。是以，蛇經常被視為生命的象徵。

但是另一方面，蛇的冷酷眼神和劇毒卻也使牠成為眾人懼怕的對象。「世界初始時，神曾經為人類製造了不死的靈液，蛇卻偷取靈液並獲得了不死的生命」的類似傳說，世界各地到處可見。猶太教、基督教、伊斯蘭教的「樂園喪失」神話，也是由此演變而來。根據此神話內容，起初**亞當**與夏娃幸福地在樂園裡生活，後來蛇誘惑亞當與夏娃，讓他們吃下神曾禁止兩人食用的智慧之樹果實。於是亞當與夏娃被逐出樂園，來到地上生活。據說這隻蛇其實就是**撒旦**。

自此以後，一神教的民間故事和傳說對蛇的態度就相當不友善。然而在聖經裡面，**摩西**非但曾經造蛇像膜拜，還曾經將他的手**杖**變成蛇。希臘的赫密斯之杖（醫術的象徵），也有兩隻蛇纏繞盤踞。換句話說，蛇既是難以容赦的**惡魔**，亦是智慧與生命的象徵。有些魔法會將蛇當作毒**蠱**使用，而且蛇也是**巫毒**教等信仰的崇拜對象。

（→拙火、虹蛇）

即身成佛

Sokushin-jobutsu　　　　　　　　即身成仏

■概念●歷史

密宗信仰的一種**成佛**型態。所謂成佛就是指人類死亡後，靈魂離開肉體進入佛界；相對地即身成佛就是指人類活著的時候，在仍保有肉體及精神的狀態下達致真理，進而成佛。

密宗僧會絕食結手印唱誦**曼怛羅**，一心不亂地從事修行；此時若得開悟，便能成佛。在印度及西藏等地（日本也有），曾有許多密宗僧鑽進狹窄瓶甕內持續修行，最後變成**木乃伊**的例子。

歷史中有許多人曾經成功達到即身成佛的境界，佛陀（**釋迦**）就是最具代表性的人物。

所羅門

Solomon　　　　　　　　　　　ソロモン

■人物●歷史傳說

以色列王國頂盛時期的國王。當時所羅門掌握著商人的通商路線，藉此賺進大筆大筆的財富，而且豪奢闊綽至極。他也是位有名的詩人，《聖經》詩篇裡就收錄有許多傳為所羅門所作的詩歌。

所羅門雖然是猶太教教史最偉大的賢者，不過他卻也因為使用魔法而墮落。據傳所羅門曾藉魔法的力量招來無數**惡魔**，號令惡魔進行

各種工作。

因此中世以後，才會有大量傳為所羅門所著的**魔法書**出現。其中尤以17世紀出現的《**雷蒙蓋頓**》（別名《**所羅門的小鑰匙**》）最有名，其中清楚地記載著所羅門王手下72惡魔的**召喚**方法以及各惡魔的特殊能力。

以上是猶太教、基督教裡的所羅門王。由於聖經的記述內容的影響力遠不及猶太民間傳說，才會形成所羅門王有前述的人物形象。

伊斯蘭教裡的所羅門形象相去不遠，但伊斯蘭教的所羅門能夠自在操縱**鎮尼**，而非惡魔。《天方夜譚》[1]裡就有「有個鎮尼被**所羅門的封印**關閉在壺裡、投入茫茫大海，數百年後勾到漁夫的漁網，封印才因此解除……」的有名故事。

豪麻草

Soma　　　　　　　　　　　　ハオマ

■物品●傳說

（→蘇摩）

蘇摩酒

Soma　　　　　　　　　　　　ソーマ

■物品●傳說

古印度舉行祭祀時使用的飲料。火焙蘇摩酒以其祭神後，神官與其他人才會盡興暢飲剩下的酒，直至酩酊大醉。據傳因陀羅[2]飲此酒就能神力大增，人類飲之則靈感泉湧不絕能夠作詩。此酒是以「蘇摩草」榨取汁液，再加入水、牛乳混合而成，但蘇摩草究竟是何植物仍不得而知，總之蘇摩草應是種內含興奮成份的植物。

蘇摩草很可能就是波斯的「豪麻草」[3]。

（→致幻植物）

奇術師

Sorcerer　　　　　　　　　　ソーサラー

■人物●歷史傳說小說

使用**奇術**的魔法師。

奇術

Sorcery　　　　　　　　　　ソーサリー

■體系●傳說

用來指稱魔法的用語，基本上不常被用作正面意義。

①與**巫術**相較之下的奇術

奇術通常被視同於巫術；這是因為基督教會在**獵殺女巫**時代，多以此名目惡意誹謗中傷**法師**所致。

若欲細究二者的區別，則低級魔法中無善無惡的中性魔法便稱奇術，而邪惡的法術就叫做巫術。

1　《天方夜譚》就是《一千零一夜》。阿拉伯著名的故事集。敘述波斯國王因懷疑婦女貞操，每日選處女入宮，隔夜即殺。後有一位才貌雙全的女子，每夜為國王說一段故事，國王聽而忘倦，一再延其死期，終使國王感悟而廢掉惡習。所說的故事內容豐富生動，包括童話、寓言、冒險事蹟等多種題材。從其中可以反映出中古時代阿拉伯地區的風土人情與社會面貌。後有許多音樂、編劇和文學作品都取材於此。

2　因陀羅（Indra）是婆羅門教、印度教神名。由雅利安人從古代伊朗帶到印度，後被佛教吸收，稱為「釋帝桓因」。全身茶褐色，能變換形狀；嗜飲蘇摩酒，故又名「飲蘇摩酒者」。原為雷雨之神，後發展成為戰神。其武器有鉤子和網，謂曾征服原印度土著居民沙達人。

3　豪麻草（Haoma）為伊朗宗教儀式中所使用的一種藥草。據傳，從其葉中榨出的汁液具有酒香，也具有興奮和麻醉作用。在許多儀式中祭司須飲用之；榨取和飲用也都需要經過特定的儀式。豪麻草本身也被尊為神聖而為崇拜對象之一，含有自然崇拜的意味。

②與**魔術**相較之下的奇術

　　奇術時常被認為是種比魔術還要低等的法術。魔術跟各種研究、文獻的關係密不可分，相對之下，奇術只不過是機械性地使用派得上用場的**咒文**而已。換句話說，魔術師都是住在都會的知識份子，皆以從事學問的態度使用魔法，並且有組織地傳遞知識。相對地使用奇術的法師多是居住在鄉野的無學之輩，使用魔法只憑經驗法則，利用**口傳**的形式祕密傳承知識。

③歷史裡的奇術

　　奇術就是指無知農民或**產婆**等人使用的法術。現今雖有不少魔術的咒文書（多稱做**魔法書**）流傳，卻無任何記載奇術的書籍；這是因為從來沒有任何法師具備足夠的知識及教養可以進行著作。

　　奇術應是起源自因基督教而消失的諸多古代宗教，**惡魔**則應是由撒泰爾[1]或希（Sidhe）等神靈演變而成；舉行**魔宴**的場所就是最好的證據。舉行魔宴的場所，大多都是古代舉行祭祀神事時所使用的場所，如**巨石陣**、羅馬時代的廢墟或是生有櫟樹等巨大樹木的場所。

　　然而不可否定的是，前述諸多特性確實造就了奇術今日的叛逆形象。每逢饑饉或戰爭等社會不安情緒高漲時刻，奇術就會隨之興起流行，也是同樣的道理。

　　根據文獻紀錄，曾實際被使用過的奇術，大多都是頗幼稚的法術。譬如為了要得到某個女性，將蠟製人偶浸泡在唾液與蛤蟆血裡，置於該人家門口；許下**願望**祈求尋寶成功者，則是將黑貓及事先浸過聖水的麵包、聖油埋在田裡。由此可見，使用奇術者絕大多數都是心裡懷抱微薄希望的貧窮未受教育者。

　　雖然有些奇術師曾經因為使用奇術讓田裡降下冰雹的罪名而遭處火刑，但這其實只不過是將單純的天候異常現象怪罪在奇術師頭上而已。

④創作作品中的奇術

　　由於奇術的許多特性已經被冠上反逆的形象，因此許多作品皆稱呼邪惡魔法師為奇術師。又因為創作作品裡的邪惡魔法師都是相當厲害的強敵，是以後來奇術師才又多了個「高強魔法師」的形象。

　　再者，若敵方魔法師都是笨蛋，整個故事就會失去趣味性，所以後來奇術師便自動進化成具有高知識水準的魔法師。

咒文

Spell　　　　　　　　　　　　　　　　呪文

■魔法●歷史傳說小說

　　或是出口成聲，或是揮筆成文，藉以發揮效力的魔法文句。

　　許多文化圈認為僅是出聲唱誦咒文並不夠，尚且必須搭配下列數種或全部條件。

①集中精神
②視覺冥想標的物
③儀式性的動作或姿勢
④用**魔法圓**等術製造出來的空間
⑤向諸神祈願
⑥各種咒術物品

（→真言）

人面獅身

Sphinx　　　　　　　　　　　　　スフィンクス

■生物●歷史傳說

　　建於埃及**金字塔**旁，半人半獸的巨大石像。

　　從地中海一直到印度這一帶的發達文明，如古埃及或美索不達米亞，都有許多人面獸身的壁畫或石像。

　　金字塔裡的象形文字當中，就有頭是人

類、身體是鳥的神祇，也就是人頭鳥；古代美索不達米亞平原的巴比倫、亞述遺跡裡的國王石像，也跟埃及的人面獅身像一樣，脖子以上是人頭，脖子以下則是獅子或牛的身體。此外，埃及也有獸面人身的神像。

這類半人半獸的生物，皆象徵著神明或國王的**變身**能力。他們能任意變換形體，來去於死後世界、神的世界，以及人類世界之間。吉薩（Giza）金字塔旁邊的人面獅身像，是金字塔裡法老王靈魂的守護神。

（→魔法〔埃及〕）

精靈

Spirit　　　　　　　　　　　　　　　　精靈

■生物●傳說小說

沒有肉體（抑或其肉體有別於凡間肉體）的存在。

許多魔法體系都會使用「精靈」這個字眼；各家用法看似相同，實則不然。

有時我們會分別以天上的精靈、地獄的精靈來稱呼**天使**與**惡魔**；有時則是以精靈稱呼**四大元素**的各元素。

此外，**薩滿信仰**認為所有自然現象都有精靈宿於其內，而日本所謂的**言靈**也是精靈的一種。

換言之，由於精靈的使用情形及用法太過廣泛，使得此字形同沒有實際定義的用語。

（→星光界、守護精靈）

精神主義

Spirit ualism　　　　　　　　　スピリチュアリズム

■體系●歷史

（→心靈主義）

心靈主義

Spiritualism　　　　　　　　　　　　　心靈主義

■體系●歷史

有時亦寫作神靈主義。

19世紀以破竹之勢傳播開來的一種**降靈術**體系。是種體系化整理**福克斯姐妹**及其後繼者們的靈能力所形成的思想。心靈主義者稟持著心靈現象是種科學事實的信念，並以研究靈能力者及各式各樣心靈現象所得的情報為基礎，創造出一套哲學。

此思想之目的，在於說明人類如何透過**靈媒**跟亡靈溝通，以及**騷靈**現象等諸多心靈現象。

人類死後靈魂仍然存在，並且會透過無數次的重複**轉世**而不斷進步。為了確保靈魂能夠進步，各人身邊皆有**守護靈**跟隨。人類的靈魂原本就是由高級自然靈所分出，是以人類應該算是其後代子孫。又，此類自然靈中最高等級的靈，就是事實上所謂的神。不過，宇宙其實是無數個意識由波動串聯起來的結合體，我們大可將整個宇宙視為單一的生命體。

心靈主義也能寫作神靈主義，這是因為其所欲接觸的並非全是亡靈之類，有時候也會以優位靈（又叫做高位次元靈、指導靈）為交流對象。

召鬼

Spiritualism　　　　　　　　　　　　　召鬼

■魔法●歷史傳說

一種**巫術**。此處所謂巫術，就是指**巫覡**與神靈、**精靈**、亡靈等存在溝通所用的技術。中國稱亡靈為**鬼**，是以稱跟亡靈溝通的行為叫做召鬼。

1　撒泰爾（Satyros）是山中精靈，性好女色。是位頭長羊角，下半身是羊腿的矮小年輕男子。是戴奧奈索斯的隨從。

中國人認為所有死者都會變成鬼，所以跟鬼的應對方法就變得非常重要。**孔子欲藉儒教**的教化，使遠離鬼神不受其害的自保術法能夠普及，不料卻弄巧成拙演化出召鬼之術。這是種主動接近鬼魂，將鬼魂喚至現世的技術。

中國向來有「有別於幽明境」的原則，因此鬼魂原本無法涉足現世；而召鬼之術是種無視此原則，硬將鬼魂喚至現世的法術。是以術者不僅必須具備相關技術，還必須擁有特殊的才能，譬如天生就能看見鬼魂的**見鬼**之才，或是鬼魂容易附身的巫覡體質。此外，出入地府的門戶**泰山**是召喚鬼魂最理想的地方，乃是召鬼術者的聖地。

召鬼術者大部分都只是跟鬼溝通交流的術者，但其中也不乏控制鬼魂供己差遣的術者；此類法術叫做「使鬼」。此外，使鬼術裡還有種強制活人元神**分身**、供己號令的法術，遭施術者體內的**氣**將急速消耗衰弱，嚴重者可能致死。使用使鬼術等於是強制將他人奴隸化，是種極為邪惡的法術。

孔子對這種欲藉鬼神獲得利益的召鬼使鬼術厭惡至極。他認為人類只能心懷敬意事奉鬼神、盡量避免觸怒鬼神，玩弄鬼神者不但會墮落，而且必定將招致災禍。是以人人皆必須貫徹「敬鬼神而遠之」的態度。

智慧之泉

Spring of Wisdom　　　　　　智惠の泉

■場所●傳說

北歐神話裡位於宇宙樹[1]根部的魔法泉水。此處所湧出的液體乃是蜜酒而非清水，飲用魔法泉水者能夠獲得一切知識，此泉由一位名為密米爾[2]的巨人看守，因此又叫做「密米爾之泉」。

北歐神話的主神、最偉大的魔法師**奧丁**，便曾為飲用此泉而與密米爾進行交涉；沒想到密米爾提出的條件居然是奧丁的眼睛。然而求知若渴的奧丁竟毫不猶豫地挖出自己的眼睛，就此換得智慧與知識。

此後密米爾就被奧丁帶至「中庭」（Midgard）列入眾神之列；不久奧丁跟華納神族（Vanir）講和，密米爾又被當作人質送去瓦納海姆（Vanaheim）。為使阿薩神族派去的人質祇顯得似乎很優秀且重要，密米爾負責用魔法來瞞騙華納神族[3]，不料事跡終究敗露，密米爾遭到斬首。不過據說密米爾的首級送回阿薩神族後，奧丁施以防腐措施、口裡念誦魔法，密米爾又再度開口，告訴奧丁許多祕密。

巨石陣

Stonehenge　　　　　　ストーンヘンジ

■場所●歷史

聳立於英國索爾斯伯里（Salisbury）高原上的壯大巨石遺跡。各巨石陣皆由重達30至50噸的巨石柱排列成圓形，部分石柱頂部還有橫樑石柱連接。據推測，所有石柱上方原本都有橫樑石柱置於其間，可連接形成一個巨大的圓形。

巨石陣早在英國開始有文字紀錄以前，就已經存在於索爾斯伯里高原，是以才衍生出諸多有關巨石陣建造者、建造目的的傳說與假設。有人說這裡從前是**德魯伊**的聖地，還有傳說認為巨石陣是**梅林**使用魔法搬運巨石組成的。德魯伊會利用這些巨石（如石棚[4]或巨石柱〔Menhir〕等遺跡）舉行死者葬禮，而一般皆認為梅林是位繼承德魯伊衣缽的人物。因此到某個時期為止，學界皆認定巨石陣乃德魯伊抑或跟德魯伊有關人等所造。

然而經過近年研究發現，巨石陣早在塞爾特人移民歐洲以前就已經存在。換言之，此遺跡乃塞爾特人進入英國前，早已定居在英國的原住民族（應是農耕民族）所造。至於其建造目的，經過電腦解析後也終於真相大白。巨石

陣乃以精確的天體觀測技術所建，是太陽與**月亮**、星星的神殿。每年在冬至或夏至等具有重要天文學意義的時刻，就能看見太陽在巨石陣的拱柱裡日出、日落的神祕景象。想必這失落信仰的祭司們，就是在此時於巨石陣舉行讚頌天體的儀式吧！即使從今日科學的角度來看，此民族對天體運行路線的掌握仍是精密準確得令人咋舌；當時使用的應當是太陽曆，他們甚至已經有閏日的概念。非但如此，該民族甚至還能根據觀測數據，推算出什麼時候會有日蝕、月蝕發生。

塞爾特人進入歐洲、征服原住民族後，便繼承了他們的巨石文化。德魯伊之所以會利用石棚舉行葬禮、擅長於觀測天體，便是因為這個緣故。然而，德魯伊卻未能完全繼承其豐富知識，許多與天體相關的祕技、為何古代人會擁有高度天文知識的祕密，早在歷史洪流之中散佚成謎。

巨石陣

伊斯蘭教神祕主義

Sufism　　　　　　　　　　　イスラム神秘主義

■體系●歷史傳說

（→**蘇非主義**）

蘇非主義[5]

Sufism　　　　　　　　　　　スーフィズム

■體系●歷史傳說

伊斯蘭神祕主義。可以說是伊斯蘭教裡的**密宗**。

伊斯蘭教既無教會組織，也沒有僧侶特權階級。**穆罕默德**害怕將來會有僧侶階級產生，是以厲言禁止。

1　請參照本書第179頁譯注。

2　請參照本書第179頁譯注。

3　阿薩神族與華納神族兩族停戰時，華納神族提出菲依雅、尼爾德（Njord）及福瑞（Freyr），阿薩神則是提出海尼爾（Honir）與密米爾作為人質。華納神族派出的神祇都是很有能力的神祇，相較之下海尼爾卻難成大器，空有魁梧的體格與體面的外表，獨缺智慧。海尼爾處理政事全靠智者密米爾；一旦密米爾不在身旁，腦筋不靈光的海尼爾便完全失去主意。華納神族很快便發現了海尼爾的不足，感到十分憤怒不滿，認為上了阿薩神族的大當；己方平白犧牲了三位優秀的同胞為人質，卻換來傻呼呼的海尼爾。盛怒之下，華納神族便砍下了智者密米爾的人頭。

4　石棚（Dolmen）是新石器時代晚期至鐵器時代早期的墓葬形式之一。屬巨石建築系統。中國稱做石棚，也有譯作石桌墳和支石墓的。石棚分布很廣泛，歐洲西部和北部，亞洲的南部、東南部和東北部都有發現，非洲北部和南美北部也有發現。石棚基本上可分為三種形式：①在地面上豎立3～4塊石板，上面蓋一塊大石板構成室，如遼東半島和朝鮮半島北部發現的桌式石棚（北方式支石墓）②在巨大石板的下面支以小石塊，很少構成室狀，如在朝鮮半島南部和日本發現的棋盤式石棚（南方式支石墓）③在地下用巨石構成室，上面加蓋不止一塊的巨石，如歐洲所發現的巨石墓。嚴格地說，第3種形式已不屬石棚的範圍。

5　蘇非主義乃阿拉伯文Sufi的音譯，原意為「羊毛」。因該派成員身著粗毛織衣以示質樸，故名。一說係由清淨（Safa）或高位（Saff，指在阿拉處有高位）等詞而得名。

但是伊斯蘭教同樣也有許多出家修行、進行冥想的信徒，這些人就叫做蘇非（Sufi），而他們修行所循法門就叫做蘇非主義。修行時首先必須**苦行**、冥想；完成第一階段後，接著不斷呼喚神的名字，將意念集中於真神處。行者終於完全忘卻自我的存在，達到唯有真神存在的境界。此時行者無論心想何事、手執何事，自己與真神之間也再無二致（→**瑜伽**）。

達此境界之行者，能夠創造出無數的奇蹟，諸如讀取他人心思、看見百里之外的景象、履水如地等，有時甚至還能無中生有。

不過按照聖者的說法，這些現象根本算不上是什麼奇蹟。

部分蘇非主義思想家認為，真神創造宇宙只在轉瞬間，真神毀滅萬物、再度創造萬物，也都是一眨眼間發生的事情。因此對神來說，創造天地與維持天地兩者花費的力氣完全相同。神既能無視於各種程序，瞬間就從虛無之中創造出一切事物，所費勞力也跟平時無異。

只不過蘇非主義的最終目的並非創造奇蹟，而是提昇自己、與神合而為一；蘇非若以行奇蹟為修行目的，將會被指為邪道。

雖然現在相信蘇非所行奇蹟的人變少了，可是蘇非主義對欲接近神明者來說仍然是種極盛行的修行法。佛教裡有顯密兩道兼修的學僧，相同地伊斯蘭教也有許多人一面上大學學習神學、法學，同時也兼修蘇非主義。伊朗的伊斯蘭教革命領導者柯梅尼[1]，便是如此

（→**魔法〔東南亞〕**）

召喚

Summon　　　　　　　　　　　　　　召喚

■概念●傳說小說

意指招來某事物。一般指將生物（普通生物、怪物、**惡魔**或**精靈**等形形色色的生物）從另一個空間（有時是異世界，有時則是相同世界的其他地方）喚至跟前。由於召喚時生物會憑空出現，使得召喚看似是種創造的行為，但是這些生物其實是來自於其他地方，並非施術者當場創造出來的生物。

孫悟空

Sun-wukong　　　　　　　　　　　　孫悟空

■生物●傳說小說

《**西遊記**》的主角，是位猿猴神。亦稱孫行者、齊天大聖。

孫悟空原本是花果山山頂的仙石，後來吸收天地靈**氣**才從石頭裡蹦出來的石猴。由於孫悟空乃自然精氣之所聚，自然有別於其他尋常生物。後來他發現花果山裡有個叫做水濂洞的棄置洞府（**仙人**的居所），並以戰功由花果山群猴擁立為王，稱美猴王。即位數年後，為求免於死亡跳脫**輪迴**而出發探尋仙境，十數年後終於找到一位叫做須菩提祖師的仙人。菩提祖師賜其「孫悟空」之名，經過七年的修行之後，神仙之氣略有小成；再修行三年後，孫悟空終於學成72種**變化**之術，以及一翻十萬八千里的觔斗雲之術，便即拜別菩提祖師返回花果山水濂洞。

後來孫悟空奪取東海**龍王**的**如意棒**、大鬧**天庭**，眾天將皆紛起追討，然而孫悟空本領高強，眾天將不能近身。最後由釋迦如來出面，終於將此石猴鎮於五行山之下。

五百年後，孫悟空為償自己在天庭所犯罪行，拜玄奘，即三藏法師為師，隨玄奘同往西方取經。取經途中，孫悟空以72變及如意棒克服了80個苦難，順利取得經文、旅途圓滿完成後，因功受封為「鬥戰勝佛」。

這尊猿猴模樣的戰神，乃以印度教的猿神哈奴曼[2]為原形，再加上**道教**、佛教諸神佛後，無敵猴神就此誕生。《西遊記》裡孫悟空本領極大，非但**哪吒**等諸天將當者披靡，就連**二郎真君**得**太上老君**幫助好不容易擒住孫悟空後，孫悟空仍能從太上老君手中脫逃。

中國民眾不甘這位高強的武神只在小說裡活躍，皆以神仙祭拜之。據說在17世紀的時候，就已經有齊天大聖廟出現。之所以會以「齊天大聖」而非「鬥戰勝佛」之名祭拜，很可能是因為孫悟空皆以「齊天大聖」自稱，而且「齊天大聖」乃孫悟空前往西方取經時的官名。惡**鬼**作祟、身受無端迫害時，只要心懷至誠前往齊天大聖廟祈禱，馬上就能見效；據說飽受虐待的庶民之祈願更是特別靈驗。聽聞此等傳聞，腦中好像馬上就浮現小說裡孫悟空英姿似的，使人不禁會心而笑。

齊天大聖的信仰一直流傳至今，仍然是位能驅退惡靈邪鬼、極受民眾歡迎的神祇。

篠懸

Suzukake　　　　　　　　　　　　篠懸

■物品●歷史傳說

又寫作「鈴懸」。乃**山伏**的正式服裝。

篠懸的上衣象徵金剛界**曼荼羅**，下半身的袴[3]則是象徵著胎藏界曼荼羅；山伏便是藉由穿著篠懸，象徵「金胎不二」的真理。

另有說法認為，篠懸的「篠」字通「鈴」字[4]，而鈴乃阿字[5]寶珠，因此篠懸乃是引一切眾生開悟的法衣。

鉤十字

Swastika　　　　　　　　　　　　鉤十字

■物品●歷史傳說

世界各地皆將鉤十字視為神聖的象徵；它也是幸運的印記，常被當做**護符**使用。

日本有佛陀（**釋迦**）的符號（地圖裡也用鉤十字代表寺廟）、斯堪的那維亞半島（Scandinavia Peninsula）則有雷神之槌[6]（第二次世界大戰當時，芬蘭空軍曾以鉤十字為標誌，不過跟納粹毫無關係）。此外歐洲與美洲的原住民也會在儀式中使用鉤十字圖樣，作為魔法性象徵。

不過由於納粹德國所造成的惡劣印象，現在幾乎無人會把鉤十字看做能夠帶來幸運的符號。不過倒是有人受納粹神祕學與神祕主義的影響，重新將鉤十字視為神祕的魔法符號。

（→安卡）

1　柯梅尼（Ayatollah Ruhollah Khomeini，1900？～1989年6月3日）為伊朗什葉派（十二宗教領袖派）的精神領袖，1979年驅逐伊朗國王巴勒維（Mohammad Reza Pahlavi），建立伊朗現今的政體，確立伊斯蘭共和體制。

2　哈奴曼（Hanumana）是印度史詩《羅摩衍那》中的神猴，乃印度教羅摩派的崇拜對象之一。羅摩的妻子悉達被魔王搶走後，羅摩在他的幫助下找到了她。他被稱為「風神之子」，能夠飛騰變化，一躍從印度跳到楞伽島（今斯里蘭卡）。力大無比，能拔起樹木、拖走吉羅娑山、抓住行雲。體大如山，高如塔樓，吼聲如雷。面如紅寶石，毛如黃金，尾巴無限長，作戰勇敢，本領高強，為羅摩的重要助手。印度民間都熟知他的故事，受印度教徒的虔誠崇拜。

3　和服的服飾，利用頂端的衣繩穿在腰上；通常跟褲子一樣有兩腳褲管的部分，但也有形狀類似裙子的袴。古代只有男性才作此穿著；平安時期以後，會視各種官位或服裝穿著表袴、指貫、長袴等不同種類的袴。近世種類更加繁多，成為武士的日常穿著，庶民則是特殊場合才會使用。女性在平安時代也曾有穿著緋袴的習慣，不過女性普遍到鎌倉時代以後就不再穿袴了。

4　兩者讀音皆唸作「Suzu」。

5　阿字為梵語字母的第一字，或指該字所表讀音。密宗認為，所有梵字都內包在阿字之中；阿字乃不生不滅之根源，存在於宇宙一切事態之中。

6　雷神之槌（Mjollnir）是雷神索爾的武器。其名帶有「粉碎」之意。它和索爾都是神之領域的最強戰力，成為對抗諸神宿敵巨人族的一股反制力量。具有一定會回到投擲者手中的特性。它除了是武器以外，也是豐饒的象徵。

十字諸形

鉤十字　　埃及十字　　洛林十字[1]
　　　　　（安卡）　　（大主教十字）

三重十字　馬爾他十字[2] 拉丁十字
（教皇十字）

「法爾德與葛雷莫瑟」系列作

The Swords Series

ファファード・アンド・グレイマウザー・シリーズ

■作品●歷史

　　美國人福力茲・賴伯二世（Fritz Leiber Junior）創作的英雄式奇幻（Heroic Fantasy）系列作品，是作者「直到最近才陸續完成的古典傑作」。此評價雖然有點奇怪，卻是事實。

　　事情是這樣子的——福力茲・賴伯二世，其實是福力茲・賴伯一世（莎士比亞戲劇的有名演員）之子。他原本想效法父親，循演戲這條路進軍好萊塢；他雖然曾經參與葛麗泰・嘉寶[3]的「茶花女」[4]等演出，卻仍是沒沒無聞；1930年代，他才在大眾雜詩上刊登《兩人追尋冒險》（Two Sought Adventure）這個極為廉價的劍與魔法類型傑作，自此出道成為作家。

　　法爾德與葛雷莫瑟便於焉誕生。

　　法爾德（Fafhrd）是個體格魁梧、出身北方的野蠻人。莫瑟（Mouser，捕鼠者）體格瘦小，是南方的文明人。兩個人加起來便是法爾德與葛雷莫瑟（Fafhrd and Gray Mouser）。這兩個人擁有健全的諷刺能力以及近乎病態的幽默感，不論面對何等驚險危急的事態，都能利用機智與逃跑的快速腳程全身而退（這兩人雖說是英雄，卻非但沒有魔劍，就連腕力也跟普通人沒有兩樣。再加上他們知道魔法是種非常危險的東西，所以也只能依靠機智與逃命速度而已）。

　　此後五十年間，雖然幾經數度中斷，作者卻仍持續創作此二人的冒險故事。

　　1992年故事終於結束，卻是因為賴伯蒙主恩召所致。作者享年83歲，可說是相當長壽。

　　這部共七卷的系列作在美國都已經出版。日本創元推理文庫則只是刊行至第三卷為止。儘管該公司在兩三年前便曾預告即將發售第四卷，此後卻是全無任何消息（至1998年4月止）。

　　此外，雖然這部系列作品裡提到很多種類的魔法，但兩位主角卻不怎麼「魔法」。法爾德是個在冰天雪地長大的野蠻人，認為魔法是女人的技術，接觸魔法是很危險的事情；雖然莫瑟原本是魔法師的學徒，但是當法爾德問：「你跟師父學了不少魔法吧？」的時候，他是這麼回答的：

　　「其實啊，像魔法這危險的勞什子，還是小心點好——雖然我現在還是偶爾會用到啦。」

　　他的回答其實不假，只是愛面子的莫瑟隱瞞了一件事情：每次他拿著相同的**魔法書**使用相同的**咒文**，用出來的卻都是不同的魔法。

風精

Sylph　　　　　　　　　　　　　　　*シルフ*

■生物●歷史小說傳說

　　四大精靈（→**元素**）之一，居住在**星光界**的**風之精靈**。象徵風元素的符號裡，以鳥與變色龍最為常見。之所以會用變色龍來象徵風元素，其實是因為當時的人相信變色龍皆吃風維生。

不過在許多傳說與作品裡，也有許多模樣完全不同的風精出現。或是乘風的透明女性模樣，或是由風集合而成的不定形生命體等，可謂是五花八門。

交感巫術

Sympathetic Magic　　　　　　共感魔術

■魔法●歷史傳說小說

綜合**接觸巫術**與**順勢巫術**，就能使「某事態發生變化時，由於神祕共感的作用，對其他事態造成有如共鳴般的相互作用。」這便是交感巫術。

此概念幾乎能夠說明所有魔法「使人相信具有效果的理由」，是種非常普遍、極具包容性，而且非常簡潔的法則。這些理論現在已經是試圖理解魔法時，絕對不可或缺的基礎知識。

宗教融合

Syncretism　　　　　　シンクレティズム

■體系●歷史傳說

意指相異的哲學或宗教經過綜合混淆後，合而為一的現象。

譬如羅馬帝國原本就有起源自希臘的諸神，卻又聲稱這些神祇不靈驗，而硬是引進密特拉斯[5]等羅馬占領地的異教諸神祭拜。此外**巫毒**教則是吸納了基督教的聖人與印第安的神祇，奉為**羅亞**崇拜之。

由於在數種文化交雜的地區，時常會有各式各樣的概念從外界流入，所以五花八門的各種祕密儀式——也就是魔法，自然就會變得極為發達。

（→卡利莫索德）

禁忌

Taboo　　　　　　　　　　禁忌

■體系●傳說小說

（→塔布）

1　洛林十字架（Lorraine Cross）最大的特色是它比一般十字架多一個小橫桿，代表在耶穌被釘的十字架上原有寫上INRI（Iesvs Nazarenvs Rex Ivdaeorvm 英文翻譯是Jesus of Nazareth, the King of the Jews）四個拉丁字母的小木牌，洛林十字架被喻為真正的十字架（crux vera），由1099 年開始由法國洛林公爵（Duke of Lorraine）Godefroy de Boullion 採用成為洛林家族的紋章，在第二次世界大戰時戴高樂將軍（General de Gaulle）更採用此十字架作為法國抵抗運動的徽號，自由法國的象徵。

2　馬爾他十字（Maltese Cross）是圖案看來很像馬爾他十字騎士勳章，因而得名。十字架的八個尖端代表真福八瑞。

3　葛麗泰‧嘉寶（Greta Garbo，1905～1990）為好萊塢巨星。誕生於斯德哥爾摩，原名叫做葛麗泰‧古斯塔夫松。後來她在好萊塢取得了舉世矚目的成就。30年代她拍完了「安娜‧卡列尼娜」、「瑪塔‧哈里」、「茶花女」等經典影片，並且在拍完她的第27部影片後，沒有說明任何原因就退出影壇，離群索居。

4　茶花女（La Traviata）原是法國小說家及劇作家小仲馬（Alexandre Fils Dumas）所著小說，後改為戲劇，轟動一時。敘述巴黎名妓瑪格麗特與男子亞芒愛戀，因社會禮俗不容，遭男方家長反對，最後造成悲劇的故事。書中真情流露，對巴黎上層社會的生活型態有真切的描寫，為十九世紀的佳作之一。後來威爾第將其改編成歌劇，該劇如今已是威爾第，甚或是義大利歌劇的代名詞。

5　密特拉斯（Mithras）是曾盛行於敘利亞和小亞細亞等地的密特拉斯教主神。他原本是伊朗地方的太陽神。密特拉斯教是個只有男性信徒的宗教，羅馬帝國不少軍人便信奉此教。隨著羅馬帝國不斷擴張，密特拉斯教徒遍及非洲、西班牙、高盧、布列塔尼，在這些地方都可找到密特拉斯教神廟的遺跡。

塔布

Taboo タブー

■體系●傳說小說

意指「神聖的事物」、「被禁止的事物」。乃全大洋洲地區通用的用語。又叫做「Tabu」。

「特定人物（如國王）、特定事情（如殺人）、特定物品（如屍體），蘊藏有對人類來說極危險的**瑪那**。」

「不論是＋（神聖）抑或是－（污穢），對平時便遠離此二者的人來說，皆有極危險的瑪那。」

「目擊抑或碰觸者，就會發生不好的事情。可能會捕不到魚，可能會生病，也可能會有家人過世。」

這就是塔布。尤其跟國王或族長相關的塔布更是特別多，譬如大溪地就認為國王走過的土地都會變成塔布，所以大溪地的國王都是乘坐轎子到處巡視國土。

此外，紐西蘭等地的聖職者為了獲得更多的瑪那，還會對自己課以塔布，譬如絕不碰觸煮熟的食物等。據傳古愛爾蘭的戰士也有類似的風俗。

（→金枝）

立川流

Tachikawa-ryu 立川流

■體系●歷史

仁寬創設的真言**密宗**邪宗門。

1114年仁寬投身於城山山頂自殺後，立川流只能默默地進行小規模傳教活動，直到14世紀才由魔僧**文觀**著手開始建立立川流的宗教組織。後來南北朝[1]相爭之際，立川流甚至還曾得到南朝後醍醐天皇的皈依。

立川流乃是以《瑜祇經》、《理趣經》、《菩薩時論》等有關性愛的經典，以及記載如何藉**即身成佛**達成**轉世**的《寶篋印經》為基本經典。綜合前述所有經典的祕密教義之後，才會有最能彰顯立川流思想的「赤白二渧歡喜即佛」這個御題目[2]產生。這個御題目所象徵的教義，就是說源自地獄的象徵女性的赤（象徵經血），跟能夠達致佛界的象徵男性的白（象徵精液）交合以後，赤就能得到白的拯救，一同前往佛界。立川流可說是種欲出手拯救佛教認為無法獲得救贖的女性之思想。

除「赤白二渧」此教理以外，立川流還有「五色阿字[3]」。這是種利用象徵母性原理的阿字的五種顏色（黃、白、黑、赤、紫），藉以說明宇宙構造的思想。這五色還各自對應至五智[4]、五佛[5]、五蘊[6]、正法輪與教令輪。

立川流提倡「當為女煩肉食」力斥佛教的女色煩惱及肉食等**禁忌**，以骷髏為本尊進行膜拜，以及積極使用鴉片等；這些異端思想，也是造成1335年高野山僧兵決定撲滅立川流的因素之一。僧兵不但殺害了眾多立川流僧侶，還將立川流蒐集的文獻全數焚毀。即使遭受這般迫害，立川流仍然能長期維持其命脈，直到江戶時代初期被徹底打壓消滅為止。

（→性魔法）

太公望

Taigong-wang 太公望

■人物●歷史傳說

（→姜子牙）

太平道

Taiping-tao 太平道

■組織●歷史

太平道乃第一個**道教**教團，它跟同時期成立的**五斗米道**同為現今道教之源流。

太平道的開祖是位叫做于吉的人物。2世紀中葉，于吉自稱得**天**傳授《太平清領書》，並以此書為教典開始進行傳教活動。于吉的繼承者**張角**則自稱大賢良師，以河北地方為中心

進行傳教，短短十數年便有30萬（另說達百萬以上）的信徒。

太平道之目的始終都是現世的救濟，可謂已具備後世道教教團的雛型。時值漢朝末年亂世，庶民生活完全被破壞殆盡，所以提倡現世救濟的太平道才能獲得廣大信徒的支持。張角尤其常以法術治病，廣獲民眾尊敬；《太平清領書》的內容已全數散佚，不過其中確實記有治病的法術。張角的治病術效果卓著，是以信徒皆相信大賢良師乃萬能術師，張角的宗教領袖魅力便是從此而來，已是無庸致疑。五斗米道同樣也是藉治病之術使教祖得到驚人的宗教號召力，並得以確實發展教團規模。若論治病術者藉由使用魔法以獲得信徒此點，太平道也可以算是種魔法教團。

後來隨著中國大陸的政情愈趨混亂，百姓為求生存，皆渴望亂世能有所變革。於是張角便以太平道組織對抗漢朝，自稱天公將軍揭竿起義。由於太平道教徒皆頭纏黃巾以為誌，人稱「黃巾黨」。初舉兵當時，漢軍因為陷入混亂而無法抵抗黃巾軍的攻擊，節節敗退。不久後官軍重整軍勢終於壓倒黃巾黨軍，張角自己則是舉兵不到一年便即病死，太平道組織也於焉潰散。

《三國演義》正是從太平道的黃巾之亂揭開序幕，黃巾首領張角與親弟張寶、張梁等人用各種幻術使官軍陷入苦戰。譬如張寶也曾以幻術迷惑官軍；他先召喚暴風吹得官軍東倒西歪，再製造兵團幻象趁官軍陷入混亂之際，派出真正的黃巾軍士兵出擊，殺得官兵潰不成軍。然而最後黃巾之亂卻因後來的蜀漢初代皇帝劉備等人的鎮壓而平息下來，張寶、張梁紛紛戰死，就連張角也在戰亂之中病故。

泰山

Tai-shan　　　　　　　　　　　泰山

■場所●歷史傳說

位於山東省泰安縣北，標高1524公尺。早在西漢時代，中國便已經有將位於山岳信仰頂點的泰山奉為「五嶽」，受萬民崇拜的信仰；所謂「五嶽」就是指包圍著中原的五座山嶽：東嶽泰山、西嶽華山、南嶽衡山、北嶽恒山、中嶽嵩山。

這五嶽裡最神聖、最受重視的，就是東嶽泰山。泰山乃五嶽信仰之核心，是最接近陰間的地方，自古皆以其為生死交界處；因此才會有許多**巫覡**，為行**召鬼**之術而聚集於此。

中國歷代王朝皇帝，皆曾經在泰山舉行「封禪」。這是個祭拜天地之神祈求國家安泰的儀式，也是種為使用守護魔法而舉行的大規模

1　1336年後醍醐天皇從京都遷至吉野之後，日本便分裂出兩個對立朝廷：持明院系統的北朝位於京都，大覺寺系統的南朝則是位於吉野。
2　御題目通常皆指日蓮宗信徒所唸的「南無妙法蓮華經」（なむみょうほうれんげきょう）七字。此處則是指最能代表立川流中心思想的口號。
3　阿字為梵語字母的第一個字，或指該字的發音。密宗認為阿字裡已經包括了所有梵字，而宇宙一切事態之中也都內藏有阿字這股不生不滅的根源力量。
4　五智是梵文Pancajnana的意譯。據不空所譯《菩提心論》及日本空海《祕藏記》等載，密宗大日如來有五種智慧：①法界體性智②大圓鏡智③平等性智④妙觀察智⑤成所作智。
5　五佛指真言宗的兩部曼荼羅裡，中央佛大日如來及其四方的四尊佛。換言之，若論金剛界就是指大日如來與阿閦（東）、寶生（南）、阿彌陀（西）、不空成就（北）這四尊如來；若論胎藏界就是指大日如來及寶幢（東）、開敷華王（南）、阿彌陀（西）、天鼓雷音（北）這四尊如來。
6　五蘊為梵文Pancaskandha的意譯。《俱舍論》卷一：「諸有為法和合聚義是蘊義。」是一切有為法作的分類，共計有五：①色蘊②受蘊③想蘊④行蘊⑤識蘊。

儀式。此儀式乃由華夏世界的代表向神祇祈願，所以唯有當朝天子才有此資格。若不論太古時代的諸皇帝，史上第一位舉行封禪儀式的就是漢武帝。武帝曾於山頂祭**天**、山麓祭地，並且奉告天地曰自己乃身受天命即位為帝。此外，秦始皇雖然未曾舉行過封禪，卻也曾在泰山山頂立碑，祈求國家繁榮。

泰山之神叫做東嶽大帝，乃由泰山神格化而成，**道教**認為東嶽大帝乃天帝之孫[1]，執掌凡人的生死與賞罰。是以不光是庶民，就連歷代皇帝皆極重視這位神祇，唐玄宗曾贈「天齊王」、北宋真宗也曾封贈「東嶽天齊仁聖帝」稱號。順帶一提，「天齊」就是指「與天相同」的意思。

太上老君

Taishang-laojun　　　　　　　　　太上老君

■人物●歷史

（→老子）

咒符

Talisman　　　　　　　　　　　　タリスマン

■物品●傳說小說

（→**護符**）

密宗

Tantric Buddism　　　　　　　　　密教

■體系●歷史

積極施行**咒術**的佛教一支。

本來佛教是否定咒術的。**釋迦**本身將咒術稱為「畜生之咒」，並禁止弟子使用。但釋迦本身早先卻是個曾留下降服龍等各種傳說的行者。

在佛教的發展中，後來出現了若施行咒術或能救贖更多人的思想。接著便產生出吸收了印度的咒術宗教，積極行使咒術的佛教。這便是密宗。

密宗是大乘佛教中最後成立的，約於6世紀時起源自印度，後傳入中國、西藏等地。在9世紀時被真言宗開山祖師**弘法大師**帶入日本。

密教乃是「祕密的佛教」之意。也有「佛教中的神祕主義」的意思在。密教的教義，乃是透過儀式進行修行，而藉此能與宇宙真理合而為一。

而「密教」這種叫法大體上是在日本確立的，而雖然空海一直使用「**真言**密教」這個詞，但在並沒有表示「密教」此字的梵文。在印度因為密教有「最堅利之佛教」的意涵故被稱為「金剛乘」。

代表密宗的神格——大日如來，本是波斯的太陽神阿辣（Ahura），而在印度成了既是神也是惡魔的阿修羅（Asura）。換言之，密教是將一半被當作**惡魔**的神祇尊為主神的宗教。這點可說便是密宗被稱為祕密宗教的遠因。

密宗的修行是經由**三密之瑜伽行**讓修行者與佛合而為一，人類可以藉此直接**即身成佛**。

佛教原本是倡導如釋迦那般藉由冥想達到自行開悟的宗教，對成就世俗性**願望**的咒術漠不關心。但因為若不能達成大眾的願望，宗教團體便難以成立。又或者是因為認為使用咒術後能拯救更多世人的人增加了，所以佛教團體中逐漸出現容許咒術的事例。密宗的原點，就是在這種對於咒術的趨向開始出現的。

於是以「**陀羅尼**」、「**曼荼羅**」等**咒文**記載密宗、佛教教義，並唸誦它們以獲得咒術性效果的形式便被建立了起來。

進入7世紀後，出現了詳盡彙整了宇宙的象徵體系、僧侶的修行系統，以及咒法體系的經典。該經名為《大毘盧遮那成佛神變加持經》，俗稱為《大日經》。這部經典將本尊從以前佛教中的釋尊，亦即釋迦、佛陀，變成了身為太陽神的大日如來。由於這部經典的出現，密宗不再只是施行咒術的宗派，而變成了以成

佛，而且還是以肉身直接成佛（即身成佛）為目標的宗教。**曼荼羅**也基於此經典被造了出來，密宗也迅速系統化起來。傳入中國、日本的密宗便是這時代的產物。

這樣一路發展下去的密宗在8世紀時，開始變得重視起人類身體的生理面向。於是開始出現以**瑜伽**為基礎而來的修行活動，而瑜伽又是以當時的印度生理學為根據。其中也有重新建構出以誕生生命之行為，也就是男女交合為重要象徵的密宗支派，認為可以藉由性行為而接近開悟。產生了「**性魔法**取向」的團體。此一系統被稱為「坦陀羅」（Tantra），認為性行為所帶來的極樂，亦即所謂的性高潮，乃是人類最純粹的狀態，也就是趨近開悟的瞬間，是一種可藉由肉體及精神上之鍛鍊提高這種純粹的境界的術法。

印度的密宗因為13世紀時伊斯蘭教徒的入侵而停滯不前；但經由中國傳入日本，及傳入西藏山的密宗在那之後仍繼續發展，直到現在依然受人信仰。

（→修法）

道

Tao　　　　　　　　　　　　　　　　道

■概念●歷史傳說

乃**老子**所提倡的道家思想中，森羅萬象之存在法則、宇宙的真理。此乃真正的（理想的）人類所應蹈襲的道路，所以老子才會稱之為「道」。

老子哲學之目的，就是要追求合乎「道」的生活方式。這種作為人生目標的道，又叫做「大道」。

這世界的萬事萬物，皆在有**無**之間循環不息；無中生有、有復歸無，世界便是如此不斷地變化。老子認為，此間循環及變化的法則，就是宇宙真理的根源。人類從原本的「有」歸於「無」乃屬自然，接受此事實並拋棄一切執著、歸於「大道」才是理想的生活方式；這就是道家思想中「道」的基本概念。

道家思想孕育出的**道教**認為，將「道」引入人體內便能與自然合而為一，進而能跟天地河山齊壽，永遠存在。達到此境界者，抑或即將達此境界者，就是所謂的**仙人**或**道士**。「道」的追求便於焉變質成為一種達成**長生不老**的手段。想當然爾，這跟原本的道家思想已經完全不同的概念。若說道教使道家思想沾染到現世利益，其實並不為過。

得道的仙人、道士們能夠操作體內的「道」，對森羅萬象工作。雖然這只是長生不老此最終目標的副產物，不過卻也能藉此獲得普通人決計無法企及的偉大力量；他們能夠無中生有，使其產生變化，再從有歸於無。這就是仙人的魔法，也就是所謂的**仙術**。

道教

Taoism　　　　　　　　　　　　　　道教

■體系●歷史

中國大陸最大的民族宗教。

道教約在西元2世紀的時候，方才演變成為宗教。

道教最原始的型態，乃是人類對**長生不老**的憧憬及想望。早在戰國時代就已經有種信仰，肯定世上有長生不老的**仙人**實際存在，並相信普通人類也能透過某種方法成仙。此處所謂的成仙方法，就是指取得仙丹服用，抑或吸納天地之**氣**進入體內。

1　中國人相信泰山和「天帝」之間有親屬關係，而關係共有兩種。晉·張華《博物志》：「泰山一曰天孫，言為天帝孫也。主召人魂魄。東方萬物始成，知人生命之長短。」認為天帝是泰山神的祖父；《列異志》則是說天帝是泰山神的外孫。此處採前者說法。

首位對「氣」概念進行闡述的人，就是古代傳說中的帝王**黃帝**。黃帝本名軒轅氏，著有《黃帝內經》二百九十七卷，盡述森羅萬象的根源「氣」之精要。此書除第九卷部分內容以外，已全數散佚；現存內容雖少，卻仍是揭示「氣」重要思想的著作，是追求長生不老的修行者必讀經典。

為「氣」此概念賦予明確定位者，就是**老子**。儘管他本人的思想跟長生不老無甚關聯，老子提倡的道家思想卻建立了追求長生不老者的哲學思想基礎。「所謂長生不老，其實就是回歸於**道**而已矣」的概念誕生後，古代仙人信仰方才蛻變成為一個重要的思想體系。此宗教正是因為這個緣故，才有道教之名。

由於他們的功績卓著，中國人才以黃帝子孫自任，並稱道教為「黃老之道」。

原本只是種追尋長生不老方法的道教，直到2世紀後半才正式成為真正的宗教。後漢王朝末期有**張角**、**張道陵**相繼現世，他二人各操**仙術**為信眾治病，拯救無數性命。此外，他們也是身處亂世被迫離開故里的民眾精神的支柱，確保百姓精神及生活的安定。許多百姓被迫離開故鄉只能四處流浪，這同時也意味著百姓從前的精神支柱——**祖靈**信仰業已崩壞。百姓在尋求能代替祖靈信仰的新的精神支柱時，此二人便挾著極巨大的宗教魅力出現在民眾面前。多虧這兩位教祖打下的基礎，才使道教得以逐漸成長為一種魔法宗教團體。

張角與張道陵皆曾將慕名前來的信徒組織成教團。這兩個最早期的道教教團，應是參考堪稱思想集團先驅的**儒教**教團組織，以及外來宗教結社佛教教團組織後建構而成。

道教在傳承的過程當中，吸納了不少思想概念；其中儒教的道德倫理、佛教的**輪迴轉世**思想堪為代表。此外，將**陰陽道**的**五行說**結合道教的養生法（→**長生法**）、「氣」的概念以後，非但使得**煉丹術**高度發達，甚至還補強了仙術的理論基礎。**易**同樣也加強了道教的學理層面，尚且為仙術拓展出更多更廣泛的變化種類，起了很重要的作用。

道教修行者的終極目標，就是要成仙並長生不老。不過修行者因為前述緣由，在修行過程中就能學會各種五花八門的魔法技能。譬如儒教的防**鬼**驅趕之術，易的預知未來、面對命運的應對自處之法。修行者還能學會如何操縱體內的氣，利用體內的氣來干涉構成世界萬物的氣，進而製造幻象或控制天氣（→**操縱天候**）。這便是所謂的仙術。而且，修行者為獲得長生不老的肉體，還必須學習調製魔法藥的技術。道教成立以前的仙人，乃是藉由與天地自然合而為一達致長生不老；但是道教成立後卻普遍認為，仙人乃是不斷努力持續修行的結果。倘若前者乃天地精華之所聚，則後者便可謂是不折不扣的魔法師。

起源自人類對長生不老的探求、因為治病之術而形成教團的道教，是個賜修行者以仙術、賜信徒以現世利益的魔法宗教團體。道教影響遍及中國全土，雖然現在已經因為文化大革命而衰退，不過道教在台灣及海外華僑之間仍有極大的影響力。道教的寺院叫做道觀，至今仍有許多民眾為祈求各種願望而前往道觀參拜。

（→陰陽說、西王母）

道士

Taoist　　　　　　　　　　　　　　道士

■人物●歷史傳說

道教所謂立志成為**仙人**而修行者。或指道教教團的修行者。

通常加入道教教團修行，就跟為求成仙而修行是同樣的意思。不過道教教團當中，也有些流派並不以成仙為目的（如全真教[1]）。在此類教團裡修行者，也都叫做道士。

道士與仙人兩者間的界線劃分，原本就極

為曖昧不清。凡人絕不可能某日突然就變成仙人，而是必須在修行的過程中慢慢得**道**、達到**長生不老**境界，然後才能成仙。

道士在修行的過程中，會學習到各種形形色色的魔法技能。**驅鬼**之術、預知未來，還有為了要得到長生不老的肉體必須學習的魔法藥調製技術（**煉丹術**）。此外道士在領略道的過程當中，還能學會如何操作體內的**氣**。得到此項技術後，道士就能干涉構成世界萬物的氣，進而製造幻象或是控制天氣（**→操縱天候**）。這便是所謂的**仙術**。若修行者已達此境界，距離成仙已不遠矣。

當然在現實世界裡，成仙是絕無可能發生的事情，道士始終只能終生做個道士。

熱力

Tapas　　　　　　　　　　　　　　　タパス

■概念●歷史傳說

（**→苦行**）

苦行

Tapas　　　　　　　　　　　　　　　苦行

■體系●歷史

藉由折磨肉體以提高精神層次的修行方法。此法可見於世界各地，尤以印度最為著名。

苦行從較簡單的如禁慾、短期斷食，到較激烈者如：停止呼吸、一週僅食用一顆芝麻或米粒、長時間單腳站立、手舉過頭直到僵硬無法放下為止、躺臥在鐵釘之上、在岩山上不斷

接受烈日曝曬等常人不能為的苦行，五花八門、形形色色。

經過前述苦行，苦行者的體內就會有種叫做熱力（Tapas）[2]的能量開始累積。這種熱力之火能夠焚燒一切的事物。敘事詩《摩訶婆羅多》[3]裡，甚至還描述火神阿耆尼[4]說道：「以苦行累積功德者，尚且能焚燒我這個火神。」是以懼怕不敢近身。

熱力之火非但能焚燒事物，苦行者還能藉由熱力得到各種神通力，諸如：得知過去現在與未來、讀取他人心思、在水面或天空步履如常等。古印度敘事詩中的**聖仙**們，正是藉苦行得獲偉大力量者。

中世的基督教與伊斯蘭教也不乏欲藉苦行接近神明的修行者。有趣的是，今日的基督教與伊斯蘭教中實行苦行的信徒，幾乎全都居住在印度次大陸。

（**→蘇非主義**）

塔羅牌

Tarot　　　　　　　　　　　　　　　タロット

■物品●歷史傳說

由22張大祕儀牌（Major Arcana）及56張小祕儀牌（Minor Arcana）所組成，主要用於**占卜**用途。「Arcana」就是「祕密」的意思。塔羅牌的英文正確發音其實應該是「Taro」，但日本皆固定唸成「Tarotto」。

塔羅牌裡的22張大祕儀牌如下：

　1：魔法師
　2：女祭司

1　全真教與正一道同為元朝以後道教兩大派。金世宗大定七年（1167）王重陽於山東寧海（今牟平）全真庵聚徒講道時創立。其徒丘處機等七人，後稱北七真。

2　熱力的梵文Tapas原意為「熱」，因為印度炎熱，宗教把受熱作為苦行的主要手段，故又可譯作「苦行」。

3　請參照本書第41頁譯注。

4　阿耆尼（Agni）乃由火神格化而來，在印度教《吠陀經》（Veda）中地位頗高。印度神話裡的五天之一。主要能力在於破除黑暗。

3：皇后

4：國王

5：主教

6：戀人

7：戰車

8：正義

9：隱士

10：命運之輪

11：力量

12：吊人

13：死神

14：節制

15：**惡魔**

16：神之家（塔）

17：星星

18：**月亮**

19：太陽

20：審判

21：世界

0：愚人

不過現在最普遍的偉特版（Waite）塔羅牌[1]乃以力量為第8、正義為第11，而且將0號愚人排在最前面。

小祕儀牌共有權杖、寶劍、金幣、**聖杯**四種，各自對應至百姓、貴族、商人、僧侶四個階級。這四種祕儀牌各有14張牌，可分為1～10的數字牌，以及國王（King）、皇后（Queen）、騎士（Knight）與王子（Jack）。

塔羅牌占卜有許多不同變化，並無一定的占卜方法，不過多數占卜師皆偏好將牌排成圓形。若將TAROT各字母寫成圓形，就能排列出TARO（律法）與ROTA（輪）這兩個單字，而這種排列方法也正是表現出世界變化的命運之輪的象徵。

關於塔羅牌源自何處眾說紛紜，有波斯、埃及、印度等各種說法，仍無定論。此外日本也有種跟塔羅牌極為類似，叫做「うんすんか

るた」[2]的紙牌，這紙牌很可能是種在很久以前就輸入日本的舊型塔羅牌（少數人以此為證據，認為塔羅牌其實源自日本）。

（→吉普賽）

食神

Tasting Gods　　　　　　　　　　食神

■魔法●歷史傳說

許多文化為了要得到某位神祇的力量與恩惠，都有食用該神祇的風俗。人類所吃的神祇，絕大部分都是大地之神或豐饒之神（→**太母神**）。

阿茲特克人會在挖出祭拜維齊洛波奇特利[3]的**活祭**品的心臟之後，將屍體棄於祭壇下。如此一來，神就會移至活祭品體內；此時在下面等待的阿茲特克人，會從活祭品，也就是神的身體上割下生肉食用。此儀式後來改用穀物粉末摻和兒童**血液**捏成人偶狀，並食用之。

法國的部分地區會拿每年最後收成的小麥製成麵粉，並且捏成人偶的形狀。這麵人就是穀物神的人偶，由村長負責撕碎麵人，將神的「肉」分給每位村民。

基督教便是個以這種擬似性的食神，也就是聖餐為核心的宗教。聖經有記載，麵包是神的肉，葡萄酒是神的血。根據中世基督教神學理論的說明，這種敘述並非象徵，亦非抽象意涵，它所代表的就是字面上的意義。若是沒有跟神合而為一的聖餐，就沒有救贖，沒有贖罪，也沒有永遠的生命。

「你們若不喫人子的肉、不喝人子的血，就沒有生命在你們裡面。」（出自《約翰福音6章14節》）

羅馬帝國曾以「殺害嬰兒、食孩童血肉」為由，迫害初期的基督教。當然，此乃故意曲解其意，為了抨擊基督教所捏造的口實，不過基督教的此類記述亦不在少見，而這也是聖經

的特徵。

愛努人有種叫做伊予滿忒的送熊儀式，也是種食神的儀式。熊的精神乃是神祇（**卡姆伊**），其肉體——也就是毛皮與毛皮底下的美味熊肉，則是神明賜予的禮物。愛努人春天捉到幼熊以後，夏天會慎重地養育小熊，待到秋天的伊予滿忒儀式才殺害之，這麼一來熊之神就能回到神祇所在的世界了。

（→食人）

刺青

Tatoo[4]   入れ墨

■概念●歷史傳說

現代刺青風氣頗盛，但刺青原本其實是宗教儀式當中的一環，是種將神的法力封印、儲存在體內的**咒術**手段。

刺青就是用針刺身體，使染料滲至皮膚底下。除此之外，不傷皮膚直接在肌膚上作畫的所謂「人體彩繪」也相當盛行。

許多民族自古以來都是為某些特定目的而刺青，或是以染料塗抹身體。塞爾特戰士的刺青便頗具代表性。

史前時代居住在裏海與黑海沿岸之間的塞爾特民族，因為東方遊牧民族與日耳曼民族大遷徙，而移居至大西洋沿岸的布列塔尼[5]、不列顛群島與愛爾蘭等地。他們作戰時不著盔甲、裸身手持武器，全身則是布滿各種顏色、各種模樣的刺青。

戰士的刺青象徵著北歐主神、光明之神盧訶[6]，或是其他戰神；塞爾特戰士們是想藉刺青以得到神明的強大力量。

（→渥爾娃女巫、儒教、狂暴戰士）

澀澤龍彥

Tatsuhiko Shibusawa   澀澤龍彥

■人物●歷史

本名澀澤龍雄（1928～1987）。

澀澤龍彥起初是因為翻譯介紹薩德侯爵[7]的作品始為世所知；1960年代以後，開始執筆**惡魔**學或**神祕學**等與西洋異端思想相關的論文。

此類論文當中，較有名的當屬《**黑魔法手記**》、《**毒藥手記**》、《**祕密結社手記**》這手記三部作。前述作品尚有文庫本出版，廣受年輕讀者喜愛，對日本幻想文學的作者與讀者皆有莫大影響。許多人都是因為閱讀了澀澤的著

1　偉特版（Waite）塔羅牌是由黃金黎明之成員偉特（A. E. Waite）所設計之塔羅牌。

2　日本江戶時代，參考荷蘭人傳入的紙牌發展而成的遊戲。現在只剩熊本縣人吉市仍有此遊戲流傳，原因不得而知；知道如何進行此遊戲者，至今已經不足五十人。此紙牌共分五個種類，每種15張總共75張牌。五個牌種分別是：劍、棒、杯、貨幣、巴字圖案。每個牌種都有1至9號的數字牌，還另有6張圖畫紙牌：漢人、福神、武士、騎馬武者、女性、龍。

3　維齊洛波奇特利（Huitzilopochtli）是阿茲特克神話特有的神明，在其他墨西哥原住民的傳說或宗教信仰中並無他的蹤影。原因是他早在阿茲特克人對外侵略、擴大版圖以前，就已經存在，是協助阿茲特克人完成「強勢阿茲特克帝國」夢想的國家守護神。他是阿茲特克人戰勝敵人的領導者，也是在天上發光發熱的太陽之化身。

4　刺青的英文應為「Tattoo」，此處應是筆者謬誤。

5　布列塔尼（Brittany）為英吉利海峽和Bsicay灣之間的半島。

6　請參照本書第43頁譯注。

7　薩德侯爵（Marquis de Sade，1740～1814）出身法國普羅旺斯的貴族世家，其母有波旁王朝的皇室血統。性虐待一詞（Sadism）的詞源便出自薩德的名字。薩德從三十八歲起到七十四歲病死獄中為止，前後因行為不檢與作品傷風敗俗，被監禁將近二十八個寒暑。最後死於夏宏東精神病患收容所。著有《索多瑪120天》、《貞節的厄運》等作品。

作，方才得知與黑魔法、祕密結社等領域相關的知識。

澀澤後期曾親自創作幻想文學，有《高丘親王航海記》等作品。

聖句盒

Tefillin　　　　　　　　　　　テフィリン

■物品●歷史

（→經文盒）

經文盒

Tefillin　　　　　　　　　　　聖句箱

■物品●歷史

猶太教徒祈禱時帶在身上的護身符。經文盒可分成兩種：一種置於額頭上，另一種則是綁在手腕，二者皆是用細皮繩綑綁。

經文盒相當於兩個火柴盒的大小，裡面裝著寫有《出埃及記》、《申命記》部分經文的羊皮紙。隨身攜帶經文盒者，便能得到神（YHWH）的守護，能斥退妖魔鬼怪等異類。

由於猶太教徒額頭的經文盒跟日本山岳信仰的**山伏**所戴**頭巾**頗為類似，後來才會有人提出猶太人是日本人的祖先，抑或日本人是猶太人的祖先的所謂「日猶同祖論」；此論全無任何根據，已不需贅言。

（→護符）

暴風雨

Tempest　　　　　　　　　　　あらし

■作品●歷史

莎士比亞的喜劇。1611年首演。

米蘭公爵普洛士帕羅（Prospero）疏於政事，終日埋首於魔法書籍研究。其胞弟遂與那不勒斯王聯手發起軍事政變，將普洛士帕羅及獨生女流放至無人島。被放逐到無人島之後，普洛士帕羅終於修得魔法精要，並且收伏了**精靈**愛麗爾（Ariel）。

某日普洛士帕羅得知自己積恨已久的胞弟（現在的米蘭公爵）與那不勒斯王正在船旅途中，便興起駭人暴風巨浪，使船上眾人分別漂流至某島嶼的不同處所。後來非但普洛士帕羅的憤恨漸息，那不勒斯王的兒子與普洛士帕羅的女兒還墜入情網。最後普洛士帕羅將大家召集至居處，眾人互相道歉賠不是，決定一同繼續先前快樂的船旅；當然普洛士帕羅與女兒等人也搭上了這艘船。此時他決定解放愛麗爾，並且將魔法書沉入「鉛錘不能及的深淵」[1]。

此作廣受好評，並且成為後世許多繪畫與幻想小說的題材。

文字置換法

Temura　　　　　　　　　　　テムラー

■概念●歷史傳說

跟**數值換算法**、**省略法**共同構成**喀巴拉**暗號學的一種技術。

「Temura」是希伯來語「置換」的意思。文字置換法正如其名，是種根據特定規則前後對調單字當中的字母，或是藉變位法[2]置換單字裡字母順序的技術。

錬金術師與魔法師為求保密，避免魔法的真正力量洩漏外傳，就會使用這種暗號法進行著作。作者必須以暗號組織文句，而且還必須寫成具有其表面意義的文章，所以他們寫成的書籍可謂是艱澀難懂至極。若欲找出此類錬金術書籍或**魔法書**裡所隱藏的真正意涵，就必須要通曉這些暗號技法才行。

這些技術也是現代暗號學的基礎。

天狗

Tengu　　　　　　　　　　　天狗

■生物●小說傳說

天狗是種其他文化圈所未見，日本特有的妖怪。

其模樣大致如下。天狗的頭部與烏鴉鷹鳥等猛禽類相似，胴體像人，作**山伏**裝束，背生羽翼，手持羽毛團扇。有人認為天狗的模樣，其實是揶揄諷刺山伏所衍生出的形象。

天狗此字首見於日本的正式文書紀錄裡，是舒明天皇時代西元637年的事情。據《日本書紀》[3]記載，某夜有顆流星發出像是雷鳴的聲音，由東而西；曾渡海遠赴中國隋朝留學的僧旻[4]說：「此物非流星，乃天狗是也。」然而此後三百年間，歷史紀錄裡不曾再有天狗一詞出現。

日本普遍認為，天孫降臨時曾替瓊瓊杵尊[5]開路、早一步降至地上的猿田彥[6]，就是後世天狗的鼻祖。

根據後世《先代舊事本紀大成經》[7]的記載，從前須佐之男[8]胸口猛感有氣鬱滯，後來化成嘔吐物被吐出體外；天狗便是由這堆嘔吐物裡誕生出來的。據說這位天狗雖然是女性神格，卻是非常粗暴的神祇。後來這天狗還產下了天魔雄命，而這尊神正是世界所有惡鬼邪怪、惡神妖魔的首領。《天狗名義考》作者的諦忍認為：天魔雄命才是日本的第一位天狗，後世所有天狗全都是天魔雄命的眷族，無一例外。

《源平盛衰記》[9]則有以下敘述：「所謂的天魔就是天狗，乃無道心之智者（僧侶等修行者）所化。頭似天狗，體似人類，左右有羽翼，知過去與未來，能飛虛空。天魔原是修佛法者，是以不墜地獄。天魔無道心，是以不往生極樂。最後會落入天狗道。」

天狗道不在六道（天道、人道、畜生道、阿修羅、餓鬼道、地獄道）**輪迴**之內，也不在得獲解脫者前往的極樂淨土；此概念約相當於基督教的「先祖界」（Limbus Patrum，基督教以前的聖者以及未受教會洗禮而亡者，等待接受最後審判時暫時停留的地方）。按照此番說

---

1 這裡似有點問題，翻查中譯本，雖有「到鉛錘還沒測量到的海底」一語，卻是普洛士帕羅之弟所言，而且是在說他的兒子。普洛士帕羅欲將魔法書捨棄之時的台詞為「我那魔法書，拋進海心，由著它沉到不可測量的萬丈深淵。」

2 變位法（Anagram）大致可以分成兩種。①逆向迴文：把「evil」倒過來拼就變成了「live」這個有意義的字，「god」倒過來則是「dog」。②將字母拆開重組：「Silent」可重組成「Listen」──「安靜」才能「聆聽」，前後兩字的關係非常微妙。另外「Eleven + two」可重組成「Twelve + one」──「11+2」等於「12+1」，答案都是13。

3 請參照第181頁譯注。

4 僧旻（？～653）為古代學僧。608年隨遣隋使小野妹子渡海入隋，632年歸國。645年與高向玄理兩人同時昇任博士職，成為朝廷重鎮。

5 瓊瓊杵尊亦稱「天津彥彥火瓊瓊杵尊」、「天饒石國饒石天津彥火瓊瓊杵尊」等。日本神道教說是天照大神之孫（即所謂「天孫」或「皇孫」），奉天照大神之命從天上下來統治日本。《日本書紀》「神代」卷載，天照大神與高皇產靈尊議，派天孫瓊瓊杵尊君臨「葦原中國」（日本），臨行授天孫「三種神器」和配給五部神。

6 猿田彥是天孫降臨時，負責替瓊瓊杵尊指路在途中等待的神，因而被日本人尊奉為道路之神、旅客之神。

7 《先代舊事本紀大成經》為史書，全十卷。雖有蘇我馬子等人所作序文，但此書應是成於平安朝初期。記載從神代直到推古天皇的事績。此書多處引用《日本書紀》及《古事記》內容，但卷五「天孫本紀」及卷十「國造本紀」乃他書所未載的貴重資料。

8 請參照本書第231頁譯注。

9 《源平盛衰記》是軍記物語。全四十八卷，作者不詳。此書成於鎌倉後期以後，乃《平家物語》的諸多版本之一。此書與流通最普遍的《平家物語》相較之下，仔細重現歷史事實的傾向較強，是以文體略顯生硬欠流利。亦稱《盛衰記》。

法，天狗就是種徒有高強**驗力**而無節操可言的妖怪。

然而另一方面，天狗道卻不受六道輪迴及佛法等法則束縛，可謂是個真正自由的世界。於是便有種說法出現，認為天狗是山伏的守護者。

除前述天魔雄命以外，太郎天（亦稱太郎坊。是位守護登山者、修驗者的山神）與鞍馬山**魔王尊**（伊遮那天，或是多聞天夜晚的模樣）都是天狗的首領。

（→鬼）

《四書》

Tetrabiblos　　　　　　　　　テトラビブロス

■作品●歷史

中世**西洋占星術**奉為權威、教科書的書籍。此書作者是羅馬帝國初期的埃及人**托勒密**。

此書乃托勒密蹈襲自己整理出來的天文學書籍《天文學大成》[1]與地理學書籍《宇宙圖說》（Cosmographia）後，集斯多噶派哲學家波塞多尼歐斯（Poseidonios）等迦勒底[2]、埃及古占星術思想大成，好不容易才完成的鉅著。

現代占星術所採用的許多基礎概念，諸如利用**四大元素**區分各**行星**、為黃道十二宮的各**星座**宮設定不同性格等，皆可見於此部作品。除了後來發現新行星、對各星座宮性格解釋方法的變化，以及各時代的命運觀變化這些因素以外，西洋占星術可以說是完全不出《四書》範疇之外。占星術學界對此書的態度可分成兩派，一派認為《四書》乃由來已久的歷史傳統，一派認為前者是盲從於古代遺物的愚行。

神智學

Theosophy　　　　　　　　　　神智學

■體系●歷史

奉海倫娜‧**布拉瓦茨基**夫人為鼻祖的神祕體系，以1875年在紐約設立的神智學協會為根據地，進行研究。有時會以廣義的神智學，指稱研究祕密儀式或祕密傳承的範圍極廣泛的學問。

將以**喀巴拉**、**占星術**、**鍊金術**等體系為代表思想的西洋神祕學，跟印度、埃及、中國等地的東洋神祕學進行融合，體系化整理後所得到的，就是神智學。由於神智學積極地吸收**輪迴轉世**與**羯磨**等概念，東洋思想色彩相當濃厚，使神智學所建構出來的世界觀，更顯新奇獨特。神智學乃是以人間靈面向的進化為目標。

其獨特的世界觀以及思想，對20世紀的神祕思想造成了莫大的影響。

（→人智學）

13

Thirteen　　　　　　　　　　　　　　13

■概念●傳說

自古以來，世界各地皆以12為象徵圓滿、完整的數字。這是因為12這個數字可以被2、3、4、6整除，頗為方便；譬如黃道有12宮，半天是12個小時。是以1+12（譬如一位老師、國王或頭目，加上12位徒弟或部下）這個數字也頗為常見（亞瑟王與羅賓漢[3]等故事便是如此）。**耶穌**也同樣依循此例，共有12門徒。所以最後的晚餐（耶穌與12位門徒告別的晚餐。晚餐後耶穌馬上就被12門徒裡的背叛者猶大出賣，交給政府當局）總共有耶穌與弟子共13人在座，13自此才開始被人視為不吉利的數字。

獵殺女巫時代的民間信仰認為，女巫集會全都是由13人組成。這些當然都是捏造出來的，女巫「我們共有13人」的供詞多是經拷問而得。

就連**塔羅牌**的第13張大祕儀牌（Major Arcana），也是「死神」。

西洋至今仍有13乃不祥數字的信仰，有些大樓會以14樓代替13樓，有些棒球隊則是沒有13號球衣。13號星期五更是不吉利的日子。唯根據數學計算發現，13號是星期五的機率其實頗高；每年至少會有一次13號星期五，而一年裡有3次13號星期五的機率是最高的。

縱使13這個數字有如此不吉利的意涵，舉行儀式、調整靈環境，仍是以13人為最佳。此外，13在**喀巴拉**裡是個象徵「統合之愛」的數字，具有正面的意義；以**數值換算法**換算「統合」與「愛」的數值，兩字加起來就等於13。

13星座占卜

Thirteen Sign Astrology　　　　　13星座占い

■體系●歷史

在傳統**西洋占星術**12星座之外加上蛇夫座，運用這13個星座的新占星術體系。其實西洋占星術界從很早以前就曾經想將蛇夫座加入既有體系，但直到1995年英國的天文學家賈桂琳・米頓（Jacqueline Mitton）發言後才受到重視。

賈桂琳・米頓的發言大意如下：

現在在占星術裡的星座，無法準確對應至黃道上的實際星塵。黃道上共有13個星座，而且各星座與黃道重疊的部分並不等長。這是因為歲差運動使春分點移動，致使以過去星座為基礎的占星術星座，跟實際的星座之間發生了錯離的現象。所以，無法對應至現今星座位置的占星術非但並不準確，也極不科學。

相對地，師承傳統西洋占星術的占星術師則反唇相譏，說這是混淆實際星座（Constellation）與占星術星座宮（Sign），對占星術毫無利益可言的無知發言。他們認為星座宮不過是將星座視為某種具抽象概念的符號，跟實際的天文情形毫無任何關係。事實上傳統占星術早在初期的時候，就已經實際地將星座與星座宮兩者區分開來了。這個概念最遲應該在西元2世紀左右希帕克斯（Hipparchus）發現歲差運動的時候，就已經成立。

更討厭的是，此議題在日本又有占星術師派閥間的爭權奪利等因素作祟，成了一場俗氣至極的爭鬥。

再者，有許多人（包括部分媒體在內）在傳達「地球地軸的方向長年間的緩慢移動，使得黃道因而改變、太陽行經蛇夫座」此錯誤知識；這段敘述有下述兩個錯誤：

①地球自轉軸的緩慢移動，乃是造成地軸方向移動的最重要影響因素。這就是所謂的歲差運動；然而，歲差運動並不會造成黃道的移動，只會使春分點沿著黃道移動而已。地軸方向除歲差運動以外還有許多其他變化，不過其影響可謂微乎其微。

②蛇夫座從很早以前就已經是位於黃道之上。只是蛇夫座位於黃道上的星體，同時也是構成蠍座的部分星體，因此多視情況判定該星屬於哪個星座。1928年天文學界製作世界共

1　《天文學大成》為記錄眾多恆星位置的星表。此書原名為《梅加雷・辛塔奇斯》（Megale Syntaxis），《天文學大成》（Almagest）是此書在阿拉伯的名稱。此書在歐洲因為教會的迫害打壓而燒毀，才以阿拉伯書名《天文學大成》稱呼之。

2　迦勒底人（Chaldean）是古代閃米特人的一支，興起於底格里斯河和幼發拉底河流域，後統治巴比倫。精通占星術和卜卜術。

3　羅賓漢（Robin Hood）為英國傳說的英雄。傳說在獅心王理查時代（12世紀後半），據守雪梧森林（Sherwood）的羅賓漢與小約翰、塔克修士等人協力打敗暴君、劫富濟貧，極受庶民歡迎。就連現在英國的勞動節（5月1日），也是紀念羅賓漢的紀念日。

通星圖時決定「任一恆星皆須分屬單一星座」，從前共用的部分恆星才正式被歸至蛇夫座。

《愛麗絲鏡中奇遇》

Through the Looking-Glass　　　　鏡の国のアリス

■作品●歷史

英國路易斯‧卡洛爾（Lewis Carroll）的小說，1871年刊行。《愛麗絲夢遊仙境》的續集。

某個冬天夜裡，愛麗絲把黑貓凱蒂（Kitty）當作西洋棋裡的「紅色皇后」，正對凱蒂說著「鏡子裡顛三倒四的世界」故事時，卻真的進入了鏡中的世界。鏡中世界像極了西洋棋盤，而愛麗絲則變成了棋盤上的一顆棋子——只是這世界的事物全都顛三倒四，有些山丘必須朝反方向前進才能到達，欲停留在原地還非得疾速奔跑不可。想當然爾，鏡子國裡的**時間**也是顛三倒四，就連點心都極其奇妙。想要切開點心分給眾人，點心卻再怎麼切都會恢復原狀。好不容易分配完畢，盤子裡的點心卻又消失，又得重新來過。此外，白色皇后能記得兩個禮拜以後發生的事情，而且這裡的人都是先接受懲罰，然後才會犯罪。

整體來說，此作情節安排較前作《愛麗絲夢遊仙境》更為縝密，小朋友喜愛的「顛三倒四」設計與情節隨處可見。故事最後愛麗絲捉住紅色皇后「用力搖晃，使她變成小貓咪」。猛地回到原來的世界，愛麗絲對手中已變回原形的黑貓凱蒂說道：

「但是凱蒂……到底哪邊才是夢境呢？」

（→日常魔幻）

天

Tian　　　　　　　　　　　　　　　　天

■概念●歷史

密宗的**曼荼羅**所繪之非密宗的其他宗教神格。

除了佛教本來的信仰對象：如來、菩薩、明王以外，密宗也將印度教與佛教出現以前的印度宗教諸神，還有波斯與日本的諸神全都納入了密宗的體系之內。這些外來神祇，就叫做「天」。

根據佛教（尤其是密宗）的思想，佛教的始祖佛陀（**釋迦**）是透過諸神悟得宇宙真理，並且超越了因陀羅[1]與阿修羅[2]諸神。

在須彌山[3]宇宙這種佛教宇宙觀當中，即便是神也必須不斷重複地經歷**輪迴轉世**，神明也只不過是種極為脆弱的存在，有時甚至可能會因為其行為而轉世成比人類更低等的生物也不一定。不過神再怎麼說還是比人類強大，有各種神通能力，所以諸神遂擔負起守護遵行佛教的廣大信徒、守護佛教的工作，因而才被畫在曼荼羅當中。

密宗傳入日本時，日本古代諸神也被納入了曼荼羅圖像體系內。這些神祇不以「天」稱呼，而是稱做「神」。這些神祇與密宗交戰後被諸佛擊敗，於是悔改轉而遵奉佛教。日本稱此現象為「神佛混淆」[4]。

每當民族間發生衝突等情事時，宗教裡的眾多神祇必定也會隨之發生衝突。兩相交兵之下，有時敗方的神話會因而滅亡，有時雙方則會融合孕育出全新的神格。

密宗則是將各地所信仰的小神祇全部納入自己體系內，藉以建構整個宇宙、表現真理，接著井然排列所有神佛，並賦予此體系意義。

如此一來，巨大的宗教遂因吸納周圍宗教而得以拓展其世界觀，並且得到更強大的力量。這股所謂的力量，其實就是指將民間信仰或異教所行**咒術**納為己物此具體利益，而這股力量則是具有使信眾更加虔誠信仰的效果。

時間

Time 　　　　　　　　　　　　　　　　時間

■概念●傳說

在人類的概念中，「時間」共可分成三種類型。

①時間朝一定方向流逝，永遠不會回來。中世紀中期以後的歐洲堪為代表。
②時間呈圓環狀不斷循環。古印度為代表。
③過去「就在某處」，只要伸手就能企及。過去、現在、未來的概念曖昧不明。澳洲土著堪為此類代表（→**夢世紀**）。

不過通常在任何的文化裡，普遍都有這三種概念混合存在。近代以後，才開始有以時間為主題的作品現世。雖然所謂的主流文學裡或多或少也有此類作品，不過此傾向尤以科幻或奇幻世界最為顯著。

其中科幻小說大致認同①的立場，以此為前提進行故事。也就是說，「時間朝一定方向流逝，永遠不會回來。先承認此概念，然後再創造出能打破此鐵則的機械。」威爾斯（Herbert George Wells）的《時光機器》（Time Machine）等作品就是典型的例子。

相對地，奇幻作品多數會採取③的立場。《時光旅人》（A Traveller in Time）、《湯姆的午夜花園》（Tom's Midnight Garden）、《憶馬尼》（When Marnie was There）、《綠諾村的孩子》（The Children of Green Knowe）等以時間為主題的傑作，往往是描寫心懷煩惱的孩童回到過去，遭遇到許多與自己有關的人事物，煩惱也因此煙消雲散；而其「過去」通常原本就存在於自我的深處。這些孩子並未使用時光機器，也並非被拋入次元斷層；他們只是一回神來便已身處過去，並且不時在過去與現在之間來來去去。唯有自我深處那「對過去的某種渴求」消失的時候，才會停止不再徘徊於今昔之間。若問時間到底存在於何處，其實時間「就在孩子們的血液裡」。

提爾那諾伊

Tir na Nog 　　　　　　　　　　　ティル・ナ・ノーグ

■場所●傳說

古代塞爾特神話中諸神居住的異世界。

「提爾那諾伊」在古塞爾特語裡面是「長青之國」的意思。早在天地創始時便已存在的神祇並無死亡，而在他們居住的國度裡，樹木枝葉永遠都是郁郁青青，那裡還有食物美酒不斷湧出的**大鍋**，以及能使人永保青春的黃金蘋果等各種寶物。

塞爾特人相信這諸神國度就在海洋對面西方的某處。當時塞爾特民族與日耳曼民族從歐洲本土不斷向西方遷徙，最後只能走到愛爾蘭與冰島便無法再前進，往西方望去是汪洋一片，他們以為前方什麼都沒有。他們相信西方就是任誰也無法到達的「神之國」。

其實曾經試圖穿越這片寬闊的大西洋海

1　請參照本書第237頁譯注。
2　阿修羅為梵文Asura的音譯，略稱「修羅」，意譯「不端正」、「非天」等。天龍八部之一，六道之一。原為古印度神話中的一種惡神。因常與天神戰鬥，後世亦稱戰場為「修羅場」。
3　須彌山為梵文Sumeru的音譯。印度神甘中的山名，亦為佛教所採用。相傳山高八萬四千由旬（古印度計算距離的單位，以帝王一日行軍路程為一由旬），山頂上為帝釋天，四面山腰為四天王天，周圍有七香海、七金山。第七金山外有鐵圍山所圍繞的鹹海，鹹海四周有四大部洲。許多佛教造像和繪畫以此山為題材，用以表示天上的景觀。
4　請參照本書第127頁譯注「神佛習合」。

域，前往探尋神之國的冒險者並不在少數。事實上，早在哥倫布抵達美洲的八百年前，就已經有冒險家先發現了這片新大陸。

絕大多數投身於航海冒險者，最後都無法返回故鄉；不過仍有極少數的成功故事成了英雄傳說，自此代代歌頌傳唱於後世。

塞爾特傳說裡有許多前往神之國探險的勇者故事，後來這些故事遂逐漸發展成中世歐洲的**聖杯**探索故事等各種傳說。

蒂坦妮雅

Titania　　　　　　　　　　　ティターニア

■生物●小說

莎士比亞的作品**《仲夏夜之夢》**裡面的妖精女王。又譯作「泰妲尼亞」。

舊約聖經

TNK　　　　　　　　　　　　旧約聖書

■物品●歷史傳說

猶太教經典。編纂年代不明，應是成於猶太人的**巴比倫**囚虜[1]（西元前6世紀左右）之後。舊約聖經這稱謂，乃是相對於新約聖經而言的稱呼。

《創世記》、《出埃及記》等**摩西**五書（律法書）[2]乃是根幹，再加上《列王記》、《以賽亞書》等預言書（先知書）[3]，以及《約伯記》、《但以理書》等聖書卷（聖錄）[4]，全部合起來就是《TNK》（Tanakh，唸作塔納克）。

舊約聖經除正統的希伯來語版以外，還有希臘語版、拉丁語版、古埃及語（Coptic）版與衣索比亞語版等各種譯本。

若將舊約聖經視為奧義書，試圖以**喀巴拉**的密碼技法解讀，就會發現《創世記》是由數百位神祇的名字所構成的。從大部分魔法儀式或驅魔儀式都是以神或**惡魔**之名而行這點就能發現，魔法師只要知道這些充滿力量的名字，就等於是擁有神魔的力量（→**名字**）。此外，

據說只要能得知創造世界的神的名字，就能進而解讀世界的奧祕。其實名字原本就不是用來判別人物或物品的記號，而是種各具不同意義、象徵性與力量的概念。

順帶一提，根據宇宙考古學者齊卡里亞·奚特清（Zecharia Sitchin）的說法，《創世記》乃以蘇美文明等巴比倫地區的神話為雛型。

頭巾

Tokin　　　　　　　　　　　　頭巾

■物品●歷史

亦寫成「兜巾」或「頭襟」。

山伏穿戴在額頭的六角形服飾，**天狗**也會額戴頭巾。

頭巾乃大日如來[5]寶冠，象徵著山伏就是大日如來的**化身**。此外，頭巾之所以選用黑色，是因為不動明王[6]的種字「𠆢」正是黑色。

托納爾波瓦利曆[7]

　　　　　　　　　　　　　トナルポワリ

■概念●歷史

阿茲特克的占星曆。以聖數13以及阿茲特克特有的20進位法構成的純數學曆法。

此占星曆一年共有260天。這是種用13與20這兩個數字建構而成，不斷重複循環的曆法。請讀者諸君試著想像一下，月曆裡每個月只有13天，每週卻有20天的畫面。儘管一週比一個月多出7天，每月每日卻仍然照舊不斷推移變換。13天的週期與20天的週期，每隔260天才會重疊一次（此處為方便說明才採「一個月」的說法，其實阿茲特克占星曆裡並無「月」的概念）。

20日的週期裡，每日皆有各自的象徵符號與守護神。阿茲特克人相信嬰兒出生時，當天的守護神將決定這孩子一生的運勢與性格。因此在運勢較差的日子出生的孩子，故意晚個兩

三天接受誕生的祝福，阿茲特克人也都予以默許。結婚的日期同樣也非常重要。

阿茲特克的農曆與占星曆每隔52年（農曆年）就會同步化；52年再加倍，就剛好等於金星的65次會合週期。重視金星也是**阿茲特克占星術**的特徵。

農曆與占星曆重疊的52年週期，也就是世界的循環週期。第52年的最後一天就是世界末日，若此日沒有任何事情發生，世界就會進入新的52年循環週期。

雅克‧素司特（Jacques Soustelle）所著《阿茲特克人的日常生活》裡面提到：「阿茲特克人認為宇宙非常脆弱，隨時會瀕臨毀滅危機。每當第52年接近尾聲的時候，人們因為恐懼而發抖，他們會熄滅所有火光，靜靜地等待昂宿星團[8]昇上天空。若昂宿星團順利到達天頂，神官就會向諸神獻上活祭品，並且在四方燃起火炬。看到這火光以後，阿茲特克人就知道世界並未毀滅，新的52年又再度來臨。」

圖騰信仰

Totemism トーテミズム

■體系●歷史傳說小說

特定集團把特定動植物當作自我的象徵，進而將自己視為同一事物的信仰。

舉例來說，某個氏族把獵豹當成自己的象徵、視為自己的「圖騰」。他們會稱呼自己為「獵豹之民」，更極端者甚至還會直接以「獵豹」自稱。該氏族會狩獵各式各樣的野獸動物，卻決計不殺獵豹。有時候他們會模仿獵豹的動作，並且把自己當成一隻真正的獵豹，用驚人的速度在原野間奔跑（此時該者經常皆會伴隨

1　古猶太人被擄往巴比倫之歷史事件的稱謂。西元前597年新巴比倫國王尼布甲尼薩二世（Nebuchadnezzar II）初次攻陷耶路撒冷後，把數千名猶太人擄到巴比倫。前586年尼布甲尼薩二世再次攻陷耶路撒冷，滅猶大王國，又把大批猶太王室、祭司、工匠擄往巴比倫。猶太史上常把前597～538年的歷史稱為「巴比倫囚虜」。

2　《聖經》的首五卷，即《創世記》、《出埃及記》、《利未記》、《民數記》、《申命記》。猶太教傳說這五卷書是上帝通過摩西所宣布的「律法」，故稱。

3　猶太教《聖經》將其分為前後先知書兩部分。猶太教認為先知在猶太民族史上，是作為神意的代言人而不斷出現的，有時引用過去的歷史，有時預言未來的事蹟，藉以勸人們遵守盟約與律法。並認為猶太民族的領袖摩西就是先知，他的繼承者約書亞以及隨後的撒母耳、以利亞等也都是先知；他們沒有留下著述，但記有他們事蹟的《約書亞記》、《士師記》、《撒母耳記》（上、下卷）與《列王記》（上、下卷），被稱做「前先知書」。同一期間，被認為是由另外一些「先知」親自寫出的書，稱為「後先知書」，包括「三大先知書」（《以賽亞書》、《耶利米書》、《以西結書》）及合為一卷的「十二小先知書」。

4　聖錄為《舊約聖經》的第三部分。亦即猶太教最後一批確定為《聖經》的各卷。收有體裁不一的十一卷經典，包括三卷詩集：《詩篇》、《雅歌》、《耶利米研歌》；三卷以文藝體裁寫成的哲理書：《箴言》、《約伯記》、《傳道書》；二卷宗教故事：《路得記》、《以斯帖記》。此外還有合為一卷的《以斯拉書》與《尼希米記》、《歷代志》（上、下卷）（實際都是歷史書），以及實為啟示文學著作的《但以理書》。各卷成書年代不一，於前2世紀編訂成集。

5　請參照本書第181頁譯注。

6　請參照本書第175頁譯注。

7　托納爾波瓦利曆英文一般作「tonalpohualli」。

8　昂宿星團（Pleiades）是疏散星團之一，在北半球的天空裡位於西方的金牛座，肉眼輕易可見。它的幾個亮星位於昂宿，故名。肉眼通常可以看見六、七顆亮星，又稱七姐妹，在梅西耶星表中編號為M45。昂星團的視直徑約2°，形成斗狀。成員星數在200個以上，是一個很年輕的星團，其年齡約為5000萬年。

著將自己擬作獵豹的行為，譬如戴獵豹**面具**或披獵豹毛皮等。這是種**順勢巫術**）。

這就是圖騰信仰。「圖騰」原本是北美原住民奧季布瓦族（Ojibwa）的語言，但此現象皆可見於世界各國，尤以南北美洲、非洲、大洋洲最多。以下是圖騰信仰的特徵（括弧內則是實例）。

①相信圖騰跟集團祖先有親戚關係（認為自己是熊嫁給人類以後所生的後代）
②會藉由某種儀式，使圖騰的力量附宿於體內（變得跟熊一樣有力氣）
③絕不食用圖騰（絕不吃熊肉）
④會針對圖騰進行集團祭典儀式（殺熊時會舉行特別的儀式）

然而，從無任何實例能完全符合前述諸點（就連前述實例的③、④也相互矛盾），所以圖騰信仰並無清楚的絕對定義可言。

若真要為圖騰信仰下定義，大概就是指「某集團將特定動植物（極少數案例是自然界現象）與自己結合在一起，並藉『我們』此稱呼來區別他者，凝聚向心力」吧！現代仍有些國家會將國民比喻成動物（譬如俄國人將自己比喻成熊，美國人則是老鷹），這就是種廣義的圖騰信仰。此外，職業棒球隊也喜歡拿動物作為隊伍名，報紙的運動版就常常都能看到「老虎」遍體鱗傷、「老鷹」折翼等標題，這些全都可以算是廣義的圖騰信仰。

（→**卡姆伊**）

恍惚狀態

Trance	トランス狀態

■魔法●傳說

亦稱入神狀態。這是種催眠狀態，**靈媒**等術師欲發揮靈能力時，就會進入此狀態。

恍惚狀態本身並無特別意義，施術者都是想要達到某種目的才會進入恍惚狀態。其目的大致可以分成三種。

①為方便自己與異界的存在（靈魂、神或是**精靈**等）進行對話，使自己的意識進入恍惚狀態。若施術者欲以清醒意識狀態跟有別於現世的異界進行對話，很可能會受到現世各種常識的拘束，導致溝通困難。因此施術者必須先進入恍惚狀態，使自己從平日的常識得到解放，才能跟異界的存在進行對話。

靈媒在**降靈會**等集會中進入恍惚狀態，其目的不外乎下列二者。

②為將身體出借給他者。施術者必須維持在無意識狀態，才能放空自己的身體，招來異界的存在。如此一來，異界的存在才可以藉靈媒的身體進行活動。此時靈媒可能全無任何意識，也可能隱隱約約地知道自己在做什麼。此點因靈媒各人而異，並無固定法則。

恐山的**伊田子**與神靈附身的**預言家**等術師，便是為此目的而進入恍惚狀態。

③為使自己的意識飛往異界抑或現世的某個地方。這種技術叫做**幽體脫離**，從旁觀察就可以發現靈媒的身體已經進入恍惚狀態。

光是從旁觀察，很難判斷靈媒是否真的進入了恍惚狀態。因為這個緣故，不時會有偽靈媒假裝進入恍惚狀態，藉此騙取他人錢財。

變身

Tranceformation[1]	変身

■魔法●小說傳說

因**詛咒**而變身，乃童話世界裡出現頻率最高的故事主題。

其中最有名的，就是王子或國王被變成青蛙的故事；有很多故事都是在描述王子被邪惡魔法變成其他生物，最後因為公主一吻恢復原狀的類似情節。舉例來說，在〈六隻天鵝〉裡，六位被變成天鵝的王子，因為妹妹的犧牲努力終於恢復原狀；〈水晶棺材〉[2]裡，被詛咒變成鹿的王子哥哥，在迎娶妹妹的國王將**女巫**處死之後，便馬上恢復了原來的模樣。變身在童話世界裡，可說是最流行的魔法。

回過頭來看看現實世界，變身卻是種頗罕見的魔法。身為人類卻能使用變身魔法的魔法師，不是只出現在極少數的特定地區，就是只出現在故事裡的虛構人物。

為什麼「變身的魔法」只存在於童話世界中？

這個問題有兩個答案。

從「變身的魔法」的起源——神話裡，可以得到第一個答案。

首先將焦點放在施詛咒者——類似**巫婆**的繼母、女巫等反派角色。雖然故事裡將他們描述成人類，但是這些角色其實跟異界的存在極為相近類似；他們都是由妖精或**惡魔**、神明等超凡力量人格化而成的，生活周遭經常都能見到、看來極為普通的角色。同樣地，世界各地所有神話裡，也有許多神祇能使用變身的能力。對人類來說屬於高難度的變身術，到了神明手裡也只不過是小菜一碟。尤其是希臘神話中，屢屢因為宙斯[3]處處留情而醋海翻騰的赫拉[4]就經常將人類變成動植物；宙斯為得到心儀的少女，也時常會變身成動物。這些異教諸

神的信仰雖然因為基督教的傳播而荒廢，不過這些神話或形象卻得以改變模樣殘存下來——那便是巫婆等魔法性的存在。因此我們首先可以確定，這些早已消滅的神話中諸神所用神通力，就是「變身的魔法」的起源之一。

變身魔法的另一個根源，來自於**薩滿**。薩滿在舉行魔法儀式的過程當中，會與守護自己的**精靈**合體——也就是變身成動物。當然這變身並非外貌的變化，而是指薩滿在主觀意識裡變身成為動物的現象。我們能在**薩滿信仰**根深蒂固的文化圈之童話裡發現許多變身魔法，其實就是薩滿將變身體驗代代傳承所造成的結果。

童話當中的魔法，便是由古代的魔法儀式，或是代代傳承至今的神話演變而成。

（→變化）

異裝

Transvestism　　　　　　　　　　　　　異裝

■概念●歷史傳說

男扮女裝、女扮男裝。普遍被看成令人作嘔的不當行徑，唯魔法師與聖職者卻經常作異裝打扮。

有種說法認為古代「念咒」乃女性專職，所以男性念咒或祈禱時必須模仿女性模樣。根據塔西佗（Cornelius Tacitus，1～2世紀古羅馬文人）的說法，古日耳曼神官會男扮女裝向諸神獻禱。希臘羅馬的部分民族也有異裝習俗，甚至還曾經流傳至基督教時代。然而教會當局並不樂見此情形，惡名昭彰的審問異端「權威」布丹[1]曾經公開表示：「男女魔法師會互相交

1　Tranceformation應當拼作「Transformation」。

2　〈六隻天鵝〉、〈水晶棺材〉兩篇皆出自格林童話。

3　請參照本書第73頁譯注。

4　赫拉（Hera）是克羅諾斯和莉亞的女兒，宇宙統治者宙斯的妻子與姐姐。赫拉名字的原意是「貴婦」，她負責掌管婚姻與女性的生活，同時也是位貞節之神；相對地，她也是位嫉妒心極重的女神，尤其會將憤怒的情緒發洩在宙斯的情人身上。

換服裝，並且進一步調換性別。」

除此之外，在日本、中國、伊斯蘭教信仰圈，還有種把男孩當作女孩扶養以規避災禍的習俗（《南總里見八犬傳》[2]的犬塚志乃便是很有名的例子）。從前男性嬰幼兒的死亡率較高，而當時又有「魔鬼認為男孩較有價值，所以偏好襲擊男孩」的概念，是以才有「把男孩當女孩養以欺瞞魔鬼」這般應對之策。

雖然這是題外話，不過近代愛爾蘭的作家威廉‧夏普（William Sharp）認為靈感屬於女性，才會用費歐娜‧麥克勞（Fiona Macleod）這女性名為筆名，創作出許多幻想性短篇故事。

（→魔法〔非洲〕）

樹木崇拜

Tree Worship　　　　　　　　　　樹木崇拜

■體系●歷史傳說

意指相信神祇或**精靈**宿於特定種類的植物裡，並將其置於宗教儀式（**咒術**）核心的信仰。

塞爾特的**德魯伊**視**橡樹**或**檞寄生**為神聖，還會將此類植物用於所有儀式，已是世所周知；若不論規模大小，此類信仰在世界各地到處可見。

樹木崇拜相信世上有尊貴的精靈寄宿或居住在某特定種類的樹木中，而他們（多被奉為森林之神）對陽光或雨水皆有特別的影響力。此外，樹木崇拜也相信這些精靈還擁有能幫助人畜生育繁殖的力量。由於森林之神就是寄宿於樹木內的精靈，人類才會認為他們負責掌管樹木成長所需的諸多力量（相當於生命之源的所有力量）。追根究底，人類之所以會崇拜樹木正是為此。

古代人會借助樹精（森林之神、精靈）的力量，試圖使無法盡如人意的作物收成、家畜

繁殖情形，更加富饒豐盛。於是人類便依循交感巫術的理論，創造出形形色色的咒術儀式。

譬如歐洲普遍有在家裡裝飾模擬樹木的木棒，祈求家畜或女性能夠懷孕的「五月棒」（Maypole）習俗，就是很好的例子。此風俗乃由迎接木棒（樹木）裡的精靈（森林之神），祈求豐收的咒術儀式演變而成。

此外在法國與德國等地，也有種叫做「收穫的五月」的習俗，是將麥穗綁在樹枝上，再用馬車從田裡載回家綁在倉庫裡。當然這個習俗原本也是個向樹枝（象徵森林的精靈）祈求麥穗飽滿殼實、倉庫藏穀屯糧滿溢的咒術。亞洲地區的**稻魂**儀式，也能劃入此範疇。

雖然向植物獻祭的祭祀儀式事例極為多樣化，無暇一一列舉，不過所有儀式全都是由祈求豐饒多產的咒術儀式演變而成。德魯伊如何發展出崇拜橡樹的信仰，此中確切經過由來早已散佚失傳。然而，若謂德魯伊的橡樹信仰乃以向諸神祈求收成獵物豐饒的原始儀式為根，雖不中亦不遠矣。

（→交感巫術）

真名

True name　　　　　　　　　　　真の名

■魔法●小說傳說

（→名字）

度思

Twusu　　　　　　　　　　　　トゥス

■魔法●歷史傳說

度思是愛努語裡泛指**咒術**的用語。從祭祀神明（**卡姆伊**）的儀式作法、向神明借用力量等技術，一直到與神明無甚關聯的吉凶之兆，全都在此範疇之內。其中也不乏有些跟日本**神道教**的祭神儀式，以及恐山**伊田子**的口寄[3]類似的度思。

不僅是人類，就連眾神明也會使用各種形

式的度思。

最常見的度思，當屬宣託。愛努的宣託有別於神道教的神祇降靈，乃透過平時便經常宿附在人類身上的各種附身靈（圖連帕）傳達宣託。這些附身靈會借用遭附身者的嘴巴，說出神諭宣託的內容。

愛努人使用宣託的頻率遠高於神道教與中國的**巫女**巫師，不過宣託的內容幾乎全都是些跟日常生活息息相關的事情，諸如明天天氣如何？鮭魚會在哪一天開始溯溪而上前來產卵等問題。此外愛努人也會利用宣託，藉以得知避免魔神（度姆奇卡姆伊）災禍的有效方法與手段。從前在每個愛努村落裡，至少都會有一位公認宣託內容頗為準確的女性。

有些度思則是與物品有關。

大部分的愛努人都有各自的「祕寶」。這些祕寶大多都是白**狐狸**的頭蓋骨，抑或以**木幣**製成的假**蛇**等物，其中也不乏刀子這種人工製品。愛努人通常將這些祕寶當作護身符（曼普利）隨身攜帶。

絕大多數祕寶的效力皆只及於單一世代；若以其示人，祕寶的效力就會消失，是以外人通常不會知道各人究竟所持何物。愛努人相信擁有祕寶者去世時，就會將寶物一併帶到死後的世界（阿努科塘）。

還有些度思是專門用來對付邪惡的度思。

愛努人認為魔物討厭污穢骯髒的事物。因此，愛努人才會幫小孩子起個「髒兮兮」之類

的**名字**藉以保護身體虛弱的孩子，或是拿穿了好一陣子沒洗的老人兜襠布、老太婆的莫魯（一種內衣）當作**驅魔符**。

執行度思主要是由女性負責的工作。在愛努族裡面，男性通常負責宗教性的行為及行事，女性則是負責咒術性的行為及行事。此乃完全分工的結果，男女雙方並無優劣高下之分，是愛努文化的特徵。

水精

Undine　　　　　　　　　　　　　　ウンディーネ

■生物●歷史小說傳說

　　四大精靈之一。傳說中居住在**星光界**的水之精靈。在人類的眼裡，水精看來就像是位身體呈流動狀彩虹色的女性。

不過在許多傳說或作品裡面，水精會以完全不同的姿態現身。譬如中世**鍊金術師**的寓意畫裡，便經常將水元素畫成魚的模樣。此外，他們也常把水精畫成由水構成的不規則生命體。

（→元素、四大元素）

丑時參咒

Ushinokoku Mairi　　　　　　　　　　丑の刻參り

■魔法●歷史傳說

1　布丹（Jean Bodin，1530〜1596）為法國政治哲學家。畢業於吐魯斯大學，在巴黎王宮擔任律師。1576
　　年至拉翁當檢察官，後卒於時疫。他首先提出國家的「主權」觀念，同時嚴格區分「國家」與「政
　　府」。其重要的著作是共和國六書。
2　《南總里見八犬傳》為曲亭馬琴所作。共九輯106冊。於1814〜1842年間連載刊行。此傳奇小說描述安
　　房里見氏之祖義實的女兒伏姬，感應到妖犬八房之氣而產下八塊玉；後來有八犬士分別持仁、義、
　　禮、智、忠、信、孝、悌八塊玉，為復興里見家而奔走。勸善懲惡思想貫穿全文、作品構想宏大，堪
　　稱江戶讀本的代表作。
3　請參照本書第127頁譯注。

這是種女性為咒殺憎恨對象所使用的**順勢巫術**（**咒術**）類型的**施咒**儀式。

首先施術者必須全身白色裝扮，披散**頭髮**、倒戴五德[1]，並且在五德上立起三根蠟燭；胸前佩戴銅鏡，腳穿單齒木屐[2]。施術前必須事先準備稻草人、五寸釘與鐵槌。

準備完畢後來到神社，然後用五寸釘將稻草人釘在神木或鳥居上頭。連續進行七天後願望達成，詛咒對象就會死亡。

若施術者的模樣被他人看見，此術就會失效。正是因此，此術才必須於萬物俱寂的丑時（凌晨兩點左右）進行。

（→厭魅）

巫賈特

Uzat　　　　　　　　　ウジャト

■物品●歷史傳說

埃及神話裡的光明之神霍露斯[3]，是冥府之神奧賽利斯[4]與伊西斯女神[5]之子。在神話裡面，霍露斯向殺害父親的叔父塞特[6]報仇時，失去了一隻眼睛。巫賈特便是模擬霍露斯眼球寫成的象形文字，所創造出來的**護符**。

霍露斯之眼左右顏色不同，平時右眼瞳孔呈黑色，左眼瞳孔則是白色。白色瞳孔代表著霍露斯的神格，也就是光明、太陽；黑色瞳孔則象徵著黑暗與**月亮**。霍露斯與叔父爭戰時喪失的是黑色的右眼，所以繪製單眼巫賈特護符的時候，原本應該是要畫成白色瞳孔才對；但是後來此法逐漸模糊混淆，畫成黑色瞳孔的單眼巫賈特護符也不在少見。

在埃及神話裡面，霍露斯取回被奪眼球的同時，遭塞特殺害的奧賽利斯也得以復活，因此巫賈特便成了能帶來健康、安全的護符。

下葬時佩戴有巫賈特的死者，就能在死後的世界復活昇天。

除了拿來當作陪葬用護符以外，當時埃及人還盛行將巫賈特當成飾品佩戴在身上。製成飾品的巫賈特仍具魔力，能夠守護佩戴者的健康，其效力夏強冬弱。這是因為巫賈特的效力與霍露斯的神力——太陽強弱成正比所致。

巫賈特也是神殿等建築物裡頗常見的符號。

巫賈特的材質可謂是五花八門，通常皆以木頭或石頭製成。此外也不乏以貴金屬或花崗岩等材質製成的巫賈特；有些巫賈特則是特別使用瑪瑙或綠寶石等寶石來製作眼球部分。

吸血鬼

Vampire　　　　　　　　吸血鬼

■生物●小說

提到吸血鬼，許多人應該馬上就會聯想到19世紀小說家伯蘭・史托克（Bram Stoker）創作的**德古拉**伯爵吧！然而德古拉以前的傳說中出現的吸血鬼，跟德古拉出現後許多小說家所描繪的近代吸血鬼，相去甚多。

此處首先從傳說中的吸血鬼開始介紹。

①傳說中的吸血鬼

按照字面意義解釋，所謂吸血鬼就是吸取他者血液的怪物（或人物）。不過在基督教、伊斯蘭教文化圈裡，吸血鬼就是指不死者（Undead，未完全死亡的死者）。這是因為這裡的人認為不死者要維持身體狀況，就非吸取他人鮮血不可。尤其東歐與巴爾幹半島諸國，更是以相同字眼來指稱吸血鬼、不死者以及惡鬼（包括**女巫**、**魔法師**）。

傳說中的吸血鬼大致上可以分為「死者復活型吸血鬼」與「**精靈**型吸血鬼」兩種。

死者復活型是指死者死後復活變成不死者，為維持生命而吸人鮮血。而且此處的死者

也並非貴族之流，幾乎都是農民或樵夫等市井小民。

精靈型吸血鬼原本就並非人類，而是指具有「吸血」特徵的精靈、妖精、魔物。

想當然爾，兩者間的區分絕非如此明確。會這麼說是因為，有時天生能夠使用魔法（具資質）者，使用魔法時會伴隨著吸血行為；有些人則是在死後**轉世**成為邪惡的吸血精靈。還有更難區分的案例，有時惡靈（**惡魔**）還會寄附在人類屍體內、變成吸血鬼。

死者復活型吸血鬼的出現，大都是因為打破**禁忌**的**詛咒**所致。此外被吸血鬼殺害者死後會變成吸血鬼的法則固然有名，但此法則並非所有傳統吸血鬼皆具備的性質。

舉例來說，羅馬尼亞的吸血鬼（Varacolaci）就是打破禁忌變成吸血鬼的典型案例。具體來說，造成羅馬尼亞吸血鬼的禁忌可以分為兩種。

一種是基督教的禁忌，如未接受洗禮者、被神詛咒者，或是私生兒產下的私生兒等。

第二種是民間信仰裡的禁忌，如將拌粥的棒子投入火堆、深夜點燃蠟燭織布，或是日落時打掃家裡、將塵埃朝太陽方向掃出等禁忌。

精靈型吸血鬼有時會以女巫或魔法師的模樣出現。真要說起來，某些地區的傳說甚至認為「女巫與魔法師並非人類而是天生的魔物」，女巫與魔法師其實就被視同於精靈型吸血鬼。還有些傳說認為具備魔法資質卻不自知的人，死後就會復活變成吸血鬼。此外在世界各地普遍都有個概念，認為女性於生產時或產褥期死亡就會變成惡靈，進而演變成吸血鬼。

吸血鬼除形成原因極為多樣以外，吸血鬼的特殊能力也是五花八門，不過其能力大多屬於魔法或詛咒的範疇內。

遭吸血鬼吸取鮮血或精氣者，抑或只是受到詛咒的犧牲者，會慢慢喪失生命力而亡。犧牲者喪失的生命力，就會轉而變成吸血鬼的生命力。換句話說，只要吸血鬼持續活動的一天，就會不斷地四處散播死亡。

比較特殊的還有，東歐認為教會撞鐘的聲音，會使聽聞者死亡、變成吸血鬼。

此外許多吸血鬼都有**變身**的能力。吸血鬼變成的動物以野狼、黑夜裡的無名怪鳥等動物居多，有些吸血鬼還能變身成老鼠、貓、鼬鼠、豬、黑狗等動物。所以不少人也會將吸血鬼視同於**狼人**。

此處說明恐有畫蛇添足之虞，但是各地傳說中幾乎都看不到有吸血鬼變身成蝙蝠的情節。在南美洲發現會吸血的蝙蝠、命名為吸血鬼蝙蝠（Vampire Bat）以前，吸血鬼與蝙蝠的關係並不像今日如此密不可分。不過前述怪鳥的真正身分，說不定就是蝙蝠。

不可思議的是，除野狼以外，吸血鬼變身的動物幾乎都不是屬於會襲擊人類的「猛獸」類。前述的黑夜無名怪鳥，可能是由女巫或魔法師所化，也可能是術師所飼養的**魔寵**。

吸血鬼與女巫、魔法師的關係相當密切，這個傾向尤以東歐的吸血鬼最為顯著。

1　五德是三隻腳的圓形臺架。立於火堆灰燼之中，用來放置鐵壺或是鍋子。

2　普通木屐都是雙齒，底部有兩片平行的直立木板。單齒木屐多是修驗者使用。

3　霍露斯（Horus）是埃及的天空之神。奧賽利斯與伊西斯之子，在奧賽利斯之後繼承了埃及的王位。

4　奧賽利斯（Osiris）為埃及的地府之神，奴特之子，妹妹伊西斯的丈夫。是埃及的統治者，是他將文明傳授給了人類。

5　伊斯西（Isis）為奴特的女兒，奧賽利斯的妻子、妹妹，霍露斯的母親。是她讓被塞特殺死的奧賽利斯復活。

6　塞特（Set）乃埃及神話中一位完美擔負「惡」角的神明。他謀殺了他的哥哥奧賽利斯。

②近代的吸血鬼

吸血鬼這種怪物早在西元前便已存在。不過現代每當提及「吸血鬼」時聯想到的，若非伯蘭·史托克的小說《吸血鬼德古拉》裡的德古拉伯爵，就是以德古拉為模型的吸血鬼。這些吸血鬼跟從前的吸血鬼有極為明顯的差異。

近代的吸血鬼不似傳說中的吸血鬼，他們更加洗練、優雅有如貴族，而且會裝作人類模樣，融入一般社會當中（即使居住在遠離人煙的城堡裡）。

吸血鬼的諸多魔力當中，最有名的當屬魅惑他人的能力吧！

雖然並非所有吸血鬼都有極具魅力的容顏、都是美女美男子或是身材姣好，但不知為何，人類就是會被吸血鬼的性魅力吸引。若是複數吸血鬼出現的作品，裡面的吸血鬼幾乎全都是美形男女。吸血鬼的魅力不單只是會勾人這麼簡單，有時還會演變為更積極的魔法性型態如「**催眠術**」等。吸血鬼能夠用眼力或魔法奪去對方的自由意志並操縱之，還能控制他人的情緒與記憶。藉此就能將犧牲者召至身邊，或是讓犧牲者誤以為愛上了自己。

一旦吸過血以後，犧牲者就會更加地為吸血鬼魅惑吸引，甚至不惜為吸血鬼自殺。因吸血而身亡的犧牲者會復活變成吸血鬼，完完全全成為吸血鬼的爪牙。

此外吸血鬼還有變身的魔力。吸血鬼能夠變成蝙蝠、野狼等動物，也能變成霧氣等不具實體的物體。然而近代的吸血鬼被視為與狼人不同的生物，很少會變身成狼。

吸血鬼就跟其他不死者同樣不會變老，也不會受生理學毒素或疾病的影響。或許正是因此，用尋常方法是無法傷害吸血鬼的。只要是普通的傷口，不論傷勢多麼嚴重也會在轉瞬間痊癒。

吸血鬼有前述許多高強魔力，但就像是為達到平衡似的，吸血鬼的弱點也相當多。

譬如吸血鬼害怕陽光，只要曝露在陽光下就會灼傷；而聖水對吸血鬼就跟強酸無異。此外，強酸與火焰也會使吸血鬼受到跟普通人同等的傷害。在某些作品裡面，**銀**製彈頭或銀製武器等也都能對吸血鬼造成傷害。

此外吸血鬼還害怕自古就被當作**驅魔符**的**大蒜**、香草、有刺灌木、代表神明威嚴光輝的十字架等物品，而不敢接近。

縱使吸血鬼有這麼多弱點，但除太陽光線以外很少有方法能真正地消滅吸血鬼。不論身負何等重傷，只要吸過血躺在棺木裡休息片刻，傷勢幾乎都能痊癒，而這也是不死者之所以為不死者的緣故。

要真正地消滅吸血鬼，就非得遵循一定的方法順序不可；更詳細地說，也就是必須在白晝找出睡在棺木裡的吸血鬼，持梣木等白木製成的木樁打入吸血鬼心臟才行。進行時若能唱誦神聖的話語（聖經的話語、祈禱的話語等）將更具效果。然若無法一擊成功，吸血鬼就會醒轉反撲。

給予致命一擊後，吸血鬼就會化為塵土飛灰。不過此時若能接觸到**血液**，吸血鬼仍然可能會復活；為防止其復活，最後必須將塵土灑到河川裡讓它流走，才是最保險的做法。

近代吸血鬼的許多特徵其實都是史托克為了要塑造德古拉伯爵，而參考許多民間傳說的吸血鬼各種特徵，並予以組合而成。自《吸血鬼德古拉》以後，絕大多數的吸血鬼都是蹈襲前述的各種特徵。

（→吸血、漢諾威的吸血鬼）

吠陀

Veda　　　　　　　　　　　　　ヴェーダ

■作品●歷史

婆羅門教聖典的總稱。此字在梵語裡原本是「知識」的意思，後來轉而用來指稱紀錄宗

教知識的書物。《梨俱吠陀》[1]、《娑摩吠陀》[2]、《夜柔吠陀》[3]紀錄神官向神明獻供物時，唱誦讚歌的內容與順序；再加上記載民間各種願望咒文的《阿闥婆吠陀》，共有四本吠陀經。

維塔拉咒法

Vetala Magic　　　　　　ヴェーターラ呪法

■體系●傳說

一種印度魔法。

維塔拉是種佔據人類屍體進行活動的鬼，又譯作屍鬼。據說維塔拉原本形體瘦長色黑，頭似駱駝臉似象，有公牛的腳、貓頭鷹的眼睛與驢子的耳朵；不過維塔拉通常都躲在屍體裡面，很少以原貌現身。

據說維塔拉咒法是種以**咒文**召喚維塔拉進入屍體，使死者能夠再度起身的魔法。

（→吸血鬼、降靈術）

弗拉德・提別斯

Vlad Tepes　　　　　　ヴラド・ツェペシ

■人物●歷史

（→德古拉）

渥爾娃女巫

Volva　　　　　　ヴォルヴァ

■人物●歷史傳說

北歐的**薩滿**。介於女祭司與巫女之間，女性稱為渥爾娃，男性叫做法拉。唯此間區別不甚明確，有時也會以法拉稱呼女性薩滿。

不管是就社會層面或現實層面而論，北歐的薩滿多由女性擔任。這是因為渥爾娃女巫的**塞茲魔法**與**剛德魔法**這兩種魔法，其中塞茲魔法特別需要與靈結合；由於這種**附身**魔法必須將身心出借給靈，會有強烈的女性高潮伴隨產生，所以並不適合男性。她們平常居住在各聖地，並且應來訪者委託使用魔法。

渥爾娃女巫最主要的工作，是將較神低等的靈（名為維提爾Vittil）召喚至體內，進行預言。渥爾娃女巫的預言極受重視，沒人敢不拿預言當一回事。在北歐神話裡面，**奧丁**掛心兒子巴多[4]的命運，還特地降至冥府向這種女預言家的靈魂尋求建言。此外，據說曾有位渥爾娃女巫向羅馬將軍多爾努斯諫言，勸其不可渡河，將軍果然依渥爾娃女巫之言撤軍。

北歐人相信渥爾娃女巫還能將奧丁神或**精靈**的力量授予他人。得授魔法的戰士能夠在忘我狀態下，恃其狂暴野性與敵人作戰。此狀態下的戰士叫做**狂暴戰士**，乃是不死之身。據說在戰鬥的時候，渥爾娃女巫頗出人意料地還會驅馬坐陣在軍隊的前方或中央，提高戰士的士氣（其用意應該是要維持戰士的**恍惚狀態**）。

這種薩滿的足跡曾經遍布整個北歐。不過他們不像塞爾特的**德魯伊**有完整的組織與體系，所以基督教傳入後，渥爾娃女巫的存在意義隨即遭到剝奪，終於走上滅亡一途。

（→巫）

1　《梨俱吠陀》是梵文Rgveda的音譯，意譯則是「讚頌明論」。「梨俱」是這種詩體的名稱，一說為「詩歌」。約前1300至前1000年左右成書。是最早的吠陀本集。共十卷。主要內容是對自然諸神的讚頌。

2　《娑摩吠陀》乃梵文Samaveda的音譯，意譯則是「歌頌明論」。「娑摩」指祭祀用的歌曲。有三派傳本，分兩卷。

3　《夜柔吠陀》乃梵文Yajurveda音譯，意譯則是「祭祀明論」。約於西元前1000～800年成書。大部分出現在《梨俱吠陀》中。分黑白兩種。

4　巴多（Baldr）為光明之神。奧丁的兒子。眾神當中最俊美最聰明的完美年輕神明。他是位豐收之神，象徵著植物死亡與重生，但是他擁有阿薩神族血統，完全與豐收之神華納神族的神明無關。

巫毒

Voodoo　　　　　　　　　　　　　　ヴードゥー

■體系●歷史小說傳說

以**殭屍**與咒殺等邪教形象聞名的巫毒教，是發源自中美洲海地的混合宗教。

希斯盤紐拉島（Hispaniola）位於加勒比海海域，海地佔該島西部三分之一的區域，從前是法國的殖民地。17～19世紀這段期間，許多西非人被賣到島上當奴隸，作為砂糖農園的勞動力。生活艱辛困苦的奴隸，亟需一個能夠支撐信心的信仰體系。

不過，由於西非的宗教有強烈的祖先崇拜特色，造成各部族間的信仰有相當的差異。被賣至海地為奴的這些人，想當然爾是由各個不同部族所組成，因此各人信仰的共通性相當薄弱。

此時芳族[1]的信仰便從眾多信仰中脫穎而出。芳族的宗教有個特色：它能夠將其他宗教的諸神吸收入自己的信仰體系，是統合各部族多樣宗教的最佳選擇。

於是巫毒教（巫毒此字源自芳族語裡代表神、**精靈**的Voudun一字）便於焉誕生。巫毒教不僅是統合各部族**祖靈**的宗教，它尚且吸收了周邊的所有宗教思想，包括天主教系基督宗教、北美洲原住民觀念、加勒比海海域原生宗教等。天主教的影響尤鉅，巫毒教的聖靈**羅亞**便被視同於天主教的諸位聖人。

巫毒教極富彈性與生命力，並深深地往人們心底紮根、成為教徒們團結一致的重要基礎。1804年海地能夠成功脫離法國宣告獨立，巫毒教凝聚人心的現象可謂影響極鉅（整個南北美洲眾多國家裡，海地是第二個獨立的國家，僅次於美國）。當然，巫毒教所帶來的影響並非全是正面的；1950～1960年間君臨海地的「終身大總統」弗朗索瓦・**杜瓦利埃**——人稱「Papa Doc」——本身就是巫毒教的祭司，他利用民眾對**咒術**的恐怖感，肆無忌憚地大行暴政。

我們很難確切掌握巫毒教的實際狀態。就其本質而論，巫毒教的構造會隨時不斷變化、膨脹，再說它也不似近代的許多世界宗教，有經過統合的明確宗教組織。如何與諸神應對？儀式的內容為何？該如何解釋？各個宗教儀式團體間的差異可謂極為微妙。

儘管巫毒教吸收了繁複的諸多宗教，其核心思想打從當初在非洲的時候，至今從未改變。基督教式的祭典不過是個形式，儀式的目的不外乎是與羅亞進行交涉、求得羅亞守護而已。

羅亞位處至高神格蘭・梅托雷（Grand Maitre，意思是偉大的支配者）之下，其數逾百。這些羅亞除源自非洲的神祇外，還有各部族的祖靈與其他宗教諸神，他們隨時都影響著人們的生活。巫毒教的儀式目的就是要將羅亞對人類的影響，導向對自己有利的方向。

負責指導儀式的男性祭司叫做**恩貢**，女性祭司則叫做曼柏（Mambo）。巫毒教的祭典與儀式有非常濃厚的**薩滿信仰**色彩，乃是以降靈為主。沐浴在激昂的強烈鼓聲節奏裡，信眾發狂似的跳舞，祈請神靈降至自己身上。信徒忠於羅亞與恩貢的一切指示，並且時常以神託決事。

儘管這**附身**儀式使得巫毒教在全世界都被貼上邪惡咒術的標籤，巫毒教卻是海地人面對極度貧困與嚴峻現實時的唯一安慰。知道羅亞看護著自己，才能使這些無力的人類心裡還有一絲活下去的希望。

巫毒教是種與信徒生活極為密切的宗教，至今對海地人仍有莫大影響。

此外，中南美各地區也有許多起源自黑人非洲[2]的宗教。這些宗教與中南美洲當地的土著宗教融合後，得以有獨特的發展。較有名的有巴西的溫班達教（Umbanda）、瑪康巴教

（Macumba）、康董布雷教（Candomble）等。

（→波哥）

巫毒娃娃

Voodoo Doll ヴードゥー人形

■物品●小說傳說

巫毒教祭司用以施咒的咒物之一。

此物是順勢巫術（咒術）的典型用例，是種模擬下咒對象，藉針刺造娃娃祈使對方發生不幸的咒法道具。雖然巫毒娃娃已是世所周知，不過巫毒教祕術向來是不得外傳；想當然爾，此咒法的詳細內容仍是個謎。

不過巫毒娃娃與殭屍同為巫毒教最具代表性的象徵，已是不爭的事實。

二級恐怖電影佳作《鬼作秀》[3]裡，就有一幕是描述少年不滿自己愛看的漫畫「鬼作秀」被父親丟掉，而用郵購買了個巫毒娃娃向父親報仇。這種場面在電影裡其實並不少見。

杖

Wand／Staff／Rod 杖

■物品●傳說

杖乃老人用以支撐身體重量的道具，是以由此轉而演變成老人擁有的豐富智慧之象徵。

因此埃及與南美洲安地斯等文明的神像大多持有手杖，希臘的智慧之神赫密斯[4]同樣也拿著一把雙蛇纏繞的手杖。佛僧與山伏持錫杖，中國的仙人與西洋魔法師也都會拿杖。摩西與弘法大師等宗教家的手杖皆有靈力，若以杖擊岩則有清泉湧出，若植杖於土還能變成樹木，持杖者可以在樹蔭下乘涼休息。

另外也有人認為杖擁有魔力並不僅是因為老人的智慧，也是因為用樹木製成的杖乃是位於世界中心的巨樹（世界樹）之象徵所致。

操縱天候

Weather Control 天候制御

■魔法●歷史傳說

天候一直都是古代人類，尤其是農耕民族最關心的事情，因為當時農業技術尚未發達，作物是否能順利收成全都取決於天氣理想與否。若遇天候不佳的荒年，就會有大批人因為飢荒而餓死。直到近代為止，這個殘酷的現象一直不曾改變。就連現代也無法完全處理大自然的惡作劇，更遑論古代尚未成熟的農業技術。就連天候不順究竟因何而起也不知道的古代人，便將暴風雨、水災、寒害、乾旱等災害，全都歸咎於自己能夠理解的原因——神明的憤怒。

所以免於天災的唯一方法，就只有不斷地向掌管天候的眾神祈願，避免觸怒神明而已。幾乎所有民族都會舉行盛大的儀式以祈求豐收，這也證明了天候不佳造成的歉收對古代人來說乃是極為嚴重的事態。此外，各地神話中最古老的神祇，都是將暴風雨、水（水災）、太陽（旱災）等自然現象擬人化後形成的神格，由此可見古代人對天候的關心及恐懼感何等深切。對他們來說，天候是生死攸關的問題。

然而，不論人類多麼虔誠地祭拜避免觸怒

W

1　芳族（Fon）是居住在西非貝寧人民共和國的黑人部族之一；此地區有許多黑人被強行帶到美洲。

2　黑人非洲（Afro Africa）指黑人居住的地區，也就是撒哈拉沙漠以南的非洲。

3　鬼作秀（Creepshow）為史蒂芬・金（Stephen King）原著小說改編而成的電影。共兩集，分別於1982年與1987年上映。

4　請參照本書第37頁譯注。

諸神，天災仍是無可避免。面對諸神的盛怒，古代人絕不會坐視不理，不然若是等到冬天，所有人都會餓死。為了及早平息神明怒火，使天氣回復正常季節運作，他們會請**薩滿**或祭司主持臨時舉辦的祭祀儀式。這些儀式，就是所有操縱天候魔法的起源。

當時這魔法只是一種人類對神明所發出的純粹嘆願，由共同體的全體成員共同參加的宗教儀式性色彩極為濃厚。然而隨著薩滿與祭司等職司的逐漸專職化，操縱天候的儀式也因此被**咒術**化了。最後這種儀式終於演變成發生天然災害時，由專職與眾神溝通者（國王、祭司、薩滿）依循固定手法招來好天氣的一種堪稱為魔法的「技術」。此類型的天候操魔法，在美洲、非洲、大洋洲的薩滿之間皆非常普遍常見。經過魔法化的天候操作的特徵就是，雙方的關係不再像從前是由人類單方面向諸神獻牲祭懇願，而是種近乎對等的交易關係。由於這些地方的咒術師皆有能直接與諸神（**精靈**）交涉的手段，所以才能向諸神表示「欲使旱天降雨，應以何物為報酬？」或「命汝立時休止滂沱暴雨，否則便派**守護靈**懲治」，發揮強制性的力量。

有些天候操縱法術並未按照前述過程發展，仍停留在宗教領域內。塞爾特民族的**德魯伊**就是最好的例子。德魯伊主持的豐饒儀式中，當然也有祈求風調雨順的願望包含在內。據說塞爾特人的豐饒祭典極為盛大，獻給豐饒神祇的祭品不計其數。塞爾特神話裡敘述德魯伊呼喚濃霧或暴風雨的場面，應該是參考塞爾特的祭典儀式，經過戲劇化處理而成。德魯伊本來就是種薩滿，所以即便德魯伊當中有能夠呼風喚雨之輩，也是理所當然的事情。

（→求雨、樹木崇拜）

水井

Well　　　　　　　　　　　　　　　　井戶

■場所●傳說

水井是「清泉湧出之處」，所以全世界的各民族大多都認為水井能帶來豐收，並將水井運用於治療病患、**占卜**、祈願、洗禮等各種儀式或行事。日本的天照大御神[1]與須佐之男[2]曾經掬井水唸咒，以昭示己心的潔淨。當他們將井水灑在各自所持寶劍[3]與勾玉[4]上頭的時候，竟然有神祇不斷從二神祇中誕生。

歐洲同樣也是自古便有水井崇拜的信仰。後來基督教無法杜絕水井信仰，決定轉而利用之，所以歐洲的許多水井才會與聖人傳說牽上關係。

此外，認為井底另有異界，或是水井內有井主（**龍**、**蛇**等生物）棲生的傳說，也不在少數。伊朗民間故事裡的龍便棲息於水井周遭，使得人類無法掬取井水。只不過故事裡的龍，最後大多是落得被勇敢的青年打敗的下場。

狼男

Werewolf　　　　　　　　　　　　　狼男

■生物●傳說

（→狼人）

狼人

Werewolf　　　　　　　　　　　　　人狼

■生物●傳說

這種怪物又叫做狼男、人狼。起源自東歐地區。狼人通常都是從人類**變身**成狼，從狼變成人類的情況較為少見。

狼人的歷史相當久遠，早在1世紀羅馬作家大普林尼[5]的《自然史》裡就曾經提及狼人，並稱之為流傳於民間的迷信。

論其起源，狼人在很久以前皆被視同於**吸血鬼**。尤其像羅馬尼亞的吸血鬼（Varacolaci）

這類又飲血又吃肉的吸血鬼，更容易使人覺得兩種生物是由同樣的生物演變而成。等到伯蘭‧史托克的《吸血鬼**德古拉**》出現以後，狼人與吸血鬼之間才開始有明確的差異。

傳說中的狼人，很少是像現代人印象中的那種介於人與狼之間的生物；通常不是會說人類語言的狼，就是大得像是個趴在地上的人類的狼。不過這些狼人跟人類同樣狡猾，不會輕易落入陷阱被擒。

雖然有些人會變成狼人是因為天生體質作祟，不過仍以後天因素較多。後天因素又可分成自願變身者，以及因為**詛咒**而變身者兩種。

出自於自我意願者，基本上都是魔法師或**女巫**變身成狼。首先要褪去所有衣衫，遍體塗滿祕術之藥，在**月光**之下用狼皮裹住全身；這樣狼皮就會黏在皮膚上，變成狼的模樣。魔法師或女巫就是利用這個模樣來為非作歹。要變回原來模樣，只要撒泡尿即可。

因為詛咒變成狼的案例當中，尤以被害者遭狼或狼人嚙咬因而變成狼人的情形最有名。這種情況很可能是以狂犬病為原型。由於實際遭傳染狂犬病者的痛苦掙扎與瘋狂行徑，看在缺乏醫學知識者眼裡，就像是遭到狼的詛咒一樣，所以此說法可信度頗高。也有人是因為行經狼曾經走過的路徑、在狼飲水處喝水等原因，因而遭到詛咒。還有人是因為前世罪行受罰才會變成狼人，不過為數極少。

狼也會化身為人類。此外，東歐的傳說及民間故事裡也時常提及近似妖怪的狼，可是這些狼不一定全是由人類變化而成。這些狼通常都是黑暗森林恐怖的象徵。

雖然有說法指狼人看見滿月或圓形物就會變身，不過這都是電影及小說創造出來的虛構情節，傳說中的狼人並無此特性。此設定的靈感應該是來自於狼或狗在夜裡嗥叫的習性。

白魔法

White Magic　　　　　　　　　　　　白魔術

■體系●歷史小說傳說

意指未抵觸社會共同體之宗教倫理或教義的魔法。此用語普遍用於統稱對他人造成正面影響（至少不會造成負面影響）的善意魔法。

或許各位讀者會覺得非常不可思議，不過世界上並無絕對不含任何一點**咒術**性要素的宗教存在。就是基督教及佛教這種理論性的世界宗教，也絕不例外。不過存留於宗教體系內的魔法，多被視為神明或諸多力量的顯現，而被允許存在（抑或是積極地被利用）。因此，歷史上有99%曾經使用過魔法的人，皆不斷重複地拚命聲明自己沒有超越宗教的範圍，所以自己屬於白魔法師。若不假思索便相信他們所說的話，那麼全世界的魔法師不就全是白魔法師了嗎？任誰也不想遭到社會放逐，遭眾人投石以對。

（→黑魔法）

1　請參照第231頁譯注。

2　請參照第231頁譯注。

3　日本三神器中的「草薙劍」，又名「天叢雲劍」。須佐之男殺死八俣遠呂智（八岐大蛇）後，於大蛇尾部發現此劍，並將寶劍獻給天照大御神。此劍隨著天孫「瓊瓊杵尊」降臨日本；景行天皇時代，皇子「日本武尊」東征前便從其叔母「倭姬命」手中接下這柄神劍。

4　勾玉為古代日本的裝飾品。須佐之男遭放逐之際，欲前向其姐天照大御神告別時，聲勢太過浩大，使天照大御神誤以為須佐之男想來奪取高天原。此時天照大神為得知弟弟有無邪念，於是用自己的勾玉交換須佐之男的寶劍，各自將之打碎，從中有五男三女神明誕生，並證明須佐之男的心意真誠。

5　加伊烏斯‧普林尼‧塞坤杜斯（Gaius Plinius Secundus，23～79），羅馬作家。小普林尼（Gaius Plinius Caecilius Secundus）乃其外甥。大普林尼在觀察維蘇威火山噴發時，因為吸入毒性火山氣體而殉職。

風

Wind   風

■現象●歷史傳說

據說**女巫**能夠興風。北貝里克（North Berwick）的女巫便曾經被控告，指其興起暴風欲使蘇格蘭的詹姆斯六世（也是後來英格蘭的詹姆斯一世）與未婚妻丹麥公主安（Ann）搭乘的船隻沉沒。相反地，據說女巫也能使風停息、讓船無法移動。

根據**舊約聖經**的記載，每當神顯現的時候都有旋風吹襲。再看到「神的氣息變成風，使骨頭再生」的敘述便不難發現，舊約聖經乃將風視為神的使者。

溫敵哥疾病

Windigo Psychosis   ウィンディゴ病

■魔法●歷史傳說

僅見於北美洲原住民中庫力族、歐布杰族等極少數部族的奇異精神病。

溫敵哥是居住在現今加拿大一帶寒冷地區各部族傳說中的冰之**精靈**。傳說溫敵哥住在森林裡，是種嗜食人肉的惡靈。

遭溫敵哥**附身**（或是如此確信）者，其意識將逐漸變化成溫敵哥，而且會變得非常想要吃人肉（尤其是近親者的肉）。此外在某些場合下，耐不住飢餓而染指人肉者，抑或是年邁的有能**薩滿**以邪惡意圖施法時發生反彈作用，也可能會遭溫敵哥附身。

隨著病症加重，遭附身者會開始拒絕一切普通的食物，喪失對話、整理儀容等生活不可或缺的能力。接著患者會打從身體裡面發冷，並且為身體的急遽變化所苦。一旦患者陷入此狀態，就必須將慎重地將其緊緊綁縛起來；若是放置不管，患者就很可能會襲擊家人或鄰居，割食其肉。

溫敵哥病有數種治療方法。其中有種是要將遭附身者帶到火堆旁，讓患者大啖煮熱的熊脂肪、狂飲熱酒。此舉旨在融化遭溫敵哥變成冰的心臟，好使患者變回人類的模樣。

然若遭附身者已經殺人、吃下人肉時，則再無法使受害者變回正常人類，唯有處刑一途。行刑時以斧頭斬首、取其心投於烈火。這是為了避免溫敵哥復甦而採取的措施。

世界各地都有這類遭某種存在附身、肉體被佔據的**咒術**性傳統。各地域社會中特有的異常行動也是同樣。舉例來說，日本遭到狗或**狐狸**等動物靈附身的「～附身」現象便是最佳的例子。

現代人大部分都會將此等現象判斷為精神異常（溫敵哥病也確實被認定為精神分裂症的一種）；不過在該文化深深紮根的人眼裡，這些現象擺明就是魔法現象，是惡靈在作祟。薩滿所施行的咒術性處方可謂是極自然的處理方法，再說受害者也並非全無因此痊癒的可能性（精神病更是如此）。

姑且不論溫敵哥病究竟是地域社會的一種異常行動，抑或真是惡靈**附身**所致，此案例證明了魔法對解決現實問題確有貢獻，相當值得玩味。

願望

Wish   願い

■魔法●小說傳說

童話裡的魔法大多並無特定形式或儀式，只須拜託妖精或**女巫**實現自己的願望，魔法就會發揮效果。

雖然實際使用魔法者可能是妖精或神燈精靈等代行者，使用魔法的原因卻在於委託者，是以魔法的效果（不論其效果是利是弊）仍會指向委託者。因此，有節制的謙虛願望就能得到善意的回應，而貪婪的願望則只能換回嚴厲的懲罰（如舌切雀[1]等故事就是如此）。

嚴格來講，許願並不能算是魔法，這是因

為許願並不算是種技術。負責使願望實現的，絕大多數都是非人類；人類必須採取極為繁雜的手續（魔法）才能干涉神祕的領域，他們卻毋須如此。他們只要直接發出命令，就能達到效果。這些技術，也只有這些非人的超越性存在才能辦得到。

若說人類努力不懈地鑽研魔法，其目的是欲將人類創造的魔法，提昇至跟這種「童話般的」強大力量相同的水準，其實並不過份。若欲將「願望」規定為魔法，恐怕沒有任何魔法能像「願望」通融性如此高、力量如此強大吧！因為再怎麼說，能夠單憑意志任意操縱現實的能力，已是創造主──神領域的力量。

（→真言）

魔女

Witch　　　　　　　　　　　　　ウィッチ
■人物●歷史傳說小說

（→女巫〔現代〕、女巫〔史實〕）

女巫

Witch　　　　　　　　　　　　　魔女
■體系●歷史傳說

（→女巫〔現代〕、女巫〔史實〕）

魔女術

Witchcraft　　　　　　　　　　　魔女術
■體系●歷史小說傳說

日文中指稱魔法的用語。也被當作witch-craft（巫術）的譯語。雖是不常見的用語，但有時為了讓人知道是在翻譯witchcraft此字，便

會寫成這樣。

在用到這個詞的場合中，**妖術**有很高的可能性會被譯成**奇術**[2]。

（→魔法、咒術）

巫術

Witchcraft　　　　　　　　　　　ウィッチクラフト
■體系●傳說

巫術正如其名，統稱**女巫**的所有魔法（→**魔女術**）。

①歷史中的巫術

巫術常被用來稱呼加害他人的**奇術**。

許多人以為中世歐洲有許多女巫紛紛遭到教會處以火刑，不過這其實是錯誤的觀念。

中世當時確有女巫存在，然而大部分女巫都只不過是世人視若無睹的一群人而已。就連教會也能冷靜地判斷，表示「彼等乃狂人之類，是可悲的犧牲者，不需理會無妨；女巫並無真正的力量。」到13世紀為止，遭判死刑的女巫屈指可數。從女巫詛咒他人遭判罰金等紀錄看來，當時女巫的刑罰較輕，頂多也只是繳納罰金或短期禁錮而已。

直到理性與進步的時代──文藝復興以後，瘋狂的**獵殺女巫**才開始盛行，全歐洲像是染上集體歇斯底里症[3]似地將許多人陸續送上火刑台。這是因為獵殺女巫此舉其實跟基督教內部的權力鬥爭，也就是排斥異端有極大的關聯。當教會將異端教派斥為**惡魔**信仰的同時，巫術才逐漸開始給人與惡魔有所牽連的印象。

當時普遍認定為女巫的諸多咒力──藉掃

1　舌切雀是動物報恩的故事。老婆婆的飯糰被麻雀偷吃，憤而割下麻雀的舌頭，並把麻雀給趕走。擔心麻雀的老爺爺去找麻雀，受到熱烈的款待，老爺爺要回去的時候，麻雀還送老爺爺一個拿起來頗輕，裝有寶物的藤籠。嫉妒的老婆婆也去跟麻雀要了個頗重的藤籠，打開後卻發現藤籠裡盡是毒蛇與怪物。

2　此處乃指日文中的情況。

3　集體歇斯底里症（Mass Hysteria）又譯作群眾恐慌。

帚[1]或軟膏[2]飛行、**變身**為動物、**施咒**使作物枯萎或咒殺家畜、**邪視**──並無完整的體系。這些技術不是歐洲從基督教以前**太母神**信仰遺下的殘缺觀念，就是為塑造女巫惡魔爪牙形象所捏造，幾乎都是不曾實際存在的技術。

②現代的巫術

現代女巫的形象不似中世女巫，反而更傾向於古代的太母神信仰。他們使用魔法所需力量並非源自惡魔，而是來自於大地或**月亮**此類傳統女神。當然這些魔法並非古代流傳至今的祕術，而是近代才創造出來的技術（部分技術取材自傳說），不過巫術也正是因此才得以銜接起來，構成完整的體系。

現代的巫術多是以集團單位進行的儀式魔法為主。這些儀式是與自然相互感應，將自然的力量凝聚在祭司身上，並且賦予儀式應有的訴求或方向、傳達給神明，以達成目的。此外個別的女巫還能單獨使用許多魔法，諸如**占星術**或水晶球占卜等占術（**占卜**）、**藥草魔法**、與自然合一的冥想、**幽體脫離**、符咒等。

巫醫

Witch Doctor　　　　　　　ウィッチ・ドクター

■人物●歷史傳說

（→**咒醫**）

咒醫

Witch Doctor　　　　　　　　　　呪医

■人物●歷史傳說

運用咒語、**藥草**、咒物（魔法道具）等各種方法治療疾病的人。未開化社會裡的醫師。

此類醫師雖然一概叫做咒醫，但各地咒醫皆有微妙的不同。有些咒醫專責治療疾病，有些咒醫則是必須同時負責**求雨**、預言等工作。是以咒醫與**薩滿**兩者間的區別也不甚明顯。某些辭典甚至會將此二者視為同物。

（→**薩滿信仰**）

女巫（史實）

Witch（Historical）　　　　　　魔女（史実）

■體系●歷史小說傳說

這是在歐洲地區，用以指稱所謂的「**妖術師**」的用語。在**奇術師**（Sorcerer）邪術師（Warlock）等擁有妖術師意義的單字中，是使用情形最普遍的稱呼。

或許是由於翻譯的緣故，人們對女巫從不例外地帶有女性印象。但嚴格說起來這是個錯誤，也有男性的女巫存在，他們也被稱做Witch（→**魔女**）。這是由在歷史上女巫最受矚目的**女巫審判**的時代中，被裁定為女巫的人有八成是女性一事中所產生的誤解。

而不只限於此事，關於女巫的事物一直皆帶有許多誤解與偏見。

頭戴三角形帽子、滿臉皺紋的老太婆騎著載有黑貓**魔寵**的掃帚飛過空中，前去參加禮拜**惡魔**的魔宴……

今日的女巫形象大抵就是如此。而這種女巫形象其實是從中世紀歐洲時眾人深信的印象中繼承而來的，但這種女巫卻不可能實際存在。基本上可以把這看成是為了把女巫變成社會公敵才捏造出來的形象。然而卻又不能完全認定這形象皆屬虛構，這一點正是在理解名為女巫之存在時的難處。

哪一些是真實，哪一些是虛構？為了釐清此點，必須要依序仔細說明歐洲的女巫形象變遷史。

①女巫的原形

女巫原本的起源在於東歐。在尚未系統化的古老傳說中，女巫不單只是會使用魔法而已，有時還是屬於非人的獨特存在，有時會與**精靈**、有時會與**吸血鬼**相互混淆。

在基督宗教傳來前的歐洲，存有以**太母神**

信仰為首各種古老信仰、宗教。這些信仰泰半沒有系統化的僧侶組織，而是有著能與眾神或靈體交流的**薩滿**，在各處神殿或靈域中個別進行祭典儀式。

歐洲的薩滿會使用**致幻植物**或心理暗示進入**恍惚狀態**，以獲得天啟為最大目的，並且一般認為這幾乎都是由女性進行。放眼世界，在關於通靈能力上，似乎都是女性的先天資質較高。相較於男性則擅長於技術傾向的薩滿技能（修行型），女性為靈體所喜而成為通靈者的傾向較強（聖召型）。關於這種古代的女巫神官（→**巫**）的記憶、傳說，無疑成為了後世女巫形象的原形。

女巫便是由這些薩滿或**產婆**，加上薩滿所崇拜的**祖靈**或豐收神等等的形象被統整後而形成的。無論是哪一種，都擁有生與死的意象。

這一點的證據便是傳說中女巫並非人類，要殺死女巫需要特殊的方法。在《韓森與葛娜德》（Hansel and Gretel）中的巫婆是被烤麵包的爐子燒死的。也有傳說要用梣樹或榛樹、荊棘編成的網子才行。

豐收神如今雖然只被強調關於「生」的形象，但他原本卻是司掌生與死，以及被視為重生的「誕生」的神明。而豐收神在大多數的場合中都是女神（母神）。這種性格保存得最為強烈的恐怕就是印度神話中的迦梨女神（Kali）。迦梨女神既是豐收女神，也是食人的破壞神。而在給人帶來幸福的同時也會奪走許多事物，這種豐收母神中常見的兩面性，分別被視為「白女巫」與「黑女巫」。

白女巫在被一般人請求後會調製藥品或者施展**咒術**。咒術包括許多種類；有讓作物豐收的、讓人容易獵中獵物的、驅趕害獸的、預防疾病的，或者也有可能是針對委託者個人的**占卜**，抑或是教授讓人達成願望的咒法。這些事被認為除了會用到魔法的力量以外，也應當會動用到各式各樣的智慧、知識（→**白魔法**）。

相對於此，黑女巫則會給人帶來災厄，與白女巫正好相反。她會讓作物枯萎，散播污穢、疾病。操控野狼與數種害獸侵襲農田或人類。也會應人的委託對別人下惡咒（→**黑魔法**）。

當然，兩者無法明確區分，不難想見區分的標準會依人們的情況而隨意變動。即使是平常被當作白女巫敬仰的人，一旦有災厄降臨鄉村或城鎮，無論其原因為何，往往會被認為這是因為她是黑女巫的緣故，而將她逐出住處。

然而這時期（在基督宗教成為羅馬帝國的國教以前）的女魔法師，與中世紀的人們所架構出的女巫在本質上截然不同。她們是社會中不可欠缺、並經常受人尊敬的成員。要用魔法為善或為惡乃是由當事人的意志決定，而只有使用了黑魔法之人會被懲罰。絲毫沒有使用魔法的女性全是邪惡的爪牙此種觀念，反而可以將魔法想成是生活中的重要拍檔。

不久後基督宗教的勢力北上，成為歐洲的主流宗教。古老宗教被驅逐、遭到消滅。然而它們的祭禮儀式、咒術或**藥草**知識，則變成了季節祭典或惡兆（jinx）、民間療法、民間咒術的模樣，殘存了一部分。產婆或女醫生等村莊中的專門技術者，便是這些知識的代表性繼承人，與生活密切相關的技術更會由母親特別傳給女兒，再傳給孫女，在廚房中傳承下去。

W

1　並非任何掃帚都能用來飛行。最適合的掃把是橡木製的柄配上稻草製的掃把頭，而且也只有塗上女巫軟膏的掃帚才具有飛行能力。

2　女巫的軟膏是種強力的迷幻藥，同時也是催淫劑。女巫們參加魔宴時，會用軟膏塗滿掃帚與自身來飛行，但或許這只是在軟膏的藥效下所做的「精神上的飛行」罷了。

②作為惡魔使徒的女巫

　　教會對以農村地區為中心殘存下來的**異教**習俗的態度，並不一定。基本上是採取排斥（去魔法化）的方針；但因為勉強攻擊像崇拜**馬利亞**這種已和基督宗教融合的要素並不現實，而且這方針也變成了布教上的強大障礙，所以在很長一段時間裡，現實的情況是教會採取消極默認的處理方式。

　　令這狀況突然一變的，是在一發不可收拾的異端審問開始將矛頭對準女巫的15世紀（→女巫審判）。民眾群起疾呼要求找出社會動盪的代罪羔羊，擴大異端處刑的範圍殺死使用魔法的邪惡女人。

　　本來，這種說法要成立是極為莫名其妙的。因為古代歐洲的女巫神官，與農村中傳承的傳統咒法，雙方本都屬於異教而並非異端，原本就是自外於基督宗教體系的存在。而為了解決這個矛盾，異端審問官們所想出的方法，便是女巫定下了**惡魔的契約**這種觀念。亦即所有的女巫是由惡魔賦予魔力的。藉由這樣的定義，他們將使用魔法的女性從異教的女巫神官、女魔法師的立場，貶低成了基督宗教的敵人──**撒旦**的僕人。此時女巫已不被允許自己選擇善惡，被徹底賦予了邪惡爪牙、民眾的假想敵的性質。也就是說，這世上的一切罪惡，皆是由於女巫的緣故。

　　以此時期為分界線，歐洲對女巫看法為之一變。

　　以古代異教為發源處的諸多民間傳承、技術，隨著這股風潮被賦予了新的解釋。原本居於山中野外的異教精靈，被醜化為會**變身**成小動物服侍女巫，或是助女巫行惡的**魔寵**。透過產婆、女醫生這些人以**口傳**流傳下來的藥草知識、墮胎技術，則被看成是用來製作以**女巫的軟膏**為首的各種魔法藥劑的技術。以陷入恍惚狀態、產生幻覺的人們之話語為基礎，會飛的女巫、會變身的女巫的觀念傳了開來。由古代

魔法師或神官所執行，讓作物成熟的豐收儀式，反而變成了招來暴風毀壞作物的**詛咒**魔法。慶祝生命誕生的祭典，也被迫變身為名為**黑彌撒**的醜惡場景。解厄的魔法、戀愛的魔法、讓家畜懷孕的魔法……全都是同樣的下場。

　　過去對人們有所幫助的白魔法，自女巫被規範成絕對的邪惡時起，便被烙上「基於惡意行使的魔法定然只會造成惡果」的黑魔法烙印。

　　今日的女巫形象，是由當時為了正當化打壓女巫一事所捏照（或說是曲解）出來的「事實」所形成。只是，在歐洲史中，符合這種形象的存在，一次也沒有出現過。就連稱得上與此形象最接近的古代女巫神官，也和當時一般人所想像的差了十萬八千里。因為啖食嬰兒、崇拜惡魔的眾女巫，乃是由基督宗教的罪文化中所產生的巨大幻象。

獵殺女巫

Witch Hunt　　　　　　　　　　　魔女狩り

■事件●歷史小說

　　針對**女巫**的迫害。主要是指西歐的迫害行動。

　　女巫原本大多是「女魔法師」的意思。但獵殺女巫中的女巫，在絕大多數的場合中，都是指「魔法師」之意，也有男的女巫存在。

　　對魔法師──特別是給人們帶來不幸的「黑魔法師」（→黑魔法）的迫害，在農耕民族中屢見不鮮（→魔法〔非洲〕）。然而西歐的獵殺女巫，由於結合了對異端的恐懼，故比起其他地方要來得激烈。

　　在所謂「黑暗的中世紀」內，幾乎沒有獵殺女巫的事發生。教會方面姑且不論其原則，實際上是默認女巫與妖精存在，甚至還有曾被指為魔法師的教宗（→教宗與魔法）。

　　穩固的權力毋須進行打壓的行動；當權力

有所動搖之際才會發生打壓行動。

進入中世紀後半後，由於在此之前的教會勢力太過巨大，因此出現了許多叛出羅馬教會（天主教教會）的教派。這些教派以12世紀的清潔派[1]為先驅，在15世紀時大為興盛，以路德等人的新教為代表。

因此當時的教宗英諾森八世（Innocentius VIII）認為「把他們當作勾搭惡魔的異端算了」，在1484年時終於發布了獵殺女巫的布告。之後新教方面也為了相抗衡而照做，如火如荼地開始獵殺女巫。

此時，「女巫」的一般形象開始大幅轉變。

原本的女巫形象如下：「女巫是民間的治療師。住在破舊小屋裡熬煮著藥草。往往通曉過去、現在、未來，會為人預言，或施展讓夫婦和好的咒法、驅趕惡妖精的咒法。不過女巫中也有邪惡的，會施展讓人不幸的法術。」

換言之，這形象被認為是將以德魯伊為代表的歐洲古代咒術師，和以舊約聖經中的隱多珥的女巫為代表的東方女巫形象，兩者混合而成的。

隨著教會方面宣傳獵殺女巫，女巫又增添了下面的形象：「女巫會變成動物（往往是貓），在空中飛行。他們會在山中、森林、絞首台等特殊場所聚集，召開女巫的集會，和惡魔或男夜魔（incubus）性交，殺死並食用從別人那擄來的嬰兒。」

照著這種形象，無數的「女巫」被憑空捏造出來、被處刑。這本來應該只是獵殺異端的藉口，最後卻變成了所有城鎮鄉村的人們用來告發「和我們有些不大一樣的人」的儀式。而且因為在女巫審判中被判有罪的被告會遭沒收所有財產，倘如此金額仍不足的話，還會以管理不當的說法要該地的地主支付罰金，所以也有官員是以財產為目的進行告發。

男性女性一旦被人告發帶到被告席上後，便會經由拷問、誘導式詢問、從謠言來的證詞被定為異端然後宣告有罪。甚至會被剝去衣服，雙手反綁背後，接著被丟入水中，進行「一旦浮起來就證明是女巫要受火刑」的女巫辨別法。

狹義的獵殺女巫在18世紀以後便廢止了，但密告、告發「和我們有些不太一樣的人」的儀式在世界上仍層出不窮。特別是在處於巨大外部壓力下的社會（史達林[2]時代的蘇聯），或陷入被害妄想的社會（麥卡錫[3]時代的美國）中更為顯著。

隱多珥的女巫

The Witch of En-Dor　　　エンドルの魔女

■人物●傳說

舊約聖經裡的女巫。

因為大戰在即而感到害怕的掃羅王[1]，聽聞隱多珥有能夠召喚亡靈的女巫，便請女巫召喚過去的王撒母耳[2]的亡靈。

撒母耳：「你為甚麼攪擾我，招我上來呢？」

掃羅：「我甚窘急；因為非利士人（Philistines）攻擊我，神也離開我，不再藉先

1　Cathari 又稱卡特里派。

2　Stalin, Jiseph（1879～1953），原名Iosif Vissarionovich Dzhugashvili，蘇聯政治家，1922年任中央委員會總書記，於1934～1938年間對共產黨、政府、軍隊和知識份子進行大整肅，將千百萬「人民敵人」下獄、流放，或處決。從1945年起直到他逝世為止，一直對蘇聯國內採取鎮壓手段。

3　McCarthy, Joseph Raymond，1908～1957，美國共和黨政治家、檢察官。於1950年代初期他信口指控有250名共產黨員滲透入美國國務院，1953年他成為權力極大的常設調查小組委員會主席，調查傳訊了許多無辜官員與公民，後來甚至與軍方發生直接衝突，這種反共的迫害行為在當時被稱為「麥卡錫主義」。

知或夢回答我。因此請你上來,好指示我應當怎樣行。」

撒母耳:「耶和華已經離開你,且與你為敵,你何必問我呢?耶和華照他藉我說的話,已經從你手裏奪去國權,賜與別人,就是大衛……並且耶和華必將你和以色列人交在非利士人的手裏。」

掃羅得到最糟的回答後便即病倒,一天一夜沒吃東西。女巫送走亡靈後,見狀勸他多少吃點東西儲備體力。

隱多珥的女巫是**獵殺女巫**時代以前歐洲女巫觀的雛型之一。他們住在老舊小屋裡,行駛人法術召喚亡靈,就是對國王說話也毫不畏懼。而且不論小屋如何破舊,總是隨時都有充足的麵包,甚至還有可供招待國王的小牛犢。由此可見職業**薩滿**的收入還頗出人意料地豐裕。

女巫(現代)

Witch(Present）　　　　　　　　　魔女(現代)
■體系●小說傳說

歐洲的女巫在**女巫審判**之後,便一直被貼上邪惡化身的標籤。一般人對女巫的恐懼根深蒂固;即使進入了二十世紀(而且還是在1950年代),德國依然存有女巫撲滅師(**→調伏**)的職業,而且據說生意頗佳。在英國,女巫審判時代的老古董——女巫禁止令在法律上一直存在,於1944年還發生了引用此禁令的事件。在當時盛行的**降靈會**預言中,有個名為海倫(Helen)的**靈媒**準確預言中了未來而被判決有罪。

此事件引起了巨大迴響,跟不上時代的法律因遭世間輿論批判而在不久後被廢除。以此為契機而出現的,乃是以新角度重新審視「女巫」此種存在的運動。

此運動的第一人便是英國的魔法師傑若德・迦納(Gerald Gardner),他以前輩米歇萊・于勒(Michelet Jules)、查爾斯・里藍(Charles Leland)、瑪格麗特・愛麗絲・穆蕾(Margaret Alice Murray)的主張為基礎,宣稱自己是傳承至今的**女巫團**的一員。迦納撰寫了數本介紹女巫之信仰的著作;他以《影子之書》(The Book of Shadows)為首之諸著作的可信度雖遭質疑,但迦納的存在乃是平反魔女的里程碑此點卻是無庸置疑。米歇萊・于勒是法國歷史學家。主張女巫是由古代歐洲的異教傳統在被基督宗教壓制後所產生的存在。查爾斯・里藍則是民俗學家。發表了別稱「女巫福音」(The Gospel of the Witches)的《阿拉迪亞》(Aradia)一書。書中闡明女巫的宗教觀——古代異教信仰(Wicca Religion)乃是崇拜女神的歐洲古代宗教,而女巫則為其祭司。此書提出了後來成為現代女巫理論根據的概念,但概念內容是否就如里藍所主張的一樣,乃是自古傳承至今的,卻一直受到強烈質疑。瑪格麗特・愛麗絲・穆蕾為考古學家。從女巫審判的研究中,區分出了基督宗教所製造的妄想,與古代宗教的女巫神官(**→巫**)。首先在學會中發表了系統性的理論。她又提出了豐收神的信仰經歷了中世紀一直傳承至今的假說,但即使到了現在仍未被人看待為正統學說。

迦納的主張引起許多人的興趣,結果,女巫宗教(此宗教信仰的成員不稱自己為Witch〔**→魔女**〕而自稱為Wicca「古英語中為女巫之意」)獲得了許多認同者。它的推廣在與女權運動結合後變得更加有力,並且成為跟基督宗教的男性原理相對的**太母神**女性原理,與女權運動家們一同反抗世俗。

被稱為新異教主義(Neo Paganism)的這種女巫宗教,和一般所謂的**惡魔**崇拜者截然不同。現代的女巫,並不把中世紀黑暗時代時憑空捏造出的「事奉惡魔的女巫」視為自身的起源,而是把在更早以前、崇拜著太母神的眾多女巫神官視作源頭。他們與基督宗教內的異端

（崇拜**撒旦**、**惡魔**）各屬不同陣營，故而被稱為**異教**。

被現代女巫視為主神而加以尊崇的，是黛安娜（Diana）等太母神。她們是**月亮**或大地等女性性質存在，及其精神之體現。因此現代女巫非但愛護、尊敬自然，注意自然環境問題、女性權利問題、性問題、健康問題等領域，而且大多親切博愛。規戒不可使用類似**黑魔法**之類的**咒術**，以施展讓現狀積極好轉的**白魔法**為宗旨。

她們會與同好組成名為「女巫團」的團體，集體進行大規模的魔法儀式。要成為能獨當一面的女巫，就必須接受入會儀式（initiation）加入女巫團。

當然女巫也會因個人的目的而進行占卜或施咒等咒術。女巫的魔法被統稱為**巫術**，事實上只要將它視為是「魔法」的另一種稱呼即可，裡面含有各式各樣的魔法。

就如現代女巫的起源中所述，現代女巫的宗教信仰，與其說是「繼承了」古代豐收神信仰，不如說是將它給「重現了」。此乃基於現代的民族學、宗教知識所構築出來的信仰，所以應當會比古代的豐收神信仰來得細緻。因此現代的女巫們有著容易彈性接受新概念、新理論的性質。考量到女巫信仰已被社會認可到某種程度的狀況，女巫此種存在或許是今後擁有最大發展性的「魔法師」。

女巫的掃帚

Witch's Broom　　　　　　　　魔女のほうき

■物品●傳說

人們相信**女巫**會騎著它飛行的魔法道具。

雖然飛行道具中掃帚是最普遍的，不過也有地方的女巫是騎**大鍋**、柵欄，或者是豬、雞、狼。女巫會騎什麼飛在空中，依地方不同而千變萬化。

儘管女巫的掃帚是廣泛流傳的民俗信仰，不過後來由於研究的關係，認為女巫飛行的力量不在於物品而在**女巫的軟膏**上的說法便成了主流。

女巫的標誌

Witch's Mark　　　　　　　　魔女の印

■魔法●歷史傳說

（→惡魔的印記）

女巫的軟膏

Witch's Salve　　　　　　　　魔女の軟膏

■物品●歷史傳說

人們認為中世紀的**女巫**在首次出席**魔宴**時，由**惡魔**所授與的魔法藥膏。

女巫會騎乘**女巫的掃帚**或柵欄飛過空中的形象，從**獵殺女巫**的時代起直到現代為止，一直根植在民眾心中。人們相信作為女巫的超自然力量象徵的飛行能力，是由於被注入掃帚內的魔力所造成的。然而對這種看法，在相當早的時期（約16世紀時）便有人提出質疑。

1　掃羅為《聖經》故事人物。傳為古以色列人的第一位王。據《撒母耳記》（上卷）載，出身便雅憫部族，由撒母耳立為王。曾戰勝亞捫人、非利士人和亞瑪力人，解救基列雅比地。後因妄自尊大，撒母耳另為大衛敷油，許其繼王位。掃羅曾寵幸大衛，以女米甲妻之；煩悉時召大衛彈琴。後大衛因戰功得民擁護，掃羅對之忌恨，屢圖加害，大衛賴其妻及掃羅之子約拿單之助倖免於難。掃羅乃遷怒於營救過大衛的祭司亞希米勒等，並殺之。非利士人乘機來攻，兩軍戰於基利波山下，以色列人大敗，掃羅受重傷，懼落敵手而自刎。

2　撒母耳原意為「上帝之名」。《聖經》故事人物。以色列最後一名士師和早期先知。

為何女巫騎乘的物品每個地方都不一樣？人類真有飛得起來的物理可能性嗎？

擁有這種科學性想法的人們所注意到的，是在當時和**魔寵**一同被當作女巫標準配備的軟膏。例如在英國，人們認為女巫的飛行能力不在於她所騎乘的物品，而在於塗在大腿內側或陰部的軟膏上。

相傳女巫的軟膏有的是在魔宴時由惡魔所給予，有的則是殺死未受洗禮的嬰兒後，用熬煮屍體而來的肉汁所製成的。分析了文獻上紀錄的軟膏配方，或是分析實際得到的軟膏後，當時以及現代的學者發覺其中包括有許多含有生物鹼（alkaloid）系成分的**藥草**。**帕拉塞爾蘇斯**認為藥草中有罌粟籽、顛茄（Atropa belladonna，含有顛茄檢〔atropine〕的龍葵屬植物），16世紀時洛林（Lorraine）的醫生從取得的藥膏中成功出取出了莨菪（belladonna）、**曼陀羅根**、ピルゼソクラウト[1]等成分。

為此，以培根（Bacon, Francis）為首的知識份子主張女巫並非實際飛行，而是藉由塗抹、服食含有**致幻植物**萃取物的軟膏陷入昏睡（恍惚）狀態看到飛行幻覺。

彷彿是為了證實這種主張，在重現軟膏成分後進行的數次實驗中，據說實驗者確實體驗到了昏睡（恍惚）、飛行感覺、幻視與墜落感。1960年，民俗學家波伊凱特教授依據16世紀的書本紀錄調配出女巫的軟膏，嘗試進行了將它塗抹在自己額頭與肩膀上的實驗，完美地成功體驗到了上述的感覺。而他所記載的幻視描述，和**女巫審判**中女巫供出的飛行體驗、魔宴體驗酷似得不禁令人莞爾。因此女巫飛行的真面目其實是藉由藥膏造成的昏睡此點，基本上是不必懷疑的。

這種藥膏（藥草的萃取物）的起源相當古老，可追塑至古代歐洲的**薩滿**。使用藥物進入**恍惚狀態**讓靈魂離體，原本就是**脫魂**型薩滿的專長。在基督宗教普及前，歐洲的**太母神**信仰曾有過強大勢力，各地皆存在過這種薩滿。女巫的軟膏便是以民間傳說形式繼承下來的薩滿密術根源、藥草知識結晶。那絕非是禁忌之物，原本反而是被看成神聖的技術（魔法）。之所以變成了惡魔的贈禮而受人嫌忌，和其他的古代遺產一樣，是在中世紀的獵殺女巫時代以後才有的事。

女巫審判

Witch Trial　　　　　　　　　　魔女裁判

■事件●歷史小說

基督宗教史上留下的一大污點，在說女巫審判前，必須由作為女巫審判前身的異端審訊開始說起。

在12世紀的歐洲，針對肥大化、強烈擴大權力的羅馬教廷，教會組織中出現了批判性質的改革派（例如清潔派，韋爾多派〔valdo〕等等），他們獲得了強大勢力。羅馬教廷對否定了教會制度的異端思想感覺大受威脅，因而徹底鎮壓他們。其中作為濫觴的阿爾比十字軍（為了消滅異端清潔派所派遣的十字軍），在被派遣到法國的20年間處死了將近100萬人的異端（其實是毫無關係的男女老幼）。然而或許是因為當時教會的腐敗太令人無法接受，投身異端者仍絡繹不絕。

而為了追捕異端所組織的結構，便是異端裁判所[2]。當時，教會在世俗的裁判所之外另設有教會裁判所，依循教會法獨自審理與聖職者相關的問題，而這就是異端裁判所的原型。因為教會裁判所沒有死刑且以寬大聞名，所以比起嚴苛的世俗裁判所，平民反倒偏好教會的裁判所。然而，獵殺異端的升溫改變了一切。

教會為了滅絕異端不擇手段。認可死刑，並且認可拷問，甚至超出了一般法律中規定的法則。正如「無告訴則無審判」這句話所示，中世紀的審判原本若無當事人提出告訴便不成立。可異端裁判卻是能憑裁判所的判斷而自行

召開的特例。而且與一般裁判不同，可經由密告申請召開，並可只靠拷問而來的供詞結案。之所以能做出這種事，是因為透過教會的壓力，讓異端變成了能與偽造貨幣罪、不敬罪等罪名匹敵的特別重罪之故。

雖然異端裁判事實上是個可怕的系統，但相較於日後的女巫審判，卻還能活命。在審判中邏輯性的論證會受到重視，被告若表示出悔改之意便有可能免除極刑（儘管如此，事實上還是有許多異端者被送上了火刑架，由此可知信仰對當時的人們來說有什麼樣的意義）。民眾痛恨異端審問官至極；使用密告、拷問等陰狠手段的他們被人們憎惡著，常常會遭到殺害。

在13～15世紀間，原本以南歐為中心進行的異端裁判，不久後波及北歐。異端教派的勢力在北歐薄弱，而代替他們被矛頭指向的對象，則是女巫。

使用魔法的罪名，早在13世紀時的南歐異端裁判中便常常出現。飛行、殺害幼兒、亂交、**變身**等等皆被指為異端信徒的罪名。那時女巫雖會被處罰，卻是因為「身為異端之故」，而非「身為女巫之故」。女巫被擴大成萬用罪名，是在「女巫經由**惡魔的契約**獲得魔力」此概念藉出版技術的進步，廣為大眾所知以後的事（有名的女巫審問官指導手冊《女巫之槌》〔Malleus Maleficarum〕，便是傳播這種思想的代表性著作）。

女巫就此被視為惡魔的爪牙。

異端因為是（被毀謗成）敵基督（Antichristos）所以遭到迫害，然後女巫也步上了他們的後塵。不過若要說兩者間有何不同，便是眾人相信異端不會對人有直接危害；女巫卻會用魔法破壞作物、殺死家畜。不巧，15世紀左右的歐洲社會動盪不安到了極限，所以民眾一直尋求合適的代罪羔羊。為此，比起教會，民眾反倒更熱心告發、處罰社會的敵人——女巫。由於自農村而來的群眾壓力，封建君主也執行女巫審判，以作為社會的保險閥。不久後，不僅是異端審問官，連世俗裁判所也開始進行女巫審判。

女巫審判的內容，不僅止於繼承自異端裁判的系統，更增添了悽慘的程度。據說這是由於女巫審問官或裁判所在發現女巫後，能獲得金錢利益之故。因為裁判所需的諸經費，會由被告的財產中支付。密告會被獎勵，幾乎所有的行為都會被以懷疑的目光檢視。若是少造訪教會就有可疑。相反的太過熱心也有可疑。請來了**產婆**卻死產，可疑。批評女巫審判，可疑。生意成功、長得太美、太過陰沉……被這樣偏執地追究後，無論品行如何端正的人都無法倖免。許多虔誠的基督信徒因為鄰居的嫉妒、憎恨、誤解等原因而被告發，因為毫無根據的「證據」而被逮捕，關入監獄。

到了這階段，被告的命運已被決定。要把倒楣的人弄成女巫，接下來只需要被告本人的供詞而已，而負責逼出供詞的拷問，也是早就經過正式允許的。

為了獲得供詞，審問官被允許說出任何謊言。「自行招供的話就會無罪開釋」就是最典型的哄誘話語，而且根本不會遵守（頂多將火刑減輕為絞刑或斬首而已）。因為和女巫定下的約定，被認為沒有必要遵守。即使沒有經歷

---

1 查閱相關資料未能查出此字之譯名。

2 Inquisition 又譯「宗教裁判所」、「宗教法庭」，教宗格列高利九世 （Gregory IX 1170～1241）給予羅馬教廷審判關特殊權力，要求反擊異端團體對政教統一的威脅。後來審判活動極其殘酷，以酷刑處死異端。一直存在到19世紀。

這些，大多數的嫌犯（那些幾乎都是女性）也都一直懼怕著拷問，在詢問的階段就會「招供」自己是女巫。

其他被視作重要證據的東西，就是女巫身體上（以及魔法上）的特徵，會進行所謂的「女巫檢查」以發現這些這些證據。**惡魔的印記**與有無淚水（一般相信女巫不會流淚）、水驗法（浮在水上就是女巫，沉下去的是虔誠教徒的有名檢驗法）等基於迷信或捏造產生的檢驗方法，皆會被認真無比地實行，並只在能對被告不利時才會被當作證據採用。

然而即使被提出了明顯的「證據」，也還是有堅不認罪的女巫。於是便輪到到拷問上場，甚至連對小孩也毫不留情。甚至反而優先拷問起抵抗力低弱的幼童或少年少女。在那個時代發明的殘虐拷問用具面前，孩童們連片刻都支撐不住。然而在大人中也有即使被拷問也不認罪的人。對於因害怕認罪後難逃死刑，或者因基督宗教中不可撒謊的戒律而保持沉默的人，將會遭到更嚴厲的拷問。拷問的凶狠程度，由發瘋者、死於獄中者、違反基督宗教中禁止自殺戒律的自殺者層出不窮一事便可推知。乃是名符其實的人間煉獄，而且被告的堅不認罪，幾乎也都只有加深女巫嫌疑的作用而已。因為一般相信能忍受此種酷刑，一定是有惡魔在偷偷幫助的緣故。

恐懼、被嚴刑拷打、對一切絕望的被告供出了只是為了滿足審問官的供詞。大多數的證詞之所以共通相同，乃是由於誘導式詢問的關係。**黑彌撒**的幻想或惡魔現身這些異想天開的情節，便是在這之中產生的。這些在民間傳說中看不見的要素，並不存在女巫身上，反而是存在於女巫審判官的腦中。

不過在承認自己的罪行後，酷刑的痛苦仍未結束。因為女巫接下來被命令密告出共犯。若拒絕供出便會再度回到拷問台上。許多被告一面在良心的苛責下，一面落入了不得不說出

認識之人的名字的地步。這種誣告的連鎖反應便是女巫審判的最大特徵，在都市地區中甚至連市長、議員、聖職者都成為了犧牲品。

就這樣讓對方說出所有必須的情報後，剩下的結尾——只剩處刑而已。

在恣意解釋聖經裡「行邪術的女人，不可容她存活」[1]的這節經文後，它被當成了處刑的正當依據。女巫審問官們（有時連被告也不例外）相信悔改的女巫能藉由死亡讓靈魂受到救贖，而在這種認罪的情況下被告鮮少被處以最痛苦的火刑，會先以絞刑、斷頭臺等方式給予仁慈的死亡，只焚燒屍體而已。會被活生生處以火刑的（恐怕這是因為他們是虔誠的基督宗教信徒），是到死也不認罪之人。

女巫審判以15～17世紀為最盛時期，之後徐徐降溫（結束的時間依地方各有不同）。結束的原動力是擁有近代思想的醫生、科學家、聖職者，依據新出現的精神醫學所提出的批判。被視為女巫的人由遭到迫害的對象，轉變成了應該被拘禁在精神病院或刑務所或監獄的病患。法律上明文禁止迫害，更加快了轉變的速度，在18世紀中葉以後，處死女巫幾乎已銷聲匿跡。例如在英國，由詹姆斯一世（James I）所制訂的**妖術**禁止法，便於1736年遭到廢止。文獻上的最後一樁女巫處刑，是在1775年的巴伐利亞（Bavaria）。

關於在這段黑暗的時代中，被當作女巫遭受迫害而被處死的人，常見的說法是在50萬～900萬人之間。

然而，即使沒有了正式的審判，對女巫的迫害仍未止息，即使進入了20世紀，仍常有針對女巫（被認為是女巫的人）的私刑事件消息出現。

（→賽倫女巫審判事件）

賽倫女巫審判事件

Witch trail in Salem セイレムの魔女裁判
■事件●歷史小說

1692年發生在美國（新英格蘭）麻塞諸塞州的賽倫（Salem），史上最後一次大規模的**女巫審判**。當時美國仍是英國的殖民地，想當然爾，來自舊大陸的文化傳遞速度較慢；正因如此，新大陸**獵殺女巫**狂潮興起的時間與平息的時間，自然也比較晚。

整個事件其實起因於一個微不足道的瑣事；有兩個少女閒來無事便**占卜**玩耍，卻突然引發神經性的發作。其中一位少女伊莉莎白·帕利斯（Elizabeth Parris）的父親是位名叫山繆·帕利斯（Samuel Parris）的牧師。當時醫師診斷為原因不明的怪病，牧師才開始懷疑這怪病是否女巫的**詛咒**所致；牧師會作如是想，是因為當時的賽倫相信女巫與魔法確實存在（美國早在1640年代就有女巫審判）。

隨著消息傳開，鄰近少女也紛紛染上發作的怪病。逼問發作的少女們以後，少女們共指出三名對自己施行魔法的女性嫌疑犯。其中兩名予以否認，另一位叫做提土巴（Tituba）的黑奴卻坦承自己與**惡魔**有所往來，自此事態便一發不可收拾。以山繆·帕利斯為首的賽倫居民因為受到女巫的威脅而陷入恐慌，另一方面則不斷有少女進行告發，陸續有人被指為女巫。後來甚至連成年人也紛行告發，賽倫鎮及賽倫村共有200名以上的居民遭到逮捕。在一片處決嫌疑犯的聲浪中，終於有仍具判斷能力者向群眾發出警告，並成功平息這場風波；但是在此之前，已經有19人（恐怕全是遭冤枉的無罪者）遭到處刑。

賽倫的女巫審判事件，是美洲大陸歷史資料最豐富的一次女巫審判；所以此事件常被引為相關研究書籍的案例，以及各種創作作品的題材。其實賽倫並無任何足以證明確有女巫活動的實際證據。這些少女引起諸多騷動、指證被告向自己施法，並且使審問法庭陷入一片混亂，很可能只是因為兒童特有的殘酷及惡作劇性格在作祟。之所以這麼說，是因為每當在審問已經認罪的女巫時，少女們都能安靜聽審；唯有審問否認犯罪的被告時，少女們才會陷入狂亂騷動的狀態，而在這個瘋狂的夏季裡遭到處刑的，全都是徹底否認罪行的被告。

巫師

Wizard ウィザード
■人物●傳說小說

多用於稱呼中世至現代的男性魔法師。原本是「賢者」的意思。

中世時代每個村落必定有一位巫師，是村民敬畏的對象。巫師的工作有：判斷運勢、尋找失物、搜尋失蹤人口、治療疾病（包括人類與家畜）、尋找罪犯、製作**護符**、販售**春藥**等。巫師可謂原原本本地完全繼承了古代**薩滿**的所有工作。

另外尚有一種意指高等魔法師的巫師。這些巫師的身分大多是神父或神學家，從事**鍊金術**或**赫密斯學**的研究。

然而自19世紀以後，「巫師」的詞意開始有容易與「**女巫**」等詞混同的現象。

如今此詞詞意較偏向「高等魔法師」，這很可能是因為它原本的「賢者」印象所致。近代不少魔法師皆以巫師自稱。

話語

Word ことば
■概念●歷史小說傳說

認為話語內蘊藏有魔法價值的思想，遍布

全世界。

在日本，「話語」此字是由「言」演變而來，而「言」與「事」（皆唸作Koto）兩者間幾無任何區別；換句說話，「言」就是「事」。正是因為如此，後來才會形成「為某場所取**名字**的人，就是該地的統治者」的思想。而這種思想，後來又演變成為言靈信仰。

所謂言靈信仰，就是種認為話語裡有精靈寄宿的思想；只要精靈發揮力量，就能使話語成真。向神明獻祝禱詞、刻意避免提及他人名字、不吉利應當忌諱的字眼等，全都深受言靈信仰的影響。

即使是《聖經》裡，也是神先說「有光」然後才有光的存在，由此可見《聖經》認為話語早在光出現以前就已經存在。

此外，佛教與**瑜伽**等信仰的**曼怛羅**，也是由這種認為真正的話語裡藏有魔力的信仰演變而成。

在眾多的創作作品當中，《**地海巫師**》明確地展現出了這種思想。在這部作品裡面，「話語」就是魔法力量的來源。除初階咒語以外，作品裡所有具有威力的魔法，都必須使用自古傳承的「太古的話語」，也就是**真名**。

現代的話語早已沒有魔力，而話語愈是古老魔力就愈強大。是以魔法師必須學習天地創世時所刻下的神聖文字，方能使用魔法。龍族之所以擁有強大力量，也是因為他們非常長壽，非但知道比人類歷史更加古老的話語，還綿延不絕地代代傳承所致。

巫

Wu　　　　　　　　　　　　　　　巫

■人物●歷史傳說

①中國日本的**薩滿**

即指中國與日本的薩滿。女性薩滿叫做巫，男性薩滿則稱覡。有時亦以「巫覡」合稱。不過中國多單以「巫」稱呼薩滿，由此可見中國的薩滿通常也是多由女性擔任。

「巫」字原本寫作「神子」，並非只有女性才能從事，乃是對能請神靈附身者的稱呼。

具有**靈媒**體質、能請神上身者（於**恍惚狀態**下請神靈降臨），就能成為「巫」。或許因為男性靈媒遠較女性來得少，歷史紀錄裡甚少提及男覡。

神靈附身的儀式基本上皆是由作為**依代**的靈媒，以及負責判斷是何神靈**附身**、有何啟示的審神者，兩人共同執行。靈媒原本皆由神官擔任，後來隨著時代變遷遂改由巫女擔任，審神者則仍由神主擔任，發生專業分工。

此外，「巫」此字原本乃是龜甲文字，此象形文字就是個手持紡車、手舞足蹈與神靈交流的薩滿；同時此字也有連接神（**天**）人（地上）而舞的薩滿之意。

②巫法

此處所謂巫法，是指和神靈、**精靈**、亡靈進行交涉的技法。中國稱亡靈為**鬼**，是以和亡靈通信又特稱為**召鬼**。

嚴格來說巫法共分三種。其一，使魂魄離開肉體前往靈界；其二，使靈體附身於自己的肉體內；其三，將靈體招至身邊，進入其影響範圍。使用前二者時，巫覡無法維持自我意識，必須進入恍惚狀態。

巫法原本是舉行宗教儀式時用來求得預言、神託的技術，後來巫法經過普及，也能用來治病、卜占。

五斗米道

Wudoumi-tao　　　　　　　　　　五斗米道

■組織●歷史

最早成立的**道教**教團，它與創立時期相近的**太平道**同為現代道教的嚆矢。入教者必須繳納五斗（約9公升）米，故稱為五斗米道。

五斗米道的創始人名叫**張道陵**。他本是信

奉原始道教的信徒，平日修習長生之術，某日**老子**卻降臨在面前，授他正一明威之術。

正一明威之術是種治病之術，據說效果極佳。具體來說，首先必須使病人反省自身所犯罪行。然後再讓病人寫三封「三官手書」[1]。病者必須持此三官手書，對山岳、大地、河川之神立誓發願要悔改罪行。接著再讓病人飲用以特別方法處理過的符水，再行祈禱就能趕走病魔。此儀式效果奇大，漢中之民皆欲爭相追隨之。

此法與中國從前的土俗宗教——**祖靈**信仰有明顯的不同，相當值得玩味。向**天**告白自己所犯罪行、請求原諒的懺悔概念得以誕生，就代表民眾已脫離各地區的祖靈，轉而信奉另一個偉大的存在＝天，進而滿足大規模教團得以成立的條件。

太平道同樣也是藉治病之術使教祖獲得極盛聲望，而此事也確實有助於教團的擴張發展。從治病者透過使用魔法召集信徒這點來看，五斗米道也可以算是種魔法教團。

張道陵被尊稱為「張天師」，此號後來由教團的各代領導者繼承，成為五斗米道領道者的稱呼。第三代天師張魯[2]繼承教統時，中國大陸正值漢朝末年亂世，庶民的生活因而被破壞殆盡。此時張魯在漢中建立了一個堪稱宗教國家的組織，得到民眾壓倒性的支持，是以朝廷皆稱之為「米賊」。

五斗米道教團在「天師」底下，還設有「大祭酒」、「治頭」、「祭酒」、「姦令」、「鬼吏」等幹部職，組織嚴謹；經營事業包括整修道路、設立收容戰爭難民的宿舍等，不一而足。這些活動對教團召徠信徒頗有助益，難民群聚至宿舍亦使五斗米道信徒日眾、聲勢益增。

雖然張魯的宗教王國在215年曹操侵略之下滅亡，不過由於曹操對張魯頗厚，五斗米道才不致遭逢滅亡。張魯將復興教團厚望寄予其子張盛，後世稱張盛復興的教團為「正一道」，此教團於唐宋年間擁有壓倒性的驚人聲勢。

始於張道陵的天師道統一直傳承至今，現在的第64代天師張源先仍在台灣進行活動。

巫蠱

Wugu　　　　　　　　　　　　　　　　巫蠱

■魔法●傳說

中國的原始**咒術**之一。其由來雖不得而知，但巫蠱應該是自古便有的民間信仰其中一種流派。

巫蠱之術，就是咒殺之術。巫蠱雖有各種不同方法，此處暫舉一例：將**頭髮**綁在用木頭或草料製成的人偶上，再用動物鮮血污染人偶、埋在地下，咒殺對象就會慢慢衰弱而亡。

巫蠱似乎在西漢時代便已頗為流行。此外，有些人還會利用此術法的存在誣陷他人，並因此造成數起悲劇。其中最為有名的，當屬

1　三官手書乃靈圖符籙。早期五斗米道為病者請禱的方法。《後漢書》卷七十一引《典略》：「（請禱）之法，書病人姓字，說服罪之意。作三通，其一上之天，著山上，其一埋之地，其一沉之水，謂之三官手書。」

2　張魯是道教第三代天師，字公祺。《華陽國志》等言：「衡死，子魯傳其業。漢獻帝初平年間（190～193），益州牧劉焉以魯為督義司馬，與別部司馬張修同取漢中。得據漢中後，實行政教合一，大力傳播、壯大教團組織，教民誠信不聽欺妄。增飾「義舍」，命諸祭酒皆設義舍於道，放置義米、義肉，行旅之人量腹食用。犯法者，原宥三次再行之於刑。有小過者，命其修路百步，則罪除。不置官吏長使，皆以祭酒為治，雄居巴、漢三十年，民夷信向之。」《漢天師世家》：「建安二十年（215），曹操征漢中，張魯封藏以降，操嘉其善意，遣使致慰。拜魯為鎮南將軍，封閬中侯，食邑萬戶。五子及功曹閻圃皆封為列侯，遷還中原。建安二十一年卒，葬於鄴城東。」

漢武帝時代江充陷害他人的故事。

江充會私下製作施巫蠱用的桐木人,然後聲稱在目標人物身邊發現此物,將其處刑。儘管當時江充深得武帝信賴,皇太子卻看穿了此人的可疑行徑。於是江充便想要陷害皇太子,將巫蠱小人置於皇太子床底。然而皇太子卻先發現了這具桐木人;若有施行巫蠱的嫌疑,就是皇太子也難逃死罪。沒有任何退路的皇太子竟然真的起兵叛變,欲擒江充殺之而後快。不過叛變最後當然是以失敗告終,皇太子自殺,生母衛皇后也被迫自害。等到後來發現江充惡行的證據時,武帝已是後悔莫及。

世界各地到處都有這種藉人偶而行的**詛咒**,這些詛咒法乃建立於「相似者能夠相通」的**順勢巫術**原理之上,而巫蠱也是此類法術的諸實例之一。

五行說

Wuhangshuo　　　　　　　　　　五行說

■概念●歷史傳說

道教與神仙道的基礎思想之一,乃萬物的分類方法。

這是與**陰陽說**同時形成於周朝(約西元前1030年～前221年)的理論,是種用五種元素分類世界萬物的方法,然其確切成立年代不明。據說五行說早在漢朝(前202年～西元220年)便已建構完成,與今日理論並無二致。

正如前述,純粹的五行說僅是種分類萬物的分類法;不過吸納陰陽說(另說乃陰陽說吸收五行說)之後,五行說遂演變成理解「**氣**」的五個狀態的學說。

按照五行說,萬物皆可分為木火土金水這五種狀態。而且五行說不只適用於物質,甚至還能應用在**時間**與空間等觀念之上。

此外,五行又各自環環相扣,由相剋(優劣)與相生(協調)兩種關係結合在一起。

巫覡

Wuxi　　　　　　　　　　　　　巫覡

■人物●歷史傳說

（→**巫**）

《桑斯》

Xans　　　　　　　　　　　　　ザンス

■作品●小說

皮爾斯‧安東尼(Piers Anthony)自1970年開始創作的奇幻小說系列作品。此系列作品是以一個叫做桑斯的大陸為故事舞臺。桑斯系列作由於其特異的魔法系統與幽默的筆調,至今仍廣受讀者喜愛。

五行

行名	方位	季節	時間	顏色	陰陽	聖獸	行星	相剋	相生
木	東	春	早晨	青	陽	龍	木星(歲星)	土	火
火	南	夏	午間	赤	陽	鳳	火星(熒惑星)	金	土
土	中央	土用[1]	--	黃	陰陽各半	麒麟	土星(鎮星)	水	金
金	西	秋	傍晚	白	陰	虎	金星(太白星)	木	水
水	北	冬	夜晚	黑	陰	龜[2]	水星(辰星)	火	木

桑斯系列的魔法最大的特徵，就是每個人都只能使用一個魔法。有些人只能使用讓小姆指發光這種沒什麼大作用的魔法，有些人則是擁有較強大的法力，譬如能夠使其他生物**變身**成另一種生物。

就是這種各人僅有一種魔法的系統設定，使得桑斯系列故事有別於其他作品，更顯獨特。不論是魔法力量何等高強的人物，都有不擅長的領域。是以必須與他人合作，或是看準對方弱點進行攻擊，進而為這部作品創造了更多的發揮空間。

見鬼

Xiàngui　　　　　　　　　　　見鬼

■**魔法●傳說**

能夠看見**鬼**的能力、抑或擁有此能力者，中國人稱之為見鬼。古代又喚作視鬼。

見鬼乃**巫覡**天生具備的能力，是一種雜術——換言之，中國人認為見鬼與修成**仙人**所必需的重要修行無甚關連，屬於低等級的能力。這也就是說，見鬼並不屬於方術的範疇，而是較方術低等的靈視能力。

然而，見鬼後來卻也成為對身負各種**超能力**的巫覡或術士的稱呼。這是因為，制服鬼怪時必須先看破其原形，見鬼的能力絕對是不可或缺。因此，許多見鬼能士皆就此直接成為**道士**或術士；不過擁有見鬼能力卻甘於市井生活者，也並不在少數。

仙人

Xianren　　　　　　　　　　　仙人

■**人物●傳說**

道教所謂得**道**而**長生不老**者，或指即將得道者。

道家思想乃道教哲學之根本，而人類應當依循自然界的法則——「道」生活，乃道家思想所提倡的理想之一。然而道教卻有更大的目的：順應「道」便能使自我與自然合而為一，並且成為永恆不滅的存在，正如天地之不滅。達此極致境界者，便是所謂仙人。

其實早在道教成立之前，中國民間傳說裡就已經有仙人存在。有人認為「仙人」此詞原本寫作「僊人」；「僊」字通「遷」，是移動場所的意思。此詞常被用來指稱精神、靈魂脫離肉體昇天的過程，也就是所謂的**尸解仙**。道教經典《**莊子**》裡也有「千歲厭世，去而上僊，乘彼白雲，至於帝鄉」的說法。仙人的原型就是尸解仙，若非經過死亡的過程將不得成仙。為達長生不老卻必須事先歷經死亡的矛盾現象，對有志成仙者可謂是頗險惡的障礙。直到後來《**抱朴子**》提出不需事先經過死亡只需一心修行的方法論，自此才開啟了即便帶著肉體也能成仙的道路。

早在《抱朴子》現世以前，便已經有許多人認真從事探討，並使用科學的方法（就當時的水準來說）研究成仙的方法。追求此類學問者叫做「方術之士」或「方士」，但絕大多數都只是存心不良的騙徒。秦始皇為求長生不老便曾豢養許多方士，相信讀者諸君絕對不陌生。

1　陰陽五行說分別以木火金水對應至春夏秋冬四季，土則是對應至各季節結束前的18日。指二十四節氣裡立春、立夏、立秋、立冬前的各18天時間。又特指夏季的土用，就是7月20日左右至立秋的這段時間，是一年裡最熱的時期。

2　北方屬水的聖獸應該是玄武，不是龜。《後漢書章懷太子注》：「玄武，北方之神，龜蛇合體。」此處應是筆者謬誤。

換言之，最早的仙人原本是種不具宗教性、類似超人的存在。在古人的想像裡，仙人都是住在深山裡，過著離群索居的生活。早在漢代，「僊」字便已演變成遷移入山的意思；再加上此字意指住在山裡的人，方才改為「仙」字書寫。這點跟教導民眾要捨棄對現世的執著心的道家思想，其實是相通的。

仙人必須得道才能長生不老，而得道的同時也就代表該者已經習得控制體內「道」的方法；若能藉由控制「道」進而控制自己的生命體，才能夠達到長生不老。若將此概念再加以延伸，照理說只要以體內的「道」向外界進行操縱，應該就能控制操縱森羅萬象才是。仙人超乎常人的能力，便是如此逐漸被納入道教體系之中。

較具代表性的**仙術**，有變成其他人物或物品的**變化**術、製造第二個身體以便各別行動的**分身**術，以及招亡靈鬼魂前來問話或供己差使的**召鬼**術等。此外，眾多有志成仙者在修行過程中研究累積而成的**煉丹**術也是同樣，只要經過仙人妙手，就能製造出有長生不老等各種奇效的祕藥。

道家思想的鼻祖**老子**，從未提過仙人一詞；由於道家思想本非以長生不老為目標，老子未曾提及此概念自然也是理所當然。將此二者連結在一起的，其實是後世道教的創始者及其繼承者。後來道教又吸收**儒教**的倫理觀念，以致於產生「累積善行以成仙」這種早已遠離原本思想的信仰。

（→西王母、聖仙）

仙術

Xiansui　　　　　　　　　　　仙術

■體系●歷史傳說小說

仙人與**道士**使用的法術。詳細請參照「仙人」項。

嘯

Xiao　　　　　　　　　　　　　嘯

■體系●歷史傳說

沒有歌詞，單憑嘴巴發出聲音的中國古代音樂。行嘯者必須將聲音拉長，所以又叫做長嘯。由於嘯術現已盡皆失傳，嘯究竟是什麼樣的聲音、何種曲調，完全不得而知。我們只能從僅有的少數文獻得知，嘯術是種利用舌、齒、嘴唇等構造調節呼氣，藉以發出高低強弱不同聲音的技術。

據傳周漢時代的嘯術，原本是巫覡或術士用來**召喚**靈魂、鬼神、鳥獸、風雲、雷雨等物的咒法。

《後漢書》卷百十二方術傳裡，曾說趙炳[1]：「又嘗臨水求度，船人不和之，炳乃張蓋坐其中，長嘯呼風，亂流而濟。」

此處所謂「蓋」應是指衣笠之類。趙炳要渡河卻被船頭拒絕，方才坐衣笠中、引風渡河。

晉《神仙傳》[2]記載，太守擒劉根[3]並要脅劉根示其道術，劉根答曰「能使人見**鬼**」，嘯則太守亡父近親數十人驟然而現。

《太平廣記》[4]又有「吹指長嘯則山禽數十百隻應聲而至」，這應該是種召集動物的指笛。

現代人相信夜裡吹口哨會招來惡靈，這或許也是由以嘯**召鬼**的法術變形流傳下來的說法。

《宿曜經》

Xiuyaojing　　　　　　　　　　宿曜經

■作品●歷史

佛教占星術的占術書籍。所謂佛教占星術，就是指**西洋占星術**傳至印度，並且吸收佛教與印度神話的世界觀後所形成的占星術。由於此占星術傳入中國之際，乃由佛教僧不空三

藏[5]譯成中文，是以才有佛教占星術之名（→**占星術**〔印度〕）。

這是種極為獨特的占術體系，結合了西方的**七曜**概念與中國的二十八宿[6]。此二十八宿採印度式，乃以昴星為基點。實際進行**占卜**時只會使用二十七宿，不會用到牛宿。

根據《宿曜經》的解釋，佛教占星術之所以不用牛宿，是因為牛宿乃牛頭天王（印度的死神）的住處。

《宿曜經》記載，唐代占星術仍用二十八宿，當時有瘟疫四處蔓延。舉行祈禱希望瘟疫消失，卻有牛頭天王現身曰：「牛宿乃余之居處，怎堪汝等擅自亂用，是以興瘟疫略懲之。」

於是去牛宿成二十七宿，疫病輒止。

其實將二十八宿減成二十七宿，應該是要配合**月亮**27.32日的盈缺週期；不過為此而尋求**咒**術性解釋的現象，倒也有趣。

（→卦、占星術〔東洋〕）

西王母

Xi-wangmu　　　　　　　　　　　西王母

■生物●傳說

道教裡負責監督所有**仙人**的女神。另有其他許多名號，如九靈太妙龜山金母、瑤池金母、金母元君、王母娘娘等。

西王母是仙界裡的最高女神，同時擁有美女及怪物這兩個面貌；這也象徵著女性既是慈母也是夜叉[7]的雙重特質。

西王母乃**蟠桃**的所有人，也是蟠桃會的主辦者。因此西王母對眾仙班有極大影響力，所有仙人都必須早晚向西王母請安。

西王母有時也會出手干預凡間的俗事。春秋時代，她曾接見來訪西方的秦穆公[8]，並告

1　趙炳乃東漢道士。一名候，字公阿。東陽（今山東恩縣西北）人。能為越方，時遭兵亂，疾疫大起，與徐登遇於烏傷（今浙江義烏縣）溪水之上，遂結言約，以其術療病。登故，炳東入章安，以其術濟人，百姓神服，從者如歸。章安令惡其惑眾，收殺之。事見《後漢書》八十二。

2　《神仙傳》為記述神仙事蹟的著作。十卷，凡八十四人。葛洪撰。當成書於東晉元帝建武元年（317）。據是書自序，蓋於《抱朴子內篇》既成之後，因其弟子滕升問仙人有無而作。

3　劉根是漢代仙人。字君安。據《神仙傳》記載，劉根為長安人。漢成帝綏和二年（西元前7年）舉孝廉，除郎中。後棄世入道，遁入嵩山石室。相傳毛長一二尺，顏如十四歲人，深目多鬚，鬚長三四寸。劉根有道術，穎川大疫，死者過半，劉根禳解，病者即瘥，疫氣登絕。據傳劉根道術得華山神仙韓眾傳授，韓眾口授仙道，並授神方五篇，劉根合藥服之，後入雞頭山中仙去。

4　《太平廣記》是宋人編的一部大書。編成於太平興國三年（978），是以定名為《太平廣記》。美書五百卷，目錄十卷，專收野史傳記和以小說家為主的雜著。引書大約四百多種，一般在每篇篇末皆註明來源，但偶爾有些錯誤，造成同書異名或異書同名的現象。

5　不空三藏乃唐代譯經家。法名智藏，不空是他受灌頂號不空金剛的省稱。獅子國（今斯里蘭卡）人，一說西域人。幼年出家，十四歲在闍婆國（今印尼爪哇）遇金剛智三藏，隨來中國，學習唐、梵經論。中唐時期佛教各宗競立，密法漸行，頗有要求抉擇統一的趨勢，不空的譯述，正表現了他的體認和努力，並取得很大的成就，成為中國佛教史上的四大譯經家，所譯的經典，包括顯教、雜密、金剛界、大樂、雜撰五大類。

6　請參照本書第37頁譯注。

7　夜叉（Yaksa）亦作「藥叉」、「夜乞叉」等。印度神話中的一種半神的小神靈。有些文學作品，並不認其為惡魔，如迦利陀娑寫的《雲使》中的夜叉。但有時也作為惡魔。佛教中作為北天王毘沙門的眷屬，列為天龍八部之一。中國民間對凶惡的女子稱為「母夜叉」，含有貶意。

8　秦穆公是春秋時代秦國國君。嬴姓，名任好。勤求賢士，得百里奚、蹇叔、丕豹、公孫支等賢臣，助晉文公歸晉。周襄王時伐西戎，開地千里，襄王命為西方諸侯之伯，遂霸西戎。在位三十九年。諡穆。春秋五霸之一。

之曰「欲**長生不老**可再次前來」；不過據說秦穆公後來便不曾再度前往拜訪西王母。西王母見漢武帝時，曾經答應漢武帝當場提出的**願望**，賜其蟠桃、護符以及祕笈，但是武帝並未遵守西王母「齋戒淨身一心修行」的訓誡，是以並未奏效。

　　即使身為道教的最高神祇，西王母在**《西遊記》**裡同樣也被**孫悟空**欺負，蟠桃園被搗毀。**《封神演義》**裡的龍吉公主就是西王母的女兒，在故事裡拿著母親的法寶「旗門」大顯神通。這旗門是對黑白令旗，將旗豎在地上，就能瞬間移動到另一枝旗樹立處。

《西遊記》

Xiyou-ji　　　　　　　　　　　　　　西遊記

■作品●歷史

　　中國三大奇書[1]之一。三大奇書中唯一的神魔小說。

　　西遊記於南宋時代略具雛型，至明代始告成立。現在的西遊記是將故事分成100節的百回本，不過西遊記在演變成今日的模樣之前，尚有平話本、雜劇腳本等各種版本的存在。傳說作者名叫吳承恩[2]，此名是否真是作者本名仍不得而知。不過西遊記有別於**《水滸傳》**等作品，其傳說中的作者吳承恩對此書的成立確有極大貢獻。

　　雖然**《西遊記》**乃神魔小說而非平話（歷史小說），卻也有其作為作品根據的史實存在。唐朝太宗皇帝時代，曾有位名叫玄奘[3]的佛教高僧從中國出發欲往印度取經，18年後終於取得佛經返回唐土。玄奘的弟子們留下了《大唐西遊記》、《大唐慈恩寺三藏法師傳》等傳記，記載旅途中的所見所聞，而**《西遊記》**便是根據這些傳記而作。

　　不過**《西遊記》**的主角始終還是**孫悟空**。這部故事之所以被劃定為神魔小說，正起因於孫悟空的自由豁達，或者該說是無賴至極的放

肆行徑。此外，他的師弟豬八戒、沙悟淨，以及想吃唐僧（玄奘）肉的妖怪們，時而武術時而**妖術**的亂鬥場面，正是**《西遊記》**的菁華所在，也是此作在中國長期受人喜愛的原因。

　　《西遊記》裡有五花八門的**變化**、**分身**、替身、飛行等妖術，還有**如意棒**等神奇道具，更有無數**仙人**、佛祖菩薩顯神通，誠可謂絢爛豐富之極。譬如孫悟空能七十二變，尤其擅長變成三頭六臂的巨人縱情地大肆胡鬧。他曾多次化成三頭六臂的模樣，跟**哪吒**、**二郎真君**等法力強大的武神演出大對決。孫悟空還能將自己的體毛變化成無數分身。此外，他的武器如意棒雖然不過只是枝能夠自在變化形狀與重量的鐵棒，但是握在武術高手孫悟空手中，威力仍是不容小覷。而且他只要踏上觔斗雲，一躍就能飛到十萬八千里之外。中國神魔小說所塑造出的最偉大英雄，除孫悟空以外絕不作第二人想。

　　故事在取得經書後便即草草結束、稍嫌短促草率，雖然這是莫可奈何的事，不過也確是本作的遺珠之憾。此外作者創作**《西遊記》**，似乎是有意宣揚佛教優於**道教**的觀念。舉例來說，道教諸神都無法制服的孫悟空，釋迦如來卻能信手成擒，由此可見一斑。與其說此現象反映出作品的時代性，不如說是反映出作者個人的意圖來得更為恰當。

　　　　　　　　　　　　　　　（→三國演義）

法蒂瑪之手

Yad Fatima　　　　　　　　　ファーティマの手

■物品●傳說

伊斯蘭教世界，尤其是伊朗地區最愛用的**護符**。此物外形是隻張開的手，手掌繪有眼睛，據說能防止**鎮尼**、**邪視**和魔法作祟。筆者個人認為此物很可能是具有「鎮懾邪視之力」的意義，才會作此外形。可繪於紙張或篆刻於金屬板，當作護符使用。除人類佩戴以外，也能掛在家畜頸脖處，也可掛在腳踏車或汽車的前後方。

「法蒂瑪」乃伊斯蘭教開祖**穆罕默德**之女，什葉派[4]之祖阿里[5]之妻。她是後世伊斯蘭教世界（尤其是什葉派世界）理想的女性典型，稱她為伊斯蘭教的**馬利亞**並不為過。民間許多傳說皆指法蒂瑪曾行除厄祈禱，遂使剋制邪視的護符跟法蒂瑪因此結合。

只是此護符似乎在得到「法蒂瑪之手」此名之前，早已存在於西亞、地中海地區，古代迦太基[6]遺址也曾發現此護符。

此外，由於此護符發源自伊斯蘭教地區，歐洲稱為「有眼睛的手」，並未受到公平的看待。《說不完的故事》（→**麥克·安迪**）當中，邪惡的**女巫**就住在一棟形似有眼睛的手的屋子裡；《**魔戒**》裡則是以其為魔王索倫的紋章。

山伏

Yamabushi　　　　　　　　　　　　　山伏

■人物●歷史傳說

修習修驗道之人的總稱。他們身著**結袈裟**、手持**錫杖**的形象眾所皆知。

山伏二字被認為有「入真如法性之山，降伏無明煩惱敵之義」；但也有說字面上由「伏於山中」的話而來，才用山伏指崇拜山岳者的

1　請參照第217頁譯注。

2　吳承恩（？～1582），人名。字汝忠，號射陽山人，明淮安山陽人。約生於明孝宗弘治十三年。性敏多慧，博極群書，詩文雅麗。嘉靖二十三年貢生，授長興縣丞，隆慶初，歸山陽，放浪詩酒。身後詩文多散失，邑人邱正綱編纂成射陽存稿四卷，續稿一卷。復善諧劇，著雜記數種，名震一時，尤以《西遊記》一書，為明人四大奇書之一，最為膾炙人口。

3　玄奘（602～664）為唐代高僧的法號。俗姓陳，名禕，洛州緱氏（今河南偃師緱氏鎮）人。幼年因家境貧困，隨兄長捷法師住洛陽淨土寺，學習佛經。十三歲入選為僧。其後遊歷各地，參訪名師，研究涅槃經、攝大乘論、雜阿毗曇心論、成實論、俱舍論等。因感諸家各擅一宗，說法不一，故欲取得總賅三乘的瑜伽師地論來解決疑難而決心西行求法。唐太宗貞觀三年從長安出發，歷盡艱險，才到那爛陀寺，投入戒賢之門。貞觀十九年返長安，帶回大小乘佛典五百二十笈，六百五十七部，其後將近二十年間共譯出大小乘經論七十五部，一千三百三十五卷。譯本無論在質或量上都超過各譯家的成就，為中國最偉大的經譯家之一。

4　什葉派為阿拉伯文Shiah的音譯，一譯「十葉派」，原意為「追隨者」，專指擁護阿里的人。伊斯蘭教內與遜尼派對立的教派。穆罕默德去世後，在爭奪繼承權的鬥爭中逐漸形成。原為阿里追隨者組成的政治集團，後演變成為宗教派別。神化阿里及其後裔，稱其政教合一的首領為伊瑪目，認為他們受阿拉保佑，從不犯錯，甚至高於穆罕默德，並認為末代伊瑪目已隱遁，將以救世主身分再現。主要分布在伊朗、伊拉克、巴基斯坦、印度、葉門等地。

5　阿里（Ali b. Abi Talib，約600～661）為伊斯蘭教史上的第四任哈里發，其後什葉派尊奉為一代伊瑪目和從不犯錯的「超人」。阿布·塔里布之子，穆罕默德的堂弟和女婿。小時由穆罕默德撫養，十歲信奉伊斯蘭教，是最早的信奉者之一。

6　迦太基（Carthago）乃西元前814年由腓尼基人所建，在今日非洲突尼西亞附近。西元前146年遭羅馬所滅。

說法。

　　身為修驗道修行者的他們大多都是男性。理由很單純，因為作為不淨存在的女性，沒有進入身為神聖地區的山岳的資格。只不過，這是在修驗道已演變為今日之形式後的說法，有人認為在連「修驗道」一詞都尚未出現的時代，是曾有過女性山伏的。

　　山伏也被稱為「修驗者」。這是從「修行得驗」（藉由修行獲得**驗力**）一詞而來，但是乃用於總稱一切山林修行者。同樣，日文中的「行者」[1]也是「修行者」的簡稱，兩者差別不大。

　　山裡的山伏身穿葛皮、藤皮或樹葉製成的草衣，食用山中自然生長的野菜，居於岩洞。這些乃是仿自山伏的前身──**役行者**的修行生活。山伏的修行名為「十界修行」，由斷水、斷食、相撲等行為組成。當然，除了十界修行以外也會進行回峰或水垢離等修行活動[2]。

　　又，依據柳田國男[3]所說，山伏與「山人」有關。所謂的「山人」則是選擇山地作為生活場所的住民，同時也是被逐出故鄉（平地）的非大和系日本人的末裔。他們大多是礦工、木工、燒碳工、獵人一類的工匠。他提出密宗或修驗道的修行場所──靈山，大多有出產**鐵**或水銀，以及山伏通曉繼承山人血統的流浪者之工藝，作為兩者有關的理由。

　　順帶一提，在象徵學中，山乃被視為「與聖靈交感的場所」，也有「死與再生」的涵意。不論古今中外，聖人都會藉由進入山中之行為，完成經歷神祕儀式（initiation）的歷程，獲得神祕的力量與知識。

（→能除）

八俁遠呂智

Yamata-no-worochi　　　　　　　ヤマタノオロチ

■生物●傳說

　　漢字寫作「八俁大蛇」。

　　擁有八個頭、好飲酒的**蛇神**。須佐之男（Susanowo-no-mikoto）被趕出高天原[7]後降臨於出雲的肥川[8]地區殺死了牠。這段日本神話中的一大場面曾被改編為許多電影、小說、漫畫。

山伏

界	行	內　　　　　　　　　　　　　　　　　　　容
1	地獄行（床堅）	於入山初夜用名為「小打木」、「腕比」的小木棒痛打自己，觀想自己為大日如來的修行
2	餓鬼行（懺悔）	在密室中對正先達[4]施以五體投地之禮，懺悔罪過後，一面敲鐘一面讀由正先達教授之經文的修行
3	畜生行（業秤）	首次入山者需綁上雙手，被用安有石頭的天秤計算該人的罪業深重度
4	修羅行（水斷）	禁止水的一切使用
5	人間行（閼伽）	在水斷的最後一日，由正先達在其頂上澆注閼伽水[5]，讓其清洗手臉。藉此清除煩惱與污濁
6	天之行（相撲）	初次入山者一左一右出場，進行相撲
7	聲聞行（延年）	初次入山者手執團扇跳舞，前輩山伏以名為「彌增歲」的曲子唱和
8	緣覺行（小木）	在山中收集焚護摩[6]用的木材。共有黑小木（帶皮木材，象徵肉）與白小木（去木木材，象徵骨與皮）兩種。藉由焚燒這些木材以焚盡罪業
9	菩薩行（穀斷）	在七天或十二天內禁止食用穀物
10	佛（正灌頂）	在穀斷最後一日的深夜中，被澆注灌頂水，被傳授佛之密印

一般都將須佐之男打倒八俣遠呂智的傳說，解讀成這是因為保護稻田而鎮壓洪水的儀式，被保留在神話之後所形成的，但也有一種說法說這是在表示擁戴高天原眾神的民族與產鐵民族的戰爭。

據說這是由於肥川乃是優質鐵砂的產地，且在採集鐵砂時河川會被染為紅色，故而被視為大蛇。或許從八俣遠呂智尾部取出天叢雲劍（Ame no Murakumo no turugi，後被稱為草薙劍）一事也證明了此點。

（→伊邪那岐‧伊邪那美）

陽

Yang　　　　　　　　　　　　　　　　陽

■概念●歷史

（→陰陽說）

楊戩

Yang-jian　　　　　　　　　　　　　楊戩

■人物●傳說小說

（→二郎真君）

陽宅風水

Yangzhai-fengshui　　　　　　　　陽宅風水

■體系●傳說

指風水術中，關於活人居住的住宅（陽宅）的技巧。關於墓穴方面的技巧，則叫做陰宅風水。

陽宅風水術從房屋座向之類的小範圍，到大至以村莊或城鎮對象的都有，內容十分廣泛。基本上是在聚集「陽氣」，驅散「陰氣」，以為居民帶來幸運健康。這幾年在日本流行的幾乎全都是陽宅風水。

使用陽宅風水術後，能為住在該住宅中的人帶來幸運，也能帶來不幸。

19世紀前半時，曾有鐘姓一家經商有成，興建豪宅。但家主卻因吝嗇而刻待工匠。後來鐘姓一家遷入豪宅後厄事連連。長子次子接連病故後，唯一僅存的三子卻成了個敗家子。在父親死後坐吃山空，最後淪落到將豪宅拆解一一出售的地步。而就在拆屋的途中，在樑內發現了竹尺與舊筆等下咒之物。上面寫著詛咒之語──「三十年必折」。意即30年後（這座豪宅）必會毀壞。而那年正好便是在該宅完工後第30年。

在韓國、文革以前的中國或江戶時代（1603～1868）以前的日本，在每當計畫興建大都市時，皆曾頻繁使用陽宅風水術。以藉此施加咒術性質的防護，保護不受常有的異常氣候、自然災害、疾病、外敵所害。實際上，遵照風水原則設計而成的都市，也大多適於居住，讓外敵難以攻陷，能成為繁榮許久的大型都市。洛陽、漢城、京都、江戶等城市皆屬這種風水都市的代表。

1　中文的行者乃指尚未落髮卻過著出家生活的佛教徒，有所不同。

2　回峰行是在山中徒步行走的修行，水垢離是沖澄冷水潔淨身體的儀式。

3　Kunio Yanagita（1875～1962），是日本名民俗學者。

4　完成過五次入峰（Mineiri）的修行者就叫做「先達」。先達中已受正灌頂之法者又叫「正先達」。完成九次入峰修行的正先達，又叫做「大先達」。名為「入峰」的修行是在靈山與周圍的山岳中步行。

5　閼伽來自梵文augha，可意譯為「水」、「功德」、「功德文」，指供佛淨水。

6　護摩（Goma）源自梵文Homa，焚護摩是借火神阿耆尼（Agni）力量將供品送至諸神所在處，為密宗中普遍的祈願術。

7　日本神話中眾神的國度。

8　一般推論應為今日本島根縣東部之斐伊川。

易

Yi   易

■體系●歷史傳說

中國自古傳承至今的占卜術，也是由龐大的經驗、智慧構成的宏大哲學。

「易」這個稱呼同時象徵著「變易」與「不易」，也就是「變化」與「不變」兩者。中國有許多與「易」相關的傳說，首先是古代聖王伏羲[1]發明**八卦**，周文王[2]再將其發展成**六十四卦**，最後由**孔子**加以詳細的解說。根據研究考據，事實上「易」的原型很可能是成立於春秋時代初期。當然「易」非一人一代之作，這點應該是不會錯的。

易的基礎，建立在認為世界乃由**陰**與**陽**構成的**陰陽說**之上；所有事態都能以六爻[3]象徵之。每三爻合成一**卦**，共有八種故稱八卦。再將此八卦兩兩相乘就能得到六十四卦。八卦皆有其各自的象徵，六十四卦則是象徵藉由排列組合八卦所得的各種事態。換句話說，八卦體現著整個宇宙，而解讀八卦就等於是在探究世界。

占卜始終只是以個人命運為對象的技術，易卻是能掌握、預知世界變化，為應對諸多變化而生的技術。易超越了占卜，甚至還超越了預知未來的範疇，可謂是門探知世界的學問。是以易才會被奉為**道教**教典、**仙人**修行之根本。因為修習堪稱世界存在法則的易，正是仙人使用法術時所必需的基礎。

易占必須卜算兩次六十四卦，好觀察前卦與後卦之間有何變化。萬事萬物變化無常，而易占的優點，或說是深奧之處，恰恰在於它考慮到了系統內萬物流轉的法則這點。易占除必須求得卦之所象以外，還須讀出卦象如何變化，藉此掌握所卜事態會有如何變化。易占可謂是原原本本地反映了道家「萬物變而不殆無常姿」的思想。不過，由於事物的變化無窮無盡，要解讀卦象仍須具備相當的經驗與才能。

自古以來便有無數易占能人輩出。光是能夠料中他人死期者，史書裡記載的人物與事蹟已是繁不勝數。奉為易占始祖的伏羲，據說能夠藉八卦易占算出他人六成以上的命運，民尊之為「思過半」[4]者。另外，三國時代的**管輅**更是位優秀的易占能人，據傳經他占算的不論是命運、死期、病因等，從不落空。

此外《**封神演義**》也是同樣，到處都有以易行占的場面。尤其西伯昌（周文王）是奠定易學基礎的重要人物，此類場面更是頻繁。他受殷商紂王召見時，已經藉易占預見自己將有七年之災，豈料終究無法規避災禍；這個故事清楚地印證了一個道理：易占仍然有其極限。藉易占預知未來並非是為了要改變命運，其目的在於使人能夠事先做好準備，好面對即將到來的命運。

易的六十四卦都有各自詳細的解說，而這些解說都是從先人的無數體驗所得來的珍貴經驗法則。針對這些解說進行思考本身就是個重要的思維活動，君子平時就會思考各卦的象徵意義與解說，遇事則藉占卜之法究其變化。再者，若其人具備看穿事態真相的力量，即使不行占法也能玩味相當於當下事態的卦象解說，思考解決方策。也正因此，易並非只是本單純的神祕書籍，也是本思想、哲學書籍。

陰

Ying   陰

■概念●歷史

（→陰陽說）

陰陽說

Ying Yang Shuo   陰陽説

■體系●歷史傳說

陰陽道的基礎思想，象徵世上一切狀態的概念。

在陰陽說的理論裡，「陰」與「陽」是象徵森羅萬象所有狀態各因素的最小單位。發源自中國的占術**八卦**，便是由陰與陽的各種排列組合構成。

「陰」傾向於被動性、防禦性、沉靜的狀態，象徵女性的傾向。「陽」則是指主動性、攻擊性、激昂的狀態，具有男性的指向性。

陰陽說此概念非但區分出二元論形式的性質與現象，同時還象徵著相反的意象。陰與陽兩者背對著背，其含意及狀態會隨著周圍的情況改變。舉例來說，微弱的火光在日光下屬陰，在黑夜裡屬陽；灰色在白裡是黑，在黑裡是白，是同樣的道理。

除上述以外，中國人還用陰陽說來表示事物的方向性。陽就是朝向右方、前方及上方的運動，也就是所謂正方向的概念；陰則是代表向左、向後、向下運動的逆方向概念。

又，河伯象徵陰，朱童則是象徵陽；河伯與朱童是**道教**守護水與火的神祇。

（→五行說）

陰宅風水

Ying Zhai feng Shui　　　　　　　陰宅風水

■體系●歷史傳說

指與祭祀祖先之墓（陰宅）相關的**風水**術；一般居家的風水術則喚作**陽宅風水**。

中國人在處理墓地時，也會像處理普通住宅一般講究風水吉凶。中國人相信生者與亡者是相對的，所以只要講究亡者（尤其是祖先）的風水，自己也會跟著受惠、得到幸福。

相反地，中國也有種故意弄髒、破壞他人祖墳，以影響其運勢的**咒術**。

第二次世界大戰當時，孫文[5]攻入毛澤東故鄉的時候，據說曾一度想要破壞毛的祖墳。其實提議破壞祖墳的是孫文之妻，孫文自己並不信風水之說。於是孫文派兵時稍有遲疑，終於沒能成功破壞墓地。或許是此舉未果，以致孫文沒能乘勝追擊，後來反為毛澤東所制。

陰宅風水基本上與陽宅風水非常類似，唯有幾點明顯的不同。

其一，陰宅風水不似陽宅風水那般講究龍脈[6]。中國普遍採土葬，且墓地規模較日本要大上許多，不過墓地的面積通常都比一般住宅小。因此陰宅風水並不特別需要很強大的龍脈來提供**氣**。

其二，陽氣不可太強。若陽宅的陽氣稍強倒也無妨，陰宅陽氣太強反而會招致災禍。陽氣太強則陰宅內的屍體不會腐爛，**頭髮**、鬍

1　伏羲教民佃漁畜牧，始畫八卦，造書契。《史記》‧卷一三〇‧太史公自序：「伏羲至純厚，作易八卦。」《文選》‧潘岳‧為賈謐作贈陸機詩：「粵有生民，伏羲始君。」亦作「伏羲氏」、「羲皇」。

2　周文王姓姬名昌，生卒年不詳。商紂時為西伯，建國於岐山之下，積善行仁，政化大行，因崇侯虎向紂王進讒言，而被囚於羑里，後得釋歸。益行仁政，天下諸侯多歸從，子武王有天下後，追尊為文王。

3　易之爻畫稱為「爻」，陽爻畫為 ▬，陰爻畫為 ▬▬。每三爻合成一卦，共八卦，而二卦相重可得六十四卦。每一重卦皆含有六畫，故稱「六爻」。《易經》‧繫辭上：「六爻之動，三極之道也。」

4　所知已超過一半，謂所悟已多。出自《易經》‧繫辭下：「知者觀其彖辭，則思過半矣。」

5　孫文與毛澤東未曾兵刃相見，此處應是筆者謬誤。1920年毛澤東於湖南創立共產主義組織，1921年出席共產黨第一次全國代表大會。1923年國共第一次合作，1925年孫文逝世，1927年國共合作才告破裂。可見孫文在世時國共兩黨仍維持良好關係。據說國共內戰時期，蔣介石曾經指派湖南省省長何建、白崇禧等人毀毛祖墳，三次派兵皆毀墳未果。

6　龍脈為堪輿家稱山的地勢起伏。元‧陶宗儀《南村輟耕錄》卷十一‧相地理：「有善地理者，以為宜帝王居之。人問其故，曰君山龍脈正結於此。」清‧孔尚任《桃花扇》第十二齣：「長陵坏土關龍脈，愁絕烽煙攪二毛。」

鬚、指甲繼續生長，還會危害子孫。更有甚者，據說屍體還會變成殭屍破土而出、攻擊他人。

瑜伽

Yoga　　　　　　　　　　　　　ヨーガ

■體系●歷史傳說

印度的修行法。以藉由肉體、精神上的修練接近神為目的，如今也被當作健身方法。

瑜伽這個名詞原本是由以繩索「連繫」野獸的動詞中產生的，後來轉為「控制事物的方法」之意。在2～3世紀的權謀書《實利論》（Arthacastru）[1]中，也將如意操弄敵人的計策稱為瑜伽。

後來又變成將控制自己的法門稱為瑜伽。瑜伽大體上有六種。

①勝王瑜伽（拉甲瑜伽，Raja Yoga）

　　靜止心中的虛妄動搖，達至靜寂之境界。

②信愛瑜伽（巴克蒂瑜伽，Bhakti Yoga）

　　靠著對神的絕對敬愛接近神。

③業瑜伽（**羯磨**瑜伽，Karma Yoga）

　　一心實踐法典上所規定的義務藉此得到解脫。

④智慧瑜伽（給亞那瑜伽，Jnana Yoga）

　　經由學問知曉自己與宇宙乃是一體，以獲得解脫。

⑤**真言**瑜伽（**曼怛羅**瑜伽，Mantra Yoga）

　　經由不停唱誦咒文而趨近究極的真實。

⑥強制瑜伽（訶陀瑜伽，Hatha Yoga）

　　現在提到瑜伽的話，多半是指這種「強制瑜伽」。這種修行法將肉體視為宇宙的縮圖，藉由正確操縱肉體來和宇宙本身合為一體。因為肉體多半會被伸展到平時難以想像的方向去，所以被叫做強制瑜伽。

強制瑜伽會利用氣息（Prana，指一種呼吸方法，或指經此方法產生的一種生命力），喚醒潛伏在脊椎最下方——會陰（生殖器與肛門之間），呈現**蛇**形的拙火。覺醒的拙火會經由脊髓內的通道，往上升通過數個**脈輪**。當拙火到達頭頂後，那時人就會獲得自己本與宇宙同為一體的領悟，進而成為宇宙本身。而因為開悟的人就是宇宙本身，所以可以像操控自己的肉體一樣控制宇宙，行使不可思議的法術，但是他們並不會胡亂運用（→**聖仙、蘇非主義**）。

又，在中世紀印度的**密宗**（Tantrism）裡甚至有一派提出：「對像上面這樣覺醒的人類來說，在覺醒以後，他們的一切行為就已是神的行為，所以不論做了什麼都不會成為惡。即使為了**咒術**破壞墳墓、與月經中的女性性交，也因為那是宇宙＝神的行為所以完全正當」的說法。據說這種人能使用強大的法術，自由改變天候、復活死者、從水果中取出巨大的鑽石。

當然這種想法遭到了正統印度教徒的批判，如今已然消失。

依坐

Yorimashi　　　　　　　　　　　依坐

■人物●歷史傳說

在日本讓神靈附身之人。因為大多是孩童，所以也被寫作「尸童」。被認為是**靈媒**或**通靈者**的一種。

在日本的各種祭神儀式中，會設立依坐以領受神所降下的神諭。依坐規定得是純潔的孩童，不然便是處女。因為一般認為神明不喜污穢。

只是依坐不像靈媒那樣必須是擁有特殊能力之人，只要是純潔之人在經歷過正確儀式後，便能成為依坐。這是因為，相對於在靈媒舉行的儀式，靈體（或神）所依附的主體是靈媒本人；在依坐的場合裡，神明附身的主體卻

常會是依坐以外的他人（例如神官）的緣故。

在日本各地的神社祭典中，常會讓孩童化妝打扮後站在隊伍前端（或是在重要的位置），這也被認為是依坐的影響。

當神靈沒降附在人身上，而是附身在物體上時，該物體便稱做**依代**。

（→巫）

依代

Yorishiro 依リ代

■物品●歷史傳說

（→依坐）

妖術

You-jitsu 妖術

■體系●傳說

①日文中的「妖術」

在日本，「妖術」並沒成為一個有明確定義的用語。不過，大多把妖邪之物（例如妖怪等等）使用的術法叫做妖術。

又，在中國，雖然有把妖邪術法稱做妖術的用法。但並不存在名為「妖術」的法術系統。**禁咒**、**咒禁**、**厭魅**等各種術法，也可能會因人們當下對它們的印象被稱為妖術。

②作為翻譯用語的「妖術」

指稱魔法的用語。有時會被作為Witchcraft（**巫術**）的譯語，或被用作Sorcery（**奇術**）的譯語，依翻譯者而異。

因此，要理解這個字的含意時，若不先瞭解它是翻譯自哪個字，便會造成誤解。期待此字能成為固定的翻譯用語。

然而，無論如何，這是用來表示邪惡性質的用語一事無庸置疑。

（→魔術、咒術、魔女術）

結袈裟

Yui-gesa 結袈裟

■物品●歷史

山伏的服飾之一。

結袈裟是將名為「九條袈裟」的袈裟加以折疊後掛在頸上之物。「九」表示由地獄到菩薩的九個境界，再由代表佛的山伏穿上後，象徵將十界承於一身。

又，結袈裟上的六個圓團名為「梵天」，象徵修六波羅密的菩薩行[2]。順帶一提，繼承了吉野修驗宗的當山流，就不使用梵天，而是裝著名為「輪寶」的金屬法具。

于吉

Yu-ji 于吉

■人物●歷史

東漢末期的**道士**，**太平道**奉為開祖（？～200）。

西元2世紀中左右，于吉自稱得到**天**傳授《太平清領書》，奉之為教典並開始傳教活動。由於《太平清領書》業已散佚，其詳細內容不得而知。

于吉住在中國東部，他在各地建立收容難民的小屋，還用《太平清領書》所載法術為人治病，拓展勢力。其中尤以河北與江南一帶，是于吉經營奔走的重點。他時常使用治病或**求雨**的法術，還應民眾要求拯救許多人與村莊。光就于吉能夠用神聖力量治癒病患這點來說，與基督教等宗教所傳頌的奇蹟可謂是相當吻合。

1　作者為有「印度的馬基維利」之稱的考提力亞（Kautiliya）。

2　六波羅密又名「六度」，即「布施」、「持戒」、「忍」、「精進」、「定」、「智慧」六種達到涅盤的方法或途徑。菩薩行即「成佛之道」。

于吉將河北的教團組織讓給**張角**之後,他更以江南的吳為中心治病傳教,得到眾多信徒信仰。于吉與184年的黃巾之亂並無任何關聯,他只是一心致力於治病,藉以廣傳教義。然而當時以吳為中心拓展勢力的孫策[1]卻認為于吉是個威脅,便捉住于吉將他殺死。據說後來于吉化成怨靈詛咒孫策,致使孫策也隨後而亡。

此外在《**三國演義**》裡面,得授《太平清領書》的卻是張角,于吉與太平道並無瓜葛。

Z

瑣羅亞斯德

Zarathustra[2]　　　　　　　　　　ゾロアスター

■人物●歷史

古波斯**瑣羅亞斯德教**的教祖。亦作查拉修特拉(Zarahustra)或查拉圖斯特拉(Zarathustra)。

瑣羅亞斯德西元前669年生於米底亞,自20歲起便離群索居過著隱士生活,30歲時在河畔發現一道光,就此得悟神的真理並成為**先知**。西元前592年遭逢戰爭受到牽連,因而殉教。

雖然他所說的教義曾經廣傳波斯帝國全境,甚至還影響至周邊地區,但隨著波斯帝國滅亡、伊斯蘭勢力興起,瑣羅亞斯德的信徒也漸漸地銷聲匿跡。

19世紀的哲學家尼采[3]在他的作品《查拉圖斯特拉如是說》[4]裡,就是藉由描述瑣羅亞斯德的模樣來呈現自己的超人思想。瑣羅亞斯德=超人=能使用超自然技術的誤解,便由此而生。

張角

Zhang-jiao　　　　　　　　　　　　張角

■人物●歷史

道教前身**太平道**的創始人,黃巾之亂的領導者。東漢末期人物。

張角的詳細生平不明。傳說張角原本出身士人階級,後來因為「黨錮之禍」[5]去職隱退。此時張角得到一名叫做**于吉**的人物傳授他《太平清領書》。此書業已散佚,是以內容不得而知,不過從于吉傳記來推測,此書應是收錄治病法術或操縱天候的法術等內容。張角又向于吉學治病之術,並繼承于吉創立的新興宗教教團——太平道。

還有其他傳說認為張角是得到一位自稱南華老仙的人傳授《太平清領書》才成為太平道教祖的。南華老仙究竟何人無從得知,但很可能是指昇天成仙以後的南華真人(→**真人**),也就是**莊子**。

張角以治病之術廣得民心,其術之效似是卓著異常,是以能在極短時間內聚集眾多信徒。太平道信徒以河北為中心,據說信徒有30萬,甚至達百萬之眾。

此時東漢政權已經是途窮日暮;張角認為治人病痛緩不濟急,於是決心以自己的力量治國弊病、武裝教團揭旗奮起。

黃巾舉兵當初因為官軍一時混亂,所以接連打了幾場勝仗;不久官軍穩住陣腳,情勢便逐漸逆轉。因此各地黃巾軍紛紛敗北,張角本身則是舉兵不滿一年便即病故,太平道的組織也隨之崩壞。

張道陵

Zhang-taoling　　　　　　　　　　張道陵

■人物●歷史

道教源流**五斗米教**的開祖。2世紀後半人物,活躍於東漢時期。單名「陵」,「道陵」

應是成為道教始祖後才衍生出來的稱謂。

張道陵被尊稱為「張天師」，為後世信奉崇拜。唐代已經有種喚作「天師符」的除厄咒符，每到五月民眾就會在住屋貼上此符以祈避災遠禍。尤其張道陵時常為人治病，所以信徒皆相信此符有驅避疫病的特殊效果。元朝有裝飾艾草所製「張天師」的習俗，清朝也有除害蟲的天師符。此符在中國各地仍時有所見。

長嘯

Zhang Xiao　　　　　　　　　　　　長嘯

■體系●傳承

（→嘯）

真人

Zhen-ren　　　　　　　　　　　　真人

■人物●傳說

《莊子》裡所謂悟得道家思想、達到最高境界的人。

《莊子》裡記有跟真人相關的豐富記述。

「古之真人，不逆寡，不雄成，不謨士。若然者，過而弗悔，當而不自得也。若然者，

登高不慄，入水不濡，入火不熱。其寢不夢，其覺無憂，其食不甘。真人之息以踵，眾人之息以喉。古之真人，不知說生，不知惡死；其出不訢，其入不拒；翛然而往，翛然而來而已矣。不忘其所始，不求其所終；受而喜之，忘而復之，與道同化。」

後世的**仙人**形象，應該是將真人面對生死的超然態度、水火不侵的魔法面向，跟**長生不老**的仙人原型結合之後，塑造出來的形象。

（→道）

真實語

Zhenshiyu　　　　　　　　　　　　真実語

■體系●傳說

初期佛經裡常見的一種奇蹟形式。

欲引發奇蹟者，會如是說：

「我○○○（大致上都是些難以達成的誓言）。若此事為真，則△△△（希望奇蹟發生的內容）就會實現。」若前面的誓言部分果然成真，奇蹟就會發生。

下面是真實語的具體用例。

「我縱然生為卑賤的首陀羅[6]，卻從未起過

1　孫策（175～200）字伯符，吳郡富春人。三國吳主孫權兄。父堅戰死，策整軍渡江，所向皆破，遂定江東之地，後中箭傷重而卒。權稱帝後，追諡長沙桓王。

2　瑣羅亞斯德有許多不同名字；若按照此處日文發音，此處英文應是「Zoroaster」才對。「Zarathustra」應當翻作「查拉圖斯特拉」。

3　尼采（Friderich Wilhelm Nietzsche，1844～1900）為德國哲學家。早年曾攻讀古典文學、神學及叔本華哲學。在哲學思想上，尼采一方面反對宗教、倫理道德，以為只有弱者才會相信；另一方面主張超人，以為權力意志乃人間至高之原理。後精神錯亂，又失明，遂卒。著作甚多，有《超人論》、《善惡彼岸》、《權力意志》等。

4　查拉圖斯特拉如是說（Also sprach Zarathustra）為德國哲學家尼采於1885年完成的作品，是最著名的哲學書籍之一，被譽為超人的聖經。此書以記事方式描寫哲學家查拉圖斯特拉（瑣羅亞斯德）的流浪及教導，並使用詩及小說的方式，時常諷刺新約聖經，來探索尼采的許多觀念。

5　東漢末，桓帝、靈帝之際，宦官干政弄權，朝綱大敗，太學生起而批判，反遭奸宦構陷，被捕入獄者數百人，而校尉李膺、大將軍竇武、太傅陳蕃等人均被殺。前後共兩次，朝中賢良盡失，史稱為「黨錮之禍」。

6　首陀羅（Sudra），農人。為印度社會的第四階級，四大種姓的最下級。《長阿含經》·卷十三：「世有四姓：婆羅門、剎帝利、吠舍、首陀羅。」

惡心抑或損害他人之心。若此事為真，但願神龍啊！降下甘霖，救救飢餓的人們吧。」頃刻間大雨沛然而降（《大智度論》[1]）

（→釋迦）

諸葛亮

Zhuke Liang　　　　　　　　　　諸葛亮

■人物●歷史傳說

中國三國時代蜀漢丞相。字孔明（181～234）。

207年說「天下三分計」，劉備迎為軍師。翌年赤壁之戰，致力於聯合孫權與劉備兩股勢力，214年助劉備入蜀地。劉備初稱漢中王，後即位為蜀漢皇帝，拜諸葛亮為丞相。223年劉備駕崩後，諸葛亮一面經營蜀地，又南征平定南蠻。227年呈《出師表》，著手討伐曹魏。然而兩國國力差距太大，諸葛亮終究莫可奈何，五度遠征皆未能成功。234年毅然興兵五度伐魏，唯心力交瘁病倒臥榻，病死五丈原。

諸葛亮非但有優秀的軍事才能，更有不下於軍事才能的卓越內治之才，但其忠誠心最為人稱道，備受後世尊敬景慕。

但是諸葛亮之所以會有今日這般盛名，卻可說是《三國演義》的功勞。

《三國演義》裡稱諸葛亮為「智謀如神」的天才，曾用無數超凡入聖的策略玩弄敵人於股掌之間。

更有甚者，諸葛亮還通曉**仙術**。赤壁之戰孫劉兩家欲火攻曹操戰船，非東南**風**則火計不能成，只見諸葛亮設壇施法，果然成功借得東南風。就是在劉備大敗而歸的夷陵之戰當中，諸葛亮也曾布「無人八陣圖」阻絕追兵，讓吳國的陸遜大吃苦頭。「無人八陣圖」是種運用**遁甲**之術的無人陣形，乍看之下只是亂石八九十堆，然而遠眺此陣，卻似有十萬雄兵殺氣騰騰，入陣者不能辨南北，只消引河水淹之便能殺敵。諸葛亮還能觀天象得知敵情或遠方發生

的事件等，《三國演義》裡此類場景繁多，不勝枚舉。

最後諸葛亮於五丈原觀星象得知自己命不久矣，心腹姜維諫其行祈禳延命之法；不料延命儀式卻因將軍魏延的魯莽，終於以失敗告終。像諸葛亮這般身懷異能異才之輩，尚且不能改變國家或個人的命運，這樣的劇情應是因為當時中國人的命運觀念所致；不過這同時也突顯出人類使用魔法的極限，倒也饒富趣味。

（→占星術〔東洋〕）

莊子

Zhuang-zi　　　　　　　　　　　莊子

■物品●歷史

傳為中國戰國時代（前403～前221）思想家莊子所遺下的書籍。順帶一提，若指莊子其人則日語唸作「そうし」（Soushi），若指書名則唸作「そうじ」（Souji），以茲區分。據傳原書共五十二篇十萬餘字，西晉郭象化繁為簡、整理成三十三篇六萬餘字的版本，乃今日《莊子》之所據。

莊子名周，字子休。傳為河南地方人氏，然其傳記並無相關的明確紀錄。

《莊子》對人類的認知及價值觀採取否定的態度；《莊子》認為人類的認知，抑或建立於此認知之上的價值觀等觀念並不一定是真實的，而不斷地在追求超越前述觀念的「絕對的知」。此處引用自有名的「莊周夢蝶」的故事。

「莊周夢為胡蝶，栩栩然胡蝶也。自喻適志與！不知周也。俄然覺，則蘧蘧然周也。不知周之夢為胡蝶與，胡蝶之夢為周與？」

正如此節所述，莊子認為事物並無絕對的區別，萬物皆是由「**道**」而生、物化而成。莊子善於講述寓言故事，《莊子》就有許多很好

的例子。

欲追求「絕對的知」者絕不可懷有現世的欲望，必須捨棄執著、達致「**無**」的境界；屆時就能發現萬物同歸的原點，也就是所謂的「道」……這便是《莊子》的思想。

莊子雖不厭生，卻認為人毋須執著於生死。不過莊子也認為長期維持上天所賜生命就是人生的意義，因此他提倡眾人要學習養生之術。後來**道教**便將這個部分擴大解釋，並且與**長生不老**，也就是**仙人**思想相連接。因為這個緣故，《莊子》才被奉為道教經典，另有《南華真經》之名。自此《莊子》便與《**老子**》並列為道教的最基本經典，並且常被用作舉行儀式的祭文。道教認為《莊子》跟《老子》同樣，其**話語**文字裡似乎皆藏有某種不可思議的魔力。

（→**氣**）

殭屍

Zombie　　　　　　　　　　　ゾンビ
■生物●小說傳說

巫毒教特有的，不具感情與意志的「活死人」。

殭屍是指**波哥**以邪術所造，用來當作奴隸使喚的失魂人類。

雖然西方恐怖電影裡有時會出現腐爛屍體步步逼近的場景，但那只是虛構創作的誇張手法。真正的殭屍雖遭人奪去意志，但仍舊算是個活生生的人類。

自古以來便流傳有兩種製造殭屍的方法。

第一種是普通人較熟悉的方法：使新鮮的**屍體復活**，製成殭屍。

此處雖然說是屍體，但嚴格來說應該說是被波哥盯上，用巫毒教祕藥「**殭屍藥粉**」（內含河豚毒素〔Tetrodotoxin〕的魔法藥。多量能夠致死，少量則可使人進入假死狀態。據說多以皮膚接觸方式發揮藥效）使其進入假死狀態的活人才對；另一方面，被害者家屬當然無從得知此事（因為當初診斷被害者已經死亡的**恩貢**，很可能就是主謀的波哥！）最後只能將被害者早早埋葬入土。

布下此局的波哥在葬禮結束後，會馬上前往死者的墳墓，捕捉人死後會在墓地周圍徘徊七天七夜的提·**彭南桀**（意思是「小靈」，乃人類的部分靈魂），收於壺內。接著再掘出假死狀態的肉體，使其復活。由於提·彭南桀遭人剝奪，被害者復活後就會失去意志而殭屍化。

另一種方法，則是直接抽走活人的提·彭南桀。若採此法，必須趁被害者睡著的時候，完成所有動作。

被製成殭屍後，被害者會喪失從前的記憶及人格，成為只會默默服從命令的行屍走肉。

1918年海地勞動力嚴重不足，當時曾經有殭屍在蔗糖莊園工作的流言，煞有其事地紛起流傳。對海地居民來說，殭屍確實存在已是不爭的事實，眾人皆害怕自己遭逢此噩運，更甚於死亡。

事實上，據說從前海地在死刑之上，還有種將罪犯製成殭屍的極刑。

現在的海地居民會讓死者嘴裡含著**鹽**再行埋葬，就是為了要防止這駭人的**咒術**。

此外，雖然海地民眾相信殭屍乃波哥或優秀的恩貢以咒力製成，但研究者中有許多人對

1　《大智度論》乃佛教典籍。一百卷。後秦鳩摩羅什譯。是摩訶般若波羅蜜多經的注釋本。古來傳說作者為龍樹。據說全書約合漢文千餘卷，鳩摩羅什以秦人好簡，故節譯成百卷。書中引述資料豐富，為研究印度佛教史的重要資料，也是中觀派的重要著作。三論宗將它和中論、百論、十二門論，合稱為「四論」。

此皆抱持懷疑的態度。現今的多數專家認為，殭屍化其實是起因於殭屍藥粉，而非咒術。根據他們的理論，此藥物內含大量有毒物質，所以自假死狀態復甦者，就會因而陷入重度的精神障礙。

拜火教

Zoroastrianism　　　　　　　　拜火教

■體系●歷史傳說

（→瑣羅亞斯德教）

瑣羅亞斯德教

Zoroastrianism　　　　　　　ゾロアスター教

■體系●歷史傳說

西元前7世紀興起的波斯宗教。是個奉光之神阿胡拉‧馬茲達[1]為主神的多神教。

生於西元前669年的查拉修特拉（亦稱**瑣羅亞斯德**或查拉圖斯特拉）30歲時「發現光」而成為**先知**，此後致力向波斯人傳播教義，直至西元前592年去逝為止。

居住在古代伊朗地區的遊牧民族，原本就有崇拜火焰的宗教儀式。後來瑣羅亞斯德教說火焰乃光明之神阿胡拉‧馬茲達之子，稱做「聖火」。瑣羅亞斯德教的別名「拜火教」便是由此而來。

瑣羅亞斯德教的聖典《阿維斯陀注釋》的意思是「深淵」，亦簡稱《阿維斯陀》，裡面記載有祭拜各神祇時所唱的讚歌；此現象乃受古伊朗民族多神教信仰的影響所致。

查拉修特拉以光明之神阿胡拉‧馬茲達及其麾下諸神為善神，並以原為戰神的提婆（Deva）為惡神；此後瑣羅亞斯德教發展出光明與黑暗、善與惡的二元對立式教理，方才演變成藉信仰光明以蹈行良善道路的教義。

於是波斯宗教祭典儀式皆燃聖火，視水、火及鐵鎚為神聖，並且排斥之前極為盛行的**活人祭獻**。教徒會將屍體棄置於印度稱做「沉默之塔」的「寂沒塔」[2]，待屍體只剩骨頭時再納入骨罈，舉行葬禮儀式。波斯帝國遺跡裡各個最重要的場所，多設有焚燒聖火的祭壇。

瑣羅亞斯德教將背生鬃毛的獅子視為太陽之獸，將長角的動物視為**月亮**之獸，並奉此二獸為聖獸、描繪於儀式所用各種器皿之上。這些器皿多是用象徵太陽的黃**金**鑄成，儀式用短劍同樣也是黃金製。

神官崇拜光明之神時，便會點燃聖火、手持繪有聖獸的黃金器具進行儀式。

瑣羅亞斯德教的教義曾經傳至印度與希臘等地，甚至還對基督教造成了相當程度的影響。

左慈

Zuo-si　　　　　　　　　　　左慈

■人物●歷史

後漢末**道士**。字元放。乃後來**抱朴子**（葛洪）的師承一脈，葛洪大叔父葛玄正是左慈弟子。

左慈是位極優秀的幻術能手，據傳已得不老之術精要。另說他於峨嵋山中得《**遁甲**天書》一書，因而修得飛空、隱身、**變化**、地遁、飛刀等各種法術。

某日左慈出席曹操的宴席，曹操才說想吃吳國松江的鱸魚[3]，只見左慈馬上從裝滿水的水盆[4]中釣出數尾鱸魚。曹操又要左慈取來蜀薑好料理鱸魚，左慈仍是不假思索一口答應。曹操感可疑，便吩咐他順便帶個口信去給身在蜀國的使者，左慈同樣應允後隨即步出會場，不久就見他手持使者的書信與薑[5]走了進來。後來曹操向使者確認，時日、狀況分毫不差。

又有一次曹操帶著約莫百名官員一同外出。此時左慈僅以酒一升、肉一斤招待所有官員，眾人皆是酒足飯飽。曹操覺得可疑派人調查，卻發現附近酒家的酒肉全都不見了。

　　為此大感驚駭的曹操欲捕左慈，左慈卻穿入牆壁消失不見。欲捕之於市場，在場者卻全部都幻化成左慈的模樣；遇之於山，左慈便藏匿於羊群之中，始終不能成擒。

　　《三國演義》裡面，左慈初遇曹操時曾勸其讓天下予劉備，修不老長生之術[6]，曹操喝左右拿下取鞭[7]著力痛打，卻見左慈面不改色全無痛楚；又有左慈為曹操所逐，乘鶴飛空而逃並預言曹操的死期等情節，為左慈的奇人形象更添異彩。

左慈

慈左

1　請參照本書第29頁譯注。

2　瑣羅亞斯德教視水、火、土為神聖的東西，故反對水葬、火葬和土葬，實行天葬。教徒死後把屍體送入寂沒塔（Dakhmas）。一般建築在山丘上，塔頂安放石板，周圍用石或磚砌成圓牆，在塔中央設井口，塔內外分三層，分別安置男、女和小孩屍體。當屍體運至塔後，先安放在塔頂石板上，讓禿鷹啄食屍肉，留下屍骨在烈日下曬乾後，再投入井內。

3　翻查三國演義，只作「膾必松江鱸魚者方美」，但無日文引號中之語。

4　三國演義中說是「魚池」，《後漢書》說是銅盤。

5　後漢書中只作「並獲操使者報命」報命乃覆命之意，有沒有文書就不得而知了。

6　翻查三國演義，有此一段，但無日文引號中勸戒之語。

7　三國演義中不見此處有用鞭。

創作作品中的魔法

　　時至今日，使用魔法的頻率最為頻繁者，當屬電玩、漫畫或小說等虛構作品的世界。這些創作作品裡的魔法，原本都是以本書所載參考文獻此類資料為基礎，進而建構完成。後來魔法卻逐漸隨著各人天馬行空的想像發展，如今已孕育出無數獨特的魔法體系。由於魔法種類太過繁多，筆者雖無暇一一列舉，卻可歸納出幾項較主要的魔法系統。謹藉此機會，針對創作作品裡的魔法之概要及各魔法系統，進行介紹說明。

創作作品中的魔法

　　大部分的創作作品中，魔法皆是藉喚作咒文的關鍵字語始得發動。在這種情況之下，若欲發動精神力或魔力等人類所能操縱的魔法，大多都必須耗費相當的力量。絕大多數的魔法都非常方便，而施術者本身是否擅長使用魔法，將會對魔法的效果產生相當大的影響；然而不論擅長與否，多次使用魔法以後，最終都將無法再度施行魔法。

　　在某些作品裡，也不乏有不限制魔法使用次數的世界，不過此時通常會對魔法的使用另加制約條件，諸如魔法極不穩定、無法保證必定能達到施法效果，抑或各人只能使用有限種類的魔法等條件。

　　此外，在使用大部分的魔法時，通常都必須準備幾項物品。背誦咒文所需魔法書或魔導書、魔術書等書籍乃屬基本配備；其他還有唱誦咒文時用的法杖、集中精神的金屬牌（Medal）等各種用來引出魔法力量的道具。

治療系魔法

　　所謂治療系魔法，就是種為處理傷勢或疾病等關乎性命的危機，孕育而生的魔法。

　　在許多創作作品裡面，主角不時會遭遇生死攸關的危機。欲力挽狂瀾脫離險境的時候，就會使用到此類型魔法。

　　聖職者通常給人一種擅長治療系魔法的印象，這應該是因為他們多擁有豐富醫學知識所致。鍊金術師等致力研究魔法藥物者，有時也能使用治療系魔法。

　　除治療傷勢或治療疾病以外，復活等特殊魔法同樣也涵蓋在治療系魔法的範圍內。僅是治療傷勢魔法此項，有些作品甚至會將其設定細分為輕度治療、中度治療、高度治療與完全治療等不同等級。此類設定視各創作作品而異，不過做此分類的用意，大多都是為使使用魔法者的能力更為多樣、更富變化。

　　治療系魔法可細分為治療傷勢、治療疾病、解毒以及復活魔法。

●治療傷勢

　　許多創作作品都有治療傷勢的魔法。此類魔法通常會被描述成神官的奇蹟之術；然而在現實世界裡，卻幾乎不曾有過傷勢因奇蹟而痊癒的事例。

　　不過在世界各地的傳說中，倒有種以手掌朝向傷口、幫助傷勢加速復原，叫做Hand Power的力量。創作作品裡利用手掌力量治療

傷口的魔法，應是由此而生。有些人甚至認為，我們會以「著手」或「施手」來形容治療傷勢，便是由這個動作衍生的說法。儘管傷勢回復速度因各人體力而異，我們仍舊無法否定安慰劑效果加快復原速度的可能性。

至於治療傷勢的理論，雖以提昇自我治癒機能、促使傷口復原的方法最普遍，卻也不乏利用周遭環境自然力量的方法。利用自然力量的治療法，從使用藥草等物質，到吸收周遭的氣進行治療，治療手段可謂極為廣泛、多樣化。前者多用來處理傷勢不甚嚴重的輕傷，後者則多是用來治療負傷者無法自行復原的重傷。

另外還有種較特別的治療傷勢魔法，可將他人的傷勢轉移至自身；此乃事奉神明者秉持著犧牲奉獻的精神而行的魔法。

●治療疾病

雖然治療疾病的魔法在創作作品裡較少見，但歷史中的奇蹟卻以治療疾病的魔法最多。

儘管疾病有各種不同種類，而每種疾病的治療方式也應當有所不同，不過創作作品世界裡的魔法，卻能治療一切疑難雜症。再說，歷史所載奇蹟同樣也能治療任何疾病（然而，將希望寄託於奇蹟者多屬不治之症，從未聽過患感冒者尋求奇蹟的故事，是以無法得知奇蹟對輕症是否同樣有效）。

在某些創作作品裡，魔法雖然能處理較單純的疾病，卻無法治療不治之症或魔法造成的疾病（詛咒）。此時若非使用特殊的魔法或尋求奇蹟，則快癒無望。由於每部作品裡造成疾病的原因各有不同，相對應的魔法理論自然也不盡相同。

順帶一提，現實世界的奇蹟之所以多屬治療疾病此範疇，是因為疾病無法從外表判斷、可以作假，而且此法對許多精神方面的問題皆能收效。雖然這些現象衍生出許多造假的奇蹟，但仍有許多類似盧爾德[1]奇蹟的實例，因此我們也無法一概否定奇蹟的存在。

●解毒

在創作作品，尤其是電玩遊戲的世界裡，許多世界雖無疾病卻有毒物的存在；即便這些毒素的擴散速度緩慢，卻能確實地致人於死。為抵抗這種毒，方才衍生出了解毒魔法。有時解毒魔法會被設定為事奉神明者所用的魔法，但大多數作品皆是以鍊金術師製造的魔法藥物來呈現解毒魔法。

由於毒素種類多達千萬，勢必要視其種類使用特定解毒劑。然而，魔法藥卻對任何種類的毒素都有效；各種毒素除效果以外，其實並無甚差別。有趣的是，許多作品也把酒看成是種毒，是以解毒魔法也能解決飲酒過度等問題。

眾多毒素當中有一種麻痺毒素，這種毒頗有別於其他毒素；中此毒者必須使用解除麻痺的魔法，而非解毒魔法。

●復活

復活是種使已經死亡的人類復甦的魔法。

在創作作品裡，使殞命者復甦等場面可謂頗為頻繁。至於在現實世界裡，也唯有基督曾經死後復活，不過基督在復活後就隨即被天主召回，因此基督復活此事真偽，仍是個謎。在神祕學領域裡，有不少被判斷已死亡者卻又復活的故事，然此處所謂死亡乃指心臟停止活動，並非外傷致死等情形。

大部分的復活魔法，都是先對因戰損傷的身體進行某種程度的治療，然後再喚回已經離開肉體的靈魂，藉此使死者復活。是以此法有

別於殭屍等術法，可使復活者恢復原本的自我意識。

不過，大多數的復活都伴隨有制約，諸如死後不得經過太久時間，抑或靈魂不得遭到破壞等。但是，也有些只需靈魂即可復活的魔法，或是使死者輪迴轉世成其他生物等許多魔法。

攻擊系魔法

攻擊系魔法乃創作世界裡數量最多的魔法，有各種不同的分類方法。

較常見的分類方法，有將攻擊魔法分為對應至四大精靈的「火」、「風」、「水」、「土」四種屬性者，還有另加「闇」與「光」共六種屬性的分類。各屬性魔法的效果皆對應至其力量來源，譬如「火」系魔法可藉由熱能或爆炸達到破壞的效果，「水」系魔法則是藉水壓造成衝擊或低溫等效果，藉此區分各種魔法。此分類法優點在於各屬性魔法的效果明顯易懂，而且兩兩對應的魔法效果會互相抵消，這些特點有助讀者觀眾想像魔法對戰的場面。

其他還有以「職業」分類的方法，可將魔法分為魔法師魔法、僧侶魔法等類型。按照這種分類方式，魔法師大多擅長攻擊系魔法，僧侶則是長於治療系魔法。

攻擊系魔法之目的，就是要使敵人負傷。攻擊系魔法視其目的及使用者能力，其威力從輕傷至當場死亡，其對象從單人至複數目標，種類可謂極為繁複多樣。此處權且針對許多創作作品皆曾提及的雷擊術、火球術做詳細介紹。

●雷擊術

使雷電落至敵方頭頂進行攻擊的魔法，乃許多創作作品中最常見的魔法之一。

一直以來，自然界的落雷與轟然雷響常被視為神明的憤怒（大部分神話裡的主神，不是太陽神就是雷神）；而這種魔法，似乎正是出自於人類想借用神明力量的想望。

由於攻擊魔法所利用的乃是自然的力量，因此就連許多原本不會使用魔法進行攻擊的人，同樣也能使用雷擊術。雷擊術極為多樣化，譬如從指尖放出雷光，或是以碗狀的雷網攻擊敵人等，可謂是五花八門。此術乃模擬自然界的雷電，因此威力足以一擊斃命。

為反映電氣的特性，有些雷擊術無法以鐵製鎧甲防禦，或是法術威力會在水中擴散；有些雷擊術則擁有與光線相同的性質，可以用鏡子反彈，或是利用障礙物進行防禦。然而，真正的落雷卻絕無法用鏡子反彈回去。

●火球術

所有創作作品的魔法中，屬使用火焰的攻擊最為有名；其中火球術更是可見於眾多虛構作品的代表性魔法。

現實世界並無任何曾經使用火球術此類魔法的紀錄，因此火球術可謂是種徹徹底底的虛構魔法。不過，此術很可能多少曾經受到其他傳說軼聞的影響，諸如能夠點燃火焰的超能力，或是人體的自燃現象等。

倘若雷擊術乃自然的力量，那麼火球術就是非自然的力量，它所象徵的只有破壞而已。

1　盧爾德（Lourdes）乃法國地名。此處有許多奇蹟發生，譬如有神奇療效的奇蹟泉水，還有位聖白娜戴特修女（Saint Bernadette），埋葬入土已達122年之久，屍體卻仍然完好如初。盧爾德已經發生過許多奇蹟，而且至今仍然有奇蹟在發生。

火球術象徵的形象，應該是來自於火藥的爆炸現象；是以火球爆發時，才會產生衝擊波震撼四周、熱能燃燒周遭事物的效果。此術不僅可用於攻擊敵人，還能用來破壞建築物等物體，甚至還能燒盡不潔穢物，可謂是種萬能的法術。

使用火球術者，主要是追求魔法力量的魔法師。

精神系魔法

所謂的精神系魔法，就是指對他人精神工作的魔法。

由於其效果多是肉眼無法察覺，因此精神系魔法常被喚作是輔助攻擊的魔法；不過精神系魔法當中，也不乏許多根本不像「輔助性魔法」的強大法術。

精神系魔法如催眠敵人、使敵方陷入混亂，或使敵人心生恐懼等，時常被用為迴避無謂戰鬥的手段；精神系魔法還能讓遭到催眠的友軍醒轉、去除己方的恐懼心理等，可使一度失去力量的友軍恢復原狀，效果可謂非常廣泛。此外，還有些特殊魔法可以對敵人的精神造成傷害，詛咒等法術便屬此類。

超能力（透視力、心靈感應、念力）能夠影響生物的精神，是以有時也會被歸類為精神系魔法。

此處所謂精神系魔法，就是指現實世界裡能夠實際造成超能力效果的魔法。

下面謹針對精神系魔法中較為特殊的「詛咒」做進一步的介紹。

●詛咒

詛咒是種不必出現在對方面前，便能傷害他人的手段。

雖然創作作品裡因詛咒而死亡的例子極為罕見，但相對地詛咒卻時常會招致許多不幸。

現實世界的詛咒皆以死亡為最終目的，期間則是要慢慢地折磨對方。然而若折磨時間太長、遲遲不殺死對方，則對方很可能會覺得事有蹊蹺，然後發現自己遭到詛咒。倘若詛咒事跡敗露遭人反施詛咒，則原施咒者將會遭到相同程度抑或更嚴重的詛咒，並且再也無法解除詛咒。許多創作作品都有解除詛咒的方法，但不會反饋至施咒者。

此外在許多創作作品當中，時常可見作中人物對某物品施咒，待他人接觸該物品時詛咒始發動生效。持有該物品者經常會失去某方面的能力，最終落得悽慘不幸的下場；即便其效果尚不至於會致命，也會對日常生活造成極大的困擾。

防禦系魔法

所謂防禦系魔法，就是指保護自己或夥伴不受侵害的魔法。

治療系魔法乃在事後治療身體的傷勢，而防禦系魔法則是種事先使用的魔法，能夠預防身體受傷、儘可能減輕傷勢。由於此類魔法皆用於防禦用途，經常被視為能保護他人的僧侶系魔法。

最具代表性的防禦系魔法，當屬魔法圓。大部分魔法圓皆是張開結界，防止異界生物由外而內抑或由內而外的侵犯。由於魔法圓能夠防止對方越過結界攻擊，使用者自然就能迴避戰鬥、全身而退。

此外，還有些能張設防寒防熱結界的防禦系魔法；即便結界外暴風雪肆虐，結界內卻仍能保持溫暖有如室內，因此不論術者遭遇何等惡劣的環境，都能順利生存。不過此類魔法仍有移動限制等缺點，若自己踏出結界之外，防

禦系魔法就會隨即失效。

操縱天候系魔法

在眾多創作作品當中，操縱天候的魔法較為少見。

現實世界裡的祈雨儀式，便屬操縱天候系魔法的範疇。沒必要改變天候時就不會使用此類魔法，再加上操作天候極耗費心力，是以使用操縱天候系魔法的機會並不甚多。操縱天候魔法雖能製造出晴天、陰霾、天雨、雷雨、暴風雨等各式各樣的狀態，卻也有不少缺點，諸如：無法精準地變出自己想要的天氣，或是難以維持天候等。不過只要順利地操作天候，就能規避自然災害或反過來造成自然災害，以進行規模較大的活動。

某些創作作品世界裡，甚至還有不可思議的高等操縱天候系魔法，可以顛倒日夜、控制月亮盈缺。現實世界裡有些故事會將日蝕或月蝕塑造成魔法的作用，便屬此類。此類魔法會為整個世界來帶來相當大的變化，因此通常僅見於電玩遊戲而已。

探查系魔法

探查系魔法就是種用來搜尋人物或物品的魔法。

現實世界也有種叫做觸物占卜[2]的超能力，有些人便能藉此找出行蹤不明者或是遺失的物品。

利用魔法進行探索時必須在腦中想像該物品或人物，但這種魔法僅能獲得目標人物位於何方位此類較模糊的情報，而且探索範圍狹小，並不怎麼方便好用。不過也有部分探查系魔法會有特定的探查物，使用起來頗有效果。舉例來說，專門用來探查寶物箱是否有機關陷阱的魔法等，便是電玩世界裡非常常用的探查系魔法。此外，方位、時間、溫度等一般情報，也能透過探查系魔法調查取得。

探查系魔法是創作作品中魔法師的常用魔法之一；魔法師本身就是種致力於追求知識的角色，所以無論任何情報都不可以輕易放過。魔法師會利用魔法或自身的知識，來搜尋探索各式各樣的事物。

變身系魔法

變身系魔法有各種不同種類，譬如使部分肉體產生變化的魔法、變身成他人的魔法、變身成其他生物的魔法，還有變身成其他物體的魔法等。

神話裡常有神明會變身成其他生物，而變身系魔法便應是由此演變而來。此外，某些傳說中的魔法同樣也有變身的能力。

由於變身魔法的應用範圍非常廣泛，是以創作作品裡的使用情形也極為普遍。

使部分肉體發生變化的魔法為數不少，其中有種能使人變身成半獸人的魔法。半獸人同時擁有人類的能力與野獸的力量，雖然外表不怎麼好看，不過半獸人的能力普遍都相當優越。有時施術者會藉變身好獲得部分特殊能力，諸如使身體的某部分變化成魚鰓，方便在水中呼吸等。

至於變身成他人的魔法，便相當於一種利用魔法進行的變裝。普通的變裝難以改變身

2　觸物占卜（Psychometry）又譯作「心測術」。觸摸到某人某物，就能讀取該人該物過去曾發生的事情或記憶的特殊能力。

高、體重、性別等固有條件，但變身魔法則完全沒有這方面的問題。此外，電影或動畫裡有許多使孩童變成成年人的魔法，也算是種變身魔法。

欲變身成其他生物者，必須熟知與該生物有關的各種知識。變身成其他生物後，就能使用該生物的能力，可以為常人所不能為之事。

除生物以外，還有些能夠變成物品的變身魔法。施術者可以利用此術變成石像，藉以防禦敵人的攻擊。

召喚系魔法

所謂召喚系魔法，就是指從異世界等地招來生物，或是利用其知識，或是將其收為忠實僕人的魔法。

現實世界裡的召喚系魔法以召喚惡魔較為人所知；此儀式非但相當危險，而且召喚來的惡魔會千方百計想要加害召喚者，若無相當實力者絕無法成功進行召喚。

創作作品裡的應召者大多皆忠實於召喚者，如此雖然安全許多，不過此類應召者的能力大都不怎麼樣。大部分召喚者都是將召喚來的生物當作魔寵來差使。

召喚系魔法中也不乏戰鬥用魔法，召喚者可在戰鬥時召喚生物攻擊敵人，非常方便；由於應召者會在戰鬥結束的同時消失，所以比較不適合用在戰鬥以外的用途，不過此法簡單易懂，是種非常好用的魔法。

不知道會召喚出何種生物，是召喚系魔法較重大的缺點。基本上使用相同儀式相同咒文，應該就能召喚出相同生物，不過各種生物隨機出現的情況，也極有可能會發生。

參考文獻

■Celtic Myth and Legend　Charles Squire著、Newcastle Publishing
■Dictionary of Mythology Folklore and Symbols　Gertrude Jobes著、The Scarecrow Press
■Le Morte D'Arthur　Sir Thomas Malory著、Penguin Books
■Malory Works　Eugene Vinaver著、Oxford University Press
■Sir Gawain and Green Knight　Penguin Books
■Standard Dictionary of Folklore Mythology and Legend　Maria Leach著、Harper and Row
■Tennyson's Poetry　Alfred Tennyson著、W.W.Norton&Company
■The Arthuran Encyclopedia　Norris J.Lacy著、Boydell Press
■The History of the Kings of Britain　Lewis Thorpe著、Penguin Books

■アーサー王伝説　Richard Cabendish著、高市順一郎訳、晶文社
■アーサー王物語とクレアチャン・ド・ドロワ　Jean Frappier著、松村剛訳、朝日出版社
■アーサー王の死　Sir Thomas Malory著、厨川文夫／圭子訳、筑摩書房、ちくま文庫
■アーサー王物語　R.L.Green著、厨川文夫／圭子訳、岩波書店、岩波少年文庫
■アーサー王物語　Andrea Hopkins著、山本史朗訳、原書房
■アーサー王ロマンス　井村君江著、筑摩書房、ちくま文庫
■アイヌ　神々と生きる人々　藤村久和著、福武書店
■アイヌの世界観　「ことば」から読む自然と宇宙　山田孝子著、講談社
■アイヌの昔話－ひとつぶのサッチポロ　平凡社ライブラリー20　萱野茂著、平凡社
■アイヌ文化の基礎知識　財団法人アイヌ民族博物館著、草風館
■アイルランドの神話伝説　名著普及会
■悪魔の系譜　J・B・ラッセル著、大瀧啓裕訳、青土社
■悪魔の事典　フレッド・ゲティングス著、大瀧啓裕訳、青土社
■悪魔礼拝　種村季弘著、河出書房新社、河出文庫
■あの世の辞典　水木しげる著、筑摩書房
■アフリカを知る事典　平凡社
■アメリカ・インディアンの神話と伝説　民族文芸双書74　エラ・イ・クラーク著、山下欣一訳、岩崎美術社
■アラビアン・ナイト１～18・別巻　前嶋信次／池田修訳、平凡社、東洋文庫
■イスラム幻想世界　Truth In Fantasy　桂令夫著、新紀元社
■イスラム事典　平凡社
■インド教　ルイ・ルヌー著、渡辺照宏／美田稔訳、白水社、文庫クセジュ
■インドの神々　斎藤昭俊著、吉川弘文館
■インドの神話　P.Masson Oursel／Louise Morin著、美田稔訳、みすず書房
■インドの哲学　ジャン・ブリエ・フレッシネ著、渡辺重朗訳、白水社、文庫クセジュ
■ヴェーダ　アヴェスター　世界古典文学全集　筑摩書房
■エロシェンコ童話集　高杉一郎訳、偕成社、偕成社文庫
■オカルト　坂下昇著、講談社、講談社学術文庫

■オカルトの事典　フレッド・ゲティングス著、松田幸雄訳、青土社

■オカルトの図像学　フレッド・ゲティングス著、青土社

■オセアニアを知る事典　平凡社

■男の新四柱推命　新堂日奈子著、ＴＢＳブリタニカ

■陰陽道の本　Books Esoterica第6巻　学習研究社

■バートン版　カーマ・スートラ　バートン著、大場正史訳、角川書店、角川文庫

■怪奇現象博物館　Ｊ・ミッチェル著、村田薫訳、北宋社

■怪僧ラスプーチン　グリッランディ著、米川良夫訳、中央公論社、中公新書

■怪物の解剖学　種村季弘著、河出書房新社、河出文庫

■鏡の国のアリス　ルイス・キャロル著、生野幸吉訳、福音館書店

■架空人名辞典欧米編　教育社

■架空地名大事典　アルベルト・マンゲル／ジアンニ・グアダルーピ著、高橋康也訳、講談社

■風にのってきたメアリー・ポピンズ　トラヴァーズ著、林容吉訳、岩波書店、岩波少年文庫

■実践家相術　高嶋泉妙著、現代書林

■金子光晴全集　金子光晴、中央公論社

■カバラと薔薇十字団　象徴哲学体系３　マンリー・Ｐ・ホール著、大沼忠弘／山田耕士／吉村正
　和訳、人文書院

■カムイユカラと昔話　萱野茂著、小学館

■新訂官職要解　和田英松著、講談社、講談社学術文庫

■韓非子・墨子(抄)　中国古典文学大系　平凡社

■ガリア戦記　カエサル著、國原吉之助訳、講談社、講談社学術文庫

■気学入門　小林章恭著、虹有社

■北アメリカの神話伝承　名著普及会

■気の伝統　鎌田茂夫著、人文書院

■気持ちいいクスリ　別冊宝島　宝島社

■吸血鬼　吉田八岑著、北宋社

■旧約聖書　日本聖書協会

■キリスト教の謎　別冊歴史読本　新人物往来社

■霜のなかの顔　ベレアーズ著、浅羽英子訳、早川書房、早川文庫

■金運をつかむ九星方位術　高嶋泉妙著、日本文芸社

■金枝篇１～５　フレイザー著、永橋卓介訳、岩波書店、岩波文庫

■金の小犬銀の小犬　県別ふるさとの民話６北海道　日本児童文学者協会著、偕成社

■逆宇宙ハンター　朝松健著、朝日ソノラマ、朝日ソノラマ文庫

■ギリシア神話と英雄伝説　トーマス・ブルフィンチ著、佐渡谷重信訳、講談社、講談社学術文庫

■ギリシア文明　ピエール・レベック著、田辺希久子訳、創元社

■ギリシア・ローマ神話　トーマス・ブルフィンチ著、大久保博訳、角川書店、角川文庫

■ギリシア・ローマ神話　トーマス・ブルフィンチ著、野上弥生子訳、岩波書店、岩波文庫

■ギリシア・ローマ神話事典　マイケル・グラント／ジョン・ヘイゼル著、西田実ほか訳、大修館
　書店

■ギリシア・ローマ神話辞典　高津春繁著、岩波書店

■ギリシア・ローマの神話伝承　名著普及会

■クトゥルフ１～10　暗黒神話体系シリーズ　大瀧啓裕編著、青心社

■黒魔術　リチャード・キャヴェンデッシュ著、栂正行訳、河出書房新社

■黒魔術の手帳　澁澤龍彦著、河出書房新社、河出文庫

■完訳グリム童話　小澤俊夫訳、ぎょうせい

■完訳グリム童話集　金田鬼一訳、岩波書店

■ケルト幻想物語　Ｗ・Ｂ・イェイツ著、井村君江訳、ちくま書房

■ケルト神話　Proinsias MacCana著、松田幸雄訳、青土社

■ケルトの神話　井村君江著、ちくま文庫

■ケルトの神話　井村君江著、筑摩書房

■ゲド戦記1〜4　ル=グウィン著、清水真砂子訳、岩波書店

■ゲルマーニア　タキトゥス著、田中秀央ほか訳、岩波書店、岩波文庫

■ゲルマン・ケルトの神話　トンヌラ・ロート・ギラン著、清水茂訳、みすず書房

■幻想博物誌　澁澤龍彦著、河出書房新社、河出文庫

■現代九星占い入門　井田成明著、明治書院

■広辞苑　新村出著、岩波書店

■高等魔術実践入門　朝松健著、学習研究社

■高等魔術の教理と祭儀　エリファス・レヴィ著、生田耕作訳、人文書院

■コーラン（上中下）　井筒俊彦訳、岩波書店、岩波文庫

■古事記物語　福永武彦著、岩波書店、岩波少年文庫

■古代秘教の本　Books Esoterica第17巻　学習研究社

■古代北欧の宗教と神話　Folke Strom著、菅原邦城訳、人文書院

■コナン・シリーズ　ロバート・E・ハワード著、宇野利泰訳、東京創元社、創元推理文庫

■五雑組　謝肇淛著、岩城秀夫訳、平凡社

■古代ギリシア人の生活文化　Ｊ・Ｐ・マハフィー著、遠藤輝代訳、八潮出版社

■西遊記　中国古典文学大系　平凡社

■詐欺とペテンの大百科　カール・シファキス著、鶴田文訳、青土社

■石榴の園　イスラエル・リガルディ著、国書刊行会

■サロメ　オスカー・ワイルド著、福田恒存訳、岩波書店、岩波文庫

■三侠五義(抄)　中国古典文学大系　平凡社

■三國志　『中国の思想』刊行委員会訳、徳間書店

■幻術「三国志」　別冊歴史読本特別増刊《これ一冊で丸ごと分かる》シリーズ13　新人物往来社

■シェイクスピア物語　ラム著、野上弥生子訳、岩波書店、岩波少年文庫

■史記　司馬遷著、『中国の思想』刊行委員会訳、徳間書店

■史記　中国古典文学大系　平凡社

■死後体験　イアン・ウィルソン著、池上良正／富美子訳、未來社

■失楽園（上下）　ミルトン著、平井正穂訳、岩波書店、岩波文庫

■シャーマニズムの世界　佐々木広軒著、講談社、講談社学術文庫

■図説　シャーマニズムの世界　ミハイル・ホッパール著、村井翔訳、青土社

■シャーマン　イメージの博物誌　ジーン・ハリファクス著、松枝至訳、平凡社

■宗教学辞典　小田偉一／堀一郎著、東京大学出版会

■宗教人類学　佐々木広軒著、講談社、講談社学術文庫

■修験道の本　Books Esoterica第8巻　学習研究社

■修験道　魔と呪いの系譜　滝沢解著、ＫＫロングセラーズ

■春秋左子伝　中国古典文学大系　平凡社

■少女たちの魔女狩り　マリオン・L・スターキー著、市場泰男訳、平凡社

■書経・易経（抄）　中国古典文学大系　平凡社

■シルマリルの物語　J.R.R.Tolkien著、田中明子訳、評論社

■神託　P・ファンデンベルク著、平井吉夫訳、河出書房新社

■神道の本　Books Esoterica第2巻　学習研究社

■神秘学大全　ルイ・ポーウェル／ジャック・ベルジェ著、伊東守男訳、サイマル出版会

■神秘学の本　Books Esoterica第18巻　学習研究社

■神秘学の本　学習研究社

■神秘学カタログ　別冊文藝　荒俣宏／鎌田東二著、河出書房新社

■新約聖書　日本聖書協会

■地獄の辞典　コラン・ド・プランシー著、床鍋剛彦訳、講談社

■ジム・ボタンの機関車大旅行　ミヒャエル・エンデ著、上田真而子訳、岩波書店

■呪術　J．A．ロニー著、吉田禎吾訳、白水社、文庫クセジュ

■呪術・占いのすべて　知の探求シリーズ　瓜生中／渋谷申博著、日本文芸社

■咒術・祈祷と現世利益　大法輪閣、大法輪選書

■呪術宗教の世界　密教修法の歴史　速水侑著、塙書房、塙新書

■人間の歴史1〜3　イリーン・セガール著、袋一平訳、岩波書店、岩波少年文庫

■水滸伝　中国古典文学大系　平凡社

■砂の妖精　ネズビット著、石井桃子訳、角川書店、角川文庫

■青春の回想　ゴーチェ著、渡辺一夫訳、角川書店、角川文庫

■西洋騎士道事典　グラント・オーデン著、堀越孝一訳、原書房

■西洋占星術入門　開運シリーズ　紅亜里著、西東社

■世界占い事典―人の心と未来が読める―　W・B・ギブソン／L・R・ギブソン著、金井博典訳、
白揚社

■世界最古の物語　矢島文夫訳著、社会思想社、教養文庫

■世界史 闇の偉人伝　桐生操著、学習研究社

■エリアーデ世界宗教事典　ミルチャ・エリアーデ著、奥山倫明訳、せりか書房

■世界宗教大辞典　山折哲雄著、平凡社

■世界神秘学事典　荒俣宏編著、平河出版社

■世界神話事典　大林太良ほか著、角川書店

■世界神話辞典　アーサー・コッテル著、左近司祥子ほか訳、柏書房

■世界の奇書　船戸英夫著、自由国民社

■世界の奇書総解説　自由国民社

■図説　世界の宗教大事典　荒木美智雄監修著、ぎょうせい

■世界の宗教と教典総解説　自由国民社

■世界の神話　マイケル・ジョーダン著、松浦俊輔訳、青土社

■世界の神話伝説総解説　自由国民社

■世界の生活史・ガリアの民族　福井芳男監訳著、東京書籍

■世界の占星術とオカルチストたち　山内雅夫著、自由国民社

■世界の民族　北アメリカ　梅棹忠夫監修著、平凡社

■世界の民族　大西洋・カリブ海　梅棹忠夫監修著、平凡社

■世界の民話4－東欧Ⅰ　小沢俊夫著、飯豊道男訳、ぎょうせい
■世界の民話5－東欧Ⅱ　小沢俊夫著、小川超訳、ぎょうせい
■世界魔法大全Ⅰ　黄金の夜明け　江口之隆著、国書刊行会
■世界むかし話－東欧－　松岡享子訳、ほるぷ出版
■占星学　リズ・グリーン著、岡本翔子／鏡リュウジ訳、青土社
■占星術　ポール・クーデール著、有田忠郎／菅原孝雄訳、白水社、文庫クセジュ
■仙道風水術　尋竜の法　高藤聡一郎著、学習研究社
■荘子　『中国の思想』刊行委員会訳、徳間書店
■祖先崇拝のシンボリズム　オームス・ヘルマン著、弘文堂
■孫子　金谷治訳、岩波書店
■孫子・呉子　『中国の思想』刊行委員会訳、徳間書店
■タオ　悠久中国の生と造形　フィリップ・ローソン／ラズロ・レゲザ著、大室幹雄訳、平凡社
■タオの神々　真野隆也著、新紀元社
■大漢和辞典　諸橋轍次著、大修館書店
■大百科事典　平凡社
■ダンテ　世界古典文学全集　筑摩書房
■ちとせのウエペケレ　長見義三著、響文社
■チャクラ　Ｃ・Ｗ・リードピーター著、本山博／湯浅泰雄訳、平河出版社
■中国神話　聞一多著、中西みどり訳、平凡社
■中国人名大辞典　古代から現代まで　日外アソシエーツ
■中国の呪法　澤田瑞穂著、平河出版社
■中国の城郭都市　愛宕元著、中央公論社
■中国仏教史　鎌田茂夫著、岩波書店
■中国文明の起源　夏鼐著、小南一郎訳、日本放送出版協会
■中国魔物図鑑　ＫＺ和神著、光栄
■中世騎士物語　野上弥生子著、岩波書店、岩波文庫
■超常現象の事典　リン・ピクネット著、関口篤訳、青土社
■超常現象の謎を解く　アーサー・Ｃ・クラーク著、森下泰輔訳、リム出版
■超能力のトリック　松田道弘著、講談社、講談社現代新書
■ツキを呼び込む九門家相術入門　安藤昇著、ごま書房
■天皇の祭祀　村上重良著、岩波書店、岩波新書
■天使の事典－バビロニアから現代まで　ジョン・ロナー著、鏡リュウジ／宇佐和通訳、柏書房
■天使の世界　ゴドウィン著、大瀧啓裕訳、青土社
■ディオニューソス　カール・ケレーニィ著、岡田素之訳、白水社
■ディカーニカ近郷夜話（上下）　ゴーゴリ著、平井肇訳、岩波書店、岩波文庫
■トールキン・指輪物語事典　デビット・デイ著、仁保真佐子訳、原書房
■頭韻詩　アーサーの死　清水あや訳、ドルフィンプレス
■東南アジアを知る事典　平凡社
■東洋史大辞典　京大東洋史辞典編纂会著、東京創元社
■東洋人物レファレンス辞典　日外アソシエーツ
■東洋歴史大辞典　池村宏／矢野仁一ほか著、臨川書店
■とぶ船　ルイス著、石井桃子訳、岩波書店、岩波少年文庫

■トリスタン・イズー物語　Joseph Bedier著、佐藤輝夫訳、岩波書店、岩波文庫

■トリスタン伝説　流布本系の研究　佐藤輝夫著、中央公論社

■トリスタンとイズー　Rosemary Sutcliff著、井辻朱美訳、沖積舎

■トリスタンとイゾルデ　Gottfried von Strasburg著、石川敬三訳、郁分堂

■トンデモ超常現象９９の真相　と学会著、洋泉社

■「道教」の大事典　別冊歴史読本特別増刊《これ一冊で丸ごと分かる》シリーズ8　新人物往来社

■道教の本　Books Esoterica第4巻　学習研究社

■ドラキュラ伝説　一吸血鬼のふるさとを訪ねて　レイモンド・T・マクナリー／ラドゥ・フロレスク著、矢野浩三郎訳、角川書店、角川選書

■ドラキュラ誕生　仁賀克雄著、講談社、講談社現代新書

■名前の禁忌習俗　豊田国夫著、講談社、講談社学術文庫

■南総里見八犬伝１〜10　曲亭馬琴著、岩波書店、岩波文庫

■虹と蛇　ウェイド・デイビス著、田中昌太郎訳、草思社

■尼僧ヨアンナ　イワシュキェヴィチ著、関口時正訳、岩波書店、岩波文庫

■日本幻想作家名鑑　別冊幻想文学　幻想文学出版局

■日本宗教事典　村上重良著、講談社、講談社学術文庫

■日本の神話・伝説　吉田敦彦／古川のり子著、青土社

■日本の呪い　小松和彦著、光文社

■日本妖人伝　三谷茉沙夫著、学習研究社

■熱夢の女王（下）　リー著、浅羽英子訳、早川書房、早川文庫

■八行連詩　アーサーの死　清水あや訳、ドルフィンプレス

■はてしない物語　ミヒャエル・エンデ著、上田真而子／佐藤真理子訳、岩波書店

■パルチヴァール　Wolfram von Eschenbach著、加倉井粛之／伊東泰治／馬場勝弥／小栗友一訳、郁分堂

■秘技伝授　エゾテリスムの世界　リュック・ブノワ著、有田忠郎訳、白水社、文庫クセジュ

■火の起源の神話　フレイザー著、青江舜二郎訳、角川書店、角川文庫

■火の神（アペフチカムイ）の懐にて一ある古老が語ったアイヌのコスモロジー　松居友著、ＪＩＣＣ出版局

■秘法カバラ数秘術　斉藤啓一著、学習研究社

■秘密結社　セルジュ・ユタン著、小関藤一郎訳、白水社

■秘密結社の手帖　澁澤龍彦著、河出書房新社、河出文庫

■憑霊の人間学　佐々木広軒ほか著、青弓社

■ピーター・パンとウェンディ　バリ著、石井桃子訳、福音館書店

■フィン・マックールの冒険　Bernard Evslin著、喜多元子訳、社会思想社、教養文庫

■ファウスト（上下）　ゲーテ著、森林太郎訳、岩波書店、岩波文庫

■ファファード・アンド・グレイマウザー・シリーズ　フリッツ・ライバー著、大谷圭二訳、東京創元社、創元推理文庫

■ファラオと死者の書　吉村作治著、小学館、小学館ライブラリー

■風水家相の分かる本　小林祥晃著、廣済堂出版

■一大地の秘術一風水　別冊歴史読本特別増刊94　鮑黎明ほか著、新人物往来社

■「風水」の秘密　御堂龍児著、ごま書房

■極意風水盤占い　田口真堂著、二見書房

■ふしぎの国のアリス　ルイス・キャロル著、生野幸吉訳、福音館書店
■佛教大辞典　織田得能著、名著普及会
■仏教の世界　田上太秀著、三修社
■仏典Ⅰ　世界古典文学全集　筑摩書房
■文化人類学のすすめ　祖父江孝男著、講談社、講談社学術文庫
■平妖伝　中国古典文学大系　平凡社
■ペルスヴァルまたは聖杯の物語　フランス中世文学集2　Chreatien de Troyes著、
　天沢退二郎訳、白水社
■完訳 封神演義　光栄
■ハウ・コラ　インディアンに学ぶ　横須賀孝弘著、ＮＨＫ出版
■封神演義　安能務著、講談社、講談社文庫
■抱朴子・列仙伝・神仙伝・山海経　中国古典文学大系　平凡社
■北欧の神話伝説　名著普及会
■炎の天使　スプリンガー著、梶本靖子訳、早川書房、早川文庫
■ホピ　精霊たちの大地　青木やよい著、ＰＨＰ研究所
■ホビットの冒険　J.R.R.Tolkien著、瀬田貞二訳、岩波書店、岩波少年文庫
■魔術　学習研究社
■魔道師の饗宴　Truth In Fantasy　山北篤著、新紀元社
■魔術戦士　朝松健著、大陸書房／小学館
■魔術の復権　澤井繁男著、人文書院
■魔術の歴史　Ｊ・Ｂ・ラッセル著、野村美紀子訳、筑摩書房
■魔女（上下）　ミシュレ著、篠田浩一郎訳、岩波書店、岩波文庫
■魔女狩りの社会史　ノーマン・コーン著、山本通訳、岩波書店
■魔女とキリスト教　上山安敏著、人文書院
■魔女と魔術の事典　ローズマリ・エレン・グィリー著、荒木正純／松田英訳、原書房
■魔女はなぜ人を喰うか　大和岩雄著、大和書房
■「魔」の世界　那谷敏郎著、新潮社、新潮選書
■マハーバーラタ（上中下）　ラージャーゴーパーラーチャリ著、奈良毅／田中嫺玉訳、第三文明
　社、レグルス文庫
■マハーバーラタの蔭に　松本亮著、八幡山書房
■エピソード　魔法の歴史　ゲリー・ジェニングス著、市場泰男訳、社会思想社、現代教養文庫
■魔法昔話の起源　ウラジミール・プロップ著、斉藤君子訳、せりか書房
■ミステリーズ　コリン・ウィルソン著、高橋和久ほか訳、工作社
■水木しげるの憑物　水木しげる著、学習研究社
■密教　松長有慶著、岩波書店
■密教呪術入門　中岡俊哉著、祥伝社、ノンブックス
■密教の起源　金岡秀友著、筑摩書房
■密教の本　Books Esoterica第1巻　学習研究社
■民間信仰辞典　桜井徳太郎著、東京堂出版
■昔話の魔力　ブルーノ・ベッテルハイム著、波多野完治訳、評論社
■モモ　ミヒャエル・エンデ著、大島かおり訳、岩波書店
■山の宗教　五来重著、角川書店

■闇の歴史　カルロ・ギンズ・ブルグ著、竹山博英訳、せりか書房

■悠久なる魔術　Fantasy World　真野隆也著、新紀元社

■ユダヤ教の本　Books Esoterica第13巻　学習研究社

■指輪物語　J.R.R.Tolkien著、瀬田貞二訳、評論社

■妖異風俗〜日本のオカルティズム〜　雄山閣

■妖術　ジャン・パルー著、久野昭訳、白水社、文庫クセジュ

■妖術師・秘術師・錬金術師の博物館　グリヨ・ド・ジヴリ著、林瑞枝訳、法政大学出版局

■妖人奇人館　澁澤龍彦著、河出書房新社、河出文庫

■妖精の誕生　トマス・カイトリー著、市場泰男訳、社会思想社、現代教養文庫

■ヨーガ　ポール・マッソン＝ウルセル著、渡辺重朗訳、白水社、文庫クセジュ

■解説ヨーガ・スートラ　佐保田鶴治著、平河出版社

■ヨーロッパの祭と伝承　植田重雄著、早稲田大学出版部

■ランスロまたは荷車の騎士　フランス中世文学集2　Chreatien de Troyes著、神沢栄三訳、白水社

■聊斎志異　中国古典文学大系　平凡社

■ルネサンスの魔術師　バーバラ・H・トレイスター著、藤瀬恭子訳、晶文社

■霊視と幻聴　アレイスター・クロウリー著、飯野友幸訳、国書刊行会

■錬金術　セルジュ・ユタン著、有田忠郎訳、白水社、文庫クセジュ

■錬金術　イメージの博物誌　スタニクラフ・クロソウスキー・デロラ著、種村季引訳、平凡社

■錬金術師　F・S・テイラー著、平田寛ほか訳、人文書院

■老子・荘子・列子・孫子・呉子　中国古典文学大系　平凡社

■老子・列士　『中国の思想』刊行委員会訳、徳間書店

■老荘と仏教　森三樹三郎著、法蔵館

■六星占術が教える世にも不思議な方位学　細木数子著、飛鳥新社

■論語　『中国の思想』刊行委員会訳、徳間書店

■論語・孟子・荀子・礼記〈抄〉　中国古典文学大系　平凡社

譯者參考書目

■道教大辭典　中國道教協會著　華夏出版　1995

■宗教辭典（上下）　任繼愈主編　博遠出版社　1989

■白話本奇門遁甲天地全書　張耀文原著　武陵出版　1982

■你不可不知道的100部歌劇　高談文化事業　2003

■北歐神話故事　白蓮欣編著　好讀出版　2003

■中國命研究　李敖著　李敖出版社　2000

■地海巫師　娥蘇拉‧勒瑰恩著　蔡美玲譯　繆思出版　2002

■西洋神名事典　山北篤監修　鄭銘得譯　奇幻基地　2004

■惡魔事典　山北篤／佐藤俊之監修　高胤喨／劉子嘉／林哲逸合譯　奇幻基地　2003

■魔導具事典　山北篤監修　黃牧仁／林哲逸／魏煜奇合譯　奇幻基地　2005

■密教神名事典　久保田悠羅／F.E.A.R著　鄭明德譯　奇幻基地　2004

■聖劍傳說　佐藤俊之／F.E.A.R著　魏煜奇譯　奇幻基地　2005

■召喚師　高平鳴海監修　王書銘譯　奇幻基地　2005

■魔法的十五堂課　山北篤著　王書銘譯　奇幻基地　2005

■魔戒前傳　哈比人歷險記　托爾金著　朱學恒譯　聯經　2001

■魔戒三部曲　托爾金著　朱學恒譯　聯經　2001

■奇幻文學寫作的10堂課　作家文摘出版社編輯部編　林以舜譯　奇幻基地　2003

■魔術師的饗宴　山北篤　怪兵隊著　陳美幸譯　尖端　2005

■傅佩榮解讀老子　傅佩榮著　立緒　2003

■麥克貝斯　莎士比亞著　方平譯　木馬文化　2001

■新莎士比亞全集第二卷　莎士比亞著　方平譯　貓頭鷹　2000

■納尼亞魔法王國　C. S. 路易斯著　張琰譯　大田　2002

■巫婆一定得死　雪登‧凱許登著　李淑珺譯　張老師文化　2001

■中華煉丹術　何宗旺著　文津　1995

■英漢宗教字典　鄧肇明編　道聲　1973

■石中劍　懷特著　譚光磊譯　繆思　2004

■黑暗與愚昧的守護神──宗教裁判所　董進泉著　淑馨　1991

■儀式與魔法　劉清彥譯　林鬱　2001

■大魔法師咒語書　碧翠絲‧菲柏著　文軒、陳秀嫚譯　達觀　2005

■巫婆的前世今生　羅婷以著　遠流　2003

■西洋《易經》：消失的盧恩符文　德魯伊、安格斯著　如意　2005

■哈利波特魔法解密書　七會靜著　蕭志強譯　世茂　2002

■埃及神話故事　黃晨純編　好讀　2002

■希臘羅馬神話故事　愛笛絲・赫米爾敦著　宋碧雲譯　志文　1986
■巫師與巫術　沃夫剛・貝林森著　李中文譯　晨星　2005
■哈利波特的魔法世界　寇伯特著　鍾友珊譯　貓頭鷹　2002
■漫畫陰陽道與陰陽師　川合章子著　簡美娟、廖舜茹譯　台灣先智　2002
■女巫　甘黛絲・薩維奇著　廖詩文譯　城邦　2005
■女巫　撒旦的情人　Jean-Michel Sallmamm著　馬振騁譯　時報　1998
■幻獸・龍事典　苑崎透著　安然、OYUNNA譯　奇幻基地　2004
■獵殺女巫　安・勒維森・巴斯托著　嚴韻譯　女書　1999

大陸書籍

■神秘與魔力　約翰・斯潘塞、安妮・斯潘塞著　諶寧　陳亞峰　李立綱　馬亞西譯
　京華　2001
■魔法的故事　德里克・帕克、朱利亞・帕克著　孫雪晶、馮超、郝軼譯
　陝西師範大學　2003

索引（英文）

各名詞以英文、中文、日文三種語文並列，所標頁碼均為該名詞出現之頁數，敬請依循參照。

A

Z

索引（中文）

　　各名詞以中文、英文、日文三種語文並列，所標頁碼均為該名詞出現之頁數，敬請依循參照。

六至十劃

十一至十五劃

十六至二十劃

二十一劃以上

國家圖書館出版品預行編目資料

魔法‧幻想百科／山北　篤監修；王書銘、高胤喨譯 - 初版 - 台北
市：奇幻基地出版；家庭傳媒城邦分公司發行；2006（民95）
面：公分. -（聖典：21）
譯自：魔法事典
ISBN 986-7131-21-5（平裝）

295　　　　　　　　　　　　　　　　　　　95003962

聖典 21

魔法‧幻想百科

原 著 書 名／魔法事典
監　　　修／山北　篤
譯　　　者／王書銘、高胤喨　　　行 銷 企 劃／廖淑鈴
總 編 輯／黃淑貞　　　　　　　業 務 主 任／莊英傑
責 任 編 輯／楊秀真　　　　　　網 路 行 銷／張家舜

發 行 人／何飛鵬
法 律 顧 問／中天國際法律事務所
出　　　版／奇幻基地出版
　　　　　　城邦文化事業股份有限公司
　　　　　　台北市 104 民生東路二段 141 號 5 樓
　　　　　　電話：(02)25007008　　傳真：(02)25027676
　　　　　　網址：www.ffoundation.com.tw
　　　　　　e-mail：ffoundation@cite.com.tw
發　　　行／英屬蓋曼群島商家庭傳媒股份有限公司城邦分公司
　　　　　　台北市 104 民生東路二段 141 號 2 樓
　　　　　　書虫客服服務專線：(02)25007718‧(02)25007719
　　　　　　24 小時傳真服務：(02)25001990‧(02)25001991
　　　　　　服務時間：週一至週五09:30-12:00‧13:30-17:00
　　　　　　郵撥帳號：19863813　　戶名：書虫股份有限公司
　　　　　　讀者服務信箱 E-mail：service@readingclub.com.tw
　　　　　　歡迎光臨城邦讀書花園 網址：www.cite.com.tw
香港發行所／城邦（香港）出版集團有限公司
　　　　　　香港灣仔軒尼詩道 235 號 3 樓
　　　　　　電話：(852)25086231　　傳真：(852)25789337
　　　　　　e-mail：hkcite@biznetvigator.com
馬新發行所／城邦（馬新）出版集團【Cite(M)Sdn. Bhd.(458372U)】
　　　　　　11, Jalan 30D/146, Desa Tasik, Sungai Besi, 57000 Kuala Lumpur, Malaysia.
　　　　　　電話：603-9056 3833　　傳真：603-9056 2833
　　　　　　e-mail：citecite@streamyx.com

封 面 設 計／林佩樺
排　　　版／浩瀚電腦排版股份有限公司
印　　　刷／鴻霖印刷傳媒事業有限公司

■2006 年（民 95）4 月 18 日初版一刷　　　　　Printed in Taiwan.

售價／420元

廣　告　回　函
北區郵政管理登記證
台北廣字第 000791 號
郵資已付，免貼郵票

104 台北市民生東路二段 141 號 2 樓

英屬蓋曼群島商家庭傳媒股份有限公司　城邦分公司

奇幻基地網址 ： http://www.ffoundation.com.tw
奇幻基地 e-mail ： ffoundation@cite.com.tw

請沿虛線對摺，謝謝！

書號：1HR021	書名：魔法・幻想百科	編碼：

奇幻基地

讀者回函卡

謝謝您購買我們出版的書籍！請費心填寫此回函卡，我們將不定期寄上城邦集團最新的出版訊息。

姓名：＿＿＿＿＿＿＿＿＿＿＿＿＿＿＿＿ 性別：□男 □女

生日：西元＿＿＿＿＿＿＿年＿＿＿＿＿＿＿月＿＿＿＿＿＿日

地址：＿＿＿＿＿＿＿＿＿＿＿＿＿＿＿＿＿＿＿＿＿

聯絡電話：＿＿＿＿＿＿＿＿ 傳真：＿＿＿＿＿＿＿＿

E-mail：＿＿＿＿＿＿＿＿＿＿＿＿＿＿＿＿＿

學歷：□1.小學 □2.國中 □3.高中 □4.大專 □5.研究所以上

職業：□1.學生 □2.軍公教 □3.服務 □4.金融 □5.製造 □6.資訊

□7.傳播 □8.自由業 □9.農漁牧 □10.家管 □11.退休

□12.其他＿＿＿＿＿＿＿＿＿＿＿＿＿＿＿＿＿

您從何種方式得知本書消息？

□1.書店 □2.網路 □3.報紙 □4.雜誌 □5.廣播 □6.電視

□7.親友推薦 □8.其他＿＿＿＿＿＿＿＿＿＿＿＿＿＿

您通常以何種方式購書？

□1.書店 □2.網路 □3.傳真訂購 □4.郵局劃撥 □5.其他

您購買本書的原因是（單選）

□1.封面吸引人 □2.內容豐富 □3.價格合理

您喜歡以下哪一種類型的書籍？（可複選）

□1.科幻 □2.魔法奇幻 □3.恐怖 □4.偵探推理

□5.實用類型工具書籍

您是否為奇幻基地網站會員？

□1.是□2.否（若您非奇幻基地會員，歡迎您上網免費加入，可享有奇幻基地網站線上購書75折，以及不定時優惠活動：http://www.ffoundation.com.tw/）

對我們的建議：＿＿＿＿＿＿＿＿＿＿＿＿＿＿＿＿

＿＿＿＿＿＿＿＿＿＿＿＿＿＿＿＿＿＿＿＿＿

＿＿＿＿＿＿＿＿＿＿＿＿＿＿＿＿＿＿＿＿＿